杨宽著作集

古史探微

杨宽 著

上海人民出版社

出版说明

杨宽(1914—2005),字宽正,上海青浦人。1936 年毕业于光华大学国文学系,师从吕思勉、蒋维乔、钱基博等。1936 年参与上海市立博物馆筹建工作,1946 年任上海市立博物馆馆长兼光华大学历史系教授,1953 年任复旦大学历史系教授,1959 年调任上海社会科学院历史所副所长,1970 年又调回复旦大学历史系工作。1984 年赴美国迈阿密定居至逝世。历任上海市文物保管委员会主任秘书、古物整理处处长,上海博物馆副馆长,中国先秦史学会第一至第三届副理事长。

杨宽先生是我国著名的历史学家,治学涉及墨子、古史传说、西周史、战国史、科技史和制度史等诸多领域。先生少年时有志于学,高中时代已发表多篇有分量的论文,专注于墨学研究及先秦史料考辨。在“古史辨”运动后期,发表《中国上古史导论》,提出神话分化说,补充发展了顾颉刚的“层累造成说”,被顾颉刚、童书业誉为“古史辨派”的生力军和集“疑古”的古史学大成之人。日本著名历史学家贝冢茂树评价“从疑古派中出现了像杨宽先生这样的人物,在充分摄取释古派的方法和成果的同时，正积极开拓一个可以推动现代古史研究前进途径，可以称为'新释古派'的新境地"。稍后其学术兴趣由上古史转向战国史，潜居故乡青浦撰写《战国史料编年辑证》，为日后铸就《战国史》这一断代史经典奠定了基础。20 世纪 50 年代，开始探索中国古代冶铁技术发展史、西周的社会结构和礼制，著有《西周史》、《古史新探》；80 年代应日本学界邀请讲学，完成《中国古代陵寝制度史研究》、《中国古代都城制度史研究》姊妹篇。杨宽先生生平出版专著十余部，发表论文 360 余篇，取得了卓越的学术成果。

杨宽先生也是中国博物馆事业的先驱。他参与筹建了上海市博物馆，并长期担任上海市博物馆馆长，为上海博物馆的筹建、发展作出了不可磨灭的贡献；对保护国宝毛公鼎与阻止著名的山西浑源李峪村出土铜器盗运出口作出了巨大贡献。另外，杨宽先生还参与了修订《辞海》古代史条目、编绘《中国历史地图集》先秦部分、标点《宋史》等工作。

杨宽先生与上海人民出版社结缘始于 1955 年版《战国史》，自此以后，主要著作几乎皆由我社出版。先生生前已有计划，集中各种著述在我社出版《杨宽著作集》。如今，《杨宽著作集》由我社分批出版，不仅完成了先生遗愿，也可以使读者更为全面地认识杨宽先生的学术成就。

上海人民出版社

2016 年 7 月

目　录

序 言

我少年时代在富有中国传统文化特色的苏州求学，受到优秀传统文化的熏陶，同时又受到五四新文化运动的激励，特别是受到三次古史大辩论的启示和新学派兴起的影响，很早就走上研究古代文化历史的道路。

先秦诸子中，我向来认为墨子最杰出。当1929年，我读高级中学时，已开始对《墨子》和《墨经》作探索。因为看到当时许多学者对《墨经》随意改字，不顾上下文句，作出种种不同的新解释，为了想纠正这个不良学风，写成《墨经校勘研究》一文，投寄北平燕京大学的《燕京学报》，当即收到学报主编容庚的亲笔回信，认为论文很有见解，切中时弊，准备采用，但因自下一期起，改由顾颉刚任主编，原稿已转交给顾先生，今后请直接与顾先生联系。我接信后十分高兴，认为既经决定采用，我自己毕竟还是个中学生，可能文章有什么不妥当的地方，因而立即写信给顾先生，说明自己是中学生，如有不妥之处请发表时改正。此信寄去后不见回信，等到新的一期学报出版又不见刊载。我为郑重起见，再写挂号信给顾先生催询，并且说："如果不能发表，请把原稿退还，因为我没有留下底稿"，又是长期得不到回音。我感到十分遗憾，第一次写成的论文就如石沉大海那样消失了。我从此没有对这件事作进一步的追问，我想顾先生将来会后悔的。直到七年之后，1937 年春天，童书业（丕绳）写信到上海市博物馆来，为《禹贡》半月刊约稿，我当即寄去《说夏》一文，发表于《禹贡》第七卷第六、七期合刊。发表时承蒙顾先生特别加上编者按："颉刚按，杨宽正先生用研究神话之态度以观察古史传说，立说创辟，久所企仰"云云。我就意识到，该是因为七年前扣压我投寄《燕京学报》原稿的事感到抱歉了。后来与童书业谈论到这件事，果然如此，是顾先生委托童书业为《禹贡》约稿的。我想可能顾先生顾虑到在《燕京学报》上发表一个中学生的文章评论不少名家的失误，怕出什么问题；又因为容庚已有回信，又不便退稿。在三十年代中，顾先生向来以能够提拔青年学者和没有学历的人才著称。我今天重提此事，因为现在我编论文集没有我所写的第一篇学术论文，不免感到有点遗憾。

我从 1932 年 12 月起，一年内先后发表了七篇墨学的论文。我很赞成梁启超在《墨经校释》中把"端"解释为物质粒子，这种物质粒子具有不可分割性，是与古代希腊哲学家德谟克利特同样的主张。墨家认为世界万物是由各种不同性质的物质粒子经过五种不同的组织结合方式组成，其中最主要的组织结合方式是"盈"，还举出一个例子，认为"石"是由有"坚"的属性的物质粒子和有"白"的属性的物质粒子相"盈"而构成。这个学说为名家公孙龙所反对，《公孙龙子》有一篇《坚白论》，就是针对墨家这个学说的；认为"坚"和"白"在"石"中是相"离"的，不是相"盈"的。关于"盈坚白"和"离坚白"的辩论，曾哄动一时，引起当时文化学术界广泛注意，就是因为这是有关物质世界如何构成的重要问题。

对于墨学，我认为应该进行分期的研究。《墨子》是墨家学术论文的汇编，《亲士》、《修身》和《经上》是开创时期的作品；《尚贤》、《尚同》、《兼爱》、《非攻》、《节用》、《节葬》、《天志》、《明鬼》、《非命》等上、中、下篇，是发展时期的作品；《大取》、《小取》和《经下》是辩论时期的作品。我认为《经上》和《经下》不是同时的作品。《经上》是墨子自著，原是墨家的经典著作，所以所有文句是“定义”形式的。《经下》当是后期墨家中一派领袖的著作，是申说《经上》的内容的。因此我把《经上》篇分成十五章加以解释，每章加出了标题，如“知识论”、“德行论”、“人生论”、“言谈论”、“宇宙论”、“辩说论”等等，称为《墨经哲学》，1942 年由四川重庆的正中书局出版，从此我对《墨子》的研究告一段落。出版时正当抗日战争期间，作者误印为“杨霓”，侯外庐《中国思想通史》、詹剑峰《墨家的形式逻辑》都引作“杨霓”。抗日战争结束后上海正中书局出版此书仍作“杨霓”。经我写信去要求更正，才把“霓”字贴改为“宽”。现在台北正中书局继续发行此书。由于作者人名印错，学术界许多人不知道我曾著此书。

从 1933 年春天起，我的研究重点从《墨子》转移到古史传说。1923 年由于顾颉刚提出了“大禹是虫”的见解，引发了一场古史传说真伪的大辩论，顾颉刚因此出版了他的名著《古史辨》第一册。顾颉刚提出了层累地造成的古史观，推翻了三皇、五帝、尧、舜、禹的伪古史系统，在史学界成为“疑古派”。我认为“疑古派”的重要贡献，就是指出了古史传说中的禹是出于神话的演变，缺点是没有完全脱出“今文经学”的成见束缚，没有充分运用“神话学”作为武器，对古史传说作系统的考辨，因而没有把全部古史传说还原为神话。我认为古史传说系统的形成，主要是长期经过分化演变的神话所组成，由此可以开辟一个探讨中国古神话的园地。到1935年下半年，我已经分别以古史传说中的人物为中心，对他们的神话来源及其分化演变，提出看法，写成不少笔记。从这年冬天起，友人郑师许邀请我合编华文《大美晚报》副刊《历史》周刊，我就把所写这方面的笔记陆续发表，对盘古、三皇、五帝、鲧、禹等等的传说都作了分析。有的进一步写成系统论文，如《三皇传说之起源及其演变》(发表在1940年4月出版的《学术》上)、《丹朱、驩兜与朱明、祝融》和《鲧、共工与玄冥、冯夷》(发表在1939年出版的《说文月刊》上)、《伯益考》(发表在1941年出版的《齐鲁学报》第1期)。所有这些文章后来汇编成为《中国上古史导论》一书，收入《古史辨》第七册上编，此中《伯益考》改题为《伯益、句芒与九凤、玄鸟》。

抗日战争初期，从1937年8月到1938年暑假，我在广东省立勷勤大学教育学院文史系教书，把《中国上古史导论》作为讲义。1938年暑假回到上海，在光华大学和诚明文学院教书。1941年12月太平洋战争爆发，日军入侵上海租界，我就隐居在青浦白鹤江镇家乡从事《战国史料编年辑证》的编辑考证，先后共二年又九个月。抗日战争胜利后，三年半时间我忙于恢复上海市博物馆的工作。当时还以博物馆研究室名义在上海《中央日报》副刊《文物》周刊发表文章，前后共出一百二十多期，我曾发表了一批谈论文物的文章。在1946、1947年间还在上海《东南日报》副刊《文史》周刊和《益世报》副刊《史苑》周刊上发表了《战国史事丛考》共二十七篇。五十年代我忙于从事创建上海博物馆的工作，曾主持编辑《上海博物馆藏青铜器》和《上海博物馆藏画》

两书的出版，因印刷费时，延至1964年才出版。1954年夏天我乘休假期间，把《战国史》的讲稿作了补充修订，次年在上海出版。

我早年就与友人童书业（丕绳）约定，彼此研究分工合作，他在顾颉刚的指导下从事春秋史的研究，我独立从事战国史的研究并兼及西周史的研究。童书业在1941年所作《春秋史》序言中，就曾讲到他同我的《战国史》"可以合成《春秋战国史》一书"。后来因为他离开上海博物馆到山东大学当教授，彼此分手了。

关于西周史的研究，我在五十年代和六十年代发表了探讨农业生产、井田制度、乡遂制度、宗法制度、大学特点以及籍礼、冠礼、大蒐礼、乡饮酒礼、射礼、贽见礼的文章，1965年汇编成《古史新探》一书出版。到七十年代和八十年代，我就在这个基础上撰写《西周史》，此中不少章节曾作为论文先在杂志上发表，目的在于抛砖引玉。如《西周初期东都成周的建设及其政治作用》（华东师范大学《历史教学问题》1973年第4期）、《西周中央政权机构剖析》（《历史研究》1984年第1期）、《西周王朝公卿的官爵制度》（《人文杂志丛刊》第二辑《西周史研究》）、《西周初期的分封制》（《纪念顾颉刚学术论文集》上册，1990年出版）、《论周武王克商》（《神与神话》，1988年出版）、《穆天子传真实来历的探讨》（《中华文史论丛》第五十五辑，1995年出版）、《曾国之谜解释》（《复旦学报》1980年第3期）、《西周时代的楚国》（《江汉论坛》1981年第5期）。

我七十年来发表的长短文章有二百二十多篇，散见在报刊杂志上，为读者方便起见，编辑出版这部《古史论文选集》，选的首要标准是较有学术价值的。例如，古史传说中，我主要挑选了四季之神的神话传说，因为这是同近年新发现的《楚帛书》所载四季之神的创世神话密切相关的。又如战国史事丛考，我在《战国史》中都已约略谈到，我只选取了讨论有关梁惠王年世和越国灭亡年代等的文章，因为这两个问题经过这样进一步的讨论，都已经成为定论了。凡是论文的主要论点，《西周史》和《战国史》中已经基本说明的，就不再收入。

此选集共分九卷。卷一主要探讨古代农业生产发展的问题，包括土地制度、农业政策等各方面的成就。中国在这方面很早就有高度发展的水平，从而使得中国古代经济文化有着高度发展的成就。卷二编入了讨论西周时代与社会组织、军队编制密切相关的“乡遂制度”的文章，又编入了西周、春秋和战国、秦汉间从分封制演变为郡县制等文章。卷三编入《商代的别都制度》和《西周列国考》二文，商代有别都制度是前人没有谈论到的，正如日本学者西嶋定生在为我的《中国都城的起源和发展》一书日译本所写序文中所说：“商代的都城制度是一种陪都制，这与历来认定的商代一都的观点是迥异的。”至于《西周列国考》，考定西周时代存在的列国和部族多到一百七十多个，更是前人未曾考究出来的。卷四是有关战国史事的文章。卷五编入了讨论有关四季之神的神话以及古史传说中的神话问题。卷六编入了文物丛考。卷七编入了月令考。要特别指出的是，《诗经·豳风》的《七月》篇，是西周时代豳（今陕西彬县北）地农民所作按时令进行农事与生活的诗歌；《大戴礼》的《夏小正》是春秋时代农事的月历；《礼记》的《月令》是战国时代的农事月历，三者一脉相承，我们可以由此看到土地制度和耕作技术上的发展变化。卷八、卷九编入有关墨学和先秦诸子的问题。

杨　宽

卷一

重评1920年关于井田制有无的辩论

一

1920年在《建设》杂志上展开的关于井田制的辩论，是五四运动之后第一次有关中国社会史问题的论战。这场论战对此后中国古代史的探讨有着较大的影响，因此我们今天还值得重新加以评论。《建设》杂志是五四运动爆发以后由孙中山创办的，目的在于宣传民主革命，阐释孙中山的学说，由廖仲恺、朱执信等人主编。这场关于井田制的辩论，是由胡适挑起的。胡适的对方是廖仲恺、朱执信、胡汉民三人。参与辩论的还有吕思勉和季融五。吕思勉是支持廖仲恺的主张的，季融五则完全赞同胡适的意见。

胡适的评论，首先是针对当时《建设》杂志上发表的胡汉民《中国哲学史之唯物的研究》一文的。胡适之所以要出来争辩，原因不外两个：首要的原因是，胡汉民在这篇文章中确定井田制是中国古代相沿的共产制度；而当时胡适正主张多研究些问题，少谈些“主义”，他不承认阶级社会之前存在过原始共产社会，用他的话来说，就是“古代本没有均产的时代”。次要的原因是，胡汉民这篇文章试图用唯物观点研究哲学史，正好和胡适研究哲学史的观点对立。胡适在研究中国哲学史方面，是从1917年发表《诸子不出王官论》开始的。他在那篇文章里批驳了《汉书·艺文志》有关“九流”出于王官之说，认为“刘歆以前论周末诸子学派者皆无此说”，这是“汉儒附会揣测之辞”，“诸子自老聃、孔子至于韩非，皆忧世之乱而思有以拯济之，故其学皆应时而生”。胡适写信给廖仲恺，否定中国古代存在井田制，认为“井田的均产制乃是战国时代的乌托邦”，也就是当时思想家的“救世”理想。这时廖仲恺、朱执信和胡汉民有基本相同的见解，有些问题还曾共同研究过，他们三人先后参与了这场辩论，一起反驳了胡适的论点。

二

胡汉民说：“井田是计口授田，土地公有，古代相沿的一个共产制度。”又说：“井田制是中国古代土地私有制未发生前的一种土地共有制度。”廖仲恺还说：“井田制度我假定他是上古由游牧移到田园、由公有移到私有当中的一个过渡制度。”他们两人提出这样的见解，都曾以民族学的调查和欧洲历史上的“均产制度”作比较。廖仲恺在《答胡适之的信》中，曾引用不少当时欧洲的历史著作，用来说明欧洲“均产制度”的沿革，指出“原始社会里的土地是民族共用的产业，依期分给各家”；又讲到“这种原始组织，拿耕地来均分，把非耕地作公用”，在封建时代的农奴制度下“还能保存”；认为欧洲既有类似的例子，就不能否认中国古代井田制的存在。

廖仲恺这样把欧洲“均产制度”的沿革和中国古代井田制作比较，很有独到之见。当然，在古代社会里出现的井田制，不可能就是一种土地私有制未发生以前的土地共有制度。但是不能否认，它确是起源于原始社会末期农村公社（以下简称“村社”）的土地制度。原始村社的土地分为两部分，一部分是共耕地，由村社成员集体耕作，收获储藏起来用于祭祖、聚餐、救济等公共开支；另一部分是分给各户的“份地”，按土地质量差别平均分配给每户人家，由各户自己耕作和收获，用来维持生活。“份地”一般要按劳动力平均分配使用，成年时分配一份，年老时收回；同时还要实行定期重新分配或调换的制度。共耕地上的集体耕作，由村社长老带头进行，每年春耕开始时由长老主持春耕仪式，用来鼓励和组织村社成员集体耕作。所谓井田制，就是进入古代社会以后，贵族把这种村社的土地制度加以变革，使之成为剥削的一种手段。原来的共耕地，称为“公田”，或者称为“籍田”，这时被贵族占有，并加以扩充，作为剥削集体耕作劳动的一种方式，称为“助”或“籍”。原来村社长老主持的春耕仪式，也被改造成为“籍礼”，变成统治者监督从事无偿集体劳动的一种礼制。原来分配给各户的份地，称为“私田”，也还保留按年龄受田、归田和定期平均分配、调换田地的制度。但是，这时的村社组织，已被贵族利用作劳动的编制，实质上已经成为服役的单位，使得再生产在悲惨的条件下进行。因此井田制尽管保留有村社及其土地制度的形式，实质上已经不是原始的村社及其土地制度。

胡汉民所解释的井田制，认为在封建制度（即分封制）下，在卿大夫的采地食邑中，依然保留有这种土地共有制度的形式，卿大夫只是从中取得“什一之征”的收入而已。廖仲恺在《答胡适之的信》中，引用日本学者加藤繁的话，认为《诗经》和《左传》里没有当作私有财产的田土的痕迹，像秦将王翦那样“请美田宅甚众”，到战国末年才出现，因而把春秋以前看作是土地私有制发生之前土地共有的时代。的确，战国时代私有田地的形态，是井田制瓦解以后逐渐产生的，但是我们认为，不能认为井田制存在的时期就不存在土地私有制。当西周、春秋推行宗法制和分封制的情况下，各级贵族（包括诸侯、卿大夫、士）所占有的采地食邑内，既包括有井田和耕种井田的人民，还占有私有的田和耕作的奴隶。各级贵族是按宗族为单位来占有财产的，其财产单位叫做“室”，而“室”中主要的财产就是“田”。“田”就是每个宗族建立其“室”的基础，因此一个宗族的建立或消灭，“田”的占有或丧失是重要的关键。例如晋国一度灭亡赵氏，“以其田与祁奚”，等到韩厥请求晋侯，重新立赵武为赵氏的宗子，就“反其田焉”（《左传》成公八年）。这种以宗族为单位的占有田邑的制度，和战国以后以一家一户为单位的占有田地的制度还不同。

胡汉民之所以会发生井田制是共产制度的误解，有个原因，就是他把西周、春秋的分封制和战国、秦、汉的分封制（或称食封制）混为一谈，误认为西周、春秋的诸侯、卿大夫如同战国、秦、汉的封君一样，在封邑里不占有土地，只是向土地所有者征收一定比例的田赋而已。他不但把春秋以前卿大夫看得像秦、汉的列侯差不多，还把耕种井田的农夫看得像自耕农差不多，只是土地出于分配而没有处分权。所以当胡适举出《左传》上卿大夫争夺采邑的例子来证明土地私有时，他答复说：“采地食邑的收入，仍许立在人民享有耕种的普遍田地之上，他们的利益转移，只是这点收入。占有食邑采地，和后来私有财产的‘所有’的田地不同。”事实上西周、春秋贵族占有食邑采地，不仅占有土地，还占有人民。胡适在这点上，认识还是正确的。他引用《诗·大雅·瞻印》："人有土田，女(汝)反有之；人有民人，女(汝)覆夺之"，指出"不但土地是被'有'的，连人民都是被'有'的"。

正因为胡汉民有这样的误解，便作出春秋以前土地私有制尚未发生、井田制是从古相沿的土地共有制度的结论。这个结论是根本站不住脚的，是随手可以找到许多反证的。因此就被胡适作为集中批评的目标，并借此作为否定井田制存在的依据。在胡适提出批评之后，胡汉民进一步分辩说："我们认为那时代土地私有并未发生，农夫就是于一定时期内对于土地有收益权，无处分权；卿大夫对于采地食邑，亦只有一部分收益权，无处分权。"怎么可能在贵族统治的社会里，贵族和农夫一样对土地"无处分权"呢？一样只有收益权呢？而且贵族还比不上农夫，"亦只有一部分收益权"呢？胡适因此举出《左传》上许多卿大夫争夺采邑和用采邑赏赐、贿赂的例子，指出"因为土地是私有的，故可以夺来夺去，可以拿来赏人，可以用作贿赂，这是处分权"。

正因为胡汉民解释井田制有这样缺点，胡适就利用这点，不但借此否认井田制的存在，而且借此否认历史上原始社会的存在。胡适举出了一些《诗经》的字句，就断定说："古代并没有均产的井田制度，故有'无衣无褐'的贫民，有'载玄载黄'的公子裳，有狐狸的公子裘，有'千斯仓，万斯箱'的曾孙，有拾'遗秉滞穗'的寡妇，因为古代本没有均产的时代。"这就是他要争论的主旨所在。

我们必须指出，尽管胡汉民对井田制的解释存在缺点，但是廖仲恺对井田制所作的论证，对古代史研究还是有贡献的，这不是胡适所能驳倒的。

廖仲恺提出论证的方法是:“第一要紧的是在本国地方上有这种制度残留的痕迹,或有那时代政府的记录的直接证据;其次在外国同阶段时代中有类似制度的旁证;再次有证明反证之不符的反证。”这三条论证方法,基本上是科学的。今天我们论证井田制,基本上也还是运用这样的方法。

廖仲恺提出的直接证据是《春秋》宣公十五年“初税亩”的记事和《春秋》三传的解说。《左传》说“初税亩”之前,“穀出不过籍”。《公羊传》又说:“古者什一而籍。”《穀梁传》也说:“古者什一,籍而不税。”“籍”就是孟子所讲井田制的“助”法,孟子说:“助者籍也。”他还举出《国语・鲁语上》孔子对答冉有的话,“先王制土,籍田以力而砥其远近,……则有周公之籍矣”,孔子确认古代实行“籍田以力”的剥削办法。这确是历史上井田制存在的直接证据。他认为根据这项记事,“可以证明鲁国到宣公时‘初’坏井田”,因此不能断定井田制是孟子的“托古改制”,是战国时代的乌托邦。

胡适对这点的反驳是十分武断的。他认为《公羊传》和《穀梁传》是西汉初年才写定的,其中一定有汉初人加入的材料,都是拿孟子的井田论来解释“初税亩”,“都是孟子的余毒”。他又认为《左传》所说的“籍”,即是“赋”,古代赋而不税,“初税亩”不过是鲁国第一次征收地租,本来和井田制毫无关系。这样的辩解是荒谬的。“赋”是征收来专供军事上的用途的,所以其字从“贝”从“武”。如果“籍”就是“赋”,只征收来供军事上的需要,试问当时贵族及其政权的其他非军事的开支,从什么地方取得呢?孔子说:“籍田以力”;孟子说:“助者籍也”,“唯助为有公田”,分明“籍”或“助”是指公田上征发集体劳力耕作的收入。胡适说:“赋是地力所出”,把“力”解释为“地力”,显然是曲解。胡适把“初税亩”解释为“于赋之外另加收地租”，同样是曲解。《公羊传》把“初税亩”解释为“始履亩而税”，《穀梁传》解释为“去公田而履亩十取一也”，都是正确的。就是废除依靠在“公田”上征发劳力耕作的收入，而改用按亩征收生产谷粮的收入。这时鲁国的“初税亩”，是和后来秦国的“初租禾”性质相同的。

廖仲恺举出的旁证是欧洲均分耕地制度的沿革。他引用西方和日本学者著作，指出日耳曼民族的乡村中，每个家长是“平等享有公产不可分的份子”，等到日耳曼侵入罗马以后，“土地公有”和“产业独占”两种思想混杂为一，结果是“躲在封建制度底下，而且和封建制度并行的，还有以耕田人之共有权为基础的原始组织，……而他的踪迹遗留到全欧，……至今在俄国专制政治、农奴制度的底下，在塞尔维亚所受回教压迫的底下，还能保存”。这是很有力的旁证。

胡适对这点的反驳也是十分武断。他说廖仲恺“所引西方和日本学者的话，都只是关系原始社会的讨论，我是不承认那有了二千多年政治生活的有史民族还是在原始社会的”。其实廖仲恺所引的话，明明指出封建制度、农奴制度下还保存的原始组织，并不只是原始社会的状况。

三

我们从廖仲恺和胡适对井田制的辩论中，可以看到两人的观点和方法是根本不同的。廖仲恺是把“井田”作为一种古代的社会经济制度来论证的，而胡适是把“井田”作为思想家的理论来探讨的；廖仲恺要论证的是井田作为一种经济制度在古代实施的情况，而胡适要探讨的是井田作为一种乌托邦理论是如何发生和发展的。

两人所以会发生这样大的分歧，因为廖仲恺采取实事求是的态度，想通过史料上的直接证据和旁证来辨明井田制的真相；而胡适早有主观的成见，认为古代不可能出现豆腐干块的井田制度，只能是孟子杜撰的乌托邦，这是托古改制的惯技。所以等到廖仲恺发表《答胡适之的信》，提出史料上直接证据和旁证加以反驳，胡适就引用许多史料，抛出了“井田论沿革史的假设”。

这个“井田论沿革史的假设”，确是个大胆的假设。这个大胆的假设是怎样构成的呢？最初胡适只是把他的“诸子出于救乱世论”，和康有为鼓吹的“托古改制说”结合起来，把井田论看作孟子为了救世而草拟的乌托邦，采用了托古改制的手法。等到抛出“井田论沿革史的假设”的时候，他又进了一步，把他的“诸子出于救乱世论”，不但和“托古改制说”结合，还和康有为的“新学伪经说”结合了起来，于是井田论不仅是孟子的乌托邦，而且成了西汉末年的大乌托邦的计划了。

胡适的“井田论沿革史”，分成七个阶段，每个阶段以一种或一种以上的书为代表，就是(1)《孟子》；(2)《公羊传》；(3)《穀梁传》；(4)《礼记・王制》；(5)《韩诗外传》；(6)《周礼》；(7)《汉书・食货志》、何休《公羊解诂》、《春秋井田记》(《后汉书・刘宠传》注引)。照他的说法，《孟子》的井田论很不清楚，很不完全，《公羊传》只有“什一而籍”一句，也不清楚，《穀梁传》全是后人望文生义的注语，《礼记・王制》并无分明的井田制，到《韩诗外传》才有清楚的井田论，而关键在于西汉末年忽然跑出一部《周礼》来。《周礼》里的井田制说得很详细，很繁复，很整齐，构成了大乌托邦的计划。从此井田论的说法渐渐变精密，就有《汉书・食货志》、《公羊解诂》的记载。他的结论说：

这是"汉代的有心救世的学者,依据孟子的话,逐渐补添,逐渐成为像煞有介事的井田论"。

十分明显,胡适这时进一步把"新学伪经说"和他的"诸子出于救乱世论"结合了起来,因此把《周礼》作为造成井田论的关键了。胡适说:"扬雄、刘歆、王莽等都是想做一番大改革的人,不能不用尽心思去埋下改革的根据",因此刘歆伪造《周礼》,造出了这样一个大乌托邦的计划,王莽得政之后,更名天下田曰王田,"这便是乌托邦的实行"。这又和他对王莽的荒谬看法有关。胡适竟然把王莽改制说成实行"社会主义"①。

康有为的"新学伪经说",本来是今文经学家的一种家派的偏见,是根本不能成立的。《周礼》原是战国时代儒家编著的一部理想化的政典,决不是刘歆的伪造。这书以西周、春秋的制度为基础,经过整齐划一,加以系统化和理想化而成,因此内容复杂,但其中还保存有不少有价值的古代史料。其中所有井田制的史料,也不能认为全部出于儒家的理想。至于王莽颁布的王田制,绝对不是井田制。王莽把土地收归国家所有,称为"王田",禁止私人自由买卖,规定"男口不盈八,而田过一井(九百亩)者,分余田予九族邻里乡党",又规定无田农民一夫一妇授田百亩。这种王田制,既允许大地主保留合法田地的限额为每户九百亩,又要对无田农民实行平均的计口授田制度。因此可以说,这是要求在做好"限田制"的基础上推行"均田制"。由此可见,胡适所说刘歆伪造井田论,制订大乌托邦计划,王莽实行了乌托邦,确是凭空杜撰的。

---

① 见《胡适文存》二集卷一"王莽"及三集卷七"再论王莽"。

胡适论证的方法和廖仲恺是绝对不同的。他先把记载有井田制的书籍，按时代次序排列，加以比较，凡是先前的书上没有述及的，就认定是后来人所补添。因此他说："战国以前从来没有人提及古代的井田制"，"孟子却说得那样整齐，这便是凭空杜撰"；"《春秋》三传里没有一部不夹着许多后人妄加的话"；"汉代是一个造假书的时代，是一个托古改制的时代"，刘歆为王莽大改革预先埋下根据，假造了《周礼》；"《韩诗》、《周礼》出现以后，井田论的说法渐渐变精密"，《汉书·食货志》"是参酌《韩诗外传》和《周礼》两书而成的"，何休《公羊解诂》"又是参考《周礼》、《孟子》、《王制》、《韩诗》、《食货志》做的"，"但加了一个'三年一换土易居'的调换法"。就这样，胡适排列成了一部井田论"逐渐补添"而成的沿革史，用来否定井田制的存在。

在胡适看来，所有这些古书的作者，没有一个不是托古改制的专家，而且是凭空杜撰或随意添补的作伪老手。但是，我们只要把这些井田制的记载，和欧洲历史上存在的村社制度，或者国内少数民族民主改革前保留的村社制度，作一对比，就可清楚地看到他们所记载的井田制，既不是凭空能够杜撰得出的，也不是随意能够"逐渐补添"而成的。不但孟子所说"公事毕然后敢治私事"的"公田"和"私田"，是村社的土地制度，而且孟子所说"乡里同井，出入相友，守望相助，疾病相扶持"，也是村社组织的习惯法。《汉书·食货志》说："民至二十受田，六十归田"，正是村社中的土地还受制度。云南西双版纳傣族地区在民主改革前，就实行这种制度，每个农民从十五岁到结婚前，可以分得二分之一到四分之一的"份地"，结婚后到五十岁就可以分得一份"份地"，五十以后要归还"份地"。《公羊解诂》说："司空谨别田之善恶，分为三品，上田岁一垦，中田二岁一垦，下田三岁一垦，肥饶不能独乐，垸埆不得独居，故三年一换土易居，财均力平。”这正是村社中定期分配“份地”的制度。日耳曼的马尔克公社，最初是“份地”一年重新分配一次，接着改为三年、六年、九年或十二年分配一次，分配时为了平均劳动机会，也是以土壤的自然差别和经济差别为标准的。因此无论是《汉书·食货志》所说的“二十受田，六十归田”，还是《公羊解诂》所说的“三年一换土易居”，都不可能是凭空杜撰或随意添补的。

既然井田制确是一种古老相沿的村社制度，为什么孟子以前的古书里不见有具体记载呢？为什么孟子说得比较简略，而汉人著作又有比较详确的内容呢？原因不外两个：一是先秦著作多数失传，留传到今的是少数；而且先秦史官只注意记载政治上的大事，保存一些政治上的重要文件，没有留下记录典章制度的著作。二是春秋以前限于物质条件，著书和流传都比较难，记载比较简要，丰富的内容往往靠口说流传，所以当时既有记录大事的史官，又有传诵历史掌故的瞽矇。左丘明可能就是个“失明”的瞽史。战国时代对于古书的解释，还多靠师徒口说流传。《汉书·艺文志》说：“及末世口说流行，故有《公羊》、《穀梁》、《邹》、《夹》之传。”所以《公羊传》、《穀梁传》到西汉初年才写定。因此我们考证先秦的历史事实，需要充分占有材料，实事求是地作全面而系统的分析，才能作出正确论断。凡是先前著作上不见或不详，到后来著作上才出现或加详的，不能一概认为出于后人的添补或伪造。

值得我们注意的是，吕思勉先生当时在《建设》杂志上发表给廖仲恺和朱执信的信。他支持廖仲恺的主张和论证方法，驳斥了胡适的井田是孟子乌托邦之说及其论证方法，特别着重批驳了胡适这个

"逐渐增补"而成"井田论沿革史的假说"。吕思勉曾经举例,证明孟子讲述古代历史并不是随口乱说、凭空杜撰的,他主要依据的就是孔门相传之说,特别是孔门相传有关《尚书》、《春秋》的解说。例如《孟子·万章上》所讲尧舜禅让的事,便是出于孔门解释《尚书》之说,后来司马迁作《史记·五帝本纪》所以有相同的记载,就是出于同样的来源。又如齐宣王问曰:"齐桓、晋文之事,可得闻乎?"孟子曰:"仲尼之徒无道桓、文之事者,是以后世无传焉,臣未之闻也。"(《孟子·梁惠王上》)齐宣王问曰:"文王之囿方七十里,有诸?"孟子对曰:"于传有之。"(《孟子·梁惠王下》)孟子对前一个问题的答复是"无传",对后一个问题的答复是"于传有之"。孟子所说的"传",就是指仲尼之徒相传《尚书》、《春秋》等书的解说。"传"往往先是口说流传,后来才著录于竹帛的。因此吕思勉认为"孟子之说,尚皆沿袭前人,非所自创"。《孟子》、《公羊传》、《尚书大传》所讲井田制相同之处,甚至字句相同的地方,"乃《尚书》、《春秋》同有之说(指孔门相传的解说),为儒家极习熟之语"。这个说法是很有见地的。后来吕思勉在《先秦学术概论》论儒家一章中有《经传说记》一篇,对此更有较详的论述。

同时,吕思勉还指出,古代学术的传授,不能如胡适所说那样"师师相传,时有增改",相反地,是"谨守师说,递相传述",因而形成各自的家派。到汉代,儒家经说的传授和讲解,又有今文、古文的家派。因此他在作了许多比较之后,作出断定:在井田制的"诸说之中,惟《汉志》(指《汉书·食货志》)兼用《周官》(即《周礼》),《公》《穀》二传、何氏《解诂》,则虽词有详略,而义无同异,正可见同祖一说,绝无逐渐增补之迹也"。我认为,这样来理解是符合客观的实际情况的。

这场关于井田制的辩论,是现代我国学术界第一次有关中国古代社会史问题的论战，是两种不同观点、两种不同论证方法的交锋。因此，虽然离开现在已有数十年了，今天我们重新加以分析和评论，还是从中可以得到不少有益的启示。

四

我们今天确认西周春秋时代确实实行着井田制的生产方式，主要有下列两点重要证据足以证明。

第一，当时农民有着村社的组织，村社中确是实行定期平均分配质量相等的“份地”制度。《公羊传》宣公十五年何休注，讲到井田制实行“三年一换土易居，财均力平”，这是事实，得到了山东临沂银雀山出土竹简《田法》的证实。《田法》说：“……循行立稼之床，而谨□□美恶之所在，以为均地之岁，……□考参以为岁均计，二岁而均计定，三岁而壹更赋田，十岁而民毕易田，令皆受地美恶□均之数也。”“赋”即授与之意，“壹更赋田”就是说一律更换授与的田亩，要三年平均更换一次，经历十年中三次更换才能做到分配平均。

第二，当时农民确是要集体耕耘“公田”（即“大田”），《诗经》中西周时代创作的诗篇，多篇有具体的描写。《小雅·大田》说：“雨我公田，遂及我私”，说明公田和私田往往连成一片；《大田》又说：“大田多稼，既种既戒，既备乃事；以我覃耜，俶载南亩，播厥百谷，既庭且硕，曾孙是若。”这是描写农民在“大田”上播种百谷，秧苗长得既直又肥大，顺了曾孙的心。《周颂·噫嘻》说：“噫嘻成王，既昭假尔。率时农夫，播厥百谷。骏发尔私，终三十里。亦服尔耕，十千维耦。”这是描写周成王举行“籍礼”，统率着许多农民播种百谷，命令农夫既要开发私田，更要耕种三十里开阔的公田，由十千人进行“耦耕”（二人合作的耕种)。《周颂·载芟》说:“载芟载柞,其耕泽泽。千耦其耘,徂隰徂畛。”这是描写集体开垦和集体耘田的情况,既要砍除草木,更要耕得泥土松散;由上千人合作耘田,既要耘到新开垦的田,又要耘到田岸边。《周颂·良耜》载:“获之挃挃,积之栗栗。其崇如墉,其比如栉,以开百室。”这是描写集体在“大田”上进行秋收的情况,所收获的粮食堆积起来,高得如同城墙,密得如同篦齿,一共装满了“百室”。

西周时代贵族占有的“公田”(即“大田”,或称“甫田”),面积很大,越是高级贵族越大。《国语·周语上》载:“宣王即位,不籍千亩。”天子的籍田以“千亩”为单位。《小雅·甫田》载:“倬彼甫田,岁取十千,我取其陈,食我农人。”“岁取十千”是说每年要收取十个“千亩”的粮食。所有农人必须先耕作于“公田”,就是《大戴礼记·夏小正》所说“初服于公田,古者有公田焉,古者先服公田而后服其田也”;就是孟子所说“同养公田,公事毕然后敢治私事”。高级贵族占有的“公田”多到十个“千亩”,农夫集体从事耕作的就多到“十千”之数,即所谓“十千维耦”,“千耦其耘”。孟子所说“方里而井,井九百亩,其中为公田,八家皆私百亩,同养公田”(《孟子·滕文公上》),只是原始的小规模的井田制而已。

农夫这样集体在“公田”上耕作,是由田官监督进行的。《豳风·七月》描写当时豳地农夫集体在公田上耕作的情况:“三之日于耜,四之日举趾,同我妇子,馌彼南亩,田畯至喜。”“三之日”是相当于夏历正月,“四之日”相当于夏历二月,这是说当农夫集体“初服于公田”的时候,妇女孩子们要给耕作者送饭到田头,因而进行监督耕作的田官(田畯)很是高兴。《周颂·载芟》描写农夫集体在公田上耘田的情况:“千耦其耘,徂隰徂畛;侯主侯伯,侯亚侯旅,侯强侯以,有嗿其馌,思媚其妇，有依其士。”“侯”是发语词，“主”指农夫的家长，“伯”指农夫的长辈，“亚”指农夫的兄弟辈，“旅”指农夫的晚辈，这是说所有农夫家族中的人都来送饭一起吃着。

《豳风・七月》又载：“九月筑场圃，十月纳禾稼，黍、稷、重穋，禾、麻、菽、麦。嗟我农夫，我稼既同，上入执宫功。昼尔于茅，宵尔索绹，亟其乘屋，其始播百谷。”这是说九月筑好打谷用的场地，十月就收获各种粮食，等到自己种的庄稼收齐，就要进入贵族家中做修缮房屋的工作，白天收取茅草，晚上用手搓绳索，要登上房屋修缮，接着就要开始播种百谷。所说收获各种粮食，首先是为贵族做的，然后再收获自己种的，等到自己种的庄稼收齐，又要进入贵族家中做修缮等工作。

《诗经》所载西周贵族所作的诗篇，有多篇描写贵族所有“大田”上耕作和收获的情况的。如《小雅・甫田》和《小雅・大田》所描写的，都是歌颂他们所有“大田”上耕作周到、保养美好、庄稼茂盛、粮食丰收以及祭祀神灵的情况。《周颂・臣工》和《周颂・噫嘻》，都是歌颂天子举行“籍田”的礼节，统率农夫在“大田”上开始集体耕作的情况。《周颂・载芟》和《周颂・良耜》，都是歌颂农夫在“大田”集体耕耘而取得丰收的情景。从这些歌颂“大田”上耕作和收获的诗篇看来，西周时代贵族所占有“大田”上的收入是很丰富的，西周贵族政权和贵族统治的经济基础，就建立在这种农民集体耕作的“大田”之上，等到西周晚期农民不肯尽力于“公田”，“公田”上的农业生产逐渐没落，西周政权也就逐渐衰败了。

（原载《江海学刊》1982年第3期，今作补订）

云梦秦简所反映的土地制度和农业政策

1975年湖北省云梦睡虎地秦墓竹简的出土，是新中国考古工作中丰硕成果之一。由于墓主生前担任县一级的司法职务，墓中葬入了大量抄录法律条文的竹简，为我们提供了研究战国时代秦国和秦代社会经济、政治、军事、文化等各方面的重要史料，引起了国内外考古学界和历史学界的重视。不但国内已出版有专门研究这批秦简的专著和论文集，日本也已发表有这方面的专门论著。但是，其中有些重要问题还没有根本解决，有待于我们进一步作深入细致的探讨。本文只就秦律中反映的土地制度和农业政策，提出一些粗浅看法，希望有助于这个问题的深入讨论。

秦律所反映的按户授田制度

秦律中有《田律》，讲到了授田制度：

入顷刍稾，以其受田之数，无豤(垦)不豤(垦)，顷入刍三石，稾二石。刍自黄䅳(穌)及䕭束以上皆受之。入刍稾，相输度，可殹(也)。

从这条法律,可知秦的受田者按照"受田之数"不论是否已经垦种,每一百亩田,都必须缴纳饲料三石,禾秆二石。当然,还该缴纳收获的一定数量粮食,应该有另外条文规定,只是没有抄录保存下来。《仓律》有条文说:"入禾稼、刍、稿,辄为廥籍,上内史。"规定各地征收所得粮食、饲料、禾秆进入仓库,就要记入仓库的簿籍,上报到内史。这个内史就是后来汉代初年的治粟内史,上报到他那里的,就是各地征收到的作为地税的实物。

不但秦的《田律》讲到授田制度,《魏户律》(《为吏之道》附录)也有同样的记载:

> 廿五年闰再十二月丙午朔辛亥,□(王)告相邦:民或弃邑居壄(野),入人孤寡,徼人妇女,非邦之故也。自今以来,假(贾)门逆吕(旅),赘婿后父,勿令为户,勿鼠(予)田宇。三枼(世)之后,欲士(仕),士(仕)之,乃(仍)署其籍曰:故某虑(閭)赘婿某叟之乃(曾)孙。

"廿五年"是魏安釐王二十五年(前252年)。这是把魏安釐王给相邦的命令,用作《魏户律》的条文。从这道命令,可知战国晚期由于农业生产的发展,田野的开发,原来住在都邑的庶民,有"弃邑居野",进入孤寡之家,做人家的赘婿的。魏国为了维护"邦之故"制,规定从今以后,做买卖的"贾门",经营"逆旅"的店主,招赘于人家的"赘婿",招赘给有儿子的寡妇的"后父",都作为身份低下的人,不准独立为户,不授予田地、房宅基。按此规定,不属于这类身份低下的人,便可以立户,得到受田的权利。可知当时的授田制度,是根据户籍上所立的户,按户授给田地和宅基的。根据这条命令,这类身份低下的人,要三代以后才能改变身份。而且三代以后，改变了身份，要做官的，还得在官籍上写明是："故某闾赘婿某叟之曾孙。"

同时，魏安釐王还有一道给将军的命令，载在《魏奔命律》（《为吏之道》附录）内，谈到了派遣这类身份低下的人从军的规定：

> 廿五年闰再十二月丙午朔辛亥，□（王）告将军：假（贾）门逆闟（旅），赘婿后父，或衛（率）民不作，不治室屋，寡人弗欲，且杀之，不忍其宗族昆弟。今遣从军，将军勿恤视，享（烹）牛食士，赐之参饭而勿鼠（予）肴。攻城用其不足，将军以堙豪（壕）。

这道命令指出，所有这些身份低下的人以及"率民不作、不治室屋"的人，原来都是要杀的，因为不忍连累他们的同族兄弟没有杀，现在派遣他们从军，将军不必怜惜。在烹牛赏给士兵吃的时候，只赏给他们吃三分之一斗的饭，不要给肉吃。在攻城的时候，哪里需要就派用他们到哪里，将军可以使用他们平填沟壕。说明这类身份低下的人从军，如同罪犯一样属于惩罚性质，在军队中待遇要比一般士兵低一等，在战斗中要担任攻城等艰巨的任务，在行军或防守中要担任平填沟壕等较苦的劳役。魏王这道给将军的命令和前一道给相邦的命令，是同时发出的，都是为了维护"邦之故"制，把这类人作为身份低下的人，作出了剥夺原有政治上和经济上的权利，并进一步加以惩罚的规定，包括不准在户籍上独立为户，不授予田宅在内。

墓主生前担任"治狱"之类的县一级司法官吏，他之所以要把上述两条魏律附抄在《为吏之道》的文书末尾，该是因为这两条魏律的内容，基本上和秦法相同。很可能有关这方面的秦法，就是仿效魏法的。尽管抄录者因为这是魏国法律，有所避忌而去掉"魏王"的"王"字，但是他把魏王同时发布而内容相关的两道命令，分别从魏的《户律》、《奔命律》中抄录到一起，说明他十分重视这两道命令，必然有它的实用价值和意义。

魏律把这类身份低下的人，分为“贾门逆旅”、“赘婿后父”和“率民不作，不治室屋”三类。其实，经营“逆旅”的店主，就是“贾门”的一种，“后父”也就是“赘婿”的一种。这三类人，在秦国同样是身份低下而作为贬斥惩罚的对象的。秦国在商鞅变法以后，推行重农抑商政策。商鞅在变法令中规定：“事末利及怠而贫者，举以为收孥。”（《史记·商君列传》）所谓“事末利”，就是魏律所说的“贾门”。《商君书·垦令篇》中就有不少限制商贾的规定，也还有“废逆旅”的主张，认为“废逆旅，则奸伪、躁心、私交、疑农之民不行，逆旅之民无所于食，则必农”。赘婿和后父，也是秦国惩罚的对象。《秦会稽刻石》上明确指出：“饬省宣义，有子而嫁，倍（背）死不贞。……夫为寄豭，杀之无罪，男秉义程。妻为逃嫁，子不得母，咸化廉清。”不但反对有儿子的妇女再嫁，规定改嫁的妇女，儿子不得承认是母亲；而且宣布对于寄居在妇女家中的“后父”杀之无罪。所谓“率民不作，不治室屋”者，就是《商君书》中主张极力排斥的不定居、不务农的“游食之民”。秦始皇三十三年“发诸尝逋亡人、赘婿、贾人略取陆梁地”（《史记·秦始皇本纪》），把“尝逋亡人、赘婿、贾人”作为谪发从军的对象，这和《魏奔命律》命令派遣这类身份低下的人从军是一致的。“赘婿”即是“赘婿后父”，“贾人”即是“贾门逆旅”，“尝逋亡人”就是“率民不作，不治室屋”者，也就是逃离原有户籍而出外游食之民，也即所谓“亡命”。汉文帝时，晁错上书讲到秦的谪戍：“先发吏有谪及赘婿、贾人，后以尝有市籍者，又后以大父母、父母尝有市籍者，从入闾，取其左。”（《汉书·晁错传》）汉代初年实行“七科谪”：“吏有罪一，亡命二，赘婿三，贾人四，故有市籍五，父母有市籍六，大父母有市籍七。”（《汉书・武帝纪》颜注引张晏说）就是沿用秦的谪发制度。为什么谪发“有市籍者”，不但追溯到父母尝有市籍者，还要追溯到大父母（即祖父母）尝有市籍者呢？看来秦法又是和魏法相同的，这类身份低下的人，要三世以后才能改变身份，就是《魏奔命律》所说：“三世之后，欲士（仕），士（仕）之。”所有这些身份低下的人，秦既然作为排斥和谪发的对象，当然也会和魏一样“勿令为户，勿予田宇”。

秦律和魏律所讲到的按户授田制度，是和文献记载相合的。《尉缭子・原官篇》说：“均地分，节赋敛，取与之度也。”“均地分”，今本误作“均井田”，当从山东临沂银雀山汉墓出土《尉缭子》竹简改正。《尉缭子》一书是作者对魏惠王所讲的军事理论和军事法令，以便采用的。书中第一篇《天官篇》，开头就是梁惠王和尉缭的问答，从书中述及的军事制度和乡里组织等情况来看，都是三晋的制度，和秦制不合。有人以为是秦始皇时的尉缭著作，不确。《尉缭子》所说的“均地分”，当是指魏的按户授田制度而言。

秦的按户授田制度，是从商鞅变法以后开始的。杜佑《通典・州郡典・雍州风俗》记载：

> 按周制，步百为亩，亩百给一夫。商鞅佐秦，以一夫力余，地利不尽，于是改制二百四十步为亩，百亩给一夫矣。

《新唐书・突厥传》引杜佑的话相同。杜佑这一记载，当有所本。《商君书・徕民篇》提出了“制土分民之律”：

> 地方百里者，山陵处什一，薮泽处什一，溪谷流水处什一，都邑蹊道处什一，恶田处什二，良田处什四。以此食作夫五万，其山陵、薮泽、溪谷，可以给其材；都邑、蹊道，足以处其民；先王制

土分民之律也。今秦之地，……而谷土不能处[什]二，……此人不称土也。

这篇文章谈到长平之战，又说“秦四世有胜”，当是秦昭王晚年商鞅一派的著作。文章的主旨，认为秦国地广人稀，“谷土”(种庄稼的土地)不过所有土地的十分之二，主张招徕三晋人民前来开垦荒地。这里提出了“先王制土分民之律”，就是地方百里的土地，除去山泽邑居十分之四，良田和恶田共占十分之六，“以此食作夫五万”。但是，由于秦国地广人稀，“人不称土”，“谷土不能处[什]二”，需要采取优待办法招徕三晋人民前来开垦。

这里所提出的“先王制土分民之律”，实际上就是要推行的“制土分民之律”。我们可以亩为单位，对这个“制土分民之律”作出分析。地方百里的土地，总面积为九百万亩。《孟子·滕文公上》说：“方里而井，井九百亩。”以此推算，地方百里总共九百万亩。《汉书·食货志》记载：“李悝为魏文侯作尽地力之教，以为地方百里，提封九万顷，除山泽邑居，参(三)分去一，为田六百万亩。”“九万顷”就是九百万亩，因为李悝对于其中所有山泽邑居占有面积的估计，比《商君书》要低，只占到三分之一，因此耕地面积有六百万亩，而《商君书》所估计的山泽邑居占有面积略高，占到十分之四，因此实有耕地面积为五百四十万亩，“以此食作夫五万”，分授给耕作的农夫五万户，每户可以受田一百零八亩，除去零数，正和杜佑所说商鞅变法以后授田之制“百亩给一夫”相合。可知杜佑所说秦制“百亩给一夫”，确有依据。

《商君书·算地篇》又有类似的记载：

故为国任地者，山林居什一，薮泽居什一，溪谷流水居什一，都邑蹊道居什[一，恶田居什二，良田居什]四(“一恶田居什二

> 良田居什”十字原脱，从俞樾《诸子平议》增补），此先王之正律也。故为国分田，数小，亩五百，足以待一役，此地不任也。方土百里，出战卒万人者，数小也。……夫地大而不垦者与无地同，……故为国之数，务在垦草。

这篇《算地》的主旨和《徕民篇》不同，主张开荒要计算土地，不能用太少的人数去开垦太大的土地，必须有合适的“为国分田”计划。“数小”是说从事耕作和战斗的人数太少。如果人数太少，地方百里的土地，有耕地五百多万亩，每个“作夫”授给“亩五百”，只分配给一万户，这样农夫的耕地多了，固然足以每年对付一次战役，但是由于人力不足，土地不可能得到充分开垦利用（此地不任也）。同时地方百里之内，只能提供战士一万人，兵数也太少了。因此作者强调以赏罚为手段，迫使不从耕战的学士、手工业者、商人都来努力垦荒。

《商君书》一方面在《算地篇》中指出地方百里土地，分授给一万户农夫，每户授给五百亩的办法不合适，不能使耕地充分开垦；另一方面又在《徕民篇》中主张地方百里土地，分授给五万户农夫，每户授给一百亩，认为这是“制土分民之律”。这就是从理论上来肯定商鞅所制定的“百亩给一夫”制度的。

商鞅在秦国所制定的“百亩给一夫”之制，和过去井田制的性质是不同的，过去贵族所推行的井田制，有所谓“公田”和“私田”，耕作者要在奴隶主贵族及官吏的监督下，在“公田”上从事集体耕作的劳役，即所谓“籍法”。同时耕作者所受的“私田”一百亩，属于“份地”性质，既有定期受田和归田的制度，一般是“二十（岁）受田，六十（岁）归田”（《汉书·食货志》）；又有定期重新平均分配的制度，要“三年一换土易居”（《公羊传》宣公十五年何休注）。而商鞅变法以后推行的授田制度，虽然同样是“百亩给一夫”，性质却不同，受田者既没有“公田”上“公作”的集体的无偿的劳役，又没有定期归还和重新平均分配的制度，只须按照“受田之数”，每年缴纳定量地税，包括禾稼、刍、稿。这种授田制度的推行，目的十分明显，就是利用田地宅基的授与，使受田的庶民成为“强兵辟土”的“农战之民”，既要“先实公仓”，又要“为上忘生而战”(《商君书·农战篇》)。从上引《田律》规定“无垦不垦”，一律必须按照“受田之数”缴纳每顷的定量地税来看，具有强迫受田者开垦荒地缴纳地税的目的。当时执政者是通过户籍制度，推行授田之制，来迫使受田者缴纳定额的地税和户赋(即人口税)，并应征兵役和徭役的。受田者的负担是十分沉重的，既不问是否垦熟一律要缴纳定额地税，又必须按户口缴纳军赋，更必须按时应征兵役和徭役。如果隐瞒户口和逃避服役，就要严厉处罚，同时户口又不准随便迁移，因此这种受田者，表面上好像是自耕农，实质上就是封建国家的依附农民。

秦律所反映的名田制度和农田结构

秦国由于地广人稀，有大量荒地，国有土地的面积是不小的。国家推行的按户授田制，就是以大量的国有土地为基础的。秦国也还使用官奴隶来耕作国有土地。秦律中就有“隶臣田者”。与此同时，秦国更大量存在着私有土地。例如《徭律》中说：

> 县葆禁苑、公马牛苑，兴徒以斩(堑)垣离(篱)散及补缮之，辄以效苑吏，苑吏循之。……其近田恐兽及马牛出食稼者，县啬夫材(裁)兴有田其旁者，无贵贱，以田少多出人，以垣缮之，不得为繇(徭)。

禁苑是朝廷畜养禽兽的苑囿，公马牛苑是官家畜养牛马的苑囿。这条法律规定，县政府维修禁苑和公马牛苑，可以征发徒众为苑囿建造堑壕、墙垣、藩篱并加以修补，修好之后该即上交苑吏，由苑吏巡视验收。但是，如果苑囿邻近农田，恐怕有动物和牛马出来吃去禾稼的，县啬夫应该酌量征发"有田其旁者"，不分贵贱，按田地多少出人，为苑囿修筑墙垣，把动物和牛马围起来。因为这是维护"有田其旁者"的利益，有田者应该为此提供人力，就不得作为国家征发的徭役，不得算作为国家服徭役。这是一条十分重要的法律条文，从此我们可以看到，即使在朝廷的禁苑和官家的马牛苑旁边，也存在"有田者"，不论贵贱，可以占有多少农田。这有力地说明当时土地私有制的广泛存在。

这样确认"有田者"，就是秦汉时代的"名田"制度。这在商鞅变法令里，早已明文公布了。

明尊卑爵秩等级，各以差次；名田宅、臣妾、衣服，各以家次。有功者显荣，无功者虽富无所芬华。(《史记·商君列传》)

所谓"名田宅"，就是准许私人以个人名义占有田宅。当商鞅变法的时候，"名田"制度实际上早已存在。商鞅之所以要在变法令中作出这样的规定，一方面是用法令公开承认"名田"的合法性，确认个人名义占有土地的所有权，以此维护地主阶级的既得利益；另一方面规定地主占有田宅，必须按照由军功取得的爵位等级，作为奖励军功、谋求兵强的一种手段。《商君书·境内篇》规定："能得甲首一者，赏爵一级，益田一顷，益宅九亩，除庶子一人。"这样军功越大，赏的爵位级别越高，赏的田地的顷数就越多，赏给服役的"庶子"也越多。按规定，每一级爵位可以得到无爵者一人作为"庶子"，平时"庶子"要给主人每月服役六天，主人有特别役事，则按“庶子”服役期限供给食粮。

商鞅这个按照军功取得爵位等级“名田宅”的法令，是很难长久维持的。特别是政府奖励多开垦荒地，田地又可以买卖，怎能限制富人多占田宅呢！同时奴隶又可以买卖，富人就可以使用奴隶从事耕作。而且社会上又出现了雇佣劳动者，富人还可以使用雇农从事耕作。《商君书·垦令篇》说：“以商之口数使商，令之厮、舆、徒、重(童)必当名，则农逸而商劳。”这是要商家上报所有各种奴仆的名册，分配给徭役，以便抑制商家对奴仆的使用。《吕氏春秋·上农篇》说：“农不上闻，不敢私籍于庸。”这是规定农业生产者必须有“上闻”的爵位，才能使用雇农，否则就不准许。看来这些限止富人使用奴隶、雇农的规定作用不大。上引《徭律》规定：“有田其旁者，无贵贱，以田少多出人”，说明当时贵贱等级和占田多少已经很不一致，只能按有田多少出人而不论贵贱了。推行这种“名田”制度，必然使得富贵者占有田地越来越多，弄得农民丧失耕地而无法生活。因此汉武帝时，公卿就建议“贾人有市籍及其家属皆无得名田，以便农，敢犯令，没入田僮”(《史记·平准书》索隐：“谓贾人有市籍，不许以名占田也”)。同时董仲舒又进言：“限民名田，以澹不足，塞并兼之路。”(《汉书·食货志》颜注：“名田，占田也，各自为立限，不使富者过制，则贫弱之家可足也。”)

正因为秦有“名田”制度，秦律中就有保护土地所有权和处罚侵犯者的规定。《法律答问》说：

> 盗徙封，赎耐。可(何)如为封？封，即田千(阡)佰(陌)、顷半(畔)封殹(也)。且非是而盗徙之，赎耐可(何)重也？是不重。

秦律把私自移动农田的疆界看作“盗”的行为，要判处耐刑（剃去鬓发），但允许出钱赎刑，战国、秦、汉之际，法律条文所说的“盗”和“贼”，含义和后世不同。“盗”是指侵犯财产所有权而言，“贼”是指伤害别人的人身而言。《荀子·修身篇》说：“害良曰贼，窃货曰盗。”秦律把移动农田疆界，称为“盗徙封”，就是看作侵犯土地所有权的行为。《法律答问》把“封”解释为“田阡陌”和“顷畔封”，“田阡陌”是指百亩田中间和周围的道路，“顷畔封”是指百亩田周围修筑的高起的封疆。秦律所说的“徙封”的“封”，只是指百亩田周围的田界和封疆，因此问者就进一步问：这样判处“赎耐”的刑罚何其重呢？而答复：“是不重”。秦律防止侵犯土地所有权，这样从百亩田的周围开始，说明秦的统治者十分重视保护小块的土地所有权。

建筑“田阡陌”是为了耕作需要，建筑“顷畔封”是作为所有权的标志，都是商鞅变法以后开始的，商鞅在秦孝公十二年（前350年）进行第二次变法，“为田开阡陌”（《史记·秦本纪》和《史记·六国年表》），或者说“为田开阡陌封疆而赋税平”（《史记·商君列传》）。“阡陌”即是秦律所说“田阡陌”，“封疆”即是秦律所说“顷畔封”。阡陌是指每一顷田的田间之道，“封疆”是指每一顷田的疆界。《汉书·地理志》说：“秦孝公用商君，制辕田，开仟伯，东雄诸侯。”《汉书·食货志》说：“及秦孝公用商君，坏井田，开仟伯。”又引董仲舒说：“至秦则不然，用商鞅之法，改帝王之制，除井田，民得卖买，富者田连仟伯，贫者亡立锥之地。”从这些记载，可知“开阡陌”，具有“坏井田”和“制辕田”的作用，“开”具有开拓的意思，就是把百步一亩开拓为二百四十步一亩，既要破坏旧的井田的阡陌，又要立置新的辕田的阡陌。《战国策·秦策三》记载蔡泽说：商君“决裂阡陌，教民耕战，是以兵动而地广”。《汉书·王莽传》记载区博说:“秦知顺民之心,可以获大利也,故灭庐井而置阡陌,遂王诸夏。”杜佑《通典·食货典序》也说:商鞅“隳经界,立阡陌”。所谓“辕田”,就是“名田”制度。《汉书·地理志》颜注引张晏说,解释“辕田”是取消村社耕地“三年一易”的制度,是“割列(裂)田地,开立阡陌,令民有常制”;又引孟康说,认为是取消耕地轮流休耕制度,“爰自在其田”。他们解释为取消“三年一易”和轮流休耕制度,并不正确;他们解释为“令民有常制”和“爰自在其田”,近于事实,就是确认私人占有田地的权利。

1979 年四川青川战国墓出土木牍,有秦武王命令更修田律的记载:

> 二年十一月己酉朔朔日,王命丞相戊(茂)、内史匽:□□更修为田律:田广一步,袤八则为畛,亩二畛,一百(陌)道。百亩为顷,一千(阡)道,道广三步。封高四尺,大称其高。捋(埒)高尺,下厚二尺。

“二年”是秦武王二年(前 309 年)。据汪曰桢《历代长术辑要》,“二年十一月己酉朔”,正当秦武王二年。丞相戊即是丞相甘茂。李昭和《青川出土木牍文字简考》(《文物》1982 年第 1 期)的推定,是正确的。内史即后来汉代初年的治粟内史,掌管田租(即地税)的征收、积储和使用。有关农田的制度和法令,也该由内史掌管,因此秦武王更修田律,要命令丞相和内史执行。

商鞅变法改井田制的“百步为亩”为“二百四十步为亩”。当时的“亩”是狭长方形的。这里所说的“畛”是指一亩田两端所开沟的小道。这里所说“田广一步,袤八则为畛”,“则”是“卅步”。1977 年安徽阜阳双古堆西汉墓中出土竹简有“卅步为则”的记载,所说“田广一步，袤八则”，“八则”是二百四十步，这样宽一步、长二百四十步，正合二百四十步为亩的制度。

《氾胜之书》的区田法，规定“以亩为率，令一亩之地，长十八丈，广四丈八尺”（《齐民要术》卷一《种谷第三》引）。秦汉以六尺为步，广四丈八尺，正合八步，长十八丈正合三十步。说明汉代关中地区农田的亩制，还是沿用秦制。

这里说：“田广一步，袤八则为畛，亩二畛，一百（陌）道”，“亩二畛”是说“亩”的两端有小道；所说“一陌道”，是说“亩”与“亩”间有一条陌道间隔着。这条陌道是不宽的，这里没有规定有多少宽。接着又说：“百亩为顷，一千（阡）道，道广三步。”这是说一百亩为一顷，“顷”与“顷”之间有一条阡道间隔着，规定宽度是三步。没有说明长度，因为长度可以推算而得。既然每亩田广一步，长二百四十步，并列一百亩成为一顷，除去畛和陌道不计，一顷田的面积当为宽一百步，长二百四十步，成为长方形的一块大田，阡道该长二百四十步。

过去训诂家都把阡陌解释为田间之道，是正确的。《汉书·成帝纪》载阳朔四年诏：“其令二千石勉劝农桑，出入阡陌。”颜注：“阡陌，田间道也。南北曰阡，东西曰陌，盖秦时商鞅所开也。”而《史记·秦本纪》索隐引《风俗通》又说：“南北曰阡，东西曰陌，河东以东西为阡，南北为陌。”（不见今本《风俗通》）程瑶田《沟洫疆理小记》有一篇《阡陌考》，对此作了具体解释，长期以来为人们所引用。现在看来，这个解释并不恰当。

程瑶田以《周礼·地官·遂人》所讲井田制结构为依据，探讨阡陌的意义。他认为“陌”即《遂人》的“径”，“阡”即《遂人》的“畛”。并不确切。《周礼·地官·遂人》说：

凡治野，夫间有遂，遂上有径；十夫有沟，沟上有畛；百夫有洫，洫上有涂；千夫有浍，浍上有道；万夫有川，川上有路，以达于畿。

所谓“夫”是指百亩之田，“十夫”是指千亩之田，百夫”以上可依次类推。“遂”是小沟，“夫间有遂”是说百亩之间掘有小沟，“遂上有径”是说小沟之上筑有小路。“十夫有沟”是说千亩之间掘有沟，“沟上有畛”是说沟之上筑有道路，其余可依此类推。农田之所以必须这样掘有纵横交叉的沟渠和道路，是为了排水的需要。当时农田的排水系统，为了配合河流东向或南向的水流，田亩的行列和排水系统有东向和南向的区别，称为“东亩”或“南亩”。程瑶田认为《风俗通》所以说有的南北曰阡，东西曰陌，而有的东西曰阡，南北曰陌，是由于“东亩”和“南亩”的不同。

程瑶田还认为：“阡陌之名，从《遂人》百亩、千亩、百夫、千夫生义。”这一见解很有启发，但并不确当。他以“东亩”为例作了说明：

遂上有径，当百亩之间，故谓之陌，其径东西行，故曰东西曰陌也。遂上之径东西行，则沟上之畛必南北行，畛当千亩之间，故谓之阡，而曰南北曰阡也，然则南北曰阡，东西曰陌，此天下之通义，以其义出于东亩，盖东亩者天下之大势也。

我们从青川秦墓出土木牍所载田律来看，程氏所说“百亩之间故谓之陌”，“千亩之间故谓之阡”的解释，并不符合事实。这篇木牍所载田律上讲到田间之道的名称，和《遂人》不同，《遂人》把千亩之间的道路叫“畛”，而这篇田律把一亩田两端的小道叫“畛”，可能出于不同地区称谓习惯的不同。按照这篇田律来看，亩与亩之间的道路叫陌道，百亩与百亩之间的道路叫阡道。由此可见，“陌”是由于在百亩之内，筑在亩与亩之间而得名，就是说，“陌”是指百亩以内用来间隔亩的道路。“阡”是由于在千亩之内，筑在百亩与百亩之间而得名，就是说，“阡”是指千亩以内用来间隔百亩的道路。

木牍所载田律所说“封”和“埒”，就是《法律答问》所说“顷畔封”，也就是《史记·商君列传》“为田开阡陌封疆”的“封疆”，都是指田的疆界，用作所有权的标志的。律文说“封高四尺，大称其高”，就是规定作为农田疆界的封土堆，高度和长度、宽度都是四尺；律文说“埒高尺，下厚二尺”，就是规定作为疆界的矮墙高一尺，下部又厚二尺。古时邦国、都邑和农田的疆界，都建筑有封疆。《周礼·地官·封人》说：

> 封人，掌设王之社壝，为畿封而树之。凡封国，设其社稷之壝，封其四疆。造都邑之封域者亦如之。

这是说，王的社、诸侯的封国以及都邑的疆界，都必须“封而树之”，封是指封土，树是指封土之间种的树木。从西周以来，大块农田的疆界也是“封而树之”，这从散氏盘和格伯簋铭文可以得到明证。杨树达《积微居金文说》卷一《散氏盘跋》已指出这点，自从商鞅变法，确认“名田”制度的合法性，保护以百亩为单位的土地所有权，于是就在百亩田周围普遍建筑“封”和“埒”（即是封土堆和矮墙），用作所有权的标志，并且在法律上加以保护，把移动这种标志看作“盗”的一种行为了。

秦律所反映的管理农业政策

青川秦墓木牍所载秦的田律，在叙述“封”和“埒”的建筑之后，还述及管理农业的政策：

以秋八月，修封捋（埒），正彊（疆）畔，及癹千（阡）百（陌）之大草。九月，大除道及阪险。十月，为桥，修波（陂）堤，利津溛（梁），鲜草离。非除道之时，而陷败不可行，相为之□□。

木牍所记"以秋八月，修封埒，正疆畔"，和《礼记·月令》孟春之月、《吕氏春秋·孟春纪》："王命布农事，命田（指田官）舍东郊，皆修封疆，审端径术"的内容，基本相同。只是《月令》在孟春之月，而木牍所记在秋八月，时间不同。《月令》郑玄注："术，《周礼》作遂，夫间有遂，遂上有径，遂，小沟也。步道曰径。"《月令》下文又讲到："田事既饬，先定准直，农乃不惑。"郑玄注："准直谓封疆径遂也。"定期修理和端正封疆阡陌，目的不外乎两个，一是明确疆界，防止发生侵犯所有权的事件；二是整修好田间的道路和沟渠，使便于排水和有利农作物的生长成熟。木牍的田律还讲到"及癹阡陌之大草"，要割除阡陌上的大草，是为了防止大草成长和扩展，妨碍农作物的生长成熟。

木牍所记"九月大除道及阪险，十月为桥，修波（陂）堤，利津梁"，和《月令》季春之月、《吕氏春秋·季春纪》"修利堤防，道达沟渎，开通道路，毋有障塞"的内容，基本相同。只是《月令》在季春之月，而木牍所记在九、十月，时间不同。定期修理沟渎陂池和堤防桥梁，目的又不外乎二个，一是防止发生水灾损害庄稼；二是整顿交通，便于耕作者来往从事生产。

云梦秦简的《田律》中，还有保护林业、渔业、畜牧、狩猎等生产的规定：

春二月，毋敢伐材木山林及雍（壅）堤水，不(?)。夏月，毋敢夜草为灰、取生荔、麛、鷇、毋□□□□□□毒鱼鳖，置阱罔（網）。到七月而纵之。唯不幸死而伐绾（棺）、享（椁）者，是不用时。

“夏月”以前的“不”字下，疑有脱字。《睡虎地秦墓竹简》把“不夏月”连读，解释“不”字“在此用法与非同”，翻译为“不到夏月”，与下文不合。下文说：“到七月而纵之”，到七月就可以解除禁令，说明上文所禁各点，正是六月以前夏季所禁，而且解释为“不到夏季，不准烧草作为肥料，不准采取刚发芽的植物”等等，那么，就等于夏季就已解禁，下文就不必再说到七月解禁。同时我们以此与《月令》对比，也可以证明作“夏月”为是，所有这些行为，都是必须在夏月禁止的。现在我们把《田律》和《月令》作成对比表如下：

《秦律·田律》	《礼记·月令》(《吕氏春秋·十二纪》同)
春二月，毋敢伐材木山木及雍(壅)堤水，不……。	孟春之月禁止伐木，毋覆巢，毋杀孩虫胎夭飞鸟，毋麛毋卵。 仲春之月毋竭川泽，毋漉陂池，无焚山林。 季春之月修利堤防，道达沟渎，开通道路，毋有障塞。
夏月，毋敢夜草为灰、取生荔、麛、䴘、彀，毋□□□□□□□毒鱼鳖、置阱罔(網)。到七月而纵之。唯不幸死而伐绾(棺)、享(椁)者，是不用时。	孟夏之月驱兽毋害五谷，毋大田猎。 仲夏之月令民毋刈蓝以染，毋烧灰，毋暴(曝)布。 季夏之月树木方盛，乃命虞人入山行木，毋有斩伐。

我们把秦的《田律》和《月令》保护山林、渔猎以及防止水灾等措施对比来看，基本是相同的。所不同的，只是《田律》把禁止捕杀初生鸟兽等保护渔猎的措施放在夏季，而《月令》放在孟春。毋敢夜草为灰，《睡虎地秦墓竹简》解释说：“夜，疑读为择，夜草为灰，意为取草烧灰，作为肥料。”这个解释有问题。《吕氏春秋·仲夏纪》高诱注，解释“毋烧灰”说：“为草木未成，不欲夭物。”是正确的。《月令》上文“令民

毋刈蓝以染”，高诱注也说：“为蓝青未成也。”

春夏两季正是草木、鸟兽、鱼鳖繁殖生长之时，《月令》有种种保护的规定，是总结长期以来生产经验的结果，秦的《田律》把许多保护措施订成法律条文公布，无疑会对生产的发展起促进作用。

秦的《田律》还有各县定期上报农田受害和受益面积的规定：

雨为湗（当作“澍”），又诱（秀）粟，辄以书言湗（当作“澍”）稼、诱（秀）粟及豤（垦）田暘毋（無）稼者顷数。稼已生后雨，亦辄言雨少多，所利顷数。早（当作“旱”）及暴风雨、水潦、蚤（螽）蚰、群物伤稼者，亦辄言其顷数。近县令轻足行其书，远县令邮行之，尽八月□□之。

澍，春天的及时雨。这里规定：下了及时雨，禾稼抽穗，应即书面报告受时雨、抽穗的顷数以及已开垦而没有种禾稼的顷数。禾稼生长以后下了雨，也要报告雨量多少和受益的顷数。旱灾、暴风雨、水涝、蝗虫、其他各种害虫等伤害禾稼的，也要报告顷数。距离近的县，文书由轻快的人步行送递，距离远的县，文书由驿站传送，必须在八月底以前送到。这样的规定，是为了及时了解全国各县农业生产受到自然环境的好坏影响，掌握农田受益和受害的面积，为年终征收地税和“上计”作好准备。

汉代规定每年八月由各县调查户口和各户所有财物，编制成户籍，称为“案比”。《续汉书·礼仪志》说：“仲秋之月，县、道皆案户比民。”县、道制定户籍以后，便制定计簿，“上计”到郡、国；郡、国便于年终遣吏“上计”于中央。《续汉书·百官志》郡国条，刘昭补注引卢植《礼注》曰：“计断九月，因秦以十月为正也。”汉代这种“案比”和“上计”制度，都是沿袭秦代的。战国时代秦国早已有这种制度，只是由县直接“上计”于中央。秦的《田律》规定，各县必须于八月底以前书面上报农田受害和受益面积，因为这时已经秋收，已可具体了解年成的好坏，各县正在“案户比民”，编造户籍，便于集中资料向上汇报。

秦律中有些关于管理农业的政策，是依据当时农业生产技术的一般水平制定的。秦的《仓律》规定有各种粮食作物下种的数量：

> 种：稻、麻亩用二斗大半斗，禾、麦一斗，黍荅（小豆）亩大半斗，叔（菽，大豆）亩半斗。利田畴，其有不尽此数者，可殹（也）；其有本者，称议种之。

这里规定了稻、麻、禾、麦、荅、菽等七种粮食作物每亩下种数量，该是依据当时一般的生产经验所制定的，只适合一般的情况。因此又允许灵活应用，只要有利于种植，可以用不到这样的数量；若是原有老的习惯可以依据，可以酌情议定而后播种。这样既提出了每亩下种数量标准，同时又允许灵活掌握，或者依据原有的老经验，这是符合实际应用的。我们以西汉晚年《氾胜之书》所载各种粮食作物每亩下种数量来作比较，除了豆类相近以外，其他粮食作物都要高出许多。据《氾胜之书》，稻用种每亩只四升，麦只二升，黍只三升，大豆和小豆都是五升。秦律所规定的稻、麦每亩下种量高出《氾胜之书》如此之多，反映了当时一般农业生产技术水平还是不够高的。

同时，秦律十分重视对官家所养耕牛的饲养、繁殖和保护，定期检查耕牛的饲养，按成绩优劣予以赏罚。秦律也还允许为抵偿债务而在官府劳作的人，在播种和管理禾苗时期回家农作二十天，以保证他们在农时的劳力，以免田地荒芜。

（原载《上海博物馆集刊》第 2 期，1983 年出版，今作修订）

释青川秦牍的田亩制度

1979 年四川青川战国墓出土的秦更修田律木牍①,是个很重要的发现,使我们对于战国和秦代的田亩制度得到了进一步的理解,有助于深入探讨当时的社会经济制度。

“亩”原是农田间一长条的高畦。井田制以“百步为亩”,每亩田宽一步,长一百步。百亩之田,就是把一百“亩”并列在一起,正好宽一百步,长一百步,成为一个正方形。秦商鞅变法改“百步为亩”为二百四十步一亩,是仿效三晋的制度。赵在春秋晚期已实行二百四十步为亩,这是当时最先进的田亩之制,见于山东临沂银雀山汉墓出土的竹简《孙子兵法·吴问篇》。究竟二百四十步的亩制的结构怎样,过去我们不了解,现在青川秦牍的出土使我们清楚了。

青川秦牍记载:

---

① 四川省博物馆,青川县文化馆:《青川县出土秦更修田律木牍》,《文物》1982 年第 1 期。

> 二年(秦武王二年)十一月己酉朔朔日,王命丞相戊(即甘茂)、内史匽:□□更修为田律:田广一步、袤八则为畛,亩二畛,一百(陌)道。百亩为顷,一千(阡)道,道广三步。封高四尺,大称其高。捋(埒)高尺,下厚二尺。以秋八月,修封捋(埒),正彊(疆)畔,及登千(阡)百(陌)之大草。

这里的"畛",是指一亩田两端的小道,所以说"亩二畛"。所谓"田广一步,袤八则为畛",是说"畛"宽一步,长八则。古时"亩"筑成长条的高畦,用来种植成行列的农作物;"亩"边有长条的小沟叫"甽",便于雨水流泄,达到洗土排水的作用。因此随着河流东向和南向的差别,田亩的行列也有东向和南向的不同。行列东向的亩称为"东亩",行列南向的亩称为"南亩"①。律文说:"亩二畛,一陌道。""畛"是一亩田两端的小道,"陌道"是一亩田旁边的道路,也就是亩与亩之间的道路,该与"畛"垂直相交,使亩成为一块长方形的田。所谓"田广一步,袤八则为畛","则"为三十步,1977 年安徽阜阳双古堆西汉墓出土竹简有"卅步为则"记载,"八则"就是二百四十步,正合二百四十步为亩的制度。《氾胜之书》的区田法,规定"以亩为率,令一亩之地,长十八丈,广四丈八尺"(《齐民要术》卷一引)。古时六尺为步,广四丈八尺正合八步,长十八丈正合三十步。说明西汉关中地区的田亩,还是沿用秦制。律文只说"畛"的宽度长度,而没有说明"陌道"的宽度长度。陌道的宽度该与"畛"相同,长度可以推算而得,因此律文从略了。

---

① 参看拙作《论西周时代的农业生产》第三节"西周的农业生产技术",收入《古史新探》,中华书局 1965 年版。

律文又说："百亩为顷，一阡道，道广三步。"这是说，每一百亩田连结成为一顷，有一条"阡道"，成为一顷田边缘的道路。如果一顷田和另一顷田连结的话。"阡道"就成为间隔顷与顷之间的道路。律文只说阡道广三步，比畛与陌道宽三倍，没有说明它的长度，因为长度也可以推算而得。既然每亩宽八步，长三十步，那末，每百亩连结成一顷，除去畛和陌道所占土地以外，一顷田的实有面积当为宽八百步、长三十步。作为一顷田的阡道，就该长八百步。

阡陌是田间之道的称谓。这种田间之道，因为河流有东向和南向，田亩行列有"东亩"和"南亩"，也就有两种不同的方向。关于这点，古人早就指出了。《汉书·成帝纪》载阳朔四年诏："其令二千石勉劝农桑，出入阡陌。"颜注："阡陌，田间道也。南北曰阡，东西曰陌，盖秦时商鞅开也。"关中地区主要河流东西向，采用"东亩"的行列，因而每亩田的小沟和道路东西向，每顷田的大沟和道路南北向，所以说"南北曰阡，东西曰陌"。《史记·秦本纪》索隐引《风俗通》说："南北曰阡，东西曰陌。河东以东西为阡，南北为陌。"河东地区主要河流南北向，采用"南亩"的行列和相应的阡陌。

为什么这些田间之道称为阡陌呢？程瑶田《沟洫疆理小记》有一篇《阡陌考》，对此曾作探索。他以《周礼·地官·遂人》所讲井田制的结构作比较，认为"阡陌之名，从《遂人》百亩、千亩、百夫、千夫生义"，陌道正"当百亩之间，故谓之陌"，阡道正"当千亩之间，故谓之阡"。我们从青川秦牍所载田律来看，程氏此说并不符合事实。陌道该是筑在百亩以内，亩与亩之间的道路。"陌"因是百亩田中的主要道路而得名。阡道该是筑在千亩以内，百亩之间的道路。"阡"因是千亩田中的主要道路而得名。

值得注意的是，律文规定了建筑农田的“封”和“埒”的具体形制和尺寸。律文说：“封高四尺，大称其高。埒高尺，下厚二尺。”“封”是作为疆界标志的封土堆，高度和长度、宽度都是四尺，就是崔豹《古今注》所说“封土为台，以表识疆境也”；《急就篇》颜师古注“封，谓聚土以为田之分界也”。“埒”是“封”与“封”之间接连的矮墙，矮墙的地基厚二尺，矮墙本身高一尺，用作田地的分界，就是崔豹《古今注》所说“画界者，于二封之间又为壝埒以画分界域也”。

古时邦国、都邑、田邑的四周，都筑有封疆，封疆是用封土堆和所种树木连结而成，即所谓“封而树之”。《周礼·地官·封人》说：“封人，掌诏王之社壝，为畿封而树之。凡封国，设其社稷之壝，封其四疆。造都邑之封域者亦如之。”西周的大块田也都“封而树之”。散氏盘铭文讲到眉田和井(邢)邑田的“封”，所有地名都连有树木名称如柳、楮木、杜木、桑等。格伯簋铭文讲到“卅田”的疆界，地名也是连着树木名称如杜木、桑等。杨树达以为就是“封树”(《积微居金文说》卷一《散氏盘跋》)，是正确的。商鞅在秦变法，“为田开阡陌封疆”(《史记·商君列传》)，就是废除旧的井田制的阡陌封疆，开立新的阡陌封疆。阡陌便是青川秦牍所说的阡道和陌道，封疆便是青川秦牍所说的“封”和“埒”。秦律的《法律答问》，解释“盗封徙，赎耐”的条文，指明：“封，即田千(阡)佰(陌)、顷半(畔)封也。”“田阡陌”就是秦牍所说的阡道和陌道，“顷畔封”就是秦牍所说的“百亩为顷”的“封”和“埒”。由此可见商鞅在田亩制度上的重大改革主要有两点：一点是改百步为亩为二百四十步一亩，每亩宽八步、长三十步，扩大改建了阡道和陌道。另一点是废除了大块田“封而树之”的办法，改以一顷田为单位，建筑封疆，也就是秦牍所说的“封”和“埒”的建筑。

秦推行的田亩制度，所以要规定以一顷田为单位而建筑封疆，这和当时授田制度及名田制度（即以个人名义占有田地的制度）都以一顷田为单位密切有关。秦律所以要把迁移一顷田的阡陌畔封看作侵犯财产所有权的“盗”的行为，也是和当时授田和名田都以一顷田为单位有关。杜佑《通典・州郡典》“雍州风俗”记载：“按周制，步百为亩，亩百给一夫。商鞅佐秦，以一夫力余，地利不尽，于是改制二百四十步为亩，百亩给一夫矣。”秦国从商鞅变法以后，确是实行“百亩给一夫”的授田制，同时按军功爵赏赐田地也以一顷为单位。《商君书・境内篇》说：“赏爵一级，益田一顷。”商鞅在变法令中规定：“名田宅、臣妾、衣服，各以家次。”（《史记・商君列传》）所谓“以家次”，就是要按爵位等级占有田地，爵位等级越高，占有田亩的顷数越多。青川秦牍所载田律，规定以“百亩为顷”为单位而修筑“封”和“埒”，就是用作土地所有权的标志，便于推行以顷为单位的授田制度和名田制度。

律文又规定：“以秋八月，修封埒，正疆畔。”这和《月令》孟春之月、《吕氏春秋・孟春纪》“皆修封疆，审端经术”的目的相同，是为了便于耕作和维护土地所有权。原来商鞅按爵位等级占有田宅多少的规定，由于开垦荒地和田地可以转让等原因，很难坚持推行。云梦秦律的《徭律》明文规定：“其（指苑囿）近田（指农田）恐兽及马牛出食稼者，县啬夫材（裁）兴有田其旁者，无贵贱，以田少多出人，以垣缮之，不得为繇（徭）。”可见当时有田者的贵贱等级，已和有田多少没有必然的联系。为了防止苑囿的兽及马牛出来吃掉邻近农田的禾稼，县啬夫征发“有田其旁者”为苑囿修筑围墙，已经不分贵贱，只按田地多少出人了。《月令》季冬之月和《吕氏春秋・季冬纪》都说：“命宰历卿大夫至于庶民土田之数而赋牺牲。”“历”是统计登记的意思，和《礼记·郊特牲》"简其车赋而历其卒伍"的"历"意义相同。既然每年季冬要统计登记从卿大夫至于庶民的土田之数，说明当时上至卿大夫，下至庶民，占有土田之数已多少不等了。在这样的情况下，整修田地的封疆，十分清楚，主要目的在于维护土地所有权。

（原载《文物》1982年第7期）

卷

二

论西周金文中“六自”“八自”和乡遂制度的关系

读到于省吾先生《略论西周金文中的“六自”和“八自”及其屯田制》一文①，根据“六自”和“八自”设有“冢司土”等官职，用以掌管土地和有关生产事务，认为“这是我国历史上最初出现的军事屯田制”，而且以为“这样一来，就打破了典籍所称，以为我国屯田制开始于汉代昭、宣之世的一贯说法，而现在应该把它提早到西周时代了”。我认为，于先生对“六自”、“八自”设有“冢司土”等官，作了比较详细的阐释，对西周史的研究是有益的。但是，就此断定这是我国历史上最初出现的军事屯田制，则是可以商讨的。西周军队“六自”和“八自”中所以会设有“冢司土”等官，应与当时的乡遂制度有关。

西周、春秋的乡遂制度

为了便于探讨起见，需要先把西周、春秋间的乡遂制度略加

---

① 《考古》1964 年第 3 期。

论述。

《周礼》把王畿划分为“国”和“野”两大地区，“郊”是其中的分界线，属于“国”的地区内，在王城以外和郊以内，分设有“六乡”。属于“野”的地区内，在郊以外，分设有“六遂”。乡和遂的居民身份不同，虽然都可以统称为“民”，但是“六遂”居民有个特殊名称，叫“氓”（或作“甿”、“萌”）或“野民”；而“六乡”居民则称为“国人”。“六遂”居民是农业生产的主要担当者，要以“岁时合耦于耡”，提供繁重的劳役，并有一套分配耕地的制度，“六遂”的各级官吏都有监督耕作之责。“六乡”居民虽然也有分配耕地的制度，但其主要负担为兵役和军赋。“六军”即由“六乡”居民编制而成，军队的编制完全是和乡党组织结合起来的，乡党的各级长官即是军队的各级武官。“六乡”居民享有政治权利，乡大夫之职，“国大询于众庶，则各帅其乡之众寡而致于朝”。遇有重大事故，执政者要向他们征询意见，有所谓“询国危”、“询国迁”、“询立君”。“六乡”居民更有被选拔的权利，所谓“使民兴贤，出使长之；使民兴能，入使治之”。“六遂”居民则没有这些政治权利，虽然也有“三年大比”而“兴甿”的规定，但不能被选拔出来担任“出使长之”、“入使治之”的官职。

春秋时代有许多国家保存有这种乡遂制度，其中以齐国为最显著。据《国语·齐语》记载，管仲实施“参其国而伍其鄙”的政策，把“国”分为二十一乡，其中有十五个士乡，又把“鄙”分为五个属。“十五士乡”即相当于《周礼》的“六乡”，“五属”即相当于《周礼》的“六遂”。十五士乡亦以乡里组织和军队编制相结合，当时齐的三军即由十五士乡居民编制而成。五属居民则为农业生产的主要担当者。管仲在“国”的“乡”中亦有选拔人才的办法，经过“三选”可做到“上卿之赞”。十分明显,这种“国”“鄙”分治的制度,基本上是和《周礼》的乡遂制度相同的。

春秋时代其他各国,虽然缺乏这方面系统的记载,但是从其全国总动员的事件中,还能看到它们保留有乡遂制度。《左传》襄公九年载:宋国火灾,执政乐喜“使华臣具正徒,令隧正纳郊保,奔火所,……二师令四乡正敬享,祝宗用马于四墉”。杜预把“二师”解释为左右师,“乡正”解释为乡大夫,“隧正”解释为“遂”的长官,是对的。这时华臣担任司徒,所调发的“正徒”,当即“国”中“四乡”的正卒;“遂”的长官“隧正”为了“纳郊保”所调遣的役徒,当即郊外“遂”的居民。

又如郑国,《左传》昭公十八年载:郑国火灾,执政子产使“城下之人伍列登城,明日使野司寇各保其征,郊人助祝史除于国北,……祈于四鄘”。所谓“城下之人伍列登城”,如同乐喜“使华臣具正徒”一样,“城下之人”当即城外“乡”中的正卒。所谓“使野司寇各保其征”,如同乐喜“令隧正纳郊保”一样。野司寇从“野”所征发来的役徒当即“遂”的居民。

再如鲁国,很明显,从西周初期起,即有乡遂制度。《尚书·费誓》载:“鲁人三郊三遂”(《史记·鲁世家》引“遂”作“隧”),当即三乡三遂。到春秋时,这种制度依然保留。鲁国三桓“作三军,三分公室而各有其一”,具体措施是:

> 季氏使其乘之人,以其役邑入者无征,不入者倍征(注:“使军乘之人率其邑役入季氏者无公征,不入季氏者则使公家倍征之,设利病欲驱使入己,故昭五年传曰:季氏尽征之。民辟倍征,故尽属季氏”)。孟氏使半为臣若子若弟(注:“取其子弟之半也”)。叔孙氏使尽为臣(注:“尽取子弟,以其父兄归公”)。不然

不舍。(《左传》襄公十一年)

由此可知,当时鲁国军队即以“役邑”居民编制而成,军赋亦在这个组织中征取。季孙氏即用加倍征取军赋的办法,迫使“其乘之人以其役邑入”于季孙氏,做到所有军队成员连同其乡邑全属季孙氏。所谓“役邑”即是指郊内的乡邑,该是因其居民负担有兵役义务,被称为“役邑”的。

春秋时代各国确实都保留有乡遂制度,像《周礼》所说“六乡”居民那样的“国人”,在各国普遍存在。当时各国军队主要由“国人”编制而成,一旦有事召集入伍,只须“授甲”或“授兵”。春秋时各国国君和大臣,对于“国人”确常有“询国危”、“询立君”之事。当时有些国家国君的废和立,“国人”经常起着决定的作用。在各国贵族的内讧中,胜负常由“国人”的向背而决定,其例不胜枚举。

春秋时代各国既然普遍存在着乡遂制度,而鲁国从西周初期起,就已有三乡三遂制度。鲁国是以奉行周礼著称的,不难推想,周的王畿之内一定也早就实行着乡遂制度。由此可见,我们说西周的军队“六自”和“八自”与乡遂制度有关,应该是一种合理的解释。

从“师氏”的职掌看“六自”“八自”和乡遂制度的关系

《周礼》所说乡遂制度,虽然保存了西周、春秋时代的特点,但其中许多部分已被改变和扩大。其中显然被改变和扩大的,就是军队的编制。西周只有六师,到春秋时各国纷纷扩军,大国都设有三军,于是才有“周为六军”(《左传》襄公十四年)之说,《周礼》该就是根据这种说法而加以编撰的。

在西周金文中,西周主要的军队是“六自”和“八自”。统率这些

“自”的高级军官称为“师氏”，简称为“师”，又常连同人名，称为“师某”①。录刻卣载：“女(汝)以成周师氏戍于𠭯自”，所谓“成周师氏”，当是“成周八自”的高级军官。西周金文中记述师某统率军队出征或防守的例子不少。“师氏”之职每多出于世袭，“师氏”的所以称“氏”，当即由此而来。师克盨记周王说：“乃先且(祖)考又(有)劳于周邦，干(㪔)吾(敔)王身，作爪牙。”师訇簋记周王说：“乃圣且(祖)考克左右先王，作厥爪牙。”可见“师氏”还负有警卫王宫、捍卫王身和做王的爪牙的责任。令鼎载：“王射，有司眔师氏小子䢅射。”可知师氏还常带同“小子”参加会射的典礼，因为“射”是当时主要的军事训练，具有对贵族子弟教育的作用。

《周礼·地官·师氏》载：

> 师氏，掌以媺(美)诏王，以三德教国子。……居虎门(路寝门)之左，司王朝，掌国中失之事，以教国子弟，凡国之贵游子弟学焉。凡祭祀、宾客、会同、丧纪、军旅，王举则从。听治亦如之。使其属帅四夷之隶，各以其兵服，守王之门外，且跸。朝在野外，则守内列(厉)。

《周礼》的“师氏”，主要担任国王的警卫队长，居守宫门之外，统率着“四夷之隶”编成的警卫队，随时充当国王的侍从，还负责教导贵族子弟。显然，《周礼》这个“师氏”的职掌，比西周金文所载，已经缩小很多，原来统率军队的重要职司被削去了，只保留了警卫队长和教官的职务。

---

① 师遽簋：“王延正师氏，王乎(呼)师朕易(锡)师遽贝十朋。”锡贝当为“王延正师氏”的结果，可知师遽即为师氏之一而简称为师。

从西周金文来看,“师氏”不仅是统率军队的高级军官,而且还掌管乡邑和降服的夷戎部落。师酉簋载:

王乎(呼)史牆册命师酉:嗣(司)乃且(祖)啻(嫡)官邑人、虎臣、西门尸(夷)、㲋尸(夷)、𥎦(秦)尸(夷)、京尸(夷)、畀□尸(夷)。

询簋又载:

今余令女(汝)啻(嫡)官嗣(司)邑人,先虎臣后庸:西门尸(夷)、𥎦(秦)尸(夷)、京尸(夷)、㲋尸(夷)、师笭侧新、□華尸(夷)、由□尸(夷)、匽人、成周走亚、戍秦人、降人服尸(夷)。

询是师酉之子,世袭“师氏”之职,所以两人职司大体相同,所掌管的夷族部落也大体相同,只是师询之所掌较师酉为多,当是职掌的扩展。此处以“邑人”与“虎臣”并列,“虎臣”是武官,如师寰簋记载有师寰统率左右虎臣征淮夷的事,“邑人”亦当为官名。“邑人”当为乡邑的长官,犹如《周礼》称“遂”的长官为“遂人”,春秋时鲁国称“县”的长官为“县人”(《左传》昭公四年)。为什么“师氏”这个统率“自”的高级军官,同时又要统率乡邑的长官呢?我认为,这必定与当时的乡遂制度有关,因为当时“六自”、“八自”即由近郊乡邑居民编制而成,军队的编制是和乡邑组织密切结合的,乡邑的长官即是军队的武官。“邑人”既是乡邑之长,同时又是师旅之长,所以会成为“师氏”所属的主要官员,而地位在虎臣之上。

更值得注意的,师晨鼎记载:

王乎(呼)乍(作)册尹令(命)师晨疋师俗嗣(司)邑[①]人隹

---

① 师晨鼎只见《攈古录金文》卷三之二刻有铭文摹本,“邑人”的“邑”仅残存上部的“口”,于省吾《双剑誃吉金文选》卷下之一、吴闿生《吉金文录》卷上等,都释作“邑”。从师酉簋和询簋所载师氏有“啻官司邑人”来看,释作“邑”可从。

(与)小臣、善夫、守△、官犬,眔奠人、善夫、官守友。

此处周王命令师晨帮助师俗掌管“邑人”和“奠人”之官,可知“师氏”所属官员,除了“邑人”之外,还有“奠人”。“邑人”之官下有小臣、善(膳)夫等,而“奠人”之官下亦有善夫等,可知“奠人”是和“邑人”相类的官。“邑人”既是乡邑的长官,相当于《周礼》的“乡大夫”,那末,“奠人”当读为“甸人”①,相当于《周礼》的“遂人”。《尔雅·释地》说:“邑外谓之郊,郊外谓之牧。”《经典释文》引李巡本,“牧”作“田”,《素问·六节藏义论》王冰注又引作“甸”,“田”、“甸”古通用。《周礼·春官·序官》郑注和《通典·凶礼》引《礼记》卢植注,都说:“郊外曰甸”,当即根据别本《尔雅》。《周礼》把郊外地区称“遂”,设有“六遂”,而郊外又有“甸”的称谓,也可见“甸”即相当于“遂”。“甸”的所以称为“甸”,因为这正是“治田”之区,和《周礼》把“六遂”作为治田之区,称“六遂”居民为“甿”,也正相合。古时有把王畿之内称为“甸服”的说法,所谓“邦内甸服”(《国语·周语上》),认为甸服“以供上帝、山川、百神之祀,以备百姓、兆民之用”(《国语·周语中》),同样是把“甸”作为治田之区。《礼记·王制》说:“千里之内曰甸”(注:“服治田出谷税”),“千里之内以为御”(注:“御谓衣食”),也还是同样的意思。这个“甸服”的说法,大概就是从“郊外曰甸”的“甸”推广开来的。

---

① 师晨鼎的“奠人”,陈梦家在《殷墟卜辞综述》第九章第三节读为“甸人”,并说:“邑人之官下有善夫,奠人之官下亦有善夫,邑与奠即国与郊、都与鄙的对立关系。”此说可从。但在《西周金文断代(六)》(《考古学报》1956年第4期),从郭沫若之说,据南季鼎所云:“用左右俗父司寇”,认为师俗即白俗父,又说:“白俗父是司寇,师晨为之副。其职司管理邑人与奠人,邑奠犹城郊。……邑人之下有隹小臣、善夫守友及官犬,……官犬,郭沫若以为是《周礼》司寇之犬人,是。师俗是司寇之职,故兼理犬人之官。”这个说法颇可商讨。师俗之师即是师氏的简称,其所任官职当为师氏,邑人与奠人应为师氏所掌管,而非司寇所职司管理。

既然师晨鼎的"邑人"和"奠人"，是职掌"邑"和"甸"的官，可见西周时代确实存在着乡遂制度。为什么"师氏"这个统率"自"的高级军官，既要统率"邑"的长官，又要统率"甸"的长官呢？因为"甸"中居民是奴役的对象，可以从中征发力役和军需品。如同《周礼》在征发"六乡"居民编制成"六军"的同时，也还征发"六遂"居民服劳役。据《尚书·费誓》记载，伯禽率师伐淮夷徐戎，对"鲁人三郊三遂"，也都是征发的。

询簋所说"先虎臣后庸"的"庸"，当是奴仆①，此处即指西门夷以下许多降服的夷族部落。这时这些夷族部落已集体降服为"庸"，亦归"师氏"所掌管。为什么"师氏"在掌管"邑人"、"奠人"之外，又有掌管这些集体奴隶性质的夷族部落呢？因为这种集体奴隶，除了可以奴役以外，还可以用来编制警卫队。《周礼·地官·师氏》说：师氏"使其属帅四夷之隶，各以其兵服，守王门之外，且跸"（注："跸，止行人不得迫王宫也"）。《周礼·秋官·司隶》也说："掌帅四翟之隶，使之皆服其邦之服，执其邦之兵，守王宫与野舍之厉禁。"这种"四夷之隶"或"四翟之隶"，就是询簋所说包括各种夷族部落降服人的"庸"，他们归"师氏"指挥，"守王宫与野舍之厉禁"，监督行人，就是警卫队的性质②。这没有什么可以奇怪的，在古代社会中，自由公民把这种警卫工作看得很卑贱，就只能使用奴隶来充当，古代雅典就是如此。

在古代雅典，统治用的军队是由国家公民编制而成的。国家公

---

① 郭沫若：《弭叔簋及訇簋考释》（收入《文史论集》）谓："庸与佣通，即是奴仆。"

② 斯维至：《两周金文所见职官考》（1947 年出版《中国文化研究汇刊》第七卷）说："师酉簋云：'嗣乃祖啻官邑人、虎臣、西门夷、_夷……'，案《周礼》师氏职云：'使其属帅四夷之隶，各以其兵服守王之门，且跸'。与此铭所言正合。"

民的地域组织，也是和军队组织密切结合的。当时雅典公民居住的自治区叫莫得，十个莫得构成一个部落，这种“地域部落”，不只是一种自治的政治机构，而且也是一种军事组织。我国西周、春秋时代王城和诸侯国都近郊的乡邑组织，性质上相当于雅典的“地域部落”；居住于乡邑的“国人”，性质上也相当于雅典的公民。雅典除了由“地域部落”公民编制成的军队以外，还有由奴隶编制成的警察部队。恩格斯在《家庭、私有制和国家的起源》中分析雅典国家的主要特征，说：

> 我们已经看到，国家的本质特征，是和人民大众分离的公共权力。雅典在当时只有一支国民军和一支直接由人民提供的舰队，它们被用来抵御外敌和压制当时已占人口绝大多数的奴隶。对于公民，这种公共权力起初只不过当作警察来使用，警察是和国家一样古老的……所以，雅典人在创立他们国家的同时，也创立了警察，即由步行的和骑马的弓箭手组成的真正的宪兵队……。不过，这种宪兵队却是由奴隶组成的。这种警察职务，在自由的雅典人看来是非常卑贱的，以致他们宁愿叫武装的奴隶逮捕自己，而自己却不肯去干这种丢脸的事，这仍是旧的氏族思想。国家是不能没有警察的，不过国家还很年轻，还未享有充分的道义上的威望，足以使那种必然要被旧氏族成员视为卑贱的行业受到尊敬。①

西周“师氏”所统率的警卫队，所以都用奴隶性质的夷族人充当，读了恩格斯这段话，就可以很明白了。

---

① 《马克思恩格斯选集》第四卷，第114—115页。

乡遂制度是当时社会的阶级结构

根据上面对“师氏”职掌的分析，可知西周“六自”与“八自”的军队编制是和乡邑组织相结合的，当时确实存在着乡遂制度。同时，“六自”、“八自”中所以会设有“冢司土”等官职，也可以得到合理的解释了。

曶壶记载周王命令曶继承祖父和父亲的职司，“作冢𤔲土于成周八自”。“司土”原是掌管土地的官，因兼管征发徒役的事，后来也称司徒。“成周八自”既然设有冢司土之官，必然“八自”有关涉土地和徒役的事需要管理。《周礼·地官》有大司徒和小司徒之职，大司徒主要掌管整个邦的土地和居民，小司徒则主要掌管“六乡”的土地和居民，主要职司在于平均分配耕地和调发民力，所谓“乃均土地以稽其人民而周知其数”，“乃会万民之卒伍而用之”。我们认为，“成周八自”中所设“冢司土”之官，其职掌可能与《周礼》的小司徒相类。

清代有些学者，认为这种乡遂制度是一种兵农分治的制度，又以为有些类似后世的屯田制。例如江永说：

> 春秋之时兵农固已分矣。管仲参国伍鄙之法，……十五乡三万家，必有所受田，而相地衰征之法惟施于伍鄙，则乡田但有兵赋、无田税，似后世之军田、屯田，此外更无养兵之费也。（《群经补义》中“春秋”部分）

> 天子六军，取之六乡。……管仲变成周之制，以士乡十五为三军，则犹是六乡为六军之遗法。他国军制大约相似。虽云寓兵于农，其实兵自兵而农自农；虽云无养兵之费，而六乡之田即是养六军之田，犹后世之屯田也。六乡之民，六军取于斯，兴贤

能亦取于斯,齐之士乡亦如此,则古今制度大不相同者也。(《周礼疑义举要》)

后来朱大韶竭力称赞江永之说,认为"发前人所未发",并说:"六军之众出于六乡,……其六遂及都鄙尽为农,故乡中但列出兵法、无田制,遂人但陈田制、无出兵法,兵自为兵,农自为农。"(《实事求是斋经义》卷二《司马法非周制说》)这样把乡遂制度归结为兵农分治,比之于后世的屯田制,还只是从表面现象在分析,未触及这种制度的本质。

这种乡遂制度,实质上表现着当时社会的阶级结构。乡和遂不仅是处于"国"和"野"两个不同的区域,两处居民在经济上和政治上所处的地位也不同,在社会劳动组织中所起作用也不同。国都近郊"乡"中居民,即所谓"国人",是当时国家的自由公民性质。因而他们有参与政治、教育、选拔的权利,有服兵役的义务。郊外鄙野中"遂"的居民,即所谓"甿"或"野人",是当时被压迫、被奴役的阶级。因而他们没有政治权利,也没有资格充当正式战士。

西周、春秋的"国人"所居的乡邑组织,长期保留有"村社"的因素,一切成员都被视为有平等的权利。从《周礼》来看,他们还保留有"村社"土地所有制的形式,每个成员可以平均分到一块质量和数量大体相等的份地。当时执政者为了统治被奴役的广大群众,巩固国家的武装力量,很注意这群公民的团结一致,防止他们中间发生显著的财产分化,特别是占有耕地不平均,所以《周礼》记载小司徒之职,"乃均土地以稽其人民而周知其数",要按照每家人口多少授以上中下三等之地。这和斯巴达公民的"平等人公社"有类似之处。所不同的,斯巴达公民的"平等人公社"的成员,在分到一定"份地"的同时,还分得耕种这块"份地"的奴隶,而当时"国人"所分得的"份地"大多是自己耕种的。

当时这种居于近郊乡邑的“国人”，有时称为“士”，即是甲士、战士。管仲实行“参国伍鄙”之法，就把这种“国人”所居的乡称为“士乡”(《国语·齐语》)。又因为这种“士”没有脱离农业生产，又称为“士农之乡”(《管子·小匡》)。吕思勉先生解释说：“士则战士，平时肆力于耕耘，有事则执干戈以卫社稷者也。”①这是对的。《礼记·少仪》说：“问士之子长幼，长则曰能耕矣，幼则曰能负薪、未能负薪。”这样的对答，还保持着古老的习惯。可知“士”从幼就要学习农业生产。《尚书·费誓》记述“鲁人三郊三遂”，出征时必须“峙乃糗粮”、“峙乃刍茭”，正因为三郊三遂都是农业生产地区。既然古代的战士没有脱离农业生产，那末，西周的“六自”、“八自”设有掌管农业生产的官，也是很合理的了。不能仅仅根据“六自”“八自”设有掌管土地和农业的官，就说当时已实行军事屯田制。

(原载《考古》1964年第8期)

① 吕思勉:《先秦史》，第293页。

再论西周金文中“六自”和“八自”的性质

于省吾先生在《考古》1965 年第 3 期发表《关于〈论西周金文中“六自”“八自”和乡遂制度的关系〉一文的意见》的文章，否认西周时代有乡遂制度，仍然坚持“六自”、“八自”是“以兵营田”的屯田制性质。我很欢迎于先生作进一步的讨论，因为这个问题，涉及当时社会制度和政权的性质，对研究我国古代史关系很大。现在，我想再提出一些意见来商讨，并请指教。

我还是认为，于先生对“六自”、“八自”设有“冢司土”等官，作出比较详细的阐释，对西周史的研究是有益的。但是，由此断定这是“以兵营田”的屯田制，而且以为这样就可以把典籍所称屯田制开始于西汉的一贯说法，“提早到西周时代”，显然是论据不够的。首先应该考虑到的，在西周的社会制度下，是否可能出现像西汉那样的军事屯田制。

西汉时代在西北边郡出现军事屯田制，不是偶然的，是封建社会发展到一定阶段的产物。自从秦汉统一中国，疆域辽阔，调发戍卒往返费时，运输军粮很为困难；西汉时在西北边郡实行屯田制，就是为了解决这种困难，便于长期防守。这种屯田农户受兵法部勒，垦种官田，实际是终身服兵役和受到封建剥削的特殊农民。如果认为西周是奴隶社会，怎么可能产生这种具有封建剥削性质的屯田制呢？如果认为西周是封建领主制经济，也不可能出现这种军事屯田制吧！

按照于先生的解释，“六自”是周人军队，因为周人兴于西方，故也称“西六自”；“八自”是周在克殷之后，将殷人投降军队改编而成，故也称“殷八自”；又由于“殷八自”经常驻在成周，故也称“成周八自”。于先生又认为，“六自”“八自”是屯田兵性质，而“周人的军事屯田，系在今黄河中游，不离乎豫西或陕南一带。这一带在当时还是地旷人稀的地区，便于垦殖和放牧”。这里有个问题，究竟“成周八自”经常驻在东都成周呢，还是在地旷人稀地区从事屯田呢？如果是地旷人稀地区的屯田兵怎能经常驻在东都呢？如果经常驻在东都的兵怎能又在地旷人稀地区从事屯田呢？郭沫若认为“成周八自”在成周，“殷八自”在卫①；徐中舒也认为“西六自”在西土，“成周八自”在成周，“殷八自”在殷故都②。该是正确的。小克鼎说：“王命善夫克舍命成周、遹正八自之年”，可知“成周八自”即在成周。小臣謰簋说：“白(伯)懋父以殷八自征东尸(夷)”，又说：“雩厥复归才(在)牧自。”“殷八自”既然“复归在牧自”，而牧即武王伐纣至于商郊牧野之牧，可知“殷八自”确在殷故都。

我所以主张西周“六自”“八自”的编制和乡遂制度有关，主要是

---

① 《金文丛考》，第64页。

② 徐中舒：《禹鼎的年代及其相关问题》，《考古学报》1959年第3期。

根据下列五点:(1)根据《国语》、《左传》,春秋时代各国普遍存在“国”“野”之分和乡遂制度,军队主要由“国人”(即近郊的“乡”人)编制而成;根据《尚书·费誓》,西周初期就已有乡遂制度。(2)“西六自”、“成周八自”和“殷八自”,分别拱卫着西土丰京、东都成周和殷故都。(3)根据师酉簋、询簋和师晨簋,西周称为“师”的军官,所属有“邑人”和“奠(甸)人”之官,“邑”即“近郊乡邑”,“甸”即郊外“治田”之区。这些军官在统率大军的同时,所以又要统率近郊“邑”和郊外“甸”的长官,因为按照乡遂制度,军中正卒和服役者即分别由乡遂居民编制而成,“邑”和“甸”的长官亦即军队的武官。(4)“成周八自”设有“冢司土”之官,掌管土地和徒役的事,当与乡遂制度中分配耕地和调发民力的制度有关。(5)古代许多国家的主要军队,经常是由国家的公民编制而成,公民的地域组织,确是常常和军事组织相结合的。这不仅是我国古代的乡遂制度如此,古代希腊、罗马等国家的社会结构也多如此。

根据《书序》和《史记》,《尚书·费誓》是周初伯禽伐淮夷徐戎所作。我曾引《费誓》“鲁人三郊三遂”,来证明周初即有乡遂制度。于先生则从近人余永梁之说,判定《费誓》是春秋时作品,从而否认周初已有乡遂制度。我过去也曾信从余氏之说,但是现在想来,余氏这种用文章风格来判定作品时代的方法,是不可靠的。固然,《费誓》没有像周初的《大诰》、《康诰》之类那样浑噩崇奥,多用排句和排笔,有些文句和西周末年的兮甲盘和春秋时的《秦誓》相似,但是必须认识到,“誓”是当众宣誓的一种文体,近乎口语性质,当然和《大诰》之类贵族间应用的典雅文章大不相同。至于多用排句和排笔,更是这种文体的特点,是为了加重语气,便于记诵。《费誓》和《大诰》等篇文风差异很大，主要是由于文体的不同；《费誓》和《秦誓》词例有些类似，主要由于文体的相同；兮甲盘中所以有相类的文例，因为其中主要内容与“誓”差不多，可能就是从一篇“誓”中摘录来的①。

于先生认为西周金文中没有一处以“乡”“豙”用作“乡遂”者，“这是乡遂制度不起于西周时代的一个有力的证明”；又认为《尚书》中除了《费誓》以外的周初的篇章都找不到乡遂制度的迹象，“这又是周代初期没有乡遂制度的一个证明”。我认为，这样的运用“默证”是难以成立的。西周金文多数是任命官职和赏赐物品时的册命之辞，少数是记录战功和契约的。《尚书》中周初篇章多数是贵族间告诫之辞，而且大都只与周公有关。因此无论西周金文和《尚书》记载，内容都有很大的局限性，不能以为这些史料所未涉及的典章制度，就是当时不存在的。西周金文虽然没有直接谈到乡遂制度，但是我已经指出，从“师”的主要官属有“邑人”和“奠（甸）人”来看，可以推知当时已有“国”“野”之分，已有乡遂制度。

所谓乡遂制度，就是有“国”“野”之分，实质上表现为当时社会的阶级结构。居于“国”中的“国人”属于国家公民性质，有各种政治权利，有充当战士之责。当时国家军队主要即由“国人”编制而成，所以军队编制常和“国人”的乡里组织相结合。于先生则认为，西周时代已有“国”“野”之分，到春秋时代才有乡遂制度，乡遂制度“是由国野之分再度发展而形成的”。同时于先生又认为，西周时代的国家军队实行着“以兵营田”的屯田制，在地旷人稀地区从事垦殖和放牧。如

---

① 余永梁认为夷戎之称到春秋时才流行，《费誓》称淮夷徐戎就是晚出的主要证据，曾用很大篇幅来论证这点。其实这个证据也不能成立，西周初期的班簋就有“伐东或（国）痛戎”的话，西周金文中谈到“夷”的很多。

果按照于先生的说法，当西周有国野之分的时候，国家的主要军队是屯田兵，实行着地旷人稀地区的军事屯田制，到春秋形成乡遂制度的时候，国家的主要军队才由“国人”编制而成，这里有个重要问题不容易解答，就是在“由国野之分再度发展而形成”乡遂制度的过程中，地旷人稀地区的屯田兵是怎样发展成为由“国人”编制的军队的呢？

我曾说：“统率这些自的高级军官称为师氏，简称为师，又常连同人名，称为师某。”于先生不同意这个说法，他说：“师旋簋叙王乎作册尹册命师旋，‘官嗣丰还左右师氏’，师瘨簋叙王乎内史吴册命师瘨，‘令女官嗣邑人师氏’。可见师旋和师瘨既可以管理师氏，则其地位一定高于师氏，是师某之师非师氏的简称，已明显无疑。”其实，于先生根据近年新出土的两件铜器，作出这样肯定的论断，还是不全面的。

事实上，西周金文中“师某”的“师”，多数是“师氏”的简称，其中也有些是“师氏”的长官“大师”的简称。师旋和师瘨的“师”，该是“大师”的简称，因而他们可以管理“师氏”。师旋簋载：“王乎作册尹册命师旋曰：备于大左，官嗣（司）丰还左右师氏。”郭沫若说：“备于大左，即就大左之职”，“《左传》文七年，宋之官制有左右二师，此大左殆即左师”，“其职位颇高，故命之管理戍卫丰京之左右师氏”①。这个解释很是正确。“大左”即指“大师”之在左者，故又简称为“师”，连同人名叫做“师旋”。此处所说“丰还左右师氏”，殆即“西六自”的军官。

当西周时，“大师”确是高级的统帅。《诗・大雅・常武》所说“整我六师，以修我戎”的“大师皇父”，分明是“六师”的统帅。《诗・大

① 郭沫若：《长安县张家坡铜器群铭文汇释》，《考古学报》1962年第1期。

雅·大明》所载“凉彼武王,肆伐大商”的“师尚父”,“师”就是“大师”的简称①。“大师”是西周时掌握军政大权的重臣,为天子的辅弼②,所以《诗·小雅·节南山》说:“尹氏大师,维周之氐,秉国之均,四方是维,天子是毗。”《节南山》又说:“赫赫师尹,民具尔瞻。”“师尹”即是“尹氏大师”,“师尹”的“师”,亦是“大师”的简称。

西周金文中称“师某”的人不少,除了少数是“大师”的简称以外,多数该是“师氏”的简称。师望鼎和师望壶都说:“大师小子师望。”杨树达认为“小子”犹言官属,该是对的。这个“师望”的“师”乃“师氏”的简称,“师氏”正是“大师”的官属。

我曾引录刻卣和师遽簋等,来证明“师”是“师氏”的简称,于先生认为这种理解是错误的。其实,没有什么不对。录刻卣载:“王令刻曰:‘叡淮尸(夷)敢伐内国,女(汝)其以(与)成周师氏戍于苦自。’白(伯)雍父蔑录曆,易(锡)贝十朋。”这里,周王命令录刻“以(与)成周师氏戍于苦自”,又说:“伯雍父蔑录曆”,而遇甗、稽卣和臤觯都说:“师雍父戍于苦(或作古)自”,可知伯雍父官为“成周师氏”,与师雍父当为一人。郭沫若说:“古师氏之职本司军旅,其位颇高。师氏即伯雍父,故又称师雍父,师系其职,伯系其爵或字。”③这个解说很对。西周时贵族男子的“字”的全称有三字,第一字伯仲叔季系其行辈之

① “师尚父”即齐国始祖太公望,《楚辞·天问》又称为“师望”。“师尚父”和“师望”的“师”是“大师”的简称,《左传》有明文可证。《左传》襄公十四年载周天子使刘定公赐齐侯的命辞,说到齐太公“师保万民,世胙大师”。《左传》成公三年载周天子使单襄公辞晋使巩朔说:“夫齐,甥舅之国也,而大师之后也。”

② “师氏”之职既是师旅之长,又居师保之任,《周礼》所记师氏之职在这方面是不错的。

③ 《两周金文辞大系考释》,第61页。

称，“伯雍父”即是这个人的“字”的全称。当时习惯上也可省去伯仲等行辈而连同官名称呼，伯雍父官为“成周师氏”，“师氏”常简称为“师”，故又称师雍父。所谓“成周师氏”，当即“成周八𠂤”的军官。

当西周时，这些“大师”和“师氏”所统率的“西六𠂤”、“成周八𠂤”和“殷八𠂤”，是国家用来维护和发展奴隶制度的重要手段，是对内镇压奴隶和对外掠夺的暴力工具。这些“𠂤”所以要分别拱卫在西土的丰京、东土的成周和殷故都，因为丰镐、成周和殷是西周所建立的三个统治中心。除了丰镐原为西周京都以外，在成周和殷拱卫着大军，不仅为了统治和镇压已被征服的殷人和东土人民，更是为了进一步征服和掠夺东方和南方的夷戎部落。如竸卣说：“唯白（伯）屖（辟）父以成𠂤（即“成周八𠂤”的简称）即东，命伐南尸（夷）。”小臣謰簋说：“白（伯）懋父以殷八𠂤征东尸（夷）。”他们在军事上的出征，目的就在对外掠夺，达到对“四方责（积）”的“政（征）嗣（治）”。例如西周在以“成周八𠂤”伐南夷的同时，成周就成为征治“四方责（积）至于南淮夷”的统治中心。淮夷一经征服，成为“帛畮（贿）人（臣）”，必须“出其帛，其责（积）”，“其进人（指奴隶）、其贮”必须送到指定场所，否则“即井（刑）厥（扑）伐”（详见兮甲盘）。西周“六𠂤”和“八𠂤”是为贵族服务的重要工具，由此可以看得十分清楚。这和西汉时代的屯田兵，性质显然不同。

（原载《考古》1965 年第 10 期）

春秋时代楚国县制的性质问题

史学界长期以来流传一种误解,认为废除分封制而普遍设立郡县制,是秦代政治制度上的重大改革。自从清初顾炎武指出春秋初期秦、楚、晋等国已设县,春秋末年吴、晋等国已设郡(《日知录》卷二二"郡县"条),开始纠正了这一误解。可是又产生了另一种误解,误认为秦汉以后的县制开创于春秋初期,春秋时代已出现如同战国、秦、汉时代那样作为地方政权的县制。事实上,春秋时代的县制与战国秦汉以后的县制,根本性质不同,不能混为一谈。

关于春秋县制的性质问题,日本史学界早就展开讨论,因为多年来彼此在学术上缺乏交流,我们对此不很了解。承蒙日本友人、东京大学名誉教授西嶋定生先生,以其著作《中国古代帝国的形成与构造》(1960 年出版)一书相赠,读到其中"郡县制的形成与二十等爵制"一节,才初步有所了解。日本史学界首先探讨这一问题的是一桥大学教授增渊龙夫先生,他在 1957 年发表《关于春秋时代的县》一文[1]，接着又在1958年发表一篇一百十多页的长文《先秦时代的封建与郡县》[2]，后收入他所著《中国古代的社会与国家》一书（1960年出版）。这篇文章对日本史学界影响很大，不少著作至今还采用他的见解，但是这部书印数不多，目前已很难找到。我为了寻找这篇文章曾请托日本史学界的朋友们，承蒙追手门学院大学名誉教授天野元之助先生把当年作者赠给他的著作转赠于我，这种隆情厚谊使我十分感激。不久前，我应日本东京大学东洋文化研究所的邀请，前往作短期的访问讲学，该校大学院的研究生平势隆郎又把他即将在《史学杂志》第九十编第二号上发表的《楚王与县君》一文的校样相赠，希望我参与这一问题的探讨，并发表评论。当我开始执笔草拟这篇文章的时候，感到十分遗憾的是，三十年通讯讨论学术的老友、八十高龄的天野元之助先生不幸已于1980年8月因病逝世，不能看到我对这一问题发表的意见了。

日本学者对于春秋楚县性质的讨论

增渊龙夫先后发表两篇讨论春秋县制的论文，都是针对我国顾颉刚先生《春秋时代的县》一文[3]的观点商榷的。顾颉刚曾举出楚庄王时申公巫臣反对把申、吕二县的"田"作为令尹子重的"赏田"的例子，证明楚国的县是国君的直辖地，性质不同于卿大夫的封邑。增渊龙夫不同意这种看法，认为春秋时代的县大多设在楚、晋等国的边地，是国境上的军事据点；有些县是灭亡了边境上的小国，采用强制

---

① 《一桥论丛》，1957年10月号。

② 刊于1958年《一桥大学研究年报·经济学研究Ⅱ》。

③ 《禹贡》第七卷六、七合期，1937年出版。

迁徙的办法，破坏了原住氏族的组织，加以改组而成。当时县的长官虽然由国君任命，但是任命的依然是强大的世族。因此这种“县”既是国君的直辖地，又可以成为世族的重要基地。当国君力量削弱的时候，“县”属于世族的私属性质就更加显著。

增渊龙夫的《先秦时代的封建与郡县》一文，对春秋时代晋的县制作了详细的探讨，对于楚的县制有下列三点看法：

（一）楚的县公，都由强大世族担任，有的实行世袭制。例如申的县公，最初是申公鬥班（《左传》庄公三十年），其次是申公鬥克（《左传》僖公二十五年、《国语·楚语上》），韦昭明确指出鬥克是鬥班之子①。后来申公鬥克和息公屈御寇率申、息之师戍守商密，被秦俘虏，由申公叔侯接替，申公叔侯又称申叔，他的后裔申叔时又继任申公。《国语·楚语上》韦昭注：“叔时，楚贤大夫申公。”

（二）楚的县常是灭亡小国之后改组而成。例如灭亡申国之后，把申国原有统治者的公族消灭，把其中抵抗人员放逐。《左传》昭公十三年记载：“楚之灭蔡也，灵王迁许、胡、沈、道、房、申于荆焉。”同时把旧申国的服从的“国人”阶层组织成申县之师，归申的县公统率，采用征发兵赋的办法来维持这支军队，使申县成为楚的北进的重要据点，申县之师成为楚国兵力的重要的一翼。

（三）楚的县公都是强大的世族担任。县公权力强大而地位较高。楚庄王攻克陈国之后，自称“诸侯、县公皆庆寡人”（《左传》宣公十一年），把县公和诸侯相提并论。县公具有对抗楚王和叛乱的力量。楚武王灭亡权国以后，使鬥缗为县尹，鬥缗就依据权县叛乱（《左

① 鬥克字子仪，一作子仪父。韦注：“仪父，申公鬥班之子，大司马鬥克也。”

传》庄公十八年)。楚灵王灭亡蔡国以后,使其弟公子弃疾为蔡公,后来楚国发生内乱,迫使楚灵王自杀,公子弃疾取得王位(《左传》昭公十三年)。当楚灵王在陈、蔡、不羹等县筑城,使弃疾出任蔡公的时候,申无宇就警告楚灵王说:“郑京、栎实杀曼伯,宋萧、亳实杀子游,齐渠丘实杀无知,卫蒲、戚实出献公,若由是观之,则害于国。末大必折,尾大不掉,君之所知也。”(《左传》昭公十一年)这样列举各国分封卿大夫大都邑造成叛乱,以致杀死或放逐国君的例子,把担任蔡公的公子弃疾和郑的共叔段,宋的萧叔大,卫的宁殖、孙林父等人相比,已经预见到公子弃疾等人的叛乱即将发生。当时人这样把楚的县公和各国采邑的受封者看作同一范畴,是可以注意的。

我们认为,增渊龙夫对春秋县制的探讨,包括对楚国县制的分析,是有贡献的,就是明确指出了春秋县制和战国以后的县制具有不同的性质,不能把它们混为一谈。

多年来日本研究中国古代史的学者,多数接受了增渊龙夫的看法,并且在他的研究基础上作了进一步的探索,取得了一定的成绩。最近看到平势隆郎的《楚王与县君》一文,着重探讨了楚国的县公是否存在世袭制的问题,主要就是进一步考察增渊龙夫所提出的这一问题的。他把楚国历任的申公一一作了考察,并把申公以外县公也逐个加以考察,考察的结果是,除了第一、二任申公(申公鬥班与申公鬥克)出于世袭以外,其余申公就不见有世袭的,申公以外的县公也不见有世袭的。他还着重对申叔时是否曾经世袭申公作了考证,认为韦昭所说申叔时担任申公之说,并不可信。因为依据《左传》,申叔时的主要活动时间是从鲁宣公十一年(前 598 年)到鲁成公十五年(前 576 年),在这期间担任申公的已有申公巫臣、申公子申,在申公叔侯和申公巫臣之间还有申公子培存在(《吕氏春秋·至忠》、《说苑·立节》),申叔时不可能再担任申公。我们认为这个考证是正确的。《左传》、《国语》两书中所见到的申叔时,不像是一个能够统率一县军队作战的县公,而是一个具有高度文化修养的贵族知识分子。他曾劝谏楚庄王在攻破陈国之后,不要"贪其富"而改设为县,使陈复国(《左传》宣公十一年);楚庄王使士亹为太子的"傅",士亹为此向申叔时请教,申叔时讲了一大篇怎样教导太子的教学内容(《国语·楚语上》);申叔时年老退休在申县,当鄢陵之战以前,路过的司马子反又向他请教,他认为"楚内弃其民,而外绝其好",必将失败,当面把子反教训了一番(《左传》成公十六年)。

总的看来,日本学者对春秋时代县制性质的探讨,虽然没有解决根本问题,但是已把这方面的研究推进了一大步,而且是很有启发的。

从楚县的起源和发展看它的性质和作用

根据文献记载,追溯春秋楚县的起源,可以看到有许多县是灭亡边境附近的小国之后改建而成;也有不少是利用原来边境附近小国的旧的国都改建而成;又有少数是利用原来设在边境的别都改建而成。因此这些县的建置,不同于一般地方政权,具有边防重镇的作用是很明显的。正如令尹子西在使公孙胜为白公的时候,清楚说明他的目的是"舍诸边竟(境),使卫藩焉"。顾栋高《春秋大事表》卷四《楚疆域表》,解释《左传》宣公十二年"沈尹将中军"说:"此盖沈之别邑,楚取之以为重镇",把楚县解释为重镇是可取的。

楚国有许多县是灭亡小国之后建成的。郑襄公在楚军包围之下出来投降，请求楚庄王“使改事君，夷于九县”（《左传》宣公十二年）。杜注：“楚灭九国以为县，愿得比之。”不少学者认为“九县”是泛言其多。根据文献记载，明确是灭亡小国建成的楚县有下列七个：

(1) 权 原为小国，在今湖北荆门东南，楚武王把它灭亡之后改建为县，使鬥缗为权尹，见《左传》庄公十八年。

(2) 那处 《左传》庄公十八年又记载：楚武王时权尹鬥缗反叛，就把他包围而攻杀，并把权迁到那处，使阎敖为尹。那处在权的东南的那口城，旧说以为那处即西周初年分封的邗国，不确。

(3) 申 原为周宣王分封的姜姓诸侯国，在今河南南阳北，楚文王把它灭亡之后改建为县。文献记载上最早的申公是鬥班，见《左传》庄公三十年。另有吕国，也是西周分封的姜姓诸侯国，在今河南南阳西，与申相邻，该与申差不多同时为楚所灭，改建为县。从申公巫臣同时反对以申、吕之田作为赏田的话来看，吕县可能是申公所兼管的，因此文献上不见有吕公的记载。

(4) 息 原为西周分封的姬姓诸侯，在今河南息县西南，楚文王把它灭亡后改建为县。文献上最早的息公是屈御寇，见《左传》僖公二十五年。

(5) 郧 原为楚边境旁的小国，被楚灭亡后改建为县的时间不详，在今湖北安陆。文献上最早的郧公是锺仪，当楚共王时，见《左传》成公七年。

(6) 蔡 原为西周初年分封的姬姓诸侯国，国都在今河南上蔡西。楚灵王把它灭亡之后改建为县，首任蔡公是公子弃疾，见《左传》昭公十一年。

(7) 陈 原为西周初年分封的妫姓诸侯国，国都在今河南淮阳。

楚庄王、楚灵王和楚惠王时，先后三度灭陈为县。《左传》昭公八年有陈公穿封戌，当楚灵王时。

以上七个是楚国灭亡附近国家改建成的县，这是大家熟悉的。文献上另有六个楚县是利用边境上小国的旧都改建而成，需要从历史地理方面作些必要的考证，才能说清楚。

(1) 商　即是商密，原为鄀的国都，在今河南淅川西南。楚把它占有之后改建为县。楚成王曾一度使司马子西为商公，见《左传》文公十年。旧说商即后来商鞅的封邑，不确。见附录一《楚国商县考》。

(2) 期思　原为蒋的国都所在，在今河南淮滨东南。蒋是西周初年周公旦之子的封国，被楚灭亡的年代不详，至迟楚穆王时已把它改为县，《左传》文公十年有期思公复遂①。

(3) 叶　叶曾是许的国都，在今河南叶县西南。文献上最早的叶公是沈诸梁，字子高，当楚惠王时②。

(4) 沈　沈尹最早见于《左传》宣公十二年，即是沈尹蒸，当楚庄王时。“沈”原即“邥”（一作聃、冄），西周初年周文王少子季载的封国，在今河南平舆北，此地被楚占有之后改建为县。见附录二《楚国沈县考》。

(5) 寝　《左传》哀公十八年有寝尹吴由于。寝在今河南临泉，当是邥（沈）国后来迁移的都邑。《春秋》定公四年：“蔡公孙姓帅师

---

① 《左传》僖公二十四年：蒋，“周公之胤也”。杜注：“蒋在弋阳期思县。”《水经注·淮水》：期思县“故蒋国。周公之后也。《春秋》文公十年，楚王田于孟诸，期思公复遂为右司马，楚灭之以为县”。

② 《左传》成公十五年：“许灵公畏逼于郑，请迁于楚，辛丑楚公子申迁许于叶。”叶从鲁成公十五年到鲁昭公十八年，除少许时间外，长期作为许内迁的国都。《左传》定公五年有叶公诸梁。杜注：“诸梁，司马沈尹戌之子叶公子高也。”

灭沈”，当即此地，此地转为楚占有，改建为县。见附录三《楚国寝县考》。

(6) 白 楚灵王时有白公子张，见《国语・楚语上》。楚惠王时有白公胜，见《左传》哀公十六年。《史记・楚世家》：“惠王二年，子西召故平王太子建之子胜于吴，以为巢大夫，号曰白公。”巢乃西周以来巢国旧都，在今安徽寿县南。见附录四《楚国白公胜所在县邑考》。

由边境上别都改建而成的楚县，还有下列四个：

(1) 武城 武城是楚王经营北方的驻守的别都①，后改建为县。《左传》定公四年有武城黑，杜注：“黑，楚武城大夫”，当楚昭王时。《左传》哀公十七年有武城尹公孙朝，当楚惠王时。武城在今河南南阳北一百里处。

(2) 析 析也该是楚北边的别都之一，在今河南西峡。曾一度为许所迁的国都，楚又曾从此地征发军队出征。《国语・楚语上》有析公臣，当楚庄王时②。

(3) 东西二不羹 楚灵王在陈、蔡、东西二不羹四县筑城，“赋皆千乘”。当时人把四县称为“四国”，见《左传》昭公十二年；或者称为“三国”，见《国语・楚语上》，韦昭注：“三国，楚别都也。”东不羹在今

---

① 易本烺《春秋楚地答问》：“楚之武城，在今河南南阳北，又在方城之内，乃楚君有事北方驻次之所也。观僖公六年蔡穆公以许僖公见楚子于武城，成公十六年郑叛晋，子驷以楚子盟于武城，襄公九年楚子师于武城，以为秦援，与武王时郊郢相似。昭公四年灵王会诸侯于申，田于武城，曰：属有宗祧之事，盖田猎为祭而备，是武城有楚先君之庙在也。”

② 《国语・楚语上》有析公臣，《左传》襄公二十六年：“子仪之乱，析公奔晋。”可知析公臣与申公鬥克同时。《左传》昭公十八年：“楚子使王子胜迁许于析，实白羽。”析，一名白羽。《左传》哀公四年载：楚“司马起丰、析与狄戎以临上雒”。可见楚曾在此地征发兵役出征。

河南舞阳东北，西不羹在今河南襄城东南。这二县，可能是利用原有北边的别都改建而成。

以上明确可考的春秋楚县共十七个，其中七个是灭亡小国而建成，六个是利用小国的旧都改建而成，另有四个是利用原有边境上的别都改建而成。我们按照创设和出现先后的年代列为一表如下：

春秋时代楚国设县时期和地点

时　期	县　名	今　　地
武王	权 那处	湖北荆门东南 同上
文王	申 息	河南南阳北 河南息县西南
成王	商 （即商密）	河南淅川西南
穆王	期思	河南淮滨东南
庄王	沈 析	河南平舆北 河南西峡
共王	郧	湖北安陆
灵王	陈 蔡 东不羹 西不羹 白	河南淮阳 河南上蔡西 河南舞阳东北 河南襄城东南 安徽寿县南
昭王	武城	河南南阳北
惠王	叶 寝	河南叶县西南 河南临泉

春秋时代楚国先后在北部边境设立这些县，是同它图谋向北开拓和北上争霸有密切关系的。楚武王时，图谋巩固楚都郢的周围地区的统治，并向北开拓，因而在楚都郢以北，攻灭权国而改建为县；同

时图谋征服随国，以便控制汉水以东地区。楚文王时，就进一步图谋向北占有南阳盆地作为北上的根据地，因而攻灭申、息等国而改建为县，把方城连同申、息等县作为边防重镇。此后楚成王在方城以西设置商县，楚穆王在息县以东设置期思县，这是楚在北边的防御战线向东西两面扩展。到楚庄王时，又向前推进，把进攻和防守的战线推进到方城以外，在方城以西的商县以北设置了析县，在方城东北又设置了沈县，沈县介于陈、蔡两国之间，插入到中原的心脏地带，成为楚国北进的强有力的军事据点。邲之战以前，楚国以“沈尹将中军，子重将左，子反将右，将饮马于河而归”(《左传》宣公十二年)，就是因为他们在建置沈县之后，已作好了谋取北进胜利的战略步骤。十分明显，楚国这时一系列在北边的县的建置，特别是沈县的建置，在争霸战争中曾经发挥了很大的作用。到楚灵王时，陈、蔡、东西不羹四个大县的建置，“赋皆千乘”，更是把方城东北中原的心脏地区联结成一条便利于攻防的强大军事阵线，这时楚国北边设置的县的兵力达到了高峰，于是尾大不掉的局面也就形成了。

我们从楚县的创始和发展过程，可以清楚地看到它是直属于国君的别都的性质，具有边防重镇的作用。既不同于卿大夫的采邑，也不同于战国以后作为地方政权的县。

从楚县的特征看它的性质和作用

楚的县制是由灭亡的小国或者小国的旧都和边地的别都改建而成，它的主要特征就是从“国”或“都”的制度转化而来。

楚县的第一个主要特征，就是县都设在边境的交战地区，具有边防重镇的作用。它之所以能够起边防重镇的作用，主要由于保持有

“国”或“都”的征发兵赋的制度。兵赋包括兵役和军需在内，所谓“量入修赋，赋车籍马，赋车兵、徒兵、甲楯之数”(《左传》襄公二十五年)。因为县有征赋制度，就拥有强大的兵力，成为楚国边境上对外防御和进攻的重要军事力量。

楚国自从申、息等县设置以后，申、息之师就成为楚国一支强有力的军队，或者单独担负防守边境某地或出击敌国某地的战斗任务，例如秦、晋两国伐鄀，楚就派申公鬥克和息公屈御寇率领申、息之师戍守商密(《左传》僖公二十五年)；又如楚出兵救鲁伐齐，攻取齐的穀邑，就派申公叔侯前往戍守(《左传》僖公二十六年)；又如晋救郑侵蔡，楚派公子申、公子成率领申、息之师救蔡，到桑隧抵御晋军，晋的赵同、赵括要出战，而知庄子、范文子、韩献子反对，认为“成师以出而败楚之二县，何荣之有焉？若不能败，为辱已甚，不如还也”(《左传》成公六年)。说明当时楚的申、息二县之师很是强大，已足以和晋的一国军队对抗。楚国有时就用一县之师作为围攻小国的主力，例如楚师围江，由息公子朱担任“伐江之帅”(《左传》文公三年及杜注)。申、息之师有时会合楚的王族主力军在争霸战争中担任重要的一翼。例如城濮之战，楚国一方除了中军是王族的“西广、东宫与若敖之卒”、右师是陈、蔡两国军队以外，申、息之师也担任了重要方面军(可能是左军)。在这个战役中，由于令尹子玉的指挥不当，申、息之师被晋国上下二军集中力量击溃，损伤很重。所以战争失败之后，楚成王派人对令尹子玉说：“大夫若入，其若申、息之老何？”(《左传》僖公二十八年)杜注：“申、息二邑子弟皆从子玉而死，言何以见其父老？”申、息之师的确是楚国防御和进攻北方晋、郑等国的一支重要力量。楚共王时，楚军围攻宋国胜利归来，令尹子重请求楚王分给申、吕二县的"田"作他的赏田，申公巫臣出来反对，认为申、吕是依靠这些"田"成为"邑"的，"是以为赋，以御北方"。如果作为赏田，没有兵赋，就失去防御力量，晋、郑两国军队就会进达汉水流域(《左传》成公七年)。申公巫臣这样出来反对，固然得罪了子重，但是他所说的理由是真实的，因而楚王不能不听从他的话。

春秋时代实行车战，征发兵赋是以车多少"乘"来计算的，因而县的兵力大小就是以"赋"多少"乘"作为标志的。到春秋后期，楚的大县的兵力就有千乘之多。楚灵王在陈、蔡、东西不羹建筑大城，"赋皆千乘"。王问右尹子革说："诸侯其畏我乎?"子革说："畏君王哉！是四国者，专足畏也。"(《左传》昭公十二年)灵王又派人问于范无宇说："今吾城三国，赋皆千乘，亦当晋矣。"(《国语・楚语上》)为什么要把"县"称为"国"呢？"国"的本义，是指国都或都城。西周、春秋间，各个诸侯国都有"都鄙之制"，或者称为乡遂制度，也就是指"国"和"野"对立的制度。在"国"(国都)的郊内，设有许多"乡"，是贵族和"国人"居住的地区，和"野"是庶人(或称"野人")居住的地区不同，"国人"是贵族的下层，主要属于"士"的阶层，是国家的公民性质。他们长期保留有村社平分耕地的制度，有公民的政治权利，国家遇有危难和改立国君等大事，常要征询他们的意见。他们有被选拔为低级官吏的权利，同时有服兵役和纳兵赋的责任。当时各诸侯国的军队，就是以贵族为骨干，"国人"中的"士"为主力，成为兵车上的甲士(或车下甲士)；庶人则为徒卒随从兵车作战，或供杂役。关于这点，可参看拙作《论西周春秋间的乡遂制度和社会结构》一文①。春秋时代楚国利用

① 收入拙作《西周史》，上海人民出版社 1999 年版。

灭亡的小国或小国的旧都改建为县，就是继续保持原有的“都鄙之制”（即乡遂制度），继续推行向“国人”征赋的制度，继续保持原有以“国人”为主力的军队编制，从而成为在边境上的“卫藩”力量。当时人所以对这些“县”称之为“国”，就是因为它保持有“国”（国都）的特征和性质。

楚县第二个主要特征，就是县设有长官，叫做县尹，又尊称为县公，由国君任命派遣。当时的官制是文武合一的，但是，因为县是边防重镇性质，县尹的职司主要是武的，充任一县之师的统帅，常常奉命率领军队到别地去防守，或者参与战争。这种官职地位很高，仅次于楚国的最高官职令尹和司马，县尹常常可以升官为左右司马。

楚国把中央许多高级官员称为“尹”，最高官职叫做令尹，县的长官也连同县名称尹。近人因为“君”字是从“尹”字发展而来，认为楚的县尹也可称为县君，这是一种误解。春秋时代楚国县尹没有称“君”的，称“君”的当是封君性质，例如鲁阳文君就是如此①。直到战国时代楚国以及秦汉之际，项羽、刘邦采用的楚国官制也还这样，称“君”的都是封君或者是封号。《左传》昭公二十年有“棠君

① 《淮南子·览冥训》：“鲁阳公与韩构难。”高诱注以鲁阳公为县公，恐不足信。《国语》作鲁阳文子，《墨子》又作鲁阳文君。《国语·楚语下》载：惠王以梁与鲁阳文子，文子辞曰：“梁险而在境，惧子孙之有贰也。”又曰：“惧子孙以梁之险而乏臣之祀也。”韦昭注：“恃险而贰，将见诛绝。”由此可见鲁阳文子乃一准备传位子孙的封君。《墨子·鲁问篇》载：鲁阳文君曰：“鲁四境之内，皆寡人之臣也”，这样以寡人自称，亦当为封君。根据《国语》贾逵注、韦昭注和《淮南子》高诱注，鲁阳文君是楚平王之孙，司马子旗之子，当即公孙宽。《鲁问篇》载：鲁阳文君谈到“郑三世杀其父，而天加诛焉，使三年不全”。孙诒让《墨子传略》（编入《墨子间诂》）以为“三”是“二”字之误，“此指郑人弑哀公及韩武子杀幽公而言。盖在楚简王九年以后”。查公孙宽已于鲁昭公十六年为司马，见于《左传》，不应此时反而为县公。

尚”。陆德明《经典释文》:“君或作尹。”正因为“君或作尹”,杜预注把它解释为“棠邑大夫”,而宋代罗泌又说是“伍尚封号”(《路史·国名纪丙》)。如果根据这一点就说楚的县尹又称县君,显然是不恰当的。

县公当是对县尹的尊称。高诱说:“楚僭号称王,其守县大夫皆称公。”(《淮南子·览冥训》高注)杜预也说:“楚僭号,县尹皆称公。”(《左传》庄公三十年杜注)杜预把“公”作为对县尹的尊称,是可信的。自从楚武王开始设立权县,把权县长官称为权尹之后,在一般场合都尊称县尹为县公,只有在正式场合才使用正式的官名称为县尹。在《左传》一书中,记载楚王任命县尹为出兵的将佐的时候,就都称为县尹。例如邲之战以前,楚庄王统军北进,“次于郔,沈尹为中军”(《左传》宣公十二年)。又如楚惠王将要伐陈,割取陈的麦子,“王卜之,武城尹吉,使帅师取陈麦”(《左传》哀公十七年)。再如巴人伐楚围鄾,楚惠王要反击,派公孙宁率师而行,公孙宁请求派辅佐的将领,王曰:“寝尹、工尹,勤先君者也。”(《左传》哀公十八年)《左传》上还记载有这样一件事是用县尹官名的:楚秦联合侵郑,楚将穿封戌活捉郑将皇颉,公子围和他争功,由伯州犁作公证人,伯州犁要俘虏指认,分别把二人介绍给俘虏,指着穿封戌说:“此子为穿封戌,方城外之县尹也。谁获子?”(《左传》襄公二十六年)这该是为了公证,介绍的时候有必要使用正式官名。

春秋时代楚国这个县公的尊称,直到战国时还沿用。战国时代楚国县的长官已和中原各国一样叫做县令,但也还尊称县令为“公”。《战国策》记载城浑“南游于楚,至于新城。城浑说其令,……新城公大说(悦)”(《楚策一·城浑出周章》)。鲍注:“楚县尹称公。”①到秦汉之际，陈胜、项梁、项羽、刘邦都采用楚的官制，也还把县令尊称为“公”。刘邦起义时就称沛公。《汉书·高帝纪》颜注引孟康说：“楚旧僭称王，其县宰为公。陈涉为楚王，沛公起应涉，故从楚制称曰公。”后来项羽部下有柘公王武、留公旋、萧公角、薛公、郯公等②，刘邦部下又有戚公曹参和滕公夏侯婴③。尽管秦汉之际，称为“君”的封君和使用“君”的称号的人很多，可是和当时称“公”的县令是有区别的。吴芮原为秦的番阳令，秦汉之际称为番君，这是他的称号，并不作为县令的尊称④。

县尹在楚国官制中的地位很高，仅次于最高官职令尹和司马，当时有不少县尹就直接上升为大司马或左右司马。例如申公鬥克升为大司马⑤；申公公子申升为右司马⑥；息公公子成升为左司马⑦；期思

---

① 《战国策·楚策二·术视伐楚章》载：“楚令昭鼠以十万军汉中”，又把昭鼠称为“宛公昭鼠”。鲍注：“鼠为宛尹。”按战国时楚设有宛郡，吴起曾为宛守，见《说苑·指武》。宛公可能是对宛守的尊称，如果宛公是县令，他不可能统率十万之军，可能战国时楚对郡守也尊称为公。

② 《史记·灌婴列传》载：“（灌婴）受诏别击楚军后，……击破柘公王武，军于燕西”（《索隐》：武，柘县令也）。又载：“东从韩信攻龙且、留公旋于高密”（《索隐》：留，县。令称公，旋其名）。又载：“项羽使项声、薛公、郯公复定淮北，婴渡淮北，击破项声、郯公下邳，斩薛公，下下邳。”《史记·彭越列传》：“楚命萧公角将兵击越”（《正义》：萧县令，楚县令称公，角，名）。所有项羽所属县令都一律称公，与当时封君、封号称“君”的不同。

③ 《史记·曹参世家》：“迁为戚公”（《索隐》：迁参为戚令）。《史记·夏侯婴传》：“转为滕公”（《集解》引徐广曰：令也）。

④ 《史记·项羽本纪》：“鄱君吴芮”（《集解》引韦昭曰：初吴芮为鄱令，故号曰鄱君）。韦昭之说不可信。《汉书·吴芮传》：“吴芮，秦时番阳令也，甚得江湖间民心，号曰番君。”

⑤ 《国语·楚语上》：“昔庄王方弱，申公子仪父为师”，韦昭注：“仪父，申公鬥班之子，大司马鬥克也。”

⑥ 公子申为申公，见《左传》成公六年。《左传》襄公二年：“公子申为右司马，多受小国之赂，以偪子重、子辛，楚人杀之。”

⑦ 公子成为息公，亦见《左传》成公六年。《左传》襄公十五年：“楚公子午为令尹，公子罢戎为右尹，蒍子冯为大司马，公子橐师为右司马，公子成为左司马。”

公复遂升为右司马[①];沈尹戌升为左司马[②];蔡公公子弃疾在内乱中先为司马[③],然后才夺取王位。

春秋时代楚国如同其他国家一样,实行世族世官制。所谓世族世官制,就是国君属下的高级官职,由国君在几个显贵的世族中挑选显要人物轮流充任。楚的最高官职令尹,由鬥氏、成氏、芀氏、屈氏、囊氏、阳氏轮流担任;司马也由鬥氏、芀氏、申氏、沈氏和王族中人轮流担任;县尹也同样由鬥氏、屈氏和王族中人轮流担任,而且楚国世族中的申氏、申叔氏、沈氏,就是由于充任申、沈的县尹而产生的[④]。有些县尹就老死于该县,例如叶公子高在平定白公之乱以后,就"老于叶"(《左传》哀公十六年)。也有些县尹带领宗族定居该县,子孙也久居该县,成为族中人年老退休的住处,例如"申叔时老矣,在申"(《左传》成公十五年),杜注:"老归本邑。"

春秋时代各国都实行世族世官制,使得重要官职由几个显要世

---

① 《左传》文公十年:楚子"田孟诸,……期思公复遂为右司马,子朱及文之无畏为左司马"。

② 沈尹戌见于《左传》昭公十九年等,《左传》昭公三十年、《左传》定公四年作左司马戌(杜注:左司马沈尹戌)。

③ 《左传》昭公十三年:"公子比为王,公子黑肱为令尹,次于鱼陂;公子弃疾为司马,先除王宫。"

④ 《左传》襄公二十六年载:晋"败申、息之师于桑隧,获申丽而还"。申丽当即申公的族中人。陈厚耀《春秋世族谱》列申氏、申叔氏为两支,顾栋高加以反对,认为"传言叔展,杜注言叔时、叔跪、叔豫,皆连叔为名,则亦申氏也"。我们认为申叔展又称叔展(《左传》宣公十二年),当以申为氏。但是申叔时之子与孙,是申叔跪、申叔豫(《左传》成公二年、《左传》襄公十一年及杜注),该是以申叔为氏。《通志·氏族略》载:"申叔氏,楚大夫申叔侯食邑于申,此申叔时之后也。"申氏与申叔氏都出于申公,世居于申。《左传》昭公十一年载:"楚子在申",设计灭亡蔡国,使公子弃疾为蔡公,在陈、蔡、不羹筑城,"王问于申无宇",是证申氏居于申。《左传》成公十五年载:"申叔氏老矣,在申",又足证申叔氏居于申。

族中人轮流充任，一般不是一个官职由父子相传的，但也不排除一个官职可以父子相传，楚国就有这样的例子①。县尹是由国君派到边境的县而镇守在那里的，他们常常带领宗族中人和私属定居在那里，有的就老死在那里，如果得到国君信任的话，就比较容易出现一些父子相传的情况。这不仅是楚国的县公有这样的例子，如申公鬥班传位给申公鬥克；晋国的县公也有同样的例子，如原大夫赵衰传位给赵同，赵同称为原同；申公巫臣在晋为邢大夫，其子世袭称邢伯或邢侯。但是，我们不能根据这少数例子，就把春秋县制看作和世袭采邑制属于同一范畴。

据春秋楚县主要特征的分析，可知这种县是直属于国君的别都，具有边防重镇的作用，县尹是一县之长，主要是一县之师的统帅，由国君任命调遣。如同国君任命令尹、司马等官一样采用世族世官制。这种县既保持原来的都鄙制度，又采用原来的世族世官制，依然保持着贵族政权的政治制度的特点，因此它的性质根本不同于战国、秦汉以后的郡县。然而，它毕竟不同于卿大夫世袭的采邑，而是可以由国君直接支配的都邑。县尹是国君任命的都邑的大夫，虽然实行世族世官制，但是国君可以在几个强大的世族范围以内加以调配，因而这种县制比卿大夫的采邑制容易集权于国君，对于国君更加可以起“卫藩”的作用。

楚国采用攻灭小国和利用旧都改建为县的办法，不断在边疆地带设县。因为县具有边防重镇的作用，楚国随着疆域的扩大，设置的

① 例如白公胜之乱，令尹子西、司马子旗被杀，叶公子高平叛乱之后，先身兼二职，待大局平定，就“使宁为令尹，宽为司马”(《左传》哀公十六年)。宁就是令尹子西之子公孙宁，字子国，后封于析。宽就是司马子旗之子公孙宽，后封鲁阳文君。

县逐渐增多，它的防御和进攻的力量就不断增强，这样就更有利于开拓疆域。原来楚国偏居于荆山周围地区，疆域不大，从春秋初年以后，不断灭亡周围小国，开拓疆域。在整个春秋时代，楚灭亡的小国最多(可考的有四十多个)，所开拓的疆域最大，成为春秋第一大国，先后与齐、晋等国争霸，甚至问鼎中原。这与它创设和发展县制，该是有密切关系的。《左传》一书中有大量史料证明，楚县在开拓疆域和进行争霸中发挥了重要作用。一些重要的县如申、息之类，不仅是楚国向北推进的军事据点，而且常常成为楚王亲临边疆坐镇或召集会盟的地方①。

这种县制的设置和推广，十分有利于楚国的扩展。但是，在实行世族世官制下，推行这种拥有强大兵力的县制，不免要产生分裂或叛乱的危害。原来设置县的目的是为了加强对国君的“卫藩”，但是在国君之下设置过分强大的县，就不免要走向它的反面，造成尾大不掉的局势。当楚灵王在“赋皆千乘”的四个大县筑城，夸耀自己武力强大的时候，楚大夫申无宇已经看到即将发生叛乱的苗头，他认为“国有大城，未有利者”，列举了各国分封给卿大夫大都邑造成叛乱的例子；还认为“夫边境者，国之尾也”，在边境上设置大县，必然造成尾大不掉的局势(《国语·楚语上》)。申无宇这样以各国卿大夫受封的大都邑和楚国当时的大县相比，并不是因为楚的大县和这些卿大夫的封邑具有相同的性质，只是因为同样是“国有大城”，同样会造成叛乱。与此同时，晋大夫叔向也已进一步看到，在楚国即将发生的内乱

---

① 例如城濮之战以前，“楚子入居于申，使申叔去穀，使子玉去宋”(《左传》僖公二十八年)。又如楚灵王“始得诸侯”，“合诸侯于申”(《左传》昭公四年)。楚灵王后来又在申设计诱杀蔡灵侯，灭亡蔡国，使公子弃疾为蔡公，在陈、蔡、不羹筑城。

中，蔡公弃疾将要取得王位，其首要的理由就是：蔡公弃疾“君陈、蔡，城外属焉”（《左传》昭公十三年）。杜注：“城，方城也。时穿封戌既死，弃疾并领陈事。”①这时公子弃疾一人兼领陈、蔡两个大县，实际上方城以外全由他掌握，当然就有举足轻重之势了。等到楚灵王有事外出，内乱爆发，陈、蔡等县之师进入楚都，杀死太子，右尹子革劝说灵王：“请待于郊，以听国人”，王说：“众怒不可犯也”；子革又劝说：“若入大都而乞助于诸侯”，王说：“皆叛矣”（《左传》昭公十三年）。所说“大都”即是“大县”（《史记·楚世家》正作“大县”）。说明这时“大县”具有左右局势的力量，一旦大县“皆叛”，楚王就会走投无路。楚灵王就是因为这样走投无路而自杀的。蔡公弃疾就是在内乱中依靠这些大县的力量取得王位的，因此他取得王位之后，首先要取消这些大县，使陈、蔡复国②。我们从右尹子革劝灵王“入大都而乞助于诸侯”，把“大县”称作“大都”来看，也可以见到这些大县是直属于国君的别都性质。

总的说来，春秋时代的楚县以及其他国家的县，都和战国、秦汉以后县制的性质不同。县制性质的发生变革，当在春秋、战国之际。整个春秋时代县制和分封制是并行的。由于春秋、战国之际社会发生变革，原来贵族性质的世袭占有封地及其居民的分封制，变为封建制性质的享有封邑内征收赋税特权的分封制；秦汉的分封制是继承战国的制度而有所发展的。关于这点，拙作《论秦汉的分封

---

① 《史记·楚世家》载：灵王十年“使弃疾定蔡，因为陈蔡公”。又载叔向曰：“君陈、蔡，方城外属焉。”

② 《史记·楚世家》：“平王以诈弑两王而自立，恐国人及诸侯叛之，乃施惠百姓，复陈、蔡之地而立其后如故。”

制》一文①已详加论述。与此同时,原来贵族性质的采用都鄙制度和世族世官制的县制,变为封建制性质的作为地方政权而实行官僚制度的县制,秦汉的郡县制又是继承战国的郡县制而有所发展的。

附录一:楚国商县考

旧说春秋时代楚的商县即是汉代弘农郡商县,亦即战国时代卫鞅的封邑。《左传》文公十年载:楚在城濮之战失败后,司马子西(即鬥宜申)自杀未死,楚成王"使为商公",子西"沿汉泝江,将入郢",楚成王把他改为工尹,后来他因谋杀楚穆王而被杀。杜注:"商,楚邑。今上雒商县。"商县在今陕西省商县东南商洛镇。江永《春秋地理考实》对杜预之说表示怀疑,认为"楚成王时楚地未至商州,其使子西为商公,或在商密之地"。商密原为鄀之国都,在今河南淅川西南。《左传》僖公二十五年载:"秦晋伐鄀。楚鬥克、屈御寇以申息之师戍商密。"杜注:"鄀本在商密,秦、楚界上小国。"刘文淇《春秋左氏传旧注疏证》肯定江氏之说,认为商密"界湖北之西,滨近汉水,其东南行,由今襄阳、荆门以至荆州,与传'沿汉泝江'合"。这个见解是正确的。

汉代弘农郡商县原名为於或鄔,是秦孝公分封卫鞅在此地之后改名为商的。《水经注·漳水》和《路史·国名纪己》引《竹书纪年》说:"秦封卫鞅于鄔,改名曰商。"商又称为於商。陈逢衡《竹书纪年集证》说:"於读为乌,当即鄔也,旧止名鄔,今改名曰商,故谓之於商。"这个解释是正确的。既然此地是封给商君以后改名为商的,可知后人把此地说成是商代始祖契的封邑,或说成是春秋时楚的商县所在,

① 《中华文史论丛》1980年第1期。

都是出于附会。《史记·商君列传》载:“卫鞅既破魏还,秦封之於商十五邑,号为商君。”《集解》引徐广之说,谓即弘农商县,这是正确的。《汉书·地理志》弘农郡商县下也说:“秦相卫鞅邑也。”《索隐》和《正义》都把於、商说成两地而合称於商,是错误的。《正义》说於“在邓州内乡县东七里”,在今河南西峡东,它和在今陕西商县东南商洛镇的商,相距二百五十里以上,当时商君的封地不可能如此广大。

当时地名於商之外,又有地名商於。《史记·张仪列传》和《楚世家》都说张仪欺骗楚怀王,“请献商於之地六百里”。《张仪列传》索隐把商於解释为二地的合称,说商与於相距二百余里,也是错误的。《楚世家》集解说:“商於之地,在今顺阳郡南(内)乡、丹水二县,有商城在於中,故谓之商於”,这是正确的。《水经注·丹水》也说:“丹水迳流两县(指内乡、丹水两县)之间,历於中之北,所谓商於者也。故张仪说楚绝齐,许以商於之地六百里,谓以此矣。”所谓“有商城在於中”,这个商城即是商密,在今淅川西南,於在今西峡东,两地很近,因此可以称为商於。这个商城正是春秋时代楚的商县所在,前人因为对两个商城分辨不清,对於商和商於的解释也常误合为一。

附录二:楚国沈县考

旧说春秋时代楚的沈县即是汉代汝南郡寝县。《左传》宣公十二年载:“沈尹将中军”,杜注:“沈或作寝,寝,县也,今汝阴固始县。”杜预说“沈或作寝”,这是因为他认定沈尹即是孙叔敖,孙叔敖有封于寝丘之说。杜预这一说法是错误的,如果沈是孙叔敖的封邑,就不该称为沈尹,沈尹当是沈的县尹。当时孙叔敖为令尹,楚国“将中军”的不一定是令尹。《吕氏春秋》有四篇同时谈到孙叔敖与沈尹,都分别作为两人。《吕氏春秋·当染》载:"荆庄王染于孙叔敖、沈尹蒸。"高注:"孙、沈,其二大夫。"《吕氏春秋·尊师》载:"楚庄王师孙叔敖、沈尹巫。"高注:"沈县大夫。"《吕氏春秋·察贤》载:"楚庄王闻孙叔敖于沈尹筮,审之也。"《吕氏春秋·赞能》更有沈尹茎推荐孙叔敖为令尹的故事。"蒸"、"巫"、"筮"、"茎"四字形近,当是一人,出于传写之误。顾栋高《春秋大事表》卷四《楚疆域表》和卷七之四《楚都邑表》,都认为沈尹是楚庄王之子公子贞(字子囊),该是因为沈尹蒸的"蒸"和公子贞的"贞"读音相近。《通志·氏族略》又有子囊封于沈鹿为沈氏之说,但此说尚有可疑,沈尹如果是庄王之子的话,庄王怎么可能如传说所说的那样尊重他。

楚的沈县当在汉代汝南郡平舆,在今河南平舆北。《汉书·地理志》汝南郡平舆,颜注引应劭曰:"故沈子国。"《史记·陈杞世家》索隐也说:"《世本》:沈,姬姓,沈国在汝南平舆。"我们认为,楚的沈县便是取得沈国这个国都之后建成的。《左传》宣公十二年:"楚子北,师次于郔,沈尹将中军。"郔这个地方,据顾栋高推定,"当在河南陈州府项县境"(《楚都邑表》),正在沈县的东面。

西周初年有个邥国,一作聃或冄,是周文王少子季载的封国,见《史记·管蔡世家》。《索隐》谓即《左传》庄公十八年权"迁于那处"的那处,在今湖北荆门东南,此说不可信。"邥"与"那",字形相近而音读不同,不能通假,而且季载是周文王的幼子,封邑不可能远在那处。梁玉绳《人表考》已经指出这点。钱坫《新斠注汉书·地理志》,依据《新唐书·宰相世系表》和《唐韵》季载"食采于沈"之说,断定"邥"即"沈",音同通用。洪颐煊《读书丛录》也有此说,我们认为此说可信。"邥"与"沈"音同通用,犹如老聃或作老耽。因此邥国即是沈国。春秋时代的沈国,实际上就是西周时代的邥国,邥国原先即当在今河南平舆北。此地后来为楚占有,改建为县。

附录三:楚国寝县考

《汉书·地理志》汝南郡寝县,颜注引应劭曰:"孙叔敖子所邑之寝丘也。"应劭之说并不可信。《韩非子·喻老》说:"孙叔敖请汉间之地、沙石之处。"《吕氏春秋·异宝》和《淮南子·人间训》又说:"楚越之间有寝丘者。"汝南郡寝县在今河南临泉,既不在汉间,更不在楚、越之间。杜预解释"沈尹"说:"沈或作寝",把沈和寝看作是一个地名的分化,应该有一定的依据。杜预把汝南郡寝县作为楚的沈县所在,并不正确。我们认为,这个寝县该是邥(沈)国原来国都被楚占有之后,向东迁移的都邑,犹如蔡国由上蔡向东南迁移到新蔡。此地为后来沈国所在,正当新蔡的东北。《春秋》定公四年记载为蔡国灭亡的沈国,该在此地。此地后来为楚占有,建立寝县。

附录四:楚国白公胜所在县邑考

白公胜所在县邑究在何处,从来说法不一。《左传》哀公十六年载,令尹子西把公孙胜召来,"召之使处吴竟(境),为白公"。杜注:"白,楚邑,汝阴褒信县西南有白亭。"《水经注·淮水》也说:白城"楚白胜之邑也"。在今河南淮滨西。《史记·伍子胥列传》又说:"召胜居楚之边邑鄢,号曰白公。"鄢即鄢陵,在今河南漯河东。我们认为,这两种说法都不可信,因为白城与鄢陵都在楚的北境,与郑相邻,离吴很远,和《左传》"处吴竟,为白公"之说不相符合。《史记·楚世家》说:召公孙胜"以为巢大夫,号曰白公"。梁玉绳《史记志疑》以为《楚世家》有误,“巢已为吴所取,安得胜为巢大夫?”他不知道春秋时有两个地名巢或居巢,一个在今安徽桐城以南,为春秋时期巢国所在,先为楚灭,后又为吴所取。另一个是楚的边邑,原为蔡邑,在今安徽寿县以南,原为西周以来巢国的旧都。又鄡或鄡阳,地亦与吴为邻,白公胜的父亲太子建的母家所在,《左传》昭公二十三年载:“楚太子建之母在鄡,召吴而启之。”《史记·楚世家》作“太子建母在居巢,开吴”。《史记·吴世家》又说:王僚八年伐楚,“迎楚故太子建母于居巢以归”。可知鄡或鄡阳又称居巢,当在今安徽省寿县南。寿县三义集曾发现东汉居巢刘君墓,出土有窆石及石羊题字,白公胜为巢大夫而号白公,当即在此一带。《楚世家》所说“居楚之边邑鄢”,“鄢”疑即“鄡”字之误。因“鄡”字不常见,与“鄢”形似而误。

(原载《中国史研究》1981年第4期)

从分封制到郡县制的发展演变

从分封制到郡县制的发展演变，是中国古代政治制度史上的一个重大问题。这个发展是社会经济发生变革的结果，经历的时间是很长的，变化是比较复杂的。无论分封制和郡县制都发生过性质的变化。弄清分封制和郡县制的发展演变，对于认识中国古代尤其是先秦整个政治制度的演变，是很有好处的。下面想从四个方面对这个问题加以探讨。

西周分封制的特点

西周分封制来源于商代的分封制，是商代分封制的进一步发展。周武王在克商之后推行的分封制有其自身的特点。周灭商之后，商贵族的势力仍然很大。因为周原来只是商的一个小诸侯国。从周原出土的甲骨文看出，周是由商的一个小诸侯国发展壮大起来的。它联合了许多周围的诸侯和部族一起发动进攻，才灭掉了商。由于商朝贵族对人民的压迫剥削很残酷，矛盾很尖锐，武王在牧野只用了一天时间就打败了商。殷纣王兵败自焚，周武王很快取得了胜利。但当时商王畿内所保留的贵族势力还很大，所以周武王把纣王的儿子武庚分封到商的统治中心区，又派周王室贵族管叔、蔡叔、霍叔作为三监加以监视。当时武王只占领了中原地区，山东一带仍为东夷所占有。武王死后，其弟周公摄政。武庚勾结管叔、蔡叔发动武装叛乱，周公花了三年时间东征，才平定了这场叛乱。东征之后，虽然消灭了部分殷贵族和东夷贵族的势力，但是殷贵族在原来商的王畿以内仍有一定势力。周公鉴于三监非但不能有效地监督殷贵族，反而与之一起叛乱，所以平定叛乱之后，改变对殷贵族就地监督的政策，把部分殷贵族迁到了洛邑，其他殷贵族则由周天子分批分给姬姓诸侯，由诸侯分别带到自己的封地去。如伯禽封到鲁国，就带去"殷民六族"。周的分封制的特点是把土地、连同土地上的人民一起分封给受封者。土地和人民皆被封君世袭占有和统治，同时还带去一部分殷贵族。这样做目的在于分散殷贵族，使之离开原来住的地方，使他们不容易造反，免得对周朝造成威胁。同时把殷贵族分别带到新的封国去，可以为封君所利用，加强了周贵族的统治力量，从而加强对于封国的统治。当时新分封的诸侯地区往往经济、文化比较落后，周贵族带着殷贵族迁去，必然把先进的技术、文化带去，对发展社会生产力，建立统一的周王朝是有利的。这样，疆域辽阔的周王朝就建立起来了。在当时历史条件下，要创建疆域辽阔的王朝，只能采取分封制。这是适应当时社会发展的需要的，因而是进步的。

当时分封的诸侯国，山东地区有齐国和鲁国，东北方有燕国，中原还有许多封国。西周所推行的分封制，是分等级分别占有土地、人民、奴隶以及财富的制度。天子对于封君，不仅赏给仪仗、礼乐器和宝物,重要的是分给以“姓”、“族”、“宗”为单位的殷和殷的方国的贵族。例如周公之子伯禽封于鲁,分给了“殷民六族”,“使帅(率)其宗氏,辑其分族,将其丑类”。“丑类”就是奴隶。当时“丑”被用作俘虏的称呼,又被用作猎得野兽的称呼,因为他们把俘虏看得和猎得野兽一样。又如分给卫国“殷民七族”,分给唐国“怀姓九宗,职官五正”,怀姓即隗姓,就是赤族的族姓。当时天子也还以“正”、“伯”为单位,将具有世袭官职的旧贵族分赏给诸侯。

周的都城有两个,即西都镐京、东都洛邑,分别管辖西方和东方的诸侯,还分别驻有军队,以加强统治。西都驻有西六师,东都驻有成周八师,牧野还驻有殷八师。周天子就是通过东西两都所设的中央政权,使分封的诸侯服从王命,定期缴纳贡赋,并听从征调军队,定期朝觐述职。根据古书记载,这些诸侯国的上卿,照例要由周天子派遣。这是周王朝加强管理诸侯的重要手段。

战国以后的分封制性质的变化

长期以来有个误解,认为从西周到战国的分封制似乎一样。其实不然。战国时代赵、秦、齐等国分封制的性质已发生变化,世袭的封君在其封国内具有征收居民租税的特权,但是执政的“相”,常由国君直接派遣,并须奉行统一的法令,更要纳贡税于国君。

战国时代各国的封君主要特权是征收封国以内的租税,不仅征收土地的租税,也还征收手工业和商业的税,因此据有手工业和商业发达城市的封君,就可以收得大量赋税,甚至“富于王室”。由于当时封君的主要特权是征收居民赋税,当时封君的封地常常以户口计算,如齐国孟尝君的封地有一万户。也有以邑计算的,如商鞅的封邑有十五个。当时受封者不但不占有土地和人民,封君在封地内还必须遵守国家的统一法令,这和西周的诸侯可以在封国内制定法令的情况不同。战国时代秦、赵等国封君的“相”(统治封地的长官)常由国君直接派遣,于是封君只有征税权,而无行政权。如秦在灭亡蜀国之后,用原来蜀王的后裔作为蜀侯,同时派“相”和“守”帮助统治,实际的政权就在“相”的手中。战国七雄中,有些势力大的封君除了在封地以内有封建经济特权以外,还在封地以内或封地以外占有部分的土地权。这是封君兼地主。这些封君既可以征收土地税,又可以直接剥削农民,又可以收工商税,还有些封君利用免税特权搞运输,做生意,所以有相当的经济实力。但是这些封建性的封君,总的说来政治上的权力远远不如西周的封君,不像西周封君那样在封国以内有独立的权力。有些战国时代的封君兼作国王的相国,掌管全国的政权,一时权势很大,但是一旦免去相国职位,也就没有多大权力,如秦的穰侯魏冉免相后,“出关就封邑”(即陶邑);吕不韦免相后“就国河南”,都是孟子所说的“放”。孟子解释古史传说中舜封其弟象,说是“封之也,或曰放焉”。为什么叫“封”呢?因为“封之有庳”;为什么又说“放”呢?因为“象不得有为于其国,天子使吏治其国,而纳其贡税焉,故谓之放”(《孟子·万章上》)。这就是依据战国时代流行的封君制来解释的。

秦国自从商鞅变法,实行二十等爵,按军功大小赏赐各等爵位。第二十等爵位最高,叫“列侯”,后来又称“通侯”,就是封君性质。商鞅本人就因为建立军功,受封为商君。说明秦国在商鞅变法以前有分封制,变法以后仍然有分封制。事实上直到秦始皇时也还有分封制,只是分封制的性质发生了根本的变化。所谓“列侯”只有在封地以内征收赋税的特权，封君只分割享受封建政权一部分赋税，不掌握封地的行政权和兵权。李斯反对分封秦始皇的诸子为王，这是继承了商鞅以来秦国传统的法制，主张有功劳受封赏，“诸子功臣以公赋税赏赐之”。功臣分封列侯的制度秦始皇还实行。秦始皇二十八年带大臣出巡琅邪等地，就有一批列侯在内（见于《琅邪台刻石》）。这种分封列侯的制度，李斯不但不反对，也还赞成，而且他本人就是受封为通侯的。秦二世要杀扶苏，拉拢李斯，说只要答应了，以后李斯可以继续做通侯，世世称“孤”，李斯竟然同意了。说明李斯并不反对当时分封列侯的制度，他只是反对没有功劳的王室贵族受封，反对分封没有功劳的秦始皇的诸子为“王”，要继续维护中央集权的封建政治体制。

西汉继承了秦的分封列侯的制度，只是扩大了这种分封制，在分封“列侯”之上，增加了“诸侯王”一级。由于秦汉之际连年战争，刘邦为了战胜项羽，取得一批将领对自己的支持，不得不分封他们为异姓王。但他成功之后立即削平了异姓诸侯王。而后他又产生了一个错觉：“惩秦孤立而亡”的教训，分封了一批子弟为王，史称同姓诸侯王，结果造成了严重的内部矛盾。西汉诸侯王有“掌治其国”的政权。虽然中央为他们派去了王国的太傅、丞相进行监督，规定王国发兵要经中央同意，必须有皇帝的诏书或虎符作为凭证，但是实际上仍然控制不住。由于当时诸侯王的“封国”，占地广大，人口众多；有征收土地税和山川市井之税的特权；操纵有关国计民生的铸钱、冶金、制盐等手工业，政治上和经济上的实力越来越大。原来西汉分封同姓诸侯王的目的是为了拱卫中央，随着这些诸侯王实力越来越强大，就不免要走向它的反面，所以后来发生“七国之乱”。等到镇压吴楚七国之乱，剥夺了诸侯王操纵封国的政治经济权力，使诸侯王和列侯一样，只有“衣食租税”的特权，西汉才重新巩固中央集权体制，真正完成统一。

春秋时代县制的起源和性质

商周两代都有别都制度。别都的特点是，既是国君时常居住的都城，设有宫室和宗庙，国君常在宗庙举行祭祀，或对臣下颁发赏赐，同时又是驻屯重兵防守的主要军事重镇。春秋时代兴起的县，就是起源于商、周的别都，县制是别都制度的进一步发展。春秋时代楚、晋等大国所设置的县，正是边地军事重镇的性质。县和国都一样具有征赋和驻屯重兵的特点。楚国时常灭了小国设置为县，也常以别都改建为县。

长期以来有个错觉，认为县制起源于春秋初，战国、秦汉只是继承了这种县制。其实，春秋时的县和后来的县性质不同。战国时各国的县的长官，是由中央委派的，必须听从中央的命令，推行各种政策，属于地方政权性质。春秋时代县的性质就不同。县在西周时，是天子统治的王畿以内的地方组织名称，但具体情况还不大清楚。春秋初期，秦、楚、晋等大国都已设有县。可能秦和楚的县出现较早。县最早设在这些大国的边境地区，往往灭掉一个小国，就要在那个地方设县。晋国设县可能晚一些。春秋时期有关秦的县的材料不多，情况不太清楚。楚国的材料比较多，比较清楚。楚灭掉小国便在边境地区设县，也有把灭掉的小国国都变为县，或者是在边境上设“别都”，后来改建为县。县是直属于国君的统治地区，常常是国君到边境上处理军国大事或重大问题的地方。楚国在当时既要扩充势力，争霸中原,就不断向北推进。往往灭掉一些小国便设立一些县,所以县一般多设在北方边境地区,县具有边防重镇的性质。这些县里的贵族和“国人”都被编制成军队,军队的长官也就是县的长官,叫做“县尹”,或者尊称为“县公”,就是一个县军队的统帅。当时打仗用四匹马拉的战车,车上有三个甲士:一个是驭手,一个是弓箭手,一个执戈或矛,他们是作战的主力。军队以贵族为骨干,担任各级军官,甲士多数是“国人”,是统治阶级的下层。打仗用“车战”,兵力按战车的数目计算。有的小县有战车一百乘(辆),有的大县有一千乘(辆)。有些大国有很多的县,总共有一万辆战车,就号称“万乘之国”。楚国的县,有的原来是一个国家的国都。当时住在都城里和近郊的统治阶级下层叫做“国人”,“国人”有服兵役的责任,要编成军队。楚国有许多县是灭了小国建成的,所以这些县的军队就是由原来小国的军队改编而成。“国人”是统治阶级。国家有许多大事是要同“国人”商量的,“国人”有政治权利,同时又有参加军队的责任,也可以从中挑选一些小官吏。当时的“国”与“野”有严格界限。国都以“郊”为界,郊外称“野”,住的主要是“庶人”,或者称“野人”,就是直接的农业生产者;郊内称“国”,住的主要是统治阶级。“国”原来有广义和狭义,狭义的“国”只是指国都的近郊以内地区;广义的“国”是指整个国家。这种“国”、“野”对立的制度实质上就是贵族实行统治剥削的制度。

春秋时代楚国的县属于边防重镇性质,县尹就是一县军队统帅。春秋时代的官职是由贵族世袭的。所说的官职世袭,并不是同样的官职父子相袭,只是按贵族的等级地位轮流担任差不多的官职。当然个别也有同一官职父子相袭的。当时县尹作为一种重要官职同样是由重要贵族轮流担任的,个别也有父子相袭的。因此这样的县,实质上还是由贵族统治的边防重镇，与战国以后作为封建政权体制下地方组织的县显然不同。

县尹同封君当然也不同。县尹是可以由国君调配的，但也只能在一定范围内调配，也就是选取重要贵族去轮流担任。封君是世袭的。春秋时的县制还是贵族政权下的县制。县尹仍然是贵族官职的一种，其优点是国君可以借此集权。灭了一个小国，土地可以不分封，设了一个县，县尹可以由国君调动。这样，国君的权力比较容易集中。但这样发展下去也会出问题。因为楚国的大县的兵力有千乘，四个大县就可以多达四千乘，到春秋晚期有的县尹就尾大不掉，乃至起来造反。由于县尹势力的增长，国君常常被县尹们杀掉，失去政权。这样就成为内乱的一个重要原因。从这一点来看，也可以看到春秋时代楚国县的性质与战国以后的县不同。

春秋前期晋国的县，与楚国的县有许多相同之处。其县的长官叫“县大夫”。这些县大夫也有世袭的。如晋文公时有个大臣赵衰，是原大夫。赵衰有几个儿子，其中一个儿子叫赵同，继承了他的位子，所以这个儿子又叫原同。楚国有个臣子叫申公巫臣。申公就是原来楚国申县的长官，后来到晋国作邢大夫，他的儿子也继承他的地位作邢大夫，以后因事被杀。晋国的县比较小，所以没有发生大的问题。春秋后期，晋国卿大夫势力膨胀，其势力范围就包括不少县，卿大夫相互间还争夺县。到春秋末期，晋国的县都为卿大夫所占有，大约共有五十个县，有五千辆战车。在卿大夫互相吞并的过程中，被攻灭了的卿大夫的领地也被改成了县。晋国的县比较小，有的只相当于楚国县的十分之一。楚国出兵打仗，楚王调发军队，县也一起调发军队，所以楚国军队很多。晋国也有类似的情况，如公元前 520 年晋籍谈、荀跞曾率九州之戎以及“焦、瑕、温、原之师”，护送周天子入王城，焦、瑕、温、原之师就是四个县的军队。

春秋晚期出现了郡。郡最初比县要小。公元前439年，赵国的卿赵简子同范氏、中行氏打仗，赵简子和帮助输送给范氏粮食的郑国交战，宣誓说：“上大夫受县，下大夫受郡。”郡原来设在边地，虽然占地大，但比较荒凉，地位不如县。

战国以后郡县制的发展演变

战国以后的县，性质与春秋的县不同。由于经济制度变革，政治制度也随之发生变化。春秋时代各国的重要官职由卿大夫世袭，战国时取消这种世袭，出现了官僚制度。国君可以随意挑选人做官。如有的说客因其进言得到国君信任，便可立即被任命为丞相。而战国以前，任命贵族为官，要在宗庙里举行册命仪式。战国时代任命官职开始用玺（即图章），任命时只要发给官玺，免官时只要夺印或收玺即可。战国时代还有了上计制度，对地方官进行年终考核。规定县官到年终要见国君，带上统计的簿册，包括土地开垦情况、种植面积、人口增长数字、税收及其他统计数字，以便国君了解该县一年的治理情况。《商君书·去强篇》说：“强国知十三数”，就是需要十三种统计数字。根据各种统计数字，认为治绩好的升官，差的就调任或免职。战国时还有“行县”制度，就是国君、丞相或郡守到县里去巡视，到社会上去查访，了解县的治理情况。战国时已开始有监察制度，就是派官员去监察县的长官执行政令情况以及有无违反法令的行为。由于这些制度的建立，才能普遍地推行郡县制。古书记载这样一个故事：西门豹作邺令，为人正直清廉，不肯给上司送礼，一年上计的结果不好,国君要将他免职,他请求再等一年。这一年他送了礼,上计的结果就好多了。因此,他认为政治不上轨道,要求辞职而去。这个故事说明单有上计制度是不行的,必须有好的风纪,并有其他制度相配合。秦汉以后上计制度还一直实行,中央政府的各种统计表册就是依据上计编制的。

郡长官叫“守”或“太守”。“守”原为镇守边境军队的长官,后来变为行政长官。因为郡的范围大,所以郡下要划分县,实行郡县两级制。战国时代除了齐国设有五都之制,没有设郡以外,各大国都先后推行郡县制。秦推行郡县制较晚,商鞅变法才正式把县制推行到全国。那时秦还没有设郡。秦的设郡较迟,大概开始于秦惠王时,是向别国学来的。战国后期秦在战争中不断取得胜利,每攻克一个地方便设郡,这是适应战争需要而设立的。秦在统一全国过程中陆续设了三十六郡,最后有四十余郡。秦之所以能统一全国,郡县制的普遍推行是起了作用的。

特别要指出,郡县制的形成,该与楚、晋、秦等大国为了加强中央集权和加强边防有关。春秋时代楚国往往把兼并得来的小国改建为县,也常把作为边地防守重镇的别都改建为县。春秋末年以后,晋国又在新得比较荒凉的边地设郡,面积较县大得多,而地位要比县低,所以赵简子在作战时宣誓说:“克敌者上大夫受县,下大夫受郡。”(《左传》哀公二年)等到战国时代随着经济的发展,边地逐渐繁荣,也就在郡下分设若干县,于是产生郡县两级制的地方行政组织。这种郡县两级制,最初推行于三晋地区,后来秦、楚、燕等国相继效法而推行。

正因为郡县的设置与加强边防有关,战国时代各大国所设的郡主要还在边防地区。如魏设西河郡和上郡是为了防秦；赵设云中、雁门、代郡是为了防林胡、楼烦；燕设上谷、渔阳、右北平、辽西、辽东等郡，主要是为了防东胡。战国时代七大国之间，长期进行相互兼并的战争，因而都在中原地区的边境陆续设郡，例如楚的春申君原封于淮北，后来以“淮北地边齐，其事急，请以为郡便”为理由，请改封于江东。自从战国中期以后，各大国为了加强边防，纷纷在交界处设郡，如上党地区是三晋的交界，地势险要，赵、韩两国都曾在上党设郡。

当战国时代，郡既担负防守边境的作用，因一郡的首长称为“守”，或者尊称为“太守”，常由武将充任，《韩非子·亡征篇》就把“出军命将”和“边地任守”相提并论。郡守既是一郡的行政长官，更是征发一郡壮丁防守和出征的统帅。战国时代随着经济政治的发展，各大国的官僚组织已文武分家，分别以相国和将军为首脑，但是郡守的职司还是文武合一的，这到战国晚期还是如此。如李斯所上韩王的书，讲到秦王“令蒙武发东郡之卒”，这时蒙武正为东郡的郡守。

战国时代只有齐国始终没有设郡，依然推行别都的制度，设有“五都”，除了国都临淄为中心以外，四边都设有作为边防重镇的别都。五都都设有常备兵，称为“五都之兵”或“五家之兵”，在对外作战时“五都之兵”常用作战斗的主力。都的长官称为“都大夫”，既是一都的行政长官，又是统率“五都之兵”的主将。

战国秦汉的监察和视察地方制度

战国秦汉时代中央集权的封建政府刚开始建立，其中有不少新创的政治制度，对于管理农业生产、巩固统一、整顿吏治起着重要作用，对后世有着深远影响。监察地方和视察地方的制度就是其中之一，很值得我们作深入的探讨。

战国时代的监察和视察地方制度

战国时代随着社会制度的变革，各国变法运动的先后开展，中央集权政府的确立，逐渐推行了官僚制度。各国的中央政权，除了楚国以令尹为其最高官职以外，都以辅助国王统治的相国作为行政长官。至于地方政权，除了齐国设有“都”和“县”两种地方行政组织以外，都设有“郡”、“县”两级的行政机构，设有郡守、县令作为长官。为了提高这些地方政权的工作效率，防止发生违法乱纪的行为，各国中央政权都有两套办法来对地方政权进行管理和考核。一套是通过自下而上地呈报成绩而加以管理和考核，这就是“上计”制度。每年年底由地方官把各种成绩的统计数字，造成簿册向中央上报，其中包括开垦田地和赋税收入、库存粮食、户籍人口的统计等等，以便中央作为年终考绩的依据①。另一套是通过自上而下的监督和视察，从而加强对地方官的管理和考核，并谋求提高政治工作的效能。这就是设置监察官和推行视察地方的制度。当时视察地方的制度，叫做“巡行”、“循行”或“行县”。《吕氏春秋·季夏纪》说：“树木方盛，乃命虞人入山行木，毋有斩伐。”高诱注：“虞人，掌山林之官。行，察也，视山林，禁民不得斩伐。”“巡行”和“行县”的“行”，意思和这里“行木”的“行”相同，是说巡回视察。当时上级官员视察地方，不但要考察地方官的治迹，还要直接与社会接触，具有整顿吏治、纠举不法行为，加强管理农业生产、选拔统治人才、巩固统治的作用。

战国时代创立的“上计”和“巡行”制度，主要是适应当时官僚制度下提高地方官工作效率和纠正官场上流弊的需要，它是把过去实行分封制时期的“述职”和“巡狩”制度改革而成的。原来天子为了控制诸侯，巩固统治，有所谓“巡狩”和“述职”。孟子引述晏婴的话说：“天子适诸侯曰巡狩。巡狩者，巡所守也。诸侯朝于天子曰述职。述职者，述所职也。”《史记》上把周昭王的南征楚国称为“南巡狩”(《周本纪》)，又把周穆王的西游称为“西巡狩”(《秦本纪》、《赵世家》)。到春秋时，天子已失去权威，也还沿用“巡狩”的称谓，例如把周惠王到虢国称为“王巡虢守”(《左传》庄公二十一年)，甚至把周襄王被晋文公召去参加践土之盟，也隐讳地写作“天王狩于河阳”(《春秋》僖公二

① 参看拙著《战国史》(增订本)第六章第一节“年终考绩的‘上计’制度确立”一段。

十八年)。原来天子“巡狩”的目的有两个:首先是管理农业生产。孟子引述晏婴的话,指出巡狩是“春省耕而补不足,秋省敛而助不给”,又引《夏谚》作为旁证说:“吾王不游,吾何以休? 吾王不豫,吾何以助? 一游一豫,为诸侯度。”(《孟子·梁惠王下》)这是把视察(即所谓“省”)春耕、秋收而采取补助的政策,作为“巡狩”的主要任务。“巡狩”的另一个目的在于巩固统治。战国时代的著作《尚书·尧典》,描写尧的“巡狩”情况,每五年要巡狩一次,每次要在二月、五月、八月、十一月分四回进行,到东、南、西、北四个方向去,祭祀主要山岳以及许多山川,接见一方的诸侯,校正一年的历法,统一音律和度量衡制度,修订五种礼制,确定各级贵族行见面礼时所用的手执礼物。制度这样整齐划一,看来是出于当时儒家的编造,加有理想的成分。但是我们可以由此看到,“巡狩”的政治目的在于整顿典章礼制和巩固统治。

战国时代的“巡行”制度正是从“巡狩”制度改革而成,所以同样偏重管理农业生产和巩固统治两个方面。《礼记·月令》是战国时代阴阳五行家设计的十二个月的行事历,其中有一系列管理农业生产的措施,是根据当时各国的实际情况而制定的。其中讲到孟夏之月“命司徒巡行县鄙,命农勉作,毋休于都”;孟冬之月“命司徒循行积聚,无有不敛”。“循行”就是“巡行”,意义相同。司徒是管理土地和人民以及征发劳役的官,西周、春秋时已存在,战国时还沿用。孟夏之月正是农忙季节,“巡行”的目的在于“命农勉作”;孟冬之月正是收藏季节,“巡行”的目的在于做好收敛和积聚。《月令》中还有些管理农业措施,没有提到“巡行”,实际上也该用“巡行”方式的。例如仲秋之月“乃命有司趣民收敛,务蓄菜,多积聚,乃劝种麦,无或失时,有失时，行罪无疑”。所谓“趣民”、“乃劝”，同样需要通过“巡行”才能办到。

战国时代各国还有一套“行县”制度，无论国王、相国、郡守都要到所属的县去“巡行”。例如赵武灵王开始“行县”的时候，路过番吾（今河北磁县北），听得上层社会普遍反映，周绍是“父之孝子，君之忠臣”，于是“问之以璧”，赠送酒食而求见，周绍托病推辞。后来武灵王进行“胡服骑射”的改革，就赐给他胡服，任命他为教导王子的“傅”（《战国策·赵策三·王立周绍为傅章》）。可见当时某些有为的国王“行县”，很重视舆论，常常根据舆论来选拔官吏。又如范雎由王稽藏在车中带进秦国，到湖关（今河南灵宝西北）遇相国魏冉“东行县邑”，魏冉查问王稽有否带来宾客，王稽答以“不敢”混过，范雎怕魏冉会派人回头来追索，下车避走，果然魏冉行了十多里路，派骑回来搜索车中，没有被搜到，因而范雎得以进入咸阳向秦昭王游说（《史记·范雎列传》）。从此可知，相国“行县”，为了某种政治目的，可以检查和搜索官民的车辆行李。再如吴起到楚国做了宛（今河南南阳）的郡守，“行县”到息（今河南息县西），请教著名学者屈宜臼，没有得到反应；隔了一年，吴起升为令尹，再次“行县”到息，再去访问，屈宜臼就用一套道家的道理来反对他的变法主张，甚至称之为“祸人”（《说苑·指武》）。说明当时楚国的令尹和郡守都要“行县”，访问和请教知名学者是他们视察工作中的一个重要方面。我们从这些事例，可知战国时代高级官员视察地方，着重采访舆论、选拔人才，并对施政方针征求意见。

战国时代各国在推行“巡行”制度的同时，也已开始在中央和地方设置监察官。当时御史这个官，属于国君的秘书性质。因为负责接收和保管重要文件，就成为国君的耳目，带有监察性质。魏、韩等国在县令之下设有御史，也属于秘书兼监察性质。这时对于御史的任用比较郑重，一个县的御史去世以后，按制度，要依据资历递补。宋代吕祖谦根据这点，认为六国已遣御史掌监郡，不独秦国如此①。这是正确的。当时秦国设置的监察官已比较普遍。《商君书·禁使篇》说："今恃多官众吏，官立丞、监。夫置丞立监者，且以禁人之为利也，而丞、监亦欲为利，则何以相禁？"因此作者认为，还必须"别其势，难其道"，也还必须使"事合而利异者"相互监督，才能起相互监视的作用。这套理论，是总结当时实际经验而产生的，对于后世统治者制定监察制度有很大的影响。

战国时代是我国历史上监察制度创始的时期，它把监察地方和视察地方是作为两种平行的制度的。到秦代，监察制度就有进一步扩展。到汉代又作了比较合理的改进，它的特点是把监察地方和视察地方两者密切地结合了起来。

秦汉时代中央对郡国的监察和视察制度

秦代十分重视设置监察官。秦的御史大夫，是中央政府的三公之一，掌副丞相之职，主管文书、律令、图籍和监察考核工作。同时派出御史到郡监督，称为"监"或"监御史"。监御史的职掌，不仅在于监察，还掌有实权，可以领兵作战，可以开凿渠道，可以推荐人才。例如

---

① 《战国策·韩策三》记载："安邑之御史死，其次恐不得也，输（鲍注：安邑里名）人为之谓安邑令曰：'公孙綦为人请御史于王，王曰：彼固有次乎？吾难败其法。'因遽置之。"吴师道《鲍校注》引吕祖谦曰："《前汉·百官表》，监御史，秦官，掌监郡。此策云云，六国已遣御史监掌矣，非独秦也。"

沛公(刘邦)刚起义时,据守丰县(今属江苏),就有“秦泗川监平(泗水郡监名平)将兵围丰”(《史记·高祖本纪》)。又如秦始皇派尉(官名)屠睢进击南越时,又曾派监禄(郡监名禄)开凿灵渠(《汉书·严助传》)。再如萧何原为秦的沛县主吏,由于监郡御史和从事的赏识,提升为泗水郡卒史,经过考核,成绩名列第一,“秦御史欲入言征何(萧何),何固请,得毋行”(《史记·萧相国世家》)。吕祖谦根据这点说:“然则秦监御史亦如汉刺史入京师奏事也。”(《大事记解题》卷八秦二世元年“九月刘邦起兵于沛”)秦代监郡御史的权力是较大的,侵取了太守的职权,这是秦代重用近臣、加强集权的结果。

战国时代的“巡行”制度,国王、相国、郡守都有“行县”的权力。可是到秦代,由于秦始皇集权于一身,只有皇帝率领群臣“巡行”了。秦始皇先后五次“巡行”,《史记·秦始皇本纪》或者称为“巡”,或者称为“游”,或者称为“东行郡县”。在秦始皇的刻石中也称为“亲巡”、“东游”、“览省”、“周览”①。说明秦始皇的五次出游,还是继承战国时代“巡行”、“行县”制度的。秦始皇在五次“巡行”中,除了祭祀山川、舜禹之类,主要是通过树立刻石来歌功颂德、宣扬政策、改正风俗,图谋加强专制统治和思想控制,因此它和战国时代各国“行县”的目的有所不同。

西汉推行监察和视察地方制度,显然比秦代有很大改进。它的主要特点,就是把设置地方监察官和视察地方制度密切地结合起来,并规定权限。

---

① 《峄山刻石》:“亲巡远方。”《泰山刻石》:“亲巡远黎。”《之罘刻石》:“皇帝东游。”《琅邪刻石》:“东抚东土,以省卒士。”《会稽刻石》:“亲巡天下,周览远方。”《东观刻石》:“皇帝春游,览省远方。”

西汉初年诸侯王国的辖区很大，中央直辖的郡只有十五个，没有派遣监郡的御史。到惠帝三年（前192年）才由丞相奏请派遣御史监督三辅（孙星衍辑本《汉书解诂》），接着又恢复设置监郡御史。到文帝十三年（前167年）“乃命丞相史出刺，并督察御史”（大典本《汉旧仪》）。这种丞相史职位很低，《汉旧仪》说：“丞相初置吏员十五人，皆六百石，分为东西曹，东曹九人出督州为刺史。”这种出督的刺史是临时性质，《汉书·百官公卿表》说：“丞相遣史分刺州，不常置。”因此他们没有常设的治所，只是“常以秋分行部”，“到所部郡国”（《汉旧仪》）。这就是汉武帝设置十三部刺史的前身。

汉武帝很重视派遣使者“巡行天下”的作用。元狩元年（前122年）平定淮南王、衡山王谋反之后，兴起大狱，为了表示与民“更始”，派遣谒者“巡行天下，存问致赐”。后三年又派遣谒者“劝有水灾郡种宿麦（即冬麦），举吏民能假贷贫民者以名闻”。又后三年即元狩六年，又派遣博士、大夫等六人“分循行天下，存问鳏寡废疾，无以自振业者贷与之，举三老孝弟以为民师，举独行之君子征诣行在所”。元鼎二年（前115年）江南水灾，又派遣博士“分循行，谕告所抵，无令重困，吏民有救饥民免其厄者具举以闻”（《汉书·武帝纪》）。从元鼎四年起，武帝就多次亲自大规模出行，也或称为“巡狩”。当他一开始出巡，就发现郡国存在着许多严重问题，有的太守因此自杀，有的太守因此被诛。《史记·平准书》载：

> 天子始巡郡国，东渡河，河东守不意行至，不辨，自杀。行西逾陇，陇西守以行往卒（仓卒），天子从官不得食，陇西守自杀。于是上北出萧关，从数万骑，猎新秦中，以勒边兵而归。新秦中或千里无亭徼，于是诛北地太守以下，而令民得畜牧边县。

既然太守这样失职，监郡的御史又不举发，要天子亲自出巡方才知道，说明监御史形同虚设，所以到元封元年(前 110 年)就废去监郡御史。大典本《汉旧仪》说："元封元年御史止不复监。"到元封五年，就创设十三部刺史，这是进一步采取有效措施来加强对郡国的监察工作。

刺史制度有下列五个特点：

第一，刺史为中央派遣常驻在监察区的监察官，设置固定治所，便于就地监察和吏民检举告发。刺史这个官名，是有来历的。文帝十三年"命丞相史出刺"，这种出刺的"丞相史"也称"丞相刺史"。《汉旧仪》说："丞相刺史常以秋分行部。"但是，武帝开始设置的刺史，和文帝所设丞相史显然不同。丞相史是丞相的下属，而刺史则隶属于御史大夫府的御史中丞；丞相史在监察区不设治所，而刺史则设有治所。《汉旧仪》说："初分十三州刺史，假印绶，有常治所。"至于《续汉书·百官志》刘昭注说：刺史"传车周流，匪有定镇"，是错误的。刺史每年八月才出巡，出巡之前该有"治所"。《汉书·朱博传》明确讲到刺史的"治所"，颜师古注说："治所，刺史所止理事处。"这是正确的①。刺史既然有规定的监察区，自应有常驻的治所，以便就地监督和吏民前往告发。当朱博出任冀州刺史"行部"的时候，"吏民数百人遮道自言"，就是拦舆告状，朱博派从事告知大家："欲言县丞、尉者，刺史不察黄绶(指县丞、县尉职位低而印绶黄色)，各自诣郡；欲言二千石、墨绶长吏者，使者行部还，诣治所。"就是说，要告发二千石的大

① 前人或者以为刺史无治所，都是为刘昭"匪有定镇"一语所误。全祖望《经史问答》已指出："刺史行部必以秋分，则秋分以前当居何所，岂群萃于京师乎？"王鸣盛《十七史商榷》卷一六有"刺史治所"条，曾举出《汉书·朱博传》和《汉旧仪》证明刺史有治所。

官的可以受理，要等刺史“行部”回去以后，到治所来告发，说明当时刺史“行部”以后要回到“治所”，在治所的时候可以随时受理告发大官的案件。

第二，刺史隶属御史大夫所属的御史中丞，纯为监察官性质，对于所监察的郡守等二千石地方官，没有上下级关系，也没有相关的利害关系，做到了《商君书·禁使篇》所说“监”与“官”的“别其势”，权势各自独立而分开，便于发挥监督和检举的作用。御史中丞专门掌管纠察百官，《汉书·百官公卿表》说：“中丞在殿中兰台，掌图籍秘书，外督部刺史，内领侍御史员十五人，受公卿奏事，举劾按章。”刺史的职责就是要举劾二千石官的违法行为，奏报到御史中丞那里，听候处理。

第三，刺史只是监察官而不是行政长官，它和秦代有兵权、人事权的监御史不同，而且刺史有规定的监察范围。刺史必须按照中央颁布的“六条”规定，进行揭发检举，有一定范围的约束，不准超越，足以防止滥用权力。“六条”中除第一条是纠察强宗豪右的“田宅逾制，以强凌弱”以外，其余五条都是纠察二千石地方官聚敛为奸、刻暴杀人、蔽贤宠顽、放纵子弟、勾结豪强的。原来中央对刺史约束很严，不准超越“六条”，能按此办理的有奖，否则受罚。例如翟方进为朔方刺史，“居官不烦苛，所察应条辄举，甚有威名，再三奏事，迁为丞相司直”(《汉书·翟方进传》)。又如鲍宣为豫州牧，丞相司直劾举他“举错烦苛，代二千石署吏听讼，察过诏条”等等，就被免职(《汉书·鲍宣传》)。

第四，刺史秩卑、权重、赏厚，使便于督察，乐于劾举。刺史秩仅六百石，只相当于低级的县令，但因隶属御史中丞，掌握监察大权，可以劾举二千石大官而无所顾忌。王鸣盛《十七史商榷》卷一四有“刺史权重秩卑”条，列举事例，指出当时“守、相畏刺史如此”；又有“刺史察藩国”条，列举事例，指出“凡居此官者大率皆以督察藩国为事”，有不少诸侯王就因罪被刺史告发或收捕。正由于刺史秩卑而权重，常常因纠察大官的罪行而取得威名，得到重赏，成为进升高位的重要途径。昭帝时魏相为扬州刺史，“考案郡国守、相，多所贬退”，二年后，就升为谏大夫，接着做河南太守，不久又进级为大司农、御史大夫（《汉书・魏相传》）。《汉书・朱博传》记载朱博上奏，称许刺史制度的优点说：“汉家至德溥大，宇内万里，立置郡县。部刺史奉使典州，督察郡国吏民安宁。故事，居部九岁，举为守、相，其有异材功效著者辄登擢，秩卑而赏厚，咸劝功乐进。”看来在实行刺史制度的前期，确实能够在一定程度上起着澄清吏治的作用，成为一些官吏由此登升的阶梯。

第五，刺史定期巡行所部郡国，叫做“行部”。通过“行部”可以考察守、相治迹，广泛接触吏民，了解下情，因而对守、相的劾举，往往有事实依据，可以击中要害。《续汉书・百官志》说：“诸州常以八月巡行所部郡国，考殿最；初岁尽，诣京都奏事。”八月正是开始秋收之际，也是编造“上计”用的簿籍的时候，即所谓“案比之时”①。刺史这时“行部”，很便于考察一年地方官治理的成果，作出准确的评定。比较精明强干的刺史“行部”时，要先到社会上去采访，了解实情，倾听舆论。成帝时何武为扬州刺史，“行部”时，必先到学宫，访问诸生，“试其诵论，问以得失”；接着进入传舍，就“问垦田顷亩，五谷美恶”，然后

① 《后汉书・安帝纪》元初四年诏：“方今案比之时”，注引《东观记》曰：“方今八月案比之时，谓案验户口，次比之也。”《周礼・地官・小司徒》：“及三年则大比”，贾疏：“汉时八月案比而造籍。”

会见郡守等地方官。也还要观察囚徒，看是否有冤狱，如果要有所平反，就交给郡守处理，因为刺史没有直接处理司法之权。对于郡守的监察，着重清查有无违法行为。原来九江太守戴圣是个治礼经的大儒，尽管多不法行为，过去刺史多加宽容，及至何武到部，他还看不起这个“后进生”，后来何武查出他的罪行，他才恐惧而自请免职（《汉书·何武传》）。由此可知，刺史的“行部”，通过实地视察，确实便于了解实况，容易纠察郡守的失职以及不法行为。汉代这样推行刺史定期“行部”的制度，确实对于加强监察地方工作的效能起着一定作用。

从上述五个特点来看，设置刺史确是当时比较有效的监察制度。等到这五个特点逐渐消失，它的性质也就改变了。从西汉末年起到东汉时期，由于豪强大族势力的成长，地方割据势力的逐渐形成，刺史原有的五个特点就逐渐消失，首先是监察的权力超出“六条”的范围，逐渐侵取地方官的行政权力，包括人事权、司法权、兵权等等，于是刺史就从原来的地方监察官，逐步变成凌驾于郡以上的地方行政长官了；州也从原来监察区的名称，变为行政区域的称呼了；地方政府也就从郡、县两级制，变为州、郡、县的三级制了。

汉武帝在创设刺史之后十七年，又设司隶校尉。司隶校尉本为督捕诛杀巫蛊而设，后来就督察三辅、三河、弘农，成为类似刺史的官职。武帝也还为临时发生的天灾或事件，派出使者“巡行天下”，先后有四次之多。此后长期沿用这种制度。这种临时派遣的使者所担负的任务，多数属于慰问救济性质，所谓“存问致赐”；或者附带督察吏治，选拔人才，所谓“举贤良”、“举茂材异伦之士”、“举淳厚有行能直言之士”等等；或者着重平反冤狱，例如五凤四年（前54年）“遣丞相、御史掾二十四人循行天下，举冤狱，察擅为苛禁深刻不改者”(《汉书·宣帝纪》)。鸿嘉元年(前20年)“临遣谏大夫理等，举三辅、三河、弘农冤狱”(《汉书·成帝纪》)。这些平反冤狱的使者就带有监察性质。

汉代郡对县的监察和视察制度

汉承秦制，设有郡、县两级制的地方政权。当时中央派遣的刺史，按“六条”规定，只监察二千石墨绶的郡、国一级的官；至于千石以下黄绶的县一级的官，则在刺史监察的范围以外。汉代另有一套郡国对县的监察和视察制度。《续汉书·百官志》说：“凡郡国皆掌治民，进贤劝功，决讼检奸。常以春行所主县，劝民农桑、振救乏绝。秋冬遣无害吏案讯诸囚，平其罪法，论课殿最。”就是说，郡守每年春季要“行县”，着重于“劝民农桑”；秋冬则派督邮监察，重点是审理刑狱和评定成绩。所谓“无害吏”即指督邮。汉文帝元年(前179年)赏赐给八九十岁以上的老人米、肉、帛、絮之类，由“二千石遣都吏循行，不称者督之”(《汉书·文帝纪》)。颜师古注引如淳曰：“律说，都吏，今督邮是也。闲惠晓事，即为文无害都吏。”《史记·萧相国世家》集解引《汉书音义》说：“无害者如言无比，陈留间语也。”《汉书·萧何传》注引苏林也说：“无害若言无比。”“文无害”是说文吏中无比者。在居延汉简中，也见有两处讲到“遣都吏循行”的话①。都吏即指督邮，所

① 《居延汉简》二一三、二一五：“母(毋)得贳卖衣财物，太守不遣都史循行□，严教受卒，长吏各封臧□。”见劳幹《居延汉简考证》乙“都史”条(《劳幹学术论文集甲编》第294—297页)。《居延汉简》一四、四〇：“□阁谨以文理遇士卒，毋令冤失职，稍称令意，且遣都吏循行廉察不□，太守府，书后，幸无忽，如律令。掾熹、属寿、□□广明。”见劳幹《从汉简所见之边郡制度》(《劳幹学术论文集甲编》第178页)。

谓“循行”，即是“巡行”。由此可见，当时不但郡守监察县的工作要“行县”，就是郡守所属督邮监察县的工作也要“巡行”。他们和刺史监察郡国的工作要“行部”一样。这是汉代监察地方工作的一个特点，它总是和视察地方结合起来的。因为通过实地视察，可以加强监察工作的效能。

郡守“行县”和刺史“行部”的季节不同。刺史“行部”在秋收之际，着重于检查一年治理的成果；郡守“行县”在春耕之时，着重于勉励一年农作的开始。所以郡守的“行县”，或称为“行春”（《后汉书·党锢传·杜密》、《后汉书·循吏传·许荆》）。因为“行春”，首先要颁布劝农的春令，又称为“班春”。王莽时崔篆为建新（原为千乘郡，王莽改名）大尹（即是郡守，王莽改名），“称疾不视事，三年不行县”，由于属官进谏，才“强起班春”（《后汉书·崔骃传附崔篆》）。“出劝耕桑”是当时郡守“行县”中头等重要大事，也是例行公事。宣帝时，韩延寿为左冯翊，一年多不肯“行县”，属官多次请他“循行郡中，览民俗，考长吏治迹”，没有答应，后来属官认为“方春月可壹（一）出劝耕桑”，他才不得不“行县”（《汉书·韩延寿传》）。汉代的所谓“循吏”，有一个重要的标准，就是看他在“行县”中“劝务农桑”的成果怎样。《汉书·循吏传》载：宣帝时龚遂为渤海太守，“劝民务农桑，令口种一树榆、百本薤、五十本葱、一畦韭，家二母彘、五鸡”，“春夏不得不趋田亩，秋冬课民收敛，益畜（蓄）果实、菱、芡，劳来循行郡中，皆有畜积，吏民皆富实”。值得注意的是，所谓“劝民务农桑”，都是通过“劳来循行郡中”而进行的，“劳来”是劝勉的意思。

郡守“行县”和刺史“行部”一样，主要目标之一就是考察和整顿吏治。但是，因为刺史只是监察官，发现违法的守相，只能向中央劾举；而郡守是个掌实权的地方行政官，发现违法的县官或列侯之后，就可以马上逮捕。宣帝时尹翁归为东海太守，能够"明察郡中吏民贤不肖及奸邪"，每当"课吏大会及出行县"，"时有所取也，以一警百"（《汉书·尹翁归传》）。"取"就是收捕。成帝时翟义为南阳都尉，行太守事，"行县"到宛（今河南南阳），宛的县令刘立因与曲阳侯是通婚的亲家，很是骄横，翟义根据他的罪状加以收缚（《汉书·翟方进传附翟义》）。说明郡守在"行县"中，有权可以收捕犯法的县令。正因为如此，绛侯周勃免除相位，回到封国，每遇河东郡的守尉"行县"到绛（今山西曲沃东北），周勃就"自畏恐诛，常被甲，令家人持兵以见之"（《史记·绛侯周勃世家》）。

郡守"行县"的另一个任务，就是传布教令。武帝时文翁为蜀郡守，提倡教育，每次"行县"，都带同学官的诸生、明经，传布教令，吏民引以为荣，因而"争欲为学官子弟"（《汉书·循吏传·文翁》）。又如任延为会稽都尉，每次"行县"，总是慰勉孝子，"就餐饭之"（《后汉书·循吏传·任延》）。

因为郡守是行政长官，有用人之权，选拔人才又是"行县"的目标之一。昭帝时田延年为河东太守，"行县"到平阳（今山西临汾西南），亲自召来故吏五六十人，叫他们自报有文才或武才，尹翁归自报文武兼备，功曹（主管郡吏升降和赏罚的官）认为他倨傲不敬，却为田延年所赏识，录用为卒史，带回府中（《汉书·尹翁归传》）。说明郡守在"行县"中，随时发现人才就可录用。东汉光武时会稽太守第五伦"行春"到山阴（今浙江绍兴），一见郑弘，便以为奇才，署为督邮（《后汉书·郑弘传》）。

郡守掌管刑狱，因而在"行县"中可以接受告状和平反冤狱。成帝时王尊为京兆尹，出“行县”，居民郭赐诉冤，谓许仲家十多人杀死其兄，公然回归，吏不敢捕（《汉书・王尊传》）。昭帝时嶲不疑为京兆尹，每次“行县”，审查囚徒回来，他的母亲总要问他：“有所平反，活几何人？”如果多所平反，母亲就喜笑；如果没有什么平反，母亲就怒而不食（《汉书・嶲不疑传》）。从此可知，当时有些郡守确是有通过“行县”审查囚徒而平反冤狱的。在当时地方官滥用刑罚的情况下，更有个别郡守能够平反大批冤狱的。王莽时崔篆为建新大尹，每到一县常见监狱填满，深叹用刑不当，“遂平理所出二千余人”，属吏因此叩头劝谏，认为不能“独为君子”。崔篆说：“如杀一大尹，赎二千人，盖所愿也”，遂称病辞去（《后汉书・崔骃传附崔篆》）。

总之，这种郡守通过“行县”来对属县进行督察的制度，如果执行得好，可以对管理农业生产、整顿吏治、选拔统治人才、平反冤狱发生一定的作用。

郡守除了在春季亲自“行县”以外，还派所属的督邮在其他季度对属县进行监察。督邮原为督邮掾或督邮书掾的简称，原来职司督送邮书，因为掌管送递属县的文书，成为郡守了解属县的耳目，便兼督察属县之责①。郡守用来监察属县的督邮，如中央用来督察郡国的刺史一样，是分部的。田延年为河东太守，分所属二十八县为两部，汾北和汾南分别由一个督邮监督（《汉书・尹翁归传》）。东汉时代的郡有分为三、四、五部督邮的，如鲁国、巴郡、会稽郡都分三部，汝

---

① 沈钦韩《汉书疏证》说：“韦昭《辩释名》曰：‘督邮书掾者，邮，过也。此官不自造书，主督上官所不过之书也。’刘昭《舆服志注》：‘东晋犹有邮驿共置，承受旁郡县文书，有邮有驿，行传以相付，县置屋二区，有承驿吏，皆条所协书，每月言上州郡。’《风俗通》曰：‘今吏督书掾，府督邮职掌此。’案督邮本以主邮书为职，固得纠劾长吏耳。”

南郡分为四部，北海国分为五部[①]。这种“部”就是督邮的监察区。督邮不在太守府办公，在其监察的“部”中另有官舍。东汉和帝时何敞为汝南太守，到立春日，常召督邮还府(《后汉书·何敞传》)，可知督邮经常不在太守府办公。东汉明帝时郅寿为冀州刺史，因属郡所住封王的宾客放纵不检，便派部的从事专住在王国内，“又徙督邮舍王宫外”，就地侦察(《后汉书·郅恽传附郅寿》)，可知督邮在“部”中设有官舍，以便就地侦察和监督。督邮在“部”中设有官舍，如同刺史设有“治所”一样。督邮要通过“行县”来进行察访，也如同刺史要通过“行部”来进行察访一样。

《汉官仪》(《后汉书·张驷传》注引)说：“督邮、功曹，郡之极位。”说明督邮在郡的属吏中地位很高。他们受命郡守担负监察县官及豪强之责，如同刺史受命中央担负监察郡官及豪强之责。成帝时孙宝为京兆尹，在立秋日任命侯文为东部督邮，敕曰：“今日鹰隼始击，当顺天气取奸恶，以成严霜之诛。掾部渠(讵)有其人乎?”侯文答道：“无其人，不敢空受职。”孙宝问：“谁也?”侯文又答：“霸陵杜稚季”。杜稚季原是“大侠”，和卫尉淳于长、大鸿胪萧育都有交通，听到传闻，就杜门不出，不敢犯法(《汉书·孙宝传》)。从这一事例，说明当时负责诛除“奸恶”的督邮确是威风凛凛的，连和朝廷大官相交通的大侠也有所畏惧。又如张俭为山阳郡东部督邮，住在“部”内防东县(今山东单县东北)的宦官侯览家“残暴百姓，所为不轨”，他就举劾侯览及其母的罪恶，请诛杀，因此与侯览结仇(《后汉书·党锢传·张俭》)。

---

① 严耕望《两汉郡县属吏考》列有督邮表，《中国文化研究汇刊》第二卷，1942年9月出版。

可知督邮还有举劾所部居住亲贵犯法之权。

督邮主要监察的是属县长官,需要经常把县官治迹上报郡守,所谓“督邮分明善恶于外”(《汉书·韩延寿传》)。平帝时卓茂为密县(今河南密县东南)县令,各地发生蝗灾,恰巧“独不入密县界”,被督邮作为好的治迹上报(《后汉书·卓茂传》)。督邮也常揭发县官罪状报请查办处理。昭帝时尹翁归为河东郡汾南部督邮,据说“所举应法,得其罪辜,属县长吏虽中伤,莫有怨者”(《汉书·尹翁归传》)。又如苏谦为右扶风的督邮,“部”内美阳(今陕西扶风东)县令李暠与宦官具瑗勾结,“贪暴为民患”,过去监司都不敢纠问,苏谦到“部”,就“案得其臧(赃),论输左校”(《后汉书·苏竟传》)。督邮又有检举县官老病而请求罢免的。宣帝时黄霸为颍川太守,所属许县(今河南许昌东)的丞“老病聋,督邮白欲逐之”(《汉书·循吏传·黄霸》)。也有郡守因所属县官无能,派出督邮查验而报请免职的。东汉顺帝时王堂为汝南太守,因“属多暗弱”,便选派四部督邮“奏免四十余人”(《太平御览》卷二六二引钟岏《良吏传》)。又有郡守因所属县官有罪,派出督邮前往收捕的。元帝时冯野王为左冯翊,因池阳(今陕西泾阳东北)县令(名并)贪污,派督邮赵都前往收捕,县令拒捕,被赵都杀死。县令家上告被冤杀,赵都因而自杀(《汉书·冯奉世传附冯野王》)。东汉光武帝时第五伦为会稽郡守,因乌程(今浙江吴兴西南)县长有罪,派督邮谢夷吾前往收捕,谢夷吾见县长,断定他在一两月内将死去,没有收捕(《后汉书·方术传·谢夷吾》)[1]。这些事例都是因为

① 《三国志·魏书·董卓传》注引《谢承书》:“伍孚少有大节,为门下书佐,其本邑长有罪,太守使出孚教使曹下督邮收之,孚不肯受教。”

特殊而被记录下来的，看来当时收捕有罪县官是督邮的经常工作。

督邮也还奉命收捕重要罪犯。建宁二年(169 年)大肆收捕所谓“党人”，派督邮吴导到范滂所在的县去捉拿，吴导不忍执行，“抱诏书，闭传舍，伏床而泣”，范滂听得这个消息，就自投狱中(《后汉书·党锢传·范滂》)。督邮还奉命押送囚犯。例如“马援为郡督邮，送囚至府”，“哀而纵之”(《东观汉记·马援传》)。这些事例也是因为特殊而被记录下来的，看来追捕罪犯、押送囚犯都是督邮的经常工作。督邮又参与催索租赋的工作，《九州春秋》记载东汉献帝时孔融做北海相，“租赋少稽，一朝杀五部督邮”(《三国志·魏书·崔琰传》注引)。这也因为是特别的事例而被记录下来的，看来奉命追逼交纳租赋又是督邮的经常工作。

从上述督邮的职掌来看，它所起的作用有两个方面：一是监察“部”内的县官和豪强，打击了某些残暴贪污的县官和横行不法的豪强，罢免了某些老弱无能的官吏；一是充当封建官僚内部争夺财富和权力斗争的工具，甚至成为统治阶级用来加强剥削和压迫人民的手段。前一方面的作用，有助于整顿吏治，这在汉王朝走上坡路的时候比较显著；等到汉王朝走下坡路的时候，后一方面的作用就越来越突出了。而且有不少督邮的工作，表里很不一致，表面上假装“摧破奸凶”，实质上是在“朋党构奸”。例如东汉光武帝时汝南太守欧阳歙在宴会上称赞西部督邮繇延“天资忠贞，禀性公方，摧破奸凶，不严而理”；当场功曹郅恽就起来反驳，指出繇延“资性贪邪，外方内员，朋党构奸，罔上害人，所在荒乱，怨慝并作”(《后汉书·郅恽传》)。东汉时代的督邮，普遍对人民的为害是越来越严重了。东汉明帝时汝南太守鲍昱因郡境大旱，往问方士高获，高获说：“急罢三部督邮，……雨可致也。”(《后汉书·方术传·高获》)说明当时讲究“天人相应”的方士,已把天灾的发生归咎于督邮的人祸了①。东汉和帝时汝南太守何敞为了“以宽和为政”,到立春口,常把督邮召回府中,而另外分遣大吏“案行属县”(《后汉书·何敞传》)。说明这时当权者也已认识到督邮是残暴的官员,是“宽和为政”的对立物。由此可见,前后三个汝南太守所属督邮,所造成的祸害是越来越大了。这三个汝南太守,欧阳歙出任在光武帝建武中叶,鲍昱在明帝永平末叶,何敞在和帝永元初叶②,正当东汉的“盛世”,督邮为害已经如此,那末,到东汉后期的“乱世”,其为害就不堪设想了。

总论汉代监察地方制度

总的说来,汉代监察地方制度有四大特点:第一,从中央到地方有一层层的监察官,中央通过刺史监察郡国,郡国又通过督邮监察属县,分层监察,职权分明。刺史分部出刺,督邮亦分部督察,有一定的监察区,范围明确。同时县又通过廷掾监察所属的乡,也是把所属的乡分成部,分别派遣廷掾进行监察的。《续汉书·百官志》讲到县“各置有诸曹掾史”下有注说:“诸曹略如郡员,五官为廷掾,监乡五部,春夏为劝农掾,秋冬为制度掾。”这是说,县设有类似郡的五官掾的廷掾,把乡分为五部,负责监督,春夏的重点在于劝务农桑,秋冬的重点在于整顿制度。第二,采用定期实地视察方法来加强监察工作的效

① 《后汉书·方术传·戴封》载:“迁西华令,时汝颍有蝗灾,独不入西华界。时督邮行县,蝗忽大至。督邮其日即去,蝗亦顿除。”这条记载,同样把天灾和督邮的“行县”联系起来,把天灾的发生归咎于督邮。

② 见严耕望辑《两汉太守刺史表》第121页和第127—128页。

能。刺史每年八月“行部”，视察所部郡国；郡守每年春耕时“行县”，视察所属县邑；督邮又于秋冬“行县”。视察都有其一定的目的和范围。第三，监察官和地方行政长官职权分明，监察官只有监察和劾举之责，要报请上级处理，或者奉命加以处理。这样职权各自独立，使不发生利害关系，便于发挥监督作用。第四，监察官秩卑而权重，便于纠察地方官。顾炎武称赞这种制度的优点说：“夫秩卑而命之尊，官小而权之重，此小大相制、内外相维之意也”，“秩卑则其人激昂，权重则能行志”(《日知录》卷九“部刺史”条)。赵翼又说：“官轻则爱惜身家之念轻，而权重则整饬吏治之威重。”(《陔余丛考》卷二六“监司官非刺史”条)正因为有这样四个特点，西汉“盛世”所推行的监察制度，能够监督地方官按照当时的政治标准，在一定范围内奉公守法，维护纪纲。东汉末年蔡邕上奏，希望重整监察制度，他指出：“夫司隶校尉、诸州刺史，所以督察奸枉、分别白黑者也。”但是当时“纪纲弛纵，莫相举察，公府台阁，亦复默然”，因此需要恢复这种“善政”，“使吏知奉公之福，营私之祸，则众灾之原，庶可塞矣”(《后汉书·蔡邕传》)。可知当时统治阶级所以重视监察制度，正是为了维护封建统治的纪纲，因为他们已经从实际经验中，深深认识到官吏的“营私之祸”，就是“众灾之原”，将要动摇他们的统治。

尽管到西汉后期和东汉时期，由于社会和政治的原因，这种监察制度，或者性质发生变化，如刺史从监察官变为地方官；或者逐渐败坏，如督邮越来越为害人民；但是西汉“盛世”作为“善政”的这种制度，依然对后代封建政治制度有着深远的影响。隋代大业初年废除州制，设置司隶台，派遣刺史十四人分察畿内诸郡，按六条巡察。唐代贞观年间多次遣使分行四方，贞观二十年遣使二十二人“以六条巡察四方”,神龙二年设十道巡察使,以六条督察州郡。后来又改称为按察使、采访处置使、观察处置使、黜陟使等。同时御史台所属监察御史也出巡州郡,秩只八品,一般多带着君主敕命,主办较大案件。元代行御史台所属御史以八月出巡。明代都察院所属监察御史巡按地方,秩只七品,秩卑而权重。所有这些监察制度,分明都是在汉代原有的基础上作了进一步的改革和发展。

(原载《社会科学战线》1982 年第 2 期)

从少府职掌看秦汉封建统治者的经济特权

西汉时代中央政权掌管税收、财政的机构，有大小和“公”、“私”之分。大的“公”的机构，官长叫治粟内史，后来改称大农令、大司农，财源主要是田租（即地税）和算赋（成年的人口税）等收入，用作中央官署和驻京军队的开支，包括官吏的俸禄和军队的供养等。小的“私”的机构叫做少府，官长也叫少府，财源主要是山泽市井之税和口赋（童年的人口税）等收入，主要用作皇帝的“私奉养”，包括皇帝本人和皇室生活上各方面的开支和用途。汉武帝又从少府中分出一个专门掌管山泽的官署，长官叫水衡都尉，但是作为皇帝的“私奉养”的机构，仍以少府为主要。

当时不仅中央政权这样分设“公”、“私”两个税收、财政机构，而且封君、将军以及郡守、县令也同样设置。这种制度，战国时代秦国已经创设，与秦孝公任商鞅变法有关，到西汉时代又有改革和变化。所谓少府，就是封建统治者另外设置的小府库的意思。应劭《汉官仪》解释中央政府的少府说：“少府别为小藏，故曰少府；秩中两千石。

大用由司农，小用由少府，故曰小藏。”(《北堂书钞》卷五四引)顾名思义，少府的设置，是为了保障和扩展封建统治者的经济特权，为了便于他们随心所欲，增加私人生活上的开支。因此，当时各级封建统治者所设少府职掌的大小，就表现为他们所持有的经济特权的大小。这种少府，名义上只是封建统治者的“小藏”，以供“私奉养”的“小用”，而实际上，往往成为封建统治者穷奢极欲、搜刮财富、培植亲信，甚至操纵政权的机构。常常随着封建统治者统治地区的扩大，占有财富和人力的扩充，这种少府职掌的经济特权就大为扩张，在政治上产生恶劣影响，给人民带来重大的灾难。本文就着重于讨论它职掌的经济特权部分。

少府的起源

战国时代秦国已经分设“公”、“私”两个税收、财政机构。从湖北云梦睡虎地秦墓出土《秦律》来看，当时秦国的税收、财政机构已有“大内”和“少内”之分。“大内”由内史掌管，当即因掌管“大内”而得名，也即后来的治粟内史。内史主要掌管田租(即地税)的征收和积储。各地征收所得的田租，包括粮食、饲料、禾秆，都必须编造入仓簿册，送报内史备案。《仓律》说：“入禾稼、刍、稿，辄为廥籍，上内史。”每年地方官到京师“上计”的时候，还必须把粮食存库数字编造簿册上报内史。《效律》说：“至计而上廥籍内史。”内史除掌管“公”有粮食以外，还掌有“公”有的衣服、器物之类。《金布律》规定，发给刑徒御寒用的“衣褐”有多于十件以上的，“输大内，与计偕”，就是要在到京师“上计”时一起送到“大内”保藏。可知“大内”还掌管公有衣服的保藏。《金布律》还规定，报废的“公器”如果是铜铁制成而要上缴作回炉原料的,“都官输大内,内受买之”;都官离开“大内”远的,“输县,县受买之”;如果有些废品不能等待时间而要求先出卖的,也要“以书时谒其状内史”,就是应以文书将其情况及时报告“内史”。可知当时“大内”还掌管“公器”的报废和处理,而“内史”就是“大内”的长官。内史也还有管理国内保藏的珠宝,不使流出国外的责任。《秦律》的《法律答问》讲到:盗窃珠玉出“邦关”(即偷运出国家出口的关)以及卖给“客”(即外来客商)的,拿获后,“上朱(珠)玉内史,内史材鼠(予)购”,就是把珠玉上交内史,由内史酌予奖赏。

当时秦国的财政机构,除了“大内”之外,还有“少内”。《金布律》有一条说:

> 县、都官坐效、计以负赏(偿)者,已论,啬夫即以其直(值)钱分负其官长及冗吏,而人与参辨券,以效少内,少内以收责之。其入赢者,亦官与辨券,入之。其责(债)毋敢隃(逾)岁,隃(逾)岁而弗入及不如令者,皆以律论之。

“辨”当读为“别”,音近通用。“辨券”即是“别券”。《周礼·大宰》说:“听称责(债)以傅别。”当时债券一般用竹木制成,写上负债数字,剖分为二,由债权人和负债人各执一份。讨债和讨利息时,都需要合券,即所谓“傅”;由债权人和负债人各执一份,就叫做“别”,又称“别券”。《管子·问篇》说:“问人之贷粟米有别券者几何家?”这里的“参辨券”,即是“三别券”,是指分成三份的“别券”。这时秦的“少内”采用民间讨债的办法,追索地方官在职责中应该上缴而赊欠的钱,即所谓“负赏(偿)者”。凡是县、都官在点检物资或会计中“负偿者”,由“少内”的啬夫将其应偿钱数分摊于其官长以及属吏,把“三别券”一分为三,发给官长和属吏各一份,送进“少内”又一份,以便“负偿者”

向“少内”归还，由“少内”合券收取。由此可见战国晚期秦国已设有“少内”，作为征收和保藏“钱”的机构。

战国时代秦国的少内，即是少府。大内和少内的名称，汉代曾长期沿用。《史记·孝景本纪》记载中元六年(前144年)改革官制，改治粟内史为大农，“以大内为二千石，置左右内官，属大内”。《集解》引韦昭说：“大内，京师府藏。”《索隐》又说：“主天子之私财曰小内。”这时大内由大农掌管，少内由少府掌管，有所谓“公”、“私”之分。《汉书·毋将隆传》记毋将隆奏言：“共(供)养劳赐，壹(一)出少府，盖不以本臧(藏)给末用，不以民力共浮费，别公私，示正路也。”西汉继承秦制，也还有少内啬夫这个官。根据《汉书·丙吉传》，刘询(汉宣帝)生下数月，因遭巫蛊之祸的牵累，被收入郡邸狱中，丙吉当时做廷尉监而哀怜他，私给衣食，挑选女刑徒加以保养，有个少内啬夫告诉丙吉说：“食皇孙，亡诏令。”颜注：“少内，掖庭主府藏之官也。食读曰饣，诏令无文，无从得其廪具也。”说明皇室人员的供养在少内啬夫的职掌之内。《西汉会要》把少内啬夫作为少府属官，是正确的。因为少内即是少府。直到东汉晚期，人们还习惯上把少府称为“少内”。《周礼·天官》设有大府、职内等保藏的官。郑玄注说：“大府为王治藏之长，若今司农矣。”《周礼》说：“职内掌邦之赋入。”郑玄注又说：“职内，主入也。若今之泉所入谓之少内。”“泉所入”的“少内”，当即“少府”。《太平经》卷六七第六说：“少内钱财，本非独以给一人也，其不足者，悉当从其取也。愚人无知，以为终古独当有之，不知迺(乃)万户(原误作“尸”，今校正)之委输，皆当衣食于是也。”《太平经》所说“独以给一人”、“终古独当有之”，就是指当时皇帝把少府所有钱财看作一人独有的私财；所说“乃万户之委输”，就是指少府所保藏的钱财全是从广大的农户搜刮得来的。

战国时代秦国会出现这样一个少府的官署，是有其历史渊源的。战国时代各国政府所设的府库，不仅是个物资和器物的保藏处所，也还常常是个税收、财政机构。例如楚的鄂君启节铭文记载："女(如)载马牛羊台(以)出内(纳)关，则政(征)于大質(府)，毋政(征)于关。"说明楚的大府有家畜过关的关税收入。因为作为供应封建统治者物质需要的府库，有一定的赋税收入作为财源，就便于根据需要而谋求物资和制造器物。这时各国的府库都附设有特定的手工业作坊，制造供应一定用途的器物，以适应封建统治者的需要。大体说来，"库"常附设有冶金作坊，以制作兵器为主，也兼作其他器物；"府"也常附设有冶金作坊，以制作生活需要的器物为主，也兼作兵器。关于这点，黄茂琳、黄盛璋已先后有所论述①。由此可见，当时秦国所设少府，既是国君所需物资和物品的保藏处所，又是国君征收特种税收的财政机构，也是供应国君所需物品的手工业作坊的管理机构，更是帮助国君办事的后勤机构，并非偶然的，当时各国的府库往往具备这么许多的特点。

战国时代秦国设有少府是无疑的。传世有一件两面刻铭的矛，一面铭作"三十年少府工檐"，一面铭作"武库□属邦"(中国历史博物馆藏品)。"属邦"是秦国特有的名称，云梦秦墓出土《秦律》中有《属邦律》，这件铜戈当出于秦的制作。据最近报道，山西出土有秦相吕不韦的少府制作的戈。与此同时，三晋也设有少府。韩国长子盉的

---

① 黄茂琳：《新郑出土韩国兵器中的一些问题》，《考古》1973年第6期；黄盛璋：《试论三晋兵器的国别和年代》，《考古学报》1974年第1期。

铭文中提到"少府"[①]。还有一件银器铭文作"少府容工益"(《贞松堂集古遗文》),更有少府盉有三次铭刻,第一次刻"少府"两字(上海博物馆藏品),也该是三晋之器。据文献记载,韩的少府制作的弩极为强劲,策士所造苏秦游说辞曾说:"天下强弓劲弩,皆从韩出,谿子、少府、时力、距来,皆射六百步之外。"(《史记・苏秦列传》、《战国策・韩策一》同)

秦少府的主要税收和商鞅变法的关系

秦少府的主要税收是山泽市井之税。《汉书・百官公卿表》说:"少府,秦官,掌山海池泽之税,以给共(供)养。"汉代沿用其制。卫宏《汉官旧仪》也说:"山泽鱼盐市税,以给私用。"

战国时代秦国征收山泽之税,是从商鞅变法开始的。《盐铁论・非鞅篇》记桑弘羊说:"昔商君相秦也,……外设百倍之利,收山泽之税,国富民强,器械完饰,蓄积有余。"商鞅所以要管理山泽,使官家占有山泽之利,一方面是为了增加赋税收入,使"国富民强,器械完饰";另一方面是为了推行重农抑商的经济政策,使农民不能进入山泽谋食,只能专心从事农业,开垦荒地。《商君书・垦令》说:"壹(一)山泽,则恶农、慢惰、倍欲之民无所于食,无所于食则必农。农则草必垦矣。"秦国自从商鞅变法以后,官府占有山泽之利,其中主要的就是盐铁之利。《汉书・食货志》记载董仲舒说:"至秦则不然,用商鞅之法,改帝王之制,……又颛(专)川泽之利,管山林之饶,……田租、口赋、盐铁之利二十倍于古。"说明秦国通过"颛川泽之利,管山林之饶"的

① 见《文物》1972 年第 6 期。

政策，突出地取得了“盐铁之利二十倍于古”的成果。因为随着社会制度变革，社会生产的发展，人口的增长，社会上对盐铁的需要急增，盐铁手工业得到重大发展，盐铁之利就成为山泽之利中最主要的了。

在汉武帝实行盐铁官营以前，战国时代秦国以及秦代汉初的盐铁业，都采用包商征税的办法。《华阳国志》卷三《蜀志》“临邛县”条说：“汉文帝时，以铁铜赐侍郎邓通，通假民卓王孙，岁取千匹，故王孙货累巨万亿，邓通钱亦尽天下。”陈直认为这是包商制，“是说邓通将铜铁矿开采权包给卓王孙”[①]，这是正确的。邓通把开采权假与卓王孙，从卓王孙那里“岁取千匹”作为“假税”（即租借开采权之税）。汉文帝所以能把铁山铜山赏赐给邓通，因为这些矿山是由少府掌管的，在皇帝看来这是他个人的私产。看来战国时代秦国和秦代，同样采用这样包商征税的办法，因而秦的“盐铁之利二十倍于古”。有人认为秦代曾实行盐铁官营，是没有确切根据的。

秦少府的另一个主要税收是人口税。这种人口税也是商鞅变法时所创设。商鞅在秦国实行第二次变法的时候，于秦孝公十四年（前348年）“初为赋”（《史记·秦本纪》）。究竟创设的是什么样的一种赋，向来有不同看法。《集解》引徐广说：“制贡赋之法也。”《索隐》又说：“谯周云：初为军赋也。”而《资治通鉴》对此另有看法，在卷二“周显王二十一年”说：“秦商鞅更为赋税法行之。”胡三省注：“井田既废，则周什一之法不复用，盖计亩而为赋税之法。”我们认为，徐广所说“贡赋之法”，是没有根据的；司马光所说“更为赋税法”，也只是出于推想，说得不具体；胡三省解释为“计亩而为赋税”，显然是错误的。

---

① 陈直：《西汉经济史料论丛》，陕西人民出版社1958年版，第238页。

秦国在秦简公七年(前408年)“初租禾”(《史记·六国年表》),“初租禾”相当于鲁的“初税亩”,可知远在“初为赋”以前六十年,秦国早已计亩抽税了。谯周所谓“初为军赋”的说法,基本上是正确的,但是它是怎样一种军赋,还是没有说清楚。

在前人所有“初为赋”的解释中,以董说《七国考》的解释最为正确。《七国考》卷二“秦食货”中“赋税、口税”条说:

> 《史记》秦孝公十四年初为赋。董仲舒云:“秦用商鞅之法,力役三十倍于古,田租、口赋、盐铁之利二十倍于古。”《日慎斋记闻》云:“秦商鞅更为税法,收太半之赋,三分而税一(当作“三分而税二”),咸阳民力殚矣。”《大事记》云:“秦赋户口,百姓贺死而吊生,故秦谣曰:渭水不洗口赋起,即苛政猛虎之意矣。”

董说把“初为赋”的“赋”,解释为“口赋”、“太半之赋”和“赋户口”,是正确的。日本学者加藤繁《关于算赋的小研究》①,也有同样的看法,并作了进一步的论证。他认为,商鞅“初为赋”的“赋”就是董仲舒所说“口赋”,也就是汉代的“算赋”。汉代把成年的人口税称为“算赋”,把童年的人口税称为“口赋”,但是董仲舒所说秦的“口赋”是和汉代的“算赋”相同的。他还认为这个“赋”,就是商鞅变法令中所说“民有二男以上不分异者倍其赋”的“赋”。他还举出晁错上汉文帝书所说:“秦之发卒也,有万死之害,而亡铢两之报,死事之后不得一算之复”,作为秦代已有算赋的证据。

我们认为,董说与加藤繁的说法是十分有理的。战国时代秦国确是早就实行算赋。《后汉书·南蛮传》讲到南楯蛮,“秦昭王

① [日]加藤繁:《中国经济史考证》第一卷,吴杰译,商务印书馆1959年版。

时，……复夷人顷田不租，十妻不算”。颜注：“一户免其一顷田之税，虽有十妻不输口算之税。”《华阳国志》也有相同的记载。秦昭王时，由于对少数民族采用怀柔政策，对南楯蛮“十妻不算”，可知在秦本国已普遍实行征收算赋。秦国征收算赋，确是从商鞅变法开始的。关于这点，《通典》和《文献通考》也都已指出。《通典·食货典·赋税(上)》说：“秦则不然，舍地而税人，故地数未盈，其税必备，是以贫者避赋税而逃逸，富者务兼并而自若。”《文献通考·田赋考·历代田赋之制》也说：“秦废井田之制，隳十一之法，任民所耕，不计多少，于是始舍地而税人，征赋二十倍于古。”十分明显，《通典》和《文献通考》的所说商鞅“舍地而税人”，就是指商鞅的“初为赋”。

所谓“赋”，原来与“税”是有区别的。“赋”是征收来供军需之用的，所以其字从“贝”从“武”。当春秋、战国之际，各国先后废除井田制的“籍法”，实行按亩收税之制，如鲁的“初税亩”和秦的“初租禾”。与此同时，征收军赋的办法也不断改变，从郑的“丘赋”、鲁的“兵甲”一直到鲁的“用田赋”(《左传》哀公十二年)。不论是“丘赋”或“田赋”都是根据占有耕地面积多少来征赋。商鞅的“初为赋”，采用“舍地而税人”的办法，就是不根据占有耕地多少征赋，而是按人口多少征赋。这样按人口征的赋，性质上还是属于军赋。后来汉代实行算赋，也还具有军赋的性质。所以《汉仪注》说：“民年十五以上至五十六出赋钱，人百二十为一算，为治库兵车马。”(《汉书·高帝纪》颜注引如淳说)《周礼·天官·大宰》讲到“以九赋敛财贿”，郑玄注说：“玄谓赋，口率出泉也。今之算泉，民或谓之赋，此其旧名与。”

《文献通考》说商鞅改变征赋办法，“舍地而税人”，是为了奖励“任民所耕，不计多少”，这是正确的。同时商鞅“税人”的目的，还在于使得“食口众”的封君和官僚地主不能多养“食口”。《商君书·垦令》说：“禄厚而税多、食口众者，败农者也，则以其食口之数，赋（原误作“贱”，从孙诒让《札迻》改正）而重使之，则辟淫游惰之民无所于食，民无所于食则必农，农则草必垦矣。”商鞅主张采用“赋而重使之”的办法，使得封君和官僚地主不能多养“食口”，从而迫使这些“食口”务农而垦荒。商鞅这时创设人口税，虽说目的在于迫使“食口”务农而垦荒，在于“任民所耕，不计多少”，但是真正得到实惠的还是地主，就是便利了地主对耕地的兼并，“不计多少”。因此，随着这种人口税的推行，必然助长地主势力的扩展，使得社会上出现很多无地、少地的贫苦农民，而沉重的人口税就大量压在广大贫苦农民的身上。

商鞅所征的“赋”，是成年的人口税，即是汉代的算赋。商鞅的变法令说：“民有二男以上不分异者倍其赋。”所谓“不分异”，是指一户有两个成年男子而没有分家立业的。商鞅要对这种“不分异者”采取“倍其赋”的责罚，目的要促使个体劳动的小家庭得到发展，从而发展小农经济。但是实行的结果，必然为广大贫苦农民带来沉重的灾难。贾谊说：“商君遗礼义，弃仁恩，并心于进取，行之二岁，秦俗日败，故秦人家富子壮则出分，家贫子壮则出赘。”（《汉书·贾谊传》）贫苦农户中有两个成年男子，没有能力分家立业的，为了避免加倍征赋，就只能出去做赘婿了，而赘婿的身份是卑贱的，后来就成为谪发的一种对象。

商鞅开始征收的成年人口税，在云梦《秦律》中称为“户赋”。《秦律》的《法律答问》说：“可（何）谓匿户及敖童弗傅？匿户弗繇（徭），使弗令出户赋之谓殹（也）。”这里把“匿户”和“敖童弗傅”联系起来，因为“敖童弗傅”的性质是和“匿户”相近的。“匿户”是说通过隐匿户口而逃避赋役,“敖童弗傅”是说到了服役和纳赋的年龄逃避登记户籍,同样是为了逃避赋役。当时人口税是按户征收的,所以这种赋又称为“户赋”。云梦秦墓出土《编年记》记载墓主(名喜)于秦昭王四十五年(前262年)出生,到秦始皇元年(前246年)“傅”,说明战国时代秦国制度以十六周岁(相当六尺五寸高度)作为“傅”的年龄,从十六周岁起就必须服徭役和纳算赋。

这种制度为汉代所沿用。汉高帝四年(前203年)八月“初为算赋”(《汉书·高帝纪》),仍然以十五岁到五十六岁作为纳算赋的年龄。所不同的是,秦代的算赋是归少府征收的,汉代则改归大司农征收了。《淮南子·氾论训》说:“秦之时,……头会箕敛,输于少府。”这就是说,秦时按人头摊派赋税,用畚箕装收,输送到少府。西汉初年重新开始征收算赋,把征收之权从少府转移给大司农,这是算赋征收制度的一大改革。可能是由于汉初人口稀少,田地荒芜,田租(地税)的收入不多,同时又实行改轻田租的政策(十五而税一),大司农的财政收入不足,不得不把原属少府征收的算赋改归大司农征收。到汉武帝时,由于“征伐四夷,重赋于民”,又开始征收三岁到十四岁的童年人口税,称为“口赋”。到汉元帝时,由于贡禹的建议,“口赋”改为从七岁起征(《汉书·贡禹传》)。《汉仪注》说:“民年七岁至十四出口赋钱,人二十三,二十钱以食天子,其三钱者,武帝加口钱,以补车骑马也。”(《汉书·昭帝纪》元凤四年条颜注引如淳说)从汉武帝起,这样加征儿童人口税每人二十钱归少府征收,还是沿用了秦代少府征赋的制度。

根据上面的论述,秦少府的两种主要税收——山泽市井之税和人口税,都是商鞅变法时创设的。史料上没有述及商鞅创设这两种新税归少府征收，但是从其历史沿革来看，可以肯定商鞅把这两种新创的赋税作为少府的主要收入了。

从少府职掌看封建经济特权的危害性

商鞅在秦国变法，在社会大变革过程中，是起一定的进步作用的。这次变法，在经济上进一步摧毁了井田制，推行了自耕农的土地所有制，重农抑商，鼓励垦荒，奖励耕战，有利于小农经济的发展；在政治上废除了旧贵族的世袭特权，普遍推行县制，统一法令，确立了中央集权的封建政治体制，实行二十等爵，壮大了统治力量；因而使得秦国富强，奠定了此后完成统一、创建统一王朝的基础。商鞅在变法过程中，创立山泽之税和人口税作为国君的少府的收入，这就大大加强了国君的经济特权，同时也就大大加强了对广大农民的经济剥削。

《淮南子·氾论训》说："秦之时，……头会箕敛，输于少府。"高诱注："头会，随民口数，人责之税。箕敛，似箕然，敛人财多取意也。"《汉书·张耳陈馀列传》又说："秦为乱政虐刑，残灭天下，……头会箕敛，以供军费。"颜注引服虔说："吏到其家，人头数，数出谷，以箕敛之。"所谓"头会"就是按人头征税；所谓"以供军费"，因为这种人口税的性质是军赋。所谓"箕敛"，服虔说是用箕敛"谷"，其实敛的是"钱"而不是"谷"。秦的人口税同汉代的算赋一样是收"钱"的。前面已经谈到，秦的"少内"也同汉的"少府"一样就是征收钱的机构。《秦律》的《金布律》规定："官府受钱，千钱一畚，以丞、令印印。"秦代官府收受人民缴纳的钱，是每一千个钱装入一畚箕而加封的。所谓"箕敛"，就是形容当时少府所征收的"钱"数量众多，都是用畚箕来装的。《淮南子·兵略训》又说:“二世皇帝……发闾左之戍,收太半之赋。”《汉书·食货志》也说:“至于始皇,……收太半之赋,发闾左之戍。”所说“太半之赋”,主要也是指这种称为“赋”的人口税。当陈胜、吴广领导的农民大起义爆发后,丞相冯去疾、李斯和将军冯劫进谏秦二世说:“盗多,皆以戍、漕、转、作,事苦,赋税大也。”(《史记·秦始皇本纪》秦二世二年)所说“赋税大”,主要也是指这种人口税。秦代加重人口税的征收,是造成广大农民灾难的原因之一,也是激起农民大起义的原因之一。从政治制度来说,这是秦少府职掌的封建经济特权所造成的严重祸害之一。

秦汉时代皇帝的少府,代表皇帝掌握着很大的经济特权。少府由于有山泽市井之税和人口税等收入,财源充足,设有各种专门为皇帝服务的官署,并附设有供应皇室使用器物的各种手工业作坊。与此同时,皇帝还设有将作少府,后来改称将作大匠,专门为皇帝营建宫殿、苑囿和陵墓。汉代皇帝的陵墓,大都是皇帝生前亲自相地营造的,规模很大,耗费极多。《晋书·索靖传》记载索琳(索靖之子)对晋愍帝说:“汉天子即位,一年而为陵,天下贡赋三分之,一供宗庙,一供宾客,一充山陵。”这种制度是继承秦代的。《史记·秦始皇本纪》载:“始皇初即位,穿治骊山,及并天下,天下徒送诣七十余万人。”

汉代宫殿、苑囿和陵墓的建筑,是由将作大匠掌管的,费用是由大司农开支的。但是,秦代并不如此。将作大匠原称将作少府,是汉景帝中元六年改名的。日本学者加藤繁《汉代国家财政和帝室财政的区别以及帝室财政的一斑》一文①,对此曾作推测,认为将作大匠

① [日]加藤繁:《中国经济史考证》第一卷,吴杰译,商务印书馆1959年版。

原称将作少府，原来将作这个官应属于少府，与掌理棺椁及其他陵园内器物制作的东园匠同为少府属官，汉代初年改成独立官署，便名为将作少府。他推定汉代以前，将作是少府的属官，建筑费用也是由少府负担。我们认为，这个推断是合理的。秦代宫殿和陵墓的建筑属于少府掌管，也是少府代表皇帝掌握的一种经济特权。秦代使用大量刑徒在官营手工业中服役，这是沿袭战国的制度。战国时代各国官营手工业都使用刑徒做工，秦国也是这样。秦代的少府因为不仅掌管特定的官营手工业，还掌管营建宫殿和陵墓，就有大量征发刑徒服役之权。等到秦始皇完成统一，统治地区大为扩展，少府占有的财源、税收和人力跟着大大增长。随着皇帝这种“私”有的经济特权的大扩张，宫殿和陵墓建筑的规模就更加扩充，从各地调来营建阿房宫和骊山陵墓的刑徒就有七十万人之多，达到了奴役人民的空前高峰。这是严重压迫人民的虐政。就政治制度来说，这又是少府执掌的经济特权所造成的严重祸害之一。

秦二世元年（前 209 年）陈胜派遣的周文率领的西征军，已发展到几十万人，攻入函谷关，深入到达了戏（今陕西临潼东北）。秦二世大为惊惶，召集群臣商议，少府章邯献策说：“盗已至，众强，今发近县，不及矣，骊山徒多，请赦之，授兵以击之。”秦二世因此大赦，派章邯赦免在骊山从事建筑的七十万刑徒和奴产子，组织成军队，用来反击周文，结果把周文打败，并把陈胜、吴广的起义镇压了。当时周文所率大军已经到戏，距离骊山（在今临潼东南）很近，章邯仓促之间所以能够把原在骊山服役的刑徒赦免而组织成军，该是由于他原来担任少府的官职，阿房宫和骊山陵墓的建筑以及从事建筑的刑徒，都属于他的掌管之下，因而他很方便地利用原来刑徒的编制，把刑徒改编为军队，同时少府又掌管制造兵器，因而能够很快“授兵”，使成为一支反击农民军的战斗部队。

还值得注意的是，战国时代秦国和秦代不仅皇帝设有少内或少府，同时封君和地方官署也都设有少内或少府。云梦《秦律》的《法律答问》有一条说：“府中公金钱私贳(贷)用之，与盗同法。可(何)谓府中？唯县少内为府中，其他不为。”可知当时秦国的县也设掌管“公金钱”的“少内”，又称为“府中”，当即少府。《秦律》的《封诊式》(即治狱案例)中讲到：某里的甲缚送男子丙到官府，控告甲的奴隶丙，骄横强悍，不田作，不听命，要“谒买(卖)公，斩以为城旦，受贾钱”，就是请求把这个奴隶卖给官府，罚充城旦(一种服役的刑徒)，请官府给予价钱。经过审讯，“令少内某、佐某以市正贾(价)贾丙丞某前，丙中人，贾(价)若干钱”。就是命令少内某、佐某按照市场标准价格在丞某面前，由官府将丙买下，丙属于中等人材，身价若干钱。这个少内某当是县的少内，因为县的少内掌管“钱”，负责器物的采购和制造，而官奴婢的买卖也在他的职掌范围。这种制度为汉代所沿袭，西汉的封君和郡守也都设有和“县少内”一样的少府。

《史记·平准书》记载汉初制度说：“上于是约法省禁，轻田租，什五而税一，量吏禄，度官用，以赋于民；而山川园池市井租税之入，自天子以至封君汤沐邑，皆各为私奉养焉，不领于天下之经费。”这里所说封君，主要是指诸侯王。这时诸侯王在其封地，如同天子一样，把“山川园池市井租税之入”作为“私奉养”，设有少府掌管。诸侯王的少府，又称“私府”。《汉书·路温舒传》：“迁广阳私府长。”颜注：“藏钱之府，天子曰少府，诸侯曰私府。长者，其官之长也。”

西汉初期同姓诸侯王的封地都很大，封地内有物产丰富的山川海池和工商业发达的城市。他们的私府可以从大商业城市中征得大量工商业税。例如主父偃对汉景帝说："齐临淄十万户，市租千金，人众殷富，巨于长安，非天子亲弟爱子，不得王此。"（《史记·齐悼惠王世家》）如果这些诸侯王的封地内有重要的产铁、产铜、产盐的地方，他们的私府便可以操纵有关国计民生的盐铁业和铸钱业，从中牟得大利。例如吴国有鄣郡铜山，又产铁，又靠海，因此吴王濞就利用"私府"的特权，扩展铸钱业、制盐业和冶铁业，累积大量财富，并减轻赋税，招引流亡农民，以扩张自己的势力，造成与中央对抗、分裂的局面，终于爆发了七国之乱。从政治制度上来说，这又是汉代封君少府职掌的封建经济特权所造成的严重危害。

汉武帝实行盐铁官营，这是对少府所掌封建经济特权的一次重大改革。他把掌管盐铁之权从少府转移到大司农，并在各郡设置盐官、铁官直接掌管，取消过去包商经营而由少府抽税的办法，改由官府经营而属大司农管辖。当时"领盐铁事"的大农丞孔仅、东郭咸阳上奏说："山海，天地之藏也，皆宜属少府；陛下不私，以属大农佐赋。"（《史记·平准书》）桑弘羊也说："山海之利，广泽之蓄，天地之藏也，皆宜属少府；陛下不私，以属大司农，以佐助百姓。"（《盐铁论·复古》）所谓"佐赋"和"佐助百姓"，就是说通过盐铁官营，增加大司农的财政收入，便于减轻百姓其他方面的税收。这一经济改革，不仅削弱了皇帝少府所掌的经济特权，更重要的是削弱了诸侯王私府所掌的经济特权，使诸侯王失去进行封建割据的经济基础。桑弘羊曾指出这点说："异时盐铁未笼，布衣有朐邴，人君有吴王，皆盐铁初议也。"（《盐铁论·禁耕》）

还应该提到的是，当战国、秦、汉之际，这种少府的特权也为一些将军和郡守所拥有。驻扎边地防守的将军和郡守都拥有征收“军市”之税的特权。例如战国末年赵将李牧驻防北边，防守匈奴，“市租皆输入莫(幕)府，为士卒费”，因而很得军心(《史记·李牧列传》)。这时将军的财务机构也有“公”“私”之分，“公”的称为幕府，“私”的称为少府。所谓“市租”，是指“军市之租”，原来应该收入将军的少府的，这时李牧把它收入幕府，用作供养士兵的费用，因而大得军心。汉代初年魏尚做云中郡守也是这样，“其军市租尽以飨士卒，以私养钱五日一椎牛飨宾客、军吏、舍人”(《史记·冯唐列传》)。“军市租”原来是郡守的“私养钱”，这时魏尚用来招待下属，因而大得人心。又如汉景帝末年文翁做蜀郡守，曾选派郡县小吏十多人到京师向博士学习，他“减省少府用度，买刀布蜀物，赍计吏以遗博士”(《汉书·循吏传》)。所有这些例子，说明当时将军、郡守都设有少府，把市税收入作为财源，享有一定的经济特权。《汉书》的颜注说：“少府，郡掌财物之府，以供太守者也。”《史记》的《索隐》又说：“案汉市肆租税之入为私奉养。”

从战国、秦代到西汉，官制中出现这样的特点，国君、封君、将军和郡县地方官等，都设有少内或少府，有一定的税收作为其财源，这是各级封建统治者享有一定“私”有经济特权的一种表现。这时正当封建社会初期，封建统治者享有这样“私”有的经济特权，应该是一种贵族统治制度的残余。贵族统治时代国君使用奴隶开发山泽，独占山泽之利，所谓“若夫山林川泽之实，器用之资，皂隶之事，官司之守”(《左传》隐公五年臧僖伯语)，因而山泽成为国君专有的财富。《礼记·曲礼》说：“问国君之富，数地以对山泽之所出。”春秋时代贵族由于独占山川的出产，多操纵市上山川产品的价格。例如齐国的陈氏

(即田氏)就曾利用平衡山海出产的物价来争取人民归向①。同时贵族统治时代国君也还把所属人民看作私人占有之物。这就是战国、秦、西汉把山泽市井之税、人口税以及苑囿、公田、园圃等收入作为少府财源的由来。

汉代曾不断把少府掌管的税收削减,划归大司农。一方面是为了增加大司农的收入,解决国家财政上的困难;另一方面也是因为少府这种职掌发生许多流弊,在政治上造成不少祸害。西汉初年把秦代少府征收成年人口税之权改归治粟内史,这是一种进步;汉武帝把原来少府职掌的盐铁之权改归大司农,又是一大进步;但同时又增设童年人口税归少府征收,不能不认为是一种退步。东汉光武帝又把少府征收山泽陂池之税划归大司农,并缩减少府的职掌,这是政治制度上的重大进步,但是少府也还保留有其他的赋税收入。根据王嘉上汉哀帝的奏文,汉元帝时"都内钱(即大司农掌管的钱)四十万万,水衡钱(水衡都尉掌管的钱)二十五万万,少府钱十八万万"(《汉书·王嘉传》)。西汉末、东汉初的桓谭又说:汉代一年的收入,都内钱四十余万万,"少府所领园地作务之入十三万万"(《太平御览》卷六二七引《新论》,"入"原误作"八",今改正)。说明在汉武帝实行盐铁官营,把少府的盐铁收入改归大司农以后,少府每年仍有十多万万的收入。等到东汉光武帝把少府的山泽陂池收入改归大司农之后,其他如"园地作务之入"也还不少。直到东汉末年社会经济大崩溃,经过黄巾大起义对封建统治者的沉重打击,再经过长期的封建割据和混战,在魏

① 《左传》昭公三年晏子讲到陈氏争取人民归向方法之一是"山林如市,弗加于山;鱼盐蜃蛤,弗加于海"。杜注:"贾如在山海,不加贵。"

晋南北朝时期重新建立的封建政权，少府的职掌才大为缩减，逐渐不成为税收、财政机构，只成为管理宫廷事务的官署了。

总的说来，我们从秦汉时代少府的职掌中，可以清楚地看到当时政治制度中留存的贵族统治制度残余还很严重，由此而造成的封建统治者“私”有的经济特权也还很庞大，因而在政治上所造成的祸害也是很突出的。

（原载中国秦汉史研究会编《秦汉史论丛》第一辑，
陕西人民出版社 1981 年 9 月版）

论秦汉的分封制

《汉书·地理志》说：秦“并兼四海，以为周制微弱，终为诸侯所丧，故不立尺土之封，分天下为郡县”。后代学者常沿用此说，认为秦废除分封制而普遍设立郡县制，是我国政治历史上的大变革。唐代柳宗元著《封建论》一文，阐释这个论点最为著名，他把分封制称为“周制”，而把郡县制称作“秦制”，称赞秦代由于实行“秦制”而完成统一，指责西汉由于恢复“周制”而造成分裂。其实这种说法不够确切。就郡县制来说，县起源于春秋时代，县和郡原为楚、晋、秦等国国君直属的边防要地，到春秋、战国之际由于社会制度的变革，逐渐形成郡县两级的地方制度，到战国时代各国就普遍推行；郡县制并非出于秦代所创始和推行。就分封制来说，战国时代各国由于经济、政治的改革，分封制的性质已变化，秦汉的分封制是继承战国的制度而有所发展的。

西周的分封制，按照贵族宗法血统的亲疏关系，分成等级，分别世袭占有一定范围内的封地及其居民，成为当时贵族对财产权力进行再分配的主要制度。战国的分封制，性质上根本不同于西周的分封制。战国时代秦赵等国的封君，只享有在封地内征收赋税的特权，基本上是以户计数的，也有以邑、城计数的，更有以县或郡计数的。封君只分割享受封建政权一部分赋税收入，包括封地以内的地税及山川市井之税，但是不掌握封地的行政权和兵权。当时封君的封地上的行政组织，已采用封建的官僚制度。尽管封君的封地上行政长官如同中央政权一样称为“相”，但是封君的“相”如同郡守一样必须由中央直接派遣。因此封君一般不直接掌有封邑的政权。当时身居将相要职的封君，曾经显赫一时，但是一旦被免除要职，出归封地，就如同被流放一般①。十分明显，战国以后的分封制，是在中央集权的封建政治体制下，新创的封建统治阶级内部实行财产和权力再分配的制度。

从分封制的变迁来看，西周时代奴隶制的分封制，战国时代早已废除，用不到秦代再来废除；至于战国时代创始的封建性质的分封制，秦代不但没有废除，也还沿用着。秦始皇完成统一以后，始终沿用战国时代秦国所实行分封列侯的制度。西汉的分封制，只是在秦代分封列侯制度的基础上又有所扩展而已。

论秦的分封制

马端临在《文献通考》的《封建考（六）》中，有“秦制侯以下二十等

---

①　战国时有人认为舜封其弟象于有庳是“放”，孟子解释说：“封之有庳，富贵之也。”又说：“象不得有为于其国，天子使吏治其国，而纳其贡税焉，故谓之放。”（《孟子·万章上》）李剑农《先秦两汉经济史稿》认为孟子是用战国时代分封制来解释舜封其弟象的传说，这是正确的。战国的分封制，封君确是“不得有为于其国”，而由中央政权“使吏治其国，而纳其贡税焉”。

爵、罢封建”条：

> 秦法，则惟彻侯有地，关内侯则虚名而已，庶长以下不论也。始皇遣王翦击楚，翦请美田宅甚众，曰：“为大王将，有功终不得封侯。”然则，秦虽有彻侯之爵，而受封者盖少。考之于史，惟商鞅封商於（按当作“於商”），魏冉封穰侯，范雎封应侯，吕不韦封文信侯，嫪毐封长信侯。及始皇既称皇帝，东游海上，至琅邪，群臣议颂功德，惟列侯武城侯王离、通武侯王贲，伦侯建成侯赵亥、伦侯昌武侯成、伦侯武信侯冯毋择，如是者不数人而已。然鞅、冉、不韦、毐皆身坐诛废，雎虽幸善终，而亦未闻传世。王离以下，俱无闻焉。盖秦之法，未尝以土地予人，不待李斯建议而后始罢封建也。

这里所说的“封建”，即指分封制。马端临这段证明秦代“罢封建”的考证，如果细加分析，是不能成立的。

战国时代秦国早就实行如同东方六国一样的分封制。秦献公时，曾封公子向为蓝田君。《古本竹书纪年》说：“魏惠王三年（按即秦献公十八年）秦子向命为蓝田君。”（《水经注 · 渭水》引）蓝田君当即分封于蓝田的封君。秦孝公任用卫鞅（即商鞅）变法，为了奖励军功，制定二十等爵，第二十等爵列侯（即彻侯或通侯）就是封君性质。在秦二十等爵中，高级爵位都拥有“税邑”或“赐邑”。《商君书 · 境内篇》说：“故爵五大夫，皆有税邑三百家，有赐邑三百家。”五大夫是第九等爵，已有“税邑”和“赐邑”三百家，作为第二十等爵的列侯，当然有更大的“税邑”和“赐邑”。卫鞅本人就因军功而封为商君，封得於商十五邑，就是列侯性质。《史记 · 秦本纪》说：孝公二十二年“卫鞅击魏，虏魏公子卬（昂），封鞅为列侯，号商君”。按照卫鞅的变法令：

“宗室非有军功,论不得为属籍”,“有功者显荣,无功者虽富无所芬华”。宗室贵族如果没有军功,就得不到爵禄,当然更不可能封为列侯,从此秦国就长期实行这种法制,主要分封的是建有大功的大臣和将军。秦惠王时,张仪因连横有功,得封五邑,号武信侯;樗里疾因帮助魏章攻楚取得汉中有功,封为严君;又有横门君“善用兵”(《战国策·秦策一》),也该由于战功得封。秦昭王时,魏冉因拥立秦昭王有功,封于穰,称为穰侯,后来又取得陶邑(即定陶)作为封邑;白起因攻取楚都郢有功,封为武安君;范雎因献计驱逐专权的魏冉等“四贵”有功,出任相国,封于应,称为应侯;蔡泽因秦昭王采用他的计划,出任相国,几月后谢病,号刚成君。秦庄襄王时,吕不韦因拥立庄襄王有功,封为文信侯,“食蓝田十二县”,接着又“食河南洛阳十万户”。秦与东方六国一样,把不少城邑或县作为封君的食邑。以上这些封君中,只有樗里疾是宗室贵族(秦惠王的异母弟),魏冉是贵戚(宣太后的异父弟),白起是秦国人而逐步提升起来的将领,其余都是外来的有功的客卿。

秦国只有在秦昭王初年和秦王政初年,由于太后当权,破坏了卫鞅规定的法制,大封宗室贵族和贵戚以及所宠爱的人。秦昭王时的封君,除了贵戚魏冉封穰侯外,还有昭王的同母弟公子市封泾阳君,公子悝封高陵君,又有宣太后的同父弟芈戎封华阳君和新城君,权势都很大,当时被合称“四贵”。此外还有昭王之子柱封安国君(即后来的孝文王)等。秦王政初年有王弟成蟜(即盛桥)封长安君,更有嫪毐由于太后宠爱而封为长信侯,除得山阳为封地外,“又以河西、太原郡更为毐国”。同时还有昌平君和昌文君官为相国,可能也出身于贵族或贵戚。此外在秦孝文王时,还有王后之弟封为阳泉君。

马端临说："秦虽有彻侯，而受封者盖少。"其实战国时代秦国的封君并不比东方六国为少，不像马端临所说那样只有商鞅、魏冉、范雎、吕不韦、嫪毐等五人。马端临因为"鞅、冉、不韦、毐皆身坐诛废，雎虽幸善终，而亦未闻传世"，作出了"盖秦之法，未尝以土地予人"的结论。其实"身坐诛废"、"未闻传世"，并不是秦国分封制独有的特点，东方六国也都如此。在当时各国的封君中，除了齐的孟尝君和魏的安陵君出于世袭，赵的平原君传世以外；其余都"未闻传世"。触龙劝"新用事"的赵太后把少子长安君入质于齐，就曾指出：不论赵国或其他各国，三世以来继续存在的封君是没有的，"此其近者祸及其身，远者及其子孙"，是由于"位尊而无功，奉厚而无劳，而挟重器多也"（《战国策·赵策四》）。这是封建统治者内部争夺财产和权力十分激烈的结果。怎能根据这点来断言秦法"未尝以土地予人"呢？

秦始皇在除去嫪毐和吕不韦两大势力以后，就亲自掌握政权。他的一个重要的措施，就是恢复了秦的传统法制（即商鞅制定的法制），不给无功的宗族贵族高级爵位，也不分封子弟为封君，所以《史记·李斯列传》说："秦无尺土之封，不立子弟为王。"博士淳于越对秦始皇也说："今陛下有海内，而子弟为匹夫。"（《史记·秦始皇本纪》）

然而，秦始皇并没有废除战国时代秦国实行的分封制，继续推行着二十等爵制度，包括第二十等爵列侯在内。当秦始皇亲自请王翦统带六十万大军伐楚时，王翦请求给与美田宅很多，说："为大王将，有功终不得封侯。"（《史记·王翦列传》）这只是说秦始皇不肯轻易封侯，并不是秦始皇已经废除封侯的制度。后来王翦由于建立大功，终于封得列侯。《史记·秦始皇本纪》记载二十八年时的《琅邪台刻石》，文末有随从大臣的名单，在丞相之上就有一批列侯和伦侯："列侯武城侯王离，列侯通武侯王贲，伦侯建成侯赵亥，伦侯昌武侯成，伦侯武信侯冯毋择。”郭沫若把“王离”改作“王翦”，认为“王离”是误字①。这是正确的。王离是王翦之孙，王贲是王翦之子。在秦兼并六国过程中，王翦和王贲都在指挥作战中建立了大功，那时王离年纪还轻，不见有什么大功，怎么可能名列在王贲之前而成为当时第一位列侯呢？列侯是有封邑的，王翦封为武城侯，武城当为封邑之名。战国时，赵国曾以武城作为孟尝君的封邑，平原君也曾封于东武城。王贲封为通武侯，也该有封邑。伦侯不见于二十等爵，当是新增的一种侯爵。《索隐》说：“爵卑于列侯，无封邑者。伦，类也，亦列侯之类。”这个解释前后自相矛盾，一方面说伦侯“无封邑者”，另一方面又说“亦列侯之类”。如果是“列侯之类”，也该有封邑。建成侯的建成、昌武侯的昌武，都该是封邑之名。根据《汉书・地理志》，沛郡有侯国名建成，渤海郡和豫章郡都有县名建成，胶东国有县名昌武。

秦始皇确实曾分封一批封君。他曾命令乌氏倮“比封君，以时与列臣朝请”（《史记・货殖列传》）。如果没有一批封君，怎么可能叫乌氏倮“比封君”呢？《汉书・货殖传》说：“秦汉之制，列侯封君食租税。”秦代“食租税”的封君制度，是沿袭战国时代秦国的，并为后来汉代所继承。战国时代秦国封君所有的封地，行政上由中央派遣官吏治理。例如秦惠王灭蜀后，封蜀王后裔公子通国为蜀侯，并派陈庄为蜀相，更派张若为“蜀国守”（《华阳国志・蜀志》）。秦代封君的封地，该仍由中央派遣官吏治理，因此这些列侯的封地仍然由中央直属的郡县所管辖，所以秦代基本上做到了“海内为郡县，法令由一统”（《史

① 《十批判书・吕不韦与秦王政批判》。

记·秦始皇本纪》)。后来汉代分封列侯就是沿袭这种制度,其封地仍由中央直属的郡县所管辖。

马端临说:“盖秦之法,未尝以土地予人,不待李斯建议而后始罢封建也。”其实秦始终实行着分封列侯的制度,而李斯也并没有主张废除这种分封制,只是主张维持秦国商鞅变法以来传统的法制,反对立诸子为王。秦始皇二十六年(前221年)秦刚统一天下,丞相王绾等人建议:“诸侯初破,燕、齐、荆地远,不为置王,毋以填之,请立诸子。”王绾等人因为燕、齐、楚等地较远,不便由中央直接控制,因而建议在这些地方分封诸子为王,让诸子前往镇守。而李斯根据西周分封子弟同姓很多,“后属疏远,相攻击如仇雠,诸侯更相诛伐,周天子弗能禁”的历史教训,认为当前“一统皆为郡县,诸子功臣以公赋税重赏赐之,甚足易制,天下无异意,则安宁之术也”(《史记·秦始皇本纪》)。李斯只是根据西周分封子弟同姓造成诸侯混战局面的教训,反对分立诸子为王,仍然坚持秦的传统法制,维护了中央集权的封建政治体制。

秦始皇三十四年(前213年)博士淳于越又提出建议:“臣闻殷周之王千余岁,封子弟功臣自为枝辅。今陛下有海内,而子弟为匹夫,卒有田常、六卿之臣,无辅拂,何以相救哉?事不师古而能长久者,非所闻也。”而李斯的反驳,认为“越言乃三代之事,何足法也”,并竭力反对“诸生不师今而学古”,因而提出了禁止“私学”和焚书的主张。在这场“师古”和“师今”的争论中,淳于越根据殷周分封制“能长久”的经验,主张“师古”而分封子弟作为“枝辅”,并不是企图取消战国以来秦所实行“食租税”的分封制,而要恢复实行西周时代奴隶制性质的分封制,只不过要求在原有分封制的基础上加封诸子为王,如同后来西汉初年在分封“列侯”之上增加分封同姓子弟为“诸侯王”一级一样。李斯所反对的，也只是反对分封诸子为王，并没有要求废除秦长期实行的分封列侯制度。

李斯不但没有反对当时实行的分封列侯制度，而且自己非常热衷于长期取得封侯称孤的地位。后来李斯由廷尉升任丞相，就封得列侯。秦始皇在出巡途中病死沙丘，赵高阴谋杀害长子扶苏而另立胡亥为皇帝。赵高对李斯说：长子扶苏即位，“必用蒙恬为丞相，君终不怀通侯之印，归于乡里矣”。而李斯说：“斯上蔡闾巷布衣也，上幸擢为丞相，封为通侯，子孙皆至尊位重禄者，故将以存亡安危属臣也，岂可负哉？”赵高又说：“君听臣之计，即长有封侯，世世称孤。”（《史记·李斯列传》）通侯即列侯。这时赵高以“长有封侯，世世称孤”来诱使李斯听他之计，而李斯也因被秦始皇“擢为丞相，封为通侯”，一度表示不能辜负君上的嘱咐，说明分封列侯的制度，到秦始皇末年还继续推行，大臣们对于列侯的爵位及其特权还是十分向往，努力追求的。李斯也是如此。

从所有关于秦代的史料来看，秦代始终实行商鞅变法以来的法制，以分封列侯为最高爵位。赵高又曾对李斯说：“进入秦宫，管事二十余年，未尝见秦免罢丞相功臣有封及二世者也，卒皆以诛亡。”（《史记·李斯列传》）秦代的封君所以没有“封及二世”，是当时封建统治者内部争夺财产和权力十分激烈的结果。当赵高的女婿阎乐逼迫秦二世自杀时，秦二世一再哀求，先说“吾愿得一郡为王”，再说“愿为万户侯”（《史记·秦始皇本纪》）。正因秦始终推行着分封制，秦二世才会提出这样的哀求。

根据上面的论述，我们认为秦代始终继续推行着战国以来实行的“食租税”的分封制，曾不断分封功臣名将为列侯，只是坚持商鞅变法以来的法制，维护中央集权的封建政治体制，没有分封诸子为王。

论西汉的分封制

西汉王朝在秦代分封列侯制度的基础上，扩大了封建性质的分封制。在分封“列侯”之上，增加了“诸侯王”一等，使得汉代封君有“诸侯王”和“列侯”二等之爵。

汉高祖在完成统一过程中，先后分封八个异姓诸侯王，这是出于斗争形势所迫，出于不得已。后来中原的异姓诸侯王先后被汉高祖灭亡，只保留比较偏僻而弱小的长沙王。汉高祖在完成统一以后，又分封了一批同姓诸侯王，“尊王子弟，大启九国”(《汉书·诸侯王表序》)。当时，所以会大封同姓诸侯王，是由于错误地总结了秦代短促灭亡的教训，认为秦代主要由于“孤立”、没有藩辅而短促灭亡。因此为了防止“孤立”，加强对某些有强大旧势力的地方控制，就大封同姓子弟为王①。例如汉高祖为了控制东南地区，先封从兄将军刘贾为荆王，等到刘贾被英布所杀，刘贾没有后裔，由于“患吴、会稽轻悍，无壮王填之，诸子少”，便立刘濞(高祖兄刘仲之子)为吴王(《史记·吴王濞列传》)。可以说，汉初大封同姓子弟，实现了秦代王绾、淳于越“立诸子为王”的主张。

与此同时，汉高祖还分封了许多功臣为列侯，这是为了安抚一批在统一战争中立功的功臣名将。汉高祖六年(前 201 年)开始分封功

---

① 《汉书·诸侯王表序》:“海内新定，同姓寡少，惩亡秦孤立之败，于是剖裂疆土。”《汉书·高五王传赞》:“以海内初定，子弟少，激秦孤立，亡藩辅，故大封同姓，以填天下。”《汉书·景十三王传》:“先帝所以广封连城，犬牙相错者，为盘石宗也。”

臣，先封了大功臣二十多人，其余诸将由于“日夜争功不决，未得行封”。“诸将往往相与坐沙中语”，“以天下不足遍封”，几乎出现“相聚谋反”的局面（《史记·留侯世家》）。在这种情况下，所封功臣就不能不多。汉高祖先后一共分封了功臣一百四十三人为列侯，并且约定：“非刘氏不得王，非有功不得侯。不如约，天下共击之。”（《汉书·周亚夫传》）汉高祖在十二年（前195年）三月快要死之前，还下诏说：“其有功者，上致之王，次为列侯，下乃食邑，而重臣之亲或为列侯。皆令自致吏，得赋敛，……吾于天下贤士功臣，可谓亡负矣。”（《汉书·高帝纪》）汉高祖这样分封大批功臣为列侯，是为了表示他无负功臣，酬谢功臣。因此对于所封功臣在政治上经济上的权力是限制较严的，大体上沿用了秦代分封列侯的制度。

汉初列侯所得封邑仍然以户计数。汉初由于多年战争，人民散亡，户口稀少，所封“大侯不过万家，小者五六百户”（《史记·高祖功臣侯者年表序》）。《续汉书·百官志》说：列侯中“功大者食县，小者食乡、亭”。汉初所封列侯的食邑，大多不到一县之地，关于这点，钱大昕早就指出（见《廿二史考异》卷八和《潜研堂文集》卷三四）。例如萧何封于酂，食八千户，后又加封二千户。樊哙封舞阳侯，后经加封，确定食舞阳五千四百户。灌婴封颍阳侯，食二千五百户，后经加封，确定食颍阳五千户。夏侯婴封汝阴侯，经再三加封，确定食汝阴六千九百户。曹参食邑在平阳，食一万零六百三十户，他的后裔承袭平阳侯封号，只有二千户。只有陈平“尽食”一县之地，因为陈平封五千户，食邑曲沃正好五千户。既然这些列侯的封邑多数不到一县之地，因此在这些县内除了列侯所食的户数以外，还有多余户数的地税仍归地方官吏征收。

《史记·货殖列传》说:“封者食租税,岁户二百,千户之君则二十万。”从下文以“庶民农工商贾,率亦岁万息二千,百万之家即二十万”相比来看,“岁户二百”,是司马迁按照当时粟价折算出来的每户所纳地税代价的平均数。汉代列侯的食邑,分封时以户计数,而实际上是根据所封户数的范围划定疆界,再按疆界作为范围来对居民征税的。例如匡衡封于僮的乐安乡,食邑六百四十七户,所封以闽陌为疆界,由于郡的地图画错疆界,误以闽陌为平陵陌,就多出了四百顷田,三年之内就多收得“田租谷千余石”(《汉书·匡衡传》)。

汉代列侯由于食邑较小,所能收得的赋税不多,同时在食邑的政治权力也不大。汉代沿袭战国和秦代的制度,侯国设相一人,由朝廷派遣,如同县令、县长一样主治人民,属于直属于中央的郡所管辖。汉初中央直属的十五个郡中,公主列侯就“颇食邑其中”(《史记·汉兴以来诸侯王年表序》)。当时列侯大都住在京师长安,只向食邑征税,不具体过问食邑的事。而且食邑实际上由地方官吏治理,列侯没权管理。因此如果要这些列侯离开京师而出就封国,就如同流放一般。汉文帝曾下令列侯就国,理由是“邑远,吏卒给输费苦,而列侯亦无繇(由)训其民”。然而列侯不愿就国。后来汉文帝下诏责任丞相办理,也没有多大结果。汉景帝因此就“省彻侯(即列侯)之国”。汉武帝时,窦婴为相,又下令列侯就国,还是被许多封得列侯的外戚所反对。

汉初的列侯无论在经济上和政治上势力都不大,但是当时的诸侯王就大不相同。汉初分封同姓诸侯王,是为了拱卫中央,并加强对有强大旧势力的地方的控制,同时所封的又是皇帝的“亲弟爱子”,因而给予这些诸侯王的特权,就大大超过列侯。不但分给的封地很广,还给予统治封地的权力，这样就严重破坏了中央集权的封建政治体制。

当时诸侯王统治的封地，以郡和城来计数，占地广大，往往相当于战国时代七大强国。例如齐王有七十三城，“民能齐言者皆属齐”（《史记·高祖本纪》正义：“能齐言者咸割属齐，亲子，故大其都也”）。吴王又有五十三城，楚王也有四十城。晁错就曾指出：“封三庶孽，分天下半。”（《史记·吴王濞列传》）汉初中央直属的郡只有十五个，而当时诸侯王的封国占有许多的郡。根据王国维《汉郡考》，当时属于诸侯王的郡多到三十九个。这样中央直属的郡和诸侯王所属的郡，成为三与八之比，说明当时诸侯所统治的封地之大。

汉代沿袭战国和秦代分封列侯的法制，限制封君任用官吏之权，重要的行政官吏由中央直接指派。原来规定诸侯王的封国中，俸禄二千石以上的大官都必须由朝廷指派，后来由于某些诸侯王的请求，只有“辅王”的太傅和“统百官”的丞相由朝廷派遣；诸侯王“得自置二千石”，御史大夫以下的官，都由诸侯王自己任命①。多数诸侯王刚得到分封时，年纪还轻，王国的大权实际上归丞相掌握。等到诸侯王年纪长大，他们有“掌治其国”（《汉书·百官公卿表》）之权，可以直接“断狱治政”（《汉书·何武传》）。尽管太傅、丞相由中央任命，可以负

---

① 《汉书·淮南厉王传》载薄昭与厉王书说：“汉法，二千石缺，辄言汉补，大王逐汉所置而请自置相、二千石。皇帝骫（古“委”字）天下正法而许大王甚厚。”可知原来汉法规定王国二千石以上大官必须由朝廷指派，由于淮南厉王的请求，是委曲准许他的。《史记·齐悼惠王世家》说：“始悼惠王得自置二千石。”齐悼惠王的“得自置二千石”，也该出于他的请求而经皇帝批准的。《汉书·高五王传赞》说：“时诸侯得自除御史大夫、群卿以下众官如汉朝，汉独为置丞相。”《史记·五宗世家》太史公曰：“高祖时，诸侯皆赋，除内史以下，汉独为置丞相，黄金印。”御史大夫、内史以及群卿都是二千石，所说能够由诸侯王自置，当是经皇帝批准诸侯王“得自置二千石”以后的事。

起监督的责任，但是由于御史大夫以下的百官，全由诸侯王自己任命，“统百官”的丞相实际上已被架空，诸侯王还可以重用其他大臣凌驾于丞相之上。例如齐悼惠王重用魏勃为中尉，齐悼惠王去世，齐哀王继立，“勃用事，重于齐相”（《史记·齐悼惠王世家》）。如果诸侯王要反叛中央，单凭中央派去的丞相和太傅是劝阻不住的，甚至不免遭杀身之祸。例如楚元王戊“应吴王反，其相张尚、太傅赵夷吾谏不听，遂杀尚、夷吾起兵”（《汉书·楚元王传》）。

汉朝为了限制诸侯王的兵权，曾规定诸侯王的封国发兵，如同郡县发兵一样，必须有皇帝的诏书或虎符作为凭证①。但是由于诸侯王有“掌治其国”的实权，他们自己就可以下令征发所属人民出征。例如吴王濞发动叛乱，就下令国中说：“寡人年六十二，身自将；少子年十四，亦为士卒先。请年上与寡人比，下与少子等。”（《史记·吴王濞列传》）这样征发整个封国十四岁到六十二岁的男子，就得兵二十多万人。

汉初沿用战国和秦代的分封制度，封君在封地有征收地税和山川市井之税的特权。由于诸侯王的封地广大，所能征得的地税很多。同时由于封地内有广大的山泽和许多商业城市，还可以收到大量山川市井之税。汉代中央政府设有两大税收机构，一由治粟内史（后改称大司农）掌管，征收全国的地税，供给官吏俸禄和官府的日常开支；另一由少府掌管，主管征收山川市井之税，以供皇帝的“私奉养”。少府就是皇帝所设小仓库的意思。这时诸侯王同样设有两大税收机构，诸侯王所收得山川市井之税，也作为“私奉养”。《史记·平准书》

---

① 见《史记·齐悼惠王世家》、《汉书·吴王濞传》所记虎符事。

叙述汉初情况说:“量吏禄,度官用,以赋于民,而山川园池市井租税之入,自天子以至于封君汤沐邑,皆各为私奉养焉,不领于天下之经费。”这里所说的封君,主要是指诸侯王。《史记·五宗世家》说:“高祖时,诸侯皆赋,除内史以下。”《集解》引徐广曰:“国所出有,皆入于王也。”诸侯王所设征收山川市井之税的机构,叫做“私府”。《汉书·路温舒传》记载汉宣帝初年“迁广阳私府长”,颜注:“藏钱之府,天子曰少府,诸侯曰私府。”

诸侯王既然设有和天子“少府”一样的“私府”,有权征收山川市井之税,如果封地内有手工业商业发达的城市,就可以征收得大量工商业税。例如主父偃对汉景帝说:“齐临淄十万户,市租千金,人众殷富,巨于长安,此非天子亲弟爱子,不得王此。”(《史记·齐悼惠王世家》)因为临淄是战国以来著名的大商业城市,战国时有七万户,这时已发展到十万户,那里市上的税收就超过京师长安,成为齐王“私府”的主要收入。

如果诸侯王的封国之内,有资源丰富的山海池泽,他们的“私府”更可以操纵有关国计民生的铸钱、冶金、制盐等重要手工业,从中牟得大利。秦代铸钱的权属于中央,禁民私铸,《秦律》有所规定。汉初废除禁令,听民自铸。吕后时一度禁止私铸铜钱,文帝时又取消禁令。这样拥有铜矿的诸侯王,就可以大力扩展其经营的铸钱手工业。例如吴王濞由于封国内有鄣郡铜山(鄣郡后称丹阳郡,著名产铜之区,后来汉朝在此设有铜官),又靠海,就“招致天下亡命者,益铸钱,煮海水为盐,以故无赋,国用富饶”。吴王濞利用铸钱、制盐等手工业招徕大量流亡的人民,不但财力充沛,人力也较充足,成为他对抗中央、发动叛乱的实力基础,所以当时晁错说他“即山铸钱,煮海水为盐，诱天下亡人谋作乱”。袁盎也说：“吴所诱，皆无赖子弟、亡命、铸钱奸人，故相率以反。”（《史记·吴王濞列传》）后来桑弘羊在盐铁会议中还说：“吴王擅障海泽，邓通专西山，山东奸猾咸聚吴国，秦、雍、汉、蜀因邓氏”（《盐铁论·错币》）；并且明确指出：“吴王专山泽之饶，薄赋其民，赈赡穷乏，以成私威。私威积而逆节之心作。”（《盐铁论·禁耕》）

这时王国所属人民不戍边，而中央所属的郡，人民的赋役负担比较沉重，就有不少逃亡到诸侯王国来的。例如贾谊说：

今淮南地远者或数千里，越两诸侯（指梁和淮阳），而县属于汉。其吏民繇（徭）役往来长安者，自悉而补（用尽自己家产而补缝作衣），中道衣敝（半路衣破），钱用诸费称此，其苦属汉（苦于隶属于汉朝），而欲得王至甚（而要投奔王国很殷切），逋逃而归诸侯者已不少矣，其势不可久。（《汉书·贾谊传》）

中央直属的郡所属人民为了逃避沉重赋役而投奔诸侯王，而诸侯王则利用铸钱、冶铁、制盐等有关国计民生的手工业，累积大量财富，减轻人民赋役的负担，从而招抚流亡，不断扩大他们所拥有的人力。例如《史记·吴王濞列传》说：

然其居国，以铜盐故，百姓无赋（《索隐》案：“吴国有铸钱煮盐之利，故百姓不别徭赋也”）。卒践更，辄与平贾（《索隐》案：“谓为践更合自出钱，今王欲得人心，乃与平贾，官雠之也”）。岁时存问茂材，赏赐闾里，佗郡国吏欲来捕亡人者，讼共禁弗予（《正义》：“讼音容，言其相容，禁止不与也”）。如此者四十余年，以故能使其众。

吴王濞用减免赋役、问候赏赐、抵制搜捕等办法，收容前来投奔的大批逃亡者。采用这样的办法来招抚流亡，争夺人力，必然会激化他与中央政权之间的矛盾。

原来汉初大封同姓诸侯王，培植他们政治上经济上的力量，是为了拱卫汉朝中央，曾经在反对外戚诸吕篡权的斗争中起过一定作用。但是这种分封诸侯王的办法，毕竟严重破坏了中央集权的封建政治体制，因此随着他们力量的不断增长，就逐渐走向反面。随着汉初封建经济的恢复，人口的增长，手工业和商业的发展，诸侯王所能收到的地税大量增加，他们的“私府”所征得山川市井之税更大量增加；再加上操纵铸钱、冶铁、制盐等重要手工业，收容大批流亡者，诸侯王所拥有的财力和人力就不断增长。诸侯王这样不断扩展其财力和人力，必然与中央政权形成尖锐的对立矛盾，成为与中央对抗的封建割据势力。

当时有远见的政治家如贾谊、晁错等人，早就看到诸侯王强大起来必然引起分裂，反叛中央。贾谊认为“大抵强者先反”，主张采用“分地”办法，“众建诸侯而少其力”，以削弱诸侯王的势力。晁错主张采用“削地”办法，认为“今削之亦反，不削亦反。削之，其反亟，其祸小。不削，反迟，其祸大”。汉文帝采用了“分地”办法，把齐分为七，淮南分为三。接着汉景帝又把赵分为六，梁分为七。汉景帝在平定吴楚七国之乱后，“令诸侯王不得复治国，天子为置吏，改丞相为相”，又省去御史大夫、廷尉等官(《汉书·百官公卿表》)。

汉武帝又采用主父偃的建议，下推恩之令，命令诸侯王以私恩分割封地，分封子弟为列侯，由汉朝中央确定封号，使隶属于中央直属的郡管辖。从此列侯大量增加，而诸侯王的封地大为削小。根据《汉书·王子侯表》，王子被分封为列侯的众多，例如城阳有五十四人，赵有三十五人,河间有二十三人,菑川有二十一人,鲁有二十人。随着诸侯王国的削小,列侯的增多,直属于中央的郡就大量增加,由汉初的十五个逐渐增加到八十多个。这样,西汉的中央集权的封建政治体制就加强了。

与此同时,汉武帝把盐铁业收归官营,在产盐铁的郡分设盐官铁官管理,并把盐铁收入从少府改属大司农掌管,这样就剥夺了诸侯王设"私府"把盐铁收入作为"私奉养"之权;汉武帝又"禁郡国无铸钱,专令上林三官铸",于是又剥夺了诸侯王铸钱之权。从此诸侯王政治上经济上的势力大削,只保留了"衣食租税"的特权,如同列侯一样。

我们把战国秦汉的分封制贯穿起来进行具体分析,就可以明确地弄清它的源流演变。这样,就可以正确地看清它的性质,看清它在社会历史发展进程中发生的影响和作用。同时关于人们对它的种种误解和曲解,也就不难加以澄清了。它是中央集权的政治体制下,封建统治者内部进行财产和权力再分配的一种制度,创始于战国时代,并为秦代所沿用。西汉初年为了拱卫中央,扩大了秦代的分封制,大封同姓诸侯王,并给予诸侯王统治封地和私置"私府"的权力,这样就破坏了中央集权的封建政治体制,结果造成了分裂和内乱。直到后来削除诸侯王操纵封地政治经济的权力,才得重新巩固中央集权的体制。

(原载《中华文史论丛》1980 年第 1 期)

卷三

商代的别都制度

别都指首都以外的都城。这种别都制度，在中国有悠久的历史，它的起源也很早，可以追溯到商代。这是我在研究中国古代都城的起源和发展历史的过程中提出来的。我认为，商代有范围较大的王畿，为了防守王畿的需要，在首都以外的战略要地设有别都，现在考古发现的郑州商城就是商代前期的别都，朝歌就是商代晚期的别都。

“大邑商”的所在及其范围

殷墟卜辞中，有地名称“商”、“中商”、“大邑商”的。卜辞中“中商”的地名见的次数很少，辞意简单，究在何地，很难判断。“商”的地名见的次数很多，其中占卜“王其入于商”的最多，该即指商的国都（即今殷墟）而言。但是，卜辞中的“商”，并不全指一个地点，有的很明显是指商丘。例如说：“〔王卜才〕商，贞〔步〕于亳，亡灾。”（《殷虚书契后编》卷上第九页第十二片）亳在今山东曹县南①，这个与亳相近的商，当即商丘无疑。卜辞中有的“商”，可能是大邑商的简称，即指王畿而言。

卜辞中多次提到“大邑商”，有的占卜“王其入大邑商”的事（《殷虚书契续编》卷三第四页第一片），有的占卜王“才（在）大邑商”的事（《殷虚书契后编》卷上第十八页第二片），有的占卜王“告于大邑商”的事（《卜辞通纂》第五九二片）。也有作“天邑商”的，如称“天邑商公宫”（《甲骨缀合编》第一八二片、第一八三片）。罗振玉、王国维把“大邑商”解释为王畿，是正确的。何尊铭文载：“王诰宗小子于京室曰：……惟珷（武）王既克大邑商，则廷告于天曰：余其宅兹中或（国），自之辥民。”成王所说武王所攻克的大邑商，分明是指整个商的王畿。根据《逸周书·度邑篇》，武王是在克商之后，通宵睡不着觉，因为没有“定天保，依天室”，主张创建新都于伊汭、洛汭之间的，即何尊铭文所说“余其宅兹中国”。“中国”是指中原地区的意思。《尚书·多士》记周公告诫殷贵族说：“今尔又曰：夏迪简在王庭，有服在百僚。予一人惟听用德，肆予敢求于天邑商。”这是说：“现在你们（指殷贵族）又说：殷曾选拔夏的遗臣留在王庭，在许多官署里担任职位。我只准使用有德的人，怎么敢取用整个商代王畿的人呢？”“天邑商”也是指整个商的王畿。

商代王畿的范围是比较广阔的。《战国策·魏策一》记载吴起说：“殷纣之国，左孟门，右漳、釜，前带河，后被山，有此险也，然为政

① 亳的所在，从来有四说，当以北亳为是，在今山东曹县东南。雷学淇《商都殷亳考》（《介庵经说》卷二）列举四证。王国维《说亳》（《观堂集林》卷十二）列举三证，与雷氏之说全同，当是所见相同。

不善，而武王伐之。”孟门是在今河南辉县以西太行山的一个重要关塞。这是说殷纣之国左有太行山，右有漳水、滏水，前面有黄河，后面有山岭，都是天险。所说殷纣之国，就是指商的王畿，就是说商的王畿四面有这样天险，并不是说王畿的范围只有这么大。《古本竹书纪年》(《史记·殷本纪》正义引)说：“自盘庚迁殷……更不徙都。纣时稍大其邑，南距朝歌，北据邯郸及沙丘，皆为离宫别馆。”所说“稍大其邑”的“邑”，就是指大邑商这个大邑，也就是指整个王畿。所讲到的朝歌、邯郸、沙丘等地，只是指建有离宫别馆的城邑，并不是说王畿的范围只限于这三个地点。但是，我们从《古本竹书纪年》以及《战国策》所载吴起的话，已经可以看到，大邑商的范围是广大的，在这个范围内，包括许多天险如太行山、黄河、漳水之类，还包括建有离宫别馆的城邑如朝歌、邯郸、沙丘之类。

商代后期所以选定安阳殷墟作国都，利用天险，确是一个重要的原因。因为它的东面和南面正好有黄河，西面正好有太行山，所谓“前带河，后被山”，但是作为王畿，决不限于黄河和太行山，肯定沿着黄河以东、以南和太行山以西还有不少重要的据点。否则这些天险就不容易防守。例如，沙丘在今河北巨鹿东南，就在古黄河的河道以东，当时王畿的北境，至少在今河北邢台和巨鹿一带，祖乙迁都的邢，当即在今邢台市，今邢台市西南发现有大范围的早商文化遗址①。王畿的南境，应该越过黄河，至少包括今洛阳到郑州一带。这从武王

① 《通典》等书都说祖乙所迁之邢，即在邢州，即今邢台市。《书序》说：“祖乙圮于耿”。“耿”与“邢”音近通用。所谓“圮于耿”，当因山洪冲毁。过去邢台常有山洪爆发，冲决为患，直到清代乾隆年间还为此筑堤防。见嘉庆《大清一统志》顺德府沙底河以下释文。王国维从段玉裁之说，谓邢即今河南温县的邢丘，“其地正滨于河，故祖乙圮于此也”(《观堂集林》卷十二《说耿》)，不确。

进军牧野的路线以及征服黄河以南地区的过程中，可以看得很清楚。武王进军牧野是从盟津渡河的，渡河之前必然先占有盟津附近的黄河南岸重镇，作为进军的后方基地，否则大军是不可能大规模在盟津一带横渡黄河的。等到牧野之战取得决定性胜利，取得灭亡商朝的战果，武王就指挥大军分路南下。这就是《大武》乐章所描写的："始而北出，再成而灭商，三成而南，四成而南国是疆。"（《礼记·乐记》）

根据《逸周书·世俘篇》，当时武王命令大军为七路，除一路由吕望追击殷将方来以外，其余六路进军目标是南国诸侯，由吕他伐越戏方（今河南巩县东南），侯来伐殷将靡集于陈（今河南淮阳），百弇伐卫（即豕韦，今河南滑县南），陈本伐磨（即历或栎，今河南禹县），百韦伐宣方（不详），新荒伐蜀（即浊泽，今新郑西南、禹县东北）等等。而黄河南岸的重镇洛邑（今河南洛阳）和管邑（今河南郑州），没有成为进军的目标。洛邑和管邑一带该属于商的王畿，商代并没有在那里分封诸侯，这时早已被武王所占领。洛邑和管邑在政治上和军事上的重要性，武王是早就认识到的。所以他克商以后，就主张在洛邑建设东都，还曾多次到管邑坐镇，并把管邑分封给管叔而作为监督原来商代王畿的"三监"之一。

从"商郊牧野"看"大邑商"的"郊""野"制度

《尚书·牧誓》说：

> 时甲子昧爽，王朝（早）至于商郊牧野，乃誓。

商代把整个王畿看作一个"大邑"，称为"大邑商"，除了中央的国都以外，包括周围广大地区，包括许多城邑在内，总称为"郊"。就每个邑来说，城邑以外的周围地区，称为"野"。当武王率领大军进抵牧野的时候,因为牧野是商郊的一部分,所以连称为“商郊牧野”。古书上往往把牧野称作商郊,例如《吕氏春秋·贵因》记载武王进军牧野前,路上遇见殷的使者胶鬲,告知胶鬲说“将以甲子至殷郊”,后来“武王果以甲子至殷郊,殷已先陈矣”。这里所说的殷郊就是指牧野。《尚书大传》也说:“武王伐纣,至于商郊,停止宿夜。”可知牧野即在商郊的范围内,可以通称“商郊”。《尚书·牧誓》记载武王誓师,最后说:

尚桓桓,如虎如貔,如熊如罴,于商郊,弗御克奔,以役西土。勖哉夫子!尔所不勖,其于尔躬有戮。

“于”是“往”的意思,这是武王号召所统率的大军威武勇猛地冲往商郊,准备决战。商郊就是指包括牧野在内的商代都城的“郊”区。

商郊是个地区名称,是指商代国都以外、王畿以内的广大“郊”区,包括许多城邑在内。牧野也是个地区名称,是指牧邑周围的野外地区。《诗·鲁颂·閟宫》说:“至于文武(文王、武王),缵大王(公亶父)之绪,致天之届(届是罚的意思),于牧之野。”这里称牧野为“于牧之野”(《墨子·明鬼下》、《荀子·儒效》都作“牧之野”),可知牧野是指牧邑周围称为“野”的地区。古代都城有“国”“野”对立的乡遂制度,“国”是指城邑及其四郊地区,“野”指四郊以外的广大地区。《诗·大雅·大明》说:“牧野洋洋,檀车煌煌。”毛传:“洋洋,广也。”正因为牧野是个野外广大地区,是个很适合决战的战场。《大明》正义引郑玄说:“牧野,纣南郊地名。”确切地说,牧野是属于商代王畿南郊的一个地区名。

附带要说明一下,今本《尔雅·释地》说:“邑外谓之郊,郊外谓之牧，牧外谓之野。”有人根据“牧外谓之野”来解释“牧野”是错误的。古书上都说：“郊外谓之野”，今本《尔雅》有误，当作“郊外谓之野，野外谓之牧”①。《尔雅》所说“邑外谓之郊，郊外谓之野”，是指“国”“野”对立的乡遂制度，以“郊”为分界线，郊以内是指城邑及四郊，郊以外是野。这里所说的“郊”，和商代称王畿的周围广大地区为“郊”不同。《逸周书·作雒篇》记载周公东征胜利后，“乃作大邑成周于土中”，同时“制郊甸方六百里，因西土为方千里”，这样把东都成周以外的“方六百里”地区称为“郊甸”，是沿用了商代王畿的制度。西周时代在东西两都的周围建置“王畿千里”，就是在商代王畿制度的基础上作了进一步的发展。

牧即沬，是商代晚期的别都

《古本竹书纪年》(《史记·殷本纪》正义引)说：“自盘庚迁殷，至纣之灭，二百七十三年，更不徙都。”殷是商代晚期长期的都城，这已为考古发掘所证实。但是文献上又有武乙迁都朝歌之说。《史记·殷本纪》载：“庚丁崩，子帝武乙立，殷复去亳，徙河北。”后人认为河北即指朝歌，又把武乙说成帝乙。《帝王世纪》(《史记·周本纪》正义引)说：“帝乙复济河北，徙朝歌，其子纣仍都焉。”《水经注·淇水》又误作武丁，在朝歌下，引《晋书地道记》说：“本沬邑也”，又说：“殷王武

---

① 《诗·鲁颂·駉》、《诗·召南·野有死麕》和《诗·邶风·燕燕》毛传都说：“郊外曰野。”《说文》“冂”字下说：“邑外谓之郊，郊外之野”，“野”字下又说：“郊外也。”陈奂《诗毛氏传疏》、王筠《说文句读》等书，都认为今本《尔雅》有误。牧指远郊放牧之地。《国语·周语中》：“国有郊牧”，韦注：“牧，放牧之地也。”《诗·小雅·出车》：“我出我车，于彼牧矣。”毛传：“出车就马于牧地。”郑笺：“牧地在远郊。”《周礼·地官·载师》：“牧田任远郊之地。”“牧”因是放牧的草地而得名。

丁始迁居之。”胡渭《禹贡锥指》、赵一清《水经注释》都认为“武丁”是“武乙”之误。

把朝歌作为商代晚期都城的说法是有来历的。《尚书·酒诰》是周公对封在卫国的康叔的诰词，开头就说：

> 王若曰：明大命于妹邦。

妹和沬，声同通用，春秋以后称为朝歌。郑玄解释说：“妹邦者，纣之都所处也。”(《诗·鄘风·桑中》正义引)《尚书·酒诰》又说：

> 妹土，嗣尔股肱，纯其艺黍稷。

“妹土”和“妹邦”的意义相近，是沿用商末的旧称。康叔封于卫，就建都朝歌。《史记·卫世家》说：“封康叔为卫君，居河淇间，故商墟。”所说“河淇间”，就是朝歌。所说“故商墟”，就是说商的旧都。《汉书·地理志》河内郡朝歌下说：“纣所都，周武王弟康叔所封，更名卫。”

牧野之战在一天内就攻到都城。甲子这天清早，武王在牧野发动进攻，打得商师大崩溃，当天晚上便追到都城，迫使纣自焚而死。《逸周书·克殷篇》说牧野之战，“商师大崩，商辛奔内，登鹿台之上，屏遮自燔于火”。《逸周书·世俘篇》也说“越五日甲子，朝(早)接于商”，“时甲子夕，商王纣取天智玉琰及庶玉环身以自焚”。牧野之战在甲子一天之内就取得决定性胜利，迫使商王纣逃奔到宫中自杀，即所谓“商辛奔内”。当时殷纣王所奔的“内”、所登的鹿台，都只能在朝歌。

我们前面已经讲到，所谓“牧野”，就是牧邑之野。事实上，牧邑即是妹或沬，也即朝歌。马融说：“妹邦即牧养之”地(《经典释文》引)。清代学者段玉裁、陈乔枞、陈奂、马瑞辰等，都依据马融之说，进一步认为妹即牧野，妹、牧双声通用①。实际上妹或沬是指牧邑。牧野只是牧邑之野。《说文》"牧"作"坶"说："坶，朝歌南七十里。"《续汉书·郡国志》河内郡朝歌下说："南有牧野"，刘昭注："去县十七里"，"十七"当是"七十"之误。牧野因为是朝歌之野，所以在朝歌以南地区。所谓七十里，是指其宽广的里数，后人误把牧野作为地名，把它定在朝歌以南的七十里处，是不对的。《水经注·清水》说："自朝歌以南，南暨清水，土地平衍，据皋跨泽，悉牧野矣。"这是正确的。

为什么《古本竹书纪年》说自盘庚迁殷以后没有迁过都，而实际上牧（即朝歌）又是纣居住的都城呢？合理的解释，就是"大邑商"的"郊"区原有别都的建置，牧就是商代晚期的别都。牧不仅有离宫别馆，而且驻屯有重兵，防守着南"郊"的重要门户。牧是商代晚期重兵驻屯之地，所以武王要克商，必须进军到牧野，展开决战。一旦牧野的决战取得决定性胜利，殷的都城便没法防守，整个"大邑商"就很快被全部占领，商朝就灭亡了。直到西周初期，周朝的一支重兵"殷八自"仍然驻屯在这里。小臣謰簋铭文说：

> 叡！东尸（夷）大反，白（伯）懋父以殷八自征东尸（夷）。惟十又一月遣（遣）自冀自，述东陕，伐海眉（湄）。雩厥复归才（在）牧自。

伯懋父即康叔之子康伯髦，亦称王孙牟。懋、髦、牟，声同通用。伯懋父统率殷八自征伐东夷取得胜利后，返回牧自。这个牧自即是朝歌，也就是卫的国都。十分明显，西周初年封康叔于商的故都朝歌

① 见段玉裁《古文尚书撰异》、陈乔枞《今文尚书经说考》、陈奂《诗毛氏传疏》、马瑞辰《毛诗传笺通释》、王先谦《诗三家义集疏》等。

以后，沿用商代旧制，仍在朝歌驻屯重兵“殷八自”，由卫君统率作战，这里所以称为牧自，就由于驻屯重兵的缘故。

今河南淇县（即朝歌镇）还保存有故城遗址。残存的城墙有三道，头道在镇北二十里高村桥一带，第二道在镇北三里，即淇县车站东侧一带，第三道在镇的周围。第三道城墙的西北角，有地势较高的台地，称为摘星台，在断壁、城壕上发现有龙山文化层、商代文化层、春秋战国文化层，在西部壕沟断层上，都是春秋战国文化堆积①。第三道城墙当是内城，摘星台当是宫殿遗址所在，第一、二道城墙当是北部的“郭”城。从第一、二道城墙相距十七里来看，“郭”的范围是较大的。这个城址有待于作进一步的调查或钻探，才能看到全貌。

郑州商城即阑或管，是商代前期的别都

关于郑州商城的地名，近人有两种不同看法，看来都难以成立。或者以为是仲丁迁都的敖（一作嚣），但是敖的地望，从《帝王世纪》、《水经注》以来，都认为即在敖山或敖仓附近，在今郑州西北五十里地，与郑州商城的位置不合②。或者推定为成汤所居的亳都，但是主要依据的，是商城东北部和北部出土东周的陶文中有八个“亳”字，证据比较薄弱，“亳”可能是制陶作坊所在的小地名。成汤所建亳都的地望，仍当以雷学淇、王国维所考为是，在今山东曹县东南，不应在今郑州。

---

① 见《文物参考资料》1957 年第 5 期工作报道：汤阴朝歌发现龙山和商代文化遗址。

② 见《帝王世纪》（《太平御览》卷八三引）、《水经注・济水》等。古人为了避开水灾和便于防守，可能徙居高地或山地。《书・盘庚》说：“古我先王，将多于前功，适于山，用降我凶，德嘉绩于朕邦。”

从沿革地理来看，郑州商城当是西周初期管叔受封的管国。《括地志》(《史记·周本纪》正义引)说："郑州管城县外城，古管国也，周武王弟叔鲜所封。"《元和郡县志》在郑州郭下，也说："本周封管叔之国。"所谓管城县外城，所谓郑州郭下，正是现在发现的郑州商城。根据考古发掘，得知在紧贴商代夯土城墙的外壁附加有一周战国时代修筑的城墙，其上有战国文化层；汉代以后继续利用商代和战国城墙而加以修补，但城垣规模缩小了三分之一以上，在北部另筑了一道北城墙，把三分之一面积隔开在外，这样北部三分之一就成为"外城"或"郭"。《括地志》和《元和郡县志》把包括外城或郭的大城定为管叔受封的管国，很是正确。战国时，管原为韩邑，曾被秦进攻，见《战国策·魏策四》。后来被魏安釐王所攻取，见《韩非子·有度篇》。现在发现的战国时代修筑的附加城墙，当是韩国为了加强防御而修筑。汉代此地为管县，以后成为管城县、郑州或郑县，历史沿革很是清楚，不容怀疑，也不可能作其他解释。

然而必须指出，西周初期管叔封于管，是沿用商代的旧称，并不是一个新定的国名。《史记·管蔡世家》说武王克殷以后，"封叔鲜于管"。管这个地名该早就存在，只是"管"是后起字，原来不写作"管"。在《墨子》一书中，不作"管"而作"关"，曾两次提到管叔作关叔。《墨子·耕柱篇》说："古者周公旦非关叔。"《墨子·公孟篇》说："关叔为天下之暴人。"这个字，在商代西周金文中作"阑"，有下列五种不同写法：

[illegible](戍嗣子鼎)　[illegible](父己簋)　[illegible]([illegible]卣)　[illegible](宰椃角)　[illegible](利簋)

这个字从"柬"声，"柬"或省作"束"。从"宀"、从"間"或从"門"，都是形符，容庚先生《金文编》解释宰椃角的这个字为"阑"，是正确的。于省吾先生考释利簋铭，认为这些字都是“管”的初文，“古无管字，管为后起的借字”①，很是正确。徐中舒先生也根据利簋铭文说：“辛未是甲子后第八日，阑，其地必在殷都朝歌不远，于氏以阑为管叔之管，以声韵及地望言之，其说可信。”②而且“阑”与“关”，音义俱近，更足以证明“阑”即是“管”。

利簋铭文说：

> 珷征商，惟甲子朝(早)，岁(通作刿)鼎(通作丁)克，闻(通作昏)，夙又(有)商。辛未才(在)阑自，易(锡)又(有)事利金。

“岁”通“刿”，《说文》说：“刿，利，伤也。”“鼎”通作“丁”，“当”的意思。“闻”通作“昏”，夜晚。这是说武王征商，甲子这天清早冲杀，当即得胜，到夜晚，很快占有商的国都。到第八天辛未，武王在阑自，把“金”赏给了利。武王在克商以后，第八天就到阑自对臣下赏赐，说明阑自是当时后方的军事重镇，肯定在进军牧野之前已经占领，并驻屯重兵防守，所以称为“阑自”。如同“牧自”一样，原先当是商代的别都。

武王克商之后，所以要把他的弟弟管叔封在此地，作为监督原来商代王畿的殷贵族的“三监”之一，正因为此地处于商代王畿的边缘，是个战略要地，是个军事重镇，便于就近进行监督。当年武王还曾亲自多次来到此地主持政务。《逸周书·文政篇》载：“惟十有三祀，王在管，管蔡开宗循王。”惟十有三祀是克商后二年，“开宗”是说开启宗庙迎接，“循王”是说遵照王命办事。为什么蔡叔会和管叔一起“开宗

---

① 于省吾：《利簋铭文考释》，《文物》1977年第8期。

② 《关于利簋铭文考释的讨论》，《文物》1978年第7期。

循王”呢？朱右曾说：“蔡叔食邑，疑即今大名府长垣县之祭城，其后改封蔡仲于蔡，今汝宁府上蔡县也。”（《逸周书集训校释》卷四）按《续汉书·郡国志》河南尹中牟县下，有管城，又有蔡亭，说明管、蔡原是临近的两个邑。《括地志》（《史记·周本纪》正义引）说：“故祭城在郑州管城县东北十五里，郑大夫祭仲邑也。《释例》云：祭城在河南，上有敖仓，周公后所封也。”蔡叔原来封在管的附近，后来因蔡叔参与叛乱，改封蔡仲到上蔡的。《逸周书·大匡篇》又说：“惟十有三祀，王在管，管叔自作殷之监。”说明这时武王到管，是为帮助管叔加强对殷贵族的监督管理。自从周公平定管叔、蔡叔及武庚的叛乱，建成东都成周以后，管的重要性大为降低，但是成王来到成周的时候，也还曾到管邑视察。柬鼎铭文说：“王来奠新邑，旬又四日丁卯，□□自新邑于柬。”新邑即成周，柬即阑，即是管邑。“于”是“往”的意思。

根据考古发掘的结果，郑州商城建筑于商代前期（二里岗下层文化时期），曾沿用较长时间。商代从汤起，前期建都在古黄河以南和以西，汤居亳，在今山东曹县南；仲丁迁敖，在今郑州西北五十里；河亶甲迁相，在今河南内黄东南。从祖乙迁邢以后，就到黄河以北，可能这个阑自就是商代前期的别都。因为是军事重镇，到商代后期也还应用。因为是别都，这里有宗庙的建设，商王常到那里，在宗庙里对臣下赏赐。1959年安阳圆坑墓出土戍嗣子鼎铭文：

> 丙午王商（赏）戍嗣子贝廿朋，才（在）阑宗，用作父癸宝鼎。唯王㲃阑大室，才（在）九月。犬鱼。

“宗”是指宗庙，“大室”是指宗庙里的大室。周王到阑对臣下赏贝的例子，还见于宰椃角铭文和父己簋铭文。

商代这种别都制度，对后世是有深远影响的。西周初期在洛邑建设东都成周，就是别都制度的重要发展。楚国在春秋时代曾推行这种别都制度。例如楚灵王在陈、蔡、不羹三县筑城，“赋皆千乘”，称为“三国”，见《国语·楚语上》。韦昭注：“三国，楚别都也。”楚国常把别都改建为县①。武城原来是楚的别都之一。楚王常到武城，武城就设有宗庙②。鄢更是楚的重要别都，作为楚都郢以北的重要门户，并为军事重镇。齐国到战国时代还设有五都制度，除国都临淄以外，四境设有别都，平陆、高唐、即墨、莒，都是别都。别都同样有军事重镇性质，常驻重兵，有所谓“五都之兵”③。燕下都就是燕的别都，是燕国西南的重要门户，也具有军事重镇性质，城墙上附设有防守用的建筑。

（原载《复旦学报》1984 年第 1 期）

① 参看拙作《春秋时代楚国县制的性质问题》，《中国史研究》1981 年第 4 期。

② 见易本烺《春秋楚地答问》。

③ 参看拙作《战国史》第六章第三节“战国时代郡的特点”。

西周列国考

前言

西周王朝是创建在分封列国的基础之上的，当时王朝执政者采用分封列国的措施，统治整个“天下”，是顺应历史发展形势的需要的。分封制古时称为“封建”，“封”是封给一定面积的国土，“建”是在那里建置诸侯。唐代大文学家柳宗元在他的政治论文《封建论》中，用历史发展的观点，说明了春秋、战国之际由分封制变为郡县制，是历史发展的必然结果，不是什么圣人的意志决定的；同时又指出，西周时代大规模地推行分封制，也是时势所造成，“势不可也”，而不是圣人意志所决定，“封建，非圣人意也”。

柳宗元着重指出：“周有天下，裂土田而瓜分之，设五等爵，邦群后，布履星罗，四周于天下，轮运而辐集，合为朝觐会同，离为守臣扞城。”的确，西周王朝的统治天下，是依靠分封国土而设置诸侯。西周确实推行爵位等级的制度，设公、侯、伯、子、男等爵位，王朝的执政大臣太保、太师、太史是“公”爵，“卿”一级司马、司徒、司空等臣是“伯”爵，分封的诸侯多数是“侯”爵，也有“伯”爵、“子”爵的。当时诸侯封得很多，分布于四面八方，如同天上的“星”那样密集（布履星罗）。西周的中央政权以东都成周作为治理天下的轴心，四周诸侯如同辐轴，凑集于车轮中心的圆木（毂）上，随着轴心而运转。西周王朝制定有一整套通过诸侯而统治“天下”的礼制，诸侯不仅要按礼上朝觐见和会见，而且必须随时接受“王命”而按命令行事，更要分别负起守卫封土和奉命出征的重大责任。

《国语·郑语》记载周幽王末年司徒郑桓公请问史伯（太史伯阳）“其何所可以逃死”。史伯分析当时“国际”斗争形势，特别指出：“当成周者，南有荆蛮、申、吕、应、邓、陈、蔡、随、唐，北有卫、燕、狄、鲜虞、潞、洛、泉、徐、蒲；西有虞、虢、晋、隗、霍、杨、魏、芮；东有齐、鲁、曹、宋、滕、薛、邹、莒；是非王之支子、母弟、甥舅也，则皆蛮、荆、戎、狄之人也。非亲则顽，不可入也。”这个叙述，就是以成周为中心而列举四方的列国及蛮、夷、戎、狄的分布。所有列举的国族，大体上是按强弱大小依次排列的。楚是南方大国，因为它不是周王朝分封的国家，周人称为“荆蛮”，申、吕是姜姓，陈是妫姓，邓是曼姓，应、蔡、随、唐是姬姓。卫、燕是北方大国，都是姬姓，狄和鲜虞是白狄，潞、洛、泉、徐、蒲都是赤狄隗姓。西方八国都是周王朝先后分封的姬姓之国。东方的大国齐是姜姓，鲁、曹、滕都是姬姓，宋是商代后裔子姓，薛是任姓，邹是曹姓，莒是东夷己姓。

《史记·周本纪》载：“武王追思先圣王，乃褒封神农之后于焦，黄帝之后于祝，帝尧之后于蓟，帝舜之后于陈，大禹之后于杞。于是封功臣谋士，而师尚父为首封，封尚父于营丘曰齐，封弟周公旦于曲阜曰鲁，封召公奭于燕，封弟叔鲜于管，弟叔度于蔡。”所说封先圣王之后，只有陈国比较大些，其余都很微小，不见于其他记载；所说封功臣谋士，齐、鲁、燕等国确是比较重要。

《史记·陈杞世家》讲到：“周武王时，侯伯尚千余人。及幽、厉之后，诸侯力攻相并。江、黄、胡、沈之属，不可胜数。”据此可知，西周开国年间采用分封列国的措施，用来统治整个“天下”，所分封的大小国家多到一千以上。我们应该肯定分封制在这个时期起着重大进步作用。这样分封一千多个大小国家，分布到四面八方，不仅是第一次用大规模的分封办法来创建了一个伟大的王朝统治体系，使得诸侯如同轮轴凑集于中央政权这个轴心上一起运转；而且使得分封的诸侯如同天上明星那样地分布，促使当时的经济文化在四面八方得到进一步的发展。

西周时代存在的列国和部族，多到一千以上，到西周晚期就逐渐分化，此中较大的国家和占有经济文化较为发达地区的国家就强盛起来，开始兼并弱小的国家。现在我们为了辨明西周列国和部族分布的情况，分别对当时所有大小国家和部族考定其地理位置。我们根据所有历史文献和金文（铜器铭文），西周可考的列国和部族共有一百七十多个，此中较大国家，着重考定其国都的位置，较小国家只考定其所在地点。

西周时代分布于四面八方的列国和部族，主要是王朝分封的许多姬姓和其他姓氏的诸侯，也还有原来土生土长的部族及其所建小国，情况比较复杂，现在分地区加以考定。

在今陕西省以及靠近陕西的甘肃省西南部，有周王朝的国都丰、镐（蒿）、莽（芳）京和曾建都的程、犬丘连同王畿，同时有姬姓封国周、召、芮、丰、毕、虢、毛、荣、樊、函、郑、夨等十二国，姒姓的莘、彤、褒三国，姜姓的申、戏两国，嬴姓梁国，祁姓杜国，姓氏不明的強、散、弭、微(眉)、同、邢等国，又有秦始封之邑犬丘(西犬丘)和秦，还有戎族的丰、姜氏之戎、陆浑戎、翟(白翟)、骊山氏，更有周文王所灭的密(密须)。

在今山西地区，有晋国建都的唐、绛(翼)、曲沃、鄂等地，又有姬姓封国虞、霍、魏、韩、贾(贮)、耿、杨、邹、荀等国，又有赵的祖先造父封邑赵，又有赤狄所建的蒲、洛、潞、泉、徐(余无之戎)，戎族所建的燕(燕京戎)、狐氏(大戎)、西落鬼戎(隗)、条(条戎)、奔戎、髳、北唐等，又有周文王所戡的黎。

在今中原河南省，姬姓封国有管、蔡、康、卫、东虢、北虢、聃、原、雍、应、凡、胙、邘(盂)、息、单(檀)、祭、焦、蒋、沈、暴、樊(阳樊)等二十一国，姜姓封国有申、吕(甫)、许(无、邪)三国，姒姓封国有杞、曾(鄫、缯)、会(郐、桧)三国，嬴姓封国有江、嚣(隞)、黄三国，姞姓封国有燕(南燕)、鄂(鄂)二国，还有妘姓的鄢，妫姓的陈，任姓的挚，董姓的蓼(飂、廖)，偃姓或姬姓的蓼(缪)，允姓的鄀，真姓的霍，狸姓的房，己姓的苏(温)，更有姓氏不明的戴(载弋)、华、阙巩、厉、共、緐(繁)、巢、蜀、磿(历)、虎方等。

今山东省原是东夷居住的地区，周公东征，攻灭了东夷的奄、丰、薄姑等国，东夷嬴(盈)姓之国还留有徐(郐、徐戎)、郯、葛等，还留有东夷小国牟、根牟等。山东半岛东部更有莱夷，姬姓封国有鲁、曹、阳、明(茅)、极、告(郜)、滕七国，姜姓有齐(建都营丘)、纪(己曩)、向、州(淳于)、夆(逄)五国，风姓有任、宿、须句、颛臾四国，任(妊)姓有薛、章(鄣)、祷(祝)三国，妘姓有鄅、夷、偪阳三国，曹姓有邾、郳两国，偃姓有鬲，妫姓有遂，己姓有莒，姓氏不详的有寺(邿)、贯。

在今安徽省，偃姓封国有舒、巢、录(六)三国，归姓封国有𠄍(胡)，又有姓氏不明的相与过，更有南淮夷的桐、角、津、遹(鄱)和南夷的艮等。

在今湖北省，有随从周武王伐商的卢(妫姓)、庸、彭，又有芈姓的楚与夔，又有姬姓封国唐、随、邓，又有曼姓的邓与鄾，更有楚分封的鄂。

在今河北省有姬姓封国邢和白翟所建的鲜虞。

在今江苏南部有姬姓虞国分支所建的吴以及虞和宜等，在今江苏北部有邳；在今浙江绍兴沿海一带有越；在今四川北部有随从周武王伐商的蜀，在楚国西南又有濮。

在今陕西、甘肃地区的周国都和列国分布

［丰］ 周文王所建国都，今陕西西安市西南沣河中游西岸。

《史记·周本纪》称周文王“自岐下而徙都丰”。《诗·大雅·文王有声》称“文王受命，有此武功，既伐于崇，作邑于丰”，又云：“丰水东注，维禹之绩，四方攸同，皇王维辟。”可知丰在丰(沣)水之旁。《说文》：“酆，周文王所都，在京兆杜陵西南。”《续汉书·郡国志》杜陵下云：“酆在西南”。《左传》昭公四年杜注：“酆在始平鄠县东。”《帝王世纪》云：“丰在京兆鄠县东，丰水之西，文王自程徙此。”(《诗二南谱》正义引)《括地志》云：“周丰宫，周文王宫也，在雍州鄠县东三十五里。”(《周本纪》正义引)丰邑当在今沣水中游西岸客家庄、马家村、西王村一带。其北张家坡曾出土初唐墓志，称此地为丰邑乡。

［镐(蒿)］ 周武王同时以丰和镐为国都，在今陕西西安市昆明

池西北，西南酆(丰、沣)河中游东岸。

《诗·大雅·文王有声》云:“镐京辟雍，自西自东，自南自北，无思不服，皇王烝哉！考卜维王，宅是镐京，维龟正之，武王成之，武王烝哉!”《水经注·渭水》云:“渭水又东北与鄗水合，水上承镐池于昆明池北，周武王之所都也。”《帝王世纪》云:“今沣水之东，长安之南三十里，去酆二十五里，镐池即其故都也。”(《长安志》卷三引)《括地志》云:“镐在雍州西南三十二里。”(《周本纪》正义引)《三辅黄图》云:“镐池在昆明池之北，即周故都也。”《庙记》曰:“长安西有镐池，在昆明池北，周匝二十二里，溉地三十二顷。”据考古调查，镐京故址在今昆明池西北洛水村、上泉北村、普渡村、花园村、斗门镇一带。金文和周原甲骨文“镐”作“蒿”。德方鼎载:“惟三月王才(在)成周，征珷福，自蒿，咸。”周原甲骨有“祠自蒿于周”的记载。

[𦼳(芳)京] 西周王朝京都镐京近郊的政教合一的中心，在今陕西西安市昆明池西北。

“𦼳”即“芳”字，芳京在宗周(镐京)附近，是周王常来举行祭礼、射礼的场所，又是举行赏赐臣下礼节的地方。芳京有“大室”，当为宗庙的大室，弭叔簋称王才(在)芳，“格于大室”而举行赏赐的礼仪。芳京有“辟雍”，又称“学宫”，设有“大池”，周王常来此主持“射于大池”和“渔于大池”。遹簋载穆王在芳京“呼渔于大池”，静簋载王在芳京，王命令静“司射学宫”，“射于大池”，麦尊载王在芳京举行祭礼，在辟雍“王乘于舟为大丰”，王射擒大鸿。这样在辟雍(学宫)命令“司射学宫”，命令许多人“学射”，具有进行教育性质。据此可知芳京是西周王朝镐京的教育中心。《诗·大雅·文王有声》云:“镐京辟雍，自西自东，自南自北，无思不服，皇王烝哉!”镐京以设有辟雍著称，所说镐京的辟雍，就是设在芳京的辟雍，镐京是这个地方的大名，“芳京”当即在近郊地方，是镐京的一部分。《礼记·王制》说：“大学在郊，天子曰辟雍。”芳京当在镐京的近郊。《三辅黄图》卷五说：“周文王辟雍在长安西北四十里，亦曰璧雍”，“汉辟雍在长安西北七里”，当有所据。

［**程(毕程)**］ 周文王曾建都于此，今陕西咸阳东二十一里。

《逸周书·大匡篇》载：“维周王宅程三年，遭天之大荒。”孔晁注：“程，地名，在岐州左右。”程一作毕程，《孟子·离娄下》云：“文王生于岐周，卒于毕程。”周宣王曾命令程伯休父率军平定徐国叛乱，见《诗·大雅·常武》。《汉书·地理志》右扶风安陵，颜注：“阚骃以为本周之程邑。”《括地志》云：“安陵故城在雍州咸阳东二十一里，周之程邑也。”(《史记·太史公自序》正义引)即在今陕西咸阳市东北汉惠帝安陵东北、汉高祖长陵以西十里。《续汉书·郡国志》：“雒阳有上程聚”，颜注：“古程国。”此说不确。

［**犬丘**］ 周懿王自镐徙都于此，在今陕西兴平东南。

《汉书·地理志》：“右扶风槐里，周曰犬丘，懿王都之。”《帝王世纪》云：“周懿王二年王室大衰，自镐徙都犬丘，生非子，固居犬邱，今槐里是也。”《水经注·渭水》云：“渭水又东径槐里县故城南，县古犬丘邑也。周懿王都之，秦以为废丘，亦曰舒丘。”《括地志》云：“犬丘故城一名槐里，亦曰废丘，在雍州始平县东南十里。”(《史记·秦本纪》正义引)《元和郡县志》于陇州兴平县下云：“槐里城周曰犬丘，秦改名废丘，周懿王所都。”在今陕西兴平县东南。

［**周**］ 西周王畿内姬姓封国，今陕西岐山北九里。

《左传》隐公六年：“周桓公言于王”，杜注：“周桓公，周公黑肩也。周，采地，扶风雍县东北有周城。”《括地志》：“周公城在岐山县北九里。”高士奇《春秋地名考略》谓此乃周公初封之邑，与周大王所都之周有别。朱右曾《诗地理征》也说：“周公周城在太王所居周城之西。”今定在岐山北九里。

［召］　西周王畿内姬姓封国，今陕西岐山西南八里。

召，西周初年召公奭的封邑。周厉王、宣王时有召伯虎，即召穆公。召，金文作䚐，见召伯虎簋。

《左传》僖公二十四年杜注：“召，采地，扶风雍县东南有召亭。”《水经注·渭水》谓雍水东径邵亭南，“亭故邵公之采邑也”。又引京相璠曰：“亭在周城南五十里。”光绪《岐山县志》谓：“今县西南景化里有召亭村”，“召公亭在县西南八里”。

［芮（内）］　西周姬姓封国，在今陕西朝邑南三十里。

“芮”，姬姓，见《世本》（《左传》桓公三年正义引）。金文作“内”。西周晚期有内公鼎、内公鬲、内公簋、芮公钟钩、芮伯多父簋等，春秋早期有内子鼎、内公壶等。周武王时芮伯为王朝卿士。《书序》云：“巢伯来朝，芮伯作《旅巢命》。”周成王临终出命，“同诏太保奭、芮伯、彤伯、毕公、卫侯、毛公”等，见于《尚书·顾命》。《诗·大雅·桑柔·序》说：“《桑柔》，芮伯刺厉王也。”《逸周书》有《芮良夫篇》记芮良夫进谏周厉王。《史记·秦本纪》称秦缪公二十年“灭梁、芮”。《汉书·地理志》：“左冯翊临晋芮乡，故芮国。”《续汉书·郡国志》“左冯翊临晋有芮乡”，刘注：“古芮国。”《左传》桓公三年杜注：“芮国在左冯翊临晋县。”《水经注·河水》云：“河水自河北城南，东径芮城，……故芮也，……斯城亦或芮伯之故画（当是“疆”字之误）也。”《括地志》云：“南芮乡故城在同州朝邑县南三十里，又有北芮城，皆古芮伯国。”（《秦本纪》正义引）在今陕西朝邑县南三十里。芮国在周文王时已建立,《诗·大雅·绵》云:“虞芮质厥成,文王蹶厥生。”郑笺:“质,成也。成,平也。蹶,动也。”是说虞芮两国之间有矛盾,经文王调解而和解。

［丰(酆)］　西周姬姓封国,周文王之子所封国,在今陕西山阳。

《左传》僖公二十四年记富辰曰:酆,“文之昭也”。原为周文王子的封国。杜注:“酆国在始平鄠县东。”此说不确。丰为周初建都之地,不可能作为诸侯封邑。酆当为文王新攻克之地,《韩非子·难二》云:“昔者文王侵盂、克莒、举丰,三举事而纣恶之,文王乃惧,请入洛西之地。”丰当距洛西不远。《路史·国名纪己》有丰国,以为即后来楚的南乡析县之丰。按《左传》哀公四年记楚的“司马起丰、析与狄戎,以临上雒”,上雒即今陕西商县。杜注:“析南有丰乡”,在今陕西山阳,此地正当洛水之西南。

［毕］　西周姬姓封国,周文王之子所封,今陕西咸阳东北十里杜邮亭以北。

《尚书·顾命》记周成王临终出命,“乃同诏太保奭、芮伯、彤伯、毕公、卫侯、毛公”等。毕公即毕公高。《史记·魏世家》称:“毕公高与周同姓,武王之伐纣而高封于毕。”《汉书·刘向传》颜注引臣瓒曰:“《汲郡古文》:毕西于丰三十里。”西周时毕有两地。一在万年县西南。《括地志》谓周文王墓、周武王墓在雍州万年县西南毕原。(见《史记·周本纪》正义引)《元和郡县志》于万年县下云:“毕原在县西南二十八里,……周公薨,成王葬于毕是也。”另一在咸阳县北。《括地志》云:“周公墓在雍州咸阳北十三里毕原上。”(见《史记·鲁世家》正义引)《元和郡县志》于咸阳县下云:“毕原即县所理也。《左传》曰毕、原、酆、郇,文之昭也,即谓此地。原南北数十里,东西二三百里,无山川陂湖,井深五十丈,亦谓之毕陌,汉氏诸陵并在其上。”当以《元和郡县志》所说为是。毕之封国，在今咸阳市东北十里杜邮亭以北。

［虢］ 西周姬姓封国，［西虢］在今陕西宝鸡东虢镇，［东虢］在今河南荥阳，［北虢］在今河南三门峡市。

《左传》僖公五年记宫子奇曰："虢仲、虢叔，王季之穆也。"《左传》隐公元年记郑庄公曰："制，岩邑也，虢叔死焉。"杜注："虢叔，东虢君也"，"今荥阳县"。"西虢国也，弘农陕县东南有虢城"。《汉书·地理志》云："北虢在大阳，东虢在荥阳，西虢在雍州。"《帝王世纪》云："周兴，封虢仲于西虢，此虢州其地也。"（《太平寰宇记》卷六引）《水经注·河水》云："河南即陕城也"，"东城即虢邑之上阳也，虢仲之所都，为南虢"。《水经注·渭水》又云："（雍水）数源俱发于雍城故城南"，"《晋书地道记》以为西虢县，《太康地记》曰虢叔之国矣"。综合以上记载，可知虢仲封于西虢，在雍州，在今陕西凤翔县，即今陕西宝鸡以东虢镇。虢叔封于东虢，在荥阳，在今河南荥阳。又有北虢建都大阳，一作上阳，在今河南三门峡市。1955至1956年间考古工作者在三门峡市上村岭发现虢国墓地而进行发掘，出土有虢太子元徒戈、虢季氏子钕鬲等，此即北虢所在，详见"考古学专刊"《上村岭虢国墓地》。城虢仲簋出土于陕西凤翔，地近宝鸡，当即西虢所在。虢季子白盘清代道光年间宝鸡虢川司出土，可证西虢确在宝鸡。

［毛］ 西周王畿内姬姓封国，周文王之子所封，在今陕西岐山东南。

《左传》僖公二十四年记富辰所说，"毛"是"文之昭也"，是周文王之子封国。毛公曾为周成王、周康王的辅佐大臣，见于《尚书·顾命》和《逸周书·克殷篇》，又见于《穆天子传》和班簋铭文以及毛伯簋、毛公鼎等。《路史》说毛伯簋是刘敞得于扶风，陈介祺《毛公鼎拓本题记》又谓毛公鼎是清代道光末年出土于岐山，可知毛国当在陕西省扶风和岐山之间，今定在岐山县东南。毛国到春秋时东迁，《春秋》昭公二十六年“冬十月天王入于成周，尹氏、召伯、毛伯以王子朝奔楚”。顾栋高《春秋大事表》推定在河南宜阳县界。

［荣(焚)］　西周王畿内姬姓封国，在今陕西户县西。

荣，西周王畿内封国。金文作“焚”。康鼎、敔簋、辅师嫠簋有焚伯，郭沫若谓即荣夷公，见《辅师嫠簋考释》(《文史论集》第 329 页)。荣夷公，见《国语·周语上》，韦注：“荣，国名。”《书序》：“王俾荣伯，作贿肃慎之命。”(《史记·周本纪》同)西周中期有荣子旅鼎。此国至春秋时尚存，《春秋》文公五年：“王使荣叔归含，且赗。”

《国语·晋语四》载胥臣曰：文王“询于八虞而咨于二虢”，“重之以周、邵、毕、荣”。这样以周、召、毕、荣连称，当同样是王畿以内封国。郭沫若《周公簋释文》，根据卯簋谓：“荣氏之臣及其先世，既死嗣荣公室，又死嗣莽宫、莽人，则荣之封邑与丰京接壤可知。丰在长安鄠县东，荣由此推定，当在鄠县西。”(《金文丛考》第 305—306 页)1975 年 2 月陕西岐山县董家村西周铜器窖穴出土荣有司再鬲，可知荣确为封国，设有官职，因有“有司”之称。

［樊］　周宣王时姬姓封国，在今陕西长安东南南樊村。

仲山父为周宣王卿士，封邑在樊。《国语·周语上》称樊仲山父，又称樊穆仲。韦注：“仲山父，王卿士，食采于樊”，“穆仲，仲山父之谥”。《说文》：“䨣，京兆杜陵乡。”汉代是杜陵之乡，后来称为樊川，《水经注·渭水》谓沉水“上承皇子陂于樊川，其地即杜之樊乡也”。《路史·国名纪丙》云：“今京兆杜陵有樊乡、樊川，昔惠王使虢公伐樊，执仲皮者。”此误以春秋时周惠王使虢公所伐之樊在杜陵。雷学淇《竹书纪年义证》卷二五,以为樊始封之地当在杜陵,甚是。即在今长安县东南的南樊村。

［函］ 西周时王畿内姬姓封国,在今陕西西安西北。

函皇父诸器曾两次出土发现,初次在清同治年间,出有两簋一匜,著录于《攈古录金文》等书。第二次是1933年大批出土于陕西省扶风县康家村,据说有一百多件,其中有函皇父鼎二,盘一,函交仲簠一。函当为西周时王畿内的重要封国。王国维《玉溪生诗年谱会笺序》云:“函者,其国或氏。”(《观堂集林》卷二三)永盂铭有“函父”,当为同一国名。此国封于王畿,当为姬姓封国。

《三辅黄图》称汉长安城“西出北头第三门曰雍门,本名西城门,王莽改曰章义门,著谊亭,其水北入有函里,民名曰函里门”。北门西边有水,北入渭河,经过函里。函里在汉长安城雍门西北,沿城西之水北入渭河处。函里之名该沿袭函国而来。今推定函国在今陕西西安市西北渭河边。

［郑］ 周宣王时姬姓封国,在今陕西华县东。

《史记·郑世家》云:“郑桓公友者,周厉王少子而宣王庶弟也。宣王立二十二年友初封于郑。”《世本》云:“桓公居棫林,徙拾。”(《郑世家》索隐引)《汉书·地理志》:“京兆郑,周宣王弟郑桓公邑。”《说文》:“郑,京兆县,周厉王子所封。”《括地志》云:“郑故城在华州郑县西北三里,桓公友之邑,秦县之。”(《诗地理考》卷二、《通鉴地理通释》卷四引)又云:“郑,华州郑县也。《毛诗谱》云:郑国者,周畿内之地,宣王封其弟于棫林之地,是为郑桓公。”(《史记·秦本纪》正义引)可知郑即是棫林。《读史方舆纪要》谓“古郑城在华州东北二十五里,郑始封邑也”。在华县东二十里柳子镇的古遗址发掘,发现有西周遗物。(见《陕西华县柳子镇考古发掘简报》,《考古》1959 年第 2 期)今定在陕西华县东。

大鼎载:“唯六月初吉丁子(巳)王才(在)奠(郑)。”免尊载:“惟六月初吉王才(在)奠(郑),丁亥王格大室,井(邢)叔右免王蔑免历。”西周后期周王在郑建有行宫,王常来此。《古本竹书纪年》称懿王元年“天再旦于郑”(《开元占经》卷三引)。同时有大臣居于此地,传世有郑虢仲簋、郑邓伯鼎、郑井(邢)叔康鬲等,虢仲等人当因居郑而冠有郑的称号。

[莘] 西周姒姓之国,在今陕西郃阳东南莘里。

《诗·大雅·大明》云:“有命自天,命此文王,于周于京。缵女维莘,长子维行,笃生武王,保右命尔,燮伐大商。”此谓周文王继娶莘国的长女,生了武王,上帝保佑武王,命令武王伐商。郑笺:“莘,大姒之国。”莘为姒姓之国。《水经注·河水》云:“河水又径郃阳城东,……故有莘邑也,为太姒之国。《诗》云:在郃之阳,在渭之涘。又曰:缵女维莘,长子维行,谓此也。……水南犹有文母庙,庙前有碑,去城十五里,水即郃水也。”《括地志》云:“古㜪国城在同州河西县南二十里。”(《史记·周本纪》正义引)河西古城在今郃阳县东四十里。《郃阳县志》谓县东南有莘里即古莘国。《大清一统志》同。今定在郃阳东南三十里黄河边的莘里。

[彤] 西周时姒姓封国,战国时为邑名,在今陕西华县西南二十里。

周武王、周成王的辅佐卿士有彤伯,见《尚书·顾命》。彤,姒姓之国,见《世本》(《尚书·顾命》正义引)。《史记·夏本纪》谓姒姓之国有彤城氏,《索隐》:“按周有彤伯,盖彤城氏之后。”

彤又为战国时邑名。《资治通鉴》周显王十九年“秦魏遇于彤”，胡注：“彤，周伯所封之国，国于王畿之内。《史记·六国年表》：商君反，死彤地。则其地当在汉京兆郑县界。”按《史记·商君列传》作“杀之于郑黾池”，《集解》引徐广曰：“黾或作彭”，《索隐》：“按《盐铁论》云商君困于彭池故也。”当以作“彭”为是。“彤”和“彭”声近通用。《大清一统志》和《读史方舆纪要》都说彤在华州西南，《华州乡土志》又谓“即今彤村，距城二十里”。

［**褒**］ 西周姒姓封国，在今陕西勉县褒城东三里。

《史记·周本纪》：“幽王嬖爱褒姒。”《索隐》云：“褒，国名，夏同姓，姓姒氏。”《括地志》云：“褒国故城在梁州褒城县东二百步，古褒国也。”（《史记·周本纪》正义引）《水经注·沔水》：“褒水又南径褒县故城东，褒中县也，本褒国矣。”《读史方舆纪要》：“古褒国在今汉中褒城县东三里。”今定在陕西勉县褒城东三里。

［**夨**］ 西周姬姓之国，在今陕西宝鸡市境内。

1934至1937年间，北平研究院史学研究会发掘陕西宝鸡斗鸡台西周墓地，出土两件铜当卢，内壁有阳文“夨”字；1969年宝鸡上官村出土一批文物，其中有夨王簋；1970年在上官村相距二里的灵陇村又发现一批车马器，一件大铜泡内壁有阳文“夨”字，可知夨国当在宝鸡市境内。传世铜器有夨伯鬲、夨王方鼎、夨王卣等，夨王又见于散氏盘。这个夨国姬姓，传世有散伯簋，铭文云：“散伯作夨姬宝簋”，夨姬为散伯之妻。

［**申（西申）**］ 西周姜姓封国，在今甘肃天水、甘谷以西。

申，姜姓封国。《古本竹书纪年》云：“申侯、曾侯（“曾”原误作“鲁”，今改正）、许文公立平王于申。”又云：“平王奔西申而立伯盘为太子。”(《左传》昭公三十六年正义引)可知申又称西申。《逸周书·王会篇》谓“西申以凤鸟”,何秋涛《王会篇笺释》依据《山海经·西山经》有申山、上申之山、申首之山等,推定西申在今鄂尔多斯右翼前旗境。今按《史记·秦本纪》称秦的祖先大骆居犬丘,“申侯之女为大骆妻”,申侯自称“昔我先郦山之女,为戎胥轩妻(胥轩,亦是秦祖先)”,“申、骆重婚,西戎皆服”,可知西申当与犬丘相近。犬丘有两处,此为西犬丘,即汉代陇西郡的西县。《括地志》云:“秦州上邽县西南九十里,汉陇西西县也。”《水经注·漾水》谓西汉水“东南流径西县故城北,秦庄公伐西戎破之,周宣王与其先大骆犬丘之地为西垂大夫”。西犬丘在今甘肃省天水市西南,西申当在今甘肃天水、甘谷以西地区。

［**戏**］ 西周时姜姓封国,在今陕西临潼东戏水附近。

“戏”见西周中期戏伯鬲,此鬲有同铭的两器,一藏上海博物馆,一藏日本泉屋博物馆。《路史·国名纪》称古之戏国有二,一为炎帝之后姜姓之国,其地在陕西省临潼县东戏水附近的戏亭;另一为商世侯伯,即武王克商时命吕他所伐之越戏方,后为郑国之地,即鲁襄公九年“同盟于戏”之戏,在今河南省登封县嵩山之北。今按武王攻取越戏方之后,未必另封新国,当以在临潼县东之姜姓封国为是。皇甫谧《帝王世纪》云:“戏,今京兆新丰东二十里戏亭是也。”(《左传》昭公二十六年正义、《毛诗王风谱·正义》所引)

［**梁**］ 西周嬴姓封国,在今陕西韩城南二十里。

梁,西周嬴姓封国,春秋时尚在,《左传》僖公十九年载:“梁亡”,谓“梁伯好土功,亟城而弗处,民罢而弗堪,则曰某寇将至。乃沟公宫,曰秦将袭我,民惧而溃,秦遂取梁”,即《秦本纪》所说“穆公二十年灭梁、芮”。梁国，嬴姓。《左传》僖公十七年云：“惠公之在梁也，梁伯妻之，梁嬴孕，过期。”《左传》桓公九年杜注：“梁国在左冯翊夏阳县。”夏阳古称少梁，有梁山。《括地志》云：“同州韩城县南二十二里少梁故城，古少梁国。《都城记》云：梁伯国，嬴姓之后，与秦同祖。”(《史记·秦本纪》正义引)《后汉书·梁统传》注引《东观汉记》云：“其先与秦同祖，出于伯益，别封于梁。”传世有梁伯戈，短胡而无穿，西周时器，铭文述及鬼方。王国维《鬼方昆夷玁狁考》认为梁的北边接近鬼方。《大清一统志》谓“少梁故城在韩城县南二十里芝川镇”，在今陕西韩城南二十里。

［杜］　西周祁姓封国，在今陕西西安市东南。

《国语·周语上》谓周宣王时“杜伯射王于鄗”。《墨子·明鬼下》云：“周宣王杀其臣杜伯。”《汉书·地理志》：“京兆尹杜陵，故杜伯国。”《水经注·渭水》云：“泬水又西北径下杜城，即杜伯国也。”《括地志》云：“下杜故城在雍州长安县东南九里，古杜伯国。”(《史记·秦本纪》正义引)《长安志》谓下杜城为杜伯所筑，汉宣帝修其东为陵，设杜陵县，而更名杜伯所筑城为下杜。今定在陕西西安市东南。传世铜器有西周晚期的杜伯盨、杜伯鬲等。杜，祁姓。《左传》文公六年“杜祁以君故，让偪姞而上之”，可知杜为祁姓。杜伯盨1894年出土于陕西省韩城、澄城交界处。杜伯鬲铭文“杜白(伯)乍(作)叔嫞尊鬲”，“叔”下一字当读作“祁”，此为杜伯嫁女之媵器。

［強］　西周巴蜀的一支所建小国，在今陕西宝鸡市茹家庄、竹园沟及纸坊头之间。茹家庄是其中心所在。

1974年以后，宝鸡市茹家庄、竹园沟发现弶国墓地，出土大量西周青铜器，有出土七鼎三簋的，六鼎五簋的，以及三鼎二簋的。1975

年4月茹家庄一号墓出土有弜伯甗、簋、羊尊等。“弜”为“渔”的别体,从“鱼”从“弓”,因为当时流行用弓射鱼的捕鱼方式。所出土近两百件兵器中,戈有一百二十四件,大多为“蜀式”,无胡或短胡、直内、三角援,十三件短剑是“巴式”,可知弜国是巴蜀的一支。详见考古报告《宝鸡弜国墓地》,文物出版社1988年版。

[散] 西周时王畿内封国,今陕西宝鸡和扶风之间。

散为王畿内封国,见于散氏盘、散伯卣、散伯簋等。周厉王曾以邢邑一部分赏给善夫尧,见大克鼎。邢邑又曾为散氏所有,见散氏盘。王国维《散氏盘跋》云:“克鼎出处在宝鸡县南之渭水南岸,此地既为克之故虚,则散之故虚必距此不远。因知散氏者,即《水经注·渭水》大散关、大散岭之散。”(《观堂集林》卷十八)按大克鼎乃清光绪十六年出土于岐山县法门寺任村(《贞松堂集古遗文》卷三第三十五页)。今按散伯簋等五件传是光绪年间凤翔县出土,散伯车父鼎、簋、壶等器是1960年扶风县召陈村出土,散与夨曾有划界之协定见于散氏盘,夨王簋等器出土于宝鸡市境内,可知散国当介于宝鸡、扶风二县之间。

[弭] 西周王畿附近封国,在今陕西蓝田西南。

弭见于弭叔簋和弭伯簋,弭叔簋是1959年出土于陕西蓝田县南约五里的寺坡村,弭伯簋是1963年出土于蓝田县东南三十里的辋川河东岸,可知弭的封国当在蓝田附近。弭伯簋记载周王赏赐师耤许多礼物,弭伯因而制作此簋,可知师耤即是弭伯,弭即师耤的封国。弭叔簋记载周王赏赐师宗礼物“用楚(胥)弭伯”,弭叔因而制作此簋,可知师宗即是弭叔,弭又即师宗的封国。考蓝田有浧水,《水经注·渭水》称霸水出蓝田县蓝田谷,“西流入浧水,浧水又西径峣关,北历峣柳城，东西有二城，魏置青坚军于城内，世亦谓之青坚城也”。宋敏求《长安志》谓青坚城在蓝田县南七里。“弭”与“坚”声近，可能出于古今地名的变迁，今推定弭在蓝田县西南。

［微］［眉］ 商末西周时小国，在今陕西郿县西南。

微为随从周武王伐纣的八国之一，见于《尚书·牧誓》。西周王朝设有官职名“微”，以监督之。《尚书·立政》在列举当时所立官职末尾，述及“夷、微、卢、烝、三亳、阪尹”。沈蔡《集传》谓“此王官之监于诸侯四夷者也”。王国维《散氏盘考释》依据盘铭夨以眉田与散，以为其地在夨、散二国间，“度其地望，乃在汉郿县西南，由渭南跨南山，当为周初微之本国，比作此盘时已无微国，其人亦为夨散二国役属矣”。王氏又谓“古眉微二字通用，《少牢馈食礼》眉寿万年，古文眉为微，《春秋左氏传》庄公八年筑郿，《公》、《穀》二传作筑微”。此说甚是。

乖伯簋载：“王命益公征眉敖”，杨树达《积微居金文说》以为眉即《牧誓》之微，“敖”是当时对国君的一种称呼。若此说可信，西周恭王时眉国尚存在，因不服从周而被征伐。

［同］［井(邢)］ 西周康王时执政大臣的封国，在今陕西宝鸡市附近。

周康王时的小臣宅簋称“五月壬辰，同公才丰”。沈子它簋称“休同公克成，妥吾考以于显显受令”。同公为封于同邑之执政大臣。散氏盘记载夨国给与散国田地的事，详细记载了这块田地的封疆，在“自根木道左至于井(邢)邑封”，又记及“降以南，封于同道”，说明同邑正在邢邑之南。散氏盘出土于陕西省凤翔县，1974 年 5 月宝鸡县贾村发现夨王簋盖，1983 年 1 月贾村又出土夨剩盨，宝鸡斗鸡台西周墓又曾出土“矢”字的当卢，可知矢国在今宝鸡一带。同邑与邢邑当即在宝鸡附近。

［**犬丘（西犬丘）**］　秦始封之邑，在今甘肃礼县东北。

《史记·秦本纪》称秦之祖先“大骆生非子”，“非子居犬丘”，周厉王时“西戎反王室，灭犬丘大骆之族，周宣王即位，乃以秦仲为大夫，诛西戎，西戎杀秦仲”，“（秦仲）有子五人，其长者曰庄公，周宣王乃召庄公昆弟五人，与兵七千人，使伐西戎，破之。于是复予秦仲后，及其先大骆地犬丘并有之，为西垂大夫”。犬丘，《集解》引徐广曰：“今槐里也。”《正义》引《括地志》云：“犬丘故城一名槐里，亦曰废丘，在雍州始平县东南十里。”王国维《秦郡考》谓“大骆与孝王同时，槐里之犬丘不容为大骆所有，庄公以其先大骆地犬丘为西垂大夫。若在槐里，尚在雍岐之东，不得云西垂，其后文公居汧渭之间，宁公居平阳，德公居雍，皆在槐里以西，无缘大骆。庄公之时已居槐里。《秦本纪》云庄公居其故西犬丘，实对东犬丘之槐里而言，犬丘与西垂本为一地，《秦本纪》文公元年居西垂宫，《水经注·漾水》以汉陇西郡之西县当之，其地距秦亭不远”。

今案王说是。《水经注·漾水》于西县故城下云：“秦庄公伐西戎破之，周宣王与其先大骆犬丘之地为西垂大夫，亦西垂宫也，王莽之西治矣。”《括地志》已明言西县即秦始封之地。《括地志》云：“秦州上邽县西南九十里，汉陇西西县是也。”（《秦本纪》正义引，《绛侯周勃世家》正义所引亦同）又云：“秦州，古西戎之地，秦始封之邑，秦州上邽县西南九十里是也。”（《诗地理考》卷二引）在今甘肃省礼县东北。

［**秦**］　秦人为周孝王作为附庸时所居地，在今甘肃省。

《史记·秦本纪》载周孝王曰：“昔伯翳为舜主畜，畜多息，故有土，赐姓嬴。今其后世亦为朕息马，朕其分土为附庸，邑之秦。”《世本》亦云：“秦非子始封于秦。”（《太平御览》卷一五五引）《史记·秦本纪》集解引徐广曰：“今天水陇西县秦亭也。”《正义》引《括地志》云：“秦州清水县本名秦，嬴姓邑。《十三州志》云秦亭，秦谷是也。”《水经注·渭水》云：“清水又径清水城南，又西与秦水合，水出东北大陇山秦谷，二源双导，历三泉，合成一水，西历秦川，川故有秦亭，秦仲所封也，秦之为号始自是矣。”在今甘肃张家川东上磨里附近。

［丰］　西戎之君所建国，在丰水西岸。

《史记·秦本纪》载：“襄公元年以女弟缪嬴为丰王妻，襄公二年戎围犬丘，世父击之，为戎人所虏，岁余复归世父。”襄公元年当周幽王五年，可知西周时犬丘附近有丰王，当是西戎之君自称为王。《路史·国名纪》称丰国“地盖在丰水之西，一作酆”。传世有丰王斧与丰王铜泡等，从丰王斧的形制与铭文看来，当是西周晚期制作，当是西戎之君所制作。

［姜氏之戎］［申戎］［吕王］　“申戎”和“吕王”当为姜氏之戎的分支，都在今甘肃省的东部地区。

《国语·周语上》称周宣王三十九年“战于千亩，王师败绩于姜氏之戎”。《古本竹书纪年》又谓周宣王三十九年“王征申戎破之”（《后汉书·西羌传》注引），申戎当是姜氏之戎的一支，申原为姜姓。此年周宣王虽攻破申戎，却被姜氏之戎所打败。《史记·赵世家》也述及此事，说造父六世孙奄父从周宣王“伐戎为御，及千亩战，奄父脱宣王”。《正义》引《括地志》云：“千亩原在晋州岳阳县北九十里也。”董增龄《国语正义》评论说：“《诗疏》（指《诗经》孔颖达《正义》）引孔晁《国语注》宣王不耕籍田，神怒民困为戎所伐，战于近郊，则晁意天子籍田千亩，还在籍田而战，则千亩在王之近郊，非是晋地。”今按姜氏之戎当在今甘肃省东部地区，申戎当为姜氏之戎的一支。传世有吕王鬲和吕王壶，这个自称为王的吕，不可能是在今河南南阳一带的吕国，当是姜氏之戎的另一支。

［**陆浑戎（允姓之戎）**］ 西周春秋时部族名，在今陕西省太白山区以北、渭河以南地区。

姜戎氏一名允姓之戎，又称陆浑之戎，原居瓜州，因被秦迫逐而迁居晋南。《左传》昭公九年詹桓伯谓：“允姓之奸居于瓜州”，为晋“惠公归自秦而诱以来”。《左传》襄公十四年范宣子谓：“姜戎氏，昔秦人迫逐乃祖吾离于瓜州。”《左传》僖公二十二年：“秦晋迁陆浑之戎于伊川。”

《汉书·地理志》敦煌下引“杜林以为古瓜州，地生美瓜”。《左传》襄公十四年杜注：“瓜州地在今敦煌。”据顾颉刚考证，瓜州之戎本在渭水以南，终南山以上，见所著《史林杂识初编》“瓜州”条。今从之。

［**密（密须）**］ 西周时国名，在今甘肃灵台县西五十里。

密，一作密须，姞姓之国，为周文王所灭。《世本》：“密须，商时姞姓之国。”（《通志·氏族略二》引）《诗·大雅·皇矣》：“密人不恭，敢距大邦。”《史记·周本纪》称文王“明年伐犬戎，明年伐密须”。《左传》昭公十五年记周景王曰：“密须之鼓与其大路，文所以大蒐也。”《国语·周语中》记富辰曰：“密须由伯姞”，韦注：“伯姞，密须之女。”

周灭密须之后，曾以封同姓，到周恭王时，又为王所灭。《国语·周语上》载：“恭王游于泾上，密康公从之，有三女奔之，……康公不献。一年王灭密。”韦注：“康公，密国之君，姬姓也。”《史记·周本纪》同。

《汉书·地理志》"安定郡阴密,《诗》密人国"。《左传》昭公十五年杜注同。《国语·周语上》韦注:"密,今安定阴密是也。近泾。"《括地志》云:"阴密故城在泾州鹑觚县西,其东接县城,即古密国。"(《史记·周本纪》正义引)乾隆《甘肃通志》卷二二泾州灵台县"古迹",阴密故城在县西五十里,即今百里镇,在今甘肃灵台县西五十里百里。

[翟、白狄] 翟,西周时部族名,春秋时称为白翟,在今陕西延长、宜川一带。

《国语·郑语》记周幽王时史伯说:"当成周者,北有燕、卫、狄、鲜虞、潞、洛、泉、徐、蒲。"韦注:"狄,北狄也。鲜虞,姬姓在狄者也。"此所谓"狄",当指白狄;鲜虞乃白狄的别支。

《左传》成公十三年吕相绝秦曰:"白狄及君同州。"可知白狄当在河西。《春秋》僖公三十三年:"晋人败狄于箕。"杜注:"太原阳邑县南有箕城。"《左传》僖公三十三年:"狄伐晋,及箕。八月戊子,晋侯败狄于箕,郤缺获白狄子。"杜注:"白狄,狄别种也,故西河郡有白部胡。"按杜预以为箕在太原阳邑县,不确。江永《春秋地理考实》谓:"今山西隰州蒲县,本汉河东郡蒲子县地,东北有箕城。"据此,白狄当在今陕西延长、宜川一带。

[郦山氏] 商、西周部族,在今陕西临潼南骊山一带。

《史记·秦本纪》记申侯曰:"昔我先,郦山之女,为戎胥轩妻,生中潏,以亲故归周,保西垂。"《汉书·律历志》记张寿王谓"骊山女亦为天子,在殷周间"。

骊山氏因依据骊山而得名,旧说即骊戎。《史记·周本纪》谓闳夭之徒"求有莘氏美女、骊戎之文马"献纣。《续汉书·郡国志》:"新丰，古骊戎国。”《水经注·渭水》谓戏水“出丽山冯公谷，东北流又径丽戎城东”。《括地志》：“骊戎故城在雍州新丰县南十六里，殷周时骊戎国城也。”(《史记·周本纪》正义引)骊戎到春秋时已迁到晋东。今定在陕西临潼南骊山一带。

在今山西地区的列国分布

[唐]　西周晋的国都，在今山西翼城西北二十里唐城。

唐，夏商时国名。周成王灭唐，封叔虞于唐，成为晋的国都。《左传》昭公元年记子产曰：“昔高辛氏有二子，……季曰实沈，……迁实沈于大夏，主参，唐人是因，以服事夏、商，其季世曰唐叔虞。……及成王灭唐而封大叔焉。”《史记·晋世家》云：“武王崩，成王立，唐有乱，周公诛灭唐，……于是遂封叔虞于唐，唐居河、汾之东，方百里，故曰唐叔虞，姓姬氏，字子于。”《正义》引《括地志》云：“故唐城在绛州翼城县西二十里。”《元和郡县志》同。

《左传》昭公元年杜预注：“大夏，今晋阳县”，而服虔谓“大夏在汾、浍之间”(见《正义》所引)。顾炎武《日知录》卷二一“唐”条，以为“当以服氏之说为信”。《括地志》云：“故唐城在绛州翼城县西二十里。”(《史记·晋世家》正义所引)唐之翼城在今县东南故城，唐城在其西北二十里。

[绛(翼)]　西周春秋时晋之国都，在今山西翼城东南十五里故城。

周宣王时晋穆侯由曲沃迁都于绛。《水经注·浍水》云：“按《诗谱》(郑玄《诗唐风谱》)言，晋穆侯迁都于绛，暨孙孝侯改绛为翼，翼为晋之旧都也。后献公北广其城，方二里，又命之为绛，故司马迁《史记》年表称献公九年始城绛都。《左传》庄公二十六年晋士蒍城绛，以深其宫是也。”《晋世家》云：“昭候元年封文侯弟成师于曲沃，曲沃大于翼，翼，晋君都邑也。”《索隐》云：“平阳绛邑县东翼城是也。”《续汉书·郡国志》：“河东郡绛邑有翼城。”刘注引杜预曰：“在县东八十里。”《元和郡县志》于绛州翼城县下云：“故翼城在县东南十五里，晋故绛都也。”今定在山西翼城东南十五里故城。

［**曲沃**］ 西周时晋之国都，在今山西闻喜东北二十里。

《汉书·地理志》：“闻喜故曲沃，晋成侯自晋阳徙此。”案周成王封叔虞于唐，三世至成侯南徙曲沃。在今山西闻喜东北二十里。

［**鄂**］ 晋国始祖唐叔虞曾居此。在今山西乡宁。

《世本》谓唐叔虞“居鄂”，宋注：“鄂地今在大夏。”（《史记·晋世家》集解引）《左传》隐公六年载：“翼九宗五正顷父之子嘉父逆晋侯于随，晋人谓之鄂侯。”杜注：“鄂，晋别邑。”《晋世家》正义云：“《括地志》云：故鄂城在慈州昌宁县东二里。按与绛州夏县相近，禹都安邑，故城在县东北十五里，故云在大夏也。”《大清一统志》谓鄂城“在乡宁县南一里，今之鄂侯古垒”。今定在山西乡宁。

［**虞**］ 西周春秋时姬姓封国，在今山西平陆东北五十里。

周大王之子虞仲封于虞。《左传》僖公五年“晋侯复假道于虞以伐虢”，宫之奇谏曰：“太伯、虞仲，大王之昭也，大王不从，是以不嗣。”《汉书·地理志》：“河东郡大阳，吴山在西，上有吴城，周武王封太伯后于此，是为虞公。”《水经注·河水》云：“河水又东，沙涧水注之，水北有虞山”，“有东西绝涧”，“谓之軨桥也”，“桥之东北有虞原，原上道东有虞地”，“周武王封太伯之后虞仲于此”。《春秋释例》：“虞，河东大阳县东北吴城。”按“虞”字从“吴”声，虞、吴音同，古常通用。《括地志》云:“故虞城在陕州河北县东北五十里虞山之上,古虞国也。”(《史记·周本纪》正义引)《元和郡县志》陕州平陆县下云:“故虞城在县东北五十里虞山之上。”今定在平陆东北五十里山上。西周晚期有虞侯政壶,传为山西黎城出土。

［**霍**］　西周时姬姓封国,武王弟所封国。在今山西霍县西南十六里。

西周初年武王封其弟叔处于霍。《世本》谓:周武王“封弟处于霍”(《史记·三代世表》索隐引)。《史记·管蔡世家》也说:“封叔处于霍。”可知周克殷前,已有地名霍。《殷虚书契续编》第三卷第三十一页第四片、《殷契佚存》第五五九片和《殷契摭佚续编》第一四一片有地名霍,与地名望相近。李学勤《殷代地理简论》谓即叔处所封之霍。

霍乃因霍太山而得名。《左传》闵公元年:“晋侯作二军,……以灭耿、灭霍。”杜注:“永安县东北有霍太山。”《史记·赵世家》谓晋献公伐霍,“霍公求奔齐,晋大旱,卜之曰:霍太山为祟,使赵夙召霍君于齐,复之以奉霍太山。”《水经注·汾水》谓“汾水又南径霍城东,故霍国也”。霍城在今霍县西南十六里。

［**魏**］　西周时姬姓封国,在今山西芮城北五里古城址。

《左传》昭公九年载:“王使詹桓伯辞于晋曰:我自夏以后稷,魏、骀、芮、岐、毕,吾西土也。”《国语·郑语》记周幽王时史伯曰:“当成周者,……西有虞、虢、晋、隗、霍、杨、魏、芮。”韦注:“八国姬姓也。”《诗经》有《魏风》。鲁闵公元年为晋献公所灭,作为毕万封邑。《汉书·地理志》河东郡河北,“《诗》魏国”。《史记·魏世家》正义云:“魏城在陕州芮城县北五里。”《元和郡县志》谓故魏城在芮城县东北五里。

《太平寰宇记》云:"其城周回八里,年代绵远,遗址犹存。"至今遗址仍留存,见《文物》1962年第4、5期陶正刚、叶守明《古魏城和禹王故城调查简报》。

［韩］　西周时姬姓封国,武王之子所封,在今山西河津东汾河以北。

《左传》僖公二十四年记富辰谓韩"武之穆也"。《诗·大雅·韩奕》记载韩侯"入觐"而"受命"的事。春秋前,韩为晋所兼并,成为晋邑,后来晋以此封大夫韩万。《春秋》僖公十五年"晋侯及秦伯战于韩",即在此地。

韩的地望,旧有河西、河北、河东三说。河西说见于《括地志》。《括地志》云:"韩原在同州韩城县西南十八里,故古韩国也。《古今地名》云韩武子食采于韩原故城也。"(《史记·韩世家》正义引)此说顾炎武已驳斥,认为"晋侯及秦伯战于韩,上言涉河,下言及韩,又曰寇深矣,是韩在河东,非今之韩城也"(《日知录》卷三"韩城"条)。河北说见于《水经注》。《水经注·圣水》云:"圣水又东南径韩城东,……郑玄曰:周封韩侯,居韩城为侯伯,言为猃夷所逼,稍东迁也。"此说出于误会,因见《韩奕》所说"溥彼韩城,燕师所完",误以为韩近北燕。此说俞正燮已驳斥,认为《韩奕》所说的"燕"不是北燕而是姞姓的南燕,《韩奕》云"韩侯取妻","为韩姞相攸",足以证明,详见《癸巳类稿》卷二《韩奕燕师义》。《左传》僖公二十四年杜注:"韩国在河东郡界",此说甚确。江永《春秋地理考实》根据鲁僖公十五年秦晋战况推定在今山西省河津、万泉之间,今推定在河津东,汾河以北。详见拙作《韩侯所在地望考》,附录于《西周春秋时代对东方和北方的开发》,刊《中华文史论丛》1982年第4期,后来又编入《西周史》一书中。

［贾(贮)］ 西周时姬姓封国，在今山西襄汾西南。

《左传》桓公九年“秋，虢仲、芮伯、梁伯、荀侯、贾伯伐曲沃”。《元和姓纂》三十五马韵谓周康王封唐叔虞少子公明于此。《通志·氏族略》亦谓康王封唐叔虞少子公明于此。同州有贾城即其地。或言河东临汾有贾乡是也，为晋所灭，子孙以国为氏。晋既并贾，遂以为邑，故晋之公族狐偃之子射姑食邑于贾，谓之贾季，其后则以邑为氏。所说河东临汾有贾乡，当在今山西襄汾西南汾水西岸。顾栋高《春秋大事表》定在今陕西蒲城西南贾城，不确。1974年山西闻喜县上郭村出土贮子匜与荀侯匜。“贮”与“贾”声同通假，贾国本与荀国相邻。

［耿］ 商代国都名，西周、春秋时代姬姓封国，在今山西河津东南十二里。

《史记·殷本纪》称“祖乙居于邢”，《索隐》云：“邢音耿，近代本亦作耿，今河东皮氏县有耿城。”春秋初期此地为姬姓之封国，为晋所灭。姬姓封国可能是西周时所分封。《左传》闵公元年“晋侯作二军”，“以灭耿、灭霍、灭魏”。杜注：“平阳皮氏县东南有耿乡”，三国皆姬姓”。《汉书·地理志》：“河东郡皮氏耿乡，故耿国。”《括地志》云：“故耿城，今名耿仓城，在绛州龙门县东南十二里，故耿国也。《都城记》云：耿，嬴姓国。”(《史记·殷本纪》正义引)《元和郡县志》绛州龙门县下云：“故耿城在县南十二里，古耿国也。”即今山西河津东南十二里。

［杨］ 西周春秋姬姓之国，在今山西洪洞东南。

《国语·郑语》载周幽王时，史伯曰：“当成周者，西有虞、虢、晋、隗、霍、杨、魏、芮。”韦注：“八国姬姓也。”《汉书·扬雄传》称：“其先出自有周伯侨者，以支庶初食采于晋之杨，因氏焉，不知伯侨周何别也。”颜注：“别谓分系绪也。”又说：“杨在河汾之间。”颜注引应劭曰：“杨，今河东杨县。”《汉书·地理志》“河东郡杨县”，颜注引应劭曰：“杨，侯国。”《太平寰宇记》晋州洪洞县下云：“故杨城，春秋时杨国，汉阳县城也，在县东南十八里。”今山西洪洞东南范村东有古城址，见《考古》1963年第10期《山西洪洞县古城址调查》。

［郇］ 西周春秋姬姓封国，在今山西临猗西南四里。

郇，周文王所封国。《诗·曹风·下泉》：“郇伯劳之。”《左传》僖公二十四年记富辰曰：“郇，文（文王）之昭也。”《水经注·涑水》云：“涑水又西径郇城，《诗》云郇伯劳之，盖其故国也。杜元凯《春秋释地》云：今解县西北有郇城。服虔曰：郇国在解县东，郇瑕氏之墟也。……今解故城东北二十四里有故城，在猗氏故城西北，乡俗名之为郇城，考服虔之说又与俗符，贤于杜氏单文孤证也。”《括地志》云：“故郇城在蒲州猗氏县西南四里。”（《诗地理考》卷二“郇伯”条引）《元和郡县志》同。即在今山西临猗西南四里。

［荀］［郇瑕氏］ 西周春秋国名，在今山西新绛东北。

《左传》桓公九年：“虢仲、芮伯、梁伯、荀侯、贾伯伐曲沃。”《汉书·地理志》引《汲郡古文》：“晋武公灭荀以赐大夫原氏黯，是为荀叔。”《水经注·汾水》云：“古水又西径荀城东，是古荀国也。《汲郡古文》：晋武公灭荀以赐大夫原氏也。”荀在今山西新绛县东北二十里临汾故城。《左传》成公六年“晋人谋去故绛，诸大夫皆曰：必居郇瑕氏之地，沃饶而近盬，国利君乐，不可失也”。杜注：“郇瑕，古国名。河东解县西北有郇城。”江永《春秋地理考实》云：“郇、瑕二邑皆在解，故曰郇瑕氏，杜以为一国，非也。郇瑕氏，盖先都于瑕，迁于郇，因而得名，犹如句须因先都于句，后迁于须而得名。”《续汉书·郡国志》河东郡解县有瑕城,《水经注·涑水》:“涑水又西南径瑕城,……京相璠曰:今河东解县西南五里有瑕城。”按此瑕城在今临猗县西南、临晋东南。

案荀在今山西新绛县东北,郇又在山西临猗县西南,瑕亦在临猗县西南,地理位置相近,当是先后迁居的关系,不可能名称相同之国家同时在附近存在。1961年10月陕西长安张家坡出土筍侯盘,传世有筍伯大父盘(现藏上海博物馆)。“筍”当是此国之原名,“荀”、“郇”都是同音通假。

［**赵**］　赵的祖先造父封邑,嬴姓,在今山西洪洞北赵城东北三里。

《史记·秦本纪》:“缪王以赵城封造父。”《赵世家》:“造父幸于周缪王”,“缪王使造父御,西巡狩见西王母,乐而忘归,……乃赐造父以赵城,由此为赵氏”。《集解》引徐广曰:“赵城在河东永安县。”《正义》引《括地志》云:“赵城,今晋州赵城县是,本彘县地,后改曰永安,即造父之邑也。”《读史方舆纪要》卷四一谓“今赵城县北三里有赵简子城,隋置县于此,今古城遗址尚存”。古赵城遗址在今山西洪洞县北赵城东北三里,汾水东岸。

［**蒲**］　西周赤狄之国,在今山西隰县北。

《国语·郑语》记周幽王时史伯曰:“当成周者,北有卫、燕、狄、鲜虞、潞、洛、泉、徐、蒲”。韦注:“潞、洛、泉、徐、蒲,皆赤狄隗姓也”。《路史·国名纪丁》谓有虞氏后有蒲国,在蒲津关。董增龄《国语正义》以为即“《汉书·地理志》河东郡蒲子县,应劭曰故蒲反旧邑,武帝置,师古曰重耳所居也”。

考殷墟卜辞有“甫”,与“雀”相近,见《殷虚文字甲编》第一七九片和《库方二氏所藏甲骨卜辞》第九八七片，又与缶相近，见日本京都大学所藏甲骨第三一一二片。日本学者岛邦男《殷墟卜辞研究》，定在今山西蒲县附近，可能即西周蒲国所在地。

春秋时晋国有蒲邑，战国时魏国有蒲阳，《史记·秦始皇本纪》九年“攻魏垣、蒲阳”。《正义》引《括地志》：“蒲邑故城在隰州县北四十五里，在蒲水之北，故曰蒲阳，即晋公子重耳所居邑也。”今据此推定西周之蒲，在今山西隰县北。

［洛］ 西周时赤狄之国，春秋时称东山皋落氏，在今山西昔阳东南皋落镇和垣曲东南皋落镇。

《国语·郑语》记周幽王时史伯曰：“当成周者，北有卫、燕、狄、鲜虞、潞、洛、泉、徐、蒲”，韦注：“潞、洛、泉、徐、蒲，皆赤狄，隗姓也。”董增龄《国语正义》云：“洛即雒，宣公十五年晋侯治兵于稷，以略狄土，立黎侯而还，及雒，魏颗败秦师于辅氏，杜注：雒，晋地，盖洛本翟地，后归于晋。《史记·匈奴列传》晋文公攘戎翟，居于河西圁、洛之间是也。”今按此说不确。洛乃西周时赤狄一部落名，并非地名。《通志·氏族略二》引《风俗通》云：“落氏本皋落氏，翟国也，此赤狄别种。”秦嘉谟《世本辑补》以为洛即落氏，亦即皋落氏。此说可信。春秋时或称为皋落狄，《国语·晋语一》记骊姬曰：“以皋落翟之朝夕苛我边邑”，韦注：“皋落，东山翟”。《水经注·河水》于河水“又东过平阴县北，清水从西北来注之”下云：“清水出清廉山之西岭，……东流径皋落城北，服虔曰赤翟之都也，世谓之倚亳城，盖读声近转，因失实也，《春秋左氏传》所谓晋侯使太子申生伐东山皋落氏也。”今山西垣曲东南有皋落镇，山西昔阳东南七十里又有皋落镇，当即皋落氏曾居留之地。

［潞］ 西周春秋时赤狄所建国，在今山西潞城东北四十里。

《国语·郑语》记周幽王时史伯曰："当成周者，北有卫、燕、狄、鲜虞、潞、洛、泉、徐、蒲"，韦注："潞、洛、泉、徐、蒲，皆赤狄隗姓也。"《春秋》宣公十五年六月癸卯"晋师灭赤狄潞氏"。《汉书·地理志》："上党郡潞，故潞子国。"潞盖以居潞水流域而得名。《水经注·浊漳水》于潞县下云："县故赤翟潞子国也。……阚骃曰：有潞水为冀州浸，即漳水也"，"县北对故台壁，漳水径其南，本潞子所立也，世名之为台壁"。董增龄《国语正义》云："《左传》哀公四年杜注：潞县东有壶口关。《上党记》曰：潞，浊漳也，县城临潞。案今山西潞安府潞城县即其地，县东北四十里有故潞城。"今从之。

［泉］ 西周赤狄之国，在今山西长子。

《国语·郑语》记周幽王时史伯所说成周之北有潞、洛、泉、徐、蒲等国，韦昭注："皆赤狄隗姓也。"董增龄《国语正义》云："泉即前，昭公二十二年传司徒醜以王师败绩于前城，孔疏引服虔注，前读为泉，即泉戎地，在伊阙南，《水经注·伊水》伊水自新城又北经泉亭西，是泉即前也。"此说不确。泉是赤狄的一支，不可能就在中原的伊水流域。西周时这些赤狄之国，分布于浊漳水的发源地区。《水经注·浊漳水》云："浊漳水出上党长子县西发鸠山"，又说："左则阳泉水注之，右则伞盖水入焉，三源同出一山，但以南北为别耳。"泉国当即在阳泉水流域。今推定在今山西长子县。

［徐］［余无之戎］ 在今山西屯留西北余吾镇。

《国语·郑语》记周幽王时史伯曰："当成周者，北有卫、燕、狄、鲜虞、潞、洛、泉、徐、蒲"，韦注："潞、洛、泉、徐、蒲，皆赤狄隗姓也。"这个"徐"是赤狄，当即余无之戎。《古本竹书纪年》："太丁四年，周人伐余无之戎，克之。”（《后汉书·西羌传》注所引）“余”、“徐”音同通用。徐文靖《竹书纪年统笺》谓余无之戎即余吾及无皋二戎。今按古无无皋之戎。春秋时有茅戎及徐吾氏，《春秋》成公元年“王师败绩于茅戎”，《左传》云：“遂伐茅戎，三月癸未败绩于徐吾氏。”当时茅戎及徐吾氏当离京都洛阳不远，当即阴戎（或称伊洛阴戎），或称扬拒、泉皋、伊洛之戎。《路史·国名纪》称徐吾氏“今潞之屯留西北三十里有故汉余吾城”。《汉书·地理志》上党郡有余吾县，即今山西屯留西北余吾镇，当是徐吾氏原先所在地。

[燕、燕京、燕京戎] 商、西周地名及部族名，在今山西祁县、静乐间。

《古本竹书纪年》：“太丁二年周人伐燕京之戎，周师大败。”（《后汉书·西羌传》注所引）雷学淇《竹书纪年义证》、徐文靖《竹书纪年统笺》皆谓燕京即是燕京山。《淮南子·坠形训》：“汾出燕京”，高注：“燕京，山名也，在太原汾阳。”《水经注·汾水》云：“汾水出太原汾阳县北管涔之山，《十三州志》曰：出武州之燕京山，亦管涔之异名也。”《尔雅·释地》：“燕有昭余祁”，郭注：“今太原邬陵县北九泽是也。”这个“燕”即是燕京。《国语·郑语》记周幽王时史伯曰：“当成周者，北有卫、燕、狄、鲜虞、潞、洛、泉、徐、蒲”，韦注：“潞、洛、泉、徐、蒲，皆赤狄隗姓也。”这个与狄、鲜虞、潞等连称的燕，即指燕京而言。《尔雅·释地》称“燕有昭余祁”，《吕氏春秋·有始览》作“燕之大昭”，《淮南子·坠形训》作“燕之昭余”，《水经注·汾水》称“太谷水出谷西北，流径祁县故城南，自县连延，西接邬泽，是为祁薮也”。燕京当指今山西祁县、静乐县间之山地。

[狐氏（大戎）] 西周春秋部族名，在今山西永和、孝义间。

狐氏有大狐氏和小狐氏，亦称大戎和小戎。大戎，姬姓；小戎，允姓。《左传》庄公二十八年，晋献公“又娶二女于戎，大戎狐姬生重耳，小戎子生夷吾”。杜注：“大戎，唐叔子孙别在戎狄者”，“小戎，允姓之戎”。

《国语·晋语四》记叔詹曰：“狐氏出自唐叔，狐姬，伯行之子也。实生重耳。”《世本》：“大狐氏，晋大夫大狐伯生突、生馌为大狐氏，其后大狐容为晋大夫。”（《路史·后纪十》引）《路史》注：“《世本》有大狐氏、小狐氏，溱为大狐氏，射姑为小狐氏，大狐容为大戎氏。”可知大狐氏即大戎，小狐氏即小戎。

《山西通志》卷五一因见平阳西山一带，在晋有狐厨邑，在汉有狐讘县，在魏晋有狐谷亭（《左传》僖公十六年杜注），狐厨即狐谷，在今乡宁县，狐讘在今永和县，推定狐氏在乡宁至永和一带。按《山海经·北次二经》有狐岐之山，《山海经地理今释》卷三推定在今孝义县，今推定狐氏部族在今永和、孝义二县间。

［西落鬼戎、隗］　西落鬼戎，商代部族名，西周称为隗。在今山西吕梁山以西、黄河以东大宁、蒲县以北地区。

西落鬼戎，商代部族名。《古本竹书纪年》：“武乙三十五年周王季伐西落鬼戎，俘二十翟王。”（《后汉书·西羌传》注引）《国语·郑语》记周幽王时史伯曰：“当成周者，……西有虞、虢、晋、隗、霍、杨、魏、芮。”隗排列在虞、虢、晋和霍、杨、魏、芮之间，则隗亦当在今山西省。梁伯戈有“鬼方緐”三字，可知梁曾与鬼方相战。梁在今陕西韩城，所说鬼方当为鬼方之一支，应即在今山西大宁、蒲县以北地区，与梁相近而中隔黄河。隗应为鬼方一支的别称。西落鬼戎也应为鬼方一支的别称，可能是对东山皋落氏而言。

［条（条戎）］ 西周戎族部落之一，在今山西夏县西北中条山附近。

《左传》桓公二年载："初，晋穆公之夫人姜氏，以条之役生太子，命之曰仇。"《史记·晋世家》称穆侯四年"取齐女为夫人，七年伐条，生太子仇"。据《史记·十二诸侯年表》，此当周宣王二十三年。按条即鸣条，《楚辞·天问》："何条放致罚而黎服大说（悦）"，王逸注："条，鸣条也。悦，喜也。言汤行天之罚，以诛于桀，放之鸣条之野，天下众民大喜悦也。"《书·汤誓·序》伪孔传云："鸣条地在安邑之西"，《正义》引皇甫谧曰："今安邑见有鸣条陌。"《括地志》云："高涯原在蒲州安邑县北三十里南坡口，即古鸣条陌也。鸣条战地在安邑西。"（《史记·殷本纪》正义引）晋穆侯所伐之条，即是条戎，《古本竹书纪年》称"周宣王三十六年王伐条戎、奔戎，王师败绩"（《后汉书·西羌传》注引）。条戎即因在条而得名，条在今山西夏县西北中条山附近。

［奔戎］ 西周戎族部落之一，与条戎同在今山西夏县西北中条山附近。

［髳］ 这是从周武王伐纣的八国之一，在今山西平陆西南。

髳为从周武王伐纣的八国之一，见于《尚书·牧誓》。杨筠如《尚书覈诂》云："髳与髦通，《诗·角弓》：如蛮如髦，郑笺云：西夷别名。""髳"当与"茅"通。《史记·秦本纪》载："缪公任好元年，自将伐茅津，胜之。"《正义》云："刘伯庄云：戎号也。"又引《括地志》云："茅津及茅城在陕州河北县西二十里，注《水经》云：茅亭，茅戎邑（今本"邑"误作"号"）。"《水经注·河水》云："橐水又西北径陕城西，西北入于河，河北对茅城，故茅亭，茅戎邑也。"《大清一统志》谓茅城在今山西平陆县西南。茅戎古有两支。《春秋》成公元年"秋，王师败绩于茅戎"，《左传》称王师“伐茅戎,三月癸未败绩于徐吾氏”。春秋时周师所伐的茅戎,不可能在今山西平陆县西南,因为平陆距离洛阳有二百五十里,不是周师所能攻伐。

[北唐] 西周时西北戎族所建之国,在今山西太原市。

《古本竹书纪年》载:周穆王时“北唐之君来见,以一骊马,是生绿耳”(《穆天子传》注与《史记·秦本纪》集解所引)。《逸周书·王会篇》“正北方,北唐以闾”,孔晁注:“北唐,戎之在西北者。”朱右曾《逸周书集训校释》云:“《山海经》云县雍之山,其兽多闾。注云:闾即羭也,如驴歧蹄。又《北山经》注云:角如羚羊,一名山驴。《仪礼》注云:闾如驴一角。愚案《穆天子传》注引《古本竹书纪年》云北唐来见献一骊马是生绿耳,即此戎也。”

何秋涛《王会篇笺释》云:“唐之封本在戎境,叔虞即因故国为唐侯,其北之戎国,亦自名为北唐。”《史记·赵世家》称:“造父幸于周缪王,造父取骥之乘匹与桃林盗骊、骅、骝、绿耳献之缪王,缪王使造父御,西巡狩,见西王母。”所说正与北唐来献之骊及绿耳相同。雷学淇《竹书纪年义证》因云:“北唐即造父之国也。”《史记·秦本纪》谓:“造父以善御幸于周缪王,得骥、温骊、骅骝、绿耳之驷,西巡狩,乐而忘归。徐偃王作乱,造父为缪王御,长驱归周,一日千里以救乱,缪王以赵城封造父。”

案西周时,晋之北境不及晋阳,北唐之国正相对南方翼城之唐,因而称为北唐。《括地志》云:“故唐城在并州晋阳县北二里。”(《史记·晋世家》正义引)当即北唐所在。即今山西省太原市。

[黎] 商、西周西方国名,见《尚书》的《西伯戡黎》。一作“䊍”,见《说文》;一作“耆”,见《史记·周本纪》和《尚书大传》;一作“阢”,见

《史记·宋世家》。在今山西长治西南三十里。

《汉书·地理志》上党郡壶关，注引应劭曰："黎，侯国也，今黎亭是。"《续汉书·郡国志》"上党郡壶关有黎亭，故黎国"，刘注："文王戡黎，即此也。"《说文》："𪊨，殷时侯国，在上党东北。"《左传》宣公十五年载伯宗曰："狄有五罪"，"弃仲章而夺黎氏地，三也"。杜注："黎，侯国。上党壶关县有黎亭。"《吕氏春秋·慎大览》云："武王命封帝尧之后于黎。"《括地志》云："故黎城，黎侯国也，在潞州黎城县东北十八里，《尚书》曰：西伯戡黎，是也。"（《周本纪》正义引）《大清一统志》："黎国在今山西省长治县西南三十里黎侯岭下。"《西伯戡黎》载："西伯既戡黎，祖伊恐，奔告于王（即商王纣）。"可知黎是商的诸侯国中比较重要的。

在今河南地区的列国分布

［管（阑、柬）］ 周武王封其弟叔鲜于管，即今考古发现的河南郑州商城。

《史记·管蔡世家》载："武王已克殷纣，平天下，封功臣昆弟，于是封叔鲜于管，封叔度于蔡。"《括地志》云："郑州管城县外城，古管国也，周武王弟叔鲜所封。"《元和郡县志》郑州管城县下云："郭下本周封管叔之国。"所谓管城县的"郭下"，就是近年发现的郑州商城。根据考古调查，得知紧贴商代夯土城墙的外壁附加有一周战国时代修筑的城墙，其上有战国文化层，但是战国所修筑的城垣规模缩小了三分之一以上，在北郭另筑了一道北城墙，把三分之一面积隔开在外，这样北部三分之一就成为"外城"或"郭"。这个包括有《括地志》所说"外城"和《元和郡县志》所说"郭下"的大城，当是管叔所受封的管国都城；而战国重加修筑而缩小三分之一的小城，当为战国和汉代的管县所在。特别要指出的，“管”是后起字，《墨子》不作“管”而作“关”，《墨子·耕柱篇》称“古者周公旦非关叔”，《墨子·公孟篇》又称“关叔为天下之暴人”。金文作“闌”，见于利簋、宰椃角、咸嗣子鼎、父己簋等。利簋载：“武王征商，惟甲子朝（早）岁克，闻（昏）夙又（有）商，辛未才（在）闌自，易（锡）又（有）事利金。”“闌”即是管城。

［蔡］ 西周蔡叔原封于蔡，姬姓，在今河南中牟附近。

《世本》：“蔡叔居上蔡。”（《尚书·南仲之命》正义和《史记·管蔡世家》集解引）《汉书·地理志》：“汝南郡上蔡，故蔡国。周武王之弟叔度所封。”《括地志》云：“豫州上蔡县在州北七十里，古蔡国也。县外城，蔡国城也。”（《楚世家》正义引）

成王时管叔、蔡叔作乱，周公因而杀管叔而放蔡叔迁之。上蔡为蔡叔所迁之地。朱右曾《逸周书集训校释》云：“蔡叔食邑疑即今大名府长垣县之祭城，其后成王改封蔡仲于上蔡，今汝州上蔡县地。”今按《续汉书·郡国志》“河南尹中牟县下有管城，又有蔡亭”，可知蔡与管原是邻近的两个封国，因而可以同时作乱，蔡当在河南中牟县附近。

［康］ 西周时康叔原来封国，在今河南禹县西北三十五里康城。

涾司徒簋载：“王朿（刺）伐商邑，祉（诞）令康侯啚（鄙）于卫。”《史记·卫世家》：“卫康叔名封，周武王同母少弟也。”《索隐》：“康，畿内国名，宋忠曰：康叔从康徙封卫。……畿内之康，不知所在也。”《卫世家》云：“康叔卒，子康伯代立。”《索隐》引《世本》：“康伯名髦（“髦”原误作“髡”，从张文虎改正）。”又引宋忠曰：“即王孙牟也。”《左传》昭公十二年记楚灵王曰：“昔我先王熊绎与吕伋、王孙牟、燮父、禽父并事康王。”杜注谓王孙牟即康叔之子康伯。康叔与康伯盖因初封于康而以康为氏。王孙牟，金文作白(伯)懋父，见小臣谜簋，“牟”与“懋”、“髦”，都是同音通假，因是王之孙，尝以王孙为氏。伯懋父既为卫君，并统率驻屯于牧野的殷八师，曾奉命率殷八师出征“大反”的东夷。

王应麟《诗地理考》卷一引《括地志》：“故康城在许州阳翟县西北三十五里”，以为康叔所封之康即是阳翟县西北三十五里之康城，甚是。即在今河南禹县西北三十五里。《路史·国名纪五》谓“康城在颍川，受封于卫，仍兼康号”。颍川为水名与郡名，所说康城在颍川，不确切。

[沬(妹、牧)]　商代别都，西周为卫国都，在今河南淇县(朝歌镇)。

《尚书·酒诰》：王若曰“明大命于妹邦”。《水经注·淇水》称淇水“径朝歌城南，《晋书地道记》曰：本沬邑也，诗云：爰采唐矣，沬之乡矣”。金文称为牧自(师)，小臣谜簋载：“白(伯)懋父以殷八自(师)征东尸(夷)，……复归才(在)牧自(师)。”伯懋父即卫康叔之子康伯，牧自即卫之国都，即是周武王大破商师的牧野，“牧”与“沬”、“妹”双声通用。春秋以后此地称为朝歌，即今河南淇县(朝歌镇)。今朝歌镇尚有三道古城墙遗址，见《文物参考资料》1957年第5期的报道。

[鄘]　卫国在河南地区名。

《诗》有《邶风》、《鄘风》和《卫风》，都是卫国的诗，春秋时人都已如此认定，见于《左传》襄公二十九年和三十一年。《汉书·地理志》云：“庸，管叔尹之”，《帝王世纪》又云：“殷都以西为鄘，蔡叔监之”(《周本纪》正义引)，郑玄《诗谱》又谓：“自纣城以北谓之邶，南谓之鄘。”胡承珙《毛诗后笺》云：“楚丘与漕二地，皆见《鄘风》，在河南，足证卫地在河南者，故鄘也。”又以为《左传》定公四年言康叔取于有阎之土，阎与鄘声相近(《左传》阎职，《史记》作庸职)。陈奂《诗毛传疏》驳之，谓有阎本为宿邑，盖近京畿，与鄘无关。王国维以为“鄘”与“奄”声相近，即鲁地，亦无确证。

［东］ 西周春秋地区名，在今河南濮阳一带。

《逸周书·作雒篇》载：“武王克殷，乃立王子禄父，俾守商祀，建管叔于东，建蔡叔、霍叔于殷，俾监殷臣。”又载：“周公立，相天子，三叔及殷、东、徐，奄及熊盈以略(“略”一作“畔”)。”又载：“俾康叔宇于殷，俾中旄父宇于东。”陈逢衡《逸周书补注》认为“东”与殷、徐、奄等地并举，当为地名；又引吴庆恩之说，认为“东者鲁、卫之间地名，在大河之东，秦汉之东郡也”，“史称卫迁于帝丘，在东郡濮阳县，秦始皇拔卫东地置东郡，……其地在今东昌、大名、曹州三府界内”。《左传》定公四年记子鱼曰：“昔武王克商，……分康叔……，封畛土略，自武父以南及圃田之北竟(境)，取于有阎之土以共王职，取于相土之东都以会王之东蒐。”所说相土之东都，即是帝丘。《古本竹书纪年》云：“后相即位居商丘。”(《太平御览》卷八二引)王应麟、朱右曾等皆谓“商丘”乃“帝丘”之误，帝丘即濮阳县，后为卫之国都。濮阳一带原来地名为东，东郡之称盖沿袭古地名。

［东虢］ 西周姬姓封国，在今河南荥阳县北。

东虢与西虢同样是王季之子封国。一作郑虢，见郑虢仲鼎、郑虢仲簋，西周、春秋之际为郑所灭。《左传》隐公元年郑庄公曰：“制，岩邑也，虢叔死焉。”杜注：“虢叔，东虢君也，恃制岩险而不设备，郑灭之。”

《汉书·地理志》：“东虢在荥阳。”《续汉书·郡国志》：“河南尹荥阳有虢亭，虢叔国。”《左传》隐公元年杜注：“东虢，今荥阳县。”《水经注·济水》亦谓索水又“东径虢亭南”，“故虢公国也”。《括地志》云：“洛（当作郑）州汜水县，古东虢国，亦郑之制邑，汉之成皋，亦周穆王虎牢城。”今定在河南荥阳县北。

［北虢］　西周春秋时封国，在今河南三门峡市及山西平陆县一带。北虢建都上阳，今河南陕县东南九里李家窑。

《汉书·地理志》：“弘农郡陕，故虢国”，“北虢在大阳，东虢在荥阳，西虢在雍县”。此说“北虢在大阳”不确切，北虢建都于上阳，又兼有下阳，下阳即大阳。《水经注·渭水》引《太康地记》云：“虢叔之国矣（指雍县），有虢宫，平王东迁，叔自此之上阳，为南虢矣。”

顾栋高《春秋大事表》，从《水经注》所引《太康地记》，以为西虢随周平王东迁，更封于陕州上阳，此说不可信。《国语·郑语》记周幽王时史伯曰：“当成周者，西有虞、虢、晋、隗、霍、杨、魏、芮。”可见与虞、晋相邻的北虢，西周时已存在。根据三门峡市上村岭虢国墓地的发掘结果，出土有大量西周铜器，其中相当一部分早在共和以前，第1631号墓出土虢季氏子钕鬲，足证北虢早在西周时已建立。北虢封国当在今河南三门峡市和山西平陆一带，横跨黄河两岸。见《上村岭虢国墓地》考古报告。

《左传》僖公五年“晋侯围上阳”，杜注：“上阳，虢国都，在弘农陕县东南。”《水经注·河水》云：“昔周召分伯，以此城（指陕城）为东西之别，东城即虢国之上阳也。”根据考古调查，上阳当在今陕县城东南九里之李家窑。

［聃］　周文王之子封国，在今河南开封附近。

《左传》僖公二十四年记富辰曰：“聃，文之昭也”，乃周文王子的封国。“聃”一作“冉”，《史记·管蔡世家》谓周武王封昆弟，“康叔封、冉季载皆少，未得封”。周公封季载于冉。江永《春秋地理考实》云：“《国语·周语中》聃由郑姬，盖因郑姬而亡，僖二年郑有聃伯，似郑灭之以为邑，当在开封境。”顾栋高《春秋大事表》以为“聃”即《左传》庄公十八年楚武王“迁权于那处”的那处，在今湖北荆门县东南之那口。今案顾说不确，“聃”与“那”读音不同，不能通假。洪颐煊《读书丛录》谓“郙当读作邥，即沈国也”。钱坫《新斠注汉书地理志》，据《新唐书·宰相世系表》与《唐韵》“季载食采于沈”，断定“郙”即“沈”，音同通用。今案传为洛阳出土的沈子也簋盖载：“朕吾考令乃鴅沈子乍級于周公宗。”“宗”即宗庙，可知沈为周公之子封国，与“聃”为周文王之子封国不同，并非一国。今从江永之说，定在河南开封附近。

［原］ 西周时文王之子所封国，在今河南济源西北原昌。

《左传》僖公二十四年记富辰讲到周文王十二子的封国，“原”是此中一国。《帝王世纪》云：“原公名丰，是为文王之子。”（《尚书·君奭序》正义引）此国至春秋初期尚存。《左传》庄公十八年载：“虢公、晋侯、郑伯使原庄公逆王后于陈。”《通志·氏族略》云：“周有原庄公，世为周卿士，故以邑为氏。”杜预《春秋释例》云：“河内沁水县西北有原城。”《续汉书·郡国志》：“河内郡轵有原乡。”《括地志》云：“故原城在怀州济源县西北二里。”（《史记·赵世家》正义引）杨守敬《水经注疏》谓“在今济源县西北四里，俗呼原村，遗迹犹存”。《读史方舆纪要》谓在济源县西北十五里，今名原乡。今定在济源西北十五里原昌。

《左传》隐公十一年称周桓王“取邬、刘、蒍、邘之田于郑，而与郑人苏忿生之田温、原、絺、樊……”。顾栋高《春秋大事表》以为此乃另一原邑，甚是。后来周襄王以南阳八邑给晋，从此成为晋邑。

［雍］ 西周文王子所封国，在今河南焦作西南十五里。

《左传》僖公二十四年记富辰曰："雍，文之昭也"，是文王子封国。杜注："雍国在河内山阳县西。"《续汉书·郡国志》河内郡山阳有雍城。《水经注·清水》引京相璠曰："今河内山阳南有故雍城。"《通志·氏族略二》谓雍为文王第十三子雍伯受封之国，在今河南修武西、沁阳东北。铜器有雍公缄鼎、雍伯原鼎、雍王戟、雍子良人甗等。今河南焦作西南十五里府城村西北二百米处，发现一古城址，是商周古城，城墙堆积分三层，上层为汉及后代，二层为东周，三层为商及西周。古城作正方形，夯筑方法与郑州商城相同，就地理位置来看，当即雍所在。

［应(雁)］ 西周时姬姓封国，武王第四子所封，在今河南鲁山东三十里。

《左传》僖公二十四年记富辰曰："邘、晋、应、韩，武之穆也。"杜注："应国在襄阳城父县西南。"《通志·氏族略》以为"武王第四子所封国"。《汉书·地理志》颍川郡父城下云："应乡，故国。周武王弟所封。"《汲郡古文》云："殷时已有应国。"(《水经注·滍水》、《史记·梁孝王世家》正义所引)《水经注·滍水》云："彭水又东北流直应城南而入滍，……《地理志》曰：故父城县之应乡也，周武王封其弟为侯国。……战国范雎所封邑。"《括地志》云："故应城因应山为名，在汝州鲁山东三十里。"(《史记·秦本纪》正义引，又《史记·范雎列传》正义引作"四十里")西周早期铜器有雁监甗、雁公鼎等，金文"應"皆作"雁"，不从"心"。既称应侯，又称应公，当为当时所封大国。应侯见工钟载："王归自成周，雁(应)侯见工遗(贻)王于周。辛未王各(格)于康(康宫)，……易彤(彤弓)一，彩(彤矢)百，马四匹。"周王对应侯的赏赐有彤弓与彤矢，这是对“侯”一级诸侯的赏赐品。

［凡］　西周姬姓封国，周公旦之子所封国，在今河南辉县西南二十里。

《左传》僖公二十四年记富辰曰：“凡，周公之胤也。”《诗·大雅·板序》云：“《板》，凡伯刺厉王也。”《诗·大雅·瞻卬》与《召旻》的《序》，都说：“凡伯刺幽王大坏也。”凡伯是周公的后裔而常讽刺周王“大坏”者。《春秋》隐公七年：“天王使凡伯来聘，戎伐凡伯于楚丘以归。”楚丘在今山东曹县东南三十里。杜注：“汲郡共县东南有凡城。”《续汉书·郡国志》“河内郡共有汎亭”，刘注：“凡伯邑。”《元和郡县志》卫州共城县下云：“故凡城在县西二十里，古凡伯国也。”《读史方舆纪要》、《春秋大事表》因此定在今河南辉县西南二十里。

［胙］　西周姬姓封国，周公旦之子所封国。在今河南延津北三十五里。

《左传》僖公二十四年记富辰曰：“胙，周公之胤也。”杜注：“胙，东郡燕县西南有胙亭。”《续汉书·郡国志》：“东郡燕有胙城。”《水经注·济水》云：“濮水北积成陂，号曰同池陂，又东径胙亭东注，故胙国也。”《大清一统志》谓“故胙城在今河南延津县北三十五里”。

［邘（盂）］　原为小国，后为周武王之子的封国，在今河南沁阳县西北二十多里邘部村。

《史记·周本纪》称“文王伐邘”，《尚书大传》云：“文王二年伐邘。”邘一作盂，《韩非子·难二篇》：“昔者文王侵盂。”后为周武王之子封国。《左传》僖公二十四年记富辰曰：“邘、晋、应、韩，武之穆也。”杜注：“邘，野王县西北。”《说文》云：“邘，周武王子所封，在河内野王也。”《汉书·地理志》“河内郡野王”，颜注引孟康曰：“故邘国，今邘亭是。"《史记·周本纪》集解引徐广曰:"邘城在野王县西北。"《括地志》云:"故邘国在怀州河内县西北二十里,故邘国也。"(《周本纪》正义引)《水经注·沁水》云:"沁水又东,邘水注之。……其水南流径邘城西,故邘国也。城南有邘台,《春秋》僖公二十四年王将伐郑,富辰曰:邘,武之穆也。京相璠曰:今野王西三十里有邘城、邘台是也。今故城当太行南路,道出其中,汉武帝封李寿为侯国。"顾栋高《春秋大事表》云:"今河南怀庆府城西北三十里有邘台村。"

［**息**］ 西周时姬姓封国,在今河南临汝。

息,西周分封姬姓之国,鲁庄公十四年(前680年)为楚所灭,见《左传》。《说文解字》:"鄎,姬姓之国,在淮北","今汝南新鄎"。《左传》隐公十一年"息侯伐郑",杜注:"息国,汝南新息县。"《汉书·地理志》"汝南郡新息",颜注引孟康曰:"新息,故息国,其后徙东,故加'新'。"《左传》隐公十一年正义,对此提出疑问:"若其后东徙,当云故息,何以反加新字乎? 盖本自他处而徙此也。"钱坫《新斠注汉书地理志》根据《左传》隐公十一年"息侯伐郑",进一步推测说:"考新息、郑,南北相去六百里,越国远征,息小国也,未必能如此。知伐郑之息,是故息矣。《水经》汝水出梁县勉乡天息山,今汝州地,在郑之西,疑未迁之息,是其处矣。"案《山海经·海内东经》也说:"汝水出天息山,在梁勉乡西南。"钱说很有道理,可知息国原在今河南临汝县的天息山附近,息即因天息山而得名。《元和郡县志》汝州鲁山县下云:"汝水出县西一百五十里","天息山一名伏牛山"。1975年湖北随县涢阳出土鄎子行盆,是春秋晚期之器。

［**单(檀)**］ 西周春秋时东都王畿内封国,姬姓,在今河南济源东南河清。

檀，西周初年所封，始封之君为檀伯达，《左传》成公十一年刘子、单子曰：“昔周克商，诸侯抚封，苏忿生以温为司寇，与檀伯达俱封于河”，杜注：“俱封于河内也”。《春秋地名考略》推定檀在河南济源县境。古“檀”与“单”同音通用，如春秋时郑有大夫檀伯，为郑厉公所杀，见于《左传》桓公十五年，而《史记·郑世家》作“单伯”。

单伯见于单伯昊生钟、单子白盨、卫盉、扬簋等。《春秋》庄公元年单伯送王姬，周定王有大臣单襄公。亶卣有国族名作“单”，据《考古图》，亶卣得于河南河清，因河滨崩岸而发现，可知单当为成周畿内的采邑。

［祭］ 西周时姬姓封国，周公旦之子所封，在今河南荥阳西十五里。

《左传》僖公二十四年记富辰谓祭“周公之胤也。”世代为周之大臣，周穆王有祭公谋父为卿士，见于《国语·周语上》。韦注：“祭，畿内之国。”《春秋》隐公元年“冬十有二月祭伯来”。此与郑国大夫祭仲采邑有别。祭仲采邑在郑州东北，《括地志》云：“故祭城在郑州管城县东北十五里，郑大夫祭仲邑也。《释例》(《春秋释例》)云祭城在河南，上有敖仓，周公后所封也。”(《史记·周本纪》正义引)可知周公之子所封国，即在敖仓附近。《括地志》又云：“敖仓在郑州荥阳县西十五里石门之东。”(《史记·项羽本纪》正义引)据此可见周公子封国当在荥阳西十五里左右。

［焦］ 西周分封的姬姓之国，在今河南陕县。

《左传》襄公二十九年记晋叔侯曰：“虞、虢、焦、滑、霍、杨、韩、魏，皆姬姓也，晋是以大。若非侵小，将何所取。”杜注：“焦在陕县。”《汉书·地理志》弘农郡陕县有焦城，“故焦国”。《括地志》云：“焦城在陕州城内，东北百步，因焦水为名，周同姓所封。”(《史记·秦本纪》正义引)又云：“故焦城在陕县东北百步古虢城中东北隅，周同姓也。”《水经注·河水》云：“昔周、召分伯，以此城(指陕城)为东西之别，东城即虢之上阳也，虢仲之所都为南虢，三虢此其一焉，其大城中有小城，故焦国也。武王封神农之后于此。”可知焦国是陕县东城中东北隅的小城，《水经注》以此为神农之后封地，不确。《元和郡县志》谓“故焦城在陕县东北百步”，是说在东城中的东北隅百步。

《史记·周本纪》称武王封神农之后于焦，《集解》以为即陕县之焦城。吴卓信《汉书地理志补注》云：“陕县之焦姬姓，神农之后姜姓，其非一地可知。《通典》云亳州有焦县，周武王封神农之后于焦，此得之矣。”如此说可信，这一焦国当在今安徽亳县附近。也可能就是陕县的焦城，传闻有出入。

［**蒋**］ 西周姬姓封国，周公旦之子所封，在今河南淮滨东南。

《左传》僖公二十四年记富辰曰：“蒋，周公之胤也。”杜注：“蒋国在弋阳期思县。”《汉书·地理志》“汝南郡期思县”，颜注：“古蒋国。”《续汉书·郡国志》：“汝南郡期思有蒋乡，故蒋国。”《水经注·淮水》于“又东过期思县北”下云：“县故蒋国，周公之后也。《春秋》文公十年楚王田于孟诸，期思公复遂为右司马，楚灭之以为县。”在今河南省淮滨县东南的期思集，又在固始县的西北，介于淮滨县与固始县之间。“蒋”金文作“䔲”，传世铜器有䔲兑簋、䔲子爵等。

［**沈**］ 周公之子封国，姬姓，在今河南平舆北。

《史记·陈杞世家》称：“吴王僚使公子光伐陈，取胡、沈而去。”《索隐》云：“《世本》云沈，姬姓”，“沈在汝南平舆”。《汉书·地理志》汝南郡平舆，颜注引应劭曰：“故沈子国，沈亭是也。”《续汉书·郡国志》:“汝南郡平舆有沈亭,故国,姬姓。”《春秋》文公三年:“会晋人、宋人、陈人、卫人、郑人伐沈,沈溃。”杜注:“沈国名也,汝南平舆县北有沈亭。”《春秋》定公四年夏四月庚辰“蔡公孙姓帅师灭沈”。传洛阳出土沈子也簋盖载:“朕吾考令乃鴅沈子乍缬于周公宗。”“宗”即宗庙,可知沈是周公之子封国。沈子也之父,当是沈始封之君。沈国之君为子爵,是小国。《史记·陈杞世家》云:“周武王时,侯伯尚千余人,……江、黄、胡、沈之属不可胜数。”沈子也簋盖载:“也曰:……朕吾考令乃鴅沈子乍緅于周公宗,陟二公,……乃沈子其顒褱多公能福。乌虖(呼)!乃沈子妹(未)克蔑见猒(厭)于公。”沈子也称其父为沈子,而称其父的长辈为“公”。

[暴] 西周东都畿内封国,姬姓,在今河南原阳西南。

《诗·小雅·何人斯》:“伊谁云从,维暴之云。”郑玄笺:“暴也,苏也,皆畿内国名。”《诗序》云:“《何人斯》,苏公刺暴公也,暴公为卿士而谮苏公焉,故苏公作是诗以绝之。”此为周幽王时之事。《正义》引《古史考》云:“古有埙篪尚矣,周幽王之时,暴辛公善埙,苏成公善篪。”《正义》又引《世本》云:“暴辛公作埙。”《何人斯》中有一段说:“伯氏吹壎(埙),仲氏吹篪,及尔如贯,谅不我知,出此三物,以诅尔斯。”暴在春秋时为郑邑,《春秋》文公八年十月壬午“公子遂会晋赵盾,盟于衡雍,乙酉公子遂会雒戎于暴”。据此可知暴与衡雍相去不远。胡承珙《毛诗后笺》推定暴在今河南原阳西南旧原武县境,与苏所在的温(今河南温县)也邻近。

[樊(阳樊)] 西周宣王大臣仲山甫东迁封国,在今河南济源西南。

《国语·晋语四》载晋文公二年“公以二军下,次阳樊”,周襄王赐晋文公南阳、阳樊等地，阳人不服，晋文公出兵包围，阳樊人仓葛呼曰："阳人有夏、商之嗣典，有周室之师旅，樊仲之官守焉，其非官守，则皆王之父兄甥舅也。"韦注："樊仲，宣王臣仲山甫，食采于樊。"《潜夫论·志氏姓》云："仲山甫封于南阳。"《续汉书·郡国志》："河内郡修武，故南阳，有樊"，刘注："樊，仲山之所居，故名阳樊。"《左传》隐公十一年杜注："樊，一名阳樊，野王县西南有阳城。"阳樊故城在今河南济源县西南十五里。今按仲山甫原为畿内封国，在今陕西长安县东南南樊村。西周末年东迁封国到阳邑，才有阳樊之称。

［**申**］ 西周时姜姓封国，在今河南南阳东北豫山下。

申，姜姓。《汉书·地理志》："南阳郡宛，故申伯国，有屈申城。"《潜夫论·志氏姓》云："申城在南阳宛北序山下。"《诗·大雅·崧高》："亹亹申伯，王缵之事，于邑于谢，南国是式。"谓申伯之封邑在谢，"谢"和"序"声同通用。《括地志》云："故申城在邓州南阳县北三十里，《晋太康地志》云周宣王舅所封。"(《史记·楚世家》正义引)光绪《南阳县志》卷二云："豫山在东北十五里，本名序山，一曰预山。"《南阳县志》卷首舆图，县东北有豫山，申城即在豫山之下。

［**吕(甫)**］ 西周时姜姓封国，在今河南南阳西三十里。

《尚书》有《吕刑》一篇，《礼记》的《表记》、《缁衣》等篇，《尚书大传》和《史记·周本纪》等，都引作《甫刑》，盖音同通假。周穆王时制作的班簋所提到的"吕白(伯)"，静簋所提到的"吕刚"以及吕方鼎所提到的"吕"，都是指吕国的封君。《诗·大雅·崧高》："崧(嵩、崇)高维岳，骏极于天，维岳降神，生甫及申"，"甫"即"吕"。《潜夫论·志氏姓》云："宛西三十里有吕城。"《史记·齐世家》集解引徐广曰："吕在南阳宛西。"《括地志》云："故吕城在邓州南阳县西三十里，吕尚先祖封。”(《吕后本纪》正义引)《水经注·淯水》云:“梅溪又径宛西吕城东,《史记》曰吕尚先祖为四岳,佐禹治水有功,虞夏之际受封于吕,故因氏为吕尚也。徐广《史记音义》曰:吕在宛县。”又说:“又按新蔡县有大吕、小吕亭而未知所是也。”《说文》:“郘,汝南上蔡亭。”《续汉书·郡国志》:“汝南郡新蔡县有大吕亭”,刘注引《地道记》曰:“故吕侯国。”我们认为当以“宛西”之说为是,在今河南南阳西三十里。新蔡之说出于后人误会,不可信。

[许(无、鄦)]　金文作“无”,西周姜姓封国,在今河南许昌南三十里。

“许”,金文作“无”。《说文》云:“鄦,炎帝太岳之胤,甫侯所封,在颍川,从邑无声,读若许。”《春秋》隐公十一年“秋七月壬午公及齐侯、郑伯入许”。孔颖达《正义》云:“《谱》云许姜姓,与齐同祖,尧四岳,伯夷之后也,周武王封其苗裔文叔于许,今颍川许昌是也。”《汉书·地理志》:“颍川郡许,故国,姜姓,四岳后,大叔所封。”铜器有西周晚期的鄦男鼎(1967年陕西长安县马王村西周窖藏出土)及春秋早期的盄公买簠、鄦奓鲁生鼎等。《括地志》云:“许故城在许州许昌县南三十里,本汉许县,故许国也。”(《史记·夏本纪》正义引,《魏世家》正义引作“四十里”)《元和郡县志》于许州许昌县下云:“故许昌城,县南四十里即许国故城。”依据鄦男鼎,可知许在西周时为男爵。

[杞]　商、西周、春秋时代姒姓国名,原在今河南杞县,后东迁缘陵,在今山东昌乐东南。

《史记·陈杞世家》:“杞东楼公者,夏禹之后苗裔也,殷时或封或绝,周武王克殷纣,求禹之后得东楼公,封之于杞,以奉夏后氏也。”《汉书·地理志》:“陈留郡雍丘,故杞国也,周武王封禹后东楼公。”殷墟卜辞有杞侯，见《殷虚书契后编下》第三七页第五片，可知商代杞已存在，国都原在今河南杞县，后东迁缘陵，在今山东昌乐东南。《左传》僖公十四年“春，诸侯城缘陵而迁杞焉”。而《公羊传》以为徐、莒胁杞，而齐桓公迁之。后杞文公迁淳于，即今山东安丘东北之杞城。

［曾(缯、鄫)］ 西周时姒姓之国，在今河南方城一带。春秋战国时南迁到湖北枣阳、随县一带。

曾国原为夏代国君后裔，姒姓。《国语·周语下》记太子晋曰：“有夏虽衰，杞、鄫犹在。”《国语·周语中》记富辰曰：“杞、鄫由大姒。”韦注：“大姒，文王之妃、武王之母也。”可知曾在西周初年已存在。传世铜器有春秋早期的曾侯簠、鄫子伯誩鼎等。西周时代曾是一强国，随同申侯召来犬戎攻杀周幽王，使西周灭亡；并拥立周平王而东迁。高士奇《春秋地名考略》与雷学淇《竹书纪年义证》推定曾国原与申国相邻而居于河南的南阳盆地，就是后来楚的方城附近的缯关一带，甚是。当在今河南省方城县一带。《荀子·尧问篇》云：“缯丘之封人见楚相孙叔敖”，杨倞注：“缯与鄫同，故国。封人掌疆界。”“丘”与“墟”同义，地名缯丘，即为曾国旧都所在。春秋前期以后，楚的势力强大，向中原地区扩展，曾南迁到湖北枣阳、随县一带，因而这一带近年来常有曾的铜器出土，1977 年在随县西北郊发现了战国初期的曾侯大墓，出土许多精美的曾国文物。

［郐(会、桧)］ 西周时妘姓封国，今河南新郑西北三十二里，密县东南。

“郐”一作“会”，西周时妘姓封国。《国语·郑语》记周幽王时史伯曰：“妘姓，邬、郐、路、偪阳。”又作“桧”，《诗》有《桧风》，西周末年为郑所灭。1972 年陕西扶风法门寺康家村出土郐娟鼎，“娟”即“妘”姓。

据员卣铭文，周昭王时曾伐会。《括地志》云："故郐城在郑州新郑县东北三十二里。"(《史记·郑世家》正义引)《元和郡县志》同。《水经注·洧水》云："洧水又东南径郐城南，……刘桢云：郐在豫州外方之北，北邻于虢，都荥之南，左济右洛，居两水之间，食溱、洧焉。徐广曰：郐在密县，不得在外方之北也。"许鸿磐《方舆考证》据《水经注》所载郐城位置，谓郐城正在今新郑西北，不得在东北。杨守敬《水经注疏》也说："东北疑西北之误。"今定在新郑西北三十二里，即密县东南。

［江］ 西周时嬴姓封国，在今河南正阳西南。

《春秋》僖公三年"齐侯、宋公、江人、黄人盟于贯"，杜注："江国在汝南安阳县。"江，嬴姓，见《世本》(《陈杞世家》索隐引)。《汉书·地理志》"汝南郡安阳"，颜注引应劭曰："故江国，今江亭是。"《续汉书·郡国志》："汝南郡安阳有江亭，故国，嬴姓。"《水经注·淮水》云："淮水又东径安阳县故城南，江国也，嬴姓矣，今其地有江亭。"《括地志》云："安阳故城在豫州新息县西南八十里，应劭云古江国也，《地理志》亦云安阳古江国也。"(《史记·五帝本纪》正义引)《通志·氏族略》云："江氏，旧云汝南安阳县有江亭，按此在信阳县东南，新息县之西，安阳故城是也。嬴姓之国，颛帝玄孙伯益之后也。文四年楚灭之。"在今河南正阳县西南陡沟有安阳故城。1953 年河南郏县太仆乡出土江小中母生鼎，铭文："江小中母生自作甬(用)鬲。"是春秋早期的制作，见唐兰《郏县出土的铜器群》，刊于《文物参考资料》1954 年第 5 期。按《史记·陈杞世家》云："周武王时，侯伯尚千余人，及幽、厉之后，诸侯力攻相并，江、黄、胡、沈之属不可胜数。"可知江国当是西周封国。

［嚣(隞)］　西周嬴姓封国，在今河南荥阳城东北五十里黄河南岸山上。

1982年6月河南确山竹沟镇西侧发现窑藏铜器多件，此中有嚣伯匜，饰有无眼的窃曲纹，当为西周末年或春秋早年之器。铭云："嚣白(伯)厭弟自作也(匜)，其万年无疆，子子孙孙永宝用享。"传世有嚣伯盘，铭云："惟正月初吉庚午，嚣伯塍嬴尹母盨盘，其万年子子孙孙永用之。"(《三代吉金文存》卷十七第十五页)嚣为嬴姓封国，嚣一作隞，曾为殷都城。《史记·殷本纪》称"帝中丁迁于隞"，《集解》引皇甫谧曰："或云河南敖仓是也。"《索隐》云："隞亦作嚣，并音敖字。"《正义》引《括地志》云："荥阳故城在郑州荥泽县西南十七里，殷时敖地，周时名北制，在敖山之阳。"《史记·项羽本纪》正义引《括地志》云："敖仓在郑州荥阳县西十五里石门之东，北临汴水，南带三皇山，秦时置敖仓云。"《水经注·济水》云："济水又东径敖山北，……其山之上有城，即殷帝仲丁所迁也。皇甫谧《帝王世纪》曰：仲丁自亳徙嚣于河上者也。或曰敖矣，秦置敖仓于其中，故亦曰敖仓城也。"隞当在今河南省荥阳县城东北五十里黄河南岸山上。《穆天子传》："戊寅终丧于嚣氏，己卯天子济于河，嚣氏之遂(隧)舍于尺茅，癸未至于野王。"尺茅即攒矛，"遂"即指敖山之交通孔道。

［黄］　西周春秋时嬴姓封国，在今河南潢川西十二里。

《世本》谓黄，嬴姓(《史记·陈杞世家》索隐引)，春秋早期的黄大子白克盘载："黄大子白克乍(作)中(仲)嬴臾媵盘"，足证确是嬴姓。《汉书·地理志》"汝南郡弋阳"，颜注引应劭曰："弋阳，故黄国也，今黄城是。"《续汉书·郡国志》："弋阳县有黄亭，故黄国。"《左传》桓公八年"楚子合诸侯于沈鹿，黄、随不会"，杜注："黄国嬴姓，今弋阳县。"

《括地志》云:“黄国故城在光州定城县西十二里。”《元和郡县志》光州定城县下云:“黄国故城在县西十二里,春秋时黄国,后为楚所灭。”汉弋阳县,北齐改为定城县,1914 年改为潢川县。

[燕(南燕)] 西周姞姓封国,在今河南延津东北四十里。

《诗·大雅·韩奕》云:“韩侯取妻,汾王之甥,蹶父之子。”又云:“蹶父孔武,靡国不到,为韩姞相攸,莫如韩乐。”更云:“溥彼韩城,燕师所完。以先祖受命,因是百蛮。”西周封国有两个燕国,一即南燕,姞姓;另一为北燕,即召公后裔,姬姓,金文作“匽”。韩侯所娶是南燕之女,故称韩姞。《左传》宣公三年记“郑文公有贱妾曰燕姞”,《史记·郑世家》同。《集解》引贾逵曰:“姞,南燕姓”,盖据《世本》(《左传》正义引)。《汉书·地理志》:“东郡燕,南燕国,姞姓,黄帝后。”《括地志》:“南燕城,古燕国也,滑州胙城是也。”(《史记·秦始皇本纪》正义引)《元和郡县志》滑州胙城县云:“又为古之燕国。”今河南延津东北四十里。

[鄂(噩)] 商、周时姞姓封国,在今河南南阳北四十里。

“鄂”,甲骨文和金文作“噩”,商周时侯国名,姞姓。噩侯簋载:“噩侯作王姞媵簋。”《史记·殷本纪》称商王纣“以西伯昌、九侯、鄂侯为三公”,后来九侯为纣所“醢”,鄂侯为纣所“脯”(杀死而作肉酱、肉干)。《汉书·地理志》南阳郡有西鄂县。《水经》谓淯水“东南径西鄂故城东”。《括地志》云:“邓州向城县南二十里西鄂故城。”(《史记·楚世家》正义引)《元和郡县志》邓州向城县下亦云:“西鄂故城在县南二十里。”在今河南南阳北四十里。《史记·殷本纪》集解引徐广曰:“一作邘,音于,野王县有邘城”,在今河南沁阳西北,今按此说不确。邘原为商末诸侯,周文王灭之,后为周武王之子封国。传世有西周早期鄂叔簋(现藏上海博物馆)和周厉王时的鄂侯御方鼎。周厉王时的禹鼎称鄂侯御方率南淮夷、东夷“广伐南国、东国至于历内”,此次鄂侯统率淮夷、东夷大举入侵,深入周的腹地,因而成为周反击的主要目标。

[鄢]　西周时妘姓封国,在今河南鄢陵西北十八里。

《国语·周语中》记富辰曰:“昔鄢之亡也由仲任。”韦注:“鄢,妘姓之国”,又引唐尚书曰:“鄢为郑武公所灭。”“鄢”一作“邬”,音同通用。《国语·郑语》记周幽王时史伯曰:“妘姓,邬、郐、路、偪阳。”《春秋》隐公元年“郑伯克段于鄢”,杜注:“鄢,今颍川鄢陵县。”《括地志》云:“鄢陵故城在许州鄢陵县西北十五里。”(《史记·魏世家》和《田世家》正义引)据考古调查,故城在今鄢陵县西北十八里的前步林周围,见《河南鄢陵县古城址的调查》,刊《考古》1963年第4期。

[陈]　西周妫姓封国,在今河南淮阳。

《左传》襄公二十五年记子产曰:“庸以元女大姬配胡公而封诸陈。”所说元女大姬即指周武王之长女。《史记·陈杞世家》云:“至于周武王克殷纣,乃复求舜后得妫满,封之于陈,以奉帝舜祀,是为胡公。”《汉书·地理志》:“城阳国陈,故国,舜后胡公所封。郑玄《诗郑谱》谓陈都宛丘之侧。”宛丘乃陈都城南三里的小丘,在今河南淮阳。顾栋高《春秋大事表》据此推定陈都为宛丘,在淮阳县南三里,不确。

[挚]　西周任姓封国,在今河南平舆附近。

《诗·大雅·大明》:“挚仲氏任,自彼殷商,来嫁于周,曰嫔于商。”《国语·周语中》记富辰曰:“昔挚、畴之国也由大任。”韦注:“挚、畴二国任姓,奚仲、仲虺之后,大任之家也。”《说文》:“挚,汝南平舆有挚亭,读若晋。”《续汉书·郡国志》“汝南郡平舆”,刘注:“有挚亭,见

《说文》。”王孙远《国语发正》以为即挚国所在。《元和郡县志》于蔡州汝阳县下云：“平舆故城，汉县也，古沈子国，在县东北六十里。”挚是与沈相邻的小国。

［蓼（飂、廖）］ 西周春秋时董姓封国，在今河南唐河南八十里。

《左传》桓公十一年“郧人军于蒲骚，将与随、绞、州、蓼伐楚师”。《左传》昭公二十九年记蔡墨曰：“昔有飂叔安有裔子曰董父，实甚好龙，……以服事帝舜，帝赐之姓曰董，氏曰豢龙，封诸鬷川。”高士奇《春秋地名考略》认为蓼即是飂。《汉书·地理志》：“南阳郡湖阳，古廖国也。”颜注：“《左氏传》作飂，其音同耳。”《左传》杜注：“蓼国，今义阳棘阳县东南湖阳城。”即今河南唐河南八十里湖阳城。

［蓼（缪）］ 偃姓，一说姬姓，西周、春秋封国，在今河南固始北六十里。

《左传》文公五年“冬，楚公子燮灭蓼”，臧文仲闻六与蓼灭，曰：“皋陶、庭坚不祀忽诸。”杜注：“蓼国今安丰蓼县。”《礼记·坊记》和《淮南子·氾论训》都说：“阳侯杀蓼侯而窃其夫人。”《礼记》“蓼”作“缪”。《括地志》云：“光州固始县，古蓼国，南蓼也。春秋时蓼国偃姓，皋陶之后，又有北蓼城在固始县北六十里，蓼国有南北二城。”（《史记·陈杞世家》正义引）今定在河南固始北六十里。《路史·后纪八》罗苹注，谓“《世本》谓蓼姬姓，则皆庭坚后也”。

［鄀］ 西周春秋时代允姓之国，原在今河南淅川西南，称为下鄀。分支迁居于今湖北宜城东南九十里，称为上鄀。

鄀，允姓。见于《春秋释例》。《左传》僖公二十五年载：“秦、晋伐鄀，楚鬬克、屈御寇以申、息之师戍商密。”杜注：“鄀本在商密，秦、楚界上小国，其后迁于南郡鄀县。”又云：“商密，鄀别邑。”商密在今河南淅川西南,南郡鄀县在今湖北宜城东南九十里。出土鄀所铸铜器,铭文有“下蠚”与“下鄀”的分别,当是同一国族的分支。鄀国原在下鄀,春秋早期的蠚公鼎,《考古图》谓“得于上雒”,上雒即今陕西商县东北,与商密接壤。春秋早期的上鄀府簠,1972 年出土于湖北襄阳佘岗山湾,与宜城相近。下鄀的“鄀”字作“蠚”,从“虫”,当为原名。此国西周时代当已存在,疑原为允姓之戎的一支。西周中期的夆伯鬲载:“夆白(伯)乍(作)陼孟姬尊鬲。”此处“姬”字当非姓氏,盖女子之美称。

［霍］　商末周初真姓小国,在今河南临汝西南。

《逸周书·世俘篇》记周武王克殷,“庚子陈本命(奉命)伐磿(歷),……新荒命伐蜀,乙巳陈本、新荒(自)蜀、磿至,告禽(擒)霍侯、艾侯,俘佚侯”。《世本》云:“霍国真姓后。”(《史记·三代世表》)索隐、(《路史·国名纪》所引)雷学淇《世本校辑》谓“真即黄帝之后十二姓之一‘箴’之别写”。陈本至历告擒霍侯,霍应离历不远。张澍《世本集粹补注》云:“霍,侯爵,武王禽之,今汝之梁县有故霍国,非晋霍也。”春秋时为蛮氏之邑。《左传》哀公四年记“楚人既克夷虎,袭梁及霍”,杜注:“梁南有霍阳山。”《水经注·汝水》云:“汝水之右有霍阳聚,汝水径其北,东合霍阳山水,水出南山,……其水东北流,径霍阳聚东。”《后汉书·祭遵传》注:“霍阳聚在汝州西南。”今定在临汝县西南。《读史方舆纪要》与《大清一统志》谓在汝州东南,不确。杨守敬《水经注疏》已加辨正。

［房］　西周时貍姓封国,在今河南遂平。

《国语·周语上》记内史过曰:“昔昭王娶于房曰房后,实有爽德,协于丹朱,丹朱凭身以仪之,生穆王焉”,“使太宰以祝史帅貍姓,奉牺

牲粢盛玉帛往献焉”。《左传》昭公十三年：“楚之灭蔡也，灵王迁许、胡、沈、道、房、申于荆焉。”杜注：“汝南有吴防县，即防国。”《汉书·地理志》“汝南郡吴房”，颜注引孟康曰：“本房子国。楚灵王迁房于楚，吴王阖闾弟夫概奔楚，楚封于此为棠谿氏，以封吴，故曰吴房。”《大清一统志》：“吴房故城即今遂平县治。”

［苏(稣)］［温］　西周己（金文“己”作“改”）姓封国，初封在温，在今河南温县西南三十里，后又封于苏，在今河南济源西北二里。

《国语·郑语》记周幽王时史伯曰：“己姓，昆吾、苏、顾、温、董”，以苏、温为两国。《春秋》僖公十年“狄灭温，温子奔卫”。《左传》云：“狄灭温，苏子无信也。苏子叛王即狄，又不能于狄，狄人伐之，王不救，故灭，苏子奔卫。”《左传》成公十一年记刘子、单子曰：“昔周克商，使诸侯抚封，苏忿生以温为司寇，与檀伯达封于河。苏氏即狄，又不能于狄而奔卫。”刘子、单子所说，即僖公十年“狄灭温”的事，可知苏子即是温子，苏、温原指一国。史颂鼎和史颂簋载：“王在宗周，令史颂�(省)稣，濆友里君、百姓帅齵盩于成周。”稣即苏国。郭沫若考释，谓温为苏的支庶，温在河南温县，“苏大率在其附近”。据史颂鼎铭文，可知苏离成周（今洛阳）不远。按《路史·国名纪三》：“今怀之武德有苏古城，在济源西北二里。”《太平寰宇记》孟州济源县下释文相同。高士奇《春秋地名考略》以为此即苏忿生之初封。《汉书·地理志》：“河内郡温县故国，己姓，苏忿生所封。”《括地志》：“故温县在怀州温县西三十里。”（《史记·周本纪》正义引）《太平寰宇记》作“西南三十里”，即今温县西南三十里招贤集。盖苏忿生初封于温，后迁封于苏，因而据有温、苏两地。传世有稣公簋、稣甫人簋等。

［戴(载、𢦏)］　西周春秋时小国，在今河南民权葛岗东南二

十里。

《春秋》隐公十年："宋人、蔡人、卫人伐戴，郑伯伐取之。"《公羊传》与《穀梁传》"戴"作"载"，《左传》的释文及《正义》亦作"载"。《说文》作"䴓"，《说文》云："䴓，故国在陈留，从邑𢦏声。"金文作"𢦏"，传世有春秋早期的𢦏叔朕鼎、𢦏叔庆父鬲等，考卜辞已有𢦏方，见《簠室殷契征文》卷二第八页，可知商、西周时已有此国。《左传》隐公十年八月壬戌"郑伯围戴，克之，取三师焉"。杜注："戴国，今陈留外黄县东南有戴国。"《汉书·地理志》梁国甾，"故戴国"，颜注引应劭曰："章帝改曰考城。"孔颖达《正义》云："古者甾、载声相近，故郑玄《诗笺》读俶载为炽甾，音大同故。"《续汉书·郡国志》"陈留郡考城，故菑"，刘注引《陈留记》："故戴国。"在今河南省民权县葛岗东南二十里。《元和郡县志》于曹州考城县下云："考城县古戴国也。《春秋》隐公十年宋人、蔡人、卫人伐戴，后属宋，楚灭宋改名曰穀，汉以为菑县。《国都城记》曰：县东南有戴水，今名戴陂，周围可百余里，盖本戴国取陂水为名也。"汉章帝因"甾"与"灾"音同相通，改为考城。

［华］ 西周时国名，在今河南郑州南三十里。

《国语·郑语》记周幽王时史伯对答郑桓公曰："若克二邑（韦注：二邑虢郐），邬、弊、补、舟、依、𩣡、历、华，君之土也。若前华后河，右洛左济，……是可以少固。"韦注："华，华国也。"韦昭特别注明"华"是"华国"，当有所据。《逸周书·史记篇》云："邪人专国政，禁而生乱，华氏以亡。"足以证明华确是国名。华于西周、东周之际为郑所灭，成为郑邑。《水经注·洧水》云："黄水出太山南黄泉，东南流径华城西。史伯谓郑桓公曰：华，君之土也，韦昭曰：华，国名矣。《史记》秦昭王三十三年白起攻魏，拔华阳，走芒卯，斩首十五万。司马彪曰：华阳亭名在密县。”《括地志》云:“故华阳城在郑州管城县南四十里。”(《史记·周本纪》正义引,《秦本纪》正义引作“三十里”)今定在河南郑州以南三十里。战国时此地名为华阳,同时也称为华。秦白起拔华阳之役,《战国策·魏策三》云:“秦败魏于华,走芒卯而围大梁。”又说:“华军之战魏不胜秦。”一本“华”作“华阳”。

[阙巩] 西周时代国名,在今河南巩县东北。

《左传》昭公十五年记周景王曰:“阙巩之甲,武(武王)所以克商也。”杜注:“阙巩国所出铠。”《路史·国名纪六》谓“阙巩,周世侯伯之国”。此国当为周武王所灭。《左传》定公四年记子鱼曰:“……故周公相王室,……分唐叔以大路、密须之鼓、阙巩、沽洗(杜注:钟名)。”阙巩即指“阙巩之甲”。《续汉书·郡国志》河南尹巩县,刘注:“巩伯国”。《水经注·洛水》云:“洛水又东径巩县故城南,东周所居也,本周之畿内巩伯国也。”在清代巩县西南三十里,清巩县在今县(原孝义镇)东北。

[厉] 商和西周时小国,在今河南鹿邑东。

《逸周书·世俘篇》记周武王克殷,“百韦命(奉命)伐厉”。厉国至春秋时尚存,《春秋》僖公十五年载:“秋七月齐师、曹师伐厉”,杜注:“义阳随县北有厉乡。”《汉书·地理志》:“南阳郡随县厉乡,故厉国也。”若厉国在今湖北省随县北,齐曹之师不可能如此长途来伐。王夫之《春秋稗疏》以为厉即老子所生之苦县厉乡。《史记·老子列传》称老子“楚苦县厉乡曲仁里人”,《正义》云:“厉音赖,《晋太康地记》云:苦县城东有濑乡祠,老子所生地也。”当以王说为是。春秋早期的鲁大司徒匜载:“鲁大司徒中(仲)白(伯)乍(作)其庶女䵻孟姬賸(媵)也(匜)。”“䵻”当即“厉”。此厉国之女嫁于鲁国大司徒仲伯。厉在今河南鹿邑东。

［共］ 西周春秋时代国名，在今河南辉县。

《晋书·束皙传》引《古本竹书纪年》："厉王既亡，有共伯和者摄行天子事。"《鲁连子》云："卫州共城县本周共伯之国也。"（《史记·周本纪》正义引）《庄子·让王》："故许由娱于颍阳而共伯得乎共首"，《释文》引司马彪注："共丘山，今在河内共县西。"《左传》隐公元年："大叔出奔共"，杜注："共，国。今汲郡共县。"《汉书·地理志》："河内郡共，故国。"《元和郡县志》卫州共城县下云："共城县本周共伯国。"即今河南辉县。

［緐(𨾛)］ 西周封国，在今河南新蔡北。

班簋载："王令（命）毛白（伯）更（赓）虢城公服，甹王立（位），乍（作）四方望，秉緐、蜀、巢。"緐、蜀、巢都是周所封国。这是说周穆王任命毛伯继任虢城公当执政大臣，主管此三国。緐即繁阳，原为重要产铜与运送铜锡的地点。春秋早期的曾伯簠盖载：曾伯"克狄（剔）淮尸（夷），印（抑）燮𨾛（繁）汤（阳），金导锡行"。晋姜鼎又载："征緐（繁）汤（阳）、𩓣，取厥吉金，用乍（作）宝尊鼎。"这是说曾、晋两国同时出兵征服淮夷，夺取繁阳与𩓣两地的铜，用作铜鼎。洛阳东周墓曾出土一件青铜剑，铭云："緐（繁）汤（阳）之金。"《左传》襄公四年："楚师为陈叛故，犹在繁阳。"杜注："繁阳，楚地，在汝南鲖阳县南。"《续汉书·郡国志》："汝南郡鄚丘县有繁阳亭。鲖阳故城在新蔡县北七十里，繁阳在其南，当在今新蔡县北。"《大清一统志》云："繁阳亭在河南汝宁府新蔡县北。"此地西周时为繁（緐）国所在，是产铜和运送铜的主要地点，因而周穆王任命执政大臣主管。春秋早期此地一带为淮夷所控制，因而曾、晋两强国联合出征淮夷，从而取其吉金用作铜鼎。

[**巢**] 西周封国,在今河南新野北。

1965年陕西西安张家坡西周墓出土铜器七件,其中鄦(蔡)侯鼎铭文云:"鄦(蔡)侯隻(獲)巢,孚厥金胄,用作籲鼎。"(见《陕西西安张家坡西周墓清理简报》,载《考古》1965年第9期,传世有叟贮簋,铭文云:"唯巢来钕(笮,当读作"朝"),王命东宫追以六自之年。"穆王时的班簋载王命令毛伯继承虢城公职司而"秉緐、蜀、巢"。《书序》说:"巢伯来朝,芮伯作《旅巢命》。"《说文》云:"鄛,南阳棘阳",段玉裁注:"今河南南阳府新野县东北七十里有棘阳故城是也,鄛其乡名也。"可知巢在今河南新野东北。緐(繁)在今河南新蔡北,蜀在今河南禹县东北,与巢同为产铜的地区,因而周穆王任命毛班为执政大臣而"秉緐、蜀、巢"三国。蔡在今河南上蔡,巢在其西南,也因巢产铜,派兵前去夺去"金(铜)胄",用作铜鼎。

[**蜀**] 西周时封国,在今河南禹县东北。

《逸周书·世俘篇》记周武王克殷后庚子"新荒命(奉命)伐蜀",乙巳"陈本、新荒(自)蜀、磨至"。《续汉书·郡国志》"颍川郡长社有蜀城",刘注引《史记》曰:"魏惠王元年赵、魏合军伐魏蜀泽。"《史记·魏世家》作"浊泽",《赵世家》和《六国年表》作"涿泽",《集解》引徐广曰:"长社有浊泽。"今定在河南禹县东北。周穆王时的班簋,记穆王命令毛伯继承虢城公的职司,"秉緐、蜀、巢",这个"蜀"也该在河南禹县东北。《古本竹书纪年》记"夷王二年蜀人、吕人来献琼玉,宾于河,用介珪"(《太平御览》卷八五引)。与吕人同来献玉而宾于河的蜀人,亦当在今河南禹县东北。

[**磨(历)**] 西周早期国名,在今河南禹县。

《逸周书·世俘篇》记周武王克殷后,“陈本命(奉命)伐磿”(原误作磨,从卢文弨引梁履绳改正)。《路史·国名纪六》云:“䣕,商时侯国,凡地从邑,本作磿也。”梁履绳引《战国策·秦策》“割濮磿之北”,谓“磿近濮,在商畿内可知”。朱右曾《逸周书集训校释》谓“今山东东昌府濮州南有历山。然距朝歌俱远,非五日能返也”。此当即后来郑国之历。《国语·郑语》记周幽王时史伯谓郑桓公曰:“若克二邑(韦注:“虢、郐”),邬、弊、补、舟、依、𫘦、历、华,君之土也。”历在春秋时代作“栎”,《史记·郑世家》:“厉公出居边邑栎”,《索隐》引宋忠曰:“今颍川阳翟。”《索隐》云:“按栎音历,即郑初得十邑之历也。”即今河南禹县。这时周武王正向南国的商属诸侯进攻讨伐。

[**虎方**] 商、周时西戎所建之国,在今河南省西南角及其与湖北省交界地区。

虎方见于殷墟卜辞,见《甲骨文合集》第六六六七片。中方鼎载:“惟王令南宫伐反虎方之年,王令中省南或(国)贯行,王居在夒𨞺真山,中乎(呼)归(馈)生凤于王。”中甗又载:“王令中先省南或(国)贯行,𫹗居在𠭯(曾)。”丁山《甲骨文所见氏族及其制度》以为虎方应即春秋之夷虎。此说甚是。惟丁山以为其地即《水经注·肥水》的死虎亭,推定在安徽寿县东南和长丰县西,不确。《左传》哀公四年载:“楚人既克夷虎,乃谋北方。左司马眅、申公寿余、叶公诸梁致蔡于负函,致方城之外于缯关。”负函在今河南信阳,缯关在今河南方城。楚人在克夷虎之后,进军到信阳和方城,可知夷虎原居在河南省西南角及其与湖北省交界地区。中甗所说王居在曾,曾即在今方城,中鼎所说王所居的山,当即方城以西的伏牛山东麓。

在今山东地区的列国分布

［鲁］ 西周时姬姓封国，建都曲阜，在今山东曲阜。

《左传》定公四年记子鱼曰："昔武王克商，成王定之，选建明德，以蕃屏周。故周公相王室以尹天下，于周为睦。分鲁公以大路、大旂，夏后氏之璜，封父之繁弱，殷民六族：条氏、徐氏、萧氏、索氏、长勺氏、尾勺氏，使帅其宗氏，辑其分族，将其类醜，以法则周公，用即命于周，使之职事于鲁，以昭周公之明德，分之土田陪敦，祝、宗、卜、史，备物典策，官司彝器，因商奄之民，命以伯禽，而封于少皞之虚。"《史记·鲁世家》称周武王"封周公旦于少昊之虚曲阜，是为鲁公。周公不就封，留佐武王"，"其后武王既崩，成王少，……于是卒相成王，而使其子伯禽代就封于鲁"。我们认为《史记》所说武王封周公为鲁公，不确。武王克商，虽已攻灭商的中央政权，其所占土地仅是中原地区，不及东方"少昊之虚曲阜"一带。周的占有曲阜一带当在成王时周公东征攻灭东夷的奄国以后。少昊即少皞，少皞原是东夷的祖先之神，所谓"少皞之虚"就是指东夷所在地区。

［曹］ 西周时姬姓封国，在今山东定陶东北。

《史记·管蔡世家》载"武王已克殷纣，平天下，封功臣昆弟"，"封叔振铎于曹"，又云："曹叔振铎者，周武王弟也。武王已克殷纣，封叔振铎于曹。"《汉书·地理志》："济阴郡定陶故曹国，周武王弟叔振铎所封。"《元和郡县志》曹州济阴县，"本汉定陶县之地，属济阴郡"，"古曹国在县东北四十七里，故定陶是也"。《左传》鲁哀公八年（前 487 年）宋灭曹。

［阳］ 西周春秋时姬姓封国，在今山东沂南南。

《春秋》闵公二年“齐人迁阳”。顾栋高《春秋大事表》谓姬姓，洪亮吉《春秋左传诂》谓偃姓。叔姬鼎载：“叔姬作阳伯旅鼎。”(《周金文存》卷二第五十九页)，可证姬姓为是。《汉书·地理志》原东海郡都阳县，后为城阳国，有阳都县，顾注引应劭说，谓即阳国。《水经注·沂水》云：“沂水又南径阳城县故城东，县故阳国也。”《后汉书·明帝纪》注：“阳都故城在沂州沂水县东南。”今定在山东沂南县南，沂水之西。

［**明(茅)**］ “明”为西周初年周公之子所封国名，“茅”为“明”的通假，在今山东巨野东南前昌邑集西。

作册令方彝载：“王令(命)周公子明保尹三事四方”，又载：“明公朝(早)至于成周”，“明公用牲于京宫”。鲁侯尊载：“唯王令明公遣三族伐东或(国)。”“明”为周公之子所封国名。《左传》僖公二十四年记富辰曰：“凡、蒋、邢、茅、胙、祭，周公之胤也。”所说周公之子封国，有“茅”而无“明”，“茅”当为“明”之通假。《国语·齐语》：“首戴茅蒲”，韦注：“茅或作萌”。后来茅邑属邾，《左传》哀公七年记邾国“茅成子以茅叛”，杜注：“高平西南有茅乡亭。”《续汉书·郡国志》“山阳郡高平有茅乡城”，刘注引杜预曰：“茅乡在昌邑西南。”今按昌邑故城在今山东巨野南(偏东)六十里的前昌邑集，茅国当在其西。

［**极**］ 西周时姬姓封国，在今山东金乡南偏东三十里。

《春秋》隐公二年“无骇率师入极”，杜注：“极，附庸小国。”《穀梁传》云：“极，国也。不称氏者，灭同姓，贬也。”极当西周时已存在。《读史方舆纪要》谓极在今山东金乡南偏东三十里，鱼台西。

［**告(郜)**］ 西周春秋时姬姓封国，在今山东成武东南北郜。

告为周文王子所封国，《左传》僖公二十四年记富辰谓郜“文之昭也”。《春秋》隐公十年:“六月壬戌公败宋师于菅,辛未取郜。”盖郜已为宋所取而成为宋邑。《春秋》桓公二年夏四月“取郜大鼎于宋”,盖郜已为宋所取而郜之大鼎亦已归宋。传世有告仲尊、郜史硕父鼎等。杜注:“济阴城武县东南有北郜城。”《水经注·泗水》引《十三州志》云:“今成武县东南有郜城,俗谓之北郜城者也。”《大清一统志》谓古郜国即汉代山阳郡郜城县,即今成武东南十八里北郜城,又南二里曰南郜城。

［滕］　西周时姬姓封国名,在今山东滕县东南。

《史记·陈杞世家》云:“滕、薛、驺,夏、殷、周之间封也,小不足齿列。”《索隐》云:“滕不知本封,盖轩辕氏有滕姓,是其祖也。后周封文王子错叔绣于滕,故宋忠云:今沛国公丘是滕国也。”所说文王子错叔绣封于滕,当出于《世本》。《汉书·地理志》:“沛郡公丘,故滕国。”《元和郡县志》徐州滕县下云:“按古滕国在县西南十四里滕城是也。”《左传》隐公七年“滕侯卒”,杜注:“滕国在沛郡公丘县东南。”根据考古调查,《元和郡县志》所说很是确实。滕县古城在今滕县东南十四里,当荆水与小荆水分叉之间,汉代公丘城正在其东南。详见《考古》1965年第12期《山东邹县滕县古城址调查》。

［营丘］　西周春秋战国时代齐之国都,在今山东淄博市东临淄区。

《史记·齐世家》云:“武王已平商而王天下,封师尚父于齐营丘。”又云:“营丘边莱,莱人夷也,会纣之乱而周初定,未能集远方,是以与太公争国。”《括地志》云:“营丘在青州临淄北百步外城中。”(《史记·齐世家》正义所引)《水经注·淄水》云:“淄水自山东北流,径牛山下,又东径临淄县故城南,东得天齐水口,水出南郊山下,谓之天齐渊,五泉并出,南北三百步,广十步。山即牛山也,左思《齐都赋》曰:“牛岭镇其南者也,水在齐八祠中,齐之得名起于此矣。《地理风俗记》曰:齐所以为齐者,即天齐渊名也。其水北流注于淄水。”营丘遗址当在今淄博市东临淄区,临淄故城外郭之东北部在韩侯岭一带,近年出土陶鬲,形制与陕西西安普渡村出土西周陶鬲相近。近年临淄区龙贯村、尧王村、商王村先后出土战国文物,龙贯村东淄河滩曾出土郾王职剑(郾王职即燕昭王)等,尧王村西凤凰冢出土国子铜鼎和豆、壶等,商王村发现嵌金银战国铜镜和嵌金银牺尊。

[纪(己、曩)] 西周时姜姓封国,在今山东寿光南三十里纪台村。

纪,姜姓。《史记·齐世家》载:“哀公时纪侯谮之周,周烹哀公而立其弟静,是为胡公。”《集解》引徐广曰:“周夷王”。而《帝王世纪》以为周懿王,云:“周之纪国姜姓也。纪侯谮哀公于周懿王,王烹之。”(《史记·秦始皇本纪》正义引)《春秋释例·世族谱》云:“纪,姜姓,侯爵,庄四年齐灭之。”传世有纪姜簋和纪侯作姜萦簋,足证纪确为姜姓。《续汉书·郡国志》:“北海国剧县西有纪亭,故纪国。”《水经注·巨洋水》记:“巨洋又东北径剧县故城西,古纪国也。”清代乾隆年间发现西周晚期的己侯钟于山东寿光县南三十里的纪台村,可知纪国确在这个纪台村。1983年12月在寿光县城以北二十里的古城址(俗称益都侯城)发现了一批有“己”字铭文的商代晚期铜器,可知商代晚期纪国已建立。传世有西周早期的纪侯貉子簋、西周中期的纪侯作姜萦簋等。1969年山东烟台上夼村出土己华父鼎与曩侯鼎,可知“己”与“曩”同为一国之名。

[向] 西周春秋时姜姓封国,在今山东莒南东北。

向，姜姓，见《世本》(《左传》隐公二年正义引)。春秋初年为莒所灭。《春秋》隐公二年"莒人入向"。《汉书・地理志》："沛郡向，故国；《春秋》曰：莒人入向，姜姓，炎帝后。"向县，魏省入龙亢。杜注："向，小国，谯国龙亢县东南有向城。"此说不确，如果向国在今安徽怀庆东南，春秋时莒在今山东莒县，不可能越千里而入其国灭之。顾炎武对此已驳正(《日知录》卷三一"向"条)。顾氏据于钦《齐乘》，定向在沂州西南一百里之向城镇。沈钦韩《春秋左氏地名补注》认为此说不确，"莒亦小国，去沂州二百二十里，去沂州尚远，知向城非沂州之向城镇也"。他从《太平寰宇记》，定向城在莒县南七十五里。《续山东考古录》定向国在山东省莒南东北，今从之。

[州(淳于)] 西周春秋时代姜姓封国，在今山东安丘东北。

《春秋》桓公五年冬"州公如曹"，《左传》作"淳于公如曹"，淳于公即州公，杜注："淳于，州国所都。"《世本》云："州国姜姓。"(《正义》所引)杜注："今城阳淳于县。"《括地志》载："淳于城在密州安丘县东北三十里。"(《史记・扁鹊列传》正义引)《水经注・汶水》谓淳于县"故夏后氏之斟灌国也。周武王以封淳于公，号曰淳于国"。淳于当在今安丘东北三十里。

[夆(逢)] 西周姜姓封国，在今山东临朐西。

《左传》昭公二十年记晏子曰："昔爽鸠氏始居此地，季萴因之，有逢伯陵因之，蒲姑氏因之，而后太公因之。"杜注："逢伯陵，殷诸侯，姜姓。"《国语・周语下》记伶州鸠曰："我皇妣大姜之侄，伯陵之后逢公所凭神也。"韦注："伯陵，大姜之祖有逢伯陵也，逢公，伯陵之后，大姜之姓，殷之诸侯。"西周中期的夆伯鬲载："夆白(伯)乍(作)㸦(都)孟姬尊鬲。"可知逢国西周时尚在，该是蒲姑氏夺去其居地之后，迁往别处。《汉书·地理志》:“齐郡临朐县有逢山祠。”《元和郡县志》于青州临朐县下云:“逢山在县西二十二里。”《齐乘》又说逢山在临朐西十里。今定在山东临朐县西。

[任][宿]　西周春秋时风姓古国,任在今山东济宁,宿在今山东东平东南。

《左传》僖公二十一年记子鱼曰:“任、宿、须句、颛臾,风姓也,实司太皞与有济之祀。”《汉书·地理志》:“东平任城,故任国,太昊后,风姓。”《读史方舆纪要》云:“任城废县今济宁州治,春秋时任国。”

《续汉书·郡国志》:“东平国无盐,本宿国。”《春秋》隐公元年“九月及宋人盟于宿”,庄公十年“三月宋人迁宿”。杜注:“宿,小国,东平无盐县是也。”《元和郡县志》于郓州须昌县下云:“无盐故城在县东三十六里,古宿国也。”按唐须昌县在今山东东平县西北十五里,宿当在今山东东平县东(偏南)二十里,大清河之南。

[须句]　西周时风姓古国,在今山东东平西南。

《左传》僖公二十一年载:“任、宿、须句、颛臾,风姓也。”《公羊传》作“须朐”。《汉书·地理志》:“东郡有须昌,故须句国,太皞后,风姓。”西周有一簋,铭为图形文字,上为“句”字,下为“须”字,见郭沫若《释须句》,收入《金文丛考》。杜注:“须句,在东平须昌县西北。”即今山东东平东南。《水经注·济水》于济水“又北过须昌县西”下引“京相璠曰:须朐,一国二城两名,盖迁都须昌,朐是其本”。《汉书·地理志》:“东郡寿张有朐城”,钱坫《新斠注》云:“朐,即须句之句也,在今东平州西。”按寿张在今山东东平西南。须句春秋前期为邾所灭,《左传》僖公二十一年“邾人灭须句,须句子来奔”,僖公二十二年“伐邾,取须句,反其君焉,礼也”,须句成为鲁的附庸。

［颛臾］　西周春秋时代风姓封国，在今山东平邑东十里。

《论语·季氏》载："季氏将伐颛臾"，孔子曰："夫颛臾，昔者先王以为东蒙主，且在邦城之中矣。"《汉书·地理志》："泰山郡蒙阴，《禹贡》蒙山在西南，颛臾在蒙山下。"《续汉书·郡国志》："泰山郡南武阳，侯国，有颛臾城。"《左传》僖公二十一年："任、宿、须句、颛臾，风姓也。"杜注："颛臾在泰山南武阳县东北。"《大清一统志》："颛臾城在费县西北八十里。"今山东平邑东十里左右有颛臾故城。颛臾与任、宿、须句等同为风姓古国。

［薛、邳］　夏、商、周、春秋时代任姓之国，战国时为齐邑。薛在今山东滕县南四十里，邳又在薛西三十里。

《史记·陈杞世家》云："滕、薛、驺、夏，殷、周之间封也，小不足齿列。"《索隐》云："薛，奚仲之后，任姓，盖夏、殷所封，故《春秋》有滕侯、薛侯。"《左传》定公元年载薛宰曰："薛之皇祖奚仲居薛，以为夏车正，奚仲迁于邳，仲虺居薛，以为汤左相。"旧说以为奚仲所迁之邳，即是下邳，《水经注·泗水》引应劭说和《左传》定公元年杜注都这样说，但是从"仲虺居薛，以为汤左相"来看，奚仲所迁之邳不应离薛太远，不可能远在今江苏邳县的下邳。《说文解字》说："邳，奚仲之后汤左相仲虺所封国，在鲁薛县也。"当即后来的仲虺城。《水经注·泗水》载："漷水又西径薛县故城北，《地理志》曰：夏车正奚仲之国也。……漷水又西径仲虺城北，《晋太康地记》曰：奚仲迁于邳，仲虺居之以为汤左相。……《晋书地道记》曰：仲虺城在薛城西三十里。"仲虺城后来又称驩城，虺、驩声近通用。薛在今山东滕县南四十里，而邳又薛之西三十里，不可能在今江苏邳县东北邳城镇。

［章（鄣）］　西周时任姓封国，在今山东东平以东六十里的鄣

城集。

章，任姓之国，见于《世本》。《水经注·汶水》云："章县按《世本》任姓之国也。齐人降章是也。"《春秋》庄公三十年"齐人降鄣"，杜注："鄣，纪附庸国，东平无盐县东北有鄣城。"《公羊传》和《穀梁传》并云："鄣，纪之遗邑也。"《说文》云："鄣，纪邑也。"王夫之《左传稗疏》、段玉裁《说文解字注》和章炳麟《左传读》皆以为即《左传》昭公十九年"莒子奔纪鄣"之纪鄣，在"今江苏赣榆县旧城北七十五里处"。不确。春秋初期齐之势力尚不可能及于纪鄣，《公羊传》、《穀梁传》所说不确。章原为独立之任姓小国，在今山东东平以东六十里的鄣城集。

［铸（祝）］　"铸"一作"祝"，西周春秋时妊姓封国，在今山东肥城东南。

"铸"金文作"鑄"，是妊姓封国。铸公簠云："铸公作孟妊车毌朕（媵）簠。"《吕氏春秋·慎大览》云："武王胜殷，入殷，未下轝，命封黄帝之后于铸。"《史记·周本纪》称"武王封黄帝之后于祝"，"祝"、"铸"是一声之转，因而通用。《乐记》称"封帝尧之后于祝"，盖传闻异词。此国春秋时尚存，《左传》襄公二十三年"初臧宣叔娶于铸"，杜注："铸国，济北蛇丘县所治。"《续汉书·郡国志》济北国"蛇丘有铸乡城"，刘注："周武王未及下车，封尧后于铸。"《春秋释例》："铸，济北有蛇丘县所治铸乡城，即铸国。"《水经注·汶水》谓"汶水西径蛇丘县南"，县治铸乡城即铸国。《大清一统志》谓在今肥城南，今从杨守敬《水经注图》定在山东肥城东南。

［鄅］　西周春秋时妘姓封国，在今山东临沂北十五里。

鄅，妘姓，见于《世本》（《左传》昭公十八年正义引）。《左传》昭公十八年"六月鄅人藉稻，邾人袭鄅，鄅人将闭门，邾人羊罗摄其首焉，遂入之，尽俘以归。鄅子曰：余无归矣，从帑于邾"，十九年"宋公伐邾"，"乃尽归鄅俘"。不知何年鄅地为鲁所有，《春秋》记哀公三年鲁人"城启阳"，启阳本鄅地，今山东临沂北十五里有启阳故城。《汉书·地理志》："东海郡开阳，故鄅国。"《左传》杜注："鄅，妘姓国也，今琅邪开阳县。"《水经注·沂水》云："沂水又南径开阳县故城东，县故鄅国也。"

［**夷**］ 西周春秋时妘姓封国，在今山东即墨西六十里。

夷，妘姓，见于《世本》（《左传》隐公元年正义引）。《左传》隐公元年八月"纪人伐夷"，杜注："夷国在城阳壮武县。"《续汉书·郡国志》："北海郡壮武，故夷国。"《元和郡县志》莱州即墨下云："壮武故城在县西六十里。"另有姜姓之夷，见畏卣与《左传》庄公十六年，与此有别。《左传》庄公十六年载："初，晋武公伐夷，执夷诡诸。"此为姜姓之夷。文公六年"晋蒐于夷"，盖晋灭夷后，成为晋邑。

［**偪阳（傅阳）**］ 西周妘姓封国，在今山东枣庄东南峄城镇东南。

《春秋》襄公十年"夏五月甲午遂灭偪阳"。《穀梁传》作"傅阳"，"偪"、"傅"音同通用。《国语·郑语》记西周末年史伯云："妘姓，鄢、郐、路、偪阳。"《汉书·地理志》："楚国傅阳，故偪阳国。"《左传》杜注："偪阳，妘姓国，今彭城傅阳县也。"《大清一统志》谓"在峄县南五十里"，峄县即今山东枣庄东南峄城镇，峄城东南五十里有傅阳故城。

［**郰（邹、陬）**］ 郰，西周曹姓封国，春秋时为鲁邑，称陬或邹，在今山东曲阜东南南陬村。

郰，曹姓之国。《世本·居篇》："郰颜居郰。"（《左传》庄公五年正义引）《春秋释例·世族谱》"郰颜"作"夷父颜"，谓："夷父颜有功于周。"

《水经注·泗水》谓峄山“邾文公所迁”，“故邾晏之国，叔梁纥之邑也，孔子生于此”。按《水经注》谓孔子生于峄山，不确。《史记·孔子世家》谓孔子生鲁昌平乡陬邑。《续山东考古录》谓邾故都即孔子所生之陬，可从。陬，一作“郰”，亦作“鄹”。《论语·八佾》：“孰谓鄹人之子知礼乎？”又作“邹”，《左传》昭公九年正义引《论语》作“邹人”。《括地志》：“故邹城在兖州泗水县东南六十里，昌平山在泗水县南六十里，孔子生昌平乡，盖乡取山为名，故阙里在泗水县南五十里。”（《史记·孔子世家》正义引）今定在曲阜东南东陬村（尼山之西）。“邾”金文作“鼄”，传世有邾伯御戎鼎、邾讨鼎、邾友父鬲等。

［郳］ 西周春秋时代邾国的附庸，在今山东滕县东六里。

《左传》庄公五年：“郳犁来来朝”，孔颖达《正义》云：“郳之上世出于邾国。《世本》云，邾颜居邾，肥迁郳，宋仲子注云：邾颜别封小子肥于郳，为小邾子，则颜为邾君，肥始封郳。”《谱》（《世族谱》）云：“小邾，邾侠之后也，夷父颜有功于周，其子友别封为附庸，居郳，曾孙犁来始见《春秋》，附从齐桓，以尊周室，命为小邾子，穆公之孙惠公以下，春秋后六世，而楚灭之。”杜注：“东海昌虑县东北有倪城”。《春秋释例》同。应劭与《晋书·地理志》都说：“蕃县即今滕县，昌虑县亦在滕县境内。”《通志·氏族略》云：“今沂州滕县东南是也。”顾栋高《春秋大事表》定在滕县东六里。传世有郳始鬲，方濬益《缀遗斋彝器考释》谓“郳始当是郳之夫人始姓之女”，或以为郳是始姓，不确。

［鬲］ 西周偃姓封国，在今山东平原西北。

西周中期的鬲叔兴父盨云：“鬲叔兴父作旅须（盨）。”鬲为西周偃姓封国。《水经注·河水》云：大河故渎“北径绎幕县故城东北，西流径平原鬲县故城西。《地理志》曰：鬲，津也，王莽名之曰河平亭，故有穷后羿国也。应劭曰:鬲,偃姓,咎繇后”。鬲原为水名,见《尔雅·释水》的“鬲津”。《元和郡县志》于德州安德县下云:“鬲津枯河在县南七十里。”在今山东平原西北。胡渭《禹贡锥指》以为鬲津故道自今山东德州市附近向东流经商河及河北盐山、山东无棣等县入海。

[**遂**] 西周春秋时妫姓封国,在今山东肥城县南。

《春秋》庄公十有三年“夏六月齐人灭遂”。《世本》云:“遂,妫姓。”传为舜之后,此国西周时当已存在。《汉书·地理志》:“泰山郡蛇丘,隧乡,故隧国。《春秋》曰齐人歼于遂也。”《左传》杜注:“济北蛇丘县东北有遂乡。”《水经注·汶水》云:“京相璠曰:遂在蛇丘东北十里,杜预亦以为然,然县东无城以拟之,今城在蛇丘西北,盖杜预传疑之非也。”洪亮吉《左传诂》云:“东北为西北之误,杜注承京相璠之误。”《续山东考古录》:“遂国故城在肥城县南十里。”《大清一统志》同。

[**莒**] 西周时己姓封国,在今山东胶县西南,后迁山东莒县。

莒,已姓。《世本》云:“莒,己姓。”又云:“莒自纪公以下为已姓。”(见《左传》隐公二年正义所引)《春秋释例·世族谱》:“周武王封兹舆期于莒,初计后徙莒。”计一作计斤,又作介根。《左传》襄公二十四年:“崔杼帅师送之,遂伐莒,侵介根。”杜注:“今城阳黔陬县东北计基城是也。”《汉书·地理志》:“琅邪郡计斤,莒子始于此。”今山东胶县西南五里有城子村,即是莒始居之地。后迁莒,即今山东莒县。战国初期,公元前431年楚简王灭莒,见《史记·楚世家》。中子化盘铭文,述及楚简王伐莒。《水经注·沭水》谓莒子之国“其城三重,并悉崇峻,惟南开一门,内城方十二里,郭周四十许里。《尸子》曰:莒君好鬼巫而国亡。无知之难小白奔焉,乐毅攻齐守险全国”。《元和郡县志》亦云："莒县古莒子国也"，"县治在莒国故城中，城三里，并皆崇峻，惟南开一门。子城方十二里，郭周回四十里"。莒的城郭是修建得特别坚固的。

［**徐(徐戎)**］　西周春秋时代国名，嬴姓，在今山东滕县南、淮水北岸。

徐和奄都是嬴姓，见于《世本》(《左传》昭公元年正义引)。徐方见于《诗·大雅·常武》，徐戎见于《尚书·费誓》。"徐"一作"郐"，《说文》云："郐，邾下邑也，从邑余声，鲁东有郐城，读若涂。"段玉裁云："地当作戎，许书之例未有言城者，郐戎即《周礼注》所云伯禽以王师征郐戎，今《尚书》作徐夷、徐戎，许、郑所据作郐，当在鲁东。"金文亦作"郐"。《书序》云："鲁侯伯禽宅曲阜，徐夷并兴，东郊不开，作《费誓》。"《史记·鲁世家》亦云："伯禽即位之后，管、蔡等反也，淮夷徐戎亦并兴反，于是伯禽率师伐之于肸(费)，作《肸誓》。"费在今山东费县，当曲阜东南。今案《诗·鲁颂·閟宫》说："保有凫绎，遂荒徐宅。"凫山在今山东邹县西南五十里，绎一作峄，在今邹县东南，说明当鲁僖公时徐戎一支尚在邹县之南，与《说文》所说"郐，邾下邑"合。徐戎原居今滕县南，古称徐州。《续汉书·郡国志》："鲁国薛县，六国时曰徐州。"《汉书·地理志》："临淮郡徐，故国，盈姓。"《括地志》云："泗州徐城县北三十里古徐国，即淮夷也。"(《史记·周本纪》正义引)又云："泗州徐城县北，今徐城镇，在泗之临淮镇北三十里，有故城号大徐城，周十一里，中有偃王庙、徐君墓。"(《路史·国名纪乙》引)此乃后来南迁所居地。传世有春秋时的徐王鼎等。

［**郯**］　西周春秋时嬴姓封国，在今山东郯城北门外。

《左传》昭公十七年"郯子来朝"，郯子曰："我高祖少皞挚之立也，凤鸟适至，故纪于鸟，为鸟师而鸟名。”《说文》云：“郯，东海县，帝少昊后所封。”《汉书·地理志》：“东海郡郯，故国，少昊后，盈姓。”《元和郡县志》于泗州下邳县下云：“故郯城在县东北一百五十里，古郯子国。”叶圭绶《续山东考古录》云：“郯县故城在城北有遗址。”《郯城县志》称北门外有郯子东城与郯子西城。此盈姓郯国，出于东夷之族，即嬴姓，历史悠久，西周时当已存在。

［**葛**］ 商、周、春秋时嬴姓小国，在今山东泰山附近。

《孟子·滕文公上》说：“汤居亳，与葛为邻。”此国到春秋初年尚存。《春秋》桓公十五年“邾人、牟人、葛人来朝”，杜注：“葛国，宁陵县东北。”《汉书·地理志》陈留郡宁陵县，注引孟康云：“葛伯国，今葛乡是。”《元和郡县志》宋州宁陵县下云：“故葛城在县北十五里，古葛伯国。以不祀为汤所灭。”“为汤所灭”之说不确。葛为嬴姓，《左传》僖公十七年记齐桓公有“如夫人”六人，其中葛嬴生昭公。《史记·齐世家》也说：“葛嬴生昭公潘。”可知葛为嬴姓。鲁桓公十五年葛人与邾人、牟人一同来朝，邾即邹，建都于今已山东曲阜东南南陬村，牟在今山东莱芜东二十里牟城，与邾、牟之君同时来朝的葛君不可能远在河南宁陵北。王夫之《春秋稗疏》推定在今山东枣庄峄城镇，沈钦韩《春秋地名补注》推定为山东泰山旁，当为泰山旁之小国。

［**奄**］ 金文作“䕨”，西周时嬴姓之国，淮夷之族，在今山东曲阜。

禽簋载：“王伐䕨侯，周公某（谋）禽祝，禽又（有）殹（脤）祝。”鬻劫尊载：“王征䕨，易鬻劫贝朋。”《书序》载：“成王东伐淮夷，遂践奄，作《成王政（征）》。”《左传》昭公元年记赵孟曰：“周有徐、奄”，杜注：“二国皆嬴姓”。奄亦称商奄，又作商盖。《墨子·耕柱》云：“古者周公旦非关叔，辞三公而东处于商盖。”孙诒让《墨子间诂》云：“商盖即商奄，单言之曰奄，累言之则曰商奄，此谓周公居东，盖东征灭奄，即居其地，亦即鲁也。”《说文》：“郁，周公所诛郁国在鲁。”《史记·周本纪》正义引《括地志》曰：“兖州曲阜奄里，即奄国之地也。”《集解》引郑玄曰：“奄国在淮夷之北。”奄乃淮夷的一支，淮夷嬴姓。《韩非子·说林上篇》载：“周公旦已胜殷，将伐商盖，辛公甲曰：‘大难攻，小易服，不如服众小以劫大’，乃攻九夷而商盖服矣。”所谓九夷即是淮夷，因淮夷分支众多而有九夷之称，而奄是此中强大的一支。

奄到汉代，即为曲阜之奄里。《汉书·艺文志》谓“《礼》古经出于鲁淹中”，颜注引苏林曰：“里名也”。《续汉书·郡国志》：“鲁国古奄国”，刘注引《皇览》：“奄里，伯公冢在城内祥舍中。”

［丰］ 东夷所建国，为周公所灭，在今山东济宁附近。

塱方鼎载：“惟周公于征东夷，丰伯、尃古（蒲姑）咸𢦏。”可知丰与蒲姑同为东夷之国。丰伯车父簋出土于山东济宁，见《攈古录金文》卷二之三第四十八页。丰国当在今山东济宁附近。

［薄姑（蒲姑、尃古）］ 西周初期东夷所建之国，在今山东博兴东南。

薄姑一作“蒲姑”，《左传》昭公元年记王使詹桓伯辞于晋曰：“武王克商，蒲姑、商奄，吾东土也。”《左传》昭公二十年记晏子曰：“昔爽鸠氏始居此地，季萴因之，有逢伯陵因之，蒲姑氏因之，而后太公因之。”此地原为东夷所居，东夷部族都以鸟为名，爽鸠氏是鸟名，蒲姑氏亦是鸟名。蒲姑既为东夷一部族名，亦为地名。《史记·齐世家》称“胡公徙都薄姑”。塱方鼎载：“惟周公于征东尸（夷），丰白（伯）、尃古咸𢦏。”尃古即薄姑。

《续汉书·郡国志》：“安国博昌有薄姑城。”杜预《春秋释例》：“蒲姑，乐安博昌县西北有蒲姑城。”《括地志》云：“薄姑城在青州博昌县东北六十里。”(《史记・齐世家》正义所引)《水经注・济水》云：“薄姑去齐城(即临淄)六十里。”又云：“济水又经薄姑城北”，又云：“薄姑故城在临淄西北五十里，近济水。史迁曰献公徙薄姑。城内有高台。”《元和郡县志》：“蒲姑古城在(博昌)县东北六十里。”《续山东考古录》云：“薄姑国城在(博兴)东南十五里，今柳桥。”在今山东博兴东南五里之柳桥村。

［**莱(釐、莱夷)**］　莱，商、西周、春秋时东方大国，莱的国都在今山东平度以西胶莱河一带。

《史记・齐世家》谓师尚父封于营丘，“营丘边莱”，“莱侯来伐，与之争营丘”。莱，亦称莱夷，见《书・禹贡》。又作釐，见春秋铜器叔夷钟。春秋中期为齐所灭。

服虔和杜预都说莱在汉代东莱郡黄县，盖因黄县有莱山而附会。于钦《齐乘》谓莱都在黄县东南，也因地名莱子关而附会。康熙《黄县志》谓在县城东南十里灰城，也无根据。莱为当时东方大国，辖境很大，《汉书・地理志》东莱郡黄县有莱山，㡉有百支莱王祠，琅邪郡长广亦有莱山、莱王祠，都该因莱而得名。

《春秋》宣公七年记“公会齐侯伐莱”。《左传》襄公二年记“齐侯伐莱”，“晏弱城东阳以逼之”。襄公六年记“齐侯灭莱”，“四月晏弱城东阳而遂围莱……丁未入莱，莱共公浮柔奔棠”，“晏弱围棠，十一月丙辰而灭之，迁莱于郳”。据此莱都当与东阳、棠不远。《黄县志稿》云：“考东阳在临朐东境，莱都当与相近，并去棠不远，则当为古即墨附近。”今推定莱都在今平度以西胶莱河一带。

［**牟**］　西周东夷所建国，在今山东莱芜东二十里。

《春秋》桓公十五年："邾人、牟人、葛人来朝"，杜注："牟国，泰山县。"《汉书·地理志》："泰山郡牟，故国。"应劭曰："鲁附庸也。"《大清一统志》："山东莱芜县东二十里有牟城。"《山东通志》同。

［**根牟**］ 西周东夷所建国，在今山东琅邪阳都东。

《春秋》宣公九年"取根牟"，杜注："东夷国，今琅邪阳都县东有牟城。"在今山东莒县西南。

［**鲜牟**］ 同根牟。

《国语·晋语八》："成王盟诸侯于岐阳，置茆蕝，设望表，与鲜牟守燎，故不与盟。"韦注："鲜牟，东夷国。"谭澐《国语释地》以为即牟或根牟。据韦注，鲜牟是东夷，当以根牟为是。

［**邿(寺)**］ 西周时封国，在今山东长清仙人台。

《春秋》襄公十三年"夏，取邿"，杜注："邿，小国也。任城亢父县有邿亭。"《公羊传》"邿"作"诗"，称为"邾娄之邑也"。考邾的疆域在今山东滕州北部及邹城一带，离邿甚远，可知《公羊传》所说不确。《汉书·地理志》："东平国，亢父诗亭，故诗国。"《说文》："邿，附庸国，在东平亢父诗亭。"据《济宁胜迹概览》(丁冲、夏忠润、解华英著，山东友谊书社1990年版)，亢父在今济宁南郊喻屯乡南张村，邿亭在今济宁南郊唐口镇寺堌堆。此说恐不确。1995年山东长清南大沙河上游仙人台发现周代邿国墓地，此中第三号墓是西周晚期所建，第一和第二号墓约在西周、东周之际，其余为春秋早期。各墓随葬铜礼器，有五鼎四簋、三鼎两敦、二鼎二簠之别。传世铜器有邿伯肇鼎、邿伯祁鼎等，见《三代吉金文存》卷三。

［**贯**］ 西周国名，战国时为卫邑，称为毌丘，在今山东曹县南十里。

《礼记·明堂位》："崇鼎、贯鼎、大璜、封父龟，天子之器也。"郑

注："崇，贯、封父，皆国名。……古者伐国，迁其重器，以分同姓。"据此，贯当与崇、封父同为西周初期古国。春秋时为齐邑，《春秋》僖公二年"齐侯、宋公、江人、黄人盟于贯"。战国时为卫邑或齐邑，称为毌丘。《史记·田世家》：宣公四十九年"伐卫取毌丘"。《索隐》："毌音贯，古国名，卫之邑。"

《左传》僖公二年"齐侯、宋公、江人、黄人盟于贯"，《杜注》："贯，宋地。梁国蒙县西北有贳城，贳与贯，字相似。"《水经注·汳水》谓贳城"阚骃《十三州志》以为贯城也，在蒙县西北"。今案此说不确。《春秋》僖公二年"盟于贯"，《公羊传》"贯"作"贯泽"。《春秋释例》："或曰齐有贯泽。"《括地志》："故贯城，即古贯国，今蒙泽城，在曹州济阴县南五十六里。"(《史记·田世家》正义引)《大清一统志》："蒙泽故城在今曹县南十里。"

[**戎**][**戎州**] 戎为西周春秋部族名，卫国有戎族所居之城，称为戎，又称为戎州，在今山东菏泽东南。

《春秋》隐公二年"公会戎于潜"，杜注："陈留济阳县东南有戎城。"《水经注·济水》云："济渎自济阳故城南，东径戎城北，《春秋》隐公二年公会戎于潜是也。"《大清一统志》云："戎城在菏泽县西南，即曹县西北。鲁隐公与戎相会，戎当指戎之官长。"

《左传》哀公十七年十一月记：卫庄公"登城以望，见戎州，公曰：我姬姓也，何戎之有焉，翦之"，"公入于戎州己氏。初公自城上见己氏之妻发美，使髡之，以为吕姜髢"。杜注："己氏，戎人姓。"这个戎州当在卫都帝丘(今濮阳西南)城外，是戎人集中居住之地，因而有戎州之称。《吕氏春秋·慎小》载有同一件事，"卫庄公立，欲逐石圃，登台以望，见戎州而问之曰：是何为者也？侍者曰：戎州也。庄公曰：我姬姓也，戎人安敢居国？使夺之宅，残其州。晋人适攻卫，戎州人因与石圃杀庄公，立公子起。”高注：“戎州，戎之邑也。”

在今安徽、湖北地区的列国分布

［舒］　偃姓古国，在今安徽舒城东。

《春秋》僖公三年载“徐人取舒”，杜注：“舒国今庐江舒县。”《汉书·地理志》：“庐江郡舒，故国。”在今安徽庐江西南三十里。“舒”又有“群舒”之称，《左传》文公三年“群舒叛楚”，杜注：“群舒偃姓，舒庸、舒鸠之属，今庐江南有舒城，舒城西南有龙舒。”《正义》引《世本》云：“偃姓：舒庸、舒蓼、鸽鸠、舒龙、舒鲍、舒龚。”《左传》襄公二十五年：“舒鸠人卒叛楚，令尹子木伐之，及离城。”杜注：“离城，舒鸠城。”按《太平寰宇记》卷一二六舒城县下云：“舒鸠城在县城内。”《大清一统志》谓庐州府舒鸠城，即今舒城。1959年9月舒城东四里龙舒凤凰嘴出土一批铜器，有鼎、鬲、盉、罐等十多件，形制和花纹具有西周晚期与春秋时代特征，见《寿县舒城出土的铜器》，刊《考古》1964年第10期，可知舒在西周时已存在。

［巢］　南巢氏，商代部族名，西周、春秋时为巢国偃姓，在今安徽桐城南。

《古本竹书纪年》：“汤遂灭夏，桀奔南巢氏。”（《太平御览》卷八三引）《淮南子·修务训》谓汤“乃整兵鸣条，困夏南巢”。高诱注：“南巢，今庐江居巢是。”《国语·鲁语上》：“桀奔南巢”，韦注：“巢伯之国，今庐江居巢是也。”此国春秋时尚存，《春秋》文公十二年“楚人围巢”，杜注：“巢，吴、楚间小国，庐江六县东有居巢城。”1977年陕西周原出土周初卜辞有“征巢”记载。《水经注·沔水》于“沔水又东北出居巢县南”下云：“古巢也，……巢，群舒国也。”可知巢为偃姓。《汉书·地理志》“庐江郡居巢”，颜注引应劭曰：“巢国也。”今安徽巢县东北五十里有居巢故城址。

［录(六)］　偃姓古国，在今安徽六安东北。

六为偃姓之国。《史记·夏本纪》谓禹“封皋陶之后于英、六”，《陈杞世家》亦云：“皋陶之后或封英、六”，《索隐》引《世本》云：“二国皆偃姓。”西周金文有录国。录刻卣载：“王令刻曰：叡，淮尸(夷)敢伐内国，女(汝)其以成周师氏戍于古自，白(伯)雍父蔑录曆。”录伯刻簋载王若曰：录白(伯)刻……。”录为国族名，刻是周王所封录国君主之名。录簋载：“白(伯)雍父来自㝬(胡)，蔑录曆。”案“㝬”“胡”古同音通用，周厉王名“胡”，所铸大簋的金文作“㝬”。伯雍父是周穆王时征伐淮夷的主将，见于一系列有关录伯刻的金文，㝬(胡)当即在今安徽阜阳的胡。由此可见录国当即古文献上的六。《汉书·地理志》：“六安国六，故国，皋陶后，偃姓，为楚所灭。”《春秋》文公五年载：“秋，楚人灭六。”《括地志》云：“故六城在寿州安丰县南一百三十二里，本六国，偃姓，皋繇之后所封也。”六故城在今安徽六安东北。

［㝬(胡)］　西周、春秋时所封归姓之国，在今安徽阜阳。

《史记·陈杞世家》谓“周武王时，侯伯尚千余人”，“江、黄、胡、沈之属不可胜数”。西周中期有㝬叔㝬姬簋，㝬姬为㝬叔的夫人，母家姓姬，此从夫称㝬姬。㝬叔鼎载：“㝬叔信姬作宝鼎”，信当为㝬姬之名。㝬为封国之名，即胡国。“㝬”“胡”音同通用。周厉王名胡，所铸大簋，铭文作“㝬”，足以为证。录刻卣载王令刻抵御淮夷的进攻，录簋载：“伯雍父来自㝬，蔑录曆。”伯雍父为周穆王时征伐淮夷的主将。“㝬”是伯雍父坐镇指挥征伐淮夷的据点，即古文献上的胡，在今安徽阜阳，地处颍水南边。由此向东，涂山（今安徽蚌埠西）以东的淮水流域，即为淮夷所在。胡国到春秋时还存在，《左传》昭公十三年载："楚之灭蔡也，灵王迁许、胡、沈、道、房、申于荆焉。"荆为荆山，许、胡、沈、道、房，都是蔡附近的小国。《汉书・地理志》汝南郡女阴，颜注："故胡子国。"《左传》定公十五年"楚灭胡"，杜注："胡，楚属国，归姓，女阴县西北有胡城。"《史记・陈杞世家》索隐引《世本》云："胡，归姓"，"胡亦在汝南"。在今安徽阜阳。

［相］　西周时分封的侯国，在今安徽濉溪西北。

作册旂觥载："隹（唯）五月王才（在）庌（岸），戊子令乍（作）册旂兄（贶）望土于相侯，易金易臣，扬王休，隹（唯）王十又九祀。""旂"或释为"折"。器和盖同铭。此为西周昭王十九年制作之器。此器与作册睘卣所载年代和所在地点相同，正是周昭王伐楚之时。《水经注・睢水》谓："相县故宋地也"，"睢水又东径相县胡城南，宋共公之所都也"。相县因境内有相山得名，治所在今安徽濉溪西北。西周时相侯封邑当即在此。相侯簋载："隹（惟）三月乙亥相侯休□□臣□，易帛金，……。"（见《三代吉金文存》卷八第二十八页）这个相侯亦当在此。

［过］　西周时代的封国，在今安徽怀远东。

过伯簋载："过白（伯）从王伐荆。"郭沫若以为或者就是夏代过国之后，《左传》襄公四年载无终（山戎）使者孟乐谈及，杜注谓过国在"东莱掖县北有过乡"，在今山东掖县东北（《西周金文辞大系》）。此说不确。此地距楚有千里以上，其君不可能随从周王伐楚。日本白川静以为此字作"迵"，是"滑"字的省文，《春秋》庄公三年"公次于滑"，杜注以为滑在陈留襄邑县西北"，靠近大康附近的渦水，过（過）国当与渦水有关（《金文通释》卷一下）。马承源以为"過"当是"渦"，

《汉书·地理志》淮阳国扶沟，颜注："過水首受狼汤渠，东至向入淮，过郡三，行千里。"過水最曲迂的部分在淮阳郡，所以过国当在古淮阳郡内（《商周青铜器铭文选》三）。《水经注·淮水》称淮水"又东过当涂县北，過水从西北来注之"，"淮出于荆山之左，当涂之右，奔流二山之间而扬涛北注也"。当涂有周穆王"会诸侯"的涂山。过国当即在涂山附近，在今安徽怀远东。

［桐（空洞氏）］ 西周、春秋时小国，在今安徽桐城西北。

空桐氏，西周小国，传为殷王支庶之后，见于《世本》（《姓觿》一东"桐"下引）。翏生盨载："王征南淮夷，伐角、雋（津），伐桐、遹。"桐当即空桐氏。春秋时仍存在。《左传》定公二年载："桐叛楚，吴子使舒鸠氏诱楚人，曰：以师临我，我伐桐，为我使之无忌。"杜注："桐，小国，庐江舒县西南有桐乡。"《续汉书·郡国志》："庐江郡舒县有桐乡"，刘注："古桐国。"宋王存《元丰九域志》谓"桐古国，世属于楚，安徽桐城县北有古桐城"。杜预以为桐国，在舒县西南桐乡，舒县在今庐江西南三十里，桐城又在其西南，桐国当在今安徽桐城西北。桐因世代为楚之属国，因而不见中原文献记载。

［角］［津］［遹（鄱）］ 西周时淮夷所建之国，在淮水和泗水会合之处。

翏生盨载："王征南淮尸（夷），伐角、雋（津），伐桐、遹。"《水经》载："淮水又东北至下邳淮阴县西，泗水从西北来流注之。"《水经注》云："淮、泗之会即角城也。左右两川翼夹二水，决入之所，所谓泗口也。"《太平寰宇记》于淮阳郡宿迁县下云："角城在今县东南一百一十一里。"就是淮水和泗水会合之处。津、桐、遹当在角的附近。鄂侯驭方鼎载："王南征，伐角、鄱。""鄱"当与"遹"同为一国。

［艮］ 西周时汉水流域南夷所建之国。

㝬钟载："南或（国）艮子敢臽（陷）虐我土，王敦伐其至，戮（扑）伐厥都，艮子乃遣间来逆邵王，南尸（夷）东尸（夷）具见，廿又六邦。"艮为南夷所建之国。

［楚］ 建都丹阳，芈姓，在今湖北秭归东南七里。

《世本》载"楚鬻熊居丹阳"（《左传》桓公二年正义引）。《史记·楚世家》云："熊绎当周成王之时，举文武勤劳之后嗣，而封熊绎于楚蛮，封以子男之田，姓芈氏，居丹阳。"《汉书·地理志》："丹阳郡丹阳，楚之先熊绎所封。"此说不确。《水经注·江水》驳之曰："论者云：寻吴、楚悠隔，缢缕荆山，无容远在吴境，是为非也。"《楚世家》集解引徐广曰："在南郡枝江县。"《正义》引颖容云："楚居丹阳，今枝江县故城是也。"《续汉书·郡国志》南郡枝江县有丹阳聚。《水经注·江水》引《宜都记》曰："秭归盖楚子熊绎之始国。"又云："江水又东径一城北，其城凭岭作固，二百一十步，夹溪临谷，据山枕江，北对丹阳城，据山跨阜，周八里二百八十步，东北两面悉临绝涧，西带亭下溪，南枕大江，险峭壁立，信天固也。楚子熊绎始封丹阳之所都也"，"又楚之先王陵墓在其间，盖其征矣"。《楚世家》正义引《括地志》云："归州巴东县东南四里归故城，楚子熊绎之始国也，又熊绎墓在归州秭归县。"又引《舆地记》云："秭归县东有丹阳城，周围八里，熊绎始封也。"今按《墨子·非攻下》云："昔者熊丽始封此睢山之间"，睢山即指沮水两旁之山区，丹阳正当睢山西南。《通鉴地理通释》谓丹阳在今秭归东南七里故城。

［夔］ 西周时芈姓小国，在今湖北秭归东。

夔，芈姓之国。《国语·郑语》载周幽王时史伯曰："芈姓夔、越。"

《春秋》僖公二十六年“楚人灭夔，以夔子归”。《公羊传》作“隗”，盖音同通假。《左传》云：“夔子不祀祝融与鬻熊，楚人让之。对曰：我先王熊挚有疾，鬼神弗赦，而自窜于夔，吾是以失楚，又何祀焉。”夔一作归，《左传》宣公八年正义引《郑语》作“归”。《汉书·地理志》：“南郡秭归归乡，故归子国。”《水经注·江水》于秭归县下云：“县故归乡，《地理志》曰：归子国也。归乡盖夔乡矣。”又云：“江水又东南径夔城南，跨据川阜，周回一里百一十八步，西北角有圆土狱，西南角有石井，口径五尺。熊挚始治巫城，后疾移此，盖夔徙矣。《左传》僖公二十六年楚令尹子玉城夔者也。服虔曰：在巫之阳，秭归归乡矣。”《太平寰宇记》于秭归县下云：“夔子城在县东二十里，春秋夔子之都。”在今湖北秭归东。

［唐］　西周春秋时国名，姬姓，在今湖北随县西北唐县镇。

唐，姬姓，见于《世本》(《史记·楚世家》正义引)。《国语·郑语》记周幽王时史伯曰：“当成周者，南有荆蛮、申、吕、应、邓、陈、蔡、随、唐。”当为汉阳诸姬之一，西周时已有，鲁定公五年灭于楚，见于《左传》。《汉书·地理志》：“南阳郡舂陵，侯国，故蔡阳白水乡。上唐乡故唐国。”《左传》宣公十二年杜注：“唐，属楚小国，义阳安昌县东南有上唐乡。”《水经注·涢水》：“东北径上唐县故城南，本蔡阳之上唐乡，旧唐侯国。”《括地志》云：“上唐乡故城在随州枣阳县东南百五十里，古之唐国也。”(《楚世家》正义引)今湖北随县西北唐县镇。

［随］　西周春秋时国名，姬姓，在今湖北随县。

随，姬姓，见于《世本》(《左传》桓公六年正义引)。《国语·郑语》记周幽王时史伯述及。《汉书·地理志》：“南阳郡随，故国。”《左传》桓公六年杜注：“随国，今义阳随县。”《水经注·涢水》：“涢水东南径随县西，县故随国矣。”《括地志》云：“随州外城，故随国城。”（《史记·楚世家》正义引）今湖北随县。

［邓］　西周春秋时国名，曼姓，在今湖北襄樊北邓城镇。

邓，曼姓，见于《世本》（《左传》桓公七年正义引）。《潜夫论·志氏姓》作“嫚”。金文作“登”。盂爵载：“王令盂宁登白（伯）。”“登”即“邓”。《国语·郑语》记周幽王时史伯述及。《左传》昭公九年记詹桓伯曰：“武王克商，……巴、濮、楚、邓，吾南土也。”春秋时为小国。《汉书·地理志》：“南阳郡邓，故国。”《说文》云：“邓，曼姓之国，今属南阳。”《括地志》云：“故邓城在襄州安养县北二十里，春秋之邓国，庄十六年楚文王灭之。”《元和郡县志》襄州临汉县下云：“故邓城在县东北二十二里。”在今湖北襄樊北邓城镇。江永《春秋地理考实》、顾栋高《春秋大事表》等，都误以为在今河南邓县。河南邓县原是蔡国的邓邑，与邓国无关。春秋早期有邓伯氏鼎、邓孟壶盖、邓公簋盖，晚期有邓公鼎等，是湖北襄阳出土。

［鄾］　西周春秋时邓的附庸，今湖北襄樊北邓城镇东南八里。

“鄾”一作“優”，嫚姓，见于《潜夫论·志氏姓》。《左传》桓公九年载：“楚子使道朔将巴客以聘于邓，邓南鄙鄾人攻而夺之币。”《续汉书·郡国志》：“南阳郡邓有鄾聚。”《水经注·淯水》云：“淯水又径邓塞东，又径鄾城东，古鄾国也，盖邓之南鄙也”，“司马彪以为邓之鄾聚矣”。《左传》杜注：“鄾在今邓县南，沔水之北。”《大清一统志》云：“襄阳县东北二十里有邓城，鄾城在邓城南八里。”在今湖北襄樊北邓城镇东南八里。

［庸］　商、周时代国名，在今湖北竹溪东南堵河北岸。

庸为周武王伐纣时所统率的八国军队之一。《尚书·牧誓》记王曰："及庸、蜀、羌、髳、微、卢、彭、濮人。"《续汉书·郡国志》："汉中郡上庸，本庸国。"《左传》文公六年"庸方城"下杜注："方城，庸也。上庸县东有方城亭。"《括地志》云："房州竹山县本汉上庸县，古庸国。昔周武王伐纣，庸蛮与焉。"(《史记·楚世家》正义引)又云："方城山在房州竹山县东南四十一里，其山顶上平，四面险峻，山南有城，长十余里，名为方城。"(《史记·礼书》正义引)按"庸"即"墉"，即因方城而得名，其国即在方城山。今湖北竹溪东南堵河北岸。

［**彭**］ 商、周时代国名，在今湖北房县西南。

彭为随从周武王伐商的八国之一，见于《尚书·牧誓》。王夫之《尚书稗疏》云："《春秋传》云：伐绞之役，楚师分涉于彭。"杜预曰："彭水在新城昌魏县，昌魏在房县北，则彭国滨于彭水，当在上津县南。"按《大清一统志》云：郧阳府有筑水，"源出房县西南，径县城北为高视河，一名马栏河，古名彭水"。今推定在湖北房县西南。

［**卢(庐)**］ 商、周时代国名，在今湖北南漳东北五十里中庐镇。

卢为随从周武王伐商的八国之一。《尚书·立政》谓周文王所属有"夷、微、卢、烝"。卢，妫姓。《国语·周语中》记富辰曰："卢由荆妫"，韦注："卢，妫姓之国。"又作"纑"，见于《史记·周本纪》。春秋时称庐戎。《水经注·沔水》谓中庐县，"即春秋庐戎之国也"。庐后为楚邑，《左传》文公十四年述及庐，杜注："庐，今襄阳中庐县。"《括地志》云："中庐在义清县北二十里，本春秋时庐戎之国也，秦谓之伊庐，汉为中庐。"(《史记·淮阴侯列传》正义引)按唐代义清县在今南漳县东北旧县铺，中庐在其北二十里。顾栋高《春秋大事表》推定在今湖北南漳东北五十里中庐镇。史密簋载：王命师俗、史密东征南夷的卢、虎。庐即此卢国。

［鄂］ 楚王熊渠分封其中子红，在今湖北鄂城。

《世本》载："楚子熊渠封仲子红于鄂。"(《太平寰宇记》卷一一二、《路史・国名纪丙》引)《史记・楚世家》称："熊渠生子三人，当周夷王时，……熊渠甚得江、汉间民和，乃兴兵伐庸、杨粤，至于鄂。……乃立其长子康为句亶王，中子红为鄂王。"《集解》引《九州记》曰："鄂今武昌。"《正义》引《括地志》云："武昌县，鄂王旧都，今鄂王神即熊渠子之神也。"说明鄂王影响深远。《史记・楚世家》称："熊渠卒，子熊挚红立，挚红卒，其弟弑而代立，曰熊延。"盖熊渠死后，中子红即位，结果为其弟熊延所杀。《水经注・江水》载："江之右岸有鄂城故城，旧樊楚地(“樊楚”二字有误)，《世本》称熊渠封其中子红为鄂王。……《九州记》曰：鄂今武昌也。"鄂在今湖北鄂城。

在今河北地区的列国分布

［邢］ 西周姬姓封国，在今河北邢台。

《左传》僖公二十四年记富辰曰："凡、蒋、邢、茅、胙、祭，周公之胤也。"麦方尊载："王令辟井(邢)侯出矿，侯于井(邢)。"《汉书・地理志》襄国下云："故邢国。"《左传》杜注："邢在今广平襄国。"《元和郡县志》邢州下云："亦古邢侯之国，邢侯为纣三公，以忠谏被诛。周成王封周公旦子为邢侯，后为狄所灭。"又云："按古邢国，今邢州城内西南隅小城也。"此说确实。邢国即在今河北邢台。1978 年河北元氏出土的臣谏簋载："惟戎大出于軝，井(邢)侯搏戎，延(诞)令臣谏以□□亚旅处于軝。"軝即今元氏境内的泜水流域，在今井陉东南。这是说戎族大举进犯该地，邢侯出击，下令臣谏统率亚旅(官名)出居于軝防守。《后汉书・西羌传》说周平王东迁后二年，邢侯大破北戎，说明邢国原来相当强大，但是到春秋以后逐渐衰落，终于为狄所攻灭。《续汉书·郡国志》："河内郡平皋有邢丘，故邢国，周公子所封。"《说文》也说："邢，周公子所封，地近河内怀。"这是错误的。20世纪40年代有邢侯簋出土，记周王策命邢侯的事，铭文作："隹（惟）三月王令荧（縈）眔内史曰：蒡井（邢）侯服。"现藏英国伦敦不列颠博物馆。

［鲜虞］　西周白狄之国，在今河北正定西北。

《国语·郑语》记周幽王时史伯曰："当成周者，北有卫、燕、翟、鲜虞、潞、洛、泉、徐、蒲。"是西周时鲜虞已建国。《左传》昭公十二年"晋荀吴伪会齐师者，假道于鲜虞，遂入昔阳"，杜注："鲜虞，白狄别种，在中山新市县。"《续汉书·郡国志》："中山国新市县有鲜虞亭，故国，子姓。"《史记·赵世家》载："赵献侯十年中山武公初立"，《索隐》云："按中山古鲜虞国，姬姓也。《世本》云：中山武公居顾，桓公徙灵寿，为赵武灵王所灭。"董增龄《国语正义》云："《史记索隐》：中山古鲜虞姬姓，是司马贞用宏嗣义矣。"按《汉书·地理志》注引应劭曰："鲜虞子国，今鲜虞亭是，是误以子爵为子姓也。今直隶正定府新乐县西南有新市故城，俗名新城铺，其地有鲜虞亭。"今案鲜虞原来建都于新市县，在今河北正定西北十里，战国时中山武公居顾，在今河北定县，中山桓公徙灵寿，在今河北平山。

在今江苏、浙江、四川等地区的列国分布

［吴］　西周时虞的一支分封到江南所建国。

《史记·周本纪》和《吴太伯世家》称周太王亶父生有三子，即太伯、仲雍和季歷，季歷有子名昌（即周文王）有"圣瑞"，太伯和仲雍得知太王"欲立季歷以传昌"，于是"逃亡到荆蛮，文身断发，自号句吴，

立为吴太伯，太伯卒，无子，弟仲雍立，仲雍卒，子季简立，季简卒，子叔达立，叔达卒，子周章立。周武王克商，乃封周章弟虞仲于虞”。这是一种传说，其实并非如此。太王亶父为了准备克商传王位于幼子季歷，而分封太伯和仲雍到虞，虞在今山西平陆北，作为周人准备东进中原而克商的据点。

《世本》称“吴孰哉”居“蕃篱”，宋注：“孰哉，仲雍字，蕃篱今吴之余暨也。”（《史记·吴太伯世家》索隐引）此说不确。余暨故城在今浙江萧山西，去吴甚远。陆广微《吴地记》谓仲雍葬梅里，又名番丽，今横山（见《汉唐地理书钞》）。梅里与蕃篱音同通用。《吴越春秋·吴太伯传》谓太伯“葬于梅里平墟”。《吴世家》正义云：“太伯居梅里，在常州无锡县东南六十里。”所有这些都出自传说，尚无确据。

《世本》又称“孰姑徙句吴”，“句吴，太伯始所居地名”。《汉书·地理志》：“会稽郡吴，故国，周太伯邑。”《吴越春秋·吴太伯传》：“故太伯起城，周三里二百步，外郭三百余里在西北隅，名曰故吴”，注：“太伯所都谓之吴城，在梅里平墟，今无锡县境。”以上所说皆出于传说，无确据。

1954年江苏丹徒烟墩山出土宜侯夨簋，铭文云：“王省武王、成王伐商图”，“王立（位）于宜”，“王令虔侯夨曰：繇！侯于宜”。这是说周康王把虔侯夨从虔改封到宜。近人有释“虔”为“虞”的早期写法的，此与字形不合，“虞”字从“吴”声，而“虔”字从“夨”，不该识为一字。

［虔］［宜］　周康王把虔侯夨从虔改封到宜。

江苏丹徒烟墩山出土的宜侯夨簋，铭文述及周康王把虔侯夨从虔改封到宜，近人认为宜当即在宜侯夨簋出土地点附近。

［邳（下邳）］　商、周、春秋、战国时代国名，在今江苏邳县北邳

城镇。

《左传》昭公元年记赵孟曰："商有姺、邳"，杜注："邳，今下邳县。"《古本竹书纪年》云："梁惠王三十一年，邳迁于薛。"(《水经注·泗水》引)《史记·鲁世家》索隐引"邳"作"下邳"。据《大清一统志》，"下邳故城在今睢宁西北邳城镇东三里"。战国早期的邳伯罍，出土于今山东枣庄南峄城镇，与邳城镇相邻。

［**越**］　越族所建古国，建都于会稽，在今浙江绍兴。

《史记·越世家》称："越王句践，其先禹之苗裔，而夏后帝少康之庶子也，封于会稽。"《吴越春秋》谓少康"封其庶子于越，号曰无余"。《水经注·浙江水》云："又有秦望山，在州城正南，为众峰之杰，……山上有堆岘，岘里有大城，越王无余之旧都也。"《史记》以为越为夏后氏之后姒姓，但《世本》云："越，芈姓也，与楚同祖。"(《越世家》正义引)此说不可信，楚、越语言不同，战国时楚王母弟鄂君子晰听到越人歌唱，"于是乃召越译"，才能听懂(见《说苑·善说》)。楚越风俗也相异，荀子说："居楚而楚，居越而越，居夏而夏，非天性也，积靡使之然也。"(《荀子·儒效篇》)又云："越人安越，楚人安楚，君子安雅("雅"即"夏")。"(《荀子·荣辱篇》)

［**蜀**］　随从周武王克商的八国之一，在今四川省北部。

《尚书·牧誓》所载随从周武王克商的八国中有蜀。《华阳国志·蜀志》亦云："周武王伐纣，蜀与焉，其地东接于巴，南接于越。"

春秋早期的鄁(部)嫛鼎、簋、壶、盘等器载："王子剌(烈)公之宗妇鄁(部)嫛为宗彝䵼彝，永宝用，以降大福，保辥鄁(部)国。"《集韵》云："部，乡名在临邛。"临邛即今四川邛崃。《说文》云："䣊，蜀地也，从邑耤声。""䣊"就是"部"的别一写法。《华阳国志·巴志》载："周慎王五年蜀王伐苴侯,苴侯奔巴,巴为求救于秦,秦惠文王遣张仪、司马错救苴、巴,遂伐蜀灭之。""苴"又是"鄁"的别一写法。鄁是嬰姓之国。此国很可能西周时已建立,因远在四川,不见于中原典籍。

［濮］ 商、周时代国名,在楚国西南一带。

濮为随从周武王伐商的八国之一。《史记·周本纪》集解引孔安国曰:"庸、濮在江汉之南",正义引《括地志》曰:"濮在楚西南。"《左传》文公十六年载:"庸人帅群蛮以叛楚,麇人率百濮聚于选。"又记芀贾曰:"夫麇与百濮谓我饥不能师,故伐我也。若我出师,必惧而归。百濮离居,将各走其邑。"孔疏引杜预《释例》云:"濮夷皆无君长总统,各以邑落自聚,故称百濮也。"百濮当散居邑落,分布甚广。王夫之《尚书稗疏》云:"濮与麇为邻,麇在今郧阳县治,其东则楚也,其西则濮也,是濮夹汉水而处居郧阳之上流,在白河之东南矣。"此说过于偏向西北,当在楚国西南广大地区。

马王堆帛书《战国纵横家书》的史料价值

1973年12月，马王堆三号汉墓中发现了一部类似《战国策》的帛书，未标书名，共分二十七章，有一万一千多字。其中有百分之六十左右不见于《战国策》和《史记》，为我们研究战国中期合纵连横的战争提供了重要资料，这是值得重视的。

对这部书作了初步研究后，学术界有两种不同的看法：一种认为这些佚文以讲苏秦、苏代、苏厉的言行为主，可能是《汉书·艺文志》纵横家中的《苏子》；另一种认为把它看作《战国策》的前身比较恰当，因为西汉刘向编辑《战国策》时所依据的就有《国策》、《短长》等多种册子。为了便于运用这些新发现史料进行科学研究，有必要对这部帛书进行分析，确定它的史料价值。

一

我们把这部帛书和《战国策》、《史记》作比较，其中有九章大体相同：

(1) 第十五章，与《战国策·魏策三》“秦败魏于华”章、《史记·穰侯列传》秦昭王三十二年记载相同(以下凡述及《战国策》和《史记》的，都只记篇名，书名从略)。

(2) 第十六章，与《魏策三》“魏将与秦攻韩”章、《魏世家》安釐王十一年记载相同。

(3) 第十八章，与《赵策四》“赵太后新用事”章、《赵世家》孝成王元年记载相同。

(4) 第十九章，与《秦策三》“秦客卿造谓穰候”章相同。

(5) 第二十章，与《燕策一》“齐伐宋”章、《苏秦列传》所附苏代传相同。

(6) 第二十一章，与《赵策一》“赵收天下且以伐齐”章、《赵世家》惠文王十六年记载相同。

(7) 第二十二章，与《田世家》湣王十二年记载相同。

(8) 第二十三章，与《楚策四》“虞卿谓春申君”章相同。

(9) 第二十四章，与《韩策一》“秦韩战于浊泽”章、《韩世家》宣惠王十六年记载相同。

上述九章中，有六章与《战国策》、《史记》相同，有两章与《战国策》相同，有一章与《史记》相同。还有第四章的中间一小段，与《燕策二》“苏代自齐献书燕王”章的中段相同；第四章的首尾两段，与《燕策二》的同一章的首尾两段相同。第五章又和《燕策一》“人有恶苏秦于燕王者”章、“苏代谓燕昭王”章都有相似的地方。从这个比较中，可以确定帛书《战国纵横家书》和《战国策》性质相同。

战国时代游说之风很盛，这是与当时社会政治发生重大变革有关的。自从战国初期中原各诸侯国先后变法之后，取消了贵族的“世官世禄”的特权，创立了一整套君主政权的官僚制度，以国君为中心，从中央到地方设置了一系列官僚机构。这种官僚制度的优点，就是使得国君可以对相国、将军以下的各级文武官吏随意选拔，随意任免，便于中央集权。因为这是个新创立的制度，还没有一套健全的实施办法，官吏的选拔和罢免，主要由国君亲自作出决定。在当时各国中央官僚机构中，相国或丞相这个官职居于首要地位，他帮助国君，统率百官，制定和推行对内对外政策。相国等重要官吏的调换，那时往往与变更对内对外政策有密切关系。因此当时各派政治力量为了推行其路线政策，都要首先通过游说，争取国君的信任和重用。

战国中期以后，在齐、秦两大国东西对峙的斗争中，出现了合纵连横的复杂的斗争形势，纵横家在发动合纵连横的斗争中，更是讲究游说。因为讲究游说，就有人按照当时政治斗争的需要，把前人游说君王的书信和游说辞搜集汇编起来，编成各种册子以供学习模仿。所以到西汉末年刘向编辑《战国策》时，在皇宫的书库里就发现有记录战国游说辞的各种不同的册子，有六种不同的名称：《国策》、《国事》、《短长》、《事语》、《长书》、《修书》。有以国别分类的，也有杂乱无章的。所谓《国策》、《国事》，该是以国别分类编辑的；所谓《事语》，该是按事实分类编排的；所谓《短长》、《长书》、《修书》，就是记载纵横家言的。《短长》，是指谋求胜利的策略的短长，司马迁所谓“谋诈用而从(纵)衡(横)短长之说起”(《史记·六国年表序》)。刘向以这类书中“有国别者八篇”为基础，把其他各种册子的资料按国别、年代加以补充，删去重复，编辑成了《战国策》三十三篇。因为这是根据不同来源的册子汇编而成，内容就比较复杂，还不免有重复的地方。

至于《战国策》，已经不是刘向所编的原本。刘向所编《战国策》，东汉高诱做过注解，但是流传到北宋时，已有散佚。在《崇文总目》中，三十三篇的《战国策》已缺十一篇，二十卷的《战国策》高诱注已缺十二卷。后来由曾巩访求某些士大夫的家藏本加以补充，才重新编成三十三篇，成为《战国策》。其中就有些是后人把《史记》中某些记载摘录补充进去的。最显著的例子，就是那个荆轲刺秦的故事，原来出于司马迁的手笔，是司马迁亲自从公孙季功、董生那里采访来的（《刺客列传》赞），却被补充进《战国策》了。《战国策》既有残缺，又很杂乱，因此这部同类性质的帛书的出土，很值得我们重视，既可以用来作比较研究，更可以补充《战国策》的不足。

当司马迁编写《史记》的时候，战国史料的来源，除了他亲自实地调查采访所得以外，书本上的史料，主要有秦国史官记录的《秦记》，记载各国君王、卿大夫世系的《牒记》以及诸子书。但是，《秦记》只记每年大事，记录简单，而比较详细谈到战国历史的，只有像《国策》、《短长》一类讲“权变”的故事，所谓“战国之权变亦有可颇采者”（《六国年表序》）。《史记》的本纪、世家所记战国史事，多数根据《秦记》和《牒记》，间或采录一部分“权变”的故事。而《史记》中列传所记的，多数就是根据这类“权变”的故事，因此这里面存在的问题是比较多的。因为这些“权变”故事，原来都是游说之士的学习资料，或者是练习游说用的脚本，对于有关历史事件的具体经过往往交代不清，有的只约略叙述到游说经过和游说的结果。其中有些编者着重于吸取历史的经验教训的，就比较能够注意历史的真实情况。如果编辑起来只是用作练习游说的脚本的，就不免夸张扩大，甚至假托虚构。涉及历史事实方面，有的出于传闻不同，记载有出入；有的就随意虚构，根本不顾历史的真实性。譬如苏秦、张仪游说各国合纵连横的长篇游说辞，就属于这种性质。司马迁编写《史记》的战国部分，由于史料上存在着如此复杂的情况，记载就比较紊乱，存在着不少错误。前人根据晋代在战国魏墓中出土的古本《竹书纪年》，纠正了《史记》不少年代上的紊乱和错误，但是，战国历史上有不少比较重要的历史事件的真相还没有彻底弄清。因此我们很重视这部有关战国史的帛书的出土，它可以帮助我们弄清一部分历史事件的真相，有助于我们对这个时期历史作进一步的分析研究。

这部帛书，看来是秦、汉之际编辑的一种纵横家言的选本。“长短纵横”之学，不仅战国时代十分流行，直到秦汉之际、汉代初年，还是一门“显学”。例如主父偃曾经“学长短纵横之术”（《史记·主父偃列传》），著有《主父偃》二十八篇（《汉书·艺文志》纵横家）。与人合谋诬告张汤的边通，也曾“学长短”（《酷吏列传》）。游说韩信叛汉的蒯通，又曾“论战国之权变，为八十一首”（《田儋列传》），编成《蒯子》五篇（《汉书·艺文志》纵横家）。为梁孝王游说的邹阳，也著有《邹阳》七篇（《汉书·艺文志》纵横家）。他们都注意搜集、编辑和学习战国游说故事，所以当蒯通、主父偃读到乐毅《报燕惠王书》的时候，“未尝不废书而泣也”（《乐毅列传》赞）。正因为这是当时一门“显学”，这种纵横家的游说辞是当时士大夫们经常学习的资料，所以会和当时流行的法家著作《经法》之类一起陪葬在马王堆三号汉墓中。

战国时代的法家也是讲究游说的。邹忌曾经用弹琴比喻国君和相国运用法令来统治的道理，游说齐威王，因而出任相国，推行法治，做到了“修法律而督奸吏”（《田世家》）。商鞅曾经多次改变游说的方式，用“强国之术”说动了秦孝公，因而得到了重用，实行了变法。范雎用“擅国之谓王，能专利害之谓王，制杀生之威之谓王”的法家理论，游说秦昭王，批评当时魏冉操纵大权。战国末年集大成的法家韩非，虽然反对纵横家，把纵横家列为“五蠹”之一，但是他主要反对纵横家的是不讲法治而专讲依靠外力，不是为了国家利益而是图谋私利。他对于游说，还是十分讲究的，甚至对于游说国君的方法态度都作了细致的研究。《韩非子》中就有《说难》等篇，专门陈述进说国君的困难，并分析了进说成功或失败的原因。还有《说林》上下篇、《内储说》上下篇、《外储说》左上、左下、右上、右下四篇以及《十过》等篇，都是他积累汇集的春秋战国时代的游说资料。“说林”就是把游说故事汇集起来的意思，“储说”就是把游说故事积累起来的意思。《内储说》、《外储说》和《十过》等篇，都是先总絜大纲，分叙条目，然后列举历史故事来加以证明的。我们把《韩非子》上这类故事，和《战国策》作比较，就可以发现有许多是相同的，或者是大同小异的。以《说林上》为例，其中战国故事有十六节，与《战国策》相同的就有九节之多。由此可知，这类战国游说故事，不但纵横家把它作为学习资料，法家也同样把它作为研究资料。所以在汉代初年，这样一部辑录战国游说辞的帛书，还是一种广泛流行的读物。

但是，法家和纵横家的政治主张毕竟是不同的。法家主张通过推行法治来完成统一，建成王业，也就是建成中央集权的封建国家。而纵横家鼓吹依靠对外活动，通过合纵连横的战争来建成王霸之业。他们宣传说：“外事，大可以王，小可以安”（《韩非子·五蠹》）；“从（纵）成必霸”，“横成必王”（《韩非子·忠孝》）。帛书第十四章记载苏秦游说齐湣王，就曾保证说：“请毋至三月而王不见王天下之业，臣请死。”韩非批判了这种观点，认为“治强”要依靠“内政”，不能依靠外力，必须“治内以裁外”。这个批评无疑是正确的。纵横家还过分夸大计谋策略的作用，把它看作国家强盛的关键。例如陈轸对楚王说：

> 计听知覆逆者，唯王可也。计者事之本也，听者存亡之机也。计失而听过，能有国者寡也。故曰：计有一二（按指先后有次序）者难悖也，听无失本末者难惑。（《战国策·秦策二》"楚绝齐"章）

这里认为国君能够辨别计谋得失就可以建成王业，"计失而听过"的就要灭亡。陈轸和张仪同时，也是著名的纵横家，他这个观点具有一定的代表性。

法家和纵横家同样重视搜集编辑战国游说故事，从这部帛书中也可以得到例证。帛书第二十四章，不但和《韩策一》"秦韩战于浊泽"章、《韩世家》宣惠王十六年记载相同，而且和《韩非子·十过》"奚谓内不量力"一节基本相同，只是故事的首尾的战争地点不同。故事的内容，都说秦向韩进攻，韩朋（即公仲倗）主张献给秦国一个都邑，与秦讲和，联合一起伐楚，而楚王听从陈轸的计谋，假作出兵救韩，韩王信以为真，不听韩朋的话，结果被秦国打得大败。但是，法家和纵横家从这个故事中得出的历史教训是不同的。韩非由此得出结论说："内不量力，外恃诸侯，则国削之患也。"认为自身力量是决定因素，完全依靠外力是不行的。《战国策》却由此得出了另一个结论，说这是由于"过听于陈轸，失计于韩朋"，把失败的原因归结为"过听"和"失计"。帛书第二十四章也有这样两句结论，并且接着说："故曰：计听知顺逆，唯（虽）王可。"这和前面所引陈轸的话是同样的，这就是纵横家的观点。后来蒯通游说韩信叛汉，就曾搬用这套说法：

> 夫听者事之候也，计者事之机也，听过计失，而能久安者鲜矣。听不失一二者，不可乱以言；计不失本末者，不可纷以辞。

（《史记·淮阴侯列传》）

这几乎同前面所引陈轸的话一模一样。看来蒯通曾经编辑和学习战国游说辞，这套话就是从陈轸那里学来的。

把帛书第二十四章和《战国策》、《韩非子》作比较，可知这部帛书的性质同于《战国策》，属于纵横家。但是书中也不完全是纵横家言，帛书第十八章触龙规谏赵太后的故事，结论是：即使是君王的骨肉之亲，“犹不能恃无功之尊，不劳之奉”，反对“位尊而无功，奉厚而无劳”，这就是法家的观点。这是因为这部帛书编辑时，采集的故事并不是仅仅一个来源。《战国策》有同样的情况，同样有触龙规谏赵太后的故事，也还有赵武灵王“变服骑射”的故事，范雎游说秦昭王的故事等等，都是属于法家的游说或辩论的故事，也该是由于所搜集的故事来源比较复杂，把法家所辑录的游说资料也汇编在内了。

二

值得重视的是，这部帛书中保存有大量已经散佚的苏氏游说资料。在帛书二十七章中，有关苏氏的资料多到十六章。除了第二十到第二十二的三章已见于《战国策》和《史记》以外，从第一到第十二章以及第十四章，都是新发现的资料。其中只有第四、第五两章，有部分和《战国策》相同。

这批苏氏游说资料，帛书在每一章上都没有署名。帛书第四章的内容，部分和《燕策二》“苏代自齐献书于燕王”章相同。第五章既和《燕策一》“人有恶苏秦于燕王者”章的苏秦游说辞有相同的地方，又和《燕策一》“苏代谓燕昭王”章有相同的地方。第二十章又和《燕策一》、《苏秦列传》的苏代遗燕昭王书相同。第二十一章的“献书赵王”,《赵策一》作“苏秦为齐上书说赵王”,《赵世家》又作“苏厉为齐遗赵王书”。第二十二章的“胃(谓)陈轸”,《田世家》又作“苏代谓田轸(即陈轸)”。游说者究竟是谁,记载很不一致,有作苏秦的,也有作苏代、苏厉的。从这部帛书的内容来看,这些游说资料应该主要属于苏秦。

《战国策》和《史记》所记苏秦、苏代的故事往往混淆不清。《战国策》中,有些记的是同一件事,有时作苏秦,有时作苏代,前后混乱。还有不少《战国策》上作“苏秦”的《史记》改作“苏代”,这类例子很多。《田世家》记载有和帛书第二十二章相同的游说辞,游说者是苏代,他自称:“今者臣立于门。”但是,帛书作“今者秦立于门”,游说者自称为“秦”。那么,这个游说者原来该是苏秦,又是被司马迁改作“苏代”的。帛书第八章记载有游说者和韩簠(当即韩珉)一段对话:

> 簠谓臣曰:“伤齐者必勺(赵)也,……为之若何?”臣谓簠曰:“请劫之。子以齐大重秦,秦将以燕事齐。齐燕为一,乾(韩)粱(梁)必从,勺(赵)悍则伐之,愿则挚(执)而功(攻)宋。”

在这段对话中,游说者也自称为“秦”,也该是苏秦。第三章记载游说者派盛庆献书给燕昭王说:

> 今齐王使宋窍谓臣曰:奉阳君使周纳告寡人曰:燕王请毋任苏秦以事。……周纳言燕勺(赵)循善矣,皆不任子以事。……

在这段话中,“不任子以事”,就是前面所说的“毋任苏秦以事”,可知这封信的作者也是苏秦。还有第十四章记载游说者对齐湣王说:“臣使苏厉告楚王曰:……”,在苏氏兄弟三人中,苏秦是主要的,苏代和苏厉常为苏秦奔走,分担工作。这个游说者派遣苏厉去报告楚王,也该是苏秦。

苏秦和张仪，是战国后期纵横家所推崇的人物，他们的游说辞常被作为学习模仿的榜样。特别是到战国末年，由秦国来完成统一的趋势已经形成，东方六国常常图谋合纵抵抗秦国，挽救自己的灭亡，因而纵横家的活动盛极一时，苏秦的游说辞就广泛流行。这部帛书所以会用近三分之二的篇幅来记录苏秦游说辞，不是偶然的。在《汉书·艺文志》纵横家中，《苏子》就居于首位，篇数最多，多到三十一篇。在《战国策》中，有关苏秦的资料，其数量也大大超过了其他纵横家。

正因为苏秦和张仪是纵横家学习模仿的榜样，他们的游说辞是练习游说用的主要的脚本，其中就有许多假托他们编造出来的，不但夸张虚构，而且年代错乱，矛盾百出，司马迁所谓“世言苏秦多异，异时事有类之者皆附之苏秦”(《苏秦列传》赞)。关于这点，前人已经作过许多辨伪的工作，不用再多说了。《战国策》中，既有比较原始的苏秦资料，也有出于后人伪造虚构的东西，可说真伪参半。而《史记·苏秦列传》所辑录的，几乎全是后人杜撰的长篇游说辞。因为司马迁误信这些游说辞为真，误认为苏秦是和张仪同时对立的人物，反而把有关苏秦的原始资料抛弃了，或者把这些资料中的“苏秦”改成“苏代”或“苏厉”。因此战国中期有许多重要历史事件和苏秦活动有关的，真相就模糊不清，这样就影响到我们对这个时期合纵连横历史的分析研究。现在这部帛书的出土，为我们提供了比较原始的苏秦资料，便利了我们对这个长期纠缠不清的历史问题的解决，也便利了我们分析清楚这时期一些重要历史事件的真相，更有助于我们对这时期历史作深入的研究。

苏秦主要活动的年代，由于后人把“异时事有类之者皆附之”，被弄糊涂了。司马迁把他说成与张仪同时敌对的人物，死在张仪之前。

事实上，和张仪主要敌对的人物是公孙衍和陈轸。当张仪在秦国当权的时候，苏秦只不过是个年轻的游说者。苏秦的年辈要比张仪晚得多，张仪死在公元前310年，苏秦要晚死二十五年左右。苏秦是在齐国因“阴与燕谋齐”的“反间”罪而被车裂处死的，其时当在公元前285年燕将乐毅开始大举攻齐的时候。《荀子·臣道篇》把苏秦列为善于献媚的“态臣”，说：“用态臣者亡。”《吕氏春秋·知度篇》说：“宋用唐鞅、齐用苏秦而天下知其亡。”《说苑·尊贤篇》也说：“宋用唐鞅、齐用苏秦、秦用赵高而天下知其亡。”《淮南子·诠言训》又说：“苏秦善说而亡国。”所谓“亡”或“亡国”，就是指乐毅攻破齐国，齐湣王失国身死。我们撇开后人杜撰的苏秦游说各国合纵的长篇游说辞，从《战国策》所载其他有关苏秦的资料中，可以清楚地看出苏秦的主要活动是在齐湣王统治齐国的时期，他和孟尝君田文、奉阳君李兑、穰侯魏冉、韩珉、周最等人同时参加合纵连横的活动。这点，我在《战国史》第八章有关注释中，已作过考订，不再重复，徐中舒《论〈战国策〉的编写及有关苏秦诸问题》一文，载《历史研究》1964年第1期，也有同样的看法。这部帛书中有关苏秦原始资料的发现，可以作为这个看法的有力证据。

据这部原始的苏秦资料来看，苏秦始终是燕昭王的亲信，为谋求燕国的强大，出谋划策，奔走于齐、赵、魏等国之间，目标在于使齐、赵两国关系恶化，防止齐国进攻燕国，并发动合纵攻秦，以便燕昭王成就振兴燕国和攻破齐国的“大事”。苏秦的由燕入齐，是在孟尝君（即薛公）从齐出走、韩𫎇在齐当权以后。他的为齐国所重用，最初出于韩𫎇的拉拢，是为了使齐国得到燕国的支持，以便联合韩、魏两国，压制赵国，从而乘机攻灭宋国（见第八章）。苏秦为了使齐、赵关系恶化，曾到赵国游说奉阳君李兑和韩徐为，一度被赵国扣留（见第一、第二、第三和第四章）。当奉阳君李兑联合五国攻秦的时候，苏秦代表齐湣王到燕、魏、赵等国活动，曾和奉阳君协商合纵攻秦的事，并对外间传说齐要召回韩珉、图谋单独和秦妥协的事有所辩解，劝说奉阳君坚定攻秦（见第十一和第十二章）。苏秦到了魏国，还写信劝齐湣王要使当时在魏国掌权的孟尝君安心，因为"非薛公（即孟尝君）之信，莫能合三晋以功（攻）秦"；同时，苏秦还劝说湣王把宋国的陶、平陵许给孟尝君、奉阳君作为封地，用来勉励他们努力攻秦（见第十四章）。当秦国魏冉约定齐国同时并称西帝、东帝，图谋进攻赵国、三分赵地的时候，苏秦认为"伐赵不如伐宋之利"（见《齐策四》"苏秦自燕之齐"章），参与了齐湣王和赵惠文王在阿（今山东阳谷东）的约会，约定"功（攻）秦去帝"（见第四章），迫使秦国不得不废除帝号，把一部分前所攻占的魏、赵两国土地归还，以便于齐国得到机会攻灭宋国（见第二十一章和《赵策一》"赵收天下且以伐齐"章）。当齐国向宋发动进攻的时候，他又从魏国写信给燕昭王，说齐湣王得到情报，说燕国君臣正在谋划乘机攻破齐国，劝燕昭王禁止群臣议论攻齐的事（见第六和第七章）。这里反映了苏秦主要政治活动的部分真实情况，为我们提供了一个鉴别苏秦资料真伪的标准尺度，使我们能够去伪存真，便利了我们对这段历史作出正确的分析研究。

用这部原始的苏秦资料作标准，可以分辨清楚《赵策四》"齐欲攻宋"章、"齐将攻宋"章、"五国伐秦无功"章和《魏策二》"五国伐秦无功而还"章，都是同样原始的资料，因为它们的内容一致，而且是互有关联的。《赵策四》"齐将攻宋"章的"李兑乃谓齐王曰"，"李兑"当为"苏秦"之误。《赵策四》"齐欲攻宋"章的"之齐谓齐王曰"、《魏策二》"五国伐秦无功而还”章的“谓魏王曰”上，都和帛书一样没有游说者的署名，也该和帛书一样是属于苏秦的。以《魏策二》的一章为例，这位游说者主张“太上伐秦，其次宾（摈）秦，其次坚约而详讲”，和帛书内容是完全一致的。帛书第十二章同样说：“大（太）上破之，其[次]宾（摈）之，其下完交而□讲。”第十四章又说：“三晋劝之为一，以疾功（攻）秦，必破之。不然则宾（摈）之，不则与齐共讲。”这位游说者还说：“臣又遍事三晋之吏奉阳君、孟尝君、韩呡（即韩珉）、周最、周韩余为（即韩徐为，“周”字衍文）。”从这部帛书来看，苏秦正是经常奔走于奉阳君、孟尝君、韩量（即韩珉）、韩徐为之间的。经过比较，就使得《战国策》上有些章节恢复了它的史料价值。

从这部帛书第十四章以前的苏秦资料的编排来看，是有一定的次序的。十四章帛书可以分成两个部分，从第一到第七的七章，都是苏秦给燕昭王的信和游说辞。从第八到第十四的七章，都是苏秦以及韩量给齐湣王的信和游说辞。从第一到第三的三章，是苏秦从赵国给燕昭王的信，谈的主要是怎样使齐、赵两国关系恶化以及他被赵国扣留的事。第四和第五两章，是苏秦从齐国给燕昭王的信，主要是因为有人在燕昭王面前说他坏话，他为自己辩白的。第六和第七章是苏秦从魏国给燕昭王的信，都写在齐国发动攻宋的时候，着重分析当时斗争形势，报告齐国动向。从第八到第十四章，除了第十三章是附带插入的韩量给齐湣王的信以外，其余都是苏秦给齐湣王的信和游说辞。第八到第十的三章游说辞，主要是讲他能够使燕服从齐国，保证齐湣王能够“得志于三晋”，使别国不敢攻齐，而使齐国能合纵攻秦。第十一和第十二章都是苏秦从赵国给齐湣王的信。第十一章开头“自赵献书于燕王曰”，从这封信的内容来看，“燕王”应是“齐王”之误。这两章主要报告他在赵国和奉阳君协商合纵攻秦的情况，附带谈到了燕国服从齐国的情况，劝齐湣王要坚定地与三晋及燕联合起来。第十二章讲到了当时外间传说齐国要把主张联合齐秦的大臣韩䝙召回来，重新谋求和秦国联合，所以接下来的第十三章，就编入了韩䝙给齐湣王的信。第十三章韩䝙给齐湣王的信，主要是说，如果把他召回来掌权，秦国就可以与齐国联合三四年，齐国就可以利用这个时机攻灭宋国，保证不让楚、魏两国分取宋地。并且还说如果秦联合韩、魏攻赵，齐就可以攻取赵的河东。第十四章又是苏秦对齐湣王的游说辞，劝齐湣王安定孟尝君的心，把宋国一部分地方许给孟尝君、奉阳君作为封地，勉励他们努力攻秦，通过攻秦来建成王霸之业。

帛书中这部分苏秦资料编排得很有条理，和第十五章以后的杂乱无章不同。可知这部分应该是从一部有系统的著作中辑录出来的，很可能是从《苏子》一类的书中辑录出来的。在这十四章中，只有第十三章韩䝙献给齐湣王的信，署了作者韩䝙的姓名，而其余十四章属于苏秦的就一概没有署名，可能就是原来出于《苏子》的缘故。《汉书·艺文志》著录《苏子》三十一篇，当是秦汉间人辑录苏秦资料的总集，所以篇幅如此之多。从司马迁所说"世言苏秦多异"看来，当秦汉间人汇编成《苏子》三十一篇以前，一定有各种不同的有关苏秦资料的册子。这部帛书所根据的，应该是一部比较原始的《苏子》，所以收录的苏秦资料都比较原始，没有像《战国策》那样的真伪参半，也没有像《史记·苏秦列传》那样的全是后人虚构的游说辞。

我们把帛书第五章和《战国策》、《史记》作文字上的比较，也可以看出这部帛书所根据的是一种比较原始的资料。为了便于比较起见，我们把帛书第五章和《燕策一》的两章列成对照表如下：

帛书第五章	《燕策一》"人有恶苏秦于燕王者"章	《燕策一》"苏代谓燕昭王"章
谓燕王曰:"今日愿耤(籍)于王前,叚(假)臣孝如增(曾)参,信如尾星(生),廉如相〈伯〉夷,节(即)有恶臣者可毋摰(惭)乎?" 王曰:"可矣。" "臣有三资者以事王,足乎?" 王曰:"足矣。" "王足之,臣不事王矣。"	……谓燕王曰:"臣,东周之鄙人也,……使臣信如尾生,廉如伯夷,孝如曾参,三者天下之高行,而以事足下,不可乎?" 燕王曰:"可。" 曰:"有此,臣亦不事足下矣。"	苏代谓燕昭王曰:"今有人于此,孝如曾参、孝己,信如尾生高,廉如鲍焦、史鳝,兼此三行以事王,奚如?" 王曰:"如是足矣。" 对曰:"足下以为足,则臣不事足下矣。臣且处无为之事,归耕乎周之上地,……" 王曰:"何故也?"
孝如增(曾)参,乃不离亲,不足而益国;信如尾星(生),乃不延(诞),不足而益国;廉如相〈伯〉夷,乃不窃,不足以益国。	苏秦曰:"且夫孝如曾参,义不离亲一夕宿于外,足下安得使之之齐?廉如伯夷,不取素飡,汙武王之义而不臣焉,辞孤竹之君,饿而死于首阳之山,廉如此者,何肯步行数千里,而事弱燕之危主乎?信如尾生,期而不来,抱梁柱而死,信至如此,何肯扬燕秦之威于齐,而取大功乎哉?"	对曰:"孝如曾参、孝己,则不过养其亲耳;信如尾生高,则不过不欺人耳;廉如鲍焦、史鳝,则不过不窃人之财耳。"
臣以信不与仁俱彻,义不与王皆立。		今臣为进取者也。臣以为廉不与身俱达,义不与生俱立。
王曰:"然则仁义不可为与?"对曰:"胡为不可?人无信则不彻,国无义则不王。仁义所以自为也,非所以为人也;自复之术,非进取之道也。"	且夫信行者,所以自为也,非所以为人也,皆自覆之术,非进取之道也。 且夫三王代兴,五霸迭盛,皆不自覆也。	仁义者,自完之道也,非进取之术也。

续上表

帛书第五章	《燕策一》"人有恶苏秦于燕王者"章	《燕策一》"苏代谓燕昭王"章
三王代立，五相〈伯〉蛇正(政)，皆以不复其掌(常)。若以复其掌(常)为可王，治官之主，自复之术也，非进取之路也。臣进取之臣也，不事无为之主，臣愿辞而之周，负笼操臿，毋辱大王之廷。		
王曰："自复不足乎?"对曰："自复而足，楚将不出雎(沮)章(漳)，秦将不出商阉(於)，齐将不出吕遂(隧)，燕将不出屋注，晋将不蓊(逾)泰(太)行，此皆以不复其常为进者。"	君以自复为可乎？则齐不益于营丘，足下不逾楚境，不窥于边城之外。且臣有老母于周，离老母而事足下，去自复之术，而谋进取之道……	王曰："自忧不足乎?"对曰："以自忧为足，则秦不出殽塞，齐不出营丘，楚不出疏章。三王代位，五伯改政，皆以不自忧故也。若自忧而足，则臣亦之周负笼耳，何为烦大王之廷耶？……"

这个对照表，帛书第五章是全文，《燕策一》的两章只摘录了相似的部分。总的看来，帛书这一章比较原始，而《燕策一》的两章都比帛书的内容要繁复，文字也要长得多，当是出于后人的修改加工和扩大。再把帛书、《燕策一》和《苏秦列传》作比较，可以看出《苏秦列传》是根据《燕策一》"人有恶苏秦于燕王者"章的，同样后段有"邻家有远为吏者，其妻私人"的故事。从这个比较中，也可以看出帛书所根据的是原始的苏秦资料，可能出于一部原始的《苏子》。

三

《战国纵横家书》大体上可以分为三个部分，是从三种不同的战国游说故事的册子中辑录而成的：

(1) 从第一到第十四章,是苏秦游说资料。各章体例相同,内容相互有联系,编排也有次序,和以后各章编排杂乱的不同。所用的文字也有它的特点,例如"赵"字多省作"勺","韩"字多作"乾"等。应该是从一部有系统的原始的苏秦资料辑录出来的。其中除第四、第五两章有部分和《战国策》相同以外,其余十二章都不见于《战国策》和《史记》。

(2) 从第十五到第十九章,该是从另一种记载战国游说故事的册子中辑录出来的。每章的结尾,都有个字数的统计,第十九章结尾除了有本章的字数"三百"以外,接着有"大凡二千八百七十"八个字。"二千八百七十"正是这五章字数的总数。在马王堆三号汉墓出土的帛书中,就有些书如《经法》、《十大经》、《称》、《道原》等,每篇之末和全书之末都有字数统计;山东临沂银雀山汉墓出土的《孙膑兵法》竹简,每篇之末也有字数统计,该是当时流行的一种体例。其中除第十七章以外,都见于《战国策》或《史记》。

(3) 从第二十到第二十七章,应该是出于又一种辑录战国游说故事的册子。前五章,都见于《战国策》或《史记》。其中第二十到二十二的三章也属于苏氏游说辞,却没有和开首十四章苏秦资料汇编在一起,应该是出于另一个来源的缘故。这三章所用文字,和开首十四章也不同,例如"赵"都不作"勺","韩"都不作"乾","张仪"的"仪"作"羛"。

这部帛书的编成年代,当在秦汉之际。帛书第二十五章记述魏国的辛梧联合秦国攻楚,李园为楚国担忧,游说辛梧不出兵,游说辞中又谈到了文信侯吕不韦、蒙骜、王齮(即王龁)等人,这件事的发生已在战国末年。

四

《战国纵横家书》的苏秦史料，最重要的价值是证明了司马迁所说“苏秦被反间以死”（《苏秦列传》赞），确是事实。苏秦初次游说秦王未被采用，回家后发愤读书，“得太公阴符之谋”（一作“周书阴符”），于是向燕昭王献策，作为使者派到齐国，以助齐攻宋为名骗得信任而被重用，做间谍工作，使得齐因长期攻宋而国力损害，同时离间齐、赵关系，加深两国矛盾，以便借助秦、赵两强之力，合纵攻破齐国。

《战国纵横家书》第五章，就是苏秦献策的说辞，竭力保证做到孝如曾参、廉如伯夷、信如尾生，其中信如尾生是主要的。当时尾生为爱情守信而死的故事流传很广，苏秦所以要保证“信如尾生”，因为自己将做“死间”的工作，必须保证按密约行事，守信到死。后来苏秦确是做到这点，当燕相乐毅破齐时，他就被齐王以“反间”罪而“车裂”于市，所以邹阳《狱中上书》说“苏秦不信于天下而为燕尾生”。此书第四章是苏秦入齐做间谍工作五年后给燕昭王的密信，讲到“臣之计曰：齐必为燕之大患，臣循用于齐，大者可以使齐毋谋燕，次可以恶齐、赵之交，以便王之大事，是王之所与臣期也”。“期”就是秘密约定，“王之大事”，就是设计攻破齐国。

（原载《文物》1975 年第 2 期，后收入 1976 年出版《战国纵横家书》。今作补订）

论梁惠王的年世

在《孟子》中，梁惠王对孟子有这样一席话："晋国天下莫强焉，叟之所知也。及寡人之身，东败于齐，长子死焉，西丧地于秦七百里，南辱于楚，寡人耻之，愿比死者一洒之，如之何则可？"这些话，读《孟子》的人没有一个不读得烂熟的，如果对这些话要追根究底，那就有许多问题发生了。所谓"东败于齐，长子死焉"，就是《史记》所载魏惠王三十年太子申战死马陵的一役；至于"西丧地于秦七百里"，当指魏纳西河上郡于秦的事；"南辱于楚"，当指楚柱国昭阳破魏于襄陵的事。可是照《史记》说来，魏纳上郡于秦，楚破魏襄陵，已是魏襄王的事了。魏惠王怎么会把身后的事，说给孟子听呢？如果《孟子》这书不错，那定是太史公弄错了。

幸而在晋朝，魏安釐王的坟墓里出土了许多竹简，其中有一种是魏国的史书，就是《竹书纪年》，从这本《竹书纪年》可以校正不少《史记》的错误（《竹书纪年》原本已佚，今本出于后人伪作）。《史记·魏世家》说：魏惠王三十六年卒，子襄王立，襄王十六年卒，子哀王立，而

《竹书纪年》(以下简称《纪年》),却是“魏惠王三十六年改元从一年始,至十六年而魏惠王卒”(见杜预《左传后序》引),《世本》又说:“惠王生襄王,襄王生昭王”(见《魏世家》索隐引),并没有哀王一代。原来魏惠王三十六年没有死,只是改元又称一年,又十六年才死的,事实上根本没有哀王这一代,《史记》误把惠王改元后的年世当作襄王的年世,又误把襄王、哀王分为二人。这样根据《纪年》来说,《孟子》中梁惠王的话也就讲得通,所以自从《纪年》这书出土以后,许多学者都根据《纪年》来校正《史记》的错误了。其实《史记》的错误,从《史记》本身也可见到。《史记·赵世家》说:“武灵王元年梁襄王与太子嗣、韩宣王与太子仓来朝信宫。”这年据《史记》是魏襄王十年,而魏襄王名嗣(《魏世家》索隐引《世本》可证)。如果这年是魏襄王十年,太子就不该是嗣,这年朝赵的太子是嗣,分明襄王这时还是太子,率太子嗣朝赵的当然是梁惠王不是魏襄王,《赵世家》这年中的梁襄王定是梁惠王之误,《史记》误把梁惠王后元的年世当作梁襄王的年世,从《赵世家》也可明证。从这里,我们也可以看出《纪年》的真确性来。

照许多学者的考据,认为只要根据《纪年》来校正《史记》梁惠王的年世,把《史记》魏襄王的年世改作魏惠王改元后的年世,把《史记》魏哀王的年世改作魏襄王的年世,一切问题都解决了,可是事实上并没有这样简单。如果我们把《纪年》和《史记》两书所记载的魏惠王的事对比起来,便会感到两书所记的年代还是不能相合,不是相差两年,便是相差一年,这是什么原因呢?《史记》和《纪年》所载魏惠王的事相差一年的有四件事:

(一)“惠王三年齐败我观”(《魏世家》)。“梁惠成王二年齐田寿率师伐我,围观,观降”(《水经注·河水》引《纪年》)。

（二）“惠王十五年鲁、卫、宋、郑君来朝”（《魏世家》、《六国年表》同）。“鲁恭侯、宋桓侯、卫成侯、郑釐侯来朝，皆在十四年”（《魏世家》索隐引《纪年》）。

（三）“（惠王）十八年拔邯郸，赵请救于齐，齐使田忌、孙膑救赵，败魏桂陵”（《魏世家》、《六国年表》同）。“梁惠王十七年齐田忌败梁于桂陵”（《孙子吴起列传》索隐引王劭引《纪年》）。

（四）“（惠王）三十一年……秦用商鞅”（《魏世家》、《秦本纪》、《楚世家》都说这年封鞅于商）。“梁惠成王三十年秦封卫鞅于邬，改名曰商”（《水经注·浊漳水》引《纪年》，《商君列传》索隐引《纪年》略同）。

《史记》和《纪年》所载魏惠王的事相差两年的有三件事：

（五）“（惠王）十九年诸侯围我襄陵”（《魏世家》）。“梁惠成王十七年宋景敾、卫公孙仓会齐师围我襄陵”（《水经注·淮水》引《纪年》）。

（六）“（惠王）三十年……太子果与齐人战，败于马陵”（《魏世家》、《六国年表》同）。“（梁惠王）二十七年十二月，齐田肦败梁于马陵”（《孙子吴起列传》索隐王劭引《纪年》）。“梁惠成王二十八年与齐田肦战于马陵”（《魏世家》、《孟尝君列传》索隐引《纪年》）。

（七）“惠王三十一年秦、赵、齐共伐我”（《魏世家》）。“（惠王）二十九年五月，齐田肦伐我东鄙。九月，秦卫鞅伐我西鄙。十月，邯郸伐我北鄙。王攻卫鞅，我师败绩”（《魏世家》索隐引《纪年》）。

以上《史记》与《纪年》所载梁惠王事，相差一年的有五事，相差两年的有两事，年代完全相合的一事也没有，不是够奇怪的么？雷学淇《竹书纪年义证》对于相差一年，曾有所解释，认为《史记》所据的是《秦记》，用的是“周正”，《纪年》用的是“夏正”，因为这些事发生在夏历的仲冬或季冬，由周正计算已是次年的一月、二月了，所以两书会有一年的相差。可是这个解说我们不敢相信，何以《纪年》上所载梁惠王的事都巧在仲冬、季冬发生的呢？何以《纪年》和《史记》所载梁惠王的事没一事年代不相差的呢？

《史记·魏世家》说："襄王元年，与诸侯会徐州，相王也"，《秦本纪》也说：惠文君四年"齐、魏为王"。《史记》既误把惠王改元当作襄王元年，可知这年的惠王是由于齐魏互尊王号的缘故，正同秦惠文君因称王而改元一样。《纪年》说梁惠王三十六年改元又称一年，没有称王后逾年改元，正同田和的称侯改元一样，那末梁惠王未改元年前实只三十五年，并没有三十六年，只因太史公把"梁惠王三十六年改元"，误作了"梁惠王三十六年卒"，于是《史记》梁惠王的年世就多出了一年，从这里就可以知道《纪年》与《史记》所记梁惠王的事所以会相差一年，就是因为《史记》把惠王纪元误上了一年呵！至于相差两年的都是战事，大概战事连绵两年，决胜在次年，《史记》所根据的是《秦记》，《秦记》本是秦史，对于魏国战争只记胜负，所以都记在次年了。

我们说《史记》梁惠王的纪元误上一年，有个很坚强的铁证，《史记·六国年表》说"秦献公十六年民大疫，日蚀。"照《史记》的说法，这年已是梁惠王二年，可是《开元占经》卷一〇一引《纪年》："梁惠王元年昼晦"，"昼晦"即是日蚀，《六国年表》谓"秦厉共公三十四年日蚀昼晦"，"秦献公三年日蚀昼晦"，都把日蚀和昼晦连称，可为明证。查这年是公元前369年，西历4月11日13时9分，日有环食。《纪年》既说梁惠王元年昼晦，那末梁惠王元年必在这年可以无疑了。《史记》梁惠王纪元的误上一年，《史记》本书也有可证。《魏世家》说："惠王元年……(韩)懿侯说(悦),乃与赵成侯合军并兵以伐魏,战于浊泽,魏氏大败。"《魏世家》的惠王元年当赵成侯五年,而《赵世家》却说:"成侯六年伐魏,败涿泽(《正义》:"涿音浊"),围魏惠王。"《六国年表》相同,都较《魏世家》迟一年,这是因为太史公既把魏惠王的纪元误上一年,便在《魏世家》把浊泽之役移上一年,但在《赵世家》、《六国年表》依然没有移上,因此相互参差了。《魏世家》说:"惠王二年魏败韩于马陵,败赵于怀",《韩世家》也说:"懿侯二年魏败我马陵",而《六国年表》却记败赵在惠王元年,败韩在二年,为什么会如此分歧呢?事实上韩赵的败都在惠王元年,由于韩赵的不和而被魏所败,史公既把魏惠王纪元误上一年,这多出的一年也得有个安排,于是《魏世家》就把赵韩攻魏和魏败韩赵分为二年事,而《六国年表》又把败赵和败韩分为二年事,不免自相参差了。

还有《水经注·济水》引《纪年》说:"惠成王十七年齐田期伐我东鄙,战于桂阳,我师败逋。""桂阳"当是"桂陵"之误。《魏世家》索隐说:"《纪年》二十八年,与齐田肦战于马陵;上二年,魏败韩马陵;十八年,赵(当作"齐")又败魏桂陵。桂陵与马陵异处。"《索隐》这段话,所说《纪年》二十八年"战于马陵",因为《魏世家》记这事在三十年,所以特别引《纪年》来指出两书的相异。所说上二年、十八年云云,只是据《魏世家》上文用来说明桂陵是与马陵异处的。前人既误把《索隐》的"上二年"、"十八年"作为引《纪年》的文字,便认桂陵之役《史记》和《纪年》同在惠王十八年,而桂阳之役在十七年,事实上完全错误了(《纪年》以齐败魏桂陵在十七年,有《孙子列传》索隐所引可证)。《魏世家》说:"(惠王)十八年,拔邯郸。赵请救于齐,齐使田忌、孙膑救赵,败魏桂陵。十九年,诸侯围我襄陵。"而《水经注·淮水》引《纪年》

说:"惠成王十七年宋景敾、卫公孙仓会齐师围我襄陵,十八年,惠成王以韩师败诸侯师于襄陵,齐侯使楚景舍来求成。"据《纪年》齐败魏桂陵在十七年,魏败齐襄陵在十八年,《史记》都误上了一年,齐虽在桂陵打了胜仗,毕竟在襄陵被打败,向魏求和,所以魏依然能够迫赵订城下之盟而称霸于当时,终于自称为王,大会诸侯于逢泽了。不然的话,齐既胜魏于桂陵,魏不能打败他,魏如何能够成霸业而作逢泽之会呢?

经过这样的论证,《史记》梁惠王的纪元误上了一年可以无疑了罢!《史记》梁惠王纪元既误上一年,是不是梁惠王连同魏武侯也误上一年呢?《史记·魏世家》记魏文侯有三十八年、武侯有十六年,而《索隐》引《纪年》却说:"魏文侯五十年,魏武侯二十一年",可知《史记》魏文侯的年世短少了十二年。雷学淇、王国维都认《纪年》为是,都依据《史记》武侯的卒年,就《纪年》来向上推算文侯、武侯的年世,因定文侯元年在周定王廿三年、武侯元年在周安王六年,可是《魏世家》索隐引《纪年》说:"魏武侯元年当赵烈侯十四年。"考赵烈侯元年在周威烈王十八年(《赵世家》在烈侯之后误多武公一代),烈侯十四年应是周安王七年,为什么这和雷、王二氏的推定又相差一年呢?原来《史记》魏武侯的卒年,因为太史公误把魏惠王的纪元误上一年,同样地移上了一年。雷、王二氏根据《史记》魏武侯误上了一年的卒年,来推《纪年》武侯的纪元,就不免要参差了。

如果说《史记》魏武侯的年世较《纪年》是短少了十年,那么《史记》和《纪年》魏武侯的事应该相差十年,可是我们对比的结果只是相差九年。《魏世家》载"武侯二年城安邑,王垣",而《索隐》引《纪年》却作"十一年城洛阳及安邑,王垣"。《韩世家》载:"韩哀侯二年灭郑，因徙都郑”，《史记》韩哀侯二年当魏武侯十二年，而《索隐》引《纪年》却说：“魏武侯廿一年韩灭郑，韩哀侯入于郑。”都只相差九年。原来《史记》魏武侯的年世短少了十年，同时又因为魏惠王的年世多出了一年，因此《史记》和《纪年》魏武侯的事相差九年了。从此可见《史记》魏惠王的年世不但短少改元后的十六年，在未改元前又误多了一年。

《魏世家》索隐说：“《纪年》说惠成王三十六年又称后元一，十七年卒”，《集解》也说：“今案古文，惠成王立三十六年，改元称一年，改元后十七年卒。”这都说魏惠王改元之后有十七年，这和杜预《左传后序》所说改元后十六年不同。《资治通鉴》从《后序》的说法，而《通鉴考异》及《通鉴纲目》又从《索隐》的说法。雷学淇根据《魏世家》、《孟尝君列传》索隐所引《纪年》，认为这和后世先下诏书、到明年改元的成例不同，惠王未改元前实为卅五年，这是很正确的，可是他又认为改元后有十七年，那是大误。雷氏没有明白《史记》梁惠王的纪元本已误上一年，一面要根据《纪年》来校《史记》，把梁惠王未改元前定为三十五年，一面又要迁就《史记》梁惠王的纪元，于是不得不把《史记》梁惠王的年世割下一年，认为梁惠王改元后有十七年了。

《史记》把梁惠王定为三十六年、梁襄王为十六年，所谓梁襄王十六年当是梁惠王改元后的年世，梁惠王由于“齐魏相王”而改元，“齐魏相王”在周显王三十五年是可以确定的，如果说梁惠王后元有十七年，那梁惠王就必须在周显王三十四年就改元。我们把《史记》魏襄王的事和《纪年》所载梁惠王改元后的事，相互比勘，年份正相吻合。从《孟尝君列传》索隐所引《纪年》看来，《纪年》所载梁惠王改元后的年数，确是从周显王三十五年起算的。我们认为梁惠王元年当在周烈王七年，梁惠王三十六年即周显王三十五年因“齐魏相王”，改元又称一年。改元后十六年即周慎靓王二年而梁惠王卒，子襄王立。梁惠王在位前后合计共五十一年。

（原载1946年8月8日上海《东南日报》副刊《文史》第六期）

再论梁惠王的年世

我在上海《东南日报》副刊《文史》第六期上发表了一篇《论梁惠王的年世》，根据《古本竹书纪年》，论证梁惠王于三十六年改元又称一年，未改元前实只三十五年，改元后有十六年，前后在位共五十一年，《史记》把惠王改元后的十六年误作梁襄王的年世，又误以惠王三十六年卒，因此《史记》梁惠王的纪元也误上一年了。我们只要把《纪年》和《史记》所记魏武侯、魏惠王的事对比起来，作一个细密的校证，便可明证我这一说法的。如今钱宾四(穆)先生在《文史》第十期上有《关于梁惠王在位年岁之商榷》一文，对拙说表示异议，因而再作此文来和钱先生商讨。

钱先生说："《史记》梁惠王三十六年，梁襄王十六年，前后共五十二年，荀勖引和峤说，所引《纪年》，惠王前三十五年，改元后十七年，亦前后五十二年，杜预《左传后序》引《纪年》，惠王前三十六年，后十六年，亦前后五十二年，三占从二，则荀、和之说宜不如杜，然三说有其大同，则此事前后共五十二年是也。"

钱先生这样的考证，实在是不能成立的。杜预《左传后序》说：“古书《纪年》篇，惠王三十六年改元，从一年始，至十六年而称惠王卒”，分明《纪年》惠王在三十六年改元，这三十六年也就是改元后的元年，除了这年计算，未改元前实只三十五年。改元前既只三十五年，加上改元后十六年，当然只五十一年了，怎能说杜预也说前后五十二年呢？《魏世家》集解：“荀勖曰：和峤云：……今按古文，惠成王立三十六年，改元称一年，改元后十七年卒。”《索隐》也说：“《纪年》说惠成王三十六年又称后元一，十七年卒。”《魏世家》惠王三十六年“是岁惠王卒”下，《索隐》说：“按《纪年》，惠成王三十六年，改元称一年，未卒也。”这都足证《史记》把魏惠王“三十六年改元”误作了“三十六年卒”。雷学淇认为梁惠王在未改元前实只三十五年，很对；又以为改元后有十七年，那就错了。钱先生在《先秦诸子系年》中，根据“齐魏相王”的年代来驳斥雷学淇改元后有十七年之说，很对。《集解》和《索隐》的“十七年”本是“十六年”之误，杜预《左传后序》所说也可证明。钱先生认为梁惠王改元前有三十六年，这就错了。如果梁惠王改元前有三十六年，为什么各家所引《纪年》没有说魏惠王在三十七年改元的呢？钱先生解释说：“因惠成王会徐州已在三十六年仲冬之后，及归国改元称王，其制定于今年之岁底，而实称元年则为明年之岁首也。荀勖、和峤诸人，殆见《竹书》原本，有在三十六年记称王改元之文，故率以此年为惠成王元年。”（见《先秦诸子系年》）这样把改元一事说成为两年的事，认为改元前其制已定于上年年底，用来勉强弥缝其说，是不是《纪年》曾把定制和实称，分明载于两年，而荀勖诸人糊涂地根据了定制的年份算作实称的年份呢？还是《纪年》只载了定制的年份，漏载了实称的年份呢？如果是荀勖诸人的糊涂，为什么荀勖、和峤、司马贞等人都会同样地糊涂呢？如果是《纪年》漏载了实称的年份，为什么《索隐》引惠王改元后的年数的确是从周显王三十五年起算，正和《史记》魏惠王的年数相合，只有十六年呢？这个弥缝的说法，事实上是没法弥缝得起来的。

钱先生又说："洵如杨君之说，则魏文侯年亦必谓史表仍递次误前一年而可，今若定魏文侯五十年，武侯二十六年，惠王称王改元前三十五年，前后共一百十一年，杨君岂能一一证成史表之凡属其时魏事均误上一年，此诚至不易持之说也。"事实上，《史记》魏惠王未改元前误多了一年，魏文侯、魏武侯的年世自然也都错误了。关于《史记》魏武侯的卒年应移后一年，我在《论梁惠王的年世》一文，已有明确的论证。关于魏文侯的事迹，《史记》和《纪年》佚文虽没有可以比证的资料，但也还有踪迹可寻。《水经注·河水》说："周威烈王之十七年，魏文侯伐秦至郑，还筑汾阴、郃阳"，陈逢衡、郝懿行都认为这条是根据《纪年》来说的。考《魏世家》说："文侯十七年……西攻秦，至郑而还，筑雒阴、合阳"，《六国年表》同。据《史记》，文侯十七年当周威烈王十八年，为什么《水经注》会说是周威烈王十七年呢？我们不能就说这《水经注》有误文，还怕是郦道元所见《纪年》这事在文侯十六年（和《史记》本有一年之差）。据《史记》改用周的正朔来推算，就说在周威烈王的十七年了。这个推断，我们还只能算是个旁证。《晋世家》索隐引《纪年》说："魏文侯初立，在（晋）敬公十八年"，雷学淇《纪年义证》定文侯初立在晋敬公六年，王国维《古本竹书纪年辑校》和钱先生《先秦诸子系年》，都认为《索隐》"十八"即"六"字之误，是很对的。只是钱先生定魏文侯元年在晋敬公六年就错了。文侯既在晋敬公六年"初立"，其元年定在晋敬公七年，从此下推，文侯五十年，武侯二十六年，惠王改元前三十五年，正和惠王改元的年代相密接。在这一百十一年中，我们把《史记》和《纪年》所载的魏事相参证，没有一点不和拙说若合符节，简直找不出一个反证来，该不是“至不易持之说”吧！

至于钱先生批评我的论据，除了钱先生认为“暂无他证可以参定”，“暂无他证可资阐释”，“史文并不详”以外，现在分条加以论证：

（一）《魏世家》说：“惠王三年齐败我观”，而《纪年》在二年。钱先生说：“惟参之《田齐世家》，则似以在惠王二年为近是，换言之，其事今表在周显王元年，而实际以在周烈王七年为近是，此乃史公自有错，不得以杨君之疑为释。”可是我们查《田齐世家》说：“起兵西击赵魏（旧误作卫）……惠王请献观以和解，赵人归我长城”，把得观和归长城认为同时事，正和《六国年表》同，当在周显王元年。《赵世家》说：“成侯七年侵齐至长城”，赵成侯七年也正当周显王元年，有什么证据可以证明观这一役在周烈王七年呢？

（二）《魏世家》说：“魏惠王卅一年秦用商君”，《秦本纪》、《楚世家》都说这年秦封商君，而《纪年》说：“梁惠成王三十年秦封卫鞅于邬，改名曰商。”很明显有一年的相差。钱先生批评说：“此处乃误读《魏世家》原文也。《魏世家》云：秦用商君，东地至河，而齐、赵数破我，安邑近秦，于是徙治大梁。是谓魏以惠王卅一年徙大梁，非谓秦于魏惠王三十一年封商君也，‘封’与‘用’字义有辨，而语气亦不当割截为说。”固然，“用”与“封”义不同，可是我前文曾用《秦本纪》、《楚世家》作证，怎能说我误读《魏世家》呢？《秦本纪》说：“孝公二十二年封鞅为列侯，号商君。”《楚世家》说：“宣王三十年秦封卫鞅于商。”秦孝公二十二年、楚宣王三十年正当《魏世家》惠王三十一年，怎能说《史记》并没有说秦于魏惠王三十一年封商君呢？钱先生在《先秦诸子系年》中，于《商鞅考》，说秦孝公二十二年鞅封于商，分明是根据《史记》的，因不知魏惠王未改元前误多一年，在《通表》上又根据《纪年》，把封鞅的事填在秦孝公二十一年，相当于《史记》的魏惠王三十年，不是自相矛盾了吗？钱先生将何所适从呢？

（三）钱先生说："此外杨君复就《史记》本书以求证，而实亦为误说者。如《史记·魏世家》惠王元年韩、赵合军败魏于浊泽，据《赵世家》应在赵成侯六年，即梁惠王之二年，遂疑《史记》对惠王事皆误上一年，不悟同时魏败赵于怀，《魏世家》在惠王二年，而《赵世家》在成侯五年（《年表》同），则岂不又误下一年欤？至惠王败韩马陵，则《魏世家》、《韩世家》、《六国年表》皆在惠王二年，此并不误，凡此皆同一时事，而或则误上一年，或则误下一年，或并不误，岂得以一意说之？"我们认为本来《史记》对这一役的记载非常参差不一，其所以参差不一的原因，就是因为《史记》魏惠王的纪元误上了一年的缘故。这一役的起因，原是由于赵、韩想乘魏的内争而加以打击，结果因赵、韩的不和，反被击败。《魏世家》于惠王元年只说到赵、韩的不和，"韩以其少卒夜去"，二年才将韩、赵打败，但从《纪年》看来，赵在惠王元年已经败绩，从这一点也未尝不足以作为《史记》魏惠王纪元误多一年的旁证。

（四）《纪年》载"昼晦"在梁惠王元年，《史记·六国年表》载日蚀在惠王二年，这是《史记》梁惠王纪元误上一年的明证，前文已举出这是公元前 369 年，西历 4 月 11 日 13 时 9 分确有日蚀，这种科学上的证据是应该重视的，而钱先生说："此等相错，古书多有，实难深论。"

（五）《魏世家》索隐引《纪年》说："魏武侯元年，当赵烈侯十四年”，即是周安王七年，而钱先生《先秦诸子系年》也同雷学淇、王国维一样确定魏武侯元年在周安王六年，为什么钱先生既据《纪年》来校正《史记》，又和《索隐》所引《纪年》不相合呢？钱先生解释说：“《索隐》称武侯元年当赵烈侯十四年者，《纪年》魏史，以魏纪年，故他国仅书即位，不计年数，《索隐》此说乃自烈侯初立之岁数之，今以即位翌年改元，故为十三年也。”这又是弥缝的解说。

（六）钱先生又说：“《韩世家》韩哀侯二年灭郑，因徙都郑，而《索隐》引《纪年》魏武侯二十一年韩灭郑，哀侯入于郑，二十二年晋桓公邑哀侯于郑，一事分隶两年，此乃《纪年》详而《史记》略，窃谓哀侯入郑当魏武侯之二十一年，《史记·韩世家》特举晋桓公邑哀侯于郑之岁为韩正式都郑之岁。”这又是弥缝的解说。如果说《纪年》和《史记》的记载相差一年是由于《纪年》详而《史记》略，《纪年》因为“详”而把“一事分隶两年”，这是不可能的。战争可能连续两年，像韩哀侯入郑为君的事不可能分隶两年的。

总之，我们认为，《史记》和《纪年》所载魏武侯和魏惠王未改元以前的事，全都相差一年，而且没有一事的年代完全相合的，其所以会如此都相差一年，是由于《史记》把梁惠王“三十六年改元”误作了“三十六年卒”，因而《史记》梁惠王的纪元误上了一年，年数也误多了一年。

（原载1946年10月上海《东南日报》副刊《文史》第十四期）

楚怀王灭越设郡江东考

楚的灭越是战国时代东南地区的一件大事，据《史记·越世家》是在楚威王时。据说："当楚威王之时，越北伐齐，齐威王使人说越王，……于是越遂释齐而伐楚。楚威王兴兵伐之，大败越，杀王无彊，尽取故吴地至浙江，北破齐于徐州，而越以此散，诸族子争立，或为王，或为君，滨于江南海上，服朝于楚。"照此说来，楚的灭越在楚威王七年（公元前333年）楚破齐于徐州之前。清代学者黄以周《儆季杂著·史越世家补并辨》，认为《越世家》此说错误，断言楚灭越在楚怀王二十三年（前306年）。我们认为黄以周的考证是正确的。

《战国策》的《楚策三》记载五国伐秦之役，杜赫对楚将昭阳劝说："东有越累，北无晋，而交未定于齐、秦，是楚孤也，不如速和。"这是楚怀王十一年的事，离楚威王七年已有十五年光景，楚还有越累。《水经注·河水》引《古本竹书纪年》："魏惠王七年四月，越王使公师隅来献乘舟始罔及舟三百、箭五百万、犀角、象齿。"这些舟、箭和犀角、象齿，正是越国的特产，这时已是楚怀王十七年，越把大批"水战"需要的物资和特产支援魏国和楚、齐作战。《秦本纪》载秦惠文王十四年“惠王卒，子武王立，韩、魏、齐、楚、越皆宾从”。这年已是楚怀王十八年，越和韩、魏、齐、楚等大国同样地派遣使者去道贺秦新王即位。《战国策》的《齐策五》记载有人游说齐闵王，讲到“齐、燕战而赵氏兼中山；秦、楚战韩、魏不休而宋、越专用其兵”。宋的用兵略取泗上十二诸侯地，正与赵连年攻取中山同时，都是乘秦、楚战韩、魏不休的时机；越的对外用兵，其事迹不详，亦当与宋对外用兵同时，正当楚怀王中期以后。由此可见，楚的灭越，当在楚怀王中期以后。

其实我们就《史记·越世家》所载楚灭越的经过，齐王使人游说越王的故事，已可以看出楚灭越当在楚怀王中期以后。《越世家》载齐威王使人说越王曰：

> 越不伐楚，大不王，小不伯。图越之所以不伐楚者，为不得晋也。韩、魏固不攻楚。韩之攻楚，覆其军，杀其将，则叶、阳翟危；魏亦覆其军，杀其将，则陈、上蔡不安，故二晋（指韩、魏）之事越也，不至于覆军杀将，马汗之力不效。所重于得晋者何也？

越王曰：

> 所求于晋者，不至顿刃接兵，而况于攻城围邑乎？愿魏以聚大梁之下，愿齐之试兵南阳、莒地，以聚常、郯之境，则方城之外不南，淮、泗之间不东，商、於、析、郦、宗胡之地，夏路以左，不足以备秦，江南、泗上不足以待越矣。则齐、秦、韩、魏得志于楚也，是二晋不战而分地，不耕而获之。不此之为，而顿刃于河山之间以为齐秦用，所待者如此其失计，奈何其以此王也。

从这一席齐使者和越王的对话中，可以看出楚灭越以前的国际斗争的情势，齐秦正各谋侵楚，而韩魏正为齐或秦所利用，而越也想利用魏韩来牵制楚国。这样齐、秦、楚三国鼎立而争夺的局势，绝不是楚威王那时的情况。当楚威王时，是魏、齐、楚三国争夺的局面，秦要取得魏河西、上郡以后，声势才见强盛，等到秦惠文君称王以后，才开始出现秦、齐、楚三国鼎立而争衡的局势，于是有所谓合纵连横的斗争，那已是楚怀王时的事了。

《史记·越世家》接着又载齐使者和越王第二次的对话。齐使者曰：

> 幸也越之不亡也！吾不贵其用智之如目，见豪毛而不见其睫也。今王知晋之失计，而不自知越之过，是目论也。王所待于晋者，非有马汗之力也，又非可与合军连和也，将待之以分楚众也。今楚众已分，何待于晋？

越王曰："奈何？"（齐使者）曰：

> 楚三大夫张九军，北围曲沃、於中，以至无假之关者三千七百里；景翠之军北聚鲁、齐、南阳，分有大此者乎？且王之所求者，斗晋、楚也；晋、楚不斗，越兵不起，是知二五而不知十也。此时不攻楚，臣以是知越大不王，小不伯。复仇、庞、长沙，楚之粟也；竟泽陵，楚之材也。越窥兵通无假之关，此四邑者不上贡事于郢矣。臣闻之，图王不王，其敝可以伯。然而不伯者，王道失也。故愿大王之转攻楚也。

《越世家》继续载："于是越遂释齐而伐楚。楚威王兴兵伐之，大败越，杀王无彊（强），尽取故吴地至浙江。"

这是秦、楚二国首次发生大决战之前的情况。当秦惠文王更元十二年（即楚怀王十六年），秦在中原已占有两个重要的进攻基地，一是函谷关东北的曲沃，一是武关以东的商於之地，成为秦伸向中原的两个矛头，秦相张仪正推展其"以秦、韩与魏之势伐齐、楚"的连横策略,首当其冲的是楚,楚因而派遣柱国景翠统率大军驻屯于鲁、齐、南阳,同时又派遣"三大夫张九军,北围曲沃、於中"。正当这个爆发中原大战的前夕,越王无彊要兴师伐齐,由于齐使者的游说越王,劝越王乘楚倾其全力派出大军图谋攻秦的时机,"释齐而伐楚",结果楚认为越是心腹之患,经过多年的策划和进攻,把越灭亡了。这是楚怀王的事,《越世家》所说楚威王兴兵伐灭越国、杀越王无彊,"楚威王"当是楚怀王之误。

景翠是楚怀王所任命的上柱国,景翠或作景座,"座"、"翠"是一声之转,因而通用。《史记·六国年表》记载韩宣惠王二十一年"我助秦攻楚,围景座",当楚怀王十七年。《韩世家》集解引徐广的话,引《竹书纪年》记载这年"楚景翠围雍氏"。《战国策·东周策》又载秦攻宜阳,赵累对周君说:"君谓景翠曰:公爵为执圭,官为柱国,战而胜则无加焉矣;不胜则死。不如背秦援宜阳。公进兵,秦恐公之乘其弊也,必以宝事公;公中(仲)慕公之为己乘秦也,亦必尽其宝。"这是楚怀王二十二年的事。

《史记·楚世家》楚怀王二十六年下,记载昭雎对楚怀王说:

> 王虽东取地于越,不足以刷耻;必且取地于秦,而后足以刷耻于诸侯。……秦破韩宜阳,而韩犹复事秦者,以先王墓在平阳,而秦之武遂去之七十里,以故尤畏秦。……楚之救韩,不能使韩不亡,然存韩者楚也。韩已得武遂于秦,以河山为塞,所报德莫如楚厚,臣以为其事王必疾。齐之所信于韩者,以韩公子昧为齐相也。韩已得武遂于秦,王甚善之,使之以齐、韩重樗里疾,疾得齐、韩之重,其主弗敢弃疾也。今又益之以楚之重,樗里子必言秦,复与楚之侵地矣。

《索隐》谓“按下文始言二十四年”,“当是二十年事。又徐广推校二十年取武遂,二十三年归武遂,则此必二十年、二十一年事乎?”《古史》系在二十二年,《大事记》系在二十三年,此言“韩已得武遂于秦”,分明是二十三年的事。下文接着记二十四年的事,必在二十三年无疑。

据《楚世家》昭雎所说,楚怀王“东取地于越”。据《战国策·楚策一》楚王问于范环章,记范环曰:“且王尝用召滑于越而纳句章,昧之难,越乱,故楚南察濑湖而野江东,计王之功所以能如此者,越乱而楚治也。”《韩非子·内储说下》和《史记·甘茂列传》有相同的记载,只是范环,《韩非子》作“干象”,《甘茂列传》作“范蜎”。“干”、“范”是一声之转,“环”、“蜎”音同通用,“象”当为“彖”字之误,“彖”、“环”音同通用。《甘茂列传》记范蜎对楚王曰:“王前尝用召滑于越,而内行章义之难,越国乱,故楚南塞厉门而郡江东。”《韩非子》记干象对楚王曰:“前时王使邵滑之越,五年而能亡越,所以然者,越乱而楚治也。”据《甘茂列传》,范蜎对楚王说这话,在甘茂由秦奔齐后。考甘茂由秦出奔在秦昭王二十三年,可知楚的灭越必在楚怀王二十三年或稍前。《甘茂列传》所说“南塞厉门而郡江东”,就是灭越以后设郡于江东。

从上面所引的《韩非子》、《楚策》和《史记》,可知楚的灭越,是由于越国用了楚臣昭滑。昭滑的“昭”,《甘茂列传》作“召”,韩非子作“邵”,《楚策》作“卓”,《赵策》作“淖”,贾谊《新书》亦作“召”,都是同音通假,本字应作“昭”,“昭滑”也是楚怀王时代楚国屈、景、昭三大宗族中的重臣。《楚策四》有齐明说卓滑以伐秦章,据说齐明游说“楚大夫以伐秦,皆受明之说也,唯卓滑弗受”。可见卓滑正是楚的当时执政者。《赵策三》齐破燕章,记载齐破燕,赵欲存之,由于乐毅向赵王的建议，使得楚魏憎恨齐国，“令淖滑、惠施之赵，请伐齐而存燕”。这是燕王哙七年、齐宣王六年的事，正当楚怀王十五年。这时昭滑正为楚主持外交的大臣。据《韩非子》干象（即范蜎）对楚怀王所说，“王使邵滑之越，五年而能亡越”，可知楚的攻灭越国不是一攻而灭，前后经历有五年。据《史记·越世家》齐使者劝越王伐楚的话，可知楚怀王十六年楚正发大军围攻曲沃，没有与越为难；次年楚在汉中，被秦打得大败，当然没有余力来攻灭越国。楚怀王一面迫使越国重用楚臣昭滑，一面又用武力向越进攻，该在楚怀王十八九年间事，到楚怀王二十三年前后攻灭越国，前后正是五年。

当楚怀王在位的中期，齐、楚的关系很友好，楚感到严重威胁的是秦国，尤其是楚被秦打得大败而失去汉中之后，楚图谋联合齐一起抗秦。等到楚怀王二十二年，秦武王去世，秦昭王即位，秦、楚的关系好转。这时秦昭王年纪还小，由秦昭王的母亲宣太后掌权，宣太后本是楚人，因此两国关系大为好转。秦昭王二年，秦曾到楚“迎妇”（见《史记·六国年表》），这是亲上加亲。秦昭王三年秦、楚又在黄棘会盟，秦又把过去侵楚得来的上庸归还给楚，这是秦、楚两国关系最好的时期，楚在这个时候无后顾之忧，便得一举把越灭亡了。

（原载1946年9月27日上海《益世报》副刊《史苑》周刊第四期）

［补记］　蒙文通《越史丛考》（人民出版社1983年版）中有《越人迁徙考》，第一节“楚威王灭越、越以此散辨”，据《韩非子·内储说下》、《史记·甘茂列传》和《战国策·楚策一》，否定楚威王灭越之说，

确认楚怀王灭越。但是他别有新解，认为楚怀王所灭亡的越，是《越绝书》所说的麋王，“麋王而外，越地尚广”，并且认为到楚顷襄王和楚考烈王、楚幽王时越还存在，直到秦始皇统一六国时才灭亡。这个说法是毫无根据的。《吴越春秋》的《句践伐吴外传》所载越王世系，无彊（强）子玉，玉子尊，尊子亲，自句践至于亲共历八主，“尊、亲失琅邪，为楚所灭”。《越绝书》的《记地传》所载越王世系，也是八主，只是“玉”误作“之侯”。两书都没有麋王其人。《吴越春秋》的《句践阴谋外传》讲到“弓”和“弩”的传授历史，据说“弓”由羿传于逢蒙，逢蒙传于楚琴氏，琴氏加制成“弩”，传之楚三侯，所谓句亶、鄂、越章（“越”字原脱），人号“麋侯、翼侯、魏侯”。据《楚世家》，楚的祖先熊渠伐取庸、杨粤（越）和鄂，分封三子为“句亶王、鄂王和越章王”。可知麋侯即越章王。蒙文通认为楚所灭的越，原是麋侯所居之地，“越以封其子弟，沿其旧名称麋王”，是毫无根据的。

蒙文通根据《战国策》的《齐策五》苏秦说齐闵王章，讲到“齐、燕战而赵氏兼中山，秦、楚战韩、魏不休而宋、越专用其兵”，认为“中山之灭在楚顷襄王三年（公元前296年）”，可见“越国君王于楚怀、襄之世尚能穷兵黩武，是其国力犹不弱也”。其实所说“宋、越专用其兵”并不和“兼中山”绝对同时，只是年代相近的事，不能据此认为楚顷襄王时，宋越还在用兵作战。

蒙文通又根据《韩非子·喻老篇》记载，当楚王欲伐越，杜子进谏，讲到“庄蹻为盗于境内而吏不能禁”，而《荀子·议兵》又说“（楚人）兵殆于垂沙，唐蔑死，庄蹻起，楚分而为三四”，可知庄蹻之起在楚怀王二十八年以后，因此欲伐越的楚王当为顷襄王。我们认为“庄蹻为盗于境内而吏不能禁”，在楚怀王时，已有较长的时间。

蒙文通又根据《楚世家》所载顷襄王十八年楚人有以弋射进说顷襄王，讲到“北游目于燕之辽东，而南登望于越之会稽，此再发之乐也”，断言“是当此之时，越之会稽尚未失也”。这个论断是不正确的。弋射者以鸟比喻大小国家，说“故秦、魏、燕、赵者，䴔雁也；齐、鲁、韩、卫者，青首也；驺（邹）、费、郯、邳者，罗鸗也”。他列举大、中、小三等国家，独不见越国，可知越早已亡国。所说“南登望于越之会稽”，这个“越”是用作地区名称的。

（1998年3月2日补记）

关于越国灭亡年代的再商讨

1946 年至 1947 年间，我曾写作《战国史事丛考》二十多篇，先后发表于当时上海的《东南日报》副刊《文史》和天津的《益世报》副刊《史苑》上。其中有《楚怀王灭越设郡江东考》一篇，根据黄以周《史越世家补并辨》，作了进一步的论证，断言越国灭亡于楚怀王二十三年，即公元前 306 年，否定了《史记・越世家》楚威王"大败越"而"越以此散"之说。其实这个见解，并非首创于黄以周，雷学淇在《竹书纪年义证》中已有这一主张。这本书原来仅有钞本，到 40 年代才有修绠堂铅印本，我当时没有注意到，因而没有提及。我的《战国史》初版（1955 年）就沿用这一说法，后来在《战国史》新版（1980 年）中又作了进一步的说明。最近接到一位《战国史》的读者来信，指出李学勤先生《关于楚灭越的年代》一文①，对"黄以周等学者"所主张越国灭亡于楚怀王二十三年之说，提出了商榷，注解中

① 载《江汉论坛》1985 年第 7 期。

多处引到《战国史》，希望我对这一商榷，发表我的看法，从而明辨是非。李先生认为“战国时代的年代问题，前人所作的许多考证，贡献很大，然而细加推求，还有不少地方需要讨论”。我十分赞成在前人已有成绩的基础上细加推求和讨论，这是推动学术研究进展的好办法。现在就李先生推求而提出的商榷意见，根据我的推求而提出不同看法如下。

《越世家》把“楚怀王亡越”和“楚威王败越”混为一谈

李先生认为“黄以周等学者的考证是正确的”，然而“要指出的是，楚怀王亡越和《越世家》所载楚威王是两件事，不能混为一谈，更不能因而否定楚威王败越的史实”。我认为，并不是黄以周等学者要把楚怀王亡越和楚威王败越混为一谈，而是《越世家》把这两者混为一谈。我们正是从揭示《越世家》这个“混为一谈”的错误中，进一步找到了楚怀王亡越的真相及其确切年代。

《史记·越世家》载：“王无彊时，越兴师北伐齐，西伐楚，与中国争强。当楚威王之时，越北伐齐，齐威王使人说越王曰：……‘楚三大夫张九军，北围曲沃、於中，以至无假之关者三千七百里，景翠之军北聚鲁、齐、南阳，分有大此者乎？且王之所求者，斗晋楚也，晋楚不斗，越兵不起，是知二五而不知十也，此时不攻楚，臣以是知越大不王，小不伯。……故愿大王之转攻楚也。’于是越遂释齐而伐楚。楚威王兴兵而伐之，大败越，杀王无彊，尽取故吴地至浙江，北破齐于徐州。而越以此散，诸族子争立，或为王，或为君，滨于江南海上，服朝于楚。”

李先生由此作出结论说：“《越世家》叙述楚威王败越事件因果是

完整的,越王无彊本来同当时齐楚为敌,后来在伐齐时受齐使游说,释齐伐楚,结果被楚所败,楚威王不仅夺取越国大部分领土,又进而破齐于徐州,报复了齐国嗾越攻楚的怨恨。"我的看法是,由于《越世家》把"楚威王败越"和"楚怀王亡越"混为一谈,误把"楚怀王亡越"的因果算作"楚威王败越"的因果,因而所载楚威王败越的事不免有失实之处。

《越世家》所载齐使游说越王"释齐伐楚"的话,很明显谈的是楚怀王十六七年(前313—前312)的战争形势,决不是楚威王时所可能出现的局面。这是我们早就指出的。齐使者所说"楚三大夫张九军北围曲沃、於中",这个曲沃在今河南三门峡市西南,正当函谷关东北,原属魏国,魏襄王五年(前314年)为秦再次攻取,见于《史记·魏世家》。於中在今河南西峡东,正当武关以东、楚的方城以西地方。於中连同商密(今河南淅川西南)一带合称商於之地,正当丹阳(丹水东北地区以东)①。这一带原为楚地,此时已为秦所占用。当年魏、韩因连年被秦打败,被迫与秦"连横",造成秦、魏、韩三国与楚、齐两国对峙的形势。秦所占有的曲沃和於中,成为秦从函谷关和武关伸向关东的左右两个进攻矛头,特别对楚造成严重威胁。当时楚国为了解除这个威胁,采取主动出击的战略,一方面派柱国景翠统率大军屯于鲁、齐两国边境以及韩的南边,即所谓"景翠之军北聚鲁、齐、南阳",南阳指韩的南边,用以巩固北方的防守,并准备向韩、魏进攻。景翠是楚怀王时的柱国,他统兵作战在楚怀王十七年到二十九年一

① 关于於中、商於之地,参见拙作《春秋时代楚国县制性质问题》附录一《楚国商县考》,《中国史研究》1981年第4期。

段时间内[①]。另一方面楚派三支大军向秦反攻，进围曲沃和於中，即所谓“楚三大夫张九军北围曲沃、於中”。这都是楚怀王十六七年间的事。接着景翠就向韩的雍氏（今河南禹县东北）进围，同时，进围曲沃的楚军因为得到齐军的支援，攻下曲沃，即《战国策·秦策》所说：“齐助楚攻秦，取曲沃。”[②]可知这位齐使游说的对象该是楚怀王而非楚威王。《越世家》把楚怀王亡越和楚威王败越混为一谈了。

这种战争形势不是楚威王时所能出现的。战国初期魏最强盛，等到马陵之战，魏被齐打得大败，公元前334年，魏惠王到徐州朝见齐威王，并推尊齐威王为王，即所谓“会徐州相王”，从此魏的国势衰落，齐、秦两大强国形成对峙局势，再加上楚参与合纵连横的战争，楚的实力还很强大，常常形成齐、秦、楚三足鼎立的战争形势。公元前333年，楚威王亲率大军围攻徐州，大败齐申缚，就是为了声讨齐国、魏国两国君主的“会徐州相王”的。当时赵国也参与了这个声讨的行动。据《战国策·魏策二》，当魏在马陵之战大败之后，齐的相国田婴“遂纳魏王而与之并朝齐侯再三，赵氏丑之，楚王怒，自将而伐齐，赵

---

① 黄以周《史越世家补并辨》已经指出：“景翠于楚威王时未任用，至怀王，屡使将兵，见《国策》。”我们遍查战国史料，景翠作战只在楚怀王十七年至二十九年间。楚怀王十七年，景翠围攻韩的雍氏，见《史记·韩世家》集解所引《竹书纪年》，秦因此助韩反攻景座，见《史记·六国年表》韩宣王二十一年。景座即景翠，座、翠一声之转，可通用。楚怀王二十一年秦攻韩宜阳，楚派景翠往救，景翠待秦攻拔宜阳之后才进军，秦因而送煮枣一城，见于《战国策·东周策》。楚怀王二十九年齐、秦约攻楚，楚令景翠以六城赂齐，并以太子横入质于齐，见于《战国策·楚策二》。

② 据《战国策·秦策二》，齐助楚攻取秦的曲沃之后，秦使张仪入楚进献商於之地，促使楚与齐绝交，至楚与齐绝交，秦食言不献，楚于是大举西攻秦，这是楚怀王十六年事。据《史记·楚世家》楚怀王十七年春，秦大败楚于丹阳，斩首八万，虏楚大将屈匄等七十余人。屈匄当即“楚三大夫张九军”中围攻於中的大夫，此时他大举西攻秦，在攻克於中之后，进而西攻丹阳，陷入秦预先设置的包围，因而大败。

应之,大败齐于徐州”。《战国策·秦策四》也说:“梁王身抱质执璧,请为陈侯臣,天下乃释梁。郢威王(即楚威王)闻之,寝不寐,食不饱,帅天下百姓以与申缚遇于泗水之上,而大败申缚。”在这次“会徐州相王”的典礼中,不仅魏惠王“抱质执璧”去朝见齐威王,还率领韩国国君以及其他小国国君一起朝见,并推尊齐侯为王,如同朝见天子一样,因而引起楚威王震怒,亲自统率大军去讨伐徐州。李先生根据《越世家》,说楚威王“进而破齐于徐州,报复了齐国嗾越攻楚的怨恨”,是不符合当时实际形势的。

由于《越世家》把“楚威王败越”和“楚怀王亡越”混为一谈,所说楚威王“北破齐于徐州”的历史背景不符合实际,所说“尽取故吴地至浙江”看来也不可信从。《水经注·河水》引《竹书纪年》:“魏襄王七年四月,越王使公师隅来献乘舟始罔及舟三百、箭五百万、犀角、象齿焉。”魏襄王七年正当楚怀王十七年,这年正是秦、韩、魏三国和齐、楚两国发生激烈战争的关键时刻。齐、楚两国原是越的主要敌人,越国在此时派人赠送乘舟、战舟和箭给魏国,很明显是支援魏国对齐、楚两国的战争的。乘舟是君王乘坐指挥水战的大船。例如春秋时代吴王的“乘舟馀皇”,就曾用于指挥作战(《左传》昭公十七年杜注:“馀皇,舟名”)。这里所说“乘舟始罔”,始罔可能也是舟名。越国支援给魏国乘舟以及战舟三百艘、箭百万枝,是很重要的一批军需物资,要从越国运送到魏都大梁,必须编成船队,通过长江,沿着邗沟北上,经过鄱阳湖,通入淮水,再经鸿沟而直达大梁,一路上还必须用兵护送,以免劫夺的危险。足见当时越的国力仍能控制境内长江、邗沟以及淮水的航行,因此《越世家》所说楚威王“尽取故吴地”,看来并不确实。

《越世家》误把楚威王败越和楚怀王亡越混为一谈，记载有不少失实之处是很明显的，因此不能盲目地信从。

可以片面依据《越绝书》、《古今人表》而讲楚威王灭越吗？

由于《越世家》把“楚威王败越”和“楚怀王亡越”混为一谈，还产生了楚威王败越而“越以此散”的误解。《越绝书·记地传》说：“楚威王灭无彊”，《汉书·古今人表》称越王无彊“为楚所灭”，都是沿袭《越世家》这个误解而来，当然不可信从。李先生说：“按照《越绝书》、《古今人表》之说，可以讲公元前333年楚威王业已灭越。”我的看法是《越绝书》、《古今人表》是沿袭《越世家》的错误而来，决不可因而抹杀楚怀王二十三年灭亡越国以前越国确实存在的史实，前面所举楚怀王十七年越王派人向魏襄王进献大批军需物资，即是一例。黄以周的考证的一个重要贡献，就是从战国史料中找到了越国灭亡于楚怀王二十三年的确实证据。关于这方面，我曾经进一步论证，我在新版《战国史》一条注释和《后记》中已经列举出来。这里特别指出的，《史记·甘茂列传》记载范蜎对答楚怀王说：“且王前尝用召滑于越，……越国乱，故楚南塞厉门而郡江东。”《韩非子·内储说下》有类似的话：“前时王使邵(昭)滑之越，五年而能亡越。”“亡越”和“郡江东”是一回事，正是灭亡越国而设置江东郡。这是先秦史料中明确指出楚怀王亡越的。既然确是楚怀王亡越，当然楚威王灭越之说不可信了。

服属于楚的越君系统能看作“未被楚吞灭”吗？

李先生的主要结论是：“古书虽然一再讲到楚威王灭越，楚怀王亡越，但严格说来，越始终未被楚吞灭，越君系统在先秦从未断绝。”

“无诸是战国末最后一代越王，原已退居闽中，秦统一时被废，到汉高祖六年又立为闽粤王，惠帝三年又立摇为东海王，都东瓯。汉代的闽粤、东瓯已不能再算作越国”。我的看法是，楚威王未灭越，楚怀王确是亡越，越国灭亡之后，虽然越君系统未断绝，但已是服属于楚的君长，独立的越国已不存在。至于闽越和东瓯，原来该与吴、越同族，但是文化比较原始，当时有“百越”之称。闽越和东瓯的君王原是越王句践的后裔，该出于越的分封，出于越国贵族的分支。无诸是闽越的战国末年最后一代君王，并非战国末年最后一代越王而退居闽中的。不但汉代的闽越和东瓯不能算作越国，先秦的闽越和东瓯更不能和越国混为一谈。

《越世家》载楚威王败越“而越以此散，诸族子争立，或为王，或为君，滨于江南海上，服朝于楚”。楚怀王灭越以后确实保留越君系统在江南海滨，使服朝于楚而便于统治，犹如秦惠王灭巴、蜀之后，仍保留蜀王子弟为侯，保留巴王子弟为君长，使服属于秦。楚灭越后所保留的越君系统长期存在，当秦始皇命王翦平定楚江南时，还曾“降越君”，使成为降服于秦的君长。这时独立的越国早已不存在。《史记·秦始皇本纪》载：“二十四年王翦、蒙武攻荆，破荆军，昌平君死，项燕遂自杀。二十五年王翦遂定荆江南地，降越君，置会稽郡。”十分清楚，当时越国早已被楚吞并，只保留有降服的越君。秦始皇派遣王翦统率六十万大军攻破楚国，在平定楚的江南过程中，又“降越君”，并且在那里设置了会稽郡。李先生说：“就越世系而言，应当说直到秦吞并关东，无诸被废时，越国才真正灭亡。”显然是违反史实的。就越君系统而言，当王翦平楚江南时，只是“降越君”，未废越君，依然保存越君系统而未断绝，但是越国早已被楚灭亡了。《越绝书·记地传》载:“楚威王灭无彊,无彊子之侯窃自立为君长,之侯子尊时君长,尊子亲失众,楚伐之走南山。……无彊以上霸称王,之侯以下微弱称君长。”据《越世家》,之侯是无彊之父,非无彊之子。《吴越春秋·句践伐吴外传》称为无彊之子玉,当以“王”为是。所说“楚威王灭无彊”是沿袭《越世家》而失误。其实称王的才是独立的越国首领,称君长的只是“服朝于楚”的君长,《越世家》说“服朝于楚”是正确的。《越世家》说越灭亡后“诸族子争立”,是可能得到楚的允许的,因为诸族分散便于楚的加强统治。《越绝书》所说“窃自立为君长”,是不可能的,该是“服朝于楚”而得到楚许可的。这种“服朝于楚”的越君,如果对族众管理不合楚的要求,还要受到楚的讨伐,名为“亲”的越君就因“失众”而被伐,犹如降服于秦的蜀侯常被秦讨伐一样。这种“服朝于楚”的越君系统能看作独立的越国而未被楚吞灭吗?

闽越王无诸是战国末年越王退居闽中的吗?

《史记·东越列传》载:“闽越王无诸及越东海王摇者,其先皆越王句践之后也,姓驺氏。秦已并天下,皆废为君长,以其地为闽中郡。及诸侯畔秦,无诸、摇率越归鄱阳令吴芮,所谓鄱君者也,从诸侯灭秦。当是之时,项籍主命,弗王,以故不附楚。汉击项籍,无诸、摇率越人佐汉。汉五年,复立无诸为闽越王,王闽中故地,都东冶。孝惠三年,……乃立摇为东海王,都东瓯,世俗号为东瓯王。”《汉书·两粤传》大体相同。这里所说“秦已并天下,皆废为君长,以其地为闽中郡”,当是王翦平定楚的江南,“降越君”和设置会稽郡之后的进一步行动。《史记·王翦列传》说:“秦因乘胜略定荆地城邑,岁余虏荆王负刍,竟平荆地为郡县,因南征百越之君。”所说“平荆地为郡县”,包括建置会稽郡在内。所说“南征百越之君”，就是指攻入东瓯、闽越地区，“皆废为君长，以其地为闽中郡”。当时闽越、东瓯之君是被看作百越之君的，包括闽越之君无诸在内，无诸怎么可能是战国末年最后一代的越王呢？这里说：“无诸、摇率越归鄱阳令吴芮，所谓鄱君者也”，也就是《史记·项羽本纪》所说“鄱君吴芮率百越佐诸侯”。“百越”即指无诸、摇所统率的闽越与东瓯的军队。很明显，无诸是被看作百越之君王的，并非越国君王。

战国时代已有“百越”的称呼，是指东南沿海地区文化比较原始的部落。《吕氏春秋·恃君览》说：“扬汉之南、百越之际，敝凯诸、夫风、余靡之地，缚娄、阳禺、驩兜之国，多无君。”当时不少“百越”的地区“多无君”。闽越或称东越，分布于今福建北部和浙江南部的部分地区。东瓯亦称瓯越，分布于今浙江南部的瓯江、灵江流域。闽越和东瓯是百越中文化较为进步的地区，早就设有君王，君王原是越王句践的后裔，原即出于越王句践的分封。《太平寰宇记》卷九十和《路史·国名纪丁》引《越绝书》说：“东瓯，越王所立也，周元王四年（前472年）越相范蠡所筑。”（今本《越绝书》失载）可知东瓯是越句践二十五年所分封，闽越也该出于句践的分封。闽越、东瓯与於越，从春秋末年起，到战国时代，曾长期并存。战国时代著作《逸周书·王会篇》就把“东越海蛤、瓯人（即东瓯）蝉蛇、於越纳（鲋）”同时并提。无诸和摇是闽和东瓯世代相袭的君王。《汉书·高帝纪》载分封无诸的诏书说：“故粤（越）王亡（无）诸世奉越祀，秦侵夺其地，使其社稷不得血食。诸侯伐秦，亡（无）诸身帅闽中兵以佐灭秦，项羽废而弗立，今以为闽越王，王闽中地，勿使失职。”所说“故越王无诸世奉越祀”，是指无诸原为“闽越”王而世奉“闽越”之祀，并非“於越”王而世奉“於越”

之祀；所说“秦侵夺其地”，是指秦将王翦攻入闽中，“废为君长，以其地为闽中郡”，并非指秦侵夺越国土地，越国早已被楚国灭亡了；所说“项羽废而弗立”，是指项羽“弗王”（未分封为王），怎能根据这个诏书断言“无诸是战国末最后一代越王，原已退居闽中”呢？《越世家》说：“后七世，至闽君摇，佐诸侯平秦，汉高帝（按应作惠帝）复以摇为越王，以奉越后。”同样，这里所说“以摇为越王”，就是立摇为越东海王，也即瓯越之王，并非越国之王。

闽越和瓯越的君王都是越王句践后裔，原来出于句践的分封。无诸和摇是战国末年世袭的闽越和瓯越的君王，当秦攻入闽中而建立闽中郡时，他们被废为君长，汉代初期无诸和摇又先后因功被分封为王。现在李学勤先生确认，无诸是战国末年最后一代越王而退居闽中的，“直到秦吞并关东，无诸被废时，越国才真正灭亡”，不知有何根据？

附带要说一下，关于“百越”的历史是个复杂的问题，而且是个很有争论的问题。《汉书·地理志》颜师古注引臣瓒说：“自交趾至会稽七八千里，百越杂处，各有种姓，不得尽云少康之后也。”近年越南出版的有些论述越南古史的著作，包括陶维英《越南古代史》①在内，说什么越国被楚灭亡以后，越人不断沿海向南大迁移，先后建立了闽越、东瓯以至南越、西瓯、雒越。这一错误说法，首先见于法国人鄂卢梭《安南民族之起源》②。这是毫无根据的虚构的说法，当年法国著

① 陶维英：《越南古代史》，科学出版社1959年中译本。

② 法国人鄂卢梭《安南民族之起源》说：“纪元前333年（楚）灭了越国，拓地至于浙江（水名）。越人乃因此役以后，始往中国南海沿岸迁徙。”“这些南迁的越人，先在浙江南部同福建建立东越。”“其余的远徙到广东同广西的北部，他们就是建立南越的那些部落。”“最远的到了广西南端、广东西南境、东京同安南北部，这就是越种的西瓯或骆民。”见于冯承钧译《西域南海史地考证译丛九编》。

名汉学家马伯乐已经加以批驳。我们认为在越国未灭亡以前，东南沿海地区百越是早就存在的，决非出于越国灭亡后向南大迁移的结果。闽越、瓯越是早就存在的，《周礼·职方》已把七闽和四夷、八蛮、九貂、五戎、六狄相提并论，《周礼·司隶》又把闽隶、蛮隶、夷隶、貉隶并称。《史记·赵世家》记赵武灵王说："翦发文身，错臂左衽，瓯越之民也。"《战国策·赵策二》大体相同。南越也是早就存在的，古时称为扬越。《战国策·秦策三》记蔡泽说吴起"南攻扬越"，《史记·蔡泽列传》作"南收扬越"，《史记·南越列传》又作"略定扬越"，《后汉书·南蛮传》又说："吴起相悼王，南并蛮越，遂有洞庭、苍梧。"苍梧在今湖南、广西之间。

（原载《江汉论坛》1991 年第 5 期）

卷五

伯益、句芒与九凤、玄鸟

益与燕

《史记·秦本纪》云：

> 秦之先，帝颛顼之苗裔孙，曰女脩。女脩织，玄鸟陨卵，女脩吞之，生子大业。大业取少典之子曰女华，女华生大费，与禹平水土。已成，帝赐玄圭。禹受曰："非予能成，亦大费为辅。"帝舜曰："咨尔费！赞禹功，其赐尔皂游，尔后嗣将大出！"乃妻之姚姓之玉女。大费拜受，佐舜调驯鸟兽，鸟兽多驯服，是为柏翳。舜赐姓嬴氏。大费生子二人：一曰大廉，实鸟俗氏；二曰若木，实费氏。……大廉玄孙曰孟戏、中衍，鸟身人言。

柏翳当即伯益，前人论之详矣。伯益在传说中为玄鸟之后裔，本人又能调驯鸟兽，其后裔又有鸟俗氏而鸟身人言。其与鸟之关系若是其密切也！《尧典》亦云：

> 帝曰："畴若予上下草木鸟兽？"佥曰："益哉！"帝曰："俞！咨

> 益，汝作朕虞。”

《汉书·地理志》并云：“伯益知禽兽”。而《后汉书·蔡邕传》云：“伯翳综声于鸟语。”是益不仅能调驯与知鸟兽而已，且能综声于鸟语也。《孟子·滕文公上》云：

> 舜使益掌火，益烈山泽而焚之，禽兽逃匿。

孟子言益焚山泽，驱禽兽，与诸书言益调驯鸟兽者虽不同，而其职在治理鸟兽则一也。何伯益之与鸟兽，关系若是其密切耶？案《汉书·百官公卿表》云：“𦕈作朕虞。”应劭曰：“𦕈伯益也”，颜师古曰：“𦕈，古益字也。”伪《古文尚书》“益”作“𦕈”，即本此。而《说文》云：嗌，籀文作“𦕈”。

据此，益古或写作“嗌”，嗌咽声同，《说文》“嗌，咽也”，《尔雅》郭注：“江东名咽为嗌”，而咽燕古又同音，“臙脂”或作“胭脂”，可证。是“益”“燕”不仅声同，实本一字，“嗌”古作“[illegible]”，“燕”古作“[illegible]”，字形亦全同。益，古或作“嗌”者，王筠《说文释例》云：“伯益之名，或本取嗌义而借用嗌字也。”益名古本取嗌义而借用嗌字，“嗌”与“燕”则本为一字。“益”之传说既多与鸟有关，又为玄鸟之后，所谓玄鸟又即燕。何益之与燕关系又若是其密切耶？案《诗·玄鸟》云：“天命玄鸟，降而生商。”《长发》云：“有娀方将，帝立子生商。”而《吕氏春秋·音初》云：

> 有娀氏有二佚女，为之九成之台，饮食必以鼓。帝令燕往视之，鸣若嗌嗌（“嗌嗌”旧作“谥隘”，此从《玉烛宝典》改正），二女爱而争搏之，覆以玉筐，少选，发而视之，遗二卵北飞，遂不反。二女作歌一终，曰：“燕燕往飞”，实始作北音。

玄鸟即燕，而鸣若嗌嗌。据此益足证“嗌”“燕”本同字，“燕”字像其形,“嗌”字则后出之形声字耳。

玄鸟又名乙,亦作鳦,《说文》云:“乙乙,玄鸟也,齐鲁之间谓之乙,取其鸣自呼。”燕“取其鸣自呼”则为“乙乙”,“乙乙”当即“嗌嗌”。燕即乙乙,“乙乙”又即“嗌嗌”,而益又作“嗌”,则益之即燕,又可证也。

《吕氏春秋·勿躬》云:“羲和作占日,尚仪作占月,后益作占岁。”而《山海经·大荒西经》谓:“羲和者帝俊之妻,生十日。”“帝俊妻常羲,生月十有二”。《海内经》云:“共工生后土,后土生噎鸣,噎鸣生岁十有二。”顾颉刚《尚书研究讲义》因云:“从羲和之生十日而作占日,常仪之生十二月而作占月之例推之,则后益即噎鸣,不与柏翳为一人也(《戊种之四》)。”顾氏以后益非柏翳未是,以后益即噎鸣,则实为卓见。后益何以得称“噎鸣”耶?曰:“噎”“嗌”乃声之转,扬雄《方言》云:“㽻嗌,噎也,楚曰㽻,秦晋或曰嗌,又曰噎。”“噎鸣”即取义于燕之“鸣若嗌嗌”也,然则“益”之与“燕”,二而一,一而二,益之传说盖即出于“燕”之神话耳。

益之传说,出于“燕”之神话,故其祖先为玄鸟(其妻姚姓之玉女,当亦即有娀之佚女),其后裔为鸟俗氏而鸟身人言。不仅此也,即《尧典》云:“帝曰:‘俞!咨益,汝作朕虞。’益拜稽首,让于朱、虎、熊、罴。”朱、虎、熊、罴,本皆禽兽中之佼佼者(朱当即离朱,《山海经·海外南经》云:“狄山帝尧葬于阳,帝喾葬于阴,爰有熊、罴、文虎、蜼、豹、离朱。”《海外北经》云:“务隅之山,帝颛顼葬于阳,九嫔葬于阴,一曰爰有熊、罴、文虎、离朱……”)。益即燕,亦即玄鸟,玄鸟本东方民族崇拜之神鸟,在神话中为鸟兽之长(详下。玄鸟亦即凤鸟,《大戴礼》:“羽虫三百六十,凤凰为之长”),故上帝(即尧舜)命其治理鸟兽,而燕(即益)乃谦逊,竟欲让给其他鸟兽中之佼佼者朱、虎、熊、罴之类。其原始本为一幕神话之趣剧也。

《墨子·耕柱》云：

> 昔者夏后开(即启)使蜚廉折金于山川，而陶铸于昆吾，是使翁难乙卜于白若之龟，曰："鼎成三足而方，不炊而自烹，不举而自臧，不迁而自行"；以祭于昆吾之虚，上飨。乙又言兆之由(毕沅云："旧脱乙字，又字作人，据《艺文类聚》、《玉海》改")曰："飨矣！逢逢白云，一南一北，一西一东……"

此本亦东方神话，蜚廉为中衍之玄孙，亦见于《秦本纪》。乙，当亦即益，乙能卜，而《吕氏春秋》亦云："后益作占岁"，可证也("翁难乙"一语不可解，《初学记》、《艺文类聚》俱作"翁难乙"，而《玉海》引作"翁难雉乙"。孙诒让以"翁"当作"嗌"，云："《说文》口部嗌籀文作𦏧，《经典》或假为益字，《汉书·百官公卿表》'𦏧作朕虞'是也。𦏧与翁形近，《节葬下篇》'哭泣不秩声嗌'，'嗌'亦误作'翁'，是其证。"又以"难"当作"斮"，"斮雉"犹言"斳雉"，谓杀雉也。更以"乙"当作"已"，"已"与"以"同音。孙氏校"乙"为"以"，但下文云"乙又言兆之由"，则"乙"明为人名。因疑"难"即"雉"之讹，《玉海》不知其讹，据他本校增"雉"字。"翁"为"益"字之讹，或即"翳"之讹，"益""翳"即"乙"，其字盖后人旁注掺入者。原文当为"雉乙"二字，"雉乙"即"鳦"或"乙"也)。

玄鸟、凤鸟、九凤与句芒及益

玄鸟，古人或释为燕，或代以凤。《楚辞·天问》云：

> 简狄在台，喾何宜？玄鸟致贻，女何喜？("喜"一作"嘉"，《续汉书·礼仪志》注引正作"嘉"，柳宗元《天对》亦云："胡乙彀

之食而怪焉以嘉?”当以“嘉”为是)

而《离骚》则云:“望瑶台之偃蹇兮,见有娀之佚女。……凤鸟既受诒兮,恐高辛之先我。”“凤鸟受诒”当即“玄鸟致贻”,则玄鸟即凤鸟也。《山海经·大荒东经》云:“有五彩之鸟,相乡(向)弃沙,惟帝俊下友。帝下两坛,彩鸟是司。”此五彩之鸟亦即凤鸟,《南山经》云:“又(祷过之山)东五百里曰丹穴之山,其上多金玉,丹水出焉,而南流注入勃海。有鸟焉,其状如鸡,五采而文,名曰凤皇。……是鸟也,饮食自然,自歌自舞,见出天下安宁。”《大荒西经》云:“有五彩鸟三名,一曰皇鸟,一曰鸾鸟,一曰凤鸟。”玄鸟为帝喾之所命,而五彩之凤鸟乃帝俊所下友,帝喾既即帝俊,则玄鸟之即凤鸟可见。在传说中,凤在丹穴之山与丹水,而凤卵亦相传产在丹山。《吕氏春秋·本味》云:“流沙之西,丹山之南,有凤之丸(高诱注:“丸,古卵字也”),沃民所食。”《大荒西经》云:“有沃之国,沃民是处,沃之野,凤鸟之卵是食。”

凤卵之传说当亦出于燕遗二卵之说。玄鸟本为东方民族所崇拜者,《吕氏春秋·仲春纪》及《礼记·月令》云:“是月也,玄鸟至,至之日,以太牢祀于高禖。”《礼记·月令》疏云:“娀简狄吞凤子”,凤子即凤卵也。商民族在神话中,为玄鸟遗卵而生,故后世以为媒官。《吕氏春秋·古乐》云:

> 昔葛天氏之乐,三人操牛尾投足以歌八阕,一曰《载民》,二曰《玄鸟》,三曰《遂草木》,四曰《奋五谷》,五曰《敬天常》,六曰《建帝功》,七曰《依地德》,八曰《总禽兽之极》。

先歌《载民》而再歌《玄鸟》,当亦以玄鸟为生民之始也(童书业案:其“三”以下盖皆指玄鸟之功,亦益之事)。凤鸟当即为玄鸟之神话化者,故后人盛称之,往往因“凤鸟不至”而兴叹《论语》:“凤鸟不至,河不出图，吾已矣夫”，殊不知凤鸟即玄鸟，仲春之月，玄鸟未尝不至，第以凤鸟已神话化，变而为五彩之鸟，世人遂无由得见之矣(燕色本玄，神话化之凤变为五彩，亦犹龟本乌色，而《说苑》等书又谓灵龟五色也)。又凤鸟古亦称翳鸟，《离骚》云：“驷玉虬而乘鷖(《山海经》郭注引作“翳”)”，王注：“凤皇别名”，凤为五彩之鸟，翳即凤，故亦为五彩之鸟。《山海经·海内经》云：“北海之内，有蛇山者，蛇水出焉，东入于海，有五采之鸟，飞蔽一乡，名曰翳鸟。”燕即乙，亦即凤，又即翳，而伯益又称伯翳或乙，则益之即燕，可无疑矣！

凤之神话化者，更有谓其状人面鸟身者。《大荒北经》云：“大荒之中，有山名曰北极天柜，海水北注焉，有神九首人面鸟身，名曰九凤。”案，古神中人面鸟身最著者为句芒。《海外东经》云：“东方句芒，鸟身人面，乘两龙。”《墨子·明鬼下》云：“昔者秦穆公(旧作郑穆公，从孙诒让据《山海经》郭注及《玉烛宝典》引文与《论衡》福虚篇、无形篇校正)当昼日中处于庙，有神入门而左，鸟身，素服三绝，面状正方，秦穆公见之，乃恐惧奔。神曰：“无惧！帝享女明德，使予锡女寿，十年有九，使若国家蕃昌，子孙茂，毋失。”秦穆公再拜稽首曰：“敢问神名!”曰：“予为句芒。”案：《吕氏春秋·十二纪》及《礼记·月令》等，春月“其帝太皞，其神句芒”，句芒为春神，主生长，故能锡寿而使国家蕃昌，子孙茂也。秦穆公于其宗庙得见句芒，则其人或为秦之祖先神。然则句芒为谁何？当即九凤，九凤与句芒同为鸟身人面之神，“九”与“句”、“凤”与“芒”，又一声之转(或“句芒”为草木生长之义，以句芒主生长，故名)。九凤为凤或玄鸟之神；句芒在《月令》为春神，而玄鸟亦以春分至，句芒或亦即玄鸟之神。玄鸟为生民之始，故句芒亦主人寿耳。凤鸟既即玄鸟，玄鸟即燕，燕又即益，则句芒亦即益。然则益亦鸟身人面之神乎？曰：诚然！

《墨子·非攻下》云：

> 昔者三苗大乱，天命殛之，……高阳乃命禹于玄宫，禹亲把天之瑞令，以征有苗。……有神人面鸟身，若瑾以侍，搤矢有苗之祥，苗师大乱，后乃遂幾。禹既已克有三苗，焉历为山川，别物上下，乡制四极，而神民不违，天下乃静。

《随巢子》亦云：

> 昔三苗大乱，天命殛之，夏后受于玄宫（《艺文类聚》无“殛之”及“后”字，“受”作“属”，《太平御览》卷八八二无“于玄宫”三字，《海录碎事》引作“天命夏禹于玄宫”）。有大神，人面鸟身，降而福之（《太平御览》卷八二作“辅之”，卷八八二作“富之”）：司禄益食而民不饥，司金益富而国家实（《太平御览》作“宝”），司命益年而民不夭（《太平御览》、《海录碎事》并无“益食而民不饥司金”八字，《太平御览》卷八二无“司禄”“益食”二句），四方归之。禹乃克三苗，而神民不违（《太平御览》无此句），辟土以王（《艺文类聚》卷十引至“神民不违”，《太平御览》卷八二又卷八八二引至“四方归之”）。

据此，是人面鸟身之神，实为禹之唯一助手。因人面鸟身神之“搤矢”而使“苗师大乱”。又因人面鸟身神之降福而得“益食”“益富”“益年”“四方归之”之结果。此人面鸟身之神为谁何？曰：益是也。在《墨子》中，益本为禹唯一之助手。《尚贤上篇》云：“尧举舜于服泽之阳，授之政，天下平；禹举益于阴方之中，授之政，九州成。”此言禹因益而“九州成”（言益佐禹治天下者甚多，如《秦本纪》称“与禹平水土”。《史记·自序》云：“维秦之先，伯翳佐禹。”《论衡·逢遇》云：“禹王天下，伯益辅治”），而彼言禹因人面鸟身神而“四方归之”，则人面鸟身神之为益，彰彰明甚。

盖一为神话，一已变为人话也。且人面鸟身神之功能，在乎“搤矢”“益食”“益富”“益年”，则人面鸟身神之为益，尤可见矣。益即燕，亦即凤鸟，凤又即句芒，句芒能锡寿，而人面鸟身神亦能“益年”，则句芒之即益，亦甚明显。《吕氏春秋》谓后益作占岁，《山海经》谓噎鸣生岁十有二，《墨子》谓句芒赐寿，三者实亦同一神话之分化演变耳。

伯益与百仪、伯夷

伯益或作伯翳（《国语·郑语》及《史记·秦始皇本纪》等），亦作柏翳（《史记·秦本纪》）、柏益（《汉书·古今人表》）、伯繄（《史记·郑世家》），亦有误作化益，更有作百仪、伯夷者。《汉书·叙传》云：“嬴取威于百仪兮。”注：“应劭曰：‘嬴，秦姓也，伯益之后也。伯益为虞，有仪鸟兽百物之功，秦所由取，威于六国也。’”（刘奉世曰：“百仪则柏翳也，语讹耳”）是百仪即伯益之字变。又《文选》班固《幽通赋》云：“嬴取威于伯夷兮。”注“夷一作仪”，是伯夷又百仪之音转。百仪既即伯益之音转，则伯益“取仪百物”之说，当又为附会其名而起可知。

伯益本东方民族之祖先，乃或作伯夷，而《路史》亦以《山海经》之噎鸣即伯夷。盖益、翳、噎俱与夷音近。西羌民族之祖先伯夷即皋陶，本为岳神，与伯益之为鸟神者绝不同，乃以音近而相淆混。《左传》文公五年：“臧文仲闻六与蓼灭，曰：‘皋陶、庭坚，不祀忽诸！德之不建，民之无援，哀哉！’”皋陶本即伯夷，乃羌族姜姓之祖；六蓼为东夷，六蓼之灭，何致皋陶不祀？盖皋陶、伯夷与伯益传说之淆混，由来久矣。至于伯益为皋陶子之说（曹大家、高诱、郑康成俱有此说），皋陶为偃姓之说，当亦由传说淆混而起也。

总上所论，鸟神伯益传说之分化演变，有如下表：

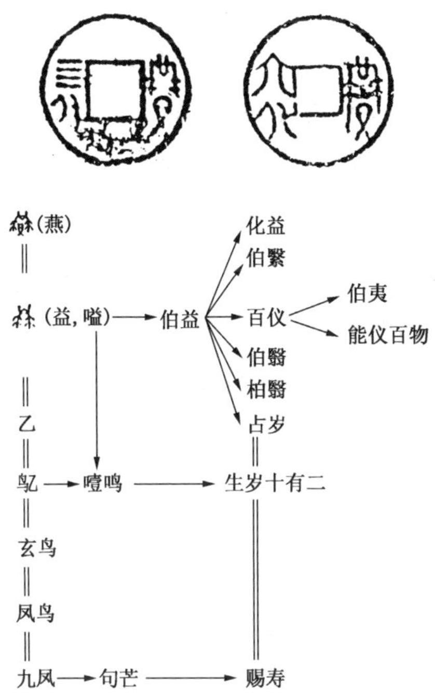

案：□化钱，马昂《货布文字考》、王苍虬《燕化初后铸之比较》释为“燕”。马氏云：“按燕篆文作□，《攈古遗文》作□，此作□，从□即□之省文，从□，《攈古遗文》作□，《说文》作□，是为咽字之古文(燕因声通，胭脂通作臙脂)，会其声意，显然是燕字。”王氏云：“燕于六书为象形，籋口故以廿像之，布翄故以□像之，枝尾与鱼尾同，□固宛然鱼也，□者燕之古籀文，惜乎许君当时未采用之。”而诸可宝《古泉说》，孙诒让《周大泉宝货考》则释为“益”。诸氏据《说文》嗌古文作□，《汉书·百官公卿表》𦳊作朕虞，注“𦳊古文益”，四环读为“贝化四益”

“贝化六益”(见《古泉杂咏》引)。孙氏云:“谛审其文,实当为嗌字,《说文》口部嗌咽也,籀文作[illegible],上象口,下象颈脉理也。《经典》或假为益字,故《汉书·百官公卿表》述《书》‘益作朕虞’,益字作[illegible],颜师古注云‘[illegible],古益字’,盖书隶古定以嗌为益也。此泉诸家所得又有于[illegible]下著‘三’‘六’等字者,其[illegible]字则皆同,是当读为益化,非宝货也。”今案“嗌”“燕”实本一字,咽字有声如“燕”,故假用“燕”字,“嗌”则后出之形声字耳。上象口下象颈之论,实为臆说。

余本有伯益即句芒之说,附论于《禹与句龙篇》中,前日应科学书店之宴会,席间与丕绳兄谈古史与神话,纵论及益之传说,丕绳兄提出益为鸟神之见解,余因悟及益即“鸣若嗌嗌”之燕,循环论证,益知其说之确不可易。因补作此章,以实于《中国上古史导论》中。民国28年12月7日附记。

附论　伯益与伯翳

《史记·秦本纪》云:“秦之先,帝颛顼之苗裔孙曰女脩。女脩织,玄鸟陨卵,女脩吞之,生子大业。大业取少典之子曰女华,女华生大费,与禹平水土。已成,帝锡玄圭。禹受曰:‘非予能成,亦大费为辅。’帝舜曰:‘咨尔费,赞禹功。其赐尔皂游。尔后嗣将大出。’乃妻之姚姓之玉女。大费拜受,佐舜调驯鸟兽,鸟兽多驯服,是为伯翳。”《正义》云:“《列女传》云:‘陶子生五岁而佐禹’,曹大家注云:‘陶子者,皋陶之子伯益也。’案此,即知大业是皋陶。”《索隐》云:“寻检《史记》上下诸文,伯翳与伯益是一人不疑。而《陈杞世家》即叙伯翳与伯益为二。未知太史公疑而未决邪?抑亦谬误耶?”《陈杞世家》叙唐虞之际有功德之臣十一人:曰舜,曰禹,曰契,曰后稷,曰皋陶,曰伯夷,曰伯翳，曰垂、益、夔、龙。《索隐》云：“秦祖伯翳，解者以翳益则为一人。今言十一人，叙伯翳，而又别言垂、益，则是二人也。且按《舜本纪》叙十人，无翳，而有彭祖。鼓祖亦坟典不载，未知太史公意如何，恐多是误。然据《秦本纪》叙翳之功，云佐舜驯调鸟兽，与《舜典》命益作虞，若予上下草木鸟兽文同，则为一人必矣。今未详其所以。”伯益、伯翳自是一人，《国语·郑语》云：“嬴，伯翳之后也”；《汉书·地理志序》亦云：“嬴，伯益之后也。”《郑语》云：“伯翳，能仪百物以佐舜者也”；《地理志序》亦云：“伯益能仪百物以佐舜”；《论衡·谈天》亦云：“禹主治水，益主记物；……”《别通篇》亦云：“禹益并治洪水，禹主治水，益主记异物。”《尧典》以益作朕虞，掌上下草木鸟兽；《地理志序》亦曰：“伯益知禽兽”；《潜夫论·志氏姓》亦云：“伯翳佐舜禹，扰训鸟兽”；《史记·秦本纪》亦云：“大费佐舜，调训鸟兽，鸟兽多驯服，是为伯翳”；《后汉书·蔡邕传》亦云：“伯翳综声于鸟语。”《论衡·逢遇篇》云：“禹王天下，伯益辅治”；《史记·自序》亦云：“维秦之先，伯翳佐禹。”此皆伯益、伯翳为一人之证。崔述必以益与伯翳为二，谓“乃《汉书》因声近误合而为一人”，无当也。因附论于此。

（原题为《伯益考》，刊于1941年1月出版的《齐鲁学报》第1期，后来收入拙作《中国上古史导论》，编入《古史辨》第七册）

丹朱、驩兜与朱明、祝融

丹朱与驩兜

《尧典》云：

> 帝曰："畴咨若时登庸？"放齐曰："胤子朱启明。"帝曰："吁！嚚讼，可乎？"

此放齐所称之"朱启明"，《史记》作"丹朱开明"，后人颇有疑之者：孔《疏》谓"求官而荐太子，太子下愚，以为'启明'，揆之人情，必不然矣！"又《皋陶谟》云："无若丹朱傲，惟慢游是好，傲虐是作；罔昼夜頟頟；罔水行舟；朋淫于家；用殄厥世。考《说文》系部曰："絑，纯赤也；《虞书》'丹朱'如此。"此说亦颇启人疑。马国翰《目耕帖》因云："丹朱作'絑'，似又非尧之子丹朱。如云尧子，此方曰'用殄厥世'，下乃曰：'虞宾在位'，语意不伦。《尚书逸篇》云：'封之丹渊为诸侯'，亦非殄世也。考《吕氏春秋·召类》：'尧战于丹水之浦，以服南蛮'；丹水，郦道元《水经注》亦引之；意者丹絑及鼻皆尧时南蛮酋长，胁权作乱而尧征灭之,故引以为戒与?"

马氏以为《皋陶谟》之丹朱非尧子,乃尧时南蛮酋长而为尧所灭者,其说甚奇!《诂经精舍经学文钞》载毛宗澄氏说,则更进而以丹朱为即驩兜,其言曰:"《说文》'絑'下引《虞书》'丹朱'如此,则知《皋陶谟》之丹朱必本作'丹絑',与《尧典》'允子朱'之朱异,《说文》不言'允子朱'如此而言《虞书》丹朱如此,则知尧子朱必不作絑;不然,则'允子朱'在前,《说文》何反引其在后者乎?且尧子丹朱虽不肖,亦不过不能肖尧,非必其甚不贤;且封于丹渊,备位诸侯,下文明言'虞宾在位',亦不得谓'殄厥世';即此以推,而丹絑之非丹朱明甚!然则丹絑果何人也?曰:丹絑与奡并,《论语》奡与羿对文,则疑当时诸侯之有权力者,今已无考;然有可以存参者,按驩兜国古作驩朱国;又《周礼·鞮鞻氏注》,'四夷之乐,西方曰朱离',亦作'兜离',是'兜''朱'二字本可通用;而《尚书古文考》驩兜又作鴅吺:'鴅'字从'丹',而'兜''朱'又可通用;'朱'与'絑'又音同义近;或者丹絑其即驩兜乎?又《吕氏春秋·召类》'尧战丹水之浦,以服南蛮',或者南蛮之君,其有名为絑者乎?"邹汉勋《读书偶记》亦云:"驩兜(《舜典》、《孟子》)驩头、驩朱(《山海经》)、鴅吺(《尚书大传》)、丹朱(《弃稷》)五者一也,古字通用。"皆以丹朱即驩兜,议论创辟,至为卓见!又廖平《尚书·弘道篇·帝谟第三》"丹朱"下注亦云:"当为'驩兜'音之误,说详俞氏燮。"称"说详俞氏燮",未明何指。按《尚书大传》郑注"驩兜"作"鴅吺",《郑季宣残碑》亦云:"虞放鴅□",韩愈《远游联句》"开弓射鴅吺",孙注:"《史记》'鴅吺'即'驩兜'字,《古文尚书》亦作'驩兜'为'鴅吺'。"

今《史记》无"鴅吺"字,《古文尚书》后人伪作,不足为据;惟郑注及《残碑》确作“鴅吺”或“鴅”，当汉时确有此异文（“鴅”字《说文》所无，惟沈子簋云：“朕否考乃鴅沈子”，已有“鴅”字）。《管子·侈靡篇》云：“鴅然若谪之静”，旧注：“鴅然，和顺貌”，亦正用作“驩”。“吺”古或作“咮”，见《广韵》。钱大昕《十驾斋养新录》云：“古读咮如斗，《诗》‘不需其咮’；《释文》‘咮，陟救反’。”“兜”“朱”古本音转通用，《后汉书·班固传·东都赋》“伶侏兜离，罔不具传”，《注》引郑玄注《周礼》云：“四夷之乐，东方曰韎，南方曰任，西方曰株离，北方曰禁。”是“伶”即“任”，“侏”即“韎”，“兜离”即“株离”。《后汉书·陈禅传》：“四夷之乐舞于门，故诗曰：以雅以南，韎任朱离。”是“兜离”亦作“朱离”。又蛮夷语声亦曰“兜离”或“侏离”。《后汉书·列女传·董祀妻》云：“言兜离兮状窈停”，韩愈《与孟尚书书》云：“向无孟氏，则皆服左衽而言侏离矣。”此皆“兜”“朱”通用之证。据此“驩兜”之与“丹朱”，声固相通，可无疑也。诸家以《皋陶谟》之丹朱与尧子丹朱不类，因疑《皋陶谟》之丹朱为驩兜，实则驩兜与丹朱二者本出一传说之分化耳（《淮南子·泰族训》云：“尧治天下，……四岳举舜而荐之尧，尧乃妻以二女以观其内，……乃属以九子，赠以昭华之玉而传天下焉，以为虽有法度，而絑不能统也。”注：“絑，尧子也。”可证丹朱古或作絑，非别有一人也）。

及晚近童书业著《丹朱与驩兜》（《浙江图书馆馆刊》四卷五期），乃径断丹朱与驩兜为一传说之分化（闻唐兰亦主此说），其证得四：

（一）丹朱、驩兜音近：驩兜《古文尚书》作鴅吺（《神异经》引《书》亦作鴅兜。韩愈诗：“开弓射鴅吺”）。“鴅”字从鸟，“丹”声；吺或作唘，或作咮（《广韵》），从口，朱声；皆可为丹朱可读为驩兜之证。

（二）《古本竹书纪年》云：“放帝丹朱于丹水。”《汉书·律历志》

云:“尧让天下于虞使子朱处丹渊为诸侯。”(原注,《尚书逸篇》晚出,故引此)是丹朱被放处丹水也。《荀子》云:“尧伐驩兜。”(《秦策》同)《吕氏春秋》云:“尧战于丹水之浦,以服南蛮。”《五帝德》云:“放驩兜于崇山,以变南蛮。”(《史记》引之)是驩兜被放居南蛮,亦处丹水也。《鹖冠子》云:“尧伐有唐”,旧说唐为丹朱之封国,有唐即驩兜也。《韩非子・说疑》云:“其在记曰:尧有丹朱,舜有商均,启有五观,商有太甲,武王有管蔡,此五王之所诛者,皆父子兄弟之亲也。”《庄子・盗跖》云:“尧杀长子”;《汉书・邹阳传》云:“不合则骨肉为仇敌,管蔡、朱象是已。”是尧亦有诛丹朱之说。然则丹朱非驩兜即南蛮酋长而何?

(三)《国语・周语》有神降于莘,惠王问内史过,内史过以为丹朱之神,“请使太宰以祝史帅狸姓奉牺牲粢盛往焉”;韦注:“狸姓,丹朱之后也。”《山海经・大荒北经》云:“驩兜生苗民,苗民釐姓。”狸釐同声通假,是丹朱即驩兜之证据隐伏于古书者又一也。

(四)《左传》:“昔帝鸿氏有不才子,掩义隐贼,好行凶德,丑类恶物,顽嚚不友,是与比周,天下之民,谓之浑敦。”帝鸿疑即尧,浑敦即驩兜(杜预辈已明之),亦即丹朱;浑敦之掩义隐贼,好行凶德,即丹朱之傲虐是作也;浑敦之顽嚚不友,是与比周,即丹朱与傲(古文作奡,即象)之朋淫于家也。顽嚚又即丹朱之嚚讼也。

四证中除第四证不必确切外,余均确不可易!《荀子・议兵篇》谓“尧伐驩兜”;《吕氏春秋・召类篇》云:“尧战于丹水之浦,以服南蛮”;《论衡・儒增篇》亦云:“尧伐丹水”;驩兜为尧伐于丹水,丹朱亦为尧放于丹水。《国语・楚语》、《韩非子・说疑篇》皆谓尧诛丹朱,驩兜亦有被放之说。其传说之相类如此也!除童氏所举四证外,吾人尚可补举二证：

（一）《山海经》云：“颛顼生驩头，驩头生苗民，釐姓”，颛顼即尧，余尝列举明证。丹朱为尧之子，而驩兜又为颛顼之子，尧既即颛顼，则丹朱之即驩兜，又可见矣。

（二）《皋陶谟》云：“无若丹朱傲”，《说文》“奡”下引《虞书》“若丹朱奡”，是傲即奡。《史记·夏本纪》云：“若丹朱敖。”《汉书·楚元王传》刘向引《书》“无若丹朱敖”，房乔注云：“敖，尧子丹朱”；又《管子·宙合篇》云：“若觉卧，若晦明，若敖之在尧也。”是敖与丹朱固为一神，因丹朱相传傲狠，因以为号。宋人吴斗南，清儒孔广森（《经学卮言》）、俞正燮（《癸巳类稿》）、赵翼（《陔余丛考》）俱以丹朱与奡为二，非是也。《论语》“奡荡舟”，《皋陶谟》亦称丹朱傲“罔昼夜頟頟，罔水行舟”，无水犹且行舟，其好在水中荡舟可见，是丹朱所过为水上生活；而《海外南经》云：“讙头国……人面，有翼，鸟喙，方捕鱼”，《大荒南经》亦云：“驩头人面，鸟喙，有翼，食海中鱼，杖翼而行”，是驩兜亦有海上生活之神话也。

丹朱、驩兜与朱明、昭明、祝融

丹朱、驩兜为同一传说之分化，既已证之，而丹朱、驩兜之传说实又出于朱明、昭明、祝融之神话。殷祖昭明之传说与东北民族朱明之传说及楚民族之祝融传说之为同一神话，至为明显。朱明，《论衡·吉验篇》、《后汉书·扶余传》作东明，《魏书·高句丽传》、《三国史记·高句骊纪》、《朝鲜实录本纪》均作东蒙，此与昭明、祝融俱音转相通：“昭”“朱”“祝”，“明”“蒙”“融”，俱一声之转。《吕氏春秋·十二纪》、《礼记·月令》之五帝五神说，本殷人东夷系神话之组合；《吕纪》

为秦相吕不韦集宾客编纂而成，秦嬴姓，即盈姓，本亦东夷。五帝中大皞、少皞即帝喾与契（近人陈梦家已证之，别详《舜、太皞及少皞、契篇》），五神中若蓐收之即王亥（别详《王亥篇》），玄冥之即冥（别详《鲧篇》），俱殷人之神话，则祝融亦本为殷人东夷之神，似甚可能！《史记·楚世家》称楚远祖为祝融，近祖为鬻熊，鬻熊亦即祝融（顾颉刚氏已言之）；楚以祝融为宗神者，楚又处南方，故自以为祝融之后，亦犹秦处西陲，自以为主少皞之祠也。殷人东夷与秦楚之有朱明、昭明、祝融等神话传说，良非偶然声音之巧合。《吕纪》于《夏纪》云："其帝炎帝，其神祝融"，而《淮南子·天文训》云："南方火也，其帝炎帝，其佐朱明"，高诱注云："旧说云祝融。"《开元占经》三十引许慎《淮南天文间诂》又正作"其佐祝融"。是高诱所见本作"朱明"而许慎本作"祝融"。《群书治要》引《尸子·仁意篇》及《尔雅·释天》皆云："夏为朱明"，又《楚辞·九歌》云："绝广都以直指兮，历祝融于朱冥"，"朱冥"亦即"朱明"，祝融之即朱明，此其明证（童书业案，《文选》张景阳《七命》："丹冥投烽"，注："丹冥，南方朱冥也。"似可证朱冥即丹朱）。

祝融之即朱明、昭明，既闻之矣。然则丹朱、驩兜之即朱明、昭明、祝融又何以言之？曰：其证有八。

（一）朱明、昭明、祝融本为殷人东夷之神话，丹朱亦然。《山海经·海内北经》云："帝尧台、帝丹朱台、帝舜台，各二方，台四方，在昆仑东北。"《山海经》称丹朱为帝丹朱，又以帝丹朱台与帝尧台、帝舜台并称，尊之特甚，盖丹朱本为东夷之神话，而《山海经》本淮楚之作耳。《海内南经》云："苍梧之山，帝舜葬于阳，帝丹朱葬于阴。"帝舜为殷人东夷之帝，此以帝丹朱与帝舜同葬于苍梧，尤足证丹朱之为东夷神话也。《郑语》云："夫黎为高辛氏火正，以淳耀敦大，天明地德，光照四海，故命之曰祝融。”又云：“祝融亦能昭显天地之光明”，祝融之称“祝融”者，以其能昭明天地也。《周语上》云：“昔昭王娶于房曰房后，实有爽德，协于丹朱，丹朱凭身以仪之，生穆王焉，是实临昭周之子孙……其丹朱之神乎！”祝融、丹朱同为东夷神话，又同有临昭之能，其为一神之分化，固甚可能。

（二）《史记·正义》引郑玄曰：“帝尧胤嗣之子名曰丹朱开明”，是郑氏以《尧典》“胤子朱启明”之“朱启明”三字为一名词，此说虽奇，实非绝无根由者，盖“朱启明”之说即因朱明而起。《尚书中候》云：“尧之长子监明，死不得立”；《庄子·盗跖篇》云：“尧杀长子”；《释文》引崔氏云：“长子考监明”；而《国语·楚语》、《韩非子·说疑篇》又谓尧诛丹朱。丹朱狸姓而《尚书中候》称“监明之子封于刘”，“刘”“狸”实一声之转：刘师培《释蠭姓上》云：“实则刘与狸同，如《庄子·天地篇》‘执留之狗’，一本作‘狸’，汉貙刘之祭即貙狸之祭是也。”是知丹朱即监明。盖丹朱即朱明，而监明又朱明之讹变也。

（三）丹朱、驩兜有为尧诛放之说，朱明、东明、朱蒙亦有为“王欲杀”之说，《论衡·吉验篇》云：“东明善射，王恐夺其国，欲杀之。”祝融亦有见诛之说，《史记·楚世家》谓：“共工氏作乱，帝喾使重黎（即祝融）诛之而不尽，帝乃以庚寅日诛重黎。”

（四）朱明于东北民族传说中或以为天帝之子，或以为日之子。《魏书·高句丽传》云：“朱蒙告水曰：我是日子，河伯外孙。”（《广雅》等书亦以“日”释朱明）《三国史记·高句骊纪》谓“告水曰：我是天帝子，河伯外孙”。丹朱于古传说为尧之子，驩兜于古传说为颛顼之子，《左传》昭公二十九年又云：“颛顼氏有子曰犁，为祝融。”颛顼与尧本亦神话中之上帝，详《尧与颛顼篇》。据此又足证朱明、祝融与丹朱、驩兜之为一。

（五）《风俗通义》云："颛顼有子曰黎，为苗民"，证以《大荒北经》"颛顼生驩头，驩头生苗民，釐姓"，驩兜为颛顼之子而釐姓，其后为苗民；祝融亦为颛顼之子而名黎或犁，其后亦为苗民；则驩兜之即祝融可知。釐姓、狸姓、刘姓等说无非出于"黎"或"犁"之音转。

（六）祝融于《月令》为夏季南方之神，《管子·五行篇》云："黄帝得祝融而辨于南方"，《越绝书》亦云："祝融治南方，仆程佐之"；而《大戴礼·五帝德》又谓"放驩兜于崇山，以变南蛮"（《史记》同）；丹朱放于丹水，《吕氏春秋》又谓"尧战于丹水之浦，以服南蛮"；是传说中祝融与丹朱、驩兜并在南方也。

（七）《孟子》、《尧典》称舜"放驩兜于崇山"，《大戴礼·五帝德》、《庄子·在宥篇》亦谓尧"放驩兜于崇山"；而《国语·周语下》谓"昔夏之兴也，融降于崇山"；是在传说中祝融、驩兜俱在崇山。

（八）《吕氏春秋·慎大篇》云："武王胜殷，入殷未下轝，命封黄帝之后于铸，封帝尧之后于黎。"《史记·周本纪》云："武王追思先圣王，乃褒封……黄帝之后于祝，帝尧之后于蓟。""铸""祝"声之转，"黎""蓟"亦音近。尧之后丹朱狸姓，而尧之后又封于黎，明为同一传说之分化。此尤足证丹朱狸姓说之出于祝融名黎也。而《礼记·乐记》、《韩诗外传》皆云："封黄帝之后于蓟，封帝尧之后于祝。"又传尧后封于祝或铸者，当又出祝融之神话："祝"或作"铸"，则"朱明""丹朱"之名"朱"，与"祝融"之"祝"为声转，又可知矣。

丹朱、驩兜之即朱明、祝融，又既闻之矣，然则朱明、祝融又何以得称丹朱、驩兜乎？曰：是亦有故。楚本东夷，于周世西南迁，立国于丹阳，《楚世家》称"当周成王之时，……封熊绎于楚蛮，封以子男之田，姓芈氏，居丹阳”，楚居丹水流域，在丹淅二水入汉之处，宋翔凤有《楚鬻熊居丹阳武王徙郢考》，见《过庭录》。祝融、朱明本楚之宗神，或简称融（见《墨子·非攻下》及《周语下》），或简称朱（如《尧典》云：“胤子朱启明”），以其为丹水流域楚民族之宗神，乃又称丹朱；《古本竹书纪年》云：“放帝丹朱于丹水”，《汉书·律历志》云：“使子朱处丹渊为诸侯”，云放于丹水，处丹渊为诸侯者，以人事释之耳。《海内南经》郭注又云：“今丹阳复有丹朱冢也”，益足证丹朱之为楚民族传说中人物；而丹朱之名“丹”，固因其处于丹水丹阳之故；至驩兜则又丹朱之音变也。

阏伯与昭明、祝融

火正之神话，除祝融外尚有阏伯，实亦出于一传说之分化，兹亦举三证以明之：

（一）《左传》昭公元年云：“高辛氏有二子：伯曰阏伯，季曰实沈，居于旷林，不相能也，日寻干戈，以相征讨；后帝不臧，迁阏伯于商邱”；证以《左传》襄公九年云：“陶唐氏之火正阏伯居商邱”，则阏伯为陶唐氏或高辛氏之火正。《郑语》云：“夫黎为高辛氏火正，……故命之曰祝融”；《楚语》又谓颛顼“命火正黎司地以属民”，是祝融亦为高辛氏或颛顼之火正。颛顼旧说为高阳氏，亦即高辛氏，而“高阳”与“陶唐”又声之转，别详《陶唐与高阳篇》。阏伯与祝融并为高辛氏及陶唐氏之火正，则阏伯颇似即祝融。

（二）《荀子·成相篇》云：“契玄王，生昭明，居于砥石，迁于商”，而《左传》昭公元年谓“迁阏伯于商丘”，《左传》襄公九年云：“陶唐氏之火正阏伯居商丘，祀大火而火纪时焉，相土因之，故商主大火。”昭明迁于商，而阏伯迁于商丘，商丘与商本为一地。《史记·殷本纪》云："昭明卒，子相土立"，而《左传》称阏伯之后"相土因之"，然则阏伯之即昭明，诚铁案矣！

（三）《荀子》称昭明迁于商，《左传》称阏伯迁居于商丘。祝融降于崇山，驩兜亦为尧或舜放于崇山。"崇"借为"嵩"，王念孙《读书杂志》举证极多，"嵩""商"一声之转，犹商之后音变为宋也。

丹朱既即朱明、祝融，阏伯又即昭明、祝融，则阏伯即丹朱也。《皋陶谟》谓丹朱"朋淫于家"，《汉书·邹阳传》云："不合则骨肉为仇敌，管蔡、朱象是已。"象与管蔡俱有兄弟阋墙事，则丹朱或亦有兄弟阋墙事。丹朱而有兄弟阋墙事也，则《左传》昭公元年所谓阏伯、实沈兄弟"不相能也，日寻干戈，以相征讨"。或亦当出于同一传说之分化。尤有进者，《左传》称实沈迁于大夏。又称鲧殛于羽山，化为黄熊，潜入于渊，实为夏郊。实沈当即鲧之分化。阏伯即祝融，实沈即鲧，而《海内经》云："帝令祝融杀鲧于羽郊"，祝融杀鲧之说倘即阏伯、实沈相征之说乎？此则未敢臆断矣！

阏伯之即昭明、祝融、丹朱又既闻之矣，然则丹朱、驩兜、阏伯、昭明、祝融既为一神之分化，何以传说谓丹朱处丹水，阏伯、昭明处商或商丘，祝融、驩兜又处于崇山，皆不在一处乎？曰：是亦有故。盖此等人本皆东方民族之火正神，东北民族与楚民族及殷人东夷俱为一民族之分化迁殖，故朱明在东北神话中为其神圣之始祖，而祝融于楚神话中亦为其宗神与远祖，昭明亦为殷神话中之祖先，朱明、祝融、昭明无非一音之变也。丹朱即朱明、祝融，楚居丹水，丹朱为楚之宗神，故有放居丹水之说。阏伯即昭明，商即商丘，阏伯、昭明为商之火神，故有迁居商丘之说。至祝融、驩兜降处崇山之说，则出商丘说之讹变，可不具论矣。神话传说之分化演变，于民族之迁移分化实有最密切之关系，人国既迁，神国亦与之俱迁；神话传说中神物迁徙之说虽非史实，然亦有民族迁徙之史影存于其间。古者各民族有各民族之宗神，初不相杂，所谓"鬼神非其族类，不歆其祀"。且古时社稷等神与国同兴亡，周既克殷与东夷，殷与东夷之神国自必遭严重之打击。周人于殷王既尽诋諆之能事，乃于殷神亦然，如夷羿本殷人东夷之社神（别详《羿篇》），《山海经》称其有"扶下国"之功，而《论语》则谓其"不得其死然"；鲧与共工亦本殷人东夷之河伯（详《鲧与共工篇》），而诸书俱诋其造成水灾，为帝所殛。此祝融等人为殷人东夷之火神，自亦不免遭周人之诋毁，故驩兜、丹朱、阏伯、祝融等无非为人流放诛杀者。

丹朱、驩兜、阏伯与朱明、昭明、祝融，无非一神之分化，后人见其名号各别，遂各判为一人；更后之人习熟见闻，因不复辨。

祝融与烛龙

《书·吕刑》云：

> 蚩尤惟始作乱，……皇帝哀矜庶戮之不辜，……遏绝苗民，无世在下。乃命重黎，绝地天通，罔有降格。

此谓皇天上帝因蚩尤作乱而遏绝苗民，乃又命重黎将天地之通路绝断，此即较原始之开天辟地之神话。《山海经·大荒西经》云："大荒之中，有山名曰日月山，天枢也。吴姬天门，日月所入，有神人面无臂，两足反属于头山（上），名曰嘘。颛顼生老童，老童生重及黎，帝令重献上天，令黎卬下地，下地是生噎（疑"嘘"字之误），处于西极，以行日月星辰之行次。"《山海经》谓重黎在日月山，黎之子噎（嘘）又能行日月星辰之行次。案《白虎通》云:“炎帝者太阳也,其神祝融”,则祝融、重、黎之为日神可知。祝融为日神,故《郑语》云:“黎为高辛氏火正,以淳耀敦大,天明地德,光照四海,故命之曰祝融。”非日神夫谁能“光照四海”耶?此亦神话之润饰未尽者也。日为阳火之精(《淮南子·天文训》),故日神亦兼火神。《世本》谓:“祝融作市”,盖以“日中为市”,而祝融为日神,因谓祝融作市耳。

《山海经》中又有烛龙、烛阴之神话,《海外北经》云:“钟山之神,名曰烛阴,视为昼,瞑为夜,吹为冬,呼为夏,不食,不饮,不息,息为风,身长千里。”《大荒北经》又云:“西北海之外,赤水之北,有章尾山,有神人面蛇身而赤,直目正乘,其瞑乃晦,其视乃明,不食,不寝,不息,风雨是谒,是烛九阴,是为烛龙。”是烛阴即烛龙。“烛龙”与“祝融”音近,又同有烛照之能,祝融有开天辟地之神话,而烛龙之传说,亦与盘古之神话有相同处。然则烛龙与祝融疑亦同一神话之分化耳。《国语·周语下》谓:“昔夏之兴也,融降于崇山”;祝融在崇山,而烛龙在钟山,“崇”“钟”似亦一声之转。《西山经》云:“又(峚山)西北四百二十里曰钟山,其子曰鼓,其状如人面而龙身,是与钦䲹杀葆江(“葆”或作“祖”)于昆仑之阳,帝乃戮之钟山之东,曰瑶崖。……鼓亦化为鵕鸟,其状如鸱,赤足而直喙,黄文而白首,其音如鹄,见即其邑大旱。”

张衡《思玄赋》亦云:“过钟山而中休,瞰瑶溪之赤岸,吊祖江之见刘。”见刘即谓见杀。钟山之子鼓龙身,当即钟山之神烛龙;祖江当为江河之神,疑即鲧或共工。烛龙既即祝融,则鼓杀祖江之说,疑即祝融杀鲧于羽山之说;帝戮鼓之说,又疑即帝喾诛重黎之说。鼓即烛龙、祝融,为日神,故见则其邑大旱;鼓死而化为鵕鸟,又疑即《淮南子·精神训》"日中有踆乌"之说也。

陆终与祝融

郭沫若《金文丛考·金文所无考》,以为陆终即祝融,其证得三:

(一)邾公钎钟云:"陆𩩂之孙邾公钎。"王国维《邾公钟跋》云:"'𩩂'字从'䖵','𩫖'声,("𩫖"古"墉"字),以声类求之,当是'螽'字。陆螽即陆终也。《大戴礼·帝系篇》陆终娶鬼方氏,鬼方氏之妹谓之女隤氏,产六子,其五曰安,是为曹姓。曹姓邾氏也。《史记·楚世家》同,盖同出于《世本》。此邾器而云:'陆𩩂之孙',其为陆终无疑也。"案"𩩂"字从"䖵""𩫖",求之声类,当以"融"字为近。陆终疑即祝融。

(二)《楚世家》云:"高阳生称,称生卷章(《帝系》作"老童",二者形近,必有一讹),卷章生重黎,重黎为帝喾高辛居火正,甚有功,能光融天下,帝喾命曰祝融。共工氏作乱,帝喾使重黎诛之而不尽,帝乃以庚寅日诛重黎,而以其弟吴回为重黎后,复居火正,为祝融,吴回生陆终"云云。《帝系》则仅言"老童产重黎及吴回,吴回氏产陆终",无重黎为祝融事。《国语·郑语》:"黎为高辛氏火正,以淳耀敦大,天明地德,光照四海,故命之曰祝融,其后八姓"云云,与陆终六子大同小异,而不言陆终。

(三)"陆""祝"古同幽部,"终""融"古同冬部,其字当如邾公钎钟书作"陆𩩂","陆"一书为"祝","𩩂"一书为"终",陆终、祝融遂判为二人也。

郭说近是,可备一说也。马叙伦《庄子义证·齐物论篇》则又以陆终为共工,其言曰:"《山海经·海内经》曰:'祝融生共工。'《大戴礼记·帝系篇》曰:'吴回氏产陆终。'《史记·楚世家》曰:'帝喾诛重黎,以其弟吴回为重黎后,复居火正为祝融。'《潜夫论·志姓氏》曰:'黎,颛顼氏裔子吴回也。'高诱《淮南》注曰:'祝融,颛顼之孙,老童之子吴回也,一名黎,为高辛氏火正,号为祝融。'《汉书·古今人表》陆终,祝融子,是祝融即吴回,而陆终即共工。"马氏以《海内经》之祝融即吴回,故共工即陆终,单据孤证,未足凭信。

祝融本为日神火神,玄冥本为河伯水神(详《鲧、共工与玄冥、冯夷篇》),五行之说实本导源于神话。《左传》郯子云纪火纪水纪龙纪鸟纪之说实本殷人东夷原始之神话。五行相胜之说疑本亦出之神话。《淮南子·兵略训》云:"炎帝为火灾,故黄帝擒之";《史记·律书》云:"黄帝有涿鹿之战以定火灾";《淮南子·本经训》云:"舜之时,共工振滔洪水,以薄空桑";《律书》又云:"颛顼有共工之阵,以平水害";《山海经》记黄帝令应龙魃而蚩尤请风伯雨师以相战,此皆神话耳。《吕氏春秋·荡兵篇》云:"兵所自来者久矣,黄、炎故用水火也";古非真用水火以战,水火乃诸神之法宝也。而郭沫若则以火正之说为后起。其言曰:"火正之说,乃后人所傅会,其事当在五行之说盛行以后;盖以楚居南国,故以其先世司火也。然楚之先实居淮水下流,与奄人徐人等同属东国,《逸周书·作雒篇》:'周公立,相天子,三叔及殷东徐奄及熊盈以叛;……二年作师旅临卫政(征)殷,……凡所征熊盈族十有七国';熊盈当即鬻熊,'盈''鬻'一声之转。熊盈族为周人所压迫,始南下至江,为江所阻,复西上至鄂,至鄂而与周人之沿汉水而东下相冲突,《左氏传》所谓:'汉上诸姬,楚实尽之'者,是也。火正之说当起于南,其为傅会,为事甚明矣。"(见《金文所无考》)郭说实非。祝融即朱明、昭明,本殷人东夷之日神火神,楚本亦殷人东夷之族，及其南迁，遂自以为火正祝融之后；亦犹秦本东夷，及其西迁，遂亦自以为主西方少皞之祠也。吴其昌著《卜辞所见殷先公先王三续考》以"昭明""冥""昏微"等不见于卜辞，断为战国末叶或秦汉间人伪造以搭配"昌若"者，更属臆说耳。

总上所论，火神祝融传说之分化演变，有如下表：

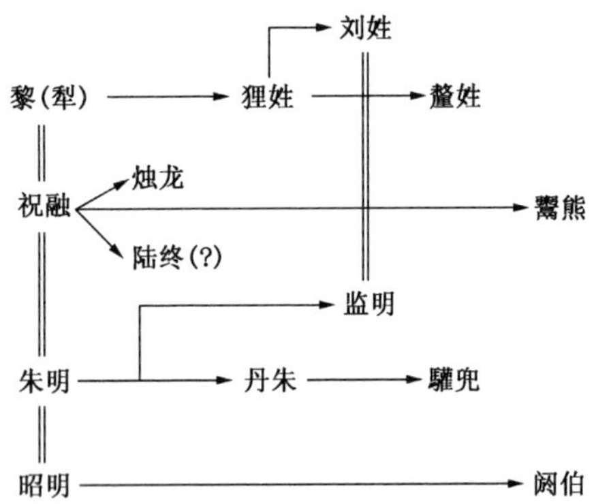

（原载1939年上海出版的《说文月刊》创刊号，后来收入拙作《中国上古史导论》，编入《古史辨》第七册）

鲧、共工与玄冥、冯夷

鲧与共工

鲧在古传说中以堙洪水而为帝所刑殛，如《墨子·尚贤中》云："昔者伯鲧，帝之元子，废帝之德庸（墉），既乃刑之于羽之郊。"《书·洪范》云："箕子乃言曰：我闻在昔，鲧堙洪水，汩陈其五行，帝乃震怒，不畀洪范九畴，彝伦攸斁；鲧则殛死，禹乃嗣兴。"《国语·晋语八》云："昔者鲧违帝命，殛之于羽山，化为黄熊，以入于羽渊，实为夏郊，三代举之。"《鲁语上》亦云："鲧障洪水而殛死。"《山海经·海内经》云："洪水滔天，鲧窃帝之息壤，以堙洪水，不待帝命，帝令祝融杀鲧于羽郊。"鲧以堙洪水而遭刑殛，共工亦然。如《国语·周语下》云："昔共工弃此道也，虞于湛乐，淫失其身，欲壅防百川，堕高堙庳，以害天下；皇天弗福，庶民弗助，祸乱并兴，共工用灭。"鲧"废帝之德庸（墉）"，"窃帝之息壤，以堙洪水"，而共工亦"壅防百川，堕高堙庳"。且鲧有筑城之说，疑亦由壅防百川之说推衍而成（《吕氏春秋·君守篇》云："夏鲧作城。”《淮南子·原道训》亦云：“昔者伯鲧作三仞之城，诸侯背之，海外有狡心。”《吴越春秋》又云：“鲧筑城以卫君，造郭以守民，此城郭之始也”）。鲧为帝所震怒，共工亦“皇天弗福”；鲧“彝伦攸斁”，共工亦“庶民弗助，祸乱并兴”；“共工用灭”而“鲧则殛死”。殛鲧者本为上帝（详《尧与颛顼篇》），灭共工者亦为皇天；二者传说之印合，有如此也。

鲧与共工相类之点，请再详陈其要。案《尧典》云：帝曰：“畴咨若予采？”驩兜曰：“都，共工方鸠僝功。”帝曰：“吁，静言庸违，象恭滔天。”帝曰：“咨，四岳！汤汤洪水方割，荡荡怀山襄陵，浩浩滔天，下民其咨，有能俾乂？”佥曰：“於，鲧哉！”帝曰：“‘吁，咈哉！方命圮族。’……九载，绩用弗成。”徐文靖《管城硕记》谓“象恭滔天”，盖帝谓其相貌恭顺而洪水乃致“滔天”，与下“浩浩滔天”同义。徐氏此说，虽不免增字为解，然“滔天”之义上下文相同，理或然也。《淮南子·本经训》云：“舜之时，共工振滔洪水，以薄空桑。……”古史传说以洪水之灾为共工振滔而成，又以为鲧堙洪水而致大灾；其相同者一。

殛鲧者或谓尧，或谓舜，《左传》昭公七年云：“尧殛鲧于羽山。”《吕氏春秋·开春论》云：“尧之刑也殛鲧。”而《晋语》云：“舜之刑也殛鲧。”《左传》僖公二十三年亦云：“舜之罪也殛鲧。”《孟子·万章上》并云：“舜……殛鲧于羽山。”而流诛共工者亦或谓尧，或谓舜。如《韩非子·外储说右上》谓尧“举兵而诛共工于幽州之都”。《孟子》云：“舜流共工于幽州。”《逸周书·史记篇》又云：“昔有共工自贤，自以无臣，久空大官，下官交乱，民无所附，唐氏（尧）伐之，共工以亡。”其相同者二。

《逸周书》言“共工自贤”，而《吕氏春秋·行论》谓鲧自以为得地之道，可为三公；其相同者三。

《山海经·海内经》谓“帝令祝融杀鲧于羽郊”，而《史记·楚世家》云：“共工氏作乱，帝喾使重黎诛之而不尽。”旧说重黎即祝融；《楚世家》云：“重黎为帝喾高辛居火正，甚有功，能光融天下，帝喾命曰祝融。”杀鲧者为祝融，诛共工者又为祝融，其相同者四。

鲧有化黄熊之神话，《天问》云：“化为黄熊，巫何活焉？……何由并投而鲧疾修盈？”《晋语八》云：“郑简公使公孙侨来聘。平公有疾，……问君疾，对曰：‘……今梦黄熊入于寝门，不知人煞乎？抑厉鬼耶？’子产曰：‘……侨闻之，昔者鲧违帝命，殛之于羽山，化为黄熊，以入于羽渊，实为夏郊，三代举之。’”

《左传》昭公七年、《论衡·死伪篇》、《说苑·辨物篇》等均略同；而《路史》注引《汲冢琐语》则云：“晋平公梦朱熊窥其屏，恶之而疾，问于子产。对曰：‘昔者共工之卿浮游，败于颛顼，自沈于淮。……’”《太平御览》卷九〇六引“朱熊”作“赤熊”，“自沈于淮”作“自没沈淮之渊”。《史通·杂说上》云：“寻《汲冢琐语》，即《乘》之流耶？其《晋春秋篇》云：‘平公疾，梦朱熊窥屏’”，是此节见之《琐语·晋春秋篇》。此二事同为晋平公有疾而问子产，一梦黄熊，一梦朱熊；所说鲧与共工卿浮游化熊入渊事又绝类，明为一传说之分化。《淮南子》以为与颛顼争而沈渊者，非共工之卿浮游，而即为共工本身。《天文训》云：“昔者共工与颛顼争为帝，怒而触不周之山，天柱折，地维绝，天倾西北，……地不满东南，……。”《原道训》又云：“昔共工之力，触不周之山，使地东南倾（案《天问》：“康回冯怒，坠何故以东南倾？”王逸《注》：“康回，共工名也”）。与高辛争为帝，遂潜于渊，宗族残灭，继嗣绝祀。”此鲧与共工传说相同者五。

又《尧典》谓鲧“方命圮族”，而此《淮南子》则谓共工“与颛顼争，宗族残灭”，此鲧与共工传说相同者六。

《国语·鲁语上》云：“共工氏之伯九有也，其子曰后土，能平九土（《祭法》作九州），故祀以为社。”《礼记·祭法》略同。《左传》昭公二十九年亦云：“共工氏有子曰句龙，为后土。……后土为社。”鲧称“伯鲧”，有子禹，能平九州，死而为社，共工伯九有，有子句龙，能平九土，亦为社；此其传说相同者七。案《淮南子·氾论训》云：“禹劳天下，死而为社。”禹为社而句龙为后土，“禹”字秦公毁作“[illegible]”，疑即从“虫”从“九”，九即虬龙之本字，“虬龙”与“句龙”音义俱同（详《禹、句龙篇》）。句龙既即是禹，则共工之为鲧可无疑矣！

鲧既即共工矣，然共工又有为禹所伐之说，《荀子·议兵篇》、《战国策·秦策》并云：“禹伐共工。”《荀子·成相篇》亦云：“禹有功，抑下鸿，辟除民害，逐共工。”《山海经·大荒西经》称西北海之外，有禹攻共工之山；《海外北经》、《大荒北经》谓水患由于共工之臣相柳，而禹杀之（《海外北经》作相柳，《大荒北经》作相繇）。共工与鲧既为一人，则禹伐共工，是子伐其父矣。按鲧殛羽山，《汉书·地理志》、《续汉书·郡国志》皆云：“东海郡祝其县《禹贡》羽山在南，鲧所殛。”刘昭《注》引《博物记》云：“县东北独居山，南有渊水，即羽泉，俗谓此为惩父山。”《元和志》同。俗谓羽山为惩父山，当必先有禹惩鲧之传说。禹既有伐共工说，又有惩父之说，是鲧与共工传说相同者八。

《吕氏春秋·行论篇》云：“尧以天下让舜，鲧为诸侯，怒于尧曰：‘得天之道者为帝，得地之道者为三公，今我得地之道，而不以我为三公’，以尧为失论。欲得三公，怒甚（当作其）猛兽，欲以为乱，比兽之角，能以为城；举其尾，能以为旌。召之不来，仿佯于野以患帝，舜于是殛之于羽山，副之以吴刀。”《论衡·率性篇》略同。此传说演化为两支，《韩非子·外储说右上》云："尧欲传天下于舜，鲧谏曰：'不祥哉！孰以天下而传之于匹夫乎？'尧不听，举兵而诛杀鲧于羽山之郊。共工又谏曰：'孰以天下而传之于匹夫乎？'尧不听，又举兵而诛共工于幽州之都。"是尧传天下于舜，鲧与共工同因进谏不听而被诛。谏语且相同。是其传说相同者九。

合上九证，鲧即共工之说已优足成立！盖"鲧"与"共工"声音相同，因言之急缓而有别：急言之为"鲧"，长言之为"共工"也。

案鲧即共工之说最早为新宁张以诚（治中）所提出，但未有专文发表。其后友人童丕绳（书业）于《古史辨》第五册《五行说起源的讨论》一文中曾提及之。稍后，余即有《略论鲧与共工之传说》、《再论鲧与共工之传说》二专文，载于《大美晚报·历史周刊》。更后，顾颉刚、陈梦家并从此说，顾说见《鲧、禹的传说》，陈说闻而未见。又闻闻一多氏讲义中亦有此说，未悉论据又如何也。

鲧、共工与实沈、台骀、玄冥、冯夷

古史中一人之传说往往有极端相反者，或以为善，或以为恶，盖出民族间爱仇之心理：本民族拥护其宗神及酋长，异民族则互相诋毁其宗神及酋长，故古代东方人（楚亦本东夷）盛称羿启之功；淫佚之说，盖周人诋毁殷神之辞耳。鲧、共工等之传说亦然。《天问》云："鸱龟曳衔，鲧何听焉？顺欲成功，帝何刑焉？""顺欲成功"盖本东夷神话，鲧在淮楚东方传说中本非罪大恶极者，如《海内经》云："禹鲧是始布土，均定九州。"（《韩非子·五蠹篇》云："中古之世，天下大水，而鲧禹决渎"，当本此说）《淮南子·修务训》亦云："听其自流，……则鲧禹之功不立。"《国语·吴语》云："今王既变鲧禹之功。"《鲁语》亦云："禹能以德修鲧之功。”是鲧与禹同为有功于治水者。“帝何刑焉”即指殛鲧于羽山之说，则又周人诋毁之辞；盖《天问》作者据东方人旧说以质西方人之谤言耳（晚出之《离骚》云：“鲧婞直以亡身兮，终然夭乎羽之野！”《九章》云：“行婞直而不豫兮，鲧功用而不就”，亦皆不免有怜惜之意）。

共工本亦东夷神话中人物，如《左传》昭公十七年郯子特尊共工，以共工与黄帝、炎帝、大皞、少皞并称，郯子本东夷也。《书·顾命》云：“垂之竹矢”，《汲冢琐语》称共工之卿曰浮游，而《荀子·解蔽篇》云：“倕作弓，浮游作矢”，射本东夷之所长也。《墨子·非儒篇》谓羿作弓，《海内经》称“少昊生般，般是始为弓矢”，羿、少昊无非东夷之人；倕即商均，《海内经》谓：“义均（即叔均、商均）是始为巧倕”，亦本殷人东夷之传说，则共工、浮游亦必东夷之神也。

《左传》昭公七年载晋平公有疾，子产断为鲧作祟。而昭公元年则云：“晋侯有疾，郑伯使公孙侨如晋聘，且问疾。叔向问焉，曰：‘寡君之疾病，卜人曰：实沈、台骀为祟，史莫之知，敢问此何神也？’子产曰：‘昔高辛氏有二子：伯曰阏伯，季曰实沈，……迁实沈于大夏。……昔金天氏有裔子曰昧，为玄冥师，生允格、台骀；台骀能业其官，宣汾洮，障大泽，以处大原，帝用嘉之，封诸汾川，沈姒蓐黄，实守其祀。今晋主汾而灭之矣。……’”刘逢禄断二事为一传说之分化。一称鲧为祟，一称实沈、台骀为祟；鲧沈于渊，而实沈名曰“沈”；鲧为夏郊，而实沈迁于大夏（书业案，鲧为颛顼子，实沈为高辛氏子，高辛亦即颛顼，见《淮南子》等书）；鲧障洪水，而台骀“障大泽”；鲧为姒姓之先，而姒姓守台骀之祀；是实沈、台骀殆亦即鲧之化身也。台骀能业玄冥之官，鲧与共工既为东夷神话，则鲧或即殷人东夷之水神玄冥。案，“鲧”字古作“鮌”，“玄”本读若“昆”，《说文》“阮”字，注“读若昆”。《吕氏春秋·古乐篇》：“伶伦自大夏之西，乃至阮陁（旧作“隃”，从俞樾改）之阴。”“阮陁”，《汉书·地理志》作“昆仑”，皆其例证。盖玄冥或简称冥，亦或简称玄，又写作“鮌”或“鲧”耳（“玄”所以加“鱼”旁作“鮌”者，或即因其为水神之故）。《月令》冬季“其帝颛顼，其神玄冥”，冬于五行属水，故《左传》昭公二十九年云：“水正曰玄冥。”又《左传》昭公十八年记郑大火，云：“祝史禳火于玄冥”，于玄冥禳火，亦以玄冥为水神也。鲧、共工与玄冥，音既相近，又皆有治水而死之说，《国语·鲁语》、《礼记·祭法》并云：“冥勤其官而水死”，岂非一神之分化乎？玄冥为冬季之神，于五行处北方，《越绝书》亦云：“玄冥治北方，白辩佐之。”共工所流之幽都，所触之不周山，相传亦俱在北方，《墨子·节用中》称尧“北际幽都”，《荀子·王霸篇》杨注引《尸子》称尧“北怀幽都”，《韩非子·十过篇》称尧“北至幽都”，贾谊《新书·修政篇》称尧“北中幽都”，《山海经·海内经》亦云：“北海之内，有山名曰幽都之山”；《西山经》云：“又西北三百七十里曰不周之山”，《大荒西经》亦云：“西北海之外，大荒之隅，有山而不合，名曰不周负子”，《淮南子·坠形训》并云：“西北方曰不周之山，曰幽都之门”，此皆足证幽都、不周之在北方。玄冥处北方，共工亦在北方，当非偶合也。且《淮南子·坠形训》高诱注云：“幽，闇也；都，聚也；玄冥将始用事，顺阴而聚，故曰幽都之门”，是幽都固玄冥用事之处也。共工处幽都而玄冥亦用事幽都，则二者为一传说之分化，不尤显乎！又《左传》昭公二十九年云：“少皞氏有四叔：……使……脩及熙为玄冥，世不失职，遂济穷桑。”而《淮南子》谓：“共工振滔洪水，以薄空桑”，空桑亦即穷桑，此并足证共工之即玄冥。

"玄冥"本为黑暗幽冥之义,《庄子·秋水篇》云:"无东无西,始于玄冥,反于大通";《淮南子·俶真训》云:"处玄冥而不暗";《兵略训》云:"与玄明(即玄冥)通,莫知其门。""玄冥"为黑暗不通之处,亦即"混溟"。《淮南子·要略训》云:"今学者无圣人之才而不为详说,则终身颠顿于混溟之中,而不知觉寤乎昭明之术矣。""玄冥"、"混溟"与"昭明"为对待词。考《山海经·中山经》云:"又东十里,曰青要之山,实维帝之密都,……禹父之所化。"鲧所化之密都,当即共工所流之幽都。《楚辞·招魂》云:

魂兮归来,君无上天些!……

魂兮归来,君无下此幽都些!

土伯九约,其角觺觺些!

敦脄血拇,逐人駓駓些!

"九约"之"土伯"疑即指河伯。河伯处幽都与共工流幽都,疑亦为同一神话之分化。此文"下此幽都"与"上天"为对文,则幽都为地下之冥国无疑。王逸注云:"地下幽冥,故称幽都。""玄冥"为黑暗幽冥之处,而称水正为玄冥者,盖就其所处以为神号,犹火正之称昭明也。《左传》称"昧为玄冥师","昧"亦"玄冥"之义。玄冥处于黑暗幽冥之处,共工亦流于幽冥之幽都,而鲧所刑之羽山,《墨子·尚贤篇》亦称其"乃热(即"日"字)照无有及也";则鲧、共工之即玄冥,此又明证矣。羽山当即委羽之山,《淮南子·坠形训》云:"北方曰积冰,曰委羽",注云:"北方寒冰所积,因以为名,委羽山在北极之阴,不见日也。"《坠形训》又云:"烛龙在雁门北,蔽于委羽之山,不见日。"注云:"龙衔烛以照太阴。"委羽之山不见日,而羽山亦"热照无有及",是委羽之山即羽山明甚。羽山与幽都实亦异名而同实。《山海经·海内经》云:"北海之内，有山名曰幽都之山，黑水出焉，其上有玄鸟、玄蛇、玄豹、玄虎、玄狐蓬尾。有大玄之山，有玄丘之民，有大幽之国。”幽都所有之山水国民动物，无非作玄黑色，犹希腊神话谓冥国之阴惨无光。幽都为玄色神物之集中地，故玄色之水神亦居于此。

又《左传》昭公二十九年云：“少皞氏有四叔：曰重，曰该，曰脩，曰熙，实能金木及水，使重为句芒，该为蓐收，脩及熙为玄冥。”是玄冥之名为脩及熙。案，《天问》谓“鲧疾脩盈”，《史记·夏本纪》索隐引《帝王世纪》云：“鲧，帝颛顼之子，字熙。”旧说又谓共工氏名戏。《大荒东经》云：“河念有易，有易潜出为国，于兽方食之，名曰摇民。”是摇民为河伯所潜立之国，而《大荒东经》云：“帝舜生戏，戏生摇民”，戏疑即河伯之名。鲧为帝之元子，而河伯亦为帝舜之子，鲧名熙而河伯、共工亦名戏。“熙”“戏”音近义通，《淮南子·坠形训》：“雷泽有神，龙身人头，鼓其腹而熙。”注：“熙，戏也。”是鲧、共工、玄冥、河伯名字并同，其为一神之分化，又断然矣。《风俗通·祀典》又谓：“共工之子曰脩，好远游，故祀以为祖神”，共工氏之子脩好远游，疑即《汲冢琐语》所记共工之卿浮游，亦即玄冥之神；以其好浮游于水，故又名浮游也。

参神实沈、汾神台骀，与鲧、共工之为玄冥神话之分化，既已证之矣，而玄冥实又即河伯、冯夷。冯夷盖亦东夷之水神，冯夷之称夷，亦犹夷羿之称夷也。《庄子·大宗师篇》云：“夫道……冯夷得之，以游大川。”《山海经·海内北经》作“冰夷”，云：“从极之渊，深三百仞，维冰夷恒都焉。冰夷人面，乘两龙。一曰中极（“中”或作“忠”）之渊。”《穆天子传》又作“无夷”，云：“戊寅，天子西征，至于阳纡之山，河伯无夷之所都居，是维河宗氏。”《海内北经》云：“阳汙之山，河出其中”，盖河出阳汙，故河伯亦处阳汙。《淮南子·修务训》云：“禹之治水，以身解于阳盱之河”,《三国志·蜀书·郤正传》云:“阳盱请而洪灾息”,盖水灾由河伯造成,河伯处阳盱,故欲平治洪水,必于阳盱求之也。阳纡本秦地,《淮南子·坠形训》云:“秦之阳纡”,《尔雅·释地·十薮》云:“秦有阳陓”,《吕氏春秋·有始览》作“秦之阳华”,“纡”“陓”“华”俱声近通转。秦嬴姓,即盈姓,与郯夷、徐戎同族,本亦东夷。又《楚辞·九歌·河伯》云:“与汝游兮九河,冲风起兮横波,乘水车兮荷盖,驾两龙兮骖螭”,此与《海内北经》冰夷乘两龙之说同。《庄子》、《楚辞》、《山海经》本皆淮楚之作,淮楚民族本为东夷,则冯夷之为东夷神话可知。殷人东夷本重视河伯,《卜辞》中“尞于河”“埋于河”“祊于河”之祭祀,屡见不鲜,如:

□□卜宾贞尞于河(中央研究院四·〇·〇〇〇五七)。

甲午卜㱿贞乎䵼先御尞于河(中央四·二·〇〇〇七)。

尞于河,一宰,埋一宰。(《前编》一,三二,六)。

埋于河二宰,三月(《后编》上,三二,一〇)。

辛酉卜宾贞𠦪年于河(《铁云》二一六,一)。

祊于河彭(《铁云》九六,四)。

辛巳贞王饺上甲𩛥于河(《佚存》八八八)。

于此足见殷人于河伯之崇拜(在古神话中,河伯之神力几与上帝相等,《大荒北经》:“修鞈杀绰人,帝念之,潜为之国,是此生毛民。”《大荒东经》:“河念有易,有易潜出为国,……名曰摇民。”是河伯与帝同具使人“潜出为国”之神力)。《大荒东经》云:“王亥托于有易,河伯仆牛”,郭注引《古本竹书纪年》云:“殷主甲微假师于河伯,以伐有易”,《魏书·高句骊传》称其祖朱蒙曰:“我是日子,河伯外孙”,又《朝鲜旧三国史·东明王本纪》记夫馀王娶青河河伯女生朱蒙;河伯为殷人东夷所崇祀之神，故东夷盛传之；冥为商人神话中之祖，当即河伯。鲧、共工与冯夷之“冯”，盖亦一声之转。《山海经·西山经》云：“又（长沙之山）西北三百七十里，曰不周之山，北望诸毗之山，临彼岳崇之山，东望泑泽，河水所潜也，其原浑浑泡泡。”不周山附近有泑泽，为河水所潜。河水所潜之处，当亦即河伯所潜之处。共工触不周山，河伯亦潜在不周山附近，则共工之即河伯明甚。鲧与共工既本为河伯，故有治水沈渊之说；且在古人神话迷信中，水神最能作祟，如《左传》昭公六年：“卜曰河为祟”，《史记·秦始皇本纪》：“卜曰泾水为祟”，《晋语》、《左传》昭公七年载晋平公有疾，子产谓鲧作祟，《左传》昭公元年亦载晋侯有疾，卜人曰：“实沈、台骀为祟”，鲧等之为河伯之神盖可推也！又鲧、共工等有入渊之说，冥有水死之说，而《抱朴子》亦谓“冯夷以上庚溺死，天帝署为河伯”。其传说更相同矣。

鲧与共工为河伯，故传说中犹称鲧为伯鲧，称共工伯九州。古者祭河皆以“沈”，如《卜辞》“乙巳卜叟贞尞于河，五牛，沈十牛”（《前编》二，九，三）。《左传》昭公二十四年：“王子朝以成周之宝珪湛于河”，定公三年：“蔡侯归，及汉，执玉而沈”，所以用“沈”者，盖以河伯之神潜于渊也，故鲧与共工皆有潜于渊之说。《拾遗记》云：“尧命夏鲧治水，九载无绩，鲧自沈于羽渊，化为玄鱼，时扬须振鳞修陂之上，见者谓为河精，羽渊与河海通源也。海民于羽山之中，修立鲧庙，四时以致祭祀，常见玄鱼与蛟龙跳跃而出。”是鲧为河神之明证也。

台骀之名实亦冯夷之讹变。按古有地名作台骀者，《礼记·檀弓》云：“鲁妇人之髽而吊也，自败于台骀始也。”《淮南子·坠形训》云：“时泗沂出台骀术。”而《左传》襄公四年云：“邾人、莒人伐鄫，鲁臧纥救鄫侵邾，败于孤骀。”台骀即孤骀，“孤”盖“壶”之假；“壶”“台”形似而误。《檀弓》郑玄注云：“败于台骀，鲁襄四年秋也。‘台’当为‘壶’字之误也。《春秋传》作‘孤骀’。”《左传》杜注云：“孤骀，邾地，鲁国蕃县东南有目台亭”；《续汉书·郡国志》鲁国蕃县下刘昭注引作“目台山”，是孤骀又作目台。《路史·国名纪》云：“今徐之滕东有目夷亭”，是目台又作目夷。“臺”“壶”形近，“壶”“孤”“目”音近，“骀”“台”“夷”亦音同。冯夷《穆天子传》作无夷，“无”与“壶”“孤”“目”古音亦近；则为玄冥之台骀为冯夷之讹变，又可知矣。

总上所论，水神玄冥传说之分化演变，有如下表：

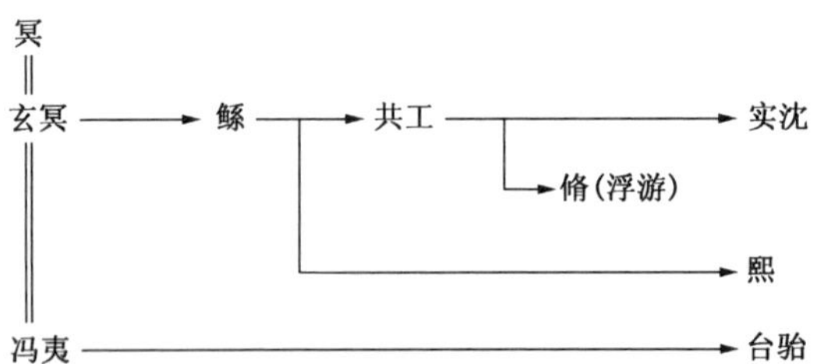

鲧、共工、玄冥、冯夷等本皆殷人东夷河伯神话之分化；鲧与共工遭遇周人之诋毁，称其堙振洪水而诛死，为天下之大谬。冥在传说中犹得称“勤其官而水死”(案此亦东方传说)，而冯夷独得优游于大川之上，受人崇祀，亦有幸有不幸矣！

至于章炳麟《新方言》则以“鲧”即“棍”，犹今言光棍之义。其言曰：“《方言》‘矜谓之杖’，寻古音矜如鳏，今人谓杖为棍，即矜字之变矣。又谓凶人为光棍，寻《说文》‘梼柮(亦作杌)断木也’，古谓凶人曰梼杌，今谓凶人曰光棍，其义同也。《左传》梼杌，杜解以为即鲧，古人即名表德，尧舜桀纣皆是。然则鲧之言棍，即古矜字矣。《楚辞》云：

‘鲧婞直以亡身’，婞直亦与矜同义。……又今人亦谓无室家者为光棍。则正无妻为矜之义，训诂声音皆同。”章氏但据字义以释鲧之传说，不能探本穷源，未见其当也！

（原载 1939 年上海出版的《说文月刊》创刊号，后来收入拙作《中国上古史导论》，编入《古史辨》第七册）

禹、句龙与夏后、后土

引言

《庄子·齐物论》云:"无为有为,虽有神禹,且不能知。"禹而得称神禹,其有神性可知。禹之有无神性之问题,由顾颉刚氏最先提出。民国12年顾氏于《努力周报》附刊《读书杂志》第九期,刊布其《与钱玄同先生论古史书》,倡言"层累地造成之古史观",并据《商颂·长发》"洪水芒芒,禹敷下土方,……帝立子生商"之文,以为"看这诗的意思,似乎在洪水芒芒之中,上帝叫禹下来布土而建商国,然则禹是上帝派下来的神,不是人"。其后顾氏于《讨论古史答刘胡二先生》文中,更列举《诗》、《书》中言"禹"之文,以证禹之有天神性。《诗·信南山》:"信彼南山,维禹甸之";《文王有声》:"丰水东注,维禹之绩";《韩奕》:"奕奕梁山,维禹甸之";《书·吕刑》:"禹平水土,主名山川";顾氏据此云:

> 我们看《诗》、《书》上"敷"字的用法,不出二种:《长发》的"敷

奏其勇”,《康诰》的“往敷求于殷先哲王”,为普遍义;《顾命》的“敷重蔑席”,《小旻》的“旻天疾威,敷于下土”,《长发》的“敷政优优”,为铺放义。解作普遍义的为副词或形容词,解作铺放义的为动词。又古无轻唇音,“敷”与“铺”二字音义均同,故可通用;如《周颂》的“敷时绎思”,《左传》引作“铺时绎思”(宣公十二年),《毛诗》的“铺彼淮渍”,《韩诗》作“敷彼淮渍”(《释文》引),均可证。《长发》的“禹敷下土方”,敷是动词,当然是铺放之意。……《天问》言禹治水,有“洪泉极深,何以置之”的问,“置”与“填”同,这一句的意思,……正可与《长发》所言对照。……郑玄《周礼注》云:“甸,读与‘维禹敶之’之‘敶’同”(《稍人》),可见汉时《诗经》有不作“甸”而作“敶”的。“甸”“敶”同音,“敶”即“陈”,为“军阵”之“阵”的本字,乃是排列分布之意。……我意“陈山”正与“铺土”相连,土为禹所铺,山亦为禹所陈。……《诗经》中说“丰水东注,维禹之绩”,“绩”当即是“迹”。照了上条所说,那时人看得土是禹铺的,山是禹陈的,则水道自然也是禹所排列的了。……若禹确是人而非神,则我们看了他的事业,真不免要骇昏了。……至于禹的神职是什么,我以为可在《吕刑》看出。《吕刑》说:“禹平水土,主名山川”,……《左传》道:“……名山名川,群神群祀,……”(襄十一年《传》)……可见所谓“名山川”是“名山名川”,“名”是形容词,不是动词,所谓“主名山川”乃是主领名山川,为名山川之神;主是动词,不是副词。《汉书·郊祀志》谓始皇东游海上,行礼祠名山大川及八神,八神为天主、地主等。“主名山川”为名山川之主,义甚显然。我常疑周代以后稷配享上帝,上帝以下最尊者莫如稷,何以又禹稷连称,若甚有关者?……《鲁语》

> 道："……共工氏之伯九有也，其子曰后土，能平九土，故祀以为社。"……社之为禹，《国语》虽无明文，而看其"能平九土"之语，实即是禹。……《闷宫》与《论语》所说，恐即由社神与田祖的传说上来。大、小《雅》皆宣王前后诗，则禹为社神之说，起于西周后期可知了。

此诚巨眼卓识！至刘掞藜氏之质难（有《讨论古史再质顾先生》一文），实多所未审，不值为之一辨。刘氏以"丰水东注，维禹之绩"，"绩"当如《传》训"业"，《笺》训"功"。按秦公𣪘云："鼏宅禹賚"，"禹賚"之"賚"当即"维禹之绩"之"绩"，亦即"设都于禹之蹟"、"陟禹之迹"之"蹟""迹"。王国维《古史新证》亦云："'禹賚'言'宅'，则'賚'当是'蹟'之借字。"刘氏又以"敷"当训"治"，《山海经·海内经》"禹鲧是始布土"，"布"亦当训"治"，举《广雅·释诂三》："列，布也"，"列，治也"为证，如此辗转相训，决非本义，《山海经》作"布土"，实"敷"为分布义之明证。《淮南子·坠形训》云："禹乃以息土填洪水，以为名山，掘昆仑墟以为下地"；正是"洪水芒芒，禹敷下土方"之注解。至禹为社神之说，顾氏于其《古史辨》第一册《自序》中，更尝补举数证：

> ……但近来收得的几条新证据，则颇足以助成我的主张："……故炎帝于火而死为灶，禹劳天下而死为社，后稷作稼穑而死为稷，羿除天下之害而死为宗布。此鬼神之所以立"（《淮南子·氾论训》）。"自禹兴而修社祀，后稷稼穑故有稷祠，郊社所从来尚矣"（《史记·封禅书》）。"圣汉兴，礼仪稍定，已有官社，未立官稷；遂于官社后立官稷。以夏禹配食官社，后稷配食官稷"（《汉书·郊祀志》引王莽奏文）。"汉初，除秦社稷，立汉社稷。其后又立官社，配以夏禹"（《三辅黄图》卷五）。

上面所举，前二条明白说禹为社，可见汉代人确以禹为社；后二条又说禹配食官社，可见汉代人确以禹为社神。读者不要以为这些话全是后起之说，须知越是配享越见得是先前的正祀。《左传》上不说吗：“共工氏有子曰句龙，为后土；……后土为社。……周弃……为稷。”可是到了后来就不然了：“后魏天兴二年，置太社太稷；……句龙配社，周弃配稷”（《通典》卷四五）。“仲春仲秋上戊，祀太社太稷，配以后土句龙氏、后稷氏，以祈报”（《大清会典》卷五三）。太社太稷姓甚名谁，没有人能回答；但以前正任社稷的句龙和周弃却退而为配享了，这是很显然的。……这种“新鬼大而故鬼小”的现象，实亦适用古史系统的成例，是积薪般层累起来的。禹既在汉配社，当然是汉以前的社神（说不定即是句龙），惟其他是社神，所以土地所在就是他的权力所在，南山、梁山是他所甸，丰水是他所注，洪水是他所湮，宋国人说下土是他所敷，秦国人说宅居所在是他的迹，鲁国人说后稷奄有下土是缵他的绪，齐国人说成汤咸有九州是处在他的堵，王朝人说方行天下至于海表，都是陟他的迹。……我们只要把《诗》、《书》和彝器铭辞的话放在一边，把战国诸子和史书的话放在另一边，比较看看，自可明白这些历史性质的故事乃是后起的。

此诚卓见！及顾颉刚、童书业二氏合著《鲧禹的传说》，于禹为社神之说，论证益见周详，并举《大戴礼记·五帝德》“禹……为神主”，《史记·夏本纪》“禹……为山川神主”，以证《吕刑》禹“主名山川”之说，真不易之论也。

禹与句龙

《国语·鲁语上》云：

> 共工氏之伯九有也，其子曰后土，能平九土，故祀以为社。

盖后土者土后也，土后即社神，“社”古文作“土”，《诗·大雅·绵》“乃立冢土”，《毛传》云：“冢土，大社也。”“后”本“神”称（证详《说夏》等篇）。后土即社神，毫无疑义！《说文》云：“社，地主也”，《论语》“哀公问社于宰我”，《鲁论》“社”作“主”，社神乃一地之神主，故神话中有平治水土之功。《左传》文公十八年云：“舜臣尧，举八恺，使主后土，以揆百事，莫不时序，地平天成。”“主后土”犹《说文》云“地主”也（注意“主”字），在古代神话中，除上帝外，神力最大者首推后土，盖上帝者上天群神之主，后土者下土群神之主。《月令》以黄帝、后土居中，黄帝即皇天上帝，后土即社神也。《左传》昭公二十九年云：“社稷五祀，是尊是奉：木正曰句芒，火正曰祝融，金正曰蓐收，水正曰玄冥，土正曰后土。”此以土正后土殿后，亦尊视之意也。《国语·郑语》云：“故先王以土与金木水火，杂以成百物、四支、五味、六律、七体。”此以“土”居首席，亦尊视之意。盖后土者五神中之首领也。

《左传》昭公二十九年又云：

> 共工氏有子曰句龙，为后土，……后土为社。

后土为共工之子，名句龙。共工即鲧，乃音之急缓，前已证之；故顾颉刚、童书业以句龙即禹，其说至是。禹，《说文》以为从禸，云：“虫也”，考之金文，叔向𣪘作“”，秦公𣪘作“”，姜亮夫《诗骚联绵字考》以为从虫从九，疑是。姜氏以“九”甲金文作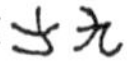，断为“虬”之本字，疑亦是。《说文》“虬，龙子有角者，从虫丩声”；《广雅·释鱼》：“有鳞曰

蛟龙，有角曰虯龙。”“禹”从“九”从“虫”，九虫实即句龙、虬龙也。“句”“虬”“九”本音近义通：《淮南子·坠形训》“句婴之民”，高注：“‘句’读为‘九’，北方之国也”，可证。禹在传说中安错九州，故齐侯镈云：“咸有九州，处禹之堵。”徐中舒著《再论小屯与仰韶》(《安阳发掘报告》第三册)，以夏所居九州，即鬼方所在，亦即陆浑戎所迁之九州，本为一地之专名。徐氏云：“《札记》鬼侯，《史论·殷本纪》作九侯，是鬼侯即九侯，鬼方即九方，《括地志》说(见《殷本纪》正义引)：‘洛州洛阳城西南五十里有九侯城，亦名鬼侯城，盖殷时九侯城也。’九侯城在洛阳城西南五十里，其地又名九州，九侯即九州侯的省称。《左传》昭四年：‘四岳、三涂、阳城、大室、荆山、中南，九州之险也；是不一姓。’……《左传》昭二十二年：‘晋籍谈、荀跞帅九州之戎，……以纳王于王城’(杜《注》：“九州戎，陆浑戎”)。《国语·郑语》：‘《谢》西之九州’，《礼记·祭法》：‘共工之霸九州也’，此诸九州，皆指北至太行，南至三涂，东至阳城、大室，西至荆山、中南的九州。其地为夏人所居，共工所霸，陆浑所迁，故《左传》说：‘是不一姓。’”傅斯年著《姜原》亦以羌族姜姓之大原，实在许、谢迤西大山所谓九州者之中。顾颉刚著《九州之戎与戎禹》更以禹为九州戎之宗神。禹本有起于西羌之说，《史记·六国年表》云：“禹兴于西羌。”《吴越春秋·越王无余外传》亦谓鲧禹“家于西羌”，《后汉书·戴良传》云：“大禹出西羌”，《新语·术事》云：“大禹出于西羌”，《史记集解》引皇甫谧更云：“《孟子》称禹生石纽西夷之人也。《传》曰：‘禹生自西羌。’”禹又有戎禹之称，《潜夫论·五德志》云：“修纪……生白帝、文命、戎禹”；《太平御览》卷八三引《尚书纬·帝命验》云：“修纪……生姒戎文命禹。”传说以禹为西羌之人，亦犹《孟子》谓舜为东夷之人，传说称禹为戎禹，亦犹《天问》等书称羿为夷羿；吾人由此可见禹确为西方民族之宗神也。禹为西羌之宗神，西羌亦与鬼方、九州戎为同族，羌之一部处于九州，而禹亦有处九州、平九州之说，句龙亦有平九土之能，是禹即句龙，本为西方民族之后土，可无疑义也。后土"能平九土"，禹亦平治九州；后土之职"以揆百事"（《左传》），《尧典》亦谓舜命禹"宅百揆"（《左传》云："以揆百事，莫不时序"，即《尧典》所谓"纳于百揆，百揆时序"）；社为下土群神之主，《大戴礼》称禹"为神主"，《史记》称禹"为山川神主"，《墨子·明鬼下》又云："察山川鬼神之所以莫敢不宁者，以佐谋禹也"，山川鬼神佐谋禹，亦以禹为山川神主也，则禹之为后土，又可见矣。禹在夏史传说中为首王，居于夏后氏之首席，"夏后"即"下后"，亦即"后土"社神（详《说夏篇》），则禹之为社神之长（后土），其证益昭矣！禹既本为后土，故"禹"字古或从"土"作"𡐦"（见齐侯镈）也。

禹生于石与娶涂山女之说

禹之传说最怪者莫若生于石之说。《太平御览》卷五一引《随巢子》曰："禹产于硯石，启生于石。"《淮南子·修务训》亦云："禹生于石。"此等怪说之来，疑亦出于社神之神话。古者祀社神或用石，《淮南子·齐俗训》云："社祀：有虞氏用土，夏后氏用松，殷人用石，周人用栗。"又古有高禖之祠，亦即社祠，《周礼·地官》"媒氏"曰："中春之月，令会男女；于是时也，奔者不禁。若无故而不用令者罚之，司男女之无夫家者而会之。……凡男女之阴讼，听之于胜国之社。"《墨子·明鬼下》云："燕之有祖，当齐之社稷，宋之桑林，楚之云梦也。此男女之所属而观也。"

郭沫若著《释祖妣》（《甲骨文字研究》）以此与高禖祀相合，因谓祖、社稷、桑林、云梦即诸国之高禖，甚是。《春秋》庄公三十三年："公如齐观社"，三传皆以为非礼，而《穀梁传》云："以是为尸女也"，尸，《说文》云："陈也，像卧之形"，尸，女或即通淫之义，可知齐之社稷即齐高禖之祀。齐，姜姓，本羌族，齐之社稷即齐之高禖，则羌之社祭亦即羌之高禖，禹为羌之社神，则禹亦羌之高禖神也。

古者社用石，高禖亦用石，孙作云著《中国古代的灵石崇拜》(《民族杂志》五卷一期)，举《说文》"祐，宗庙主也。《周礼》有郊宗石室。一曰大夫以石为主，从示石，石亦声"，"宔，宗庙宔祏也。从宀主声"；以证古者神主用石，并引汉魏晋宋之高禖用石为旁证(见《通典》、《搜神记》、《隋书》、《文献通考》)，至是。禹为社神兼高禖神，古皆用石，则禹生于石之说出于社神、高禖神之神话明甚。禹又有生石纽之说，《史记集解》引皇甫谧曰："《孟子》称禹生石纽，西夷人也。"《太平御览》卷八二引扬雄《蜀王本纪》云："禹本汶山郡广柔县人，生于石纽，其地名刳儿畔。禹母吞珠孕禹，坼副而生于涂山。"《吴越春秋·越王无余外传》云："鲧娶于有莘氏之女，名曰女嬉，年壮未孳，嬉于砥山，得薏苡而吞之，意若为人所感，因而妊孕，剖胁而生高密，家于西羌，地曰石纽，石纽在蜀西川也。"禹又有处石夷之说，《易林》卷十六云："舜升大禹，石夷之野。徵诸王阙，拜治水土。"疑石纽、石夷之说即由禹生于石之说推演而出也。

《史记·夏本纪》索隐引《世本》云："鲧娶有莘氏女谓之女志，是生高密。"《吴越春秋》等书亦以禹字高密。闻一多著《高唐神女传说之分析》(《清华学报》十卷四期)，以"高密"即"高禖"之音变，至是！禹又有与涂山女相通之说，《吕氏春秋·音初篇》云："禹行功，见涂山之女，禹未之遇而巡省南土，涂山之女令其妾候禹于涂山之阳。"禹既见涂山女而又云“未之遇”，则“遇”字当为通淫之意。《天问》云：“焉得彼嵞山女而通之于台桑？”《吴越春秋·越王无余外传》云：“禹三十未娶，行到涂山，恐时之暮，失其度制，……因取涂山，谓之女娇。”案涂山即会稽，当即三涂，在今河南嵩县，本亦九州之险也（太岳、会稽等名由姜民族携至山东，越之会稽，其名当更由山东传往者）。禹有与涂山女通淫之说，故《吕氏春秋·当务篇》云：“禹有淫湎之意。”此当亦出于高禖神之神话。古者祭社于山泽丛林，盖古人以山泽为神怪之地，群神皆居于此（如《祭法》云：“山林川谷丘陵，能出云为风雨，见怪物皆曰神”），北方多山，神社多设于山林；南方多水，神社多设于水泽；故宋之社为桑林（即桑山之林，《淮南子·修务训》云：“汤苦旱，以身祷于桑山之林”，可证），而楚之社在水泽云梦。社神本兼高禖神，故巫山女亦传在云梦。

禹征有苗

禹在《墨子》、《随巢子》等书中为征服有苗而有天下者。《墨子·非攻下》云：

> 昔者三苗大乱，天命殛之，日妖宵出，雨血三朝，龙生于庙，犬哭乎市，夏冰，地坼及泉，五谷变化，民乃大振；高阳乃命禹于玄宫（原脱“命禹”二字，据《墨子间诂》引王念孙说补），禹亲把天之瑞令，以征有苗，雷电悖（勃）振（震）（原作“四电诱祇”，据《墨子间诂》说改），有神人面鸟身，奉珪以侍（“奉珪”原作“若瑾”，从《墨子间诂》说改），搤矢有苗之将（原作祥，从《墨子间诂》说改），苗师大乱，后乃遂幾。禹既克有三苗，焉历（原作“磿”，从《墨子间诂》引王说改。历，离也），为山川，别物上下，乡制四极（原作

“卿制大极”，从《墨子间诂》说改），而神民不违，天下乃静。

《太平御览》卷八八二引《随巢子》云：

> 昔三苗大乱，天命殛之。夏后受于玄宫，有大神人面鸟身而福之：司禄益食而民不饥，司金益富而国家实，司命益年而民不夭，四方归之。禹乃克三苗而神民不违，辟土以王。

《吕刑》称皇天上帝“遏绝苗民”，而此则称禹克三苗。盖此本羌族姜姓克服苗民之神话。古者出征时必求上帝保佑（《卜辞》中不乏其例），战胜后自必将功绩归之上帝，故《吕刑》（吕本姜姓）称上帝“遏绝苗民”。后世出征又多祭祀于社（春秋战国时尚多如此），战胜后自又必将功绩归之于社神，禹本羌族之社神，故《墨子》、《随巢子》又称禹克三苗而有天下。羌族必曾征服三苗，占有其地，人国之主“辟土以王”，而神国之主乃亦“辟土以王”。据《墨子》，禹之赖以克有苗者由于“有神人面鸟身，奉珪以侍，搤矢有苗之将”，《随巢子》亦谓由于“有大神人面鸟身降而福之，司禄益食而民不饥，司金益富而国家实，司命益年而民不夭”。此人面鸟身之神疑即益，亦即句芒。孙诒让《墨子间诂》云：“人面鸟身之神，即《明鬼下篇》秦穆公所见之句芒也”，至是！（说详《伯益、句芒与九凤、玄鸟》篇）

禹为后土，故须受高阳（上帝）之命；后土为下土群神之主，故禹得有句芒之助。句芒能助成禹克有苗而有天下，而益即句芒，故《墨子·尚贤上》又云：“禹举益于阴方之中，授之政，九州成。”此则已由神话而演变为人话矣。

余论

禹为西方羌族之社神，前已论之矣。然则《诗》何以又云：“丰水东注，维禹之绩”，“信彼南山，维禹甸之”，“奕奕梁山，维禹甸之”？曰：是亦有说。

《诗·文王有声》云：“丰水东注，维禹之绩”，又曰：“文王受命，有此武功，既伐于崇，作邑于丰，文王烝哉。”“丰水有芑，武王岂不仕，诒厥孙谋，以燕翼子，武王烝哉。”《文选·西都赋注》引《世本》云：“武王在丰镐”，丰为周人京都所在，丰之地名，当又以水名而得。《左传》昭公四年云：“康有酆宫之朝”，《括地志》云：“鄠县东三十五里，有文王酆宫”；丰水及丰，为周人克崇后三分天下有其二时定居之地，而周人称其地“维禹之绩”。终南山，《元和郡县志》亦谓“在鄠县东南二十里”，亦近丰，而《诗·信南山》乃云：“信彼南山，维禹甸之。”周人歌颂南山丰水为禹之迹，为禹所甸，而南山丰水又为周人京都所在，是禹又为周民族神话中人物可知。盖周本亦西戎之族耳（《战国策·魏策》云：“昔王季歷葬于楚山之尾，乐水啮其墓”，皇甫谧云：“楚山一名潏山，鄠县之南山也。”《括地志》又云：“终南山一名橘山，一名楚山。”可证所谓南山确在鄠县）。

《诗·韩奕》云：“奕奕梁山，维禹甸之”，梁山本在秦晋之间，《尔雅·释山》云：“梁山，晋望也。”《汉书·地理志》云：“左冯翊夏阳，梁山在其北。”王应麟《困学纪闻》云：“夏阳故少梁，秦地也。《左传》文公十年‘晋人伐秦，取少梁’，梁山由是入晋；成公五年梁山崩，晋侯所以问伯宗而行降服彻乐之礼。下逮战国，少梁犹属魏。”梁山即少梁，亦即夏阳，秦晋之间本羌戎所在地，而梁山又为禹所甸，其本为羌戎之神话传说又可知也。

（原收入拙作《中国上古史导论》，编入《古史辨》第七册）

序《古史辨》第七册因论古史传说中的鸟兽神话

《古史辨》发展到了现阶段，我们认为已有了飞跃的进步，在长夜漫漫中已找到了曙光。可是社会上一般人士，对此还不能十分了解。性急的人，嫌他进步得太迟缓了，往往听得有人说："你们研究古史，各有各的说法，至今还得不到一个系统的结论来，不免要使人头昏了。"拘笃的人，又因此而以为古史是不可究诘的东西，往往听得有人说："古史传说紊如乱丝，你说可信吧，确乎有许多不能使人相信的地方，你说不可信吧，似乎也有可信的地方；必须等待新史料的发现，然后可以研究。"更有那些自大的人，以为古史的辩论，根本没有真是非，往往听得有人说："古史的材料太少了，逃不出几本古书，而传说又是那么紊乱，不是很容易信口乱说的么？"这样的说法，至今还到处嚷着。诚然！有些人正在那里拿着古史来玩把戏，天天挖空心思，信口乱说，真不免要令人头昏，这确乎是我国史学界的病态！但是我们如果能平心静气，埋头把古史传说分析一下，整理一下，知道这紊如乱丝的东西,未尝没有头绪可寻,决不是不可究诘的,也不是可以信口乱说的(那些信口乱说的,我们只当他们是在玩把戏,哪里是在研究学问)。在最近的将来,一定会得到一个系统的结论。大家读过了这册古史辨,一定会相信我这句话是不错的。

童丕绳先生这《古史辨》第七册的结集,乃是这几年来从事古史学研究者研究夏以前古史传说的总成绩。顾颉刚先生在第二册《古史辨·自序》上曾这样地说过:“从前叶德辉说:‘有汉之攘宋,必有西汉之攘东汉,吾恐异日必更有以战国诸子之学攘西汉者矣’(《与戴宣翘校官书》,《翼教丛编》卷七)。想不到他的话竟实现在我的身上了!我真想拿战国之学来打破西汉之学,还拿了战国以前的材料来打破战国之学,攻进这最后两道防线,完成清代学者所未完之工。”这册《古史辨》正是研究古史的急先锋,我们的敌人——伪古史的有意无意创作者——所设的西汉战国这最后两道防线上重要的据点,已给我们突破了,《古史辨》的最后胜利,确乎已不在远。

童先生编这册《古史辨》,承蒙他把拙作《中国上古史导论》全部收入,占了全书四分之一的篇幅。我这部《导论》的见解,固然是几年来胸中久已积蓄着的,可是写来非常草率,因为这是在广西教书的半年内编成的讲义。我很感谢吕师诚之及童先生各替我校阅修订一过。而蒋大沂先生,又蒙他来函讨论,也已收入了这册《古史辨》。我这部《导论》,目的也就在利用新的武器——神话学——对西汉战国这最后两道防线,作一次突击,好让《古史辨》的胜利再进展一程的。我此后还想继续地向这方面推进,非达到最后胜利的目的,决不停止。

当这册《古史辨》校印快要完竣的时候,蒙童先生的好意,叫我再做篇序文，因此就把一时所要说的话，拉杂写在下面。

夏以前的古史传说的前身是神话，这一点我绝对坚持的。最明显的，便是有那许多鸟兽的神话掺入在中间。有许多古史传说中的人物，其前身不过是神话里的鸟兽罢了。

舜的弟弟象，他的前身便是神话中的一头象（据说闻一多先生也已看到了这一点）。象的封地据《孟子》说在有庳，可是其他的书多作有鼻："舜封象于有鼻，死不为置后"（《汉书·武五子昌邑哀王传》）。"象傲终受有鼻之封"（《后汉书·袁绍传》）。"昔象之为虐至甚，而大舜犹侯之有鼻"（《三国志·魏书·乐陵王茂传》）。《史记·五帝本纪》集解还说："《孟子》曰：'封之有庳'，音鼻"；《汉书·邹阳传》"封之于有卑"，注也载"师古曰：音鼻"，可知"有庳""有卑"都是"有鼻"的假借字。象的特征是鼻，而舜的弟弟象的封地就叫做"有鼻"，天下何以会有这等巧事呢？据《后汉书》注，有鼻"在今永州营道县北"的鼻亭；据《括地志》说："鼻亭神在营道县北六十里，故老传云：舜葬九疑，象来至此，后人立祠，名为鼻亭神。"（见《史记·五帝本纪》正义引）鼻亭原来是因"舜葬九疑，象来至此"而得名的。《论衡·书虚篇》也说："传书言：舜葬于苍梧下，象为之耕；禹葬会稽，鸟为之田。"那么，这鼻亭是因为象来而得名的，同时又因为舜的弟弟象封在那里而得名的，天下何以会有这等巧事呢？在古代，商人原有"服象"的事业，畜象本来是亚洲人特有的本领，至今印度一带还是如此。《吕氏春秋·古乐篇》上不是明明地说"商人服象，为虐于东夷，周公以师逐之，至于江南"吗？象为虐于东夷，而《三国志》又说："昔象之为虐至甚"，舜的弟弟象，原来和商人所服的象，又是一样的"为虐"。商人本来把"服象"当作重要的事业，所以"为"字甲骨文就像一手牵象的样子。舜是商人的祖先神（舜即帝喾、帝俊），商人服象，而据《楚辞·天问》，舜也在“服弟”呢。《天问》道：“舜服厥弟，终然为害；何肆犬豕，而厥身不危败？”大约在神话里，舜的弟弟就是一头象，所以《天问》上会说出“舜服厥弟”的话来，“服厥弟”就是“服象”呵！《天问》似乎在说：舜服役着他的弟弟那头象，终是闯祸害人，为何害到了犬豕，而舜本身却没有一点危险呢？

还有秦国的祖先神叫伯益的，原本也只是神话里的一只燕子。“益”古或写作“𦐑”（见《汉书》），就是“嗌”的古文（见《说文》），和“燕”字古作“𦐑”，本是一字。燕古或称“乙”或“鳦”，燕字像燕的形状，“乙”字像燕子叫的声音，因为燕子叫起来“乙乙”或“燕燕”，所以古人称燕往往重言之。据《吕氏春秋·音初篇》上说，燕子又是“鸣若嗌嗌”的，“嗌嗌”也就是“乙乙”或“燕燕”，那么“嗌”和“燕”，原本当然就是一字了。燕古又称玄鸟，殷人东夷自以为他们的祖先就是玄鸟所降生。玄鸟是殷人东夷的祖先神，秦嬴姓，即盈姓，本也是东夷之族，而秦的祖先神就叫做益，而且益在传说里又是管理草木鸟兽的，益的后代还多是些“鸟身人言”的怪物（见《秦本纪》），那么，益不就是玄鸟或燕子么？玄鸟本也称凤鸟，神话里又称为五彩之鸟（证均详《导论》）。《山海经·大荒东经》上说：“有五采之鸟，相乡弃沙，惟帝俊下友。帝下两坛，采鸟是司。”帝俊就是上帝（证详《导论》），上帝旁边有“采鸟”司事。《西山经》上说：“西南四百里曰昆仑之丘，是实维帝之下都，神陆吾司之，……有鸟焉，名曰鹑鸟，是司帝之百服。”上帝那里有鹑鸟管着帝的百服，据郝懿行的《笺疏》，鹑鸟也就是凤：“鹑鸟，凤也，《海内西经》云昆仑、开明西北皆凤皇，此是也。《埤雅》引师旷《禽经》曰：‘赤凤谓之鹑。’”玄鸟凤鸟原是上帝那里服役的神物呵！益就是玄鸟凤鸟，是服侍上帝的，所以上帝（即舜）要叫他来管理“上下草木鸟兽”，而益还谦让，要让给朱、虎、熊、罴去管理（见《尧典》）。朱、虎、熊、罴原也是鸟兽中的佼佼者，在神话里也是替上帝服役的，据说赵简子病中上天去，在上帝那里确曾看见过熊罴呢！（见《史记》、《论衡》等书）《山海经》说：“务隅之山：帝颛顼葬于阳，九嫔葬于阴。一曰：爰有熊、罴、文虎、离朱、鸱久、视肉”（《海外北经》）。“附禺之山：帝颛顼与九嫔葬焉，爰有鸱久、文贝、离俞（即离朱）、鸾鸟、皇鸟、大物、小物，有青鸟、琅鸟、玄鸟、黄鸟、虎、豹、熊、罴、黄蛇、视肉”（《大荒北经》）。“狄山：帝尧葬于阳，帝喾葬于阴，爰有熊、罴、文虎、蜼、豹、离朱、视肉、吁咽。……一曰：爰有熊、罴、文虎、蜼、豹、离朱、鸱久、视肉、虖交”（《海外南经》）。“帝尧、帝喾、帝舜葬于岳山，爰有文贝、离俞、鸱久、鹰、延维、视肉、熊、罴、虎、豹、朱木、赤枝、青华、玄实”（《大荒南经》）。

帝颛顼、帝尧、帝喾、帝舜的葬地都有熊、罴、虎、豹、离朱之类，这便是《尧典》传说的来源，也和舜葬地旁有象一般。帝颛顼等原来无非是上帝呵！从此也可知《尧典》上益要让的朱、虎、熊、罴中的朱就是离朱了。离朱据《山海经》郭注，“今图作赤鸟”。《大戴礼记》和《史记》都说黄帝教熊、罴、貔、貅、貙、虎和炎帝打仗，黄帝也就是皇天上帝呵！（详《导论》）《左传》文公十八年说：“高辛氏有八子：伯奋、仲堪、叔献、季仲、伯虎、仲熊、叔豹、季狸，忠肃共懿，宣慈惠和，天下之民，谓之八元。……举八元，使布五教于四方：父义，母慈，兄友，弟恭，子孝，内平外成。”《山海经·海内经》说：“帝俊生晏龙，晏龙是为琴瑟；帝俊有子八人，是始为歌舞。”帝俊的八子，也就是高辛氏的八子（王国维说），《左传》高辛氏八子中有伯虎、仲熊、叔豹、季狸，《汉书·古今人表》作柏虎、仲熊、叔豹、季熊，“季熊”当是“季罴”之误，注：“师古曰：即《左传》所谓季狸者也。”伯虎、仲熊、叔豹、季狸或季罴，是始为歌舞，不就是《尧典》上所谓“百兽率舞”和《吕氏春秋·古乐篇》所说“以致舞百兽”么？

在神话里，做上帝乐师的，都是些野兽。《吕氏春秋·古乐篇》说：“帝颛顼生自若水，实处空桑，乃登为帝，惟天之合，正风乃行，其音若熙熙凄凄锵锵。帝颛顼好其音，乃令飞龙作效八风之音，命之曰《承云》，以祭上帝。乃令鱓先为乐倡，鱓乃偃寝，以其尾鼓其腹，其音英英。”这是说帝颛顼在登极之后，觉得风“熙熙凄凄锵锵”地吹得很好听，就叫飞龙仿效了风的声音造出一种乐曲来，叫做《承云》，来祭祀上帝。又命鱓来作乐人，鱓就翻身睡下，拿它的尾巴来敲它的肚子，“英英”地也成一种乐曲。原来颛顼的乐师是一条飞龙和一条鱓！还有尧舜的乐师叫做夔，夔在神话里是一种一只脚的野兽，“状如牛，苍身而无角，一足，……其声如雷，黄帝以其皮为鼓，橛以雷兽之骨，声闻五百里”（《山海经·大荒东经》）。夔是一足兽，而尧舜的乐师夔也相传是“一足”的。那么，乐师的夔，不就是一足兽的夔吗？古人对此早就发生了疑问，幸亏有那些自作聪明的读书人解释得好：他们说夔因独通于音乐，一个人就够了，是“一而足也”，并不是真的“一足”（见《韩非子》、《吕氏春秋》等书）。这西洋镜在那时虽没被拆穿，可是只要我们仔细一考究，这西洋镜在现代就会被拆穿了。尧舜和颛顼，原本都是上帝（详《导论》），夔和飞龙及鱓，也不过是些野兽之类罢了。

《大戴礼记·五帝德篇》说：“龙夔教舞”，《尧典》也以夔龙并称，《荀子·成相篇》又说：“夔为乐正，鸟兽服”，夔龙不很明显就是鸟兽中歌舞的领导者么？《山海经》说晏龙是为琴瑟，《吕氏春秋·古乐篇》说飞龙作效八风之音，《察传篇》也说夔"以通八风"，龙和夔一样是个野兽乐师。所以《国语·鲁语》上说："仲尼……对曰：'丘闻之……，木石之怪曰夔蝄蜽，水之怪曰龙罔象，土之怪曰羵羊'。"原来夔是木石之怪，龙是水之怪，它们原是神国里的怪物！夔作乐起来，"击石拊石"，怕因为它本是木石之怪的缘故吧！案原始的野蛮人，往往学着鸟兽的叫声来作歌唱，这一点美洲的印第安人最显著。鸟兽是自然界天然的乐师，所以在古神话里就成为上帝的乐师了。

此外，禹和句龙原也同是社神的分化，顾童二先生的《鲧禹的传说》和拙作《导论》，已有很详尽的论证。《山海经》里还有个叫应龙的，他是奉着黄帝的命令杀掉蚩尤的（见《大荒东经》、《大荒北经》）。在《吕刑》上看来，伐蚩尤和灭苗民，原是一件事，都是上帝所执行的，《山海经》说黄帝命应龙杀蚩尤，而《墨子·非攻下》说高阳命禹征有苗，黄帝和高阳原都是上帝的称号，杀蚩尤和征有苗原也是一件事，那么，上帝所命的禹和应龙，该也是一神的分化了。禹和句龙既是一神，禹与应龙又是一神，那么，应龙和句龙当然也是一样的东西了。禹和句龙的功绩在治水，而应龙也能蓄水（见《大荒北经》），《楚辞·天问》上说："应龙何画？河海何历？"也就是在说应龙的治水。王逸注说："或曰：禹治洪水时，有神龙以尾画导水，经所当决者，因而治之。"其实神龙就是禹的本身呀！禹在神话里本是从上天降到下土来的，应龙也一样的从上天降到下土，本来天地有着相通的道路，神人可以来往的，自从给重黎"绝地天通"之后，禹始终在下土做社神，做着"恤功于民"的事业（见《吕刑》），应龙的"不得复上"（《大荒东经》），怕也是这个缘由吧！

更有个古人叫蜚廉的，也作飞廉，有的说是夏后启的臣子，“采金于山川而陶铸之于昆吾”（见《墨子·耕柱篇》）；有的说是纣的臣子（见《史记·秦本纪》）；可是《离骚》说：“前望舒使先驱兮，后飞廉使奔属；鸾皇为余先戒兮，雷师告余以未具。”《远游》又说：“历大浩以右转兮，前飞廉以启路。”据此，飞廉是个奔腾启路的东西。《淮南子·俶真训》说：“若夫真人，则动溶于至虚，而游于灭亡之野，骑蜚廉而从敦圄，驰于方外，休乎宇内，烛十日而使风雨，……”注：“蜚廉，兽名；长毛有翼。”如此说来，蜚廉原本又是神话里一只有翼的野兽了。因为它有翼，所以叫它奔腾启路；因为它能奔腾启路，所以《史记·秦本纪》说：“蜚廉善走。”

至于古史传说里的制器故事，也很多是出于神话的演变。《山海经·海内经》上说叔均是始作牛耕，因为叔均就是商均，本是社神田祖（见《导论》），所以神话里会说牛耕是他发明的了。《海内经》又说：“吉光是始以木为车。”吉光原是一种马的名称。《逸周书·王会篇》说：“犬戎文马，赤鬣缟身，目若黄金，名吉黄之乘。”吉黄又作吉皇，《海内北经》又误作吉量，《抱朴子》作吉光，《抱朴子·博喻篇》说：“吉光饥渴于冰霜之野”，“黄”“皇”“光”古本通用。因为马是拖车子的，在神话里就说车子是犬戎名马吉光所发明的了。

以上把古史传说里掺入的鸟兽神话，约略地举了出来，此外没有给我们揭发出来的，或许还多着呢。上面我们所揭发的，大部已由神话演变而为人话，已由鸟兽演化而为人物。在古史传说里也有依然保存着鸟兽神话的原样而不曾变的，这必须要在文化比较落后的氏族的传说里才能找得到。《秦本纪》所以还保留着鸟兽神话的影子，正因为秦国文化落后的缘故；《吕氏春秋·古乐篇》保存着野兽作乐的神话，也因为这是秦国的作品。《左传》昭公十七年记载郯子的一席话："我高祖少皞挚之立也，凤鸟适至，故纪于鸟，为鸟师而鸟名；凤鸟氏，历正也；玄鸟氏，司分者也；伯赵氏（伯劳），司至者也；青鸟氏，司启者也；丹鸟氏，司闭者也。祝鸠氏，司徒也；鴡鸠氏，司马也；鳲鸠氏，司空也；爽鸠氏，司寇也；鹘鸠氏，司事也；五鸠，鸠民者也。五雉为五工正，利器用，正度量，夷民者也。九扈（即九凤）为九农正，扈民无淫者也。"少皞就是契，《世本》上有明文。"天命玄鸟，降而生商"，和"少皞挚之立也，凤鸟适至"，原是出于同一神话的。少皞是玄鸟或凤鸟所降生，所以他手下的官也都是一群鸟。郯子是东夷，文化比较落后，所以能随口说出一大套的鸟兽神话，使"孔子闻之，见于郯子而学之，既而告人曰：吾闻之，天子失官，学在四夷，犹信"（并见《左传》），大加赞赏不止！因为这等神话在中原早已渐次变成了人话，不能听得到，偶而在东夷人的嘴里听到了，反而当作是新闻了。

在古神话里，神和鸟兽都是人格化的，所以那些神和鸟兽就很容易的变成古史传说里的人物。可是也有些鸟兽没有完全变成人，它的形状一半是鸟兽，一半是人的。

句芒和益原都是玄鸟、凤鸟的化身（证详《导论》），可是益已化成了人（虽然他的子孙还有鸟身人言的），而句芒依然是那鸟首人身的怪东西（见《墨子・明鬼下》）。祝融就是朱明、昭明、丹朱、驩兜（见《导论》），本是日神，《楚辞・招魂》："朱明承夜兮，时不可淹"，注："朱明，日也。"《汉书・礼乐志・郊祀歌》："朱明盛长，旉与万物"，朱明也指太阳。传说里离朱、离娄是黄帝时明目的人（见《庄子・天地篇》等），离娄那样的巨眼烛照，其实也只是太阳神的分化，《汉书・扬雄传》说："离娄烛千里之隅"，这是明证。离朱既然也就是祝融、丹朱、驩兜，我疑心丹朱、驩兜，狸姓、釐姓的说法，就由此推演而出，“离”“狸”“釐”声同。重黎也就是祝融（“重黎”之或为一人，或为二人，犹“羲和”之或为一人，或为数人），“重”便是“祝融”二字的合音（童丕绳先生说），祝融名黎的说法，怕也就由“离朱”一名而来，有时有人把祝融、黎合称起来，就成了重黎了。离朱据《山海经》郭注，“今图作赤鸟”，也就是朱虎熊罴的朱，前已证明了。朱其实也就是鴸，《山海经·南山经》说：“南次二经之首曰柜山，……有鸟焉，其状如鸱而人手，其音如痹，其名曰鴸，其名自号也，见则其县有放士。”郝懿行《笺疏》说：“陶潜《读山海经诗》云：‘鵃鵝见城邑，其国有放士’，或云鵃鵝当为鸱鴸，一云当为鵃鴸。”离朱和丹朱本都是日神，离朱是一头鸟，而鵃鴸也是一头鸟，那末，日神原就是一头赤鸟了。鵃鴸也就是鵃吺（吺古或作咮），韩愈《远游联句》：“开弓射鵃吺”，鵃吺可以开弓来射，不很明显是一种鸟么？“鵃吺”原是“驩兜”的异文（见汉碑及《尚书大传注》），那么驩兜也就是一头鸟了。《山海经》说：“讙头国在其（毕方鸟）南，其为人，人面有翼鸟喙，方捕鱼。一曰：在毕方东。或曰：讙朱国”（《海外南经》）。“有人焉，鸟喙，有翼，方捕鱼于海。大荒之中，有人名曰讙头，……人面，鸟喙，有翼，食海中鱼，杖翼而行”（《大荒南经》）。讙头就是驩兜（见郭注。“头”“兜”古通：《汉书·古今人表》宋景公兜乐，《史记·宋世家》、《十二诸侯年表》作头曼，可证）。驩兜在神话里人面、有翼、鸟喙，也还保存着半鸟半人的样子。在神话里，日中本有踆乌之说，《淮南子·精神训》说：“日中有踆乌”，《天问》说：“羿焉彃日？乌焉解羽？”《山海经·大荒东经》说：“一日方至，一日方出，皆载于乌。”踆乌也就是赤乌，《吕氏春秋·应同篇》说：“及文王之时，天先见火，赤乌衔丹书集于周社”；《封禅书》说：“周得火德，有赤鸟之符”;从天上降火下来,本是祝融的事(见《墨子·非攻下篇》)。同时天先见火,则赤乌衔丹书,这是因为赤乌就是祝融,本即日神火神之故。五德终始的说法,我以为原也出于神话的组合。《山海经》钟山之神烛龙也就是祝融,也就是钟山之子鼓(详《导论》)。而鼓也“化为鵕鸟,其状如鸱,赤足而直喙,黄文而白首,其音如鹄”(见《西山经》)。鵕鸟实在也就是鴸,所以鴸“其状如鸱”而鵕鸟也是“其状如鸱”。大概古人把一种赤乌当作了日神,这种赤乌叫做鴸或朱或离朱,也叫做鵕,所以会有“日中有踆乌”的神话。鴸是南方的鸟,见于《南山经》。驩兜也记在《海外南经》、《大荒南经》,相传放于崇山,“以变南蛮”(见《大戴礼记·五帝德》)。祝融于《月令》也属南方。相传南方的神鸟叫鷵明(见《广韵》等书),《楚辞·远游》说:“驾鸾凤以上游兮,从玄鹤与鷵明。”“朱”“鷵”是一声之转(《山海经》焦侥国,《魏书·东夷传》作侏儒国,可证),鷵明也就是朱明呵!

古史传说中的蓐收,我疑心那就是虎。《国语》上说蓐收是“人面虎爪白尾执钺”的,是一个半虎半人的怪东西。怕就是昆仑山上的陆吾。《西山经》说:“西南四百里曰昆仑之丘,是实维帝之下都,神陆吾司之,其神状虎身而九尾,人面而虎爪。是神也,司天之九部及帝之囿时。”《大荒西经》又说:“黑水之前有大山,名曰昆仑之丘,有神人面虎身有文,有尾皆白处之。”《大荒西经》昆仑丘的神,当然也就是《西山经》昆仑丘的陆吾。蓐收人面虎爪,而陆吾也人面虎身虎爪;蓐收为主耕蓐收获及游牧之神,而陆吾也司帝之囿时;蓐收为秋季之神,于《月令》颜色属白,所以白尾,而陆吾也“有尾皆白处之”。那么,陆吾和蓐收是一神的分化,很可假定了。其原始怕也就是神话里的一头虎。

想要说的话很多，以上只是把古史传说里的鸟兽神话申说了一番。古史传说里有鸟兽神话可以无疑了么？这些鸟兽神话，尽你怎样把它解释，也不能弥缝得起来。例如蒙文通先生《古史甄微》七《上古文化》上有一段说："后羿再兴泰族，其诛凿齿，杀猰貐，杀封豕，断修蛇。封豕为乐正后夔之子伯封，则修蛇之俦，将亦人也。舜命九官，而夔、龙、朱、虎、熊、罴并在朝列，岂亦此类乎？"《左传》昭公二十八年，"乐正后夔之子伯封，实有豕心，贪婪无餍，忿类无期。谓之封豕，羿灭之"。伯封是封豕神话的人化，而蒙先生却说："修蛇之俦，将亦人也"，是不是古人有把"封豕""修蛇"等等来作人名的呢？《淮南子・本经训》说："逮至尧之时，……猰貐、凿齿、九婴、大风、封豨、修蛇，皆为民害。尧乃使羿诛凿齿于畴华之野，杀九婴于凶水之上，缴大风于青邱之泽，上射十日而下杀猰貐，断修蛇于洞庭，禽封豨于桑林，万民皆喜，置尧以为天子，于是天下广狭险易远近，始有道里。"大风就是大凤（古凤、风同字，卜辞可证），所以要用"缴"矢来射；修蛇是长蛇，所以要"断"才能死；据高注，凿齿是"齿长三尺，其状如凿"的兽，九婴是"水火之怪"，封豨就是"大豕"，猰貐据《尔雅》是"类貙"的兽，所以要"诛""杀""禽"。因为这类巨蛇猛兽都被除了，所以天下"始有道里"。蒙先生把封豕、长蛇和夔、龙、朱、虎、熊、罴，认是同类，确是不错，可是都要把它们说成人，真所谓"欲盖弥彰"了！

（原载《学术》第 4 期，1940 年 5 月出版，后发表于《古史辨》第七册上编，1941 年 6 月出版）

楚帛书的四季神像及其创世神话

我在青年时期曾从事古史传说和古代神话的探索，认为禹以前的古史传说都出于古代神话的演变，主张运用民俗学和神话学的研究方法，把许多古史传说还原为古代神话，从而开拓一个探讨古代神话的园地。我因此在 1938 年写成《中国上古史导论》一书，发表于 1941 年出版的《古史辨》第七册的上编中。我在这部小书中，初步把一系列的古史传说，分别还原为古代神话；把所有古代圣贤帝王的传说，分别还原为上天下土的神物，曾在结尾的一篇《综论》中指出："古代神话的原形如何，及其历史背景如何，尚有待于吾人之深考，得暇拟别为《中国古神话研究》一书以细论之。"遗憾的是，我后来由于研究重点的转移，半个世纪以来没有着手写出这本书，但是对学术界有关中国古神话的探讨还是关心的；对于有关古神话的新史料的发现和考释，依然是十分重视的。

1942 年湖南长沙子弹库所发现的楚帛书，是已发现的年代最早的战国时代楚国的古文帛书，而且是迄今见到的唯一的"图""文"并茂的有关创世神话的古文献。半个世纪以来中外不少学者对此作考释和研究，先后所发表的专著和论文多到70种以上，真可以说极一时之盛，可是所有的探讨，看来还没有得其要领，因而尽管不少学者一次次对此作出种种推断，至今还没有得出学术界公认的结论。我认为，楚帛书四边所载的十二月神像中包含有四季神像，帛书中心的两篇配合神像的文章，讲到了“四时”（即四季）之神的创世神话及其对“四时”运行和天象灾异的调整作用，这是楚帛书的主旨所在，要求人们对“四时”之神加以崇拜和祭祀。

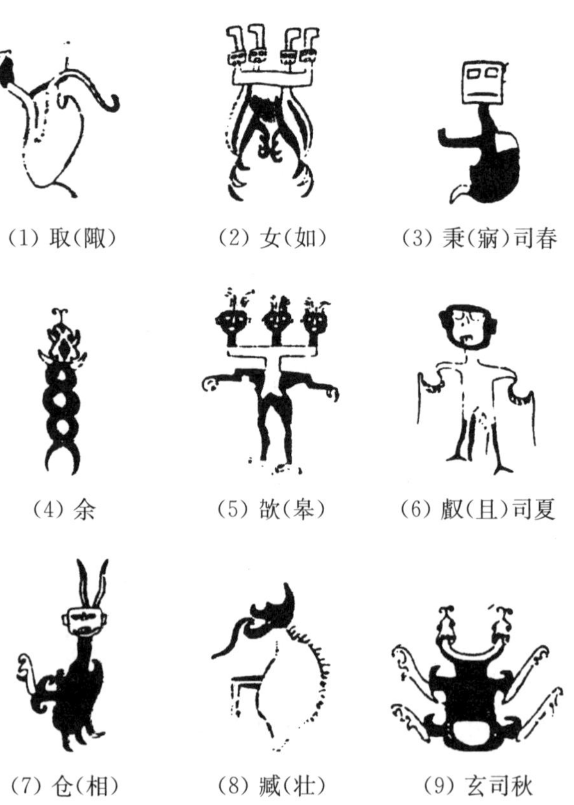

（1）取（陬）　（2）女（如）　（3）秉（寎）司春

（4）余　（5）欿（皋）　（6）叡（且）司夏

（7）仓（相）　（8）臧（壮）　（9）玄司秋

(10) 昜(阳)　(11) 姑(辜)　(12) 荃(涂)司冬

湖南长沙子弹库楚墓出土楚帛书上的十二月神像(摹本),十二月神像中包括有四季神像。现藏美国华盛顿赛克勒美术馆(The Arthur M.Sackler Gallery)。

楚帛书四边十二月神像中包含有四季神像

楚帛书是1942年9月在长沙东郊子弹库地方的楚墓中被盗掘出土,后来此书流入美国,一度寄存在纽约的大都会博物馆(The Metropolitan Museum of Art),旋经古董商出售,现存放在华盛顿的赛克勒美术馆(The Arthur M.Sackler Gallery),成为该馆的“镇库之宝”。这是在一幅略近长方形(47×38.7厘米)的丝织物上,东、南、西、北四边环绕绘有春、夏、秋、冬四季十二月的彩色神像,并附有“题记”,在四边所画神像的中心,写有两篇配合的文章,一篇是十三行,另一篇是八行,行款的排列相互颠倒。

十二月神像的“题记”,载有十二月的月名和每月适宜的行事和禁忌,末尾载有每个月神的职司或主管的事。所有十二月名,和《尔雅·释天》所载基本相同:

月份	正月	二月	三月	四月	五月	六月
帛书	取	女	秉	余	欱	叡
尔雅	陬	如	寎	余	皋	且

续表

月份	七月	八月	九月	十月	十一月	十二月
帛书	仓	臧	玄	昜	姑	荃
尔雅	相	壮	玄	阳	辜	涂

帛书和《尔雅》所载月名，字有不同的，读音都相同，该是音同通用。这十二个月名，是战国时代楚国常用的，例如《离骚》所说："摄提贞于孟陬兮"，"孟陬"即指孟春正月。《尔雅》邢昺的疏，只说是"皆月之别名"，并说："其事义皆未详通，故阙而不论。"清代学者郝懿行的《尔雅义疏》，依据字义所作的解说，都无确切依据，并不可信。从帛书所载每月"题记"看来，这十二个月名该来自十二月神之名。所有每月"题记"的末尾，都有三字用以指明这个月神的职掌或适宜的行事。值得注意的是，春、夏、秋、冬四季的最后月份都载有这个月神的职司，如三月"秉司春"，六月"虘司夏"，九月"玄司秋"，十二月"荃司冬"，而其他月份不同，只记有这个月神的主要执掌，如二月"女此武"，因为此月"可以出师"；又如四月"余取（娶）女"，因为此月可以"取（娶）女为邦□"。据此可知，十二月神像中，每季最后月份之神，既是主管此月之神，同时又是职司此季之神。秉、虘（且）、玄、荃（涂），该即职司春、夏、秋、冬四季之神。

楚帛书中间八行一段，讲的是创世神话，说雹戏（即伏羲）所生四子，"长曰青□榦，二曰朱□兽，三曰翏黄难，四曰□墨（黑）榦"，就是"秉"、"虘"、"玄"、"荃"四个四时（四季）之神。这样以四时之神与四方、四色相配合，原是先秦时代流行的学说和风俗。《礼记·月令》和《吕氏春秋·十二纪》，就记载有五帝、五神和四时、四方、五色、五行、十日等配合的系统。

四时	春	夏		秋	冬
五行	木	火	土	金	水
四方	东	南	中	西	北
五帝	太皞	炎帝	黄帝	少皞	颛顼
五神	句芒	祝融	后土	蓐收	玄冥
五色	青	赤	黄	白	黑
十日	甲乙	丙丁	戊己	庚辛	壬癸
五虫	鳞	羽	倮	毛	介

《月令篇》这样把许多事物归纳到五行系统之中，是逐步发展形成的，具有很悠久的历史。以五神配合五行之说，春秋时代晋太史蔡墨已说到(见《左传》昭公二十九年)。以五神配合五行、四方、五色、五虫之说，春秋时代也早已存在，如虢公作梦，在宗庙中见到“有神人面白毛虎爪，执钺立于西阿”，召来史嚚占卜，据说这是天之刑神蓐收(见《国语·晋语二》)。五帝配合五行、四方、五色之说，也早已存在，如秦襄公自以为“主少皞之神，作西畤，祠白帝”；秦献公自以为得“金”瑞，在栎阳作畦畤，祠白帝(见《史记·封禅书》)。四方和十日、五色相配之说，战国初年也早已有了，如《墨子·贵义篇》说上帝以甲乙日杀青龙于东方，以丙丁日杀赤龙于南方，以庚辛日杀白龙于西方，以壬癸日杀黑龙于北方。

《月令篇》这个五神配合四时、五行、四方、五色的系统虽然历史很悠久，中原地区普遍流行，但是其他地区也还流传着不同的配合系统，如《山海经·海外经》，就以句芒、祝融、蓐收和禺强配合东、南、西、北四方，这样以禺强为北方之神是和《月令》以玄冥为北方之神不同的。《管子·五行篇》说：“昔者黄帝得蚩尤而明于天道，得大常而察于地利，得奢龙而辨于东方，得祝融而辨于南方，得大封而辨于西方，得后土而辨于北方。黄帝得六相而天地治、神明至。”这样以奢龙、祝融、大封、后土配合东、南、西、北四方，是和《月令》系统很不同的。楚帛书所载四季神像和四方、四色、五行的配合，和《月令》比较，既有相同之处，又有不同之处。

楚帛书所绘四季神像的特色

楚帛书四边所绘春、夏、秋、冬四季神像，就是帛书八行一段所说的“长曰青□榦，二曰朱□兽，三曰翏黄难，四曰□墨（黑）榦”，这样以春、夏、秋、冬和青、朱、黄、黑四色相配，这和《月令》以秋季配白色是不同的。

帛书所绘四季神像是很有特色的，我们值得加以具体分析，并与当时流行的神话作比较的研究。

帛书三月“秉司春”的神像，面状正方而青色，方眼无眸，鸟身而有短尾，即所谓“青□榦”。这个春季之神，很明显就是《月令》所说春季东方的木神句芒。《山海经·海外东经》说：“东方句芒，鸟身人面，乘两龙。”《墨子·明鬼下篇》讲秦穆公在宗庙中见到有神入门，“鸟身，素服三绝，面状正方”，神自称是来赐予年寿而使国家蕃昌和子孙茂盛的，并且自称“予为句芒”。句芒这样“鸟身，素服三绝，面状正方”，正和帛书所画“秉司春”之神完全相合。帛书上仲春二月的神像，是成双相对的鸟身，有面状正方的四首并列于宽阔的头颈上，形状和“秉司春”神像相类而较为繁复，说明他们正是同类之神。这个崇拜春季句芒之神的风俗，源流长远，直到清代，北京都城每逢立春前一天，还要隆重举行祭祀“芒神”的仪式（见《燕京岁时记》）。

"秉司春"的神像人面鸟身,是有来历的,原来出于东方夷族的淮夷徐戎,他们是崇拜"玄鸟"(即燕,亦即凤鸟)图腾的。东夷的郯子曾说:"我高祖少皞挚之立也,凤鸟适至,故纪于鸟,为鸟师而鸟名。"(《左传》昭公十九年)据说"少皞氏有四叔:曰重、曰该、曰脩、曰熙,实能金木及水,使重为句芒,该为蓐收,脩及熙为玄冥"(《左传》昭公二十九年)。秦原来是东夷而西迁的,《史记·秦本纪》称其祖先之后有郯氏、徐氏、嬴氏,可见秦原与郯、徐同族。秦穆公既然在宗庙中见到句芒,可知句芒正是秦的祖先之神。《秦本纪》称秦的远祖是伯翳,亦即伯益,伯益原是传说中玄鸟的后裔,其后代又有"鸟俗氏"而"鸟身人言"。据说他主管草木、五谷、鸟兽的成长。其实伯益即是句芒(详见拙作《伯益、句芒与九凤、玄鸟》)。

句芒之神所以称为"句芒",就是由于他主管草木五谷的生长。"句芒"即是"句萌",《月令篇》说季春三月,"生气方盛,阳气发泄,句者毕出,萌者尽达"。"句芒"是形容植物的屈曲生长(郑玄注:"句,屈生者")。帛书称春季之神为"秉","秉"字像手执禾一束的形状,常用以指结穗的粮食作物,《诗·小雅·大田》说到"彼有遗秉,此有滞穗",以"遗秉"和"滞穗"并称。当时楚人称"司春"之神为"秉",也是由于春神主管草木五谷的生长。

帛书六月"𫤸(且)司夏"的神像,人面兽身,面有红色边缘,无左右下臂和手,穿长袖衣隐蔽而拖着,身后有尾,并有雄性生殖器,即所谓"朱□兽"。这个夏季之神,相当于《月令》所说夏季南方的火神祝融。祝融原是楚人的祖先之神,因而帛书称之为"且"(𫤸),当即"祖"字。《山海经·海外南经》说:"南方祝融,兽身人面,乘两龙",也与帛书相合。《山海经·大荒西经》说:"颛顼生老童,老童生祝融。"又说:

“老童生重及黎。”《国语・郑语》说黎为高辛氏火正，因而称为祝融。《史记・楚世家》把“老童”误作“卷章”，又把重和黎误合为一人。《楚世家》又说帝喾使重黎讨伐共工无功，因而杀死重黎，使其弟吴回“复居火正，为祝融”。据《世本》(《史记集解》所引)和《大戴礼记・帝系篇》，吴回确是和重黎同为老童所生，看来吴回确有继重黎而为祝融之说。《山海经・大荒西经》说：“有人名曰吴回，奇左，是无右臂。”郭璞注：“即奇肱也。”王念孙以为“奇左”是“奇厷”之误。帛书这个夏季神像无左右下臂，可能绘的是吴回。《大荒西经》又说“日月出入”的日月山，“有神人面无臂，两足反属于头上，名曰嘘”。“帝令重献上天，令黎邛下地，下地是生噎，处于西极，以行日月星辰之行次”。从上下文看来，“噎”疑是“嘘”之形误。帛书这个无臂的夏季之神，也可能是日月山的神人名嘘的。

帛书这个祖先之神，绘有男性生殖器，神名为“䣝”，即“且”字，是“祖”字的初字，很可能与原始氏族的生殖崇拜有关。三十年代郭沫若《释祖妣》首先把“且”识为“牡器之象形”，同时高本汉(Barnhard Karlgren)也认为“且”字是男根之像，并且把新石器时代遗址中出土的男根模拟物称为“祖”。五十年代以来，新石器时代和商周时期的陶制或石制的男根模拟物出土不少，考古学者一律称之为“陶祖”或“石祖”，都认为与原始的生殖崇拜有关。不但仰韶文化晚期、马家窑文化早期、龙山文化、齐家文化的遗址中有男根模拟物出土，郑州二里岗的商代遗址和长安张家坡的西周遗址中也有出土；广西邕宁和湖南安乡的早期越文化遗址中亦有出土。战国时代楚人崇拜的祖先之神，绘成人面兽身，身后有尾，并有男根，是可能与原始的生殖崇拜相关的。

帛书九月"玄司秋"的神像很是特殊，是一种双首的四足爬行动物，双首类似龟头，四足爬行类似鳖，即所谓"翏黄难"。这是帛书所载四季神像中最值得我们注意的神物。这个"司秋"之神名"玄"，当即水神玄冥。帛书以玄冥为秋季之神，和《月令》以玄冥为冬季之神不同。帛书以玄冥为黄色而在西方，和《月令》以玄冥属黑色而在北方不同。玄冥的简称为"玄"，犹如玄冥也或简称为"冥"，如《国语·鲁语》和《礼记·祭法》并称"冥勤其官而水死"。古代神话中的水神玄冥，就是古史传说中的鲧，鲧的传说原来出于玄冥神话的分化演变。"鲧"字古作"鮌"，从"玄"得声，"玄"本读若"昆"。鮌在神话中，原与禹同为使用应龙、鸱龟来治水之神。《楚辞·天问》说："河海应龙，何尽何历？鮌何所营，禹何所成？"又说："鸱龟曳衔，鮌何听焉？顺欲成功，帝何刑焉？"据说鮌因窃取上帝的"息壤"来填洪水，因而受到上帝的处罚而被杀死（见于《山海经·海内经》）。古史传说就变为尧或舜殛鮌于羽山。玄冥原为黑暗幽冥之义，居于幽都，而鮌所殛的羽山"乃热（日）照无有及也"（见《墨子·尚贤中》），就是"不见日"的委羽之山（《淮南子·坠形训》）。少皞氏使"脩及熙为玄冥"（《左传》昭公二十九年），而鮌又"字熙"（《史记·夏本纪》索隐引皇甫谧《帝王世纪》），足以证明鮌即出于玄冥的分化（详拙作《鲧、共工与玄冥、冯夷》。

鮌有被杀后尸体复活变为"黄能"潜在水中成为水神的神话。据说晋平公有病，梦见黄能入于寝门，郑国子产前来聘问，晋平公对子产说："今梦黄能入于寝门，不知人煞乎？抑厉鬼耶？"子产对答说："昔鮌违帝命，殛之于羽山，化为黄能，以入于羽渊，实为夏郊，三代举之。"（《国语·晋语八》，《左传》昭公七年大体相同）"黄能"今本误作

“黄熊”，陆德明《经典释文》认为“熊亦作能，作能者胜”。孔颖达《正义》说：“能，如来反，三足鳖也。解者云兽非入水之物，故是鳖也。”今本误作“黄熊”，这是出于后人不理解“黄能”之义而误改的。《尔雅·释鱼》说：“鳖三足，能。”鳖原为四足，三足的鳖是畸形。《论衡·应是篇》说：“鳖三足曰能，龟三足曰贲，能与贲不能神于四足之龟鳖。”《说文》说：“能，熊属，足似鹿”。“能，兽坚中，故称贤能而强壮称能杰也。”“能”当是鳖中“强壮称能杰”的一种，所谓“三足鳖”是一种神奇的传说，实际上“三足”是畸形，不可能成为鳖的一种。金文“能”字作如下之形：，就是一个四足爬虫的象形字。孔颖达说：“能音如来反”，是正确的。“能”古音读如“態”，与“难”音同通用。《玉篇》有“⿰堇能”字，就是“能”的异体字，以“菓”作为音符。帛书称“玄”为“翏黄难”，“翏”当读为“戮”，是说鲧被杀而陈尸，《国语·晋语九》韦昭注：“陈尸为戮。”“翏黄难”就是说鲧被杀而尸体复活，变成黄能而成为水神。

当时蜀国流行的祖先鳖灵的神话，也出于鲧化黄能神话的分化。扬雄《蜀王本纪》(《太平御览》卷八八八引)说：楚人鳖灵被杀，尸体漂流到蜀地而复活，望帝(杜宇)用以为相国，玉山洪水暴发，鳖灵“决玉山，使民得陆处”，后来望帝传位于鳖灵，号为“开明帝”。这个楚人鳖灵的治水神话，就是鲧化黄能神话的分化，原是楚人所流传的传说。《楚辞·天问》说：“化为黄能(今本“能”误作“熊”，洪兴祖补注：“《国语》作黄能”)，巫何活焉?”就是说尸体复活而化为黄能。所谓“鳖灵”，“鳖”即是“能”，“灵”即是神，“能”就是畸形的鳖。玄既是玄冥，亦即是鲧，又别称鳖灵，也还是玄武。玄武的形象也是指畸形的龟或龟蛇合体。《礼记·曲礼上》：“行前朱鸟而后玄武”，孔颖达《正义》说：“玄武，龟也。”《后汉书·王梁传》说：“玄武，水神之名”，李贤注：

"玄武,北方之神,龟蛇合体。"

古人所以特别重视龟鳖中"强壮称能杰"的"能",因为古人认为特大的龟鳖是有特别强壮的神力的。《楚辞·天问》说:"鳌戴山抃,何以安之?"鳌是大龟,王逸注引《列仙传》说:"有巨灵之鳌背负蓬莱之山而抃舞,戏沧海之中,独何以安之乎?"《列子·汤问篇》又说:"五山之根无所连箸,……帝恐流于西极,……乃命禺强使巨鳌十五举首而戴之。"《列子·汤问篇》、《淮南子·览冥训》和《论衡·顺鼓篇》都说:"女娲炼五色石以补苍天,断鳌足以立四极。"

帛书十二月"荼司冬"的神像,人体正面站立,巨头方面,大耳,头顶有并列的两条长羽毛,口吐歧舌向左右分布成直线,两手握拳向左右张开,上身穿着黑色短袖,露出下臂,即所谓"□墨(黑)榦"。当即能使巨鳌的北海之神禺强。"禺"字像巨头的动物之形。"荼"字从"余"声,与"禺"音近通用。《山海经》的《海外北经》和《大荒北经》都说:"北方禺强人面鸟身,珥两青蛇,践两青蛇。""鸟身"当为"黑身"之误(旧注引一本作"北方禺强黑身手足",《庄子·大宗师篇》释文引此亦作"黑身手足")。"珥两青蛇"和"践两青蛇"表示其威武而能除害。《庄子·大宗师篇》释文引崔譔和《列子·汤问篇》张湛注引《大荒经》都云:"北海之神名曰禺强,灵龟为之使。"所谓"灵龟"即指巨鳌。

楚帛书的创世神话

楚帛书中间八行一段文章,讲的是开天辟地的创世神话,这是我们所见到的时代最早的创世神话文献。全文可以分为上下两节,上节较短,讲的是伏羲创世的神话;下节较长,讲的是祝融进一步创世的神话。据说远古之时"梦梦墨墨"(一团混沌),"风雨是於(阏)",雹戏(即伏羲)生了四个儿子,即青□榦、朱□兽、翏黄难和□墨(黑)榦,就是春、夏、秋、冬四时之神,就是上文所说“秉司春”、“叡(且)司夏”、“玄司秋”和“荃司冬”四神。雹戏命令四神疏通山川四海,因而使得“朱(殊)有日月,四神相弋(代),乃步为岁,是惟四时(即四季)”。就是说由于四神的疏通,使得一团混沌分解,使得日月分明,四神得以轮流掌管,春、夏、秋、冬四时得以转变,从而推步为一年。这是上节的主要内容。

下节又说:“千又百岁,日月允生”(“允”读作“夋”),九州不平,山陵备侧,四神□□,□至于复。”“允”和“夋”古音义相通,《说文》说:“夋,行夋夋也,从夊,允声。”“行夋夋”是说不断推行。所谓“日月夋生”,是说日月不断产生,古神话中有十日和十二月并生的说法,如说帝俊生十日和生十二月,见于《山海经》的《大荒南经》和《大荒西经》。这是说,经历千百年之后,上天下地又发生混乱,天上有日月不断产生,地下的九州又不平,山陵都变得倾斜了,以致“四神”不能使“四时”按常规运转。

接着又说:“天旁动扞,畀之青木、赤木、黄木、白木、墨木之精,炎帝乃命祝融以四神降,奠三天,□□思敦(敷),奠四极。”这是说:天为此大为感动,因而赐给青、赤、黄、白、黑木之精,因此炎帝就得下令祝融,使四神从天下降,从而奠定“三天”和“四极”。看来天帝所赐五木之精,就是赐给祝融和四神的神力,因为“青□榦”、“朱□兽”、“翏黄难”和“□墨(黑)榦”等四神,就是执掌青(东)、朱(南)、黄(西)、黑(北)等各方面的事业的。所谓“奠三天”和“奠四极”,就是创建开天辟地的工程。上文所列举的帛书所绘四季之神,正是善于“奠三天”和“奠四极”的能手。

帛书接着又载："曰非九天则大侧，则毋敢叡天灵（"灵"读作"命"），帝允，乃为日月之行，共攻□步十日，四时□□，□神则闰，四□毋思，百神风雨，晨祎乱作，乃□日月，以转□思，有宵有朝（早），有昼有夕。"这是说，祝融接受了炎帝的命令，表示如果违反"九天"的意旨，就将有更大的倾侧，为此不敢不顺从天命。经过炎帝的允诺，于是开始做恢复日月运行的工作，共同努力着推步"十日"，调整"四时"，终于改变了"晨祎乱作"的天象，使得风调雨顺，日月运转分明，有夜有早，有昼有夕。我们必须指出，近人考释帛书的，都把"共攻"读作"共工"，以为最后由共工完成了调整混乱天象的工作，看来并不确实。因为据文献记载，古神话中共工正是个造成天地灾祸的主角，据说共工曾与颛顼争为帝，怒而触不周之山，折天柱，绝地维（见于《列子·汤问》等）。共工是不可能做调整日月和四时的工作的，而且祝融既然以四神下降而"为日月之行"，不可能同时又由共工来完成这工作。"共攻"两字当是指祝融统率四神共同努力而言。

帛书八行这段文字所讲的创世神话，既说伏羲生"四神"而使"四神"从一团混沌中开天辟地，使得日月分明和四时运行；又说祝融顺天意、奉炎帝之命而统率"四神"，进一步完成创世工程，都是歌颂帛书中所绘的四季神像而要求大众加以崇拜和祭祀的。帛书所讲的创世神话，实质上就是太阳神的创世神话。拙作《丹朱、驩兜与朱明、祝融》，已详细证明祝融原是日神与火神，同时又是楚人的祖先之神。炎帝既是出于日神、火神的分化演变，祝融所统率四季之神中的夏季之神又是火神的分化。

帛书所说祝融使四神"奠三天"，"三天"是指三重的天的结构，和古神话中所说"九天"不同。"九天"是指天有九个方面的区分，《天问》所谓“九天之际，安放安属”。古神话以昆仑山原与上天相连接，可以从此登天的。《淮南子·坠形训》说：“昆仑之丘或上倍之，是谓凉风之山，登之而不死；或上倍之，是谓悬圃，登之乃灵，能使风雨；或上倍之，乃维上天，登之乃神，是谓太帝之居。”这就是“三天”的结构。

帛书所说祝融使四神“奠四极”，“四极”是指地的东南西北四方的尽极之处。《淮南子·坠形训》所谓“禹乃使太章步自东极至于西极二亿三万三千五百里七十五步；使竖亥步自北极至于南极二亿三万三千五百里七十五步”。《淮南子·时则训》谈到了东、南、中央、西、北五极之处和五帝、五神之所司：东方之极东至日出之次，太皞、句芒之所司；南方之极南至委火炎风之野，赤帝、祝融之所司；中央之极自昆仑东绝两恒山，黄帝、后土之所司；西方之极西至三危之国，少皞、蓐收之所司；北方之极北至令正（丁令）之国，颛顼、玄冥之所司。据此可知古神话中，“四极”原为四方的上帝和四季四方的神所执掌，原来就是由四季四方之神所奠定的。四季四方之神的神力强大，本来就是“奠三天”和“奠四极”的能手。

楚帛书所说祝融创世的神话，确是有来历的。《尚书·吕刑》说：“蚩尤惟始作乱，……皇帝（上帝）哀矜庶戮之不辜，……遏绝苗民，无世在下。乃命重、黎绝地天通，罔有降格。”这是说，因为蚩尤作乱，遏绝苗民，上帝于是命重、黎绝断天地之间的通路，这就是祝融开天辟地的神话。原来古神话中天地是连接而有通道的，昆仑就是登天的通道所在，由于重黎的“绝地天通”，天地才分开而不能相通。《国语·楚语下》载楚昭王问于观射父说：“《周书》所谓重黎实使天地不通者，何也？若无然，民将能登天乎？”古神话确实认为如此，人民原来是可以由地登天的。于是巫师们就宣称从此只有巫师有天梯性质的高山，可以升降上下，能够往来人间和天堂，沟通天人之间。

重黎怎样“绝地天通”的呢？《山海经·大荒西经》说：“颛顼生老童，老童生重及黎，帝令重献上天，令黎卬下地，下地是生噎（“噎”疑“嘘”字之误），处于西极，以行日月星辰之行次。”《国语·楚语下》记观射父说：“及少皞之衰也，九黎乱德，民神杂糅，不可方物。……颛顼受之，乃命南正重司天以属神，命火正黎司地以属民，使复旧常，无相侵渎，是谓绝地天通。”这就是说，上帝（颛顼也是上帝）命令重和黎，一个上天而“司天”，一个下地而“司地”，同时黎所生的噎（或嘘）“处于西极，以行日月星辰之行次”，该即帛书所说“乃为日月之行”。

楚帛书所讲的创世神话，限于混沌中开天辟地和天象由混乱恢复正常两部分。帛书中间十三行一段文字，也是讲天象发生灾异而恢复正常的。全文可分为三节，第一节讲天象发生灾异，包括月的盈缩不当，春、夏、秋、冬四季的变换失常，日月星辰运行的逆乱，草木的生态失常等；认为这是“天地作羕（“羕”读作“殃”），天棓将作伤，降于其方，山陵其发（“发”读作“废”），又（有）渊厥溃，是谓孛”。“天棓”是指棒那样长的彗星，“孛”是指光芒蓬勃的彗星。这是说天地遭殃，是彗星降下的伤害，以致山陵败坏，渊泽溃决。接着又说出现“孛”的岁月，有雷电、下霜、雨土的灾异，因而“东国又（有）吝（患难）”，“西国又（有）吝”，而且有兵灾“害于其王”，说明这样的天灾不但东国和西国的人民受难，国君也得有兵灾。

第二节缺字较多，有些字句意义不明。大意是说一年四季的变化，此中春、夏、秋“三时”都重要。由于“孛”（彗星）的“作其下凶”，日月星辰运行紊乱，“时雨”（及时下雨）失常，以致“群民”的“三恒发（“发”读作“废”），四兴鼠（“鼠”读作“竄”），以（失）天尚（“尚”读作

"常")"。"三恒"是指春、夏、秋三季的常规作业,"四兴"是春、夏、秋、冬四季的行事。这是说,由于彗星造成天灾,使得人民废毁三时的常规作业,败坏四时的行事,以致人民不能正常生活。接着指出,由于"群神五正,四兴无羊(殃),建恒怿民,五正乃明,其神是享"。所谓"群神五正",是指主管"四时"的五神,当时中原地区以句芒、祝融、蓐收、玄冥(四时之神)加上后土,称为"五正"(《左传》昭公二十九年晋太史蔡墨所说),这里楚人所说"五正",也该指上文所述四时之神加上后土而言。这是说,由于五正管理好四时的行事,使得重建"三恒"而便于人民安居乐业,因而人民要祭享其神。第三节"帝曰"以下,是说上帝为此对五正之神大为称赞,说明必须恭敬祭享。这篇文章通篇是韵文,很明显是歌颂帛书四边所画十二月神中的四季之神的,并要求人们恭敬祭享。

伏羲是楚神话中的创世者和造物者

楚帛书说伏羲生下四时之神,在一团混沌中使四时之神开天辟地,使得日月分明和一年有四季,说明伏羲是楚神话中的最早创世者。还值得我们注意的是,1973年长沙马王堆汉初墓葬出土的一批帛书中,有《易经》和《易系辞传》,当是儒家《易》学传到楚国以后,楚的经师在传授《易传》时重新编辑而成的。与《易系辞传》同时出土的还有四种解释《易》的作品,如《要篇》、《易之义》、《缪和》和《昭力》等,说明楚曾长期成为传授儒家《易》学的一个中心。因此《易系辞传》本为儒家之学,融合有道家黄老学派的学说,并且把伏羲作为最早的造物者。看来长沙的战国时代楚墓出土的楚帛书,以伏羲为最早的创世者;同时长沙的汉初墓葬出土的帛书《易系辞传》,又以伏羲为最早的造物者，是有密切的历史传统关系的。《史记·仲尼弟子列传》称孔子传《易》于鲁人商瞿（字子木），商瞿又传楚人馯臂（字子弓），馯臂以后《易》还是在楚长期流传，特别是在长沙地区。

《易系辞传》讲到远古圣人依据《易》的“卦”而造物的传说，包犧氏（即伏羲）作结绳而为网罟，以佃以渔；神农氏推行耒耨之利，日中为市；黄帝推行舟楫之利和臼杵之利。上古穴居而野处，后世圣人易之以宫室；古之葬者厚裹之以薪，葬诸中野，不封不树，后世圣人易之以棺椁。上古结绳而治，后世圣人易之以书契，百官以治，万民以察。这样把历史分为“上古”和“后世”两个阶段，“上古”是指原始社会，“后世”是指文字发明和创建国家制度以后的文明社会，而把“圣人”的造物作为推动历史变革的关键，伏羲就是最早的造物者。

《易系辞传》说：“古者包犧氏之王天下也，仰则观象于天，俯则观法于地；观鸟兽之文与地之宜，近取诸身，远取诸物，于是始作八卦，以通神明之德，以类万物之情。”这样把“始作八卦”看作伏羲的最重要的创造，是和楚人的原始巫术有密切关系的。所谓“始作八卦”，实质上就是“结绳而治”，八卦的制作和结绳有密切联系。当原始部族结绳而治的时期，就用绳索作为占验的工具。旧时四川金川的彝族，卖卜者手持牛毛绳八条，掷地成卦，如是者三，以定吉凶称为“索卦”，临阵作战时要用以占卜胜负，见李心衡《金川琐记》，收入《小方壶斋舆地丛钞》第八帙。《楚辞·离骚》说：“索藑茅以筳篿兮，命灵氛为余占之。”“灵氛”是占卜的巫师，使用原始巫术来占卜，“筳篿”是几片竹制的占卜工具，“藑茅”是一种灵草，“索藑茅”是说用灵草作绳索而绕在“筳篿”上，于是投掷“筳篿”来占卜以定吉凶，这就是楚人沿袭“索卦”的遗风（详于省吾《伏羲与八卦的关系》，收入《纪念顾颉刚学术论文集》上册)。

"圣"是孔子所标榜的最高道德,孔子曾感叹:"圣人吾不得见之矣。"(《论语·述而篇》)孔子又曾感叹:"凤鸟不至,河不出图,吾已矣夫。"(《论语·子罕篇》)凤鸟至,河出图,是将兴的祥瑞,这是早有的一种神话传说。《易系辞传》说:"河出图,洛出书,圣人则之。"这是后来儒家的信仰。《孔子三朝记》的《诰志篇》(收入《大戴礼记》)就曾说:"圣人有国","于时龙至不闭,凤降忘翼","洛出服("服"读作"符"),河出图"。所谓"河图"、"洛书",具有神话性质。儒家由于重视"造物"对于改进和提高人民生活起着重大作用,把这些神话中的造物者称为"圣人",其实他们都是人面蛇身的天神,《列子·黄帝篇》说:"庖犧氏(即伏羲)、女娲氏、神农氏、夏后氏,蛇身人面,牛首虎鼻,此有非人之状,而有大圣之德。"伏羲、女娲、神农和夏后氏都是创世者和造物者。《楚辞·天问》说:"女娲有体,孰制匠之?"就是因为神话中有女娲造人之说,因而要问女娲自己的身体是谁造的呢?同时女娲有补苍天和立四极的神话。

从来神话中的创世者又是造物者,民间"造物"的工匠是要使用规、矩、绳、墨等工具的,神话中的开始造物者当然也是使用这些工具的。神话的四方和四季之神既是创世者,当然又是造物者,因而《淮南子·天文训》就说:"句芒执规而治春","朱明执衡而治夏","后土执绳而制四方","蓐收执矩而治秋","玄冥执权而治冬"。伏羲和女娲既然是创世者和造物者,因此伏羲和女娲的图像也是手执规矩的。我们所见到的伏羲和女娲图像,最早是东汉时代的,如武梁祠石刻、四川郫县出土石棺画像、重庆沙坪坝出土石棺画像,都是伏羲执矩、女娲执规,蛇身人首,两尾相互纠结,同时文字记载中出现有伏羲和女娲为兄妹或夫妇的传说。伏羲和女娲手执矩规的蛇身神像当是依据原始的神话，所说兄妹关系和夫妻关系当是后起的传说。王充《论衡·顺鼓篇》说："伏羲、女娲，俱圣者也。舍伏羲而祭女娲，《春秋》不言。"又说："俗图画女娲之象为妇人之形，又其号曰女，仲舒（指董仲舒）之意，殆谓女娲古妇人帝王也，男阳而女阴，阴气为害，故祭女娲求福祐也。"这是王充解释董仲舒主张"雨不霁，祭女娲"的，认为女娲本是"补苍天、立四极"之神，只说俗图画女娲之像为妇人，没有谈到女娲和伏羲有什么关系，而说"俱圣者也"。

附带要指出，楚帛书八行一段文字，说雹戏（伏羲）"乃取（娶）䖒遟之子曰女皇，是生子四"，"女"下一字不识，有人以为即女娲，并无确证。

［附记］ 据新华社北京 1 月 9 日电，陕西北部神木县汉墓新出土画像石中，有"春神句芒"和"秋神蓐收"的画像。春神句芒人面鸟身，左手捧红色日轮于胸前，右手持矩，足下和身后各有一条青龙。秋神蓐收也是人面鸟身，右手捧白色月轮于胸前，左手持规，耳部有蛇，足下和身后各有一只白虎。我认为，这两幅画像，就是依据四季之神的创世神话而创作的。

楚帛书既讲伏羲使用四季之神于一团混沌中开天辟地，从而使得"朱（殊）有日月，四神相弋（代），乃步为岁，是惟四时"，又讲千百年之后，由于日月不断产生，四季运行失常，于是炎帝又命祝融使四季之神开天辟地，即所谓"奠三天"和"奠四极"，接着就"为日月之行"，使日月得以正常运行。据此可见在这样的创世工程中，使日月正常运行，是此中一个重要关键。新出土的春神句芒和秋神蓐收画像，分别手捧日轮和月轮于胸前，就是表示他们在创世工程中主持“日月之行”。《山海经·西山经》讲到蓐收之神居于泑山，“西望日之所入，其气员，神红光之所司也”。这是说蓐收之神用他的“红光”在掌管“日之所入”，也是讲蓐收掌管日的运行。所谓“其气员”，“员”当读作“圆”，这是说蓐收发出红光使日轮运行的气象圆通。新出土的句芒和蓐收画像分别手执规矩，与《淮南子·天文训》记载相同，因为他们既是创世者，又为造物者。新出土汉代画像石以蓐收为秋神，与《月令》相同，而和楚帛书所说“玄司秋”不同，该是依据中原流行的神话。1997年1月17日追记。

（原载《文学遗产》1997年第4期）

秦《诅楚文》所表演的"诅"的巫术

承蒙马昌仪教授寄来主编的《中国神话学文论选萃》，读了之后，感到很是亲切，如同见到了许多久别的老友。这不仅反映了这门学科发展壮大的历程，而且具有继往开来的推动作用。又承蒙来函告知，1995 年 4 月间将在台北举行这门学科的研讨会，两岸这方面的学者将在此热烈地共同商讨，这将是这门学科蓬勃发展的开端，我感到很高兴。我久已不写这方面文章，因为高兴，就把久已想要写的一个问题写出来请大家指教。

当我开始执笔起草时，不由得想起了往事。1947 年 7 月中旬，郭沫若正在看《闻一多全集》中《伏羲考》的校样，看到文中提及我的《中国上古史导论》，到上海市博物馆来向我们借阅《古史辨》第七册。接着，我和童书业一起回访他，他拿出刚脱稿的《秦〈诅楚文〉考释》来，征求我们的意见。我看了之后，就感到需要进一步用民俗学和神话学的眼光来加以分析。当时我因为恢复博物馆的工作很忙，只写成了一篇短文，题为《读秦〈诅楚文〉之后》，发表在上海市博物馆主编的

《文物周刊》第五十九期上(见于当年11月发行的上海《中央日报》副刊),因为文章很短,言不尽意,没有引起人们的注意,这个问题长期以来一直在我脑子里盘旋,很想写出来请大家指教。

秦《诅楚文》石刻的来历及其考释成果

秦《诅楚文》石刻共三块,刻有秦王使宗祝在神前咒诅楚王而祈求"克剂楚师"的文章,文词相同,只是所祈求之神,有巫咸、大沈厥湫、亚驼的不同。这是北宋嘉祐(1056—1063)、治平(1064—1067)年间,先后在三个地方发现的。

(一)《告巫咸文》石刻,据说嘉祐年间出土于凤翔(今属陕西)的开元寺,嘉祐六年(1061年)二十四岁的苏轼得来移到知府的便厅,热情地赋诗为之说明,接着年过半百的欧阳修作了文字考释,随后许多著名的文人学士纷纷为之题咏、著录、注释和考证,一时轰动了文化界。苏轼认为开元寺所在是秦祈年宫的故址,因而有此石出土,其实不确①。后来宋徽宗把此石收归御府。

---

① 苏轼谓:"秦穆公葬于雍橐泉宫祈年观下,今墓在开元寺之东南数十步,则寺岂祈年之故基耶?"考秦穆公冢在橐泉宫祈年观下之说,见于《汉书·楚元王传》附《刘向传》以及《秦本纪》集解所引《皇览》,此说不确。《水经注·渭水》已经加以驳斥。刘向说:"穆公葬无丘垄处。"可知秦穆公葬地并无冢墓。《汉书·地理志》称"祈年宫秦惠公起,橐泉宫孝公起"。《水经注》谓祈年宫盖惠公之故居,孝公又谓之橐泉宫,并谓:"子孙无由起宫于祖宗之坟陵,以是推之,知二证之非实也。"据考古调查与发掘结果,雍故城在今凤翔县城以南,雍水以北,宫殿遗址在故城中部偏西南地区,在今姚家岗、马家庄一带。秦祖先墓葬在故城西南,在今西村、南指挥村一带,可知秦穆公葬地不应在祈年宫下。苏轼因传说中之秦穆公冢墓在祈年宫下,以为开元寺即祈年宫之故基,并不确实。郭沫若据苏轼之说,以为《告巫咸文》一石出于开元寺,即是秦祈年宫所在,"祈年宫所祀者为巫咸神"。此说亦非。祈年宫是秦王行宫性质,秦王到雍,常居祈年宫,秦王行宫何故要祀巫咸神?何况开元寺并非祈年宫故基。据《史记·封禅书》,秦在雍除祭祀上帝之五畤外,尚有祭祀日、月、星、辰、风伯、雨师、四海、九臣、十四臣等"百有余庙",开元寺故址当为秦宗祝祭祀巫咸神之所在。

（二）《告大沈厥湫文》石刻，据说治平年间农民在朝那湫旁耕田掘得，朝那湫在今甘肃平凉西北，就是战国、秦、汉间的湫渊所在。熙宁元年（1068 年）蔡挺到平凉出任渭州知州，得来移到了官廨。后五年蔡挺升任枢密副使，后又因病调任到南京（即宋城，今河南商丘南）的御史台，他把这块石刻带到了南京住宅。七十年后一场大火，幸未烧毁，绍兴八年（1138 年）被宋州知州李伯祥移到官廨。

（三）《告亚驼文》石刻，据元周伯琦《诅楚文音释》说：“出于洛，亦蔡氏（即蔡挺）得之，后藏洛阳刘忱家。”董逌《广川书跋》引王存乂说：“亚驼即是滹（呼）沱。”但呼沱水是赵和中山的河流，何以此石在洛阳出土？郭沫若根据这点，并认为文中“驼”字所从的“马”，写法不古，断言这是伪作。还以为南宋的《绛帖》和《汝帖》，只收巫咸、厥湫而不及亚驼，大概早已认为赝品。所谓亚驼即呼沱只是一种猜测，洛阳在当时并非秦地，怎么可能出土秦石刻？出土地点既不详，蔡挺得了仍旧留给别人，没有同《告大沈厥湫文》石刻一起带到南京，看来蔡挺早已看出不是真品。

总的看来，《告巫咸文》和《告大沈厥湫文》的来历确凿，但不可能同是嘉祐、治平十年间出土的，大概早就先后出土，因未有人识得而加以重视。这时由于金石学的兴起，文人学士的爱好文物以及官府的开始重视，因而得以发现、著录和考释。据说《告巫咸文》石刻共 326 字，有 34 字模糊不可辨认，可能就因为出土后没有很好保藏而发生的。

经过宋金战争之后，这三块石刻都不知下落，原拓本也不见。南宋出版的《绛帖》和《汝帖》所收巫咸、厥湫两石，已是拼凑而成的重摹翻刻，而且《汝帖》更有些删节。元代至正已亥（1359 年）周伯琦刊印

的所谓元至正中吴刊本，也是一种摹刻的拓本。1934年容庚把《绛帖》本和《汝帖》本收入《古石刻拾零》，并作了综合的考释。此后十年吴公望又影印元至正中吴刊本，郑振铎把它编入《中国历史参考图谱》。1947年郭沫若又据以作《考释》，先发表在上海出版的一本《学术》杂志上，后又收入《郭沫若全集·考古编》第九卷。现在我把容庚考释《告大沈厥湫文》的结果抄录于下，并附注有郭沫若的不同考释：

又秦嗣王（"又"读作"有"），敢用吉玉宣璧（"宣"读作"瑄"），使其宗祝邵鼛布愍告于不显大沈厥湫（"不"读作"丕"；"愍"，郭沫若作"�"，谓通"檄"），以底楚王熊相之多辠（"辠"同"罪"），昔我先君穆公及楚成王是缪力同心（"是"读作"寔"；"缪"郭沫若作"僇"，通"戮"），两邦以壹（"以"，郭沫若作"若"），绊以婚姻，袗以斋盟，曰枼万子孙毋相为不利（"枼"同"世"），亲卬大沈厥湫而质焉（"卬"同"仰"）。今楚王熊相康回无道，淫失甚乱（"失"通"佚"，郭沫若作"咢"，谓是"夸"之异文），宣奓竞从（"奓"通"侈"，"从"通"纵"），变输盟制（"输"通"渝"，郭沫若"制"作"剌"，谓古"约"字），内之则虣虐不姑（"虣"通"暴"，"姑"通"辜"，《绛帖》本亦作"辜"），刑戮孕妇，幽刺敹戚（"敹"通"亲"，郭沫若作"幽剌敹或"，谓"或"同"馘"），拘圉其叔父，寘者冥室椟棺之中（"者"通"诸"），外之则冐改厥心，不畏皇天上帝及大沈厥湫之光列威神（"列"通"烈"），而兼倍十八世之诅盟（"倍"通"背"），衔者侯之兵以临加我（"衔"通"率"，"者"通"诸"），欲刬伐我社稷，伐威我百姓（"威"同"灭"），求蔑灋皇天上帝及大神厥湫之卹祠、圭玉、羲牲（"灋"同"法"，通"废"；"卹"读作"血"；"羲"读作"牺"），逑取倍边城新郢及郱、长、敹（"逑"读作"求"，郭沫若作"述"，谓通"遂"；

“䓁”通“吾”)，䓁不敢曰可(“䓁”同“吾”，“可”读作“何”)，今又悉兴其众，张矜忞怒(郭沫若“矜”作“矝”，“忞”作“意”，读作“部”，又读“怒”作“弩”)，饰甲底兵(“饰”通“饬”，“底”通“砥”)，奋士盛师，以偪䓁边竞(“偪”通“逼”，“䓁”通“吾”，“竞”通“境”)，将欲复其贶速(“贶”通“凶”；“速”同“迹”，郭沫若“速”作“逑”，谓通“求”)，唯是秦邦之羸众敝赋，鞈输栈舆(“鞈”同“鞹”，郭沫若作“鞧”)，礼使介老(郭沫若“使”作“傻”，同“叟”)，将之自救也(《绛帖》本“也”作“殹”)，亦应受皇天上帝及大沈厥湫之几灵德赐，克剂楚师，且复略我边城，敢数楚王熊相之倍盟犯诅(“倍”通“背”)，著者石章(“者”通“诸”)，以盟大神之威神。

我在这里对容、郭两氏不同的文字考释，不作评论，惟其中“逑取吾边城新鄓及郱、长、敹”一句，因关系较大，必须作出论断。我认为此句第一字，容庚据《绛帖》本识为“逑”字，读作“求”，是正确的。郭沫若据元至正中吴刊本识作“述”字，读作“遂”，是不确的。因为“求取”是说楚王正在谋求攻取这些城邑。若作“遂取”，就说是已经取得这些城邑。根据有关史料来看，当以“求取”为是。因为这些城邑原为楚地，这时已为秦占有而成为秦的边邑，楚正谋收复这些失地，结果大败而丢失更多土地。

关于《诅楚文》的神前诅楚的祭礼

我们首先要谈的是，秦王为什么不在新都咸阳举行这个神前诅楚的祭礼，而要到旧都雍(今陕西凤翔)举行？因为这是商鞅变法所造成的新格局，祭祀天神的神祠仍留在雍。

秦国在商鞅变法以前，政治、文化中保留旧的传统是较多的。商鞅在初步变法之后，所以要迁都咸阳而作进一步的改革，是为了摆脱旧传统的束缚而谋求扩大改革的成果。因此他对咸阳的建设作了新的规划，把所有官署迁到了新都，仍然把宗庙和祭祀上帝以及鬼神的神祠留在旧都雍。从殷周以来，所有都城，包括别都在内，都是建有宗庙的，所谓“凡邑有宗庙先君之主曰都，无曰邑”(《左传》庄公二十八年)。因为宗庙不仅是祭祀祖先、举行宗族内部礼仪的地方，而且其庙堂具有礼堂的性质，许多政治上的重要典礼如即位、朝聘、策命等等，都要在宗庙举行。到战国时代，经过变法改革以后，政治上许多大典移到朝廷上举行，但是君主宗族中的礼仪以及祭祀天神的典礼，仍然要到旧都雍去举行，这到秦王政时还是如此。例如秦王政九年四月，嬴政年二十二，按照秦礼要举行冠礼然后才能亲自执政，因而必须到雍，住在祈年宫(“祈”一作“蕲”)，先是举行“郊见上帝”之礼，然后到宗庙举行冠礼。正因为如此，秦工要举行在天神之前咒诅楚王的祭礼，必须要在雍举行。

《诅楚文》是秦惠文王时期的作品。秦惠文王正是个很迷信鬼神的君主，他曾经因为听信史定“饰鬼以人”的话，“罪杀不辜”，引起“君臣扰乱，国几大危”，《吕氏春秋》为此评论说：“今惠王之老也，形与智皆衰邪!”《吕氏春秋·去宥篇》高诱注：“史定，秦史。”这件事，《史记》不载，因为《秦记》讳言。《吕氏春秋》是秦国作品，所言可信。史定当是秦之太史，太史除起草文书、记载史实、掌管图籍外，兼管天文历法以及祭祀鬼神和宗庙的事，因而能够“饰鬼以人，罪杀不辜”。正因为秦惠王相信“饰鬼以人”，他会在秦楚大战前，使宗祝在神前咒诅楚王而祈求胜利。

宗祝为什么不在上帝前咒诅楚王而要在巫咸前咒诅呢？因为宗

祝这个官职具有巫师的性质,巫咸正是巫师的祖师,而且是巫师崇拜的大神。

"宗祝"这个官,职掌祈告祖宗以及鬼神的事。春秋时代晋、齐、卫等国都设有"祝宗","祝宗"该与"宗祝"相同。例如晋国范文子和齐国昭子祈求早死,都"使祝宗祈死"(《左传》成公十七年、昭公二十五年)。卫献公出亡到国外,也"使祝宗告亡"(《左传》襄公十四年)。古人把"祝"和"巫"看成相同性质,《说文》说:"巫,祝也。"古人常以"祝巫"连称,例如《史记·滑稽列传》附记的河伯娶妇故事,就说主其事的是"祝巫"。"宗祝"应是群祝之长,也就是群巫之长。他们以巫咸作为祖师。《说文》在"巫"字下说:"古者巫咸初为巫",确是有来历的。《书·序》说:"伊陟相大戊,……伊陟赞于巫咸,作咸乂四篇。"《史记·殷本纪》也说:"伊陟赞言于巫咸,巫咸治王家有功,作《咸艾》、作《大戊》"。巫咸为辅助商王大戊的大臣并有著作,是古代巫师中地位最尊的。《山海经》以巫咸居于群巫的首位,《海外西经》说:"巫咸国在女丑北,右手操青蛇,左手操赤蛇,在登葆山,群巫所从上下也。"《大荒西经》又说:"大荒中有山名丰沮玉门,日月所入。有灵山,巫咸、巫即、巫肦、巫彭、巫姑、巫真、巫礼、巫抵、巫谢、巫罗十巫,从此升降,百药爰在。"《海内西经》又说:"昆仑开明东有巫彭、巫抵、巫阳、巫履、巫凡、巫相,夹窫窳之尸,皆操不死之药以距之。"可知群巫有两个特点,一是他们有天梯性质的山可以升降上下,能够往来人间和天堂,沟通天人之间,因而能使上帝做到人们所要祈求的事情;另一个特点,是他们能采得百药来替人们治病,还操有不死之药。《说文》"医"字下说:"古者巫彭初作医",巫就是医的起源,古时常以巫医连称,如《逸周书·大聚篇》说:"乡立巫医,具百药,以备疾灾。"

《诅楚文》之所以祈求巫咸大神，就是要巫咸上通天帝，使“诅”的巫术能够灵验。《诅楚文》所载巫咸的“巫”字，沿袭着甲骨文、金文的传统，写作“⼗”，与后世巫字从“工”中夹着两个“人”字的写法不同。郭沫若在《殷契粹编》中考释甲骨文，就是依据《诅楚文》来考定这个字的，曾说：“《诅楚文》中巫字如是作古形，可确证。”“巫”字这样写法，该是巫师们从商代以来一脉相承的传统。

我们继续要讨论的是，为什么宗祝要到湫渊，在大沈厥湫这个神前咒诅楚王而祈求战争胜利呢？因为湫渊是秦的四大名川之一，此中水神叫大沈厥湫，也是当时秦的巫师所崇拜和祈求的重要对象。

巫咸是各地巫师共同崇拜的祖师和大神，同时各地巫师还有因地而异的崇拜大神。大沈厥湫就是秦巫所崇拜而祈求的水神。《史记·封禅书》载：自华（即华山）以西，四大名川，即河水、汉水、湫渊和江水，分别有祠，“湫渊，祠朝那”。《集解》引苏林说：“湫渊在安定朝那县，方四十里，停不流，冬夏不增减，不生草木。”《正义》引《括地志》说：“朝那湫祠在原州平高县东南二十里。湫谷水源出宁州安定县。”《索隐》又说：“即龙之所处也。”原来湫渊被看作生态特殊的神灵的湖泊，大沈厥湫就是潜居在渊中的一条龙。因此湫渊虽然不过方四十里，在祭祀的礼制上，湫渊与黄河、长江、汉水并列而合称为四大名川，超过附近的渭水和泾水。直到汉代初期还是如此，汉文帝十三年因连年丰收，要增加神祠的祭品来谢神，还是以“河、湫、汉水”并列，“加玉各二”（见《史记·封禅书》）。这该与秦巫的崇拜大沈厥湫有关吧！秦的这个水神称为大沈厥湫，犹如晋有水神叫做实沈。《左传》昭公元年记载晋侯有疾，卜人曰：“实沈、台骀为祟。”子产解释说：实沈是高辛氏的季子，迁于大夏。大夏也是水泽之名，《淮南子·坠形训》说西北方之泽叫大夏。古人祭祀水神常以玉石沉于水中,实沈与大沈厥湫之名当即由此而来。古人认为水灾由于水神作祟,因而崇祀水神,巫师因而有主持河伯娶妇的风俗。不但魏文侯时邺地有祝巫为河伯娶妇的事,秦国也有此风俗。《史记·六国年表》载秦灵公八年(前417年):"城堑河濒。初以君主妻河。"《索隐》说:"谓初以此年取他女为君主,君主犹公主也。妻河谓嫁之河伯。"也该如魏的邺地一样是由祝巫主持君主妻河的。可见秦的宗祝在巫咸神前咒诅楚王的同时,又在大沈厥湫神前咒诅楚王,是沿袭秦巫崇祀这个水神的习俗的。

与《诅楚文》相关的咒诅巫术和"血祠"

"盟"与"诅",是春秋战国时代诸侯和卿大夫之间在战争中,常用来相互合作和彼此约束的政治手段。诅就是咒诅,《说文》说:"诅,詶也。""詶"就是"咒"的异文。当时"诅"有两种,一种是对内的,常是先结"盟"而后加"诅",如《左传》记载鲁的三桓多次先结盟,再"诅"于五父六衢。这是在神前立誓发咒,遵守盟约,而请神今后处罚不守盟约的。另一种"诅"是对外或对敌的,就是对罪犯或敌人加以咒诅和谴责,请神加以惩罚甚至加以毁灭。如《左传》定公五年十月阳虎"大诅,逐公父歜及秦遄,皆奔齐",就是在神前咒诅此二人而加以驱逐。秦《诅楚文》是秦楚将大战前,秦王使宗祝在神前咒诅楚王而祈求"克剂楚师"的。

值得特别注意的是,当时宋国也流行着天神前咒诅敌国君主的祭礼,而且在祭礼上使用了咒诅的巫术。他们雕刻或铸造敌国君主的人像,写上敌国君主的名字,一面在神前念着咒诅的言词,一面有人射击敌国君主的人像。如同过去彝族流行的风俗，在对敌战斗前，用草人写上敌人的名字，一面念咒语，一面射击草人。我们看到有下列二条史料，足以证明这点。《战国策·燕策二》第一章记载苏代约燕王的话，其中讲到：

秦欲攻安邑，恐齐救之，则以宋委于齐，曰："宋王无道，为木人以写寡人，射其面。寡人地绝兵远，不能攻也。王苟能破宋而有之，寡人如自得之。"

《战国策·燕策二》第十一章又记苏子谓齐王曰：

今宋王射天笞地，铸诸侯之像，使侍屏匽，展其臂，弹其鼻。此天下之无道不义而王不伐，王名终不成。

以上两段话，所谈宋王"为木人"或"铸诸侯之像"，"射其面"和"弹其鼻"，同样是指一种咒诅敌国君主的巫术，因为是在天神或地神面前，对作为敌国君主的木人或铸像射或弹的，被诬蔑为"射天笞地"。所谓"铸诸侯之像，使侍屏匽"，是说把诸侯的人像放在天神或地神像的前面，靠边如同侍者一样立在隐蔽之处，然后伸展其手臂，让人"弹其鼻"或"射其面"。

关于宋王的"射天笞地"，还有《吕氏春秋·过理篇》的记载：

宋王筑为蘖帝，鸱夷血，高悬之，射著甲胄，从下，血坠流地。左右皆贺曰："王之贤过汤、武矣。汤、武胜人，今王胜天，贤不可以加矣。"宋王大说，饮酒。室中有呼万岁者，堂上尽应，堂上已应，堂下尽应，门外庭中闻之，莫敢不应，不适也。

高诱注以为"蘖"当作"櫱"，"帝"当作"台"，解释说："言康王筑为台，革囊之大者为鸱夷，盛血于台上，高悬之以象天，著甲胄，自下射之，血流堕地，与之名，言中天神下其血也。"这个解释有很大的错误。

当时射的是作为敌国君主的木人或铸像，所谓“著甲胄”，是指作为敌国君主的木人或铸像著着甲胄。所谓“鸱夷血”，就是用大皮囊盛着血。《史记·宋世家》说：“盛血以韦囊，悬而射之，命曰射天。”所说“盛血以韦囊”就是《吕氏春秋》所谓“鸱夷血”。盛血的皮囊是挂在著有甲胄的敌国君主的人像上，因此射中皮囊，血就下流，象征着射死了敌国君主，因而宋王左右观看的人都欢呼：“王之贤过汤、武矣”，室中、堂上、堂下的观众都高呼万岁了，甚至门外庭中也呼应了。这就是咒诅敌国君主的巫术的精彩表演。

这种咒诅敌国君主的巫术，看来已有长久的历史。《史记·殷本纪》说：

> 帝武乙无道，为偶人，谓之天神。与之博，令人为行，天神不胜，乃僇辱之。为革囊盛血，卬而射之（“卬”同“仰”），命曰射天。

这个记载也误解这种巫术为“射天”，但从此可知，这种巫术商代已有，可能与做过商王大戊大臣的巫咸有关。宋国原是商的后裔，因而这种风俗一直沿用到战国时代。秦嬴姓，出于东夷，与殷商同为东方民族，因而同样有这种咒诅敌国君主的祭礼。

秦《诅楚文》指责楚王：“欲剗伐我社稷，伐灭我百姓，求蔑废皇天上帝及大沈厥湫（或作巫咸）之䘏祠、圭玉、牺牲。”郭沫若读“䘏”为“血”，是正确的。所谓“血祠”就是“血祭”，《周礼·大宗伯》说：“以血祭祭社稷、五祀、五岳。”血祭有两种，或杀牲取血以祭，或杀人取血以祭。东夷流行杀人祭社的风俗。《春秋》载僖公十九年：“邾人执鄫子用之”。《左传》说：“宋公使邾文公用鄫子于次睢之社，欲以属东夷。”《公羊传》说：“其用之社奈何，盖叩其鼻以血社也。”《穀梁传》也说：“用之者，叩其鼻以衈社也。”杜预以为次睢是水名，“此水有妖神，东夷皆社祠之，盖杀人而用祭”。由此可见，上述的咒诅巫术，就是从东夷杀人祭社的风俗变化而来。他们把代表敌国君主的木人或铸像，在神前射击而使之流血，就是象征性地杀人取血来祭祀。所以要“射其面”而“弹其鼻”，就是要“叩其鼻以血社也”。秦巫所崇祀的大沈厥湫该与东夷所崇祀的次睢社神，是相同性质的。《诅楚文》上对大沈厥湫所用的“血祀”，就是这样象征性地杀死敌国君主而取血祭祀，而不是指杀牲祭祀，因为下文接着还有圭玉和牺牲。由于“血祠”的重要性，高于圭玉、牺牲，所以就列在圭玉、牺牲之上。

根据《周礼·春官》的记载，有官名“诅祝”的，“作盟诅之载辞”。《诅楚文》当是秦宗祝邵鼛所作的“诅”的载辞，原来是在神前念读而与咒诅的巫术相配合的。文中极力把楚王咒诅成如同殷纣王一样的暴君，甚至把所有殷纣王残暴的罪恶强加到楚王的头上，《诅楚文》指责楚王：“内之则暴虐不辜，刑戮孕妇，幽刺亲戚，拘圉其叔父”，无一不是经常被人们指责的纣的残暴罪行。如《墨子·明鬼下篇》说：殷王纣“播弃黎老（“黎”读作“耆”），贼诛孩子，楚毒无罪，刳剔孕妇”。又如《吕氏春秋·过理篇》说：纣“刑鬼侯之女”，“杀梅伯”，“剖孕妇而观其化，杀比干而视其心”。《诅楚文》所谓“暴虐不辜”，就是《墨子》所说“楚毒无罪”。《诅楚文》所谓“刑戮孕妇”，就是《墨子》所说“刳剔孕妇”。《诅楚文》所谓“幽刺亲戚”，就指杀比干而言，《史记·宋世家》说：“王子比干者亦纣之亲戚也。”《诅楚文》所谓“拘圉其叔父”，就是《史记·殷本纪》所说箕子为纣所囚。箕子是纣的叔父①。关于这

① 《史记·宋世家》说：“箕子者，纣亲戚也。”《索隐》云：“马融、王肃以箕子为纣之诸父。”《宋世家》称箕子与王子比干都是纣的亲戚。《孟子·告子上》称王子比干“以纣为兄之子”，则比干为纣之叔父，箕子亦当为纣之叔父。

点，苏轼早就看出，苏轼的诗就说：“刳胎杀无罪，亲族遭圉绊，计其所称诉，何啻桀纣乱。”苏轼又说：“凡数其罪，考其《世家》，亦无其实。”苏轼以为这是秦人欺骗鬼神，他的诗说：“岂惟公子卬，社鬼亦遭谩。”公子卬是魏将被商鞅骗来作为俘虏的，他以为社鬼同样是受骗。

苏轼说《诅楚文》祈求的是“社鬼”，是不错的，这是当时民间普遍的信仰。看来当时秦国君臣虔诚地信仰《墨子·明鬼下》所说“鬼神之能赏贤而罚暴”，所说的鬼神，主要是指宗庙的祖宗和丛社的鬼神，因此“赏必于祖而僇必于社”（“僇”同“戮”）。《墨子》以为作为圣王，必须选择适当地点，建设好宗庙和丛社，“必择国之父兄慈孝贞良者以为祝宗”。“祝宗”就是《诅楚文》的“宗祝”。当时各国都有大的丛社，《墨子》说：“燕之有祖（泽名），当齐之社稷，宋之有桑林，楚之有云梦也，此男女之所属而观也。”《诅楚文》所祈求的大沈厥湫，就是秦的大丛社湫渊之神。为什么要“僇必于社”？因为社神主管刑戮和“罚暴”。《墨子》曾列举鬼神“罚暴”的故事，其中包括商汤的战胜夏桀和周武王的战胜殷纣，都说是鬼神“罚暴”的结果。《墨子》这种说法就是传统的信仰。因此巫师奉命在举行咒诅敌国君主的巫术时，必须一面要如《吕氏春秋·过理篇》所说的，把自己的君主看得“贤于汤、武矣”，一面要把敌国君主咒诅得如殷纣一样的残暴。这篇宗祝奉秦惠文王之命而写作的《诅楚文》正是如此。

《诅楚文》主要是指责楚王违背了十八世的“诅盟”，一开始就说秦穆公和楚成王既通婚姻，又订了万世子孙毋相为不利的盟约，而且“亲仰大沈厥湫（或巫咸）而质焉”，“质”就是在神前作出守约的保证。其实在这以前，秦、楚两国关系疏远，既没有结“盟”而加“诅”，更不可能在这些秦的大神之前作“质”。接着又说楚王“不畏皇天上帝及大沈厥湫（或作“巫咸”）之光烈威神，而兼背十八世之诅盟，率诸侯之兵以临加我”。认为率诸侯之兵伐秦，是违背在巫咸等神之前订立的十八世的诅盟，随后又说：“欲刬伐我社稷，伐灭我百姓，求蔑废皇天上帝及大沈厥湫（或作“巫咸”）之血祠、圭玉、牺牲，求取吾边城新鄓及郲、长、敹。”最后的结语又说：“敢数楚王熊相之倍盟犯诅。”这是因为他们的信仰，认为这种名山大川的社神是参与掌管“诅盟”的，谁违背这些在社神前的“诅盟”，就得要严重地惩罚。例如《左传》记襄公十一年七月，七姓十二国同盟于亳，是在“司慎、司盟、名山、名川”这些神前订立盟约，载书最后就写着，凡是不守盟约的，“明神殛之，俾失其民，队命亡氏（“队”同“坠”），踣其国家”。

《诅楚文》作于关系到秦楚两国兴衰的大战前

尽管秦《诅楚文》咒诅楚王违背十八世的诅盟，咒诅楚王犯有殷纣同样的残暴罪行，都是夸大不实之辞，但是此中所讲到的战争，都是确凿的事实，因为秦王使宗祝咒诅楚王，目的就是为了祈求在这场关系到秦楚两国兴衰的大战中，能够得到神灵的“德赐”，从而“克剂楚师”。

《诅楚文》所说楚王“率诸侯之兵以临加我”，考释者都以为指楚怀王十一年即秦惠文王更元七年（前 318 年），“山东六国共攻秦，楚怀王为纵长”（《楚世家》）的事。这是对的。文中又说楚王“求取吾边城新鄓及郲、长、敹，吾不敢曰可（“可”读作“何”），今又悉兴其众”，容庚系此事于楚怀王十六年即秦惠文王更元十二年（前 313 年），在秦相张仪入楚欺骗楚王献“商於之地六百里”之后，楚怀王大怒而发兵击秦。从整个战争发展的形势来看，这个论断是正确的。

当时张仪为秦相，正积极策划向中原地区开拓。秦惠文王更元十一年秦兵出函谷关，向东北攻取了魏的曲沃（在今河南三门峡市西南），同时秦兵已从武关向东，早已占有楚的商於之地。所谓商於之地，是商和於中两地的合称。这个商邑原名商密，原是秦楚间小国鄀的国都，在今河南淅川西南，楚成王时为楚取得，成为商县[①]。於中也或称於，在今河南西峡县东，两地相近，合称为商於之地，此时已被秦占有，成为秦的边城。当时魏、韩两国因连年被秦打败，被迫接受张仪的“连横”策略，造成秦、魏、韩三国与楚、齐两国对峙的形势，于是秦所占有的曲沃和於中两地，成为秦从函谷关和武关向中原伸出的两个进攻的矛头，对楚国的威胁很大。楚国因此调集大军准备还击，一方面派柱国景翠统率大军驻屯于鲁、齐以及韩的南边，以便向韩进攻，并加强东部的防守。另一方面楚又派三大夫统率九军，向北进围曲沃和於中两城。这就是齐王使人游说越王所说：“楚之三大夫张九军，北围曲沃、於中，……景翠之军北聚鲁、齐、南阳”（见《越世家》[②]）。不久，进围曲沃的楚军，因得到齐的支援，攻下了秦的曲沃，

① 商於之地，《史记·张仪列传》索隐引刘氏说：“商即今之商州，有古商城，其西二百余里有古於城。”此以商即商鞅之封邑，在今陕西商县东南商洛镇，於即於中，在今河南西峡县东，相距二百五十里以上，是错误的。《楚世家》集解说：“商於之地在今顺乡郡南乡（“南”当作“内”）、丹水二县，有商城在於中，故谓之商於。”《水经注·丹水》亦说：“丹水径流两县（指内乡、丹水两县）之间，历於中之北，所谓商於者也，故张仪说楚绝齐，许以商於之地六百里，谓以此也。”这是正确的，商即楚之商县，原称商密，为鄀之国都，在河南淅川西南，与在今西峡县东之於中相邻，於中在商密东北，相距约六十里（参看拙作《春秋时代楚国县制的性质问题》所附《楚国商县考》）。

② 《史记·越世家》记：当楚威王之时，越北伐齐，齐威王使人说越王，讲到“楚三大夫张九军，北围曲沃、於中，以至无假之关三千七百里，景翠之军北聚鲁、齐、南阳，分有大此者乎？”所说楚威王是楚怀王之误。因为曲沃原为魏地，是魏襄王五年（前314年）为秦再次攻取的，见于《魏世家》。景翠是楚怀王时的柱国，他统兵作战在楚怀王十七年至二十九年一段时间内（参看拙作《关于越国灭亡年代的再商讨》）。

即《秦策二》第一章所说："齐助楚攻秦，取曲沃。"在这样的形势下，如果楚全力进攻商於之地，并得到齐的支援，商於之地将失守，就使得秦从函谷关和武关伸出的两个矛头全部受挫，秦为此使张仪入楚，假意进献商於之地所谓六百里，以楚与齐绝交为交换条件，既要瓦解齐楚联盟，又作缓兵之计，以便秦调集大军，作好反击歼灭进犯的楚军的准备。等到楚与齐绝交，楚王不能得商於之地，于是大怒而再大兴兵向商於进攻。这时秦已作好准备，秦王使宗祝在神前咒诅楚王而祈求"克剂楚师"，即在这个关键时刻。

《诅楚文》所说楚王"求取吾边城新郢及鄔、长、敒"，就是指"楚三大夫张九军"北围商於之地。《诅楚文》又说楚王"今又悉兴其众"，就是指楚王因张仪欺骗而大怒，大兴兵向商於之地进攻。考释者都说《诅楚文》的鄔就是商於之於，很是正确。考释者以为新郢这个地名不可考，我认为，新郢是秦攻楚取得商县之后所改的新地名。秦惠文王常以新得之地，认为不合适的就改名。在这以前，秦惠文王六年"魏纳阴晋，阴晋更名宁秦"，十一年又"更名少梁曰夏阳"，都见于《秦本纪》，因为阴晋有晋的国名，少梁有梁的国名，秦得到后认为不适合而更改。秦取得楚的商县，所以要改名，因为秦原已有地名商，即过去商鞅的封邑。既然《诅楚文》说"新郢及鄔"是秦的边城，在当时秦的所有边城中，只有商、於常连称为商於之地，与此所谓"新郢及鄔"相当，新郢之为商县的改名，当可论定。看来秦改商县为新郢，是有来历的。《水经注・丹水》说丹水县故城西南有密阳乡，为古商密之地。又说："丹水东南流至县南，黄水北出芬山黄谷。"可见商密旁边有黄水出黄谷。古"黄"、"皇"音同通用，这样把商县改名新郢，就是以水名作为城名。这在古代是常见的通例。

这一战役，是秦楚之间的初次大战，关系到此后两国之兴衰，楚既“悉兴其众”，秦亦全力以赴，秦惠王因此要使宗祝在神前咒诅楚王而祈求“克剂楚师”。当张仪欺骗楚王献所谓商於之地之后，楚王曾使一将军受地于秦，没有得地，这一将军当即屈匄。等到楚王因受骗大怒而大兴兵进攻商於之地，即由屈匄统率，秦派庶长魏章应战，早已作好包围进犯楚军之准备，因而当楚军攻入商於之地的东部，即陷入秦军的重围而大败，楚军被斩首 8 万，将军屈匄及裨将军逢侯丑等 70 多人被虏。《楚世家》说此役战于丹阳，《屈原列传》说“大破楚师于丹淅”，丹淅即是丹阳，即指丹水东北地区，即是商於之地的东部。接着秦将魏章乘胜南下进攻，取得楚的汉中郡。楚再发兵攻到秦的蓝田，又大败。同时秦又与魏向齐进攻，攻到濮水之上，取得大胜。从此秦就逐渐强大，楚就逐渐衰落而不断失去土地。

《诅楚文》不可能出于唐宋间伪作

近年陈炜湛著有《诅楚文献疑》一文①，认为《诅楚文》出于唐宋间好事之徒所伪作，又根据伪作刻石的，苏轼、欧阳修等人所见的石刻是伪作。我认为是不可能的。如果欧阳修等人如陈氏所说：“古文字学水平亦不甚高”，不能辨明真伪，有人伪作石刻预先埋在地下，再掘出呈献官府，因而苏轼等人受了骗，太不近情理了。《告巫咸文》石刻和《告大沈厥湫文》石刻，内容相同，只是祈求之神不同，分别在凤翔开元寺和朝那湫旁出土，难道说这是有人伪作两块石刻而分别埋在两个不同的地点，再分别掘出来欺骗官府吗？那么作伪者一定要

① 《古文字研究》第十四辑，1986 年。

和当地的人勾结起来才能这样做，是否开元寺的僧侣也参与作伪的事？是不是作伪者预先作过考证，得知秦人重视朝那的湫渊的祭祀，捏造出大沈厥湫这个神名，再伪作石刻而埋在那里的？苏轼和蔡挺都以地方长官去接收出土文物，如果两地呈献者同是伪作，接收者同是受骗，所有著名的文人学士作题咏、注释的，也都是受骗，怎么可能呢？陈氏又说作伪者是“以秦汉以来常见之碑刻篆文稍变其体书之，以示古朴”，也不可能。我前已经指出，《诅楚文》中的“巫”字写法是古体，和甲骨文、金文相同，当时甲骨文尚未出土，金文中这个“巫”字也未有人辨认出来，这是近代学者根据《诅楚文》辨认出来的。如果作伪者是依据篆文而稍变其体，能写得同甲骨文、金文一样么？

陈氏并没有提出《诅楚文》出于伪作的确实证据，所提四方面可疑，都不足以定为伪作。

（一）陈氏谓文字可疑，《诅楚文》字体主要是小篆，不是战国文字。其实战国时代已有两种字体，铜器上所铸文字和石刻文字，属于工整一体，即为小篆之起源。铜器上的刻辞和应用器物上的文字以及竹简、帛书，属于草率一体，即为隶书之起源。秦代还是两种字体并用。《诅楚文》石刻属于工整一体，当然和小篆相近。我们今天所见的《诅楚文》，已非原石原拓，都出于拼凑和重摹翻刻，个别的字《绛帖》、《汝帖》和元至正刊本亦有不同写法，难免混入后来字体。陈氏说有些字的写法与小篆相近而见于秦汉器物上，正足以证明不是唐宋间人所伪作。

（二）陈氏说情理可疑，以秦楚关系而论，楚无负于秦而秦常诈楚，理应楚诅秦而不该秦诅楚。苏轼早就说：“秦之不道，诸侯诅之，盖有不胜其罪者，楚不诅秦而秦反诅之。”其实战国时代，纵横家向来讲究合纵连横和计谋策划，诈骗也在计谋之中。相互咒诅之辞当然不讲是非曲直的。

（三）陈氏说史实可疑。关于这方面苏轼也早已指出，苏轼以为这是欺骗鬼神，是“谩词”。郭沫若则以为并非谩词，“正足以补史之缺文”，“秦虽诈楚，楚怀王实是混蛋”。“他倒确实是具有暴君的资格的”。陈氏又以为楚怀王不是暴君混蛋，这是后世好事之徒所强加。我们认为这是巫师奉命咒诅之辞，是巫师把楚王咒诅为暴君的。

（四）陈氏说词语可疑，风格袭自《左传》文公十三年“吕相绝秦书”，有些词语是汉代以后才见使用的。《诅楚文》的风格与“吕相绝秦书”相类，前人早已指出，看来确有所因袭，《左传》之类讲春秋史的书，当时已成为君臣的政治读物。例如“铎椒为楚威王傅，为王不能尽观《春秋》，采取成败，卒四十章，为《铎氏微》”（《史记・十二诸侯年表序》）。至于所举有些词是汉代以后才有的例子，如“刑戮孕妇”以为仿自伪《古文尚书・泰誓》的“刳剔孕妇”，其实早已见于《墨子・明鬼下》。又如“以底楚王熊相之多罪”以为直袭伪《古文尚书》，其实《国语・周语下》已有武王“布令于商，明显文德，底纣之多罪”。伪《古文尚书》是袭自先秦古书，早有定论。

陈氏所疑，大部分前人早就看到的，当时苏轼也多已指出，这是由于不理解《诅楚文》的性质及其特点。陈氏据此以为出于唐宋间人伪作，其实唐宋间文人限于他们的思想认识，是伪造不出这种特殊内容的文章的。我认为，北宋《诅楚文》石刻的发现、著录和考释，是当时金石学兴起的一个良好结果，值得我们赞赏的。

（原载《文学遗产》1995 年第 5 期）

附　汝帖本《诅楚文》

《汝帖》是南宋大观三年(1109年)敷阳王寀摹勒于汝州(今河南临汝)的丛帖,共十二卷。《诅楚文》收在第一卷《三代金石文八种》的末尾,因而末尾有"右三代金石文八种汝刻"一行。所刊《诅楚文》略有删节,共四页,凡十二行,每行十字或十一字,末行七字,共二百十三字。拓本26.2～26.5×14.3～14.8厘米。现藏北京故宫博物院。

绛帖本《诅楚文》

《绛帖》是南宋皇祐(1049—1053)、嘉祐(1056—1062)年间潘师旦摹勒于绛州(今山西新绛)的丛帖,共二十卷。所收《诅楚文》共六页,凡三十五行,每行十字,共三百四十八字。拓本26.4×15.2厘米。今选取前两页,采自容庚《古石刻拾零》。

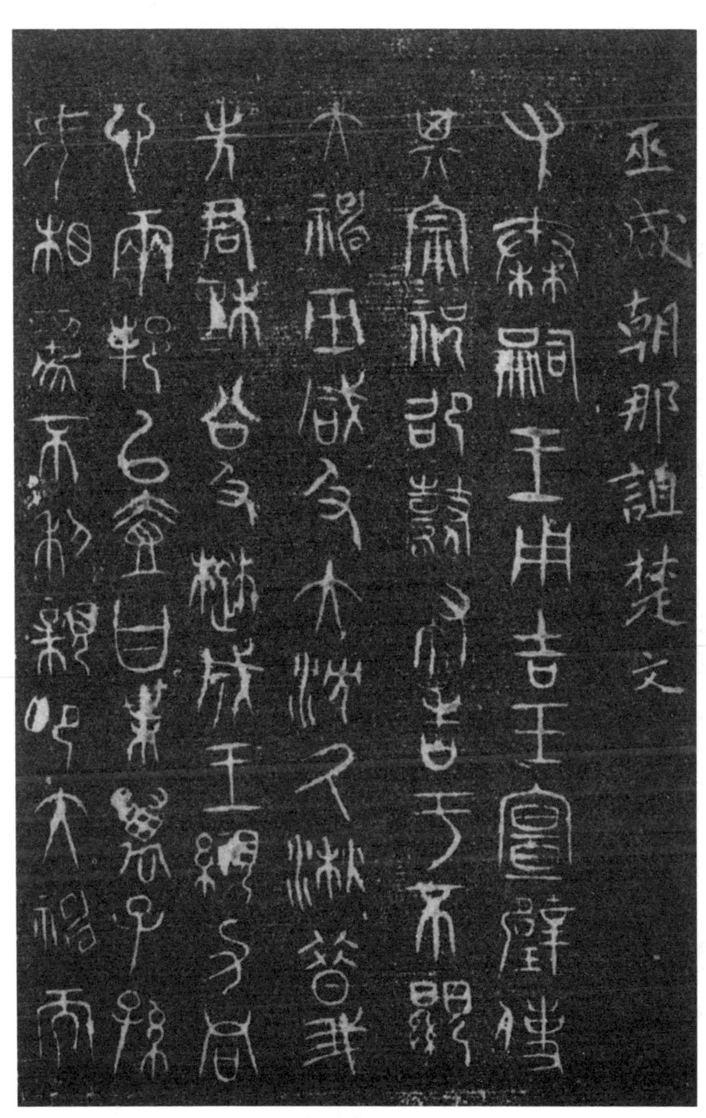

汝帖本《诅楚文》第一页

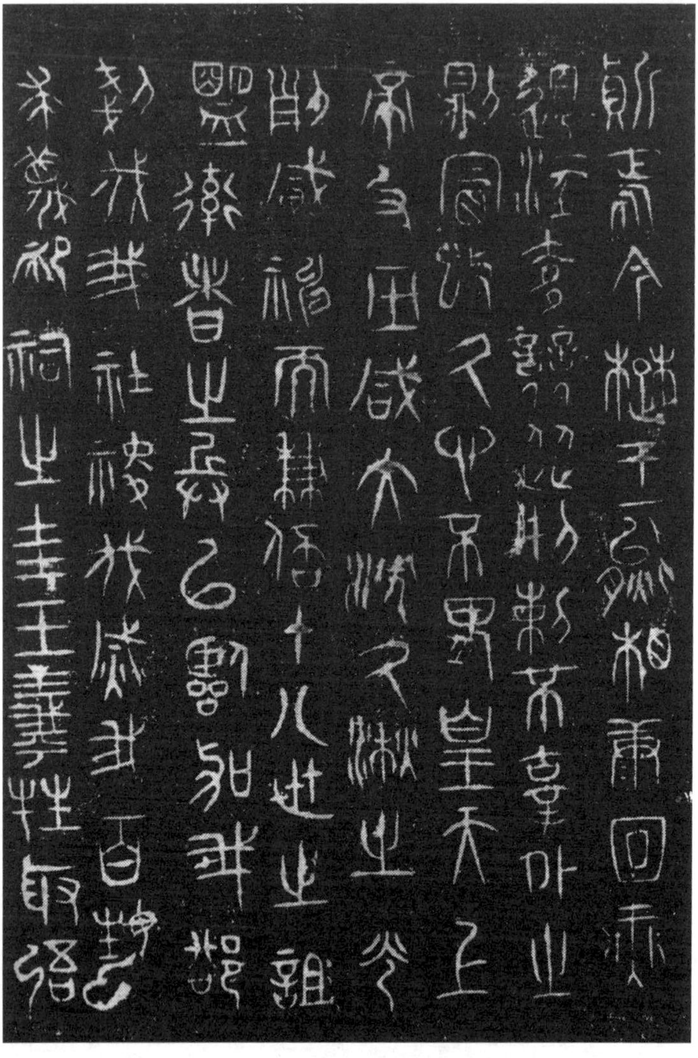

汝帖本《诅楚文》第二页

汝帖本《诅楚文》第三页

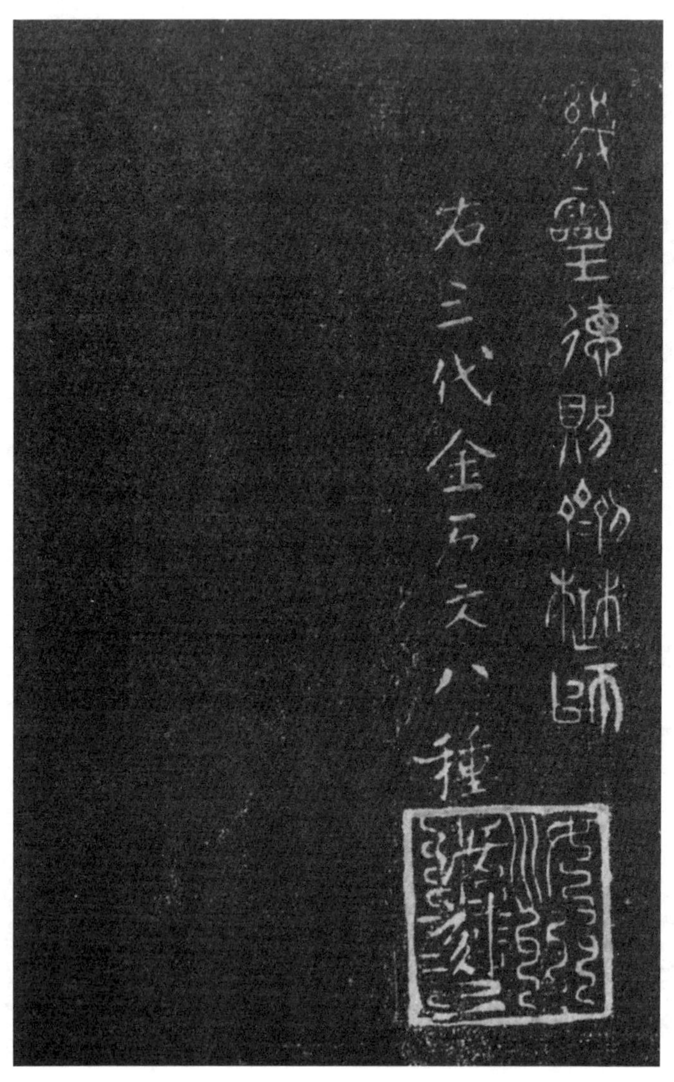

汝帖本《诅楚文》第四页

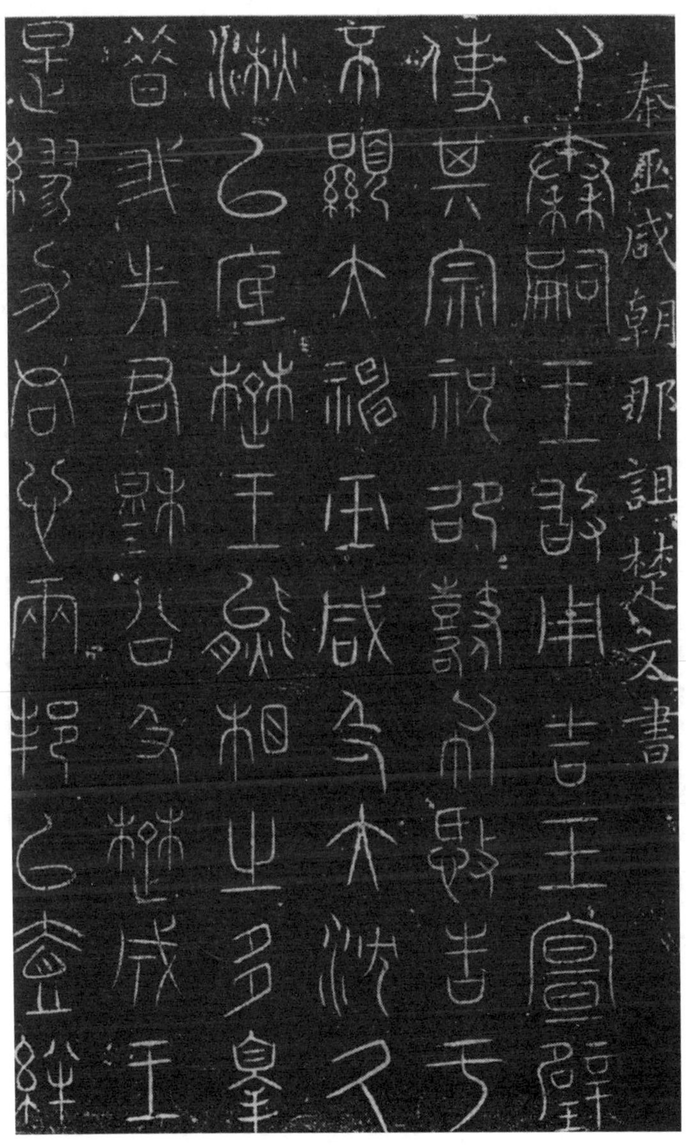

绛帖本《诅楚文》第一页

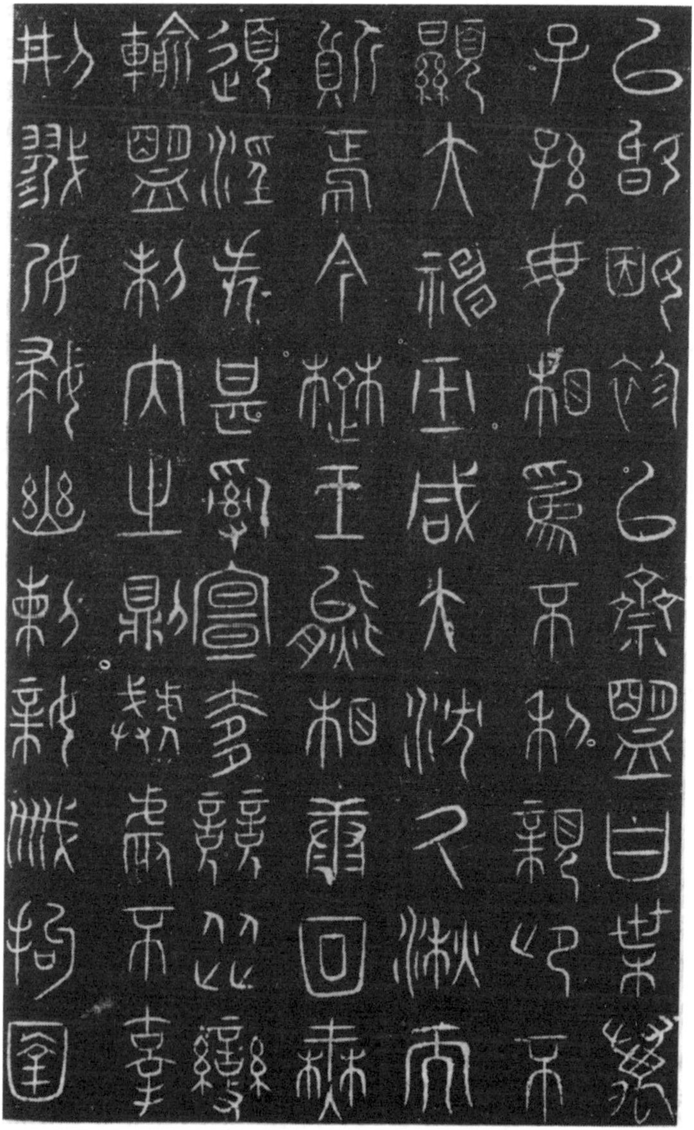

绛帖本《诅楚文》第二页

黄河之水天上来

——黄河之源昆仑山的神话传说

“君不见黄河之水天上来，奔流到海不复回！”这是唐代大诗人李白名作《将进酒》开头的话，看来古人把“黄河之水天上来”，看作众所周知的神话传说。唐代另一诗人王之焕所作名篇《出塞》也说：“黄河远上白云间，一片孤城万仞山，羌笛何须怨《杨柳》，春风不度玉门关。”《出塞》这个诗题，也或作《凉州词》，因为“出塞”是从西北地区的关塞出去，凉州是当时对西北地区的通称，包括今甘肃、宁夏一带。当时文化界公认的常识，认为黄河的水源出于今甘肃西北的祁连山。当时人们称祁连山为天山或昆仑山。“祁连”原是胡人的名称，《汉书·武帝纪》“与右贤王战于天山”，颜师古注：“匈奴人称天为祁连。”当时人们称祁连山为天山或昆仑山，“昆仑”是指这座高山的特殊结构。《尔雅·释丘》说：“三成为昆仑丘”，是说这座特殊高山有着三重的高大结构。李白另一首名篇《关山月》说：“明月出天山，苍茫云海间，长风几万里，吹度玉门关。”玉门关是当时西北地区出塞的著名关塞，在今甘肃敦煌西北的小方盘城，这是从中原地区通往西域的主要交通门户。

为什么这个西北出塞的关塞要叫玉门关呢？因为自古相传，昆仑山出产的宝玉是宝中之宝。《尔雅·释地》说："西北之美者，有昆仑虚之璆琳琅玕焉。"昆仑虚就是昆仑山，郭璞注："璆琳，美玉名。琅玕状似珠也。"《史记·赵世家》记苏秦之弟苏厉上书赵惠文王，就讲到"（秦）逾句注，斩常山而守之，三百里而通于燕，代马、胡犬不东下，昆山之玉不出，此三宝者亦非王有已"。《正义》解释说："言秦逾句注山，斩常山而守之，西北代马、胡犬不东入赵，沙州昆山之玉亦不出至赵矣。"沙州昆山就是昆仑山。可知当时赵惠文王是很想出关去取得"昆山之玉"的。秦王政时，李斯上书秦王，谏秦王逐客，就讲到"今陛下致昆山之玉，有随和之宝，垂明月之珠，服大阿之剑，乘纤离之马，建翠凤之旗，树灵鼍之鼓，此数宝者，秦不生一焉，而陛下说（悦）之"。这样列举秦始皇所有喜悦的一系列宝物中，以"昆山之玉"作为"宝"中的第一宝。《穆天子传》称周穆王到达昆仑的最高峰"舂山"，"舂山，是唯天下之高山也"，而且舂山顶上有"县（悬）圃"，天子从此得到了"玉荣"。

玉门关是汉武帝时特别设置的，这是从西域昆仑山输入宝玉的唯一关塞。这个关塞十分著名。《汉书·地理志》载：敦煌郡龙勒县有玉门关。《括地志》说："玉门故关在寿昌县西北百一十八里"（《史记·大宛列传》正义引）。《元和郡县志》于沙州寿昌县下云："玉门故关在县西一百十七里，谓之北道。阳关在县西六里，以居玉门关之南，故曰阳关，本汉置也，谓之南道。"玉门关故址在今敦煌西北的小方盘城。这个关口的城，建筑成方形的盘状，北面、西面设有城门，北门外不及一百公尺就是疏勒河，这是出玉门关的北道。同时敦煌西南设有阳关大道，亦称阳关道，就是王维《送刘司直赴安西》所说："绝域阳关道，胡沙与塞尘。"更有琴曲《阳关曲》，以王维《送元二使安西》的诗句作为主要歌词，并引申诗意，增添诗句，抒写别离情绪，因全曲分为三段，唱词反复三次，因而又称"阳关三叠"。阳关同玉门关一样是当时西北边境上通向西域的交通门户，同样是从西域输入昆仑山出产的玉石的主要关口。

根据《山海经》的《西山经》，离开昆仑山三百二十多里的槐江之山，山上多琅玕、黄金、玉，由此西望昆仑，"其光熊熊，其气魂魂"；由此西望大泽，是后稷之神所潜居之处，其中多玉。

《山海经·西山经》说：

> 又西三百，二十里曰槐江之山，其上多青雄黄，多藏琅玕、黄金、玉，其阳多丹粟，其阴多采黄金银，实惟帝之平圃，神英招司之，……南望昆仑，其光熊熊，其气魂魂，西望大泽，后稷所潜也。其中多玉，其阴多摇木之有若。……
>
> 西南四百里曰昆仑之丘，是实惟帝之下都，神陆吾司之，其神状虎身而九尾，人面而虎爪，是神也，司天之九部及帝之囿时。……有鸟焉，其名曰鹑鸟，是司帝之百服。……河水出焉，而南流东注于无达；赤水出焉，东南流注于氾天之水；洋水出焉，西南流注于丑涂之水；而黑水出焉，而西流于大杅，是多怪鸟兽。

《山海经》说昆仑丘是上帝所建的"下都"，是河水、赤水、洋水和黑水的发源地。既是"帝之平圃"所在，并且有神主管"天下九部及帝之囿时"。

《穆天子传》讲到周穆王西行到达昆仑，“遂宿于昆仑之阿，赤水之阳”。郭璞注：“昆仑山有五色水，赤水出东南隅而东北流，皆见《山海经》。”《穆天子传》又说：“天子升于昆仑之丘，以观黄帝之宫，而封丰隆之葬。”这个黄帝之宫，就是《山海经》所说的“帝之下都”。丰隆见于《离骚》、《淮南子·天文训》、张衡《思玄赋》等，是雷神，丰隆是因雷声而得名。

《淮南子·坠形训》对昆仑山有详细的描写：

> 禹乃以息土填洪水，以为名山，掘昆仑虚（墟）以下地，中有增城九重，其高万一千里百一十四步二尺六寸，上有木禾，其修五寻；珠树、玉树、璇树、不死树在西，沙棠琅玕在其东，绛树在其南，碧树、瑶树在其北，旁有四百四十门，门间四里，里间九纯，纯丈五尺。旁有九井，玉横杂其西北之隅；北门开以内不周之风，倾宫旋室、县圃、凉风、樊桐，在昆仑阊阖之中，是其疏圃。疏圃之地，浸之黄水，黄水三周复其原，是谓丹水，饮之不死。河水出昆仑东北陬，贯渤海入。禹所导积石山，赤水出其东南陬，西南注南海丹泽之东。赤水之东，弱水出自穷石，至于合黎，余波入于流沙绝，流沙南至南海。洋水出其西北陬，入于南海羽民之南。凡四水者，帝之神泉，以和百药，以制万物。昆仑之丘，或上倍之，是谓凉风之山，登之而不死；或上倍之，是谓悬圃，登之乃灵，能使风雨；或上倍之，乃维上天，登之乃神，是谓太帝之居。

这是对昆仑的神话传说，所说县（悬）圃、凉风、樊桐，就是传说中昆仑的三重结构。这种神话传说，先秦该是已有流传，《楚辞·天问》已经在问：“昆仑悬圃，其居安在？增城九重，其高几里？”

其实昆仑山是实有其地的，在今甘肃酒泉南，即汉代敦煌郡的昆仑塞，或称昆仑障。崔鸿《十六国春秋》谓“今以酒泉属国吏二千余人集昆仑塞”。《括地志》说：“昆仑山在肃州酒泉县南八十里。”《十六国春秋》云：“后魏昭成帝建国十年前凉张俊、酒泉太守马岌上言：酒泉南山即昆仑之体，周穆王见西王母，乐而忘归，即谓此山，有石室、王母堂、珠玑镂饰，焕若神宫。”（《史记·司马相如列传》“西望昆仑”正义引，《史记·秦本纪》正义所引大体相同）《元和郡县志》于肃州酒泉县下也说：“昆仑山在县西南八十里，周穆王见西王母，乐而忘归，即此山。”《穆天子传》所说周穆王到达的昆仑山就是酒泉南的祁连山。所谓“酒泉南山即昆仑之体”，就是指这座高山不仅由于山顶作“穹隆”形，而且可以上通到天。当时人们普遍认为“黄河之水天上来”，就是从这座高山来，这座高山是上通于天的。

在古代神话传说中，昆仑山顶上有“县（悬）圃”，《山海经·西山经》称为“帝之平圃”。《穆天子传》说：“春山是唯天下之高山也，……春山之泽，清水出泉，温和无风，飞鸟百兽之所饮食，先王所谓县圃。”春山就是昆仑山上的一个高峰，县圃就在这高峰上，“县”即“悬”字，悬圃就是悬挂在高空中的花园。楚国大臣屈原因被放逐而作《离骚》，说“吾将从彭（巫彭）、咸（巫咸）之所居”，具体说来，就是要到昆仑山的县圃去。《离骚》说：“朝（早）发轫于苍梧兮，夕余至乎县圃”，要早上从苍梧出发，晚上到达县圃。《离骚》又说：“朝吾将济于白水兮，登阆风而緤焉。”“阆风”就是《淮南子·坠形训》所说昆仑山三重结构中的凉风，“登之而不死”的，“阆”和“凉”音同通用。《离骚》又说：“邅吾道夫昆仑兮，路修远以周流；扬云霓之晻蔼兮，鸣玉鸾之啾啾；朝（早）发轫于天津兮，夕余至乎西极。”这是说要经过长远的昆仑山而到达西天的顶端。

黄河是与中原人民休戚相关的，因为人民的生产和生活都必须依靠天然的水源，黄河的水源向来是广大人民所关心的，也是有作为的统治者所密切关怀的。周穆王沿着黄河上游西行，穿越戎狄地区，经历许多戎狄部族，做安抚工作，就是为了探寻“黄河之水天上来”的神秘地点。酒泉以南的祁连山就是昆仑山，高达 5 547 米，多雪峰冰川，多森林树木，多各种野生动物。这是古时西北边境地区的最高山，因此古时人们传说中，以为上通到天的，黄河之水就是在这里从天上奔腾流下的。

卷六

上郡守疾戈考释

这戈传为陕西出土，“内”八五厘米，“援”一三点八厘米，“胡”一一点八厘米，“内”首出刃，无受柲孔，“胡”有受柲孔。“内”两面都有铭文，字体刻画如细线，就戈的形制和铭文的字体看来，显然是战国时代的制作。铭文二行共十三字：“王六年上郡守疾之造，□□□□。”这戈原收藏者李泰棻，后归梁上椿，著录于《痴盦藏金》前编第六十一和《岩窟吉金图录》下卷第五十八。

这戈当是秦惠王称王更元六年（前 319 年）的制作，疾即樗里疾，那年樗里疾正做上郡守。《史记·秦本纪》说：“秦惠文君八年魏纳河西地，十年魏纳上郡十五县”，《张仪列传》又说：“秦惠王十年……魏因入上郡、少梁。……仪相秦四岁，立惠王为王，居一岁，为秦将，取陕，筑上郡塞。”可知魏地上郡入秦，在秦惠文君十年（即公元前 328 年）。《魏世家》载“襄王（当作魏惠王后元）五年，……予秦河西地，……七年魏尽入上郡于秦”。《正义》云：“《括地志》云：‘上郡故城在绥州上县东南五十里，秦、魏之上郡地也。’按丹、鄜、延、绥等州，北至固阳，皆上郡地。魏筑长城界秦，自华州郑县已北，滨洛至庆州洛源县白於山，即东北胜州固阳县，东至河西、上郡之地，尽入于秦。”《匈奴列传》云：“魏有河西、上郡以与戎界边。”《秦本纪》云：“魏筑长城自郑滨洛以北有上郡。”魏的上郡相当于今陕西洛河以东，黄梁河以北，东北到子长、延安一带。《韩非子·内储说上》说：“李悝为魏文侯上地之守，……及与秦伤战，大败之，以人之善射也。”上地当即上郡。《战国策·秦策四》载：“楚、魏战于陉山，魏许秦以上洛，以绝秦于楚，魏战胜，楚败于南阳。……楚王扬言与秦遇，魏王闻之，恐，效上洛于秦。”上洛即上郡，可知上洛是因在洛水之上而得名，上郡又因上洛而得名。

《史记·秦本纪》载秦惠文王更元“七年乐池相秦，韩、赵、魏、燕、齐帅匈奴共攻秦，秦使庶长疾与战修鱼，虏其将申差，败赵公子渴、韩太子奂，斩首八万二千。”修鱼为韩邑，在今河南原阳西南。樗里疾为秦惠文王的异母弟，《史记·樗里子列传》只记秦惠文王八年“使将而伐取魏地曲沃”的事，不记上一年樗里疾大败五国联军的事，说明《樗里子列传》对秦惠文王八年以前樗里疾的战绩失载。由于这件上郡守疾戈，可知此时樗里疾正为上郡的郡守。

《史记·秦本纪》又载“秦惠文王更元十一年樗里疾攻魏焦，降之，败韩岸门，斩首万，其将犀首（即公孙衍）走”。“十二年庶长疾攻赵，虏赵将庄”。这又是一次伐赵的大胜利。《樗里子列传》谓“秦惠文王二十五年使樗里子为将伐赵，虏赵将庄豹，拔蔺”。“豹”字当为衍文。赵将即是赵庄，并非姓庄名豹。秦惠文王十三年张仪连横成功，分三路出兵进击楚与齐，樗里疾统率东路经韩、魏而攻齐燕，《秦本纪》称“秦使庶长疾助韩而东攻齐，到满。助魏攻燕”。“满”当为

“濮”字之误。

根据此戈铭文，樗里疾是秦惠王时的上郡守，何以《史记》说他是庶长呢？秦的官职本以庶长为最高。《左传》襄公十一年“秦庶长鲍、庶长武帅师伐晋，以救郑”。“十二年楚子囊、秦庶长无地伐宋”。根据《秦本纪》，春秋晚期秦的军政大权都在庶长之手，到战国初年还是如此。秦怀公自杀，是由于庶长鼌的围逼；秦献公的入立，是由庶长菌改的迎接（见《吕氏春秋·当赏篇》）。到秦孝公实行改革，庶长以上已设有大良造的官职，卫鞅就是由左庶长升为大良造而执政。此后庶长便专任军职，如秦惠文王七年庶长操将兵定义渠内乱（见《史记·六国年表》）。十三年庶长章击楚于丹阳（见《秦本纪》），秦武王三年庶长封（疑当作“寿”）伐宜阳。秦昭王二年庶长壮与大臣、诸侯、公子为逆，皆诛。六年庶长奂伐楚（见《秦本纪》）。昭王以后就不见有庶长，因为秦的武官已仿效他国称为“将军”和“尉”等。自从秦惠王十年仿效他国，设置执政官为“相”，“大良造”就成为最高武职，后来武官白起曾官至大良造，此后也就不见称大良造的官职了。从此可知樗里疾在秦惠文王更元后官为庶长，是当时最高的武官。

战国时代初设的郡，原在各国的边区，具有防守性质，是为了巩固边防，因而一郡的长官称为“守”，也或尊称为太守，都由武官充任。樗里疾既是庶长，又为上郡守，盖平时为一郡的统治长官，战时统率大军征战，仍称为庶长。《韩非子·亡征篇》云：“出军命将太重，边地任守太尊，专制擅命，径为而无所请者，可亡也。”足见“守”与“将”同样是武官。魏文侯时，吴起因善用兵而为西河守，同时西门豹以能治民著称而为邺令。足见当时“守”为武官，“令”为文职。战国时代各国郡守都由武官充任，秦国也是如此。郡守平时对于人民实施军事训练,战时即统率一郡之常备兵以及征发来的壮丁作战。《秦始皇本纪》载秦王政十八年“王翦将上地”,“杨端和将河内”。上地即上党,河内即河间。《韩非子·存韩篇》载李斯说:“今蒙武发东郡之卒”,《秦本纪》载昭王二十七年“又使司马错发陇西,因蜀攻楚黔中”。这些“发”郡卒、“将”郡卒的将领,都该原是郡守。可是《史记》只说司马错为左更(官爵),王翦为将军。蒙武是蒙骜之子,蒙骜于秦王政元年为将军,五年攻取魏二十城,设置东郡,七年五月死,当是蒙武继承父职。王翦在十一年曾攻取赵的阏与与橑阳,两地都在上党,同年杨端和伐赵攻取邺,邺即在河内,可知秦常以将军攻克之郡,任命为郡守来酬谢他们的战功,并便于统治。秦惠王时的庶长,相当于秦王政时的将军,樗里疾以庶长而兼任上郡守,情况正相同。

由于这件上郡守疾戈的出土,使我们得知樗里疾未做丞相以前,以庶长而兼为上郡守,上郡为秦攻守之要地,驻有重兵,所以秦惠文王时,他的地位除了相国张仪之外,没有人能比得上。当时几次大胜利,都是由他为主将的,东方五国合纵之师,固然由他击败;接着岸门之役,又把魏打得大败,打得魏将公孙衍临阵逃走;接着又伐赵,虏得赵将赵庄,也是一场杀伤很大的战役。《战国策·燕策三》载苏代说:“龙贾之战、岸门之战、封陵之战、高商之战、赵庄之战,秦之所杀三晋之民数百万。”此中岸门之战和赵庄之战,都是樗里疾所指挥得胜的。从此三晋的元气大伤,逼得韩太子入质于秦,秦为魏立公子政为太子,韩、魏不得不听命于秦了。从此张仪的连横成功,造成秦、韩、魏三国联合而进攻楚、齐的局势,秦分三路出兵,中路由庶长魏章统率,大败楚军于丹水流域,西路由甘茂统率,攻取了楚的汉中,东路由樗里疾统率,打败齐军于濮水流域。《史记·六国年表》载魏哀王(当作襄王)六年"击齐,虏声子于濮"。《战国策·齐策六》说:"赘子死,章子走。""聲"、"赘"二字形近,未知孰是。章子就是齐的名将匡章。《秦本纪》称此役"秦使庶长疾助韩攻齐到满"。《正义》云:"满或作蒲,秦将姓名也。"此说不确,证以《六国年表》和《齐策六》,可知此役秦打到了濮上,"满"、"蒲"都是"濮"字的形误。从此齐、楚两大国也被秦打败了。秦相张仪因而有连横之功,而军事上的大胜利,都出于樗里疾之力。樗里疾之所以能得这样的大功,便是凭藉他以庶长而兼上郡守这个优越的地位和职司。等到秦惠王去世,秦武王即位,"群臣扰乱"(见《吕氏春秋·去宥篇》),张仪和魏章被逐,蜀也反叛,于是便以樗里疾和定蜀的甘茂为左右丞相,无非想借用他们的威力,来镇定国内紊乱的局面。由于这上郡守疾戈的出土,使得我们对于那时樗里疾所任官职,得到了进一步的了解。

(原载1947年5月上海《中央日报》副刊
《文物周刊》第三十三期,今作修订)

[补记] 尚有王五年上郡疾戈,陕西省博物馆1960年元月收集所得,凿铭作"王五年上郡疾造,高奴工鬼"。《人文杂志》1960年第3期著录。另有王七年上郡守疾戈,铭文"七"字和"疾"字模糊,罗振玉《贞松堂集古遗文》卷中第六十六著录。据此可知所谓"王五年"、"王六年"、"王七年",就是指秦惠文王称王改元之后的年数。

我们认为秦惠文王十年(前328年)魏全献上郡十五县给秦,秦即有上郡。《水经注·河水》云:"奢延水又东,径肤施县南,秦昭王三年置上郡治。"是说秦昭王三年于肤施置上郡治,并非说秦昭王三年设置上郡。《史记·张仪列传》称“仪相秦四岁，立惠文王为王，居一岁，为秦将，取陕，筑上郡塞”。可知秦惠文王更元元年秦已有上郡。《赵世家》称赵惠文王“三年灭中山，迁其王于肤施”。赵惠文王三年当秦昭王十一年，此时肤施尚为赵地而非秦地，可知《水经注》所说秦昭王三年以肤施为上郡治，当有脱误。

1983年广州象岗南越王墓中出土之戟，刻铭“王四年相邦张义（“义”与“仪”通）、庶长□操之造”，很明显，“王四年”指秦惠文王称王改元四年。可知当时秦官方习惯上把秦惠文王称王改元纪年，称为“王几年”。

长沙出土的木雕怪神像

四十年代长沙屡有古墓被发掘，时常有古物出土，古墓中时代较早的，都是战国时代的楚墓。1936—1937 年间美国雅礼大学毕业生柯强(John Hadley Cox)在长沙雅礼中学教书，搜集了不少出土古物，到 1939 年曾在雅礼大学美术馆展览，编有“长沙古物说明书”(A Brief Guide to the Chinese Antiquities from Changsha)。国内私人方面如蔡季襄等也都有收藏，学术团体如中央研究院、金陵大学等也曾搜集。著录的书，有商承祚的《长沙古物闻见记》等。

这里只想就长沙楚墓中出土的木雕怪神像略加论列。蔡季襄在抗战中曾发表《战国木雕社神像考》一文，举出楚墓中木雕的怪神像二件，一件是人首蛇身，头戴鹿角，舌伸口外，没有手足，下承方座；一件作勾状的龙形，爪牙毕具，头也戴角，角在出土时已不存在，下也连方座。这二像，据说都是长沙近郊出土，后一件出土地点不明，前一件发现在长沙北郊双井塘的楚墓中。这墓的构造，和寿县所发现的楚墓形制极相类，同时的出土物中，有漆奁，上刻有“廿九年”铭文，又有一仓贮藏楚国的冥币，有字作“郢爰”，分明是战国后期楚国的制作。

商承祚《长沙古物闻见记》上载有一漆龙座：“出南门外，……龙下体有枘，座面有孔，可以卸合，屈其项，两爪上举至颡，作张口状，舌由颚抵于唇，皆镂空。……下刻方木四层如阶，上大下小，下有枘，纳座孔。……通体施黑色薄漆，有脱落处，龙朱睛黄目朱舌，其他兼深朱黄白三色花纹，施点以为鳞甲，方木四层作黄色虫牙纹，坐面作钩勒及点，斜坡面画方旋纹各四，坐四旁先刻画四垂叶形，然后以色绘画，坐上各花皆深朱色，龙顶左右有二孔。”这该就是指蔡季襄所举的后一怪像。《长沙古物闻见记》上又载一漆蛇：“唐茂盛赠予漆蛇一条，二十六年出小吴门外荀家冲楚墓，……末有枘，……体立微屈，昂首张口，作欲噬状，下承方座，出土残毁，薄漆其身作横纹如皮，色浅黑微黄。”这虽和蔡季襄所举的前一怪像不是一物，也是同类的东西。

还有抗战期间，日本大阪商人浅野楳吉曾从上海买去一批长沙出土的古物，其中有高至五尺余的木雕涂漆的双蛇双鹤像，着彩的木雕怪兽像，还有许多木俑和陶器。关于木雕怪兽像，梅原末治曾有《传长沙出土的木雕怪兽像》一文，加以著录，刊于《宝云》第一十一号。这木雕怪兽像，有屈曲的二龙头，相背而连结，一龙头上有二鹿角，稍有残折，一龙头仅残存一角，二兽头上各有二孔，用以插角，下体有枘，插在座面的枘孔里。这些形状虽和蔡季襄、商承祚所举的不同，而制作的技术和结构却完全相同。尤其这怪兽木雕像中的二龙首和蔡季襄所举的后一像，即商承祚所谓漆龙座，也是差不多的，每一个龙首，都头部特大，有二圆眼突出，阔鼻的旁有牙突出，下有长舌伸出，两爪上举到颡，全副是张牙舞爪的神情。

这些木雕怪神像，我们认为和汉唐古墓中陪葬的瓦质怪兽是同样的东西。汉唐的瓦质怪兽，近来研究明器的人都指为“魌头”，“魌头”和“方相”本是异名同实的。根据《周礼·夏官·方相氏》，“方相”本由活人来扮演，在“傩”的逐疫仪式中，蒙着熊皮，戴着“黄金四目”的假面，穿着玄衣朱裳，执戈扬盾，来“索室欧疫”。在大丧的行列中做着开路神，到墓地还得“入圹，以戈击四隅，驱方良”（见《周礼》）。这“方相”所蒙熊皮和黄金四目的假面，在古时又叫做“蒙倛”（见《荀子·非相篇》）或“皮倛”（见《荀子》注引《慎子》），到汉代就称为“魌头”（这从孙诒让《周礼正义》的说法），所以汉人逐疫时用的“方相”，也或称为“魌头”了（见《说文解字》）。据近人的研究，“方相”和“方良”、“魍魉”、“彷徨”都是一语的变化，它的意义和“罔象”、“罔两”相同，大概在古神话中本是一种恍惚离异的鬼怪（见马叙伦《庄子义证》及江绍原《中国古代旅行之研究》等书）。本来“方相”“方良”同是一种鬼怪，可是在后世的传说里，“方相”成了逐鬼的怪神，“方良”成了方相所驱逐的目标。卢文弨《群书拾补》中所辑《风俗通义》佚文：“《周礼》方相氏入圹殴魍象，魍象好食亡者肝脑”。《太平御览·礼仪部》引《风俗通》说：“俗说亡人魂气飞扬，故作魌头以存之，言头体魌头然盛大也。”从这里，可以知道古人在丧仪中用方相魌头，原是保护死者的魂魄的。

据黄永年研究唐代瓦质怪兽的结果，认为这些瓦质怪兽不该叫做“魌头”，该是“当圹”、“祖明”之类，在文献上有明确的证据。这是很正确的。不过，我个人认为后世所谓的“当圹”，或许也出于“魌头”一名的分化。《太平御览》引《风俗通》又说：“或谓魌头为触圹，殊方语也。”“触圹”和“当圹”怕即是一名之变。何以见得呢？因为据文献上看来，和“当圹”同类的有“祖明”之类，而“祖明”等十二兽在“傩”的仪式中本来是“方相”、“魌头”的随从。在唐墓的明器群中“祖明”之类依然是“当圹”的同类，那“当圹”就有和“魌头”二名一实的可能。大概古人一方面在丧葬的行列和仪式中，用“魌头”来保护死者，同时还有木制或瓦质的“当圹”、“祖明”之类明器埋入墓中，同样是来保护死者的。

这些楚墓中出土的木雕怪神像，大概和方相、魌头是一类的东西。《庄子·达生篇》说：“水有罔象，丘有萃，山有夔，野有彷徨，泽有委蛇。”这些都是一类鬼怪。“罔象”、“彷徨”和“方相”、“方良”都是一名之变。罔象，据说“其状如小儿，赤色，大耳，长爪”（见洪颐煊《白泽国》辑本等书）。彷徨，据说“状如蛇，两头，五采文”（见《庄子释文》引司马说）。这些楚墓中出土的木雕怪神像无非是怪形的龙蛇之类，为日人所得的那个木雕怪神像，很显然的是“状如蛇，两头，五采文”。所以我们认定这些木雕怪神像是“方相”、“魌头”、“彷徨”一类东西，大致不会错误的。这些木雕怪神像的特征，是头大，有角，张牙舞爪，这和汉唐古墓中所出土的瓦质怪兽很相类似，那么，汉唐明器群中的瓦质怪兽该就是继承这些木雕怪神像的遗风的了。

（原载1946年12月上海《中央日报》
副刊《文物周刊》第十三期）

汉代门阙前的“罘罳”

顷读王振铎先生所著《汉代圹砖集录》，中有“楼树”一类，其第三、第四、第五、第六、第七诸图像，都是双阙之间，中有一树高耸，树的前后都有方形的建筑物。据我们看来，怕即是汉代门阙前的“罘罳”。在这些图像上，这个方形建筑物，虽在双阙之中，可是前后那树的高度远在两重楼的双阙之上，无论如何，树不会高出两重楼的双阙这么许多，无非表示这个前后有树的建筑远在双阙之前，所以显得高大了。

“罘罳”，也或作“桴思”、“浮思”、“复思”、“覆思”。汉魏时，在门阙外往往有这建筑。《释名》卷五《释宫室》说：“罘罳在门外，罘，复也，罳，思也，臣将入请事于此，复重思之也。”(《汉仪注》说：“罘罳，伏思也，君视朝至内屏思维，故名之”)《酉阳杂俎》引鱼豢《魏略》说：“黄初三年筑诸门阙外罘罳。”这都是明证。《汉书·文帝纪》载：“七年……六月癸酉未央宫东阙罘罳灾。”注说：“如淳曰：东阙与其房罘罳皆灾也，晋豹曰：东阙之罘罳独灾也。”如淳以为罘罳在阙的两旁，怕是错误的。《盐铁论·散不足》说:“今富者积土成山,列树成林,台榭连阁,集观增楼,中者祠堂屏阁,垣阙罘罳。”《汉书·王莽传》又说:“及事迫急,亶作厌胜,遣使坏渭陵延陵阙门罘罳,曰毋使民复思也。又以墨洿色其周垣。”足见汉时不但宫室的门阙前有罘罳,便是墓阙和陵园门前也都有“罘罳”这建筑(又庾肩吾《洛阳道》诗:“散诞罘罳外,车回双阙前”,也足为证)。

汉砖上之门阙画像

罘罳究竟是怎样形式的建筑呢?据《汉书·文帝纪》引颜师古说:“罘罳谓连阙曲阁也,以覆重刻垣墉之处,其形罘罳然。一曰屏也。”《礼记·明堂位》:“疏屏,天子之庙饰也。”郑注:“屏谓之树,今桴思也,刻之为云气虫兽,如今阙上为矣。”又《考工记》“宫隅之制七雉,城隅之制九雉”,郑注:“宫隅、城隅谓角浮思也。”《正义》据此曾作这样的解释:

汉时谓屏谓浮思，故云今浮思。解者以为天子外屏，人臣至屏俯伏思念其事，按《匠人》注云：“城隅谓角浮思也。”汉时东阙浮思灾，以此诸文参之，则浮思小楼也，故城隅、阙上皆有之，然则屏上亦有为屋以覆屏墙，故称屏曰浮思。……（《明堂位》）

郑以浮思解隅者，按汉时之东阙浮思灾，则浮思小楼也。……按《明堂位》云疏屏，注亦云，……则门屏有屋覆之，与城隅及阙皆有浮思。（《考工记》）

《正义》以为屏上有屋覆着，是很可能的，即是颜师古所谓“连阙曲阁以覆重刻垣墉之处”。至于说浮思即是小楼，阙上、城上的小楼就叫浮思，不确。郑注：“屏谓之树，今浮思也”，浮思即是屏，郑氏本人已说得够清楚的了。郑氏又把“宫隅”、“城隅”释为“角浮思”，“角浮思”与“浮思”恐不是一物。

崔豹《古今注》说：“罘罳，屏之遗象也，汉西京罘罳合版为之，亦筑土为之，每门阙殿舍前皆有焉，于今郡国厅前亦树之。”《广雅》卷七《释宫》也说：“罦罳谓之屏”（《水经注·彀水》引作“复思”），《玉篇》也说：“罘罳，屏树门外也。”《汉书·五行志》载：“文帝七年六月癸酉未央宫东阙罘罳灾，刘向以为东阙所以朝诸侯之门也，罘罳在其外，诸侯之象也。”颜师古注也说：“罘罳，阙之屏也。”汉代的“罘罳”，是古代“屏”的化身，是可以无疑的，古人的所谓屏，都用土筑成，如同现在的所谓“照壁”、“照墙”。《尔雅·释宫》：“屏谓之树”。舍人注：“以垣当门蔽为树”，郭璞注：“小墙当门中”。屏就是在门前后的一垛小墙，所以也或称为“萧墙”，《论语·季氏篇》“萧墙之内”，注引郑曰：“萧之言肃也，墙谓屏也，君臣相见之礼致屏而加肃敬焉，是以谓之萧墙。”据说，古礼天子的屏在门外，诸侯的屏在门内，《荀子·大略篇》说：“天子外屏，诸侯内屏，礼也。”事实上“屏”的作用和帘帷是一样的，何休注《公羊传》又说：“礼，天子外屏，诸侯内屏，大夫以帘，士以帷。”古礼既有这样的规定，所以《论语·八佾篇》说：“邦君树塞门，管氏亦树塞门，……管氏而知礼，孰不知礼？”所谓“树塞门”，便是“屏”。屏本多用土筑成，也或用木版筑成，所谓“疏屏”，怕是木屏，所以郑氏说“刻之为云气虫兽，如今阙上为之矣”。汉代的屏，也或用木筑成，崔豹所谓“西京罘罳合版为之”，不然，汉文帝七年东阙罘罳怎会遭火灾呢？

汉代画像砖上所刻的所谓“楼树”，有“屏”样的建筑，上面或前后有树，正当双阙之外，或许即是罘罳。蒋大沂先生认为这与《论语》“邦君树塞门，管氏亦树塞门”之树有关系。按汉代称屏为罘罳，而“屏”又或称“树”，固然有取义树立的意思的可能，但也许“屏”的起源，就起于“树”，原初只是在当门种树以为屏，后来虽然用土筑屏，还不免种树在上面，或种树在前后，程大昌《雍录》说：“罘罳镂木为之，其中疏通可以透明，或为方空或为连琐，其状扶疏，故曰罘罳，其制与青琐相类，显所施之地不同，名亦随异，在宫阙则阙上罘罳，在陵垣则为陵垣罘罳。”程氏认为罘罳因“其状扶疏”而得名，赵彦卫《云麓漫钞》也说：“以字考之，二字从网，有网之义，汉屏疑亦有维索以为限制。”这种说法，虽都据字义立证，实在很不错的。章炳麟说得尤其透彻，他在《小学答问》里说：“《说文》：‘罳，兔罟也’，隶省作罘，汉世称屏为罳罳，罳罳连语，同在之部，本一罳字耳，古者守望墙牖，皆有射孔，屏最外，守望尤急，是故刻为网形，以通矢族，谓之罳罳。”这个说法更是近情。那么，罘罳该是门阙前有网形空洞的“疏屏”了（《三辅黄图》载建章宫“连阁皆有罘罳”，这里的所谓“罘罳”，怕又是指阁上的网状空洞而言）。《汉代圹砖集录》树楼类第三、第五、第七三图，双阙前“屏”形的建筑，都有╳形的图案(参看本文插图，据《汉代圹砖集录》树楼类第五图、第七图)，或许就是描写罘罳的网状空洞的。这些虽然不一定是木建筑，也许土筑的罘罳上，也还保留有木建筑的形式的。

罘罳本是有网形空洞的“疏屏”，所以到了唐宋时代就变成活动屏风和网形门帘的名称了。赵彦卫《云麓漫钞》引唐《苏鹗演义》说：“罘者，浮也；罳者，思也；谓织丝之文轻虚浮之貌，盖宫殿门阙有此物也。”《资治通鉴》汉文帝七年六月胡三省注，也引《苏鹗演义》，并说：“余谓苏鹗之说，有见于唐禁中之罘罳，唐太和甘露之变，宦者奉乘舆，决罘罳北出者也。”《唐文宗实录》：“甘露之祸，群臣奉上出殿北门，裂罘罳而去。”杜甫诗：“毁庙天飞雨，焚宫火彻明。罘罳朝共落，枍桷夜同倾。”温庭筠补《陈武帝与王僧辨书》：“罘罳画卷，阊阖夜开。”可知唐代的所谓罘罳，已是丝制的门帘了。如果还是用土木建筑的，怎能“画卷”？怎能“裂去”？又怎能“共落”？《酉阳杂俎》说：“上林间多呼殿榱桷护雀网为罘罳”，也可证罘罳是网状的东西。《演繁露》引《大业杂记》：“乾阳殿南轩垂以朱丝网络，下不至地，七尺，以防飞鸟。”可知用网当门户，隋唐时确有这风气的。《云麓漫钞》卷三说：“绍兴末宿直中官，以小竹编联，笼以衣，画风云鹭丝作枕屏，一时无名，号曰画丝，好事者大其制，施于酒席，以障风野次，便于围坐，人竞为之，或以名不雅，易曰挂罳，又云出于虏中，目曰语私，言遮蔽可以话私事，顾乾道间使者尝求其骨则不然矣，且以言为话，南人之方言，非北人语也。”又说：“今云挂丝，第言以丝挂于竹骨之上，若用罳字。亦取罘罳义，其实围屏也。”宋人《爱日斋丛钞》卷一说：“今所谓挂罳，其名传写多异同。俗名画狮，盖北人饰以毡毯而画狮子形故云尔。或云名挂罳,洪景卢作话私,小阁名,借春见于诗云:居然丈室巧刬裁,截竹为楹不染埃。未详即挂罳否?”宋人所称“挂罳”,或作“挂丝”、“画狮”、“话私”,字无一定写法,说者也往往就据这些不同的写法的字来穿凿附会,该就是“罘罳”一名的音转罢了。

(原载1947年11月上海《中央日报》
副刊《文物周刊》第六十期)

汉代木明器

在汉代，陪葬入坟墓的东西，最奢侈的是把真财物葬入，例如武帝陵中，即“多藏金钱财物，鸟兽鱼鳖，牛马虎豹生禽，凡百九十物，尽瘗藏之”(见《汉书·贡禹传》)。到成帝元年六月，“有司言：乘舆车、牛马、禽兽、皆非礼，不宜以葬，奏可”(《成帝纪》)。这个风习才渐衰落。至于用明器葬入的，以瓦明器为最节俭。文帝治霸陵，皆用瓦器，不许以金银锡为饰，文帝原是个汉代最俭朴的皇帝。至于木明器那就比瓦明器奢侈多了。这里就想对于汉代的木明器作一个检讨。

《汉书·韩延寿传》：“延寿于是令文学校官诸生皮弁执俎豆，为吏民行丧嫁娶礼，百姓遵用其教，卖偶车马下里伪物者，弃之市道。”注：“张晏曰：下里，地下蒿里，伪物也。师古曰：偶以土木为之，象真车马之形也。……”颜师古说“偶以土木为之”，确是实情，汉代的明器除瓦制的以外，确有木制的。所以《说文解字》说：“偶，桐人也”(虽然也有人主张“桐人”系“相人”之误)。《盐铁论·散不足篇》说：“古者明器有形无实，示民不用也。及其后，则有醯醢之藏，桐马偶人，弥祭其物不备，今厚资多藏，器用如生人，郡国繇吏素桑楺，偶车櫓轮，匹夫无貌领，桐人衣纨绨。”

从这里可知汉代富贵人家的明器，无论车马人物，都是木制的，而桐制的俑偶竟有穿上纨绨的呢！宋庄季裕《鸡肋编》卷下：“窟礧子亦云魁礧子，作偶人以嬉戏歌舞，本丧家乐也，汉末始用之嘉会，齐后主高纬尤所好，高丽亦有之，见《旧唐书·音乐志》，今字作傀儡子。”

这话虽出宋人的记述中，可是傀儡戏很可能起于汉代，因为汉代丧家明器中的俑，本有木制的，精制的手足都可活动，而且有衣服，自然可以“嬉戏歌舞”了。《广韵》引《埤苍》：“俑，木人，送葬设关而能跳踊，故名之。”这虽是不知音理者强为之说，可是木俑的手足可活动是无疑的。

还有一点值得我们注意的，就是汉代祭神的仪式中也往往用木制的车马。《汉书·郊祀志》载：“故雍四畤，……春夏用骍，秋冬用駵，畤驹四匹，木寓龙一驷，木寓车马一驷，各如其帝色，黄犊羔各四，圭币各有数，皆生瘗埋，无俎豆之具”。“文帝十三年，……明年以岁比登，诏有司增雍五畤，路车各一乘，驾被具，西畤、畦畤寓车各一乘，寓马四匹，驾被具”。

《史记·封禅书》同，惟“寓”作“禺”。《孝武本纪》载：“有司言雍五畤，无牢熟具，芬芳不备，乃命祠官进畤犊牢，具五色，食所胜，而木耦马代驹焉，独五帝用驹，行亲郊用驹，及诸山川用驹者，悉以木耦马代，行过乃用驹，他礼如故。”《郊祀志》注：“李奇曰：寓，寄也，寄生龙形于木也，师古曰：一驷亦四龙也。”《孝武本纪》注：“一音偶，孟康曰：寓寄龙形于木，又姚氏云：寓，假也，以言假木龙马一驷，非寄寓龙马形于木也。”《封禅书》索隐：“禺音偶，谓偶形于木。”事实上，“寓”“禺”“耦”都是“偶”的音转，所谓“木寓车马”“寓车”“寓马”“木禺车马”“禺车”“禺马”“木耦马”，也就是《盐铁论》所说明器中“桐马”“偶车”。所谓“木寓龙”也就是“木寓马”，龙本是马的一种（详王引之《经义述闻》）。本来汉代这种祭神的仪式，把车马埋到地里，正同明器埋到墓中一样，他们用木车马来代替真车马，就是沿袭明器的作风的。从这里，又可以想见汉代木明器应用的广泛了。

乐浪彩箧冢出土木马

汉代的木明器，在南北朝时已曾出土，谢惠连《祭古冢文》说："东府掘城北堑，入丈余，得古冢，上无封域，不用砖甓以木为椁，中有二棺，止方，两头无和，明器之属，材瓦铜漆，有数十种，多异形，不可尽识，刻木为人，长三尺，可有二十余头，初开见，悉是人形，以物枨拨之，应手灰灭，棺上有五铢钱百余枚，水中有甘蔗节及梅李核瓜瓣，皆浮出不甚烂坏，铭志不存，世代不可得知也。……"(《文选》)我们根据现在考古学的知识，可以断言元嘉七年发现的这个古墓，该是西汉时代的，既然"棺上有五铢钱"，其时代不能早于西汉武帝时；"以木为椁"，是东汉所不见的，砖椁的墓，大概开始于西汉末期，到东汉才盛行的。汉墓都有封土，乐浪的汉墓以及辽东的汉代砖墓，墓的外形常作方台形，山西阳高的汉墓外形大多下面四方，上面浑圆，这古冢"上无封域"，大概已遭破坏。汉代的木椁墓，大多木椁之中，安置二棺，北为男棺，南为女棺，夫妇合葬一墓的很多，这古冢"以木为椁，中有二棺"，想来也是夫妇合葬之墓。谢惠连《祭古冢文》又说："一椁既启，双棺在兹……刍灵已毁，涂车既摧，几筵糜腐，俎豆倾低，盘或梅李，盎或醢醢，蔗传余节，瓜表遗犀，……黄肠既毁，便房已颓，循题兴念，抚俑增哀……"，这和阳高耿婴墓中案桌上安置杯盘，盘中尚存豚骨、鸡骨等物的情况，非常相似。这古冢的棺，"两头无和"，也和乐浪王光墓中的棺相类，中有"刻木为人，长三尺，可有二十余头"，宋氏尺一尺当今市尺0.73699，那么这些木俑长今市尺二尺余，在汉俑中是比较高大的了。可惜谢氏对于这汉墓的发掘情况，报告得不够清楚，这等汉代木俑究竟制作得如何式样，我们无从知道了。

到最近，汉代木明器又陆续有出土，才使我们对于汉代的木明器看到了个究竟。日人发掘乐浪汉墓群，在南井里彩箧冢里，曾发现木明器很多，有木马六件及木马残片、彩漆木马断片，木俑的上肢及下肢以及舆车残缺，木马颈高口开，作勇嘶状，四肢，胴颈，头各部都分别制作，四肢上端有枘，插入胴部两侧的枘穴，颈部上下都有枘，插入头部和胴部的枘穴，其接合处常用粘土涂上，表面涂黑颜色，出土时还隐约可辨，头后和颈部有大小二枚半月形薄板夹着，当是插入鬣用的，臀部有方孔，钉有木栓，当是插入尾用的。木偶的上肢及下肢，都扁平型，腕和腿都略弯曲，手作拳形，上端作半圆形，凿有一孔，当是和身体接连用的，据日人《乐浪彩箧冢》作者的推测，这等木偶都本裸体，上穿衣服。这和《盐铁论》所说“桐人衣纨绨”正相符合。这等木偶，既穿衣服，手足又可活动，简直与傀儡已没有什么两样了(可详看日人发掘报告《乐浪彩箧冢》)。

1942年日人发掘山西阳高汉代耿婴墓，出土木偶十件，制作虽极粗简，而眉眼口须略具，该是汉代木俑中粗简的一种。上海市博物馆所得汉代木俑，传清江浦出土，形状和粗简的汉陶俑相似，出土时据说也有画彩的，如同陶俑一样。

据商承祚《长沙古物闻见记》，所载长沙战国楚墓出土木俑也有两种，一种是画彩的，面目衣纹都用朱墨画出，一种制作粗简，有肩而无手臂，出土时头及足部有残帛累累，想来手臂也是另制接上的，出土时失去，外面也穿纨绨，可知汉代木俑的制作，还是沿袭战国时代的作风的。

(原载1947年6月上海《中央日报》
副刊《文物周刊》第四十期)

汉代的多层建筑

上海市博物馆近得汉代虹色绿釉（俗称银釉）陶明器十五件，传是同墓出土，其中有陶阙一座和三层楼的建筑一座，很可作为研究汉代建筑的资料。陶阙已由童丕绳先生作《汉代的阙》一文，作了个比较研究，发表于《文物周刊》第四十二期。这里便想对这座三层楼的陶明器来加以探讨。

这座三层楼的陶明器，屋顶作悬山式，正脊向上微微反曲，脊的两端比排山挑出少许，屋顶的坡度比较平坦，全体平面作长方形，上下共三层，上层较中层、下层为高，三层墙壁通体相连，并无斗拱突出，底部前后面有柱础突出，似猴状，三层前面正中都辟门，大小相等，四周并无窗户。这座明器和以前所发现的汉代明器楼阁都不相同。以前所发现的汉代明器楼阁，各层的面阔和高度，很不一致，各层大多数都有平坐，或有栏干，平坐下面也或有腰檐，用斗拱从下支持。哈佛大学美术馆所藏汉代明器楼阁，共三层，上层、中层都有平坐栏干，上层平坐下还有腰檐。宾西法尼亚大学博物馆所藏汉代明器楼阁，也是三层，上层、中层都有平坐、栏干，平坐下都有腰檐。叶遐庵先生所藏汉明器，也是三层，中层壁体比下层缩进，中层平坐、栏干恰与上层壁体相接连，至于上层，又用斗拱挑出，壁体长阔和下层相同。英国优摩忽拔拉斯（G. Ewmorphopoulus）所藏汉代明器"望楼"，也是上下三层间，下层、中层也有平坐，用斗拱从下支持，中层壁体特别缩进，上层也用斗拱挑出（见所著《藏陶录》）。英国霍布森（R. L. Hobson）《中国陶瓷器》第一册内所收的"捕鸟塔"，也共三层，上中两层，都有平坐、栏干，上中两层间也有腰檐，各层平坐和壁体屋檐等，都是上层比下层缩进少许。

此外，我们从汉代的画像石和墓砖上所刻图像中，也可看到汉代的多层建筑物和上海市博物馆所得的汉代明器也不相同，武梁祠画像石中第三层和第四层间有宫阙图像（见《武梁祠画像录》46 页至 48 页，又 52 页至 54 页，又见"金石索"），在双阙中间有楼阁，是一座二层建筑，上层和下层之间也有平坐、栏干和腰檐。波士顿美术馆所藏画像石，所刻汉代函谷关东门图，有四层的木建筑两座并列着，怕即是"城阙"，中间二层都有走廊栏干，各层间也都有屋檐，各层的屋檐栏干，都是上层比下层缩进少许。纽约大都会博物馆所藏画像石，在双阙之间也有楼阁，上层四周也有栏干，上层的建筑也较下层狭小。王振铎《汉代圹砖集录》营造类第三图，在双阙间也有楼阁一座，是一座四层建筑，形式和汉函谷关东门画像石很类似，第三层似乎也有栏干一道。

我们看了这些汉代明器中的楼阁和汉代画像石墓砖上所刻的楼阁，知道汉代的楼阁，大多有平坐、栏干，或仅有栏干，上层建筑大多较下层缩进，可是也有中层缩进而上层又用斗拱挑出的。这些和上海市博物馆所得的三层楼的陶明器，形式没有相同的。还有日本京都帝国大学所藏汉明器仓屋，与此还约略相似，日本京都帝大所藏汉明器仓屋，是一座二层建筑，下层设方窗，外侧有梯直达上层，上层有通气孔一处，窗二处。屋顶也是悬山式，和上海市博物馆所得的汉明器屋顶极相类似，上下三层的壁体也相连属（见日人滨田耕作《支那古明器泥象图说》图版六八）。这样看来，上海市博物馆所得的这座汉代明器，该也是一座三层楼的仓库建筑吧！

我国开始建筑楼房的目的，似乎在登高瞭望。建筑的式样，似乎是模仿原始的巢居方式的，《汉书・陈胜传》引颜师古注说："谯门，谓门上为高楼以望者，楼一名谯，故谓美丽之楼为丽谯，谯亦呼为巢，所谓巢车者，亦于兵车之上为楼以望敌也。谯、巢声相近，本一物也。""楼"的所以称为"谯"，原来是"巢"的通假，那么楼的建筑，是由巢居进步而来是很显然的了。古人最初造楼的技巧，似乎不很高明，先在平地作成土堆，叫做"台"，在台上造起屋来，就叫做"楼"。《尔雅》说："阇谓之台"，注说："积土四方"，又说："四方而高曰台，狭而修曲者曰楼。"本来造楼的目的就在登高远望，楼既没有办法造得很高，自然下层只得用土来垒高了。《礼记・礼器》说："天子诸侯台门"，注说："阇者谓之台"，疏说："两边筑阇为台，上起屋曰台门，故乘之可以眺远。"想来不但古代最初的楼是造在土台上，就是和"楼"同类的"阙""亭"等也都如此。

《考工记》说："殷人重屋"，这话我们没有实物可以证明，可是殷契卜辞里已有"高""亳""京"等字，《说文解字》说："高，崇也，象台观高之形。""京，人所为绝高丘也"。卜辞"京"字的上部，与"高"字上部相同，都像建筑的形式，那么至少在商代，丘台上的高建筑——观

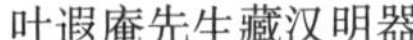

叶遐庵先生藏汉明器

上海市博物馆藏汉明器仓库

已有了。《尔雅·释宫》:“观谓之阙”,《说文解字》:“阙,门观也。”所谓“阙”,又叫做“观”,就是高而可以上去观望的建筑。在宫前所以要建造双阙,是用来守望而防止盗贼的。亭,《说文》说:“民所安定也,亭有楼。”颜注《急就篇》说:“秦汉之制,十里一亭,亭有高楼,可以候望。”所谓“亭”,大概也是个瞭望台,是十里之间的一个最高的建筑,有亭长留守在那里,用以防守盗贼的。它的作用,和宫前的“阙”是相同的。《续汉书·百官志》注引蔡质《汉仪》:“洛阳二十四街,街一亭,十二城门,门一亭。”到汉代,都市里,每条街上有亭,每个城门有亭,想来初意也作守望之用,后来才权充行人留宿之处。我国多层的高建筑,无论是“阙”,无论是“楼”,无论是“亭”,其最初建筑的目的,是在守望,是无疑的。就是巢车楼船,在车上船上造楼,也是用来瞭望敌情的。程瑶田《释宫小记》中《当阿义述》说:“楼与丽廔字同,昔以启明,今以居人,积渐之势然也。”“楼”字的取义或许是“高明”的意思,“丽廔”和“离楼”、“离娄”,古本同音通用(颜注《急就篇》:“楼谓重屋离楼然也”)。最初是守望用的,到后来就成为登高远望风景的处所,到最后才成为居住人和藏货物的地方了。

居住人的楼,至少在战国时已有。《史记·平原君列传》:“平原君家楼临民家,民有躄者,槃散行汲,平原君美人居楼上,临见,大笑之。”到汉代,民间楼的建筑便更普遍,《后汉书·酷吏·黄昌传》:“陈相县人彭氏,旧豪纵,起造大舍,高楼临道,昌每出行县,彭氏妇人辄升楼而观,昌不喜。”《三国志·蜀书·周群传》:“于庭中作小楼,家富多奴,常令奴更直楼上,视天灾才见一气即白群,群自上楼观之,不避晨夜。”可知后汉时民间楼的建筑已很多了。不但人民所住的屋舍有楼,汉代的庙宇也往往有楼,《东海庙碑》说:“惟永寿元年春正月,有汉东海相南阳桓君……念四时享祀有常,……乃部掾何俊、左崇……殿佗两传,起三楼,经构既立,事业毕成。”哈佛大学美术馆和宾西法尼亚大学博物馆所藏汉代明器楼阁,每层有平坐、栏干和腰檐,好似后世的宝塔一样,以及霍布森的所谓“捕鸟塔”,该即是《三国志·蜀书·周群传》所谓“于庭中作小楼”的“小楼”。至于《后汉书·黄昌传》“高楼临道”的“高楼”,其形式想来和汉代画像石和画像墓砖上所刻宫阙的形式是相类的。其特点,大多有平坐栏干,非常便于观望。

我们看了上海市博物馆所得汉代明器三层仓库和日本京都帝大所藏汉代明器二层仓库，又可知道汉代的仓库也已有多层建筑，只是构造形式和一般便于观望的楼亭完全不同的罢了。我国的建筑技术，到汉代确已有了长足的进步，所以各种的多层建筑，都已逐渐发达起来。

（原载 1947 年 7 月上海《中央日报》
副刊《文物周刊》第四十三期）

考明器中的“四神”

唐代明器中有所谓“四神”的，究竟是怎样的四个神像。唐宪宗元和元年条流：

> 文武官及庶人丧葬，三品以上明器九十事，四神、十二时在内。……五品以上明器六十事，四神、十二时在内。……九品以上明器四十事，四神、十二时在内。……以前明器并用瓦木为之，四神不得过一尺，人物等不得过七寸，……庶人明器一十五事。(《唐会要》卷三八)

唐武宗会昌元年十一月御史台奏请条流：

> 京城文武百寮及庶人丧葬事，三品以上……明器并用木为之，不得过一百事，数内四神不得过一尺五寸，人物等不得过一尺，……五品以上……明器不得过七十事，数内四神不得过一尺二寸，余人物不得过八寸，……九品以上……明器不得过五十事，四神不得过一尺，余人物不得过七寸，……工商百姓诸色人吏无官者，……其明器任以瓦木为之，不得过二十五事，四神、十

二时并在内,每事不得过七寸,……(《唐会要》卷三八)

从这里,可以知道唐代的明器在一天天地奢侈,件数在增加,尺寸也在加大。而其中最主要的明器要算是“四神”,它的尺寸比其他人物要高,它的高度和其他人物的高度,往往是三与二之比。在这些条流中,并没有把“四神”交代得清楚,该是当时人所习知的东西,只是他们把“四神”往往与“十二时”连称,可知它和“十二支神象”是差不多的东西。

现在出土的唐代明器很多,究竟所谓“四神”是怎样的东西呢!日人滨田耕作《支那古明器泥象图说》八《唐代人物泥象之种类》上说:“男俑中,和衣冠文官式显然对立的,有甲胄武装式一类,形体多比较大,头戴鍪,身被甲,肩胸著披膊,胸前两肋分缔有纽条,穿裤,又著腰甲胫当等物,其制与我奈良朝雕刻之四天王仁王之类、洛阳龙门大佛的像侍、斯坦因在和阗发现的多闻天、敦煌千佛洞的仁王等,同出一轨,而这等装甲介士像,在庙中为仁王四天王,在墓中即是守护者。这等像脚都踏鬼,罗福(Laufer)称它为阎魔或死神,唐制中的所谓‘四神’,当即指此。这等泥象的埋入墓中,印度思想的如何与中国民俗相融合,从这里可以察见。”滨田氏在《法隆寺金堂之四天王像》一文中(见《东洋美术》创刊号及《东洋美术史研究》),也有同样的见解。我国郑德坤先生《中国明器》一书也全部接受了这个主张,都认为唐代明器中的“四神”,即是四天王的化身,也就是唐代武俑中脚踏兽类或鬼怪的。可是据我们的考察,滨田氏这个说法,实在是错误的。

(一)佛教中四天王的像,都脚踏鬼怪。例如日本法隆寺的四天王,所踏的鬼怪,头都作鬼怪之状,身体匍伏而两手撑起,面貌虽然鬼怪,都不脱人形;龙门奉天寺的四天王,所踏的鬼也作人形。这类唐代的武士俑，固然也有踏鬼的，例如厦门大学藏有一武士俑，右脚踏鬼头，左脚踏鬼腹，鬼四肢朝天，作挣扎状，俑头戴凤盔，额顶及左右并有翼状装饰，全副甲胄，面目凶猛，两手作抵御状（见厦门大学文学院文化陈列所所藏《中国明器图谱》一一四图）。但这类俑并不多见，大多数的都脚踏牛样的动物，牛四足伏地，俑左足踏牛背，右足踏牛头，全副甲胄，脚着战靴，左手插腰，右手高举，上海市博物馆和燕京大学、厦门大学及日本京都帝国大学等都藏有这类明器。这类俑如果即是“四神”，出土时该有四件形式相类而姿态各别的，今日我们所见的以踏牛样的一种为最多，形式姿态完全相同，而且所踏的明明是一种动物，而不是鬼怪，与四天王像是绝对不同的。

（二）《唐会要》所载条流中，常把“四神”与“十二时”连称。“十二时”既即十二支神，十二支的应用，在我国历史悠久，怎能说“四神”是由印度传入的呢？从唐代的明器制度中，简直找不出有佛教思想渗入的成分，何以独有“四神”是佛教中的神像呢？

由于这两点，我们认为滨田氏的说法，实在是不能成立的。

唐代明器中的“四神”，既不是四天王的化身，那么该是什么呢？我们认为该是苍龙、白虎、朱雀、玄武四神。《礼记·曲礼》说：“行前朱雀而后玄武，左青龙而右白虎，招摇在上，急缮其怒。”可知古代行军的时候，军旗上往往画有朱雀、玄武、青龙、白虎。《三辅黄图》说：“苍龙、白虎、朱雀、玄武，天之四灵，以正四方，王者制宫阙殿阁取法焉。”（孙星衍、庄逵吉校定本）

崔豹《古今注》说：“苍龙阙上画苍龙，白虎阙画白虎，玄武阙画玄武，朱雀阙上有朱雀二枚。”可知汉代的宫阙上也往往画有苍龙、白虎、玄武，及有朱雀装饰着。《汉书·董贤传》说：“董贤自杀伏辜，死后父恭不悔过，乃复以砂画棺，四时之色，左苍龙，右白虎，上著金银日月玉衣珠璧以棺。”可知汉代棺上也往往画苍龙、白虎等物。西康芦山发现汉代石棺，前和刻铭：“故上计史王晖伯昭以建安十六，岁在辛卯，九月下旬卒，其十七年六月甲戌葬，呜呼哀哉。”两墙浮雕，左苍龙，右白虎，后和浮雕玄武，墓门浮雕朱雀。足见汉代棺上确有雕刻或画有四灵的。

为什么汉代的宫阙和坟墓棺材都要用这四灵来装饰呢？据《三辅黄图》说是因为这是“天之四灵”可以“以正四方”的关系。据《汉书·董贤传》说这是“四时之色”。据《礼记·月令》和《吕氏春秋·十二纪》及《淮南子·时则训》等，春季是木德，属东方，青色，“其虫鳞”；夏季是火德，属南方，赤色，“其虫羽”；秋季是金德，属西方，白色，“其虫毛”；冬季是水德，属北方，黑色，“其虫介”。春季和东方，既然是青色，“其虫鳞”，而鳞虫以龙为长，所以神物是“苍龙”了；夏季和南方，既然是赤色，“其虫羽”，而羽虫以凤为长，所以神物是“朱雀”了；秋季和西方，既然是白色，“其虫毛”，而毛虫以虎为长，所以神物是“白虎”了；冬季和北方，既然是黑色，“其虫介”，而介虫以龟为长，所以神物是“玄武”了。总之，在古人的脑筋里，苍龙、白虎、朱雀、玄武是“春夏秋冬”“东南西北”“木火金水”等四季四方五行中神物，《论衡·验符篇》也说：“龙，东方之兽也。”《后汉书·王梁传》又说：“……议选大司空，而赤伏符曰：‘王梁主卫作玄武’，帝以野王卫之所徙，玄武水神之名，司空水土之官也，于是擢梁为大司空，封武疆侯。”《后汉书·冯衍传》载《显志赋》：“跃青龙于苍海兮，豢白虎于金山，凿岩石而为室兮，托高阳以养仙，神雀翔于鸿崖兮，玄武潜于婴冥，伏朱楼而四望兮，采三秀之华英。”

可见这等观念，在汉代是非常普遍的。《古明器图录》卷二著录有一汉灶，前有朱雀，后有玄武，两侧有龙虎。汉代铜镜背面的花纹，也往往有这四灵。铭文中也常常提到四灵，例如永平七年尚方兽带镜铭文中有“左龙右虎辟不详，朱鸟玄武顺阴阳”二句（日人梅原末治《汉三国六朝纪年镜图说》图版第四），青盖作镜也有这二句。李子作镜也有铭文作“左龙右虎扶两旁，朱鸟玄武引阴阳”。四灵纹规矩镜铭文有二句作“左龙右虎常四彭，朱爵玄武顺阴阳”，也或作“左龙右虎主四彭，朱爵玄武顺阴阳”，原来汉人用这四灵作装饰，是用来“主四彭”“辟不祥”和“顺阴阳”的。延熹九年兽首镜铭又说：“青龙白虎侍左右，买者长命宜子孙”（见同上书图版一一）。建安十年重列神兽镜铭又说：“朱鸟玄武，白虎青龙，君宜高官，仕至三公，子孙番昌”（同上书图版一七，建安元年镜、嘉禾四年镜并略同），原来汉人因为这四灵能“主四彭”“辟不祥”“顺阴阳”，所以有了可以“君宜高官，仕至三公，子孙番昌”。

这个习俗一直到唐宋时代也还流行，而且还流传到朝鲜一带（例如《唐六典》：“紫宸殿之北门曰玄武门，其内又有玄武观。”此外例证不多举了）。朝鲜开城曾出土一高丽时代的石棺，四侧刻有朱雀、玄武、苍龙、白虎（图见日人八木奘三郎《增补满洲考古学》第442页、448页），这和西康出土的汉代石棺雕有四灵的，不是同样的习俗么？

《唐会要》所载条流中，说到明器，往往把“四神”与“十二时”连称，“十二时”即是十二支神，是毫无疑问的，唐代明器中的十二支神，都兽首人身，唐代墓志上也往往刻有兽首人身的十二支神，《俑庐日札》说：“刘燕庭先生《海东金石苑》载新罗角干墓及挂陵十二神象，并绘十二神，兽首人身，手执兵器，盖十二时生肖也。二碑均无年月，以角干墓故，定为唐时所造。予案墓中刻十二时生肖，不但新罗为然，实唐代风气如此。予曩得唐名州司马姚君夫人陇西李氏墓志（大和五年），其盖中央刻‘大唐故夫’四篆字，四周亦刻人身兽首者十二辈，与《海东金石苑》所载之角干、挂陵两刻正同，知新罗盖仿唐俗也。唐高延福墓志之旁，亦刻十二生肖，但非人身耳。”此外张君墓志（《中国明器》图版二十四）也有兽首人身的十二支神雕刻着。朝鲜李王家所藏高丽石棺，四侧内部也雕有兽首人身的十二支神像（每侧雕三神像），据同时出土的墓志，知是高丽崔允仁的墓，允仁死在高丽毅宗正丰六年，当我国南宋绍兴三十一年（1161 年），可知直到宋代，这个风气也还流传（见日人滨田耕作《十二神像雕刻之高丽石棺》，刊《东洋学报》一卷三号及《东洋美术史研究》）。古人的把十二支神像雕在墓志上或棺上，或制作十二支像的明器埋入墓中，目的都在“辟不祥”和“顺阴阳”，它的作用和汉代石棺上画上或雕上朱雀、玄武、苍龙、白虎是相同的。朱雀、玄武、苍龙、白虎等四灵所主宰的是四季和四方，十二支神所主宰的是十二月和十二辰，性质也很相类，那么唐代明器中的“四神十二时”，四神定是朱雀、玄武、苍龙、白虎了。

《明史・礼志》说：“明器公侯九十事，……初洪武二年敕葬开平王常遇春于钟山之阴，给明器九十事……乐工十六，执仪仗二十四，佐士六，女使十，青龙、白虎、朱雀、玄武神四，门神二，武士十，并以木造，各高一尺。”到明代的明器中，还曾一度应用“青龙、白虎、朱雀、玄武神四”，那么唐代明器中的四神是“青龙、白虎、朱雀、玄武”，可以无疑的了。

（原载 1947 年 8 月上海《中央日报》
副刊《文物周刊》第四十八期）

纸冥器的起源

古明器（即冥器）的研究，本是近年来古器物学中新兴的一部门，大多偏重在陶制、瓷制的明器方面，对于草木制的和纸扎的似乎很少人注意到。因为陶瓷制的明器容易保存，古墓中屡有出土，学者们是可以拿这些实物配合了文献来考究的，木制的近年虽略有出土，材料还不够丰富，至于纸扎的，埋入墓中既多腐化，而且大多焚掉，我们再也没法找到古代的纸冥器来作我们研究的资料的了，可是我们为了了解我国历来明器制度的演变起见，对于纸冥器也不能不作一番试探的工作。这里我想先对纸冥器的起源问题，来作一个探讨。

纸冥器的盛行，大概起于宋代。宋赵彦卫《云麓漫钞》卷五说："古之明器，神明之也。今以纸为之，谓之冥器，钱曰冥财，冥之为言，本于《汉武纪》用冥羊马，不若用明字为近古云。"纸冥器到宋代已风行，是没有疑问的，宋以后纸冥器已代替了陶瓷制的冥器，所以今日宋以后陶瓷制的冥器发现就较少。可是纸冥器开始应用并不在宋代，尤其是纸钱的起源是较早的。

纸钱的起源，或谓在唐代，或谓在南北朝时。《旧唐书·王玙传》载："王玙少习礼学，博求祠祭仪注以干时，开元末，玄宗方尊道术，靡神不宗，玙抗疏引古今祠典，请置春坛，祀青帝于东郊，玄宗甚然之，因迁太常博士侍御史，充祠祭使，玙专以祀事希幸，每行祠祷，或焚纸钱，祷祈福祐，迎于巫觋，由是过承恩遇。"朱熹根据这点，就认为纸钱起于唐玄宗时王玙的制作。《朱子语类》卷九十："纸钱起于玄宗时王玙，盖古人以玉币，后来易以钱，至玄宗惑于王玙之说，而鬼神事繁，无许多钱来埋，得玙作纸钱易之，文字便是难理会，且如唐礼书中范传正言惟颜鲁公、张司业家祭不用纸钱，故衣冠效之，而国初言礼者错看，遂作农冠而不用纸钱，不知纸钱衣冠，有何间别?"而《事林广记》明说："《唐书·王玙传》曰：玄宗时玙为祠祭使，专以祠解中帝意，有所禳祓，大斥数巫觋，汉以来葬者皆有瘗钱，后世里俗，稍以纸寓钱，为鬼事，至是玙乃用之。则是丧祭之焚纸祭，起于汉世之瘗钱也，其祷神而用寓钱，则自王玙始耳。《法苑珠林》云：'纸钱起于殷长史也'，按此则里俗以纸寓钱，玙始用之，非创于玙矣"（此据《爱日斋丛钞》卷五所引）。戴埴《鼠璞》也说："《法苑珠林》载纸钱起于殷长史，唐《王玙传》载汉末皆有瘗钱，后里俗稍易以纸钱，王玙乃用于祭祀，今儒家以为释氏法，于丧祭皆屏去，予谓不然，之死而致之，不仁，之死而致生之，不知，谓之明器，神明之也，汉之瘗钱，近于之死而致生，以纸寓钱，亦明器也，与涂车刍灵何以异？俗谓果资于冥涂则可笑"（据《爱日斋丛钞》卷五所引）。这又都根据《法苑珠林》认为纸钱起于"殷长史"。考释道世所著《法苑珠林》，并无有关"殷长史"的记述，只有卷十鬼神部《冥报记》中载着这样的一段故事：隋大业初，有邯郸人睦仁蒨遇见一鬼，自称姓成名景，任临胡国长史，后来睦仁蒨在邯郸令岑之象家任家庭教师，教岑之象的儿子文木，设宴招成长史，即席以纸制的绢帛相赠。日人道忠禅师《禅林象器笺》认为诸书所引的“殷长史”即是“成长史”之误。其实这《法苑珠林》的记述，也不过可见当时已有用纸作冥器的风习，并不能认为纸冥器就起于隋唐之间。

纸钱的开始应用，该在魏晋南北朝时，洪庆善《杜诗辨正》载“文宗备问”说：“南齐废帝东昏侯好鬼神之术，剪纸为钱，以代束帛，至唐盛行其事”（此据《爱日斋丛钞》卷五所引）。封演《封氏闻见记》又载：“纸钱，今代送葬为凿纸钱，积钱为山，盛加雕饰，舁以引柩，按古者享祀鬼神，有圭璧币帛，事毕则埋之。后代既宝钱货，遂以钱送死，《汉书》称盗发孝文园瘗钱是也，率易从简，更用纸钱，纸乃后汉蔡伦所造，其纸钱魏晋以来始有其事，今自王公逮于匹庶，通行之矣。凡鬼神之物，其象似亦犹涂车刍灵之类，古埋帛（一本埋帛下有金钱），今纸钱则烧之，所以示不知神之所为也。”“文宗备问”说起于南北朝时，《封氏闻见记》说起于魏晋时，《封氏闻见记》的作者封演，是唐德宗时人，离魏晋南北朝时代比较要近，他说纸钱起于魏晋时代，想来必有所据的。

为什么魏晋南北朝时代丧祭开始用纸钱呢？其原因我们推想起来不外乎下列三点：

（一）陶瓷制的明器比较木制的方便而简省，而纸制的明器又较陶瓷制的方便而简省，陶制的冥币，在战国已有，例如近年长沙出土的楚郢爰泥版便是模仿楚郢爰金币式样的冥币（见商承祚《长沙古物闻见记》卷上）。汉代陶制的冥币也还盛行，陶制的大泉五十和五铢等都曾发现过，汉泥麟趾金长沙也有出土。到魏晋南北朝时代，有更简省的冥币……纸钱出现，这是很自然的演进。

（二）魏晋南北朝钱币本很缺乏，自从汉武帝元狩五年铸五铢钱后，直到魏太和元年，三百四十五年间，不见政府有大量铸钱的史实；以后，从曹魏太和、吴嘉禾、赤乌铸后，直到宋元嘉、北魏太和，也不见有铸钱的记载，这样钱币自然会感到缺乏，所以，有些时期有些地方竟改用谷帛来作货币，例如曹魏文帝黄初五年，就曾罢五铢钱而用谷帛。这时期活人的钱币还不够流通应用，哪里还能有多余的埋到墓中去呢？埋入墓中的钱币，自然只能用纸来凿成了。

（三）这时期因为政治社会的动荡不安，佛教道教的传布愈益广泛，民间对于鬼神的迷信也愈盛，戴埴《鼠璞》说纸钱"今儒家以为释氏法，于丧祭皆屏去"，宋人把焚纸钱看作佛教的仪式，该有所根据的。《马可波罗行记》曾记载当时临安火葬的情况，据说在火葬场上，是把大量纸扎的冥器如马、奴婢、骆驼、甲胄、衣服及纸钱等和尸体一同焚烧的。火葬的风习本由佛教传来，既用火葬，自然用纸冥器最是相宜了。纸冥器的开始应用，或许是和佛家的火葬是有密切关系的。

纸钱在魏晋南北朝时代已有，到唐代就很盛行，可是纸人纸马等冥器似乎唐代还不普遍，所有明器还大多用木制陶制的，只是出丧时开路的"方相"，已用竹或荆来编扎，外表用纸或布来糊上，如同近代出丧的开路神一样的了。到宋代纸扎的冥器就很普遍，《东京梦华录》卷八"中元节"条："七月十五日中元节，先数日，市井卖冥器靴鞋、幞头、帽子、金犀、假带、五彩衣服，以纸糊架子盘游出卖。……又以竹竿斫成三脚高，三五尺上织灯窝之状，谓之盂兰盆，挂搭衣服冥钱在上焚之。"陆游《老学庵笔记》卷七也说："故都残暑，不过七月中旬，俗以望日具素馔享，先织竹作盆盎状，贮纸钱，承以一竹焚之，视盆倒所向，以占气候。"北宋东京各城门口都开设有纸马铺，每逢清明节日,配合人们出城扫墓烧纸冥器的需要,当街把纸冥器叠成楼阁之状。《东京梦华录》卷七“清明节”条又载:“纸马铺皆于当街用纸衮叠成楼阁之状。”所谓纸马铺,当即出卖纸冥器之店铺。从这里已很可见宋代纸冥器的盛行了。

为什么到宋代纸冥器会普遍地流行呢?本来在宋代由于造纸术的进步,纸常被一般寒士和平民用作衣料、被料、帐料。魏了翁《十月夜闻风声》诗:“雪尽冰嘶涕亦晴,布衾纸帐复求成”(《鹤山集》十卷)。陆游《岁暮》诗:“纸被蒙头方睡稳”(《剑南集》卷七四)。朱元晦《寄纸被》诗:“纸被围身度雪天,白于狐腋软于棉。”(《朱文公文集》卷三六)真德秀《送曹晋伯令尹之官》诗:“有田尽增税,无楮可为衾”(《西山集》卷一)。“楮”是“纸”的代称。真德秀《纸衾铭》:“终岁之廑(勤),弗给布絮,一衾万钱,得之曷繇(由)?不有此君,冻者成丘”(《西山集》卷三二)。陆游《雨寒戏作诗》:“幸有藜藿粥,可剪纸为襦”(《剑南集》卷四八)。王禹偁《建溪处士赠大理评事柳府君墓碣铭》:“时王审知残民自奉,人多衣纸”(《小畜集》卷三十)。魏了翁《四川总领财赋李公墓志铭》:“公在绵,……备粥、楮衣,亲衣食之,所活十万人”(《鹤山集》卷七八)。我们一读宋人所作诗文,就可见宋人纸衣、纸被、纸帐等物,是民间普遍应用着的,尤其是贫民寒士,尤其是福建、四川等产纸的地方。此外纸甲、纸瓦、纸阁、纸屏等物,在宋人诗文集中也常见。如纸甲见洪适《盘洲集·松安海贼剳子》、真德秀《西山集·申枢密院措置沿海事宜状》。纸瓦见洪适《盘洲集》“十一月十二日枕上晓作”、“病中绝句八首”等。那时活人都用纸作衣料、被料、帐料及其他用具,那么准备给死人用的冥器,自然也要改用最便宜的纸来制作了。

还有一点值得我们注意的，就是用纸作衣料的风气，原是僧道所提倡，最初本只应用于僧道之间。苏易简《文房四谱》："山居者常以纸为衣，盖释氏云：不衣蚕口衣也。"陆游《行年诗》："楮弁新裁就，翛然学道装"（《剑南集》卷三七）。王禹偁《道服诗》："楮冠布褐皂纱巾"（《小畜集》卷八）。洪适《宴坐庵诗》："一点斜光明纸帐"（《盘洲集》卷二）。释德洪用高僧诗："沙泉带草堂，纸帐卷空床"（《石门文字禅》卷十四）。晁补之《和如庵诗》："蒲团纸帐只依僧"（《鸡肋集》卷十）。洪适《叔父常平墓志铭》："庵居穷山，蒲茵楮帐而已"（《盘洲集》卷七五）。刘克庄《立春诗》："禅榻惟梅亲纸帐"（《后村集》卷三八）。释德洪《玉池禅师以纸衾见遗作此谢之诗》："就床堆叠明如雪，引手摸苏软似绵"（《石门文字禅》卷十三）。读了这些诗文，就可知纸弁、纸冠、纸帐、纸衣、纸衾，原是僧道所用，民间使用纸作衣料、被料、帐料的风气，当与僧道的提倡有关。纸冥器的应用，也该与僧道提倡有关。

（原载 1947 年 6 月上海《中央日报》
副刊《文物周刊》第三十九期）

六博考

“六博”是中国古代的一种流行的娱乐，也是后世各式赌博的鼻祖。古人在各种娱乐性质的集会中，往往用这玩意儿来寻欢作乐，双方对局比赛时是兴高采烈的。《楚辞·招魂》就有描写“六博”的情景：“菎蔽象棊(棋)，有六簙些。分曹并进，遒相迫些。成枭而牟，呼五白些。”《史记·滑稽列传》又载淳于髡说：“乃州闾之会，男女杂坐，行酒稽留，六博投壶，相引为曹，握手无罚，目眙不禁，……饮可八斗而醉二参。”“六博”是乡里举行酒会时的主要娱乐品，共同借此欢乐的情景于此可见一斑。这种娱乐活动在商业发达的大都市中尤其活跃。例如战国时代齐国都城临淄很是繁荣，有七万户居民，“甚富而实，其民无不吹竽，鼓瑟弹琴，斗鸡走犬，六博蹹踘者”(《战国策·齐策一》所载苏秦所说，《史记·苏秦列传》同)。

“六博”这种娱乐，至少春秋时代已经有了。《论语·阳货篇》说：“饱食终日，无所用心，难矣哉！不有博弈者乎！为之犹贤乎已。”“博”即指六博，“弈”即围棋。《颜氏家训·风操篇》说：“凡避讳皆须得以同训以代换之，（齐）桓公名白，博有五皓之称。”这是说春秋时代“六博”已有“五”“白”两种“采”。《世本》说“博”是夏桀之臣乌曹所开创（见《文选·博弈论》李善注、《广韵》十九铎和《一切经音义》卷八所引），《说文》也说：“古者乌曹作簙。”陶侃又说是殷纣王所造（《晋中兴书》引陶侃语）。这样把“簙”说是桀、纣时所创，并不可信。

“六博”所用的器物有三种，就是“箸”、“棋”、“局”。《说文》说：“簙，局戏也，六箸十二棋也。”“局”即棋盘，“箸”即用来投掷的骰子，“棋”是用来在“局”上行走的棋子。“箸”或称为“蔽”，《楚辞·招魂》所说“菎蔽”，王逸注：“菎，玉也；蔽，簙箸以玉饰之也。”《方言》说：“簙谓之蔽，秦晋之间谓之簙，吴楚之间谓之蔽，或谓之箭里，或谓之簙毒，或谓之夗专，或谓之𥰭璇，或谓之棋。”“或谓之棋”上当脱字，也可能这四字是衍文。《韩非子·外储说左上》载“秦昭王令工施钩梯而上华山，以松柏之心为簙箭，长八尺，棋长八寸，而勒之曰：昭王尝与天神博于此矣”。这里称“箸”为“箭”，和《方言》“或谓之箭里”之说相合，是因为它有箭头样的尖刺。《方言》所说“或谓之夗专”，“夗”当为“宛”之形误，“宛专”即宛转，是因为它掷起来能宛转而得名。“箸”既或称为“簙”，“六博”当即因用六根簙而得名。《楚辞》王逸注就说：“投六箸，行六棋，故为六博也。”

颜之推《颜氏家训·杂艺篇》说：“古者六博则六箸，小博则二茕，今无晓者。比世所行，一茕十二棋，数术浅短，不足可翫。”卢文弨注：“茕即琼也。温庭筠诗用双琼，即二茕也。”从这里又可知“箸”又或称为“茕”或“琼”，六博除用六箸外，小博还有用二茕、一茕的。《西京杂记》载“许博昌安陵人也，善六博。……法用箸，或谓之究，以竹为之，长六分，或用二箸”。桂馥《说文义证》在“簙”字下，指出《西京杂记》

的“究”当为“茕”之形误。

“箸”或称为“茕”或“琼”，或称为“宛转”，因为这是一种多面有“采”的骰子，比赛时，双方先用来“掷采”的。《列子·说符篇》注引《古博经》说：“其掷采用琼为之，琼畟方寸三分，长寸五分，锐其头，钻刻琼四面为眼，亦名为齿，二人互掷采行棋。”可知琼是多面方而有尖齿的，因而或称为“箭”。《招魂》说：“成枭而牟，呼五白些。”王逸注：“五白，簙齿也。”“五”“白”是两种好采的名称，骰子上有多面不同的“采”，以掷得“五”“白”两采为贵，因而掷采时，往往要喝采，即所谓“呼五白”。《后汉书·梁冀传》讲到“六博”，注引鲍宏《博经》说：“所掷头谓之琼，琼有五采，刻一画者谓之塞，刻二画者谓之白，刻三画者谓之黑，一边不刻者五塞之间谓之五塞。”“一边不刻者”下当脱“谓之五”三字，如此共有“塞”、“白”、“黑”、“五”、“五塞”等五采。和“六博”相类的，还有一种叫“簺”的，也称“格五”。《汉书·吾丘寿王传》讲到“格五”，注说：“苏林曰：‘博之类，不用箭，但行枭散。’刘德曰：‘格五，棋行簺法，曰：塞、白、乘、五，至五格不得行，故曰格五。’”格五的四采是塞、白、乘、五，五是四采之一。《招魂》讲到六博，“呼五白些”，《列子·说符篇》“明琼引中”，注：“明琼，齿五白也，射五白得之。”《颜氏家训·风操篇》讲到齐桓公名白，博因避讳而有“五皓”之称。可知六博确有“五”这一采。大概六博原有“塞”、“白”、“黑”、“五”四采，“簺”沿用四采，只是把“黑”改称为“乘”。段成式《酉阳杂俎》说：“今六博齿采妓乘，乘字去声，呼无齿曰乘，据《博塞经》云无齿为绳，三齿为杂绳。”“绳”和“乘”音近通用。

据唐代李肇《国史补》和李翱《五木经》，唐代有一种赌具叫“樗蒲五木”，一面黑，一面白，“刻二”叫做“犊”或“牛”，一面白而“刻二”叫

“雉”，掷时五采全黑叫“卢”，全白叫“白”，二雉三黑叫“雉”，二犊三白叫“犊”，一雉一犊三白叫“开”，一雉一犊三黑叫“塞”，二雉二白一黑叫“搭”，二犊二黑一白叫“秃”，三白二黑叫“撅”，二白三黑叫“枭”，其中以“卢”、“白”、“雉”、“犊”叫贵采，其余叫杂采。

我们把各种博戏用具比较看来，“六博”的掷采，当是掷得全“塞”的叫“塞”，全“白”的叫“白”，全“黑”的叫“黑”，全“五”的叫“五”，杂乱而在“五”、“塞”之间的叫做“五塞”，共分五采，而以“五”、“白”二采为贵。要掷得全“五”或全“白”，机会比较难得，因而要喝采了。从秦始皇陵园中出土的“茕”来看，共有十四面，是从“一”到“十二”共十二个数字，再加上一面作“䯄”，一面作“骹”。这种“茕”不见于文献记载，不知以什么采为贵。

“六博”对局先要用茕掷采，掷得贵采的先行棋。双方各有棋六只，其中一只叫“枭”，五只叫“散”，以“枭”为贵。枭可以得便吃掉对方的“散”，同时“枭”在“五散”的配合下可以杀掉对方的枭，以杀枭为胜。这种娱乐汉代还很流行，常见于东汉石刻和砖刻画像中，秦、汉墓中常有六博的棋盘和棋子出土，汉代铜镜上常有六博棋盘曲道作为装饰图案，旧称规矩纹镜或“TLV 镜”。湖北云梦睡虎地秦墓出土棋子一大五小，就是一枭五散。其他汉墓所出土棋子，六只大小相同，其中一只棋行到一定位置可以竖起，即成枭棋。《列子·说符篇》张湛注引《古博经》说：“棋行到处即竖之，名曰骁。”“枭”和“骁”音近通用。《招魂》说“成枭而牟”，就是说行棋到一定处所而成枭棋，即可取胜。

《战国策·楚策三》载唐且见春申君说：“夫枭之所以能为者，以散棋佐之也。夫一枭之不能胜五散亦明矣。”《韩非子·外储说左下》

载匡倩对齐宣王说:“博者贵枭,胜者必杀枭,杀枭是杀所贵也。”《史记·魏世家》记苏代对魏安釐王说:“王独不见夫博之所以贵枭者,便则食,不便则止也。”《正义》解释说:“博头有刻为枭鸟形者,掷得枭者,合食其子,若不便,则为余行也。”所说“博头有刻为枭鸟形者”,考古中尚不能证实。湖北云梦睡虎地秦墓中出土的枭棋只比一般棋子大些,并不刻为枭鸟形。秦始皇陵园中出土的“茕”,也不作枭鸟形。所谓“便则食”,是说枭棋可以在一定条件下吃掉对方的棋子。

六博时两人对局,先要投掷“茕”在一只广平的案上,这种案叫“枰”或“广平”。掷茕得胜者得以先行棋,棋盘叫做“局”或“曲道”。《方言》说:“所以投簙谓之枰,或谓之广平。所以行棋谓之局,或谓之曲道。”《说文》也说:“局,簙所以行棋也。”《广雅》说:“曲道,栻梮也。”所以称为“曲道”,因为棋盘上有行棋的“曲道”。“簺”的“局”上有四道,东汉边韶《簺赋》说:“四道交正,时之则也。……行必正直,合中道也。趋耦方折,礼之容也。迭往迭来,刚柔道也。”这是说行棋有时必须“正直”,有时必须“方折”。《庄子·骈拇篇》成玄英疏又说:“行五道而投琼曰博,不投琼曰塞。”似乎六博的“局”又是五道的。王逸《楚辞·招魂》注说:“言己棋已枭,当成牟胜,射张食棋,下兆于屈,故呼五白,以助投也。兆于屈,一作逃于窟。”可能枭要食棋,棋局上有个“窟”,可以下逃于窟的。《汉书·吴王濞传》载:“孝文时吴太子入见,得侍皇太子饮博,吴太子师傅皆楚人,轻悍又素骄,博争道不恭,皇太子引博局提吴太子杀之,于是遣其归丧葬。”颜师古注:“提,掷也。”这个博局当是玉石制的,否则怎会掷死人呢。吴太子争道不恭,可知棋在局上行走时,彼此可以互争的,《招魂》说:“分曹并进,遒相迫些”,王逸注:“曹,偶也。遒亦迫也。言分曹列耦,并进技巧,投箸行棋，转相遒迫，使不得择行也。”可知双方行棋时，是互相在“道”上争逼的。

六博对局以及掷采行棋的情况，我们从汉代砖石画像和铜镜的图像上还能看到。日本梅原末治《绍兴古镜聚英》里，有一面“六神人画像镜”（大阪浅野楳吉藏），上铸仙人六博图，中有“仙人六博”铭文，图里绘有左右两面仙人对坐在六博，一人双手举起，一人双手拿四[illegible]，中有棋局，棋局上有长方形的方格，四角有矩形线条，每边中间也有矩形线条。武梁祠前石室第七石，石刻里也有六博图，两人对局，在一案上作投掷状，当是正在掷箸（茕），上方就有棋局，棋局中央有“田”字形图案，在“田”字形图案四周都有一条平行的线，在平行线的四角都有一个圆圈。棋局四边的四角上都有矩形线条，每边中间也有矩形线条。图中掷箸（茕）的案，当即所谓“枰”。

六博对局，先要掷箸（茕），掷采得胜者先行棋，《战国策·秦策三》应侯谓秦昭王：“恒思有悍少年，请与丛（神丛）博，曰：‘吾胜丛，丛籍我神三日，不胜丛，丛困我。’乃左手自为投，胜丛，丛籍其神。”可见胜负之数是决于掷采的，要掷了采，再依照采而行棋。《史记·殷本纪》载：“武乙无道，为偶人谓之天神，与之博，令人为行，天神不胜，乃僇辱之。”这个传说当是依照六博的博法来说的。所谓“令人为行”，当即指行棋而言。班固《弈指》说：“夫博县（悬）于投，不专于行，优者有不遇，劣者有侥幸，踦拿相凌，气势力争，虽有雌雄，未足为平也。”这也是说六博的胜负，不专看行棋的本领，而是取决于投箸（茕）的，投箸的胜负要看运气的好坏，如果“优者有不遇，劣者有侥幸”，就造成不平。至于“簺”，就不用投掷箸（茕），只看行棋本领的高下，所以《吕氏春秋·察贤篇》说：“今夫塞者，勇力时日卜筮祷祠无事焉，善者必胜。”

《列子·说符》载:“虞氏者,梁之富人也,家充殷盛,钱帛无量,登高楼,临大路,设乐陈酒,击博楼上,挟客相随而行。楼上博者射,明琼张中,反两㯓鱼而笑。”《淮南子·人间训》有相同的记述。张湛注:“凡戏争能取中者皆曰射,亦曰投。”所谓“射”就是指琼(茕)的投掷。注引《古博经》曰:“博法,二人相对,坐向局,分为十二道,两头当中名为‘水’,用棋十二枚,六白六黑,又用鱼二枚置于水中,其掷采以琼为之,琼畟方寸三分,长寸五分,锐其头,钻刻琼四面为眼,亦名为齿,二人互掷采行棋,棋行到处即竖之,名为骁棋,即入水食鱼,亦名牵鱼,每牵一鱼获二筹,翻一鱼获三筹。若已牵两鱼而不胜者,名曰被翻双鱼。彼家获六筹为大胜也。”《列子》所讲到的博法,“明琼张中,反两㯓鱼而笑”,《古博经》所说棋局当中有“水”,“水”中有“鱼”,“骁”(即“枭”)要“入水食鱼”才能取胜,这和战国时代博法以杀枭为胜,显然不同,当是后来另一种博法。

(原载 1948 年 1 月 21 日上海《中央日报》
副刊《文物周刊》第七十期,今作修订)

六博续考

关于六博的源流，程大昌《演繁露》有较详的论述。《演繁露》卷六载：

> 博之流为樗蒲，为握槊（即双陆也），为呼博，为酒令，体制虽不全同，而行塞胜负，取决于投，则一理也。蔡泽说范雎曰："博者或欲大投"，班固《弈指》曰："博悬于投，不必在行"，投者掷也。桓玄曰："刘毅樗蒲，一掷百万"，皆以投掷为名也。古惟斫木为子，一具凡五子，故名五木。后世转而用石，用玉，用象，用骨，故列子之谓投琼，律文之谓出玖。凡琼与玖，皆玉名也。盖谓博者借美名以命之，未必真皆用玉也。《御览》载繁钦《威仪箴》曰："其有退朝，偃息闲居，操樈弄棋，文局樗蒲，言不及义，胜负是图。"注："樈，瞿营反，博子也。"樈之读与琼同，其字仍自从木，知其初制本以木为质也。唐世则镂骨为窍，朱墨杂涂，数以为采。亦有出意为巧者，取相思红子，纳置窍中，使其色明现而易见，故温飞卿《艳词》曰："玲珑骰子安红豆，入骨相思知也无？"凡此二

者，即今世通名骰子也。本书为投，后转为头。《北史》周文帝命丞郎掷樗蒲头，则昔云投者遂转为头矣。头者，总首之义，自镂骨为骰，不惟五木旧制堙没不传，而字直为骰，不复为投矣。若其体制，又全与用木时殊异矣。方其用木也，五子之形两头尖锐，中间平广，状似今之杏仁。惟其尖锐，故可转跃，惟其平广，故可镂采也。凡一子悉为两面，其一面涂黑，黑之上画牛犊为之章，犊者牛子也。一面涂白，白之上即画雉，雉者野鸡也。凡投五子皆黑则其名卢，卢者黑也，言五子皆黑也。五黑皆现，则五犊随现，从可知矣。此在樗蒲为最高之采，挼木而掷，往往叱喝致其极，故亦名呼卢也。其次五子四黑一白，则是四犊一雉，则其采名雉，用以比卢，降一等矣。自此而降，白黑相杂，每每不同。故或名为枭，即邓艾言云，六博得枭者胜也。或名为犍，谓五木十掷辄犍，非其人不能是也。凡此采名樗蒲，虽经皆枚载，然反覆推较，率多驳而不通也。至于骰子之制，固知祖袭五木，然而详略大率不同也。五木只有两面，骰子则有六面，故骰子著齿自一至六，为采亦益多。率其大者而言之，则是裁去五木，两头尖锐而蹙长为方，既有六面，又著六数，不比五木，但有白黑两面矣。五木之制至晋世犹复用木，然《列子》已言投琼，则周末已尝改玉骨也耶？或者形制仍同五木，而质已用玉石也。今世蜀地织绫，其文有两尾尖而中间宽广者，既不象花，亦非禽兽，乃遂名樗蒲，岂古制流于机织，至此尚存也邪？

《演繁露》这段论述，很有见解，但尚有误解。所说古代投掷的“茕”悉为两面，是错误的，《列子·说符篇》注所引《古博经》说“钻刻琼四面为眼”，也不确，当是多面的。秦始皇陵园中出土的茕有十四面，刻有“一”到“十二”的数字和“䯄”“𩨨”二字，是用刻字来表明“采”的，以“五”、“白”两采为贵，因而掷采时要“呼五白”。汉魏以后盛行投掷的五木，以色彩和所绘图像来表明“采”的，以“卢”(黑色)、“雉”(野鸡)等采为贵，因而掷采时要“呼卢喝雉”。唐代以来流行投掷的骰子六面，刻有一到六点，以一点、六点为贵，因而掷采时要“呼幺喝六”了，因而民间俗语，把赌博叫做“呼幺喝六”，高声呵叱也叫“呼幺喝六”。

“幌子”小记

在宋元明人的绘画中，我们常常可以见到酒家或饮食店的门口，有长杆挑出，上面挂着长方形或草帚样的东西，该就是所谓“幌子”。我们现在把较为显著的，例举在下面：（一）宋朱锐《盘车图幅》，藏波士顿美术博物馆，见波士顿美术馆藏中国名画集。图内有一家小酒店，门首有一棵枯树，只剩树身和上面的丫叉，另有一根长杆靠在丫叉里，上面挂着“幌子”。幌子作长方形，直分为三长方格，中间的一长方格是白色，两旁的两长方格是深色。（二）宋郭忠恕《山居风帘图》，藏故宫博物院，见《故宫周刊》第二十一册。图内小店门口左侧，有长杆挂起“幌子”一面，也作长方形，上有一横格，深色，下分三长方格，中间一长方格深色，两旁的两长方格白色。（三）宋黄源《平林霁色图卷》，藏波士顿美术博物馆，见波士顿美术馆藏中国名画集。图内有一小店，旁有长杆挑出“幌子”，作三角形。惟原物想也当是长方形，原为所画的是风吹动后的侧形。（四）宋黄源《溪山行旅图》，藏日本京都小川氏尚简斋，见《南画渊源》。图内桥旁饮食店前有竹竿挑出一"幌子",也作长方形,两旁挂有联珠形的饰物各一串。(五)元人《渔庄秋色图》,藏故宫博物院,见《故宫周刊》第九册。图内有一酒家,中间有长杆挂着一"幌子",也作长方形,上端有一个吊挂用的环,下端有飘带二条。(六)王圻《三才图会》器用部卷十二《酒帘图》。这幌子的形式比较复杂,主体依然是长方形的,中间绘有菱形图案,惟上端作三角形,两旁各垂飘带二条,下端也作三角形,下垂飘带三条。(七)《元曲选·看钱奴》插图。图内"幌子"也作长方形,惟下端作鱼尾状。此外《元曲选》的《城南柳》、《救风尘》、《李逵负荆》及《盛明杂剧》第二集《易水寒》,德寿堂本、凌延喜本《拜月亭传奇》第二十二出插图;百二十回本《水浒全传》中《醉打蒋门神》、《剪发藏金印》、《追甲赶时迁》插图;《金瓶梅》第六回插图,都约略相同。(八)《元曲选·硃砂担》插图。图内长杆上所挂的,是一个草帚样的东西,和上面所举各图作长方形旗帜样的不同。(九)明刊本《禅真逸史》第四回《安平村苗一设谋》插图。图内的"幌子"也作草帚形。(十)《沈石田山水册》。册内有一小店,旁挂"幌子",也作草帚形。(十一)《唐六如山水人物册》。册内酒店旁也有长杆挑出,上面挂着草帚。请参看附图。

上面所举的宋人绘画,其中或有后人临本,可是作为考证宋代文物的资料,依然是可用的。从这些绘画中,我们就可以看出宋、元、明各时代"幌子"的形式。大概宋代的"幌子"都作长方形,两旁或有联珠形的饰物挂着。元代的"幌子",上端或有挂环,下端或有飘带。明代的"幌子",简单的下有鱼尾,繁复的两旁和下端都有飘带。至于草帚状的"幌子",那是乡村里的酒店所用,是一种最简朴的"幌子"。

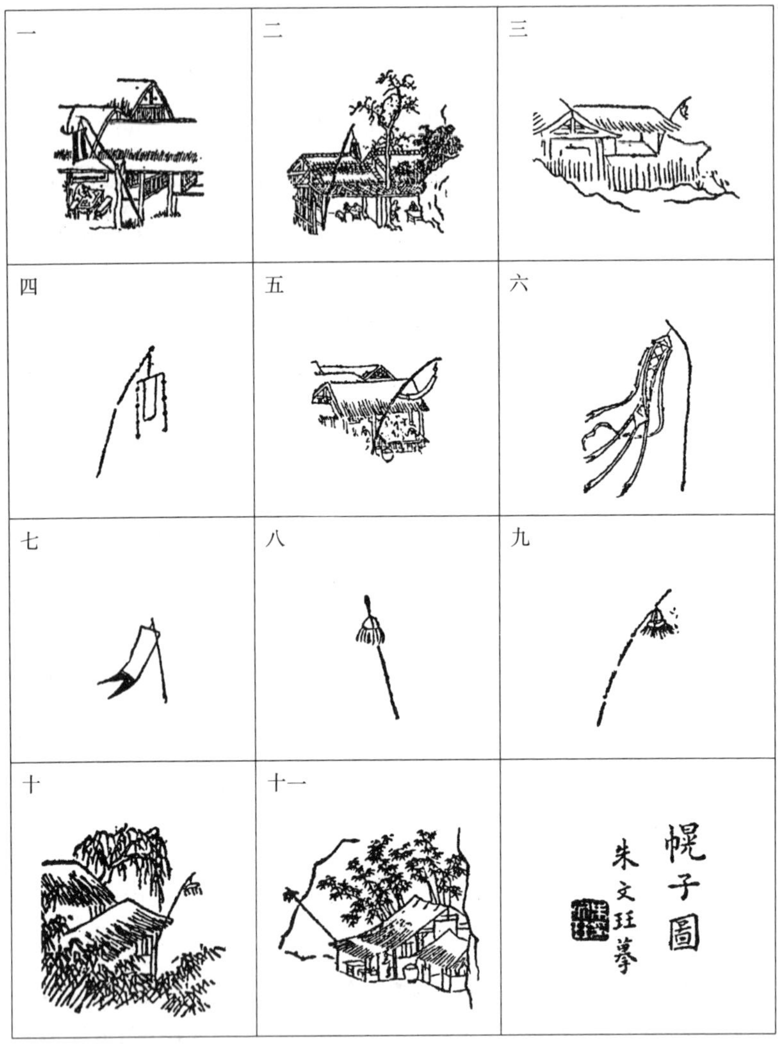

所谓“幌子”，在现在，是对那些虚伪号召的事物而言的。其实，“幌子”就是“望子”，其意义和作用，是和“招牌”相同的。因为“望子”的目的，是在招引顾客，不免要装点得眩人耳目，也不免要虚伪号召，所以人们在俗语中，对那些虚伪号召的事物，就借用“望子”来形容了。清翟灏《通俗编》卷二六说：“今江以北，凡市贾所悬标识，悉呼望子，讹其音，乃云幌子。”这话说得很对。“幌”“望”本来是一音之转。日本人称“招牌”为“看板”，或许“望子”的原义是和“看板”相同的，现在音转而为“幌子”，一般人又用来称唤那些虚伪号召的事物，于是它的原义湮没了。

“望子”这名称，在唐宋时已有了。大概其中以酒家的“望子”为最著，在文献中我们见到的，大多是酒家望子，在宋元明人绘画中，画有“幌子”的，也大多是酒家，或许是酒家最需要招引顾客，所以酒家的望子最是风行。《韩非子·外储说右上》说：“宋人有酤酒者，升概甚平，遇客甚谨，为酒甚美，悬帜甚高，然而不售，酒酸，……”战国时代的酒家已挂着旗帜来招引顾客，到唐宋时代，酒家的“望子”，其实也还是旗帜。上面所举宋元明人绘画中长方形的“幌子”，本来就是“旗帜”。《广韵》二十四盐说：“青帘，酒家望子”，青帘该即是青色的旗帜。唐以后的诗人，在诗词里往往提到它，或称之为“青帘”，或称之为“酒帘”，也或称之为“酒旗”，又或称之为“彩帜”。例如郑谷《旅寓洛南村舍》说：“白鸟窥鱼网，青帘认酒家”（《全唐诗》卷六七四）。李中《送姚端秀才游毗陵》说：“风弄青帘沽酒市，月明红袖采莲船”（《全唐诗》卷七五〇）。又李中《江边吟》说：“闪闪酒帘招醉客，深深绿树隐啼莺”（《全唐诗》卷七四七）。周繇《公子行》说：“回望玉楼人不见，酒旗深处勒花骢”（《全唐诗》卷六三五）。高骈《写怀二首》说：“如今暗与心相约，不动征旗动酒旗”（《全唐诗》卷五九八）。韦应物《酒肆行》说：“碧疏玲珑含春风，银题彩帜邀上客”（《全唐诗》卷一九四）。这些都是比较显著的例子。唐代的酒家望子是旗帜之类，是很显然的。唐人皮日休有《酒中十咏》诗，其中有《酒旗》一首，是描写唐代的“酒旗”的：“青帜阔数尺，悬于往来道。多为风所扬，时见酒名号。拂拂野桥幽，翻翻江市好。双眸复何事，终竟望君老。”（《全唐诗》卷六一一）陆龟蒙在《奉和袭美酒中十咏》中，也有咏《酒旗》一首：“摇摇倚青岸，远荡游人思。风欹翠竹杠，雨澹香醪字。才来隔烟见，已觉临江迟。大旆非不荣，其如有王事。”（《全唐诗》卷六二〇）唐代酒旗的情况，在这二首诗中已可约略看出。它是“阔数尺”的“青帜”，上面写有“酒名号”“香醪字”，用“翠竹杠”来挑出，“悬于往来道”的。此外，杜牧《江南春绝句》说：“千里莺啼绿映红，水村山郭酒旗风”（《全唐诗》卷五二二）。李群玉《江南》说：“斜雪北风何处宿，江南一路酒旗多”（《全唐诗》卷五七〇）。上引李中等诗中说到酒帘的，所咏的也多是江南的风景，似乎在唐代，江南的酒家特别多。

《广韵》说酒家望子是“青帘”，郑谷、李中的诗也都说是“青帘”，皮日休诗说：“青帜阔数尺”，唐代酒旗大多用青布制成，是无疑的。到宋代，青布之外，也有白布的了。宋窦苹《酒谱》“酒之事”条说：“《韩非子》云：‘宋人沽酒，悬帜甚高’，酒市有旗，始见于此。或谓之帘，近世文字有赋之者，中有警策之辞云：‘无小无大，一尺之布可缝；或素或青，十室之邑必有。’”（《坚瓠集》略同）宋洪迈《容斋续笔》卷十六有“酒肆旗望”条也说：“今都城与郡县，酒务及凡鬻酒之肆，皆揭大帘于外，以青白布数幅为之。……”前面所举宋朱锐《盘车图幅》，其中酒帘，直分为三长方格，中间的长方格白色，两旁的深色；还有宋郭忠恕《山居风帘图》，其中酒帘，上有一横格，深色，下分三长方格，中间的长方格深色，两旁的白色，大概深色的即是青布，白色的即是白布，《盘车图幅》上的“望子”，是用二幅青布和一幅白布缝成的，《山居风帘图》上的“望子”，是用两幅青布两幅白布缝成的。

唐人韦应物的《酒肆行》，所咏的是唐代长安的酒肆，他说：“豪家沽酒长安陌，一旦起楼高百尺。碧疏玲珑含春风，银题彩帜邀上客。”长安的酒肆挂的是“彩帜”，足见唐代京都地方毕竟奢侈多了。到宋代，京师的情况也是如此。《东京梦华录》卷八“中秋”条说：“中秋节前，诸店皆卖新酒，重新结络，门面彩楼花头画竿醉仙锦旆，市人争饮，至午未间，家家无酒，拽下望子。”可知宋代京师酒家的“望子”，本身是绣有“醉仙”的“锦旆”，挂竿是“花头画竿”。《梦粱录》也说：“凡京师酒店门首，皆缚彩楼欢门，……街市酒店，彩楼相对，绣旗相招，掩翳天日。”还有杨炎正《钱塘官酒》诗题说：“宋南渡行都有官酒库，每岁清明前开煮，中秋前卖新，先期以鼓乐妓女迎酒穿市，观者如堵。”诗说“钱塘妓女颜如玉，一一红妆新结束……十三库中谁最强，临安大尹索酒尝。……画楼突兀临官道，处处绣旗夸酒好”（见明冯时化《酒史》卷上）。足见南宋行都的情形，还是如此的奢侈。

唐代的酒旗上，写有“酒名号”“香醪字”，宋代也是“处处绣旗夸酒好”，《坚瓠集》说：“暖媛由笔，正德间，朝廷开设酒馆，酒望云：‘本店发卖四时，荷花高酒’，犹南人言莲花白酒也。又有二匾，一云：‘天下第一酒馆’，一云：‘四时应饥食店’。”可知明代酒家的望子，还多写着酒名来号召。宋江少虞《皇朝类苑》卷三八有“酒帘”一条，叙述一件有关酒家望子的事：“王逵以祠部员外郎知福州，尚气自矜，福唐有当垆老媪，常酿美酒，士人多饮其家，有举子谓曰：‘吾能与媪致十数千，媪信乎？’媪曰：‘倘能之，敢不奉教。’因俾媪市布，为一酒帘，题其上曰：‘下临广陌三条阔，斜倚危楼百尺高’，又曰：‘太守若出，呵道者必令媪卸酒帘，但佯若不闻，俟太守行马至帘下，即出卸之，如见责稽缓,即推以事故,谢罪而已。必问帘上诗何人题写,但云:某闻饮酒者好诵此二句,言是酒望子诗,媪遂托善书者题于酒旗上,自此酒售数倍。'王果大喜,呼媪至府,与钱五千,酒一斛,曰赐汝作酒本。诗乃王咏酒旗诗也,平生最为得意者。"(《诗话总龟》卷十七略同)从这一故事中又可知宋代的酒旗还有题诗句的,而酒旗遇到太守等大官经过,必须把它卸下。

宋洪迈《容斋续笔》的"酒肆旗望"条,曾说:"村居或挂瓶瓢,标帚杆。"这个风气到后世也还盛行。《水浒传》"鲁智深大闹五台山"说:"行不到三二十步,见一个酒望子挑出在房檐上。……行了几步,又望见一家酒旗儿直挑在门前。……远远地杏花深处,市稍尽头,一家挑出个草帚儿来,……却是个傍村小酒店。"所谓"草帚儿"该就是洪氏所说"标帚杆"了。《元曲选》的《李逵负荆》第一折和《酷寒亭》第二折,描写酒家说:"曲律竿头悬草稕,绿杨影里拨琵琶。"所说的"草稕",也该是"帚杆""草帚儿"之类。它的形状,我们可以从上面所举的《元曲选·硃砂担》插图和《禅真逸史》插图以及沈周、唐寅的绘画中见到。

我们用文献来和绘画参证,知道唐宋以来的酒家"望子",大体上可分三类:(一)京师酒家最是奢侈,用的是绣旗;(二)一般城市所用是布旗;(三)乡村里每多用"草帚"。

(原载1949年1月6日上海《中央日报》
副刊《文物周刊》第一百一十期)

[补记]　宋代酒楼往往挂着长条幌子,上面写着招徕顾客的广

告。《清明上河图》中虹桥的桥市，南岸有一家酒楼幌子上有“天之美禄”、“新酒”等字；图中通津门口街市中，店铺幌子写有“王家罗绵匹帛铺”、“刘家上色沉檀楝香”、“刘三叔精装字画”、“孙羊店”等，另有幌子写着“久住王员外家”，当是一家接待客商的邸店；在十字街头西南角上有一个棚子，坐着一群人正听人说唱，也还有挂着“神课”、“看命”、“决疑”的占卜者；在十字街的横街西边，有一家挂着“赵大丞家”四个大字幌子的医药铺，幌子上还有写“七劳五伤……”、“治酒所伤真方集香丸”、“大理中丸”等，这是专售治疗“七劳五伤”丸药的广告。

古代四川的井盐生产

我国四川省井盐储藏量很丰富,是内地最大的产盐中心。

四川省的盐业生产已经有二千二百多年的历史了。远在公元前250年以前的战国时代,四川已经开始有了生产井盐的手工业。此后,产盐的地区不断地扩大,开凿和熬煮的技术也不断地改进。

四川井盐生产技术的发展大体上可以分为两个阶段:第一个阶段是从战国时代,一直到北宋庆历年间(1041—1048),这个阶段的盐井,是口径比较大的浅井;从北宋庆历年间以后,便进入了第二个阶段,这个阶段的盐井,是口径比较小的深井。

汉代画像砖

我们从汉代留下来的石刻和从汉代坟墓中挖掘出来的陶制冥器,可以看出:汉代的许多水井是利用滑车(图1)来汲水的。初期的盐井,便是由用滑车的水井改进而成的(用滑车来汲取盐卤)。

图1 陶井，从汉墓出土的冥器，它表示了当时的用滑车汲水的井

在四川汉墓中曾经发现了好几块描写井盐生产的画像砖。近年在成都扬子山汉墓中也有出土的。这些画像砖描绘了当时井盐生产的具体过程。盐井上建筑有二层楼的四方木架。在木架上，盖有屋盖。在屋盖下，装有滑车。滑车上的绳索两头都挂有汲水桶。在两层楼板上都相对地站立着两个人，他们正在拉动绳索。在这个木架的二楼边，装有大漏斗和输送卤水的竹管，一直通到右边炉灶旁的卤池中。他们在汲得卤水以后，便从高处把卤水由竹管输送到卤池中，以便放入炉灶中熬煮。炉灶前只有一个人在烧火，用木柴作燃料，灶上排列着五个

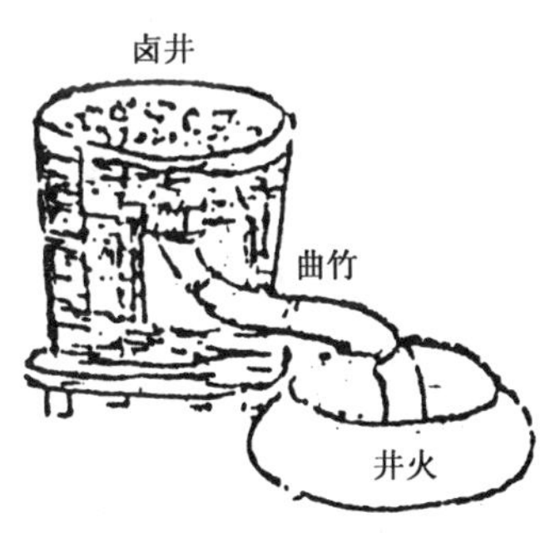

图2 火井图(采自《天工开物》)

熬盐用的大锅。在输送盐卤的竹管后面，正有两个人背着煮好的盐在运出去。

从画像砖反映出：熬盐的炉灶，是用木柴作燃料的。实际上，在汉代，这里的劳动人民已经发现了天然气，并且有利用天然气来熬盐的。在蜀郡临邛县（今四川邛崃）南一百里地，在东汉时代已经开凿有二、三丈深的火井（天然气井，图2）了。没有天然气的地方，才用木柴作燃料。

小口径深井的创造

在北宋时代，我国的经济有了比较大的发展，特别是手工业技术有了相当大的进步。在北宋庆历年间，发明了钻凿深井的器械、方法和用畜力、水力来汲取卤水的方法。

庆历年间所发明的深井钻凿器，锋刃是圜状的。所凿的井口只有碗那么大，井穴可以钻凿几十丈深。

图3　凿井图
（采自《天工开物》）

这种钻凿法一直为后世所沿用。在明代末年宋应星著的《天工开物》中，也曾加以记载。据说，那时的钻凿器是一种非常坚硬和锐利的铁锥，锥杆用毛竹制成。随着铁锥入土深度的增加，可以将锥杆逐渐接长。刚钻凿的时候，用手捧着锥杆来舂（图3），到钻得深些，就改用舂米的脚踏碓的方法来钻，这即是把锥杵的梢头做成臼形，用脚踏碓的杵来舂梢头，而把锥打入土中。孔眼中钻凿出来的碎石和泥粉，是用具有长竹柄的铁盏挖上来。

这种深井钻凿器和深井钻凿法的发明，在机械工程史上有重要的意义。它不但使钻凿深井成为可能，同时也指出了其他矿产的钻凿方法。

唧机和它的动力

这种深井是用竹筒作为井壁的。将大毛竹的竹节凿通，一根根衔接起来，安放到井穴中去。这样，便可以隔绝周围地层中的淡水，使井底的盐卤升上来。用比较小的长竹筒做成唧机，从这种小口径的深井中汲取卤水。在长竹筒中，装有几寸厚的熟皮，作为活塞。利用这种唧机向深井中汲取，一次可以汲到几斗的卤水。

图 4　畜力汲卤图(采自《天工开物》)

值得我们注意的是，当时汲取卤水，不但运用了畜力，而且已经利用水力来作为原动力。水力汲卤机械结构和水排有点相像。它是利用水流激动水轮，由水轮来带动大绳轮，由大绳轮的绳索通过滑轮和导轮来拉动滑车的。

畜力汲卤机械基本上和水力汲卤机械相同，只是没有水轮这一部分而用牲口来转动大绳轮。在提起汲取卤水的竹筒的时候，牛向右旋转，到把竹筒放下井的时候，需要赶牛向左旋转。在《天工开物》中有一张“汲卤图”便是说明用畜力来汲取卤水的方法的(图 4)。

（原载《科学大众》1955 年第 8 期）

月令考

一　前人对于月令著作年代之推断

《吕氏春秋·十二纪》(以下简称《吕纪》)之首章、《礼记》之《月令》篇、《淮南子》之《时则训》,三者大体相同,仅文字稍有出入。前人对此篇之著作年代,颇多考论,综合之,盖不外下列数说:(一)作于周代说;(二)出于《吕氏春秋》说;(三)作于夏代说;(四)杂有虞、夏、殷、周法说;(五)《月令》因《夏小正》,《吕氏春秋》因《月令》说;(六)周、秦书经汉人修改说。

(一) 作于周代说

主《月令》作于周代者,有汉贾逵、马融、鲁恭、蔡邕、王肃,隋杜台卿,清戴震、孙星衍、黄以周等。《月令正义》云:"贾逵、马融之徒,皆云《月令》周公所作,故王肃因焉。"《后汉书·鲁恭传》载鲁恭上疏云:"《月令》周世所造,而所据皆夏之时也,所变者唯正朔、衣裳、牺牲、徽号、器械而已。"此皆谓《月令》为周世之作,蔡邕《明堂月令论》则云:

> 《戴礼·夏小正传》曰(卢文弨云:“曰字衍”)阴阳生物之后,王事次之,则夏之《月令》也。殷人无文,及周而备。文义所说,博衍深远,宜周公之所作也。官号职司,与《周官》合。《周书》七十二篇,而《月令》第五十三。秦相吕不韦著书,取《月令》为纪号,淮南王安亦取以为第四篇(臧庸云:“今本第五”),改名为《时则》,故偏见之徒,云《月令》吕不韦作,或云淮南,非也。(臧庸辑《月令章句下》)

蔡氏实未见《周书·月令》,其所言《明堂月令》,亦指《礼记·月令》言,其《月令答问》云:“予幼读《记》,以为《月令》体大经同,不宜与记书杂录并行”,可证。殆蔡氏知《周书》亦有《月令》篇,遂以为乃周世之书,又见其“体大经同”、“博衍深远”,遂谓“宜周公所作”而混言“官号职司与《周官》合”也。

案《周书·月令》久已散佚,郑玄注《周礼·夏官·司爟》引郑众说云:“《邹子》曰:春取榆柳之火,夏取枣杏之火,季夏取桑柘之火,秋取柞楢之火,冬取槐檀之火。”而何晏《论语集解》卷十七引马融说云:“《周书·月令》有更火之文:春取榆柳之火,夏取枣杏之火,季夏取桑柘之火,秋取柞楢之火,冬取槐檀之火。”何以《周书·月令》与《邹子》全同耶?唐贾公彦《周礼疏》云:“先郑引《邹子》,《论语》注引《周书》不同者,《邹子》书出于《周书》,其义是一,故各引其一言。”而臧庸于《月令章句》有案语云:“据中郎此言,是《周书·月令》即《礼记·月令》也。初据《论语集解》言《周书·月令》有改火之文,疑别有《月令》。今考《周礼·司爟》注郑司农引《周书》为《邹子》。贾疏云:‘《邹子》出于《周书》,其义是一’,然则《论语》注所言《周书》,实《邹子》耳。”

贾公彦以《邹子》出于《周书》，而臧庸又以《周书·月令》同《礼记·月令》，《论语》注所言《周书·月令》更火之文，乃《邹子》之误。考《邹子》终始五德之说，主五行相胜，《史记集解》引如淳云："今其书有《五德终始》，五德各以所胜为行。"《文选·魏都赋》注引《七略》云："《邹子》有《终始五德》，从所不胜：土德后，木德继之，金德次之，火德次之，水德次之。"是《邹子》所言五行之次，为土、木、金、火、水，主相胜说，据以言朝代递嬗之理者。与《月令》以木、火、土、金、水相次为相生说者绝不同。邹衍所著书除《邹子终始》五十六篇外，尚有《邹子》四十九篇，《史记集解》引如淳曰："今其书有《主运》，五行相次转用事，随方面而服。"《索隐》云："《主运》是《邹子》之书篇名。"其所谓"五行相次转用事"，究为相胜说抑相生说虽不可知，当亦与《终始五德》之说不相背也。更火之文，据皇侃《论语义疏》释云："改火之木，随五行之色而变也。榆柳色青，春是木，木色青，故春用榆柳也。枣杏色赤，夏是火，火色赤，故夏用枣杏也。桑柘色黄，季夏是土，土色黄，故季夏用桑柘也。柞楢色白，秋是金，金色白，故秋用柞楢也。槐檀色黑，冬是水，水色黑，故冬用槐檀也。"如皇侃说，则更火之文亦以木、火、土、金、水相次，与邹子相胜说不合，必非邹子之言（贾公彦《周礼疏》云："言春取榆柳之青，旧师皆以为取五方之色同，故用之。今案枣杏虽赤，榆柳不青，槐檀不黑，其义未闻。"槐檀固不甚黑，榆柳非不青也）。《淮南子·时则训》春"爨萁燧火"，夏秋"爨柘燧火"，冬"爨松燧火"，其说虽与《周书·月令》不同，盖亦本于《月令》一类之典籍，此亦足证更火之文当为《周书·月令》所有。郑众所引之《邹子》，疑即《周书·月令》之误，殆由"邹""周"音近而讹也。

《周书·月令》与《礼记·月令》本不相同。杜台卿《玉烛宝典》序云："且《论语》注云：《周书・月令》有更火之文，今《月令》聊无此语，明当是异。"梁玉绳《吕子校补》亦云："《逸周书》阙《月令》，近刻以《月令》补之，余未敢信。《周书・月令》马融曾引之注《论语》'钻燧改火'，与《月令》迥异。"俞正燮《癸巳类稿》卷三《月令非周书论》更云："依此《月令》（案指更火之文），即当分为五处。又《月令》有'中央土'，而《月令解》以王土四季名季夏，与《素问》名长夏同，知无'中央土'名。又《召诰》正义引《周书・月令》云：'三月粤朏'，即班《志》之古文《月采》，班固及见之，此《月令》文例，无处着之。"《汉书・律历志》引古文《月采》云："三月粤朏"，《书・召诰》正义引作《周书・月令》，《汉书》"月采"即"月令"之误，《困学纪闻》有校语，盖《周书・月令》汉时犹存。孙志祖《读书脞录》卷三云："《逸周书》阙《月令》，马融《论语》注引'春取榆柳之火……'，《召诰》正义引'三月粤朏'，盖汉唐时此篇尚存也。邢疏云：'其词今亡'，则宋时始佚尔，其文与《十二纪》迥异。"孙氏以《周书・月令》宋时始佚，疑无当。除《召诰》正义外，唐时书罕见称引者（隋杜台卿《玉烛宝典》专论时令，亦不及《周书・月令》），《召诰》正义殆亦出转引，非亲见原书也。

《周书・月令》既散佚，虽未由详考，唯其佚文皆与《吕氏春秋・十二纪》、《礼记・月令》不同，若因《周书》有《月令》，遂谓《吕纪》及《礼记・月令》亦周世所作，宁非武断！且《逸周书》之《周月解》，亦与《吕纪》、《礼记・月令》不相合。俞正燮《月令非周书论》云："《逸周书・周月解》云：'惟一月既南至，日月俱起于牵牛之初，是谓日月权舆'，此《月令》则云：'孟春之月，日在营室，昏参中，旦尾中，乃命太史守典奉法，司天日月星辰之行，宿离不贷，以初为常。'《周月解》云：'既南至，日月右回而行，月周天进一次，与日合宿，日行月一次，而周天历舍于十又二次，终则复始’，此《月令》则云：‘季冬日在婺女，昏娄中，旦氐中，日穷于次，月穷于纪，星回于天，数将几终，岁且更始。’其断天行始终，《周月解》起牵牛，故周人以斗牛为星纪，为十二次，此《月令》季冬星回于天，则起营室，室壁为天门，为十二次之始，相去四十五六度，《周月解》、《月令解》既同周制，不容大悖，岂得以《月令》当周《月令解》。”《周书·周月解》之天文，与《札记·月令》既不同，当非同时之作品，安见《周书·月令》必与《礼记·月令》相同耶？

考《礼记》之《月令篇》，本非原有，乃采自他书。《隋书·经籍志》云：“汉初河间献王又得仲尼弟子及后学者所记一百三十一篇献之，时亦无传之者。主刘向考校经籍，检得一百三十篇，向因第而叙之。而又得《明堂阴阳记》三十三篇，《孔子三朝记》七篇，《王氏史记》二十一篇，《乐记》二十三篇，凡五种，合二百十四篇。戴德删其烦重，合而记之，为八十五篇，谓之《大戴礼》。而戴圣又删《大戴》之书，为四十六篇，谓之《小戴礼》。汉末马融，遂传《小戴》之学，融又足《月令》一篇，《明堂位》一篇，《乐记》一篇，合四十九篇，而郑玄受业于马融，又为之注。”而《初学记》卷二一又载一异说云：“《礼记》者，本孔子门徒共撰所闻也。……至汉宣帝世，东海后苍善说礼，于曲台殿撰《礼》一百八十篇，号曰《后氏曲台记》。后苍传于梁国戴德及德从弟子圣，乃删《后氏记》为八十五篇，名《大戴礼》，圣又删《大戴礼》为四十六篇，名《小戴礼》。其后诸儒又加《月令》、《明堂位》、《乐记》，凡四十九篇，则今《礼记》也。”《经典释文叙录》引陈邵《周礼论序》则云：“戴德删《古礼》二百四篇为八十五篇，谓之《大戴礼》，戴圣删《大戴礼》为四十九篇，是为《小戴礼》。后汉马融、卢植，考诸家同异，附戴圣篇章，去其繁重，及所叙略，而行于世，即今《礼记》是也。郑玄依卢、马之本而注焉。”

《隋书·经籍志》谓《礼记》之《月令》为马融所足(至《初学记》所载异说,以为出于《后氏曲台记》一百八十篇,实不可信。《汉书·艺文志》但载《曲台记》九篇),然《经典释文》云:“汉刘向《别录》有四十九篇,其篇次与今《礼记》同名,为他家书拾撰所取,不可谓之《小戴记》。”可知《礼记》之有《月令》,刘向时已然,实不自马融始(戴震亦据《别录》所载《礼记》为四十九篇,其内有《乐记》,又据《汉书·儒林传》戴圣有门人桥仁,《后汉书·桥玄传》又谓仁著《礼记章句》四十九篇,以证《礼记》原本四十九篇,未经马融增补,甚是)。郑玄为马融弟子,郑玄《六艺论》云:“戴圣传礼四十九篇,则此《礼记》是也”(《礼记》大题下引),不言有其师增补之篇。《礼记正义》引郑玄《三礼目录》云:“名曰《月令》者,以其纪十二月政之所行也,本《吕氏春秋》十二月纪之首章。礼家好事抄合之,后人因题之,名曰《礼记》,言周公所作。其中官名时事,多不合周法。此于《别录》,属《明堂阴阳》。”郑玄称《月令》为礼家好事抄合,当非其师所增(《月令》苟为马融所增,郑玄当能知之,何不明言之以证《月令》之晚出乎)。《礼记》一书本礼家抄合而成,《月令》于《别录》属《明堂阴阳》,则《礼记·月令》之抄自《明堂阴阳》,可断言也。戴震《经考》卷四云:“钱斝曰:《月令》于刘向《别录》属《明堂阴阳记》,则是篇本古明堂遗制,吕氏从而录之,秦有天下,不闻有事于明堂,盖非不韦所撰,而蔡邕、王肃、张华皆言是周公作,必有所据。吕氏录《明堂阴阳记》旧文于首,以为纲,附以八览、六论为目,中间杂入秦官,无足怪也。”

钱氏据刘向《别录》,以为吕氏录《明堂阴阳记》,且信以为周公所作。然《别录》及《汉书·艺文志》皆言《明堂阴阳》诸书为六国时七十子后学者所记。黄以周《礼说》卷六“明堂月令”条因云：

> 据郑《目录》，《戴记·月令》，刘向《别录》属之《明堂阴阳》。考《汉志》云：“《礼记》百三十一篇，七十子后学者所记；《明堂阴阳》三十三篇，古明堂之遗事，《王史氏》二十一篇，七十子后学者。”班《志》此言，本于刘歆《七略》，云七十子后学者，谓七十子之徒，故刘向《别录》以为六国时人，则《明堂阴阳》诸书，非秦、汉人作，可知也。《汉志》又曰：“《礼古经》出鲁淹中，与十七篇相似，多三十九篇及《明堂阴阳》、《王史氏记》，所见多天子诸侯卿大夫之制。”“及”字承上“多”字为文，皆今文家后苍等所未见，则《明堂阴阳》诸书，亦出淹中，可知也。《释文叙录》引刘向《别录》云：“《古文记》二百四篇”，则《明堂月令》、《戴记·月令》皆出古文，亦可知也。《后汉书·鲁恭传》曰：“《月令》周世所造”，此言最为核实。则以为吕不韦作《春秋》时所记，此郑之失也。《盛德》所记，及《异义》所引《明堂月令》，并不见于《小戴》，《论语》“钻燧改火”马融注引《周书·月令》更火之文，亦不见《戴记》，则以为《戴记·月令》即《明堂月令》，谓出之《周书》，此蔡氏之失也。

案隋杜台卿《玉烛宝典》序云：“当是七十弟子之徒及其时学者杂为记录，无以知其姓氏，吕氏取以为篇目，或因治改，遂令二本俱行于世。”亦与黄说同。《礼记·月令》本出《明堂阴阳》，《明堂阴阳》本亦礼家抄合而成，据郑玄《三礼目录》谓《月令》本《吕纪》首章，乃礼家抄合，而于《别录》属《明堂阴阳》，则《明堂阴阳记》中之《月令》，似亦抄自《吕纪》，非《吕纪》袭自《明堂阴阳记》。《明堂阴阳》与《吕纪》之关系若何，殊非一言可决。

(二) 出于《吕氏春秋》说

汉时主《月令》为秦书者，有郑玄、卢植、高诱三人。郑玄以《月令》出于《吕氏春秋》，其中官名时事不合周法。唐孔颖达《正义》云：

> 吕不韦集诸儒士，著为十二月纪，合十余万言，名为《吕氏春秋》，篇首皆有《月令》，与此文同，是一证也。又周无太尉，唯秦官有太尉，而此《月令》云："乃命太尉"，此是官名不合周法，二证也。又秦以十月为岁首，而《月令》云："为来岁受朔日"，即是九月为岁终，十月为受朔，此时不合周法，三证也。又周有六冕，郊天迎气，则用大裘，乘玉辂，建大常日月之章，而《月令》服饰车旗，并依时色，此是事不合周法，四证也。故郑云"其中官名时事多不合周法"。然按秦始皇十二年吕不韦死，二十六年并天下，然后以十月为岁首，岁首用十月，时不韦已死十五年，而不韦不得以十月为正。又《周书》先有《月令》，何得云不韦所造？又秦并天下立郡，何得云诸侯？又秦以好杀害，毒害天下，何能布德施惠，春不兴兵？郑必谓不韦作者，以《吕氏春秋》十二月纪正与此同，不过三五字别，且不韦集诸儒所作，为一代大典，亦采择善言之事，遵立旧章，但秦自不能依行，何怪不韦所作也。

案隋杜台卿《玉烛宝典》序云："郑玄以孟夏'命太尉'，周无此官，季秋'为来岁受朔日'，随秦以十月为首，遂云作《礼记》者，取《吕氏春秋》。……王肃难云：'始皇十二年吕不韦死，廿六年秦并天下，然后以十月为岁首，不韦已死十五年，便成乖谬。'"据此则孔氏上举四证，即郑玄之说，"然按"以下乃王肃驳郑玄之论，"郑必谓"以下又为孔氏回护郑说之词，盖争辩由来久矣。《月令》季秋"乃趣狱刑，毋留有罪"，《续汉书·百官志注》引卢植注云："计断九月，因秦以十月为正故也。"《月令》季秋"为来岁受朔日",高诱注云:"来岁明年也,秦以十月为正,故于是月受明年历日也。由此言之,《月令》为秦制也。"高诱本卢植弟子,盖本其师说。蒋元庆《读小戴记卢植注日记》云:"高氏亲受业于卢尚书,……即遵据卢氏此注也。又案《淮南·时则训》云:'乃趋狱刑,毋留有罪',高注:'毋留言当断也。'当断之断即此注'断九月'之断,高氏原本师说,益知卢谊为可据也。"《宋史·张虙传》亦云:"《月令》之书,出于吕不韦。"清儒梁玉绳《吕子校补》,万斯大《学礼质疑》、《礼记偶笺》,王引之《经义述闻》,张文虎《舒艺室随笔》,汪鋆《十二砚斋随录》,伊朝栋《南窗丛记》等皆从此说,而方以智《通雅》、徐文靖《管城硕记》、卢文弨《龙城札记》及《毕校吕氏春秋》案语、姜宸英《湛园札记》等,又皆非议此说。

(三) 作于夏代说

束皙主《月令》为夏书而经后人增益。《隋书·牛弘传》牛弘上疏云:"今《明堂月令》者,……束皙以为夏时之书。"《玉烛宝典》序云:"束皙又云:案《月令》四时之月,皆夏数也,殆夏时之书而后人治益。"是束皙以《月令》为夏时,而定为夏书,实为臆断。《玉烛宝典》序驳之云:"束云四时皆夏数者,孔子云:'行夏之时',以夏数得天,后王宜其遵用,非必依夏正朔,即为夏典。其夏时书者,《小正》见存,文多古,与此叙事多别。"

夏正本为周正后之一种新历,《月令》之用夏正,正足见其晚出,何得据以为夏书也?

(四) 杂有虞夏殷周法说

《隋书·牛弘传》牛弘上疏云:"今《明堂月令》者,……刘瓛云:'不韦鸠集儒者,寻于圣王而记之,不韦安能独为此记?'今案:不得全称周书，亦未可即为秦典，其内杂有虞、夏、殷、周之法，皆圣王仁恕之政也。”牛弘以《月令》皆“圣王仁恕之政”，臆断其杂有虞、夏、殷、周法，亦犹蔡邕因《月令》“博衍深远”而谓周公所作也。而徐文靖《管城硕记》又申其说曰：“又《唐天文志·日度议》曰：‘《梁大同历》夏后氏之初，冬至日在牵牛’，初以《明堂月令》乃夏时之记，据中气推之不合，更以中节之间为正，乃稍相符，不知进至节初，自然契合，故袁准《正论》曰：‘古有王居明堂之礼，《月令》则其事也。’魏徵《谏录》曰：‘《月令》起于上古’，《书》云：‘敬授人时’，吕不韦只是修《月令》，未必起于秦代。”徐说仅据历法臆测，殊不知夏历本后起，何足据信？

（五）《月令》因《夏小正》，《吕氏春秋》因《月令》说

方以智《通雅》卷十二《天文》“月令”条云：“周公《月令》因《夏小正》，《吕览》因《月令》，《淮南》因《吕览》，记有异同，非后人笔也。陆德明以为《吕氏春秋》后人所删，蔡邕、王肃以为周公所作，先儒以赞俊杰，遂贤良，行爵出禄，非太尉之职，太尉秦官，决非周公之书。予谓不然，《月令》之书，自大挠作甲子，占斗所建，伶伦作十二律，以节四时之度，尧命羲和，敬授人时，分四仲以定中星，验之于人，占之于鸟兽，应之于事，终以允釐咸熙，此夏时之所由起。《夏小正》之书，辞简理明，固已备《月令》之体，周以农开国，犹以时令为先务，大概具见《七月》。周公制礼作乐，得无一代之成书，使此书尽出不韦之手，不应以十二令为纪，各以数释于后，合为六十一篇。太尉固秦官，所命冢宰、司徒、司空、司马与太史、乐正、乐师、泽人、虞人、四监之类，皆周官也。不韦不过改周司马为太尉耳。盖赞俊杰，遂贤良，与行爵出禄，虽非太尉之职，而设仪辨仕进贤，兴功制裁内封，则大司马之职也。大率周公增益《夏小正》，不韦增益周公之书，其间岂得无改窜？

《淮南·时则训》比《吕氏十二纪》又有异同，此可为证。”用夏时之书，未必夏世之书，杜台卿已言之。方氏以《夏小正》为夏书，既未审，又以“周公制礼作乐，得无一代之成书”，遂谓《月令》本周公作，亦臆说耳。

（六）周秦书经汉人修改说

汪鋆《十二砚斋随笔》云：“周官无太尉，汉乃有之，《月令》乃曰：‘孟冬令太尉赞俊杰’，此一错也。《周礼》龟人上春衅龟，上春者建寅之月用夏正也，《月令》乃曰：‘孟冬命太史衅龟策’，此又错也。昔云《礼记》强半秦、汉人笔，于此益信。”汪说无当。汉有太尉，秦亦有之，岂得据此以为汉人笔？《周礼》本周正、夏正杂用（《周礼》序岁时，既言正月，复言正岁，最是明证），何得以《周礼》为夏正而谓《月令》有错？《周礼》以上春衅龟，所用者乃周正，《月令》言孟冬衅龟，所用者乃夏正也。宋章如愚《山堂考索》云：“周人《月令》，已详陈于《七月》之诗，则此书断非周公赘为之也。今之《月令》虽用《吕氏春秋·十二纪》之首，亦未可归之不韦，盖辑而订之者，汉儒之力也。《月令》首篇律中太簇，是汉建寅为行夏正，实非周、秦之时也。仲春之月，日始雨水，是汉始以雨水为二月节，实非周、秦之旧也。若夫太尉之职，郡县之制，汉实因之，布德之诏，释菜之礼，汉实有之，受朔之事，封侯之典，证之汉初又得之，此明出汉儒之订正。”此说亦殊无当，夏正春秋时晋国已用，何得以为非周、秦之时？以雨水为二月节，固始于汉，实本于此。黄以周《礼说》卷四“月令”条云：“仲春之月，始雨水，注云：‘汉始以雨水为二月节’，如泥于此，《月令》直汉人作，并不得谓之秦代书矣，可乎哉？”若夫太尉之职，秦有之，实亦有所本（春秋时晋有元尉，元尉即太尉也，详下文），郡县之制，春秋战国已有之，何得据以为汉制也？至若释菜之礼、受朔之事、封侯之典，究何所据而必以为汉儒之说耶？

及乎晚清今文家起，又以《吕纪》、《月令》之五帝，皆刘歆伪窜。康有为《新学伪经考》既创此说，崔適《史记探源》、《五经释要》等书益张之。刘歆《世经》以太皞木德，炎帝火德，黄帝土德，少皞金德，颛顼水德；颛顼水德而下，喾木，尧火，舜土，夏金，殷水，周木，汉复为火，新复为土，固用以证新之当受汉禅，犹舜之当受尧禅，实迫于皇天威命者。然《左传》、《国语》、《史记》皆有太皞、少皞，而康氏谓亦歆所窜入。崔適《五经释要》云："乃古文家剌取《吕氏春秋·十二纪》之首篇为《月令》，增入春曰：其帝太皞，其神句芒，夏曰：其帝炎帝，其神祝融，中央曰：其帝黄帝，其神后土，秋曰：其帝少皞，其神蓐收，冬曰：其帝颛顼，其神玄冥十句。又窜入《吕氏·十二纪》及《天文训》以为证，而《时则训》无之，幸留此隙，得见十句非吕氏原文也。"其《史记探源》亦云："又增《吕氏春秋·十二纪》于春曰'其帝大皞，其神句芒'，……凡十句，《月令》因之。適案《淮南·时则训》录自《十二纪》，无此十句（《天文训》有之，是后人窜入？不然，何以此篇与之异），可证吕氏本亦无之，今有者，歆所窜入也。"果如崔说，古文家既窜入于《吕纪》、《月令》，何以不窜入与《吕纪》、《月令》相同之《淮南·时则训》，反窜之于《淮南·天文训》乎？盖《淮南》既著之于《天文训》，而略之于《时则训》也。康、崔之说，余已尝详辨之，别见拙作《刘歆冤词》（见《古史辨》第七册），此不具论。

二　月令所用历法

我国古代历法，有所谓"三正论"者，为自来学者所崇信，谓周以含冬至之月为正月，殷以此后一月为正月，夏以此后二月为正月，夏正建寅，殷正建丑，周正建子，正月各自不同。其说见于《史记·历书》及《尚书大传》。《史记·历书》云："夏正以正月，殷正以十二月，周正以十一月，盖三王之正若循环，穷则反本。"《尚书大传》亦云："夏以孟春月为正，殷以季冬月为正，周以仲冬月为正"(《白虎通》引)。此说又似于《左传》有之：《左传》昭公十七年载郑梓慎言曰："火出，于夏为二月，于商为四月，于周为五月。"《论语》颜渊问为邦，孔子曰："行夏之时，乘殷之辂，服周之冕"，似孔子时已有三正论在。及乎秦初，既妄信三正论，以夏、殷、周三代之三正交替为历史事实；又信邹衍五德终始之说，以秦当水德，孟冬十月"盛德在水"，遂改十月为岁首矣。

《古本竹书纪年》全部用夏正，杜预《春秋经传集解后序》云："其《纪年篇》，……唯特纪晋国，起自殇叔，次文侯、昭侯以至曲沃庄伯，庄伯之十一年十一月，鲁隐公之元年正月也，皆用夏正建寅之月为岁首，编年相次。"据此，《竹书纪年》所用者为夏正，而《春秋》所用乃周正。大抵春秋时，晋国已采用夏正，《左传》中记晋事已杂有夏正之历法，例如襄公三十年云："二月癸未，晋悼夫人食舆人之城杞者，绛县人或年长矣，无子而往与于食，有与疑年，使之年曰：'臣小人也，不知纪年，臣生之岁，正月甲子朔，四百有四十五甲子矣，其季于今三之一也。'吏走问诸朝，师旷曰：'鲁叔仲、惠伯会郤成子于承匡之岁也，……七十三年矣。'史赵曰：'亥有二首六身，下二如身，是其日数也。'士文伯曰：'然则二万六千六百有六旬也。'"

此老人生岁当为文公十一年，所谓正月甲子朔，乃夏正，当周正之三月甲子朔，至襄公三十年二月癸未，计七十三年，其间有二十七闰月，故其日数为二万六千六百有六旬。《左传》僖公五年晋卜偃说灭虢之日，曰："其九月十月之交乎?"而《传》终之曰："冬十二月丙子朔，晋灭虢"，《汉书・律历志》以为言历者以夏时，故周十二月，夏十月也。又《左传》僖公十五年韩之战，及昭公三十二年城成周，较《春秋》俱早二月，盖《左传》杂采晋史而用夏正也。王引之《经义述闻》又云："成十八《左传》春王正月，晋栾书中行偃使程滑弑厉公，而此文(指《晋语》)上云：'厉公七年冬难作，始于三郤，卒于公'，则鲁之正月，晋以为冬，盖晋之十一月也。"以《国语・晋语》与《左传》对勘，而知晋于春秋时已用夏正。《孟子》云："七八月之间旱则苗槁矣，天油然作云，沛然下雨，则苗勃然兴之矣。"谓七八月之间尚有苗，仍为周正也。夏正为列国所采用，疑在战国末年。历法本与农业有密切之关系。月为纪时自然节度，先民早已习用之。用推步术稍进，乃以日景短长为一岁终始，故周正以冬至之月为岁首。夏正以此后二月为岁首，盖欲便于农事，此乃较为进步之历法。夏正疑即晋人所创始，以晋本夏墟而名夏正也。

《吕纪》、《月令》之历法，全用夏正，万斯大主《月令》出于《吕纪》，乃秦书，遂谓秦用夏正由不韦始。其《学礼质疑》"秦时夏正由不韦始"条云：

> 周正建子改月改时，蔡九峰《书传》于《伊训》之祀十有二月，谓殷、周俱改正朔而不改月数，详引秦之建亥而月数不改为证。胡文定《春秋》亦曰："秦以亥为正而书元年冬十月，则知时不易也。"按《史记》及《通鉴》秦政二十六年并天下，从水德以十月为年始，是谓建亥，汉初因之。至武帝即位后三十七年当太初元年始改用夏正。是秦之改年始而不改时月固也。……予读《月令》

而始得其说：按《史记》秦王政元年吕不韦为相，凡十年而免，十年之间政年尚幼，国事皆不韦专之，其集诸儒为《春秋》，实在此时，当时已悬之国门，莫能易其一字，其十二篇首《月令》，皆从夏时，盖不韦亦知周时未善而有得于孔子夏时之语也。不韦既成《春秋》，见周已灭亡，遂因以改正时月，时不韦以仲父之尊，太后之宠，相国之重，唯我主之，其谁敢违之？特以其时六国尚存，未成一统，止行于国中而未及乎天下，至政并天下，遂因之改十月为年始而时月一如夏时之旧焉。又考《史记》政五年冬雷，四月寒冻有死者，若尔时犹是周正，则冬乃酉戌亥月有雷不足异，四月乃卯月，寒甚，亦无足怪，何以特书之？足以知此时之改从夏正也。改时大事而史不言者，不韦之意，实欲于平天下之后，藉仲父之尊，太后之宠，相国之重，逞其才智，取其著于《春秋》者一举而见之施行，而无如子之不知为父，残刻鲜终，史臣以其事由不韦，且尚属偏方时事，曷敢公之载籍，致此事湮没不传，而万世之疑，遂由兹以起。

案《史记·吕不韦列传》："秦庄襄王元年，以吕不韦为丞相，封文信侯，食河南、洛阳十万户。庄襄王薨，太子政立为王，尊吕不韦为相国，号称仲父，吕不韦乃使其宾客人人著所闻，号曰《吕氏春秋》。"《吕氏春秋·序意篇》曰："维秦八年，岁在涒滩"，据姚文田《维秦八年岁在涒滩考》(《邃雅堂集》)，其纪元实自灭东周之明年癸丑始，已隐有以秦代周之意。考《吕氏春秋·谨听篇》云："今周室既灭，而天子已绝，乱莫大于无天子"，《功名篇》又云："欲为天子，民之所走，不可不察；……欲为天子，所以示民，不可不异，行不异乱，虽信令，民犹无走。……故当今之世，有仁人不可不此务，有贤主不可不此事。"其

《十二纪》盖即其"欲为天子,所以示民不可不异"之政令。《序意篇》曰:"良人请问十二纪,文信侯曰:'尝得学黄帝之所以诲颛顼矣:爰有大圜在上,大矩在下,汝能法之,为民父母。盖闻古之清世,是法天地,凡十二纪者,所以纪治乱存亡也,所以知寿夭吉凶也。上验之天,下验之地,中审之人,若此则是非可不可无所遁矣。'"可见不韦以法《十二纪》足以为民父母者,盖《吕氏春秋》一书,不韦欲秦王法之以为天子者也。夏正晋行之最先,不韦晋人,其宾客亦多晋人(《史记》云:"始皇十二年,吕不韦窃葬,其舍人临者晋人也,逐出之"),《吕纪》夏正之历法,当即据晋人之所作。

王引之《经义述闻》、俞正燮《癸巳类稿》,又皆以《月令》所用为《颛顼历》。俞正燮《癸巳类稿·月令非周书论》云:

> 古宪起算二法,绝不相涉。《晋书·律历志》董巴议云:"颛顼以今孟春正月为上元,其时正月朔旦立春,五星会于天庙营室",又云:"汤作《殷历》,复以冬十一月冬至朔旦为元首,弗复以正月朔旦为节,下至周、鲁及汉,皆从其节。"此冬至立春二法也。巴又云:"据正四时,夏为得天,以承尧、舜,从颛顼故也,《礼记》大戴曰:虞、夏之历,建正于孟春,此之谓也。"谓唐尧亦以立春起算,而其实不然。后汉改用四分,诏云:"《璇玑钤》曰:述尧世,放唐文,《帝命验》曰:尧考德顾期立象,《保乾图》曰:三百年年历改宪,今改行四分,以顺孔圣。"顺孔圣者,《晋志》引《命历序》云:"孔子为治《春秋》之故,退修殷之故历",又云:"四分之一殷宪也,是唐、殷同用四分,《大戴诰志》云:'虞、夏之历,建正于孟春',不言唐也,然则颛顼、虞、夏正朔用寅,以立春起算,秦正朔用亥而置算从之,唐、殷正朔用丑,以冬至起算,周、鲁正朔用子,

而置算从之,《月令解》与《周月解》用唐、殷法,此《月令》用颛顼、虞、夏法至明也。刘洪云:"甲寅历于孔子时,效颛顼,秦所施用",又云:"甲寅天元正月朔旦,甲子冬至,七曜之起始于牛初乙卯之元,人正己巳朔旦立春,三光聚天庙营室五度。"司马彪论云:"汉兴承秦:初用乙卯,不言承周,周同唐起冬至,秦同颛帝起立春",《月令》于孟春言星辰之初,于季冬言日月星辰,岁将几终,岂得谓即《周书·月令解》,便与《周月解》相谬。蔡邕于熹平四年议宪云:"秦法用颛顼,元用乙卯",其《明堂月令论》(《续汉志》注误刊"命论")云:"颛顼历术(《集》误刊"衡"),曰人元(俱讹"天元")乙卯正月己巳朔旦立春,俱以日月起于天庙营室五度(《集》讹"太建宫室制度")。"今《月令》孟春之月,日在营室,是邕亦言《月令》用颛顼法,非周法。

俞氏之所谓《颛顼历》,实即夏正耳。而王引之《经义述闻》云:

秦以十月为岁首,则当以孟冬之月为始,今《月令》始于孟春者,盖孟冬为当时岁首所起,而孟春则历元所起,历家最重建元,故托始于孟春之月,此《颛顼历》也。《大衍历议》引《洪范》曰:"历记始于颛顼上元大始阏蒙(即阏逢)摄提格之岁(大岁在甲寅),毕陬之月(甲寅月)朔旦己巳立春,七曜俱在营室五度"(见《唐书·历志》,《晋书·律历志》引董巴议亦曰:"颛顼以今之孟春正月为元,其时正月朔旦立春,五星会于天历营室也"),正月为陬而在立春之月,则以孟春为正月也。颛顼历元始于立春,而谓其月为正月,故为十二月之首也。而岁首则在十月,《史记·孝文本纪》:"北平侯张苍为丞相,方明律历,鲁人公孙臣上书言:方今土德应,黄龙见,当改正朔服色制度,丞相推以为今水德始

> 明，正十月尚黑，以为其言非是，请罢之。”《张苍传》：“张苍绪正律历，以高祖十月始至霸上，因故秦时本以十月为岁首，弗革。”太史公曰：“张苍文学律历，为汉名相，而绌贾生、公孙臣等言正朔服色事而不遵，明用秦之《颛顼历》，何哉？”是《颛顼历》正朔在十月也。然则《月令》以孟冬为岁首，以孟春为月首，其用《颛顼历》明甚。更以《淮南子》证之，淮南王安封于文帝十六年，诛于武帝元狩元年，其时《太初历》未出，犹用《颛顼历》，故其书《时则训》亦以孟春为始，而于季秋云：“为来岁受朔日”，以著岁首之在孟冬，其《天文训》曰：“淮南元年冬天一在丙子(“天”今本误作“大”，说见《太岁考》)，冬至甲午立春丙子”，先冬后春，则十月为岁首也。又曰：“天一元始，正月建寅，日月俱入营室五度”，天一以始建，则历元在正月也。此足与《月令》相发明矣。余恐学者不知其原而疑于一岁有二首，故具论之。

案《史记·历书》云：“是时独有邹衍，明于五德之传，而散消息之分，以显诸侯，而亦因秦灭六国，兵戎极烦，又升至尊之日浅，未暇遑也，而亦颇推五胜，而自以为获水德之瑞，更名河曰德水，而正以十月，色上黑，然历度闰余，未能睹其真也。汉兴，高祖曰：‘北畤待我而起’，亦自以为获水德之瑞，虽明习历及张苍等，咸以为然，是时天下初定，方纲纪大基，高后女主，皆未遑，故袭秦正朔服色。至孝文时，鲁人公孙臣以终始五德，上书言汉得土德，宜更元，改正朔，易服色，当有瑞，瑞黄龙见，事下丞相张苍，张苍亦学律历，以为非是，请罢之。”《汉书·律历志》云：“汉兴，方纲纪大基，庶事草创，袭秦正朔，以北平侯张苍言，用《颛顼历》。”《史记·张苍列传》赞又云：“张苍文学律历，为汉名相，而绌贾生、公孙臣等言正朔服色事而不遵，明用秦之

《颛顼历》，何哉？”是汉初固沿用秦之正朔，以十月为岁首，而称之为《颛顼历》。惟王引之谓《月令》已用孟冬为岁首之《颛顼历》，则犹未审也。《月令》是否以孟冬为岁首，自来即为一聚讼之问题。

《吕纪》、《月令》季秋：“合诸侯，制百县，为来岁受朔日，与诸侯所税于民轻重之法，贡职之数，以远近土地所宜为度。”郑玄、卢植、高诱俱据此以为《吕纪》、《月令》用孟冬为岁首之证。郑玄注云：“秦以建亥之月为岁首，于是岁终使诸侯及乡遂之官，受此法焉。”高诱注云：“来岁，明年也，秦以十月为正，故于是日受明年历日也。由此言之，《月令》为秦制也。”而王肃非议之，以为“始皇十二年吕不韦死，二十六年秦并天下，然后以十月为岁首，不韦已死十五年，便成乖谬”（见《玉烛宝典》序引）。清徐文靖《管城硕记》亦云：“若谓秦以十月建亥为岁首，而季秋‘为来岁受朔日’，即是九月为岁终，十月为受朔，此时与周法不合。试问秦以十月为来岁，即以十月为来年，而孟冬“祈来年于天宗”，又何者为来年乎？季冬“与大夫共饬国典，论时令以待来岁之宜”，若谓秦以十月为来岁，即以季秋为岁终，而季冬何以待来岁乎？《史记》始皇十二年文信侯不韦死，二十六年秦初并天下，改年始，朝贺皆用十月朔，则秦以十月为岁首者，不韦死十四年矣，安得《吕览》中预知十月为岁首乎？”据此，《月令》以十月为岁首之说，反证有二：(1)孟冬“祈来年于天宗”，季冬“与大夫共饬国典，论时令以待来岁之宜”，若季秋为岁终，孟冬之“来年”，季冬之“来岁”，将何以解乎？(2)据史，秦王政二十六年兼并天下，始以十月为岁首，吕不韦已死十四五年矣，其宾客所著之《吕氏春秋》安得预知？而梁玉绳《吕子校补》尝为之答辩曰：

或难曰：以十月为朔，故于九月言来岁，何以十月称来年，十

> 二月称来岁？又秦并天下改朔，不韦死于始皇十二年，安得预知十月为首乎？曰：不韦相秦十余年，秦已得天下大半，故集儒士采三代参秦制，创为此书，后人录入《礼记》，《淮南》取名《时则》也。

梁氏以为此种复杂之现象，乃由“采三代参秦制”之结果。而于鬯著《香草校书》，更申其说，以为《月令》季秋、孟冬、季冬叠言来年、来岁，乃由于建寅、建子、建亥杂用之故。其言曰：

> 孟冬“天子乃祈来年于天宗”，鬯案：来年盖谓凡来年一岁之事。……而吴麦云遗著据《说文》麦，周所受瑞麦年谷熟之解，谓来指麦言，年指禾言，盖因季秋已言“为来岁受朔日”，则此孟冬实为岁首，不当复言来年，故为此别解。然祈麦在季春，祈谷在孟春，此月非其时也，其说虽新，实不足信，惟季秋既言来岁，孟冬又言来年，却似枘凿。盖季秋之来岁，固当以秦建亥为解，建亥则孟冬为岁首，故季秋言来岁也。孟冬之来年，当以周建子为解，建子则仲冬为岁首，故孟冬言来年也。《月令》一篇，或以为周公作，或以为吕不韦作，若以季秋之来岁证之，则谓不韦作者印合也；而以孟冬之来年证之，则谓周公作者又印合也。鬯窃谓《月令》之书，盖自有岁时日月以来已有之，而历代复多增益，不特不可属之吕不韦，亦不可属之周公，……盖《月令》首有孟春之月，而云“日在营室”，明是建寅之书，故于季冬云：“数将几终，岁且更始”，又云：“以待来岁之宜”，此建寅之说也；乃《月令》之本文也。孟冬之“来年”，则建子之说也，乃周人增益之辞也。季秋之“来岁”，则建亥之说也，又秦人增益之辞也。明乎此，则三者皆可通而不悖。

于说疑无当。《月令》起孟春正月，明为夏正，夏正乃后起之历，不得谓先有夏正之本文而后人补入建子之说也。季秋所言来岁，孟冬所言来年，季冬所言来岁，当皆指孟春而言，然季秋去孟春尚有三月，何以已“合诸侯，制百县为来岁受朔日”？卢文弨尝为之解释云：“若以十月为来岁，而九月始受朔日，则就百县言为可，若远方诸侯，则不能逮者矣。注（案指高诱注）据此即为秦制，则未之信”（见《毕校吕氏春秋》引卢氏案语）。其说甚辨。姜宸英《湛园札记》更申其说云：“愚案此书不用周正而建寅为《月令》之首，是也。知夏正之得其时矣，何敢复有建亥为《月令》之意乎？季冬之令曰：‘数将几终，岁且更始’，故知其终以夏时为正矣。又曰：‘天子乃与公卿大夫，共数国典，论时令，以待来岁之宜’，此真岁终事也。若受朔与贡税将分命诸侯，以颁之百县，非一时所可遍，故必预备之于三月之前而后及事，岂以九月为岁终然哉？”黄以周《礼说》“月令”条亦云：“考《周官》太史颁告朔于邦国，不言时月，先郑以为十二月朔布告天下，本不经见，郑乃据先郑之言，遂疑《月令》于季秋颁朔为秦之十二月，夫岁终颁朔，其势不能毕达四方，周之颁朔亦断不在十二月，又何疑《月令》之季秋受朔日，为秦之岁终乎？”所言俱见有理，是也。

王肃等以“始皇二十六年秦并天下，然后以十月为岁首，不韦已死十五年”，实为《吕纪》不得用十月为岁首之铁证。惟秦究于何年改十月为年始，前人尚多异说。

（一）有谓起于秦昭襄王四十二年者　《史记·秦本纪》昭襄王“四十二年安国君为太子，十月宣太后薨，葬芷阳郦山，九月穰侯出之陶”。先言十月，后言九月，《大事记》等据此以为秦并天下前已改用十月为岁首。而梁玉绳《史记志疑》以此“十月”乃“七月”之误，不确。

（二）有谓起于秦昭襄王四十八年者　王引之《经义述闻》云：“按《史记·秦本纪》，昭襄王‘四十八年十月韩献垣雍，秦军分为三军，武安君归，王龁将，伐赵武安、皮牢，拔之，司马梗北定太原，尽有韩上党，正月兵罢，复守上党’，先言十月，后言正月，则当时已用十月为岁首，不始于始皇二十六岁矣。”而梁玉绳《史记志疑》曰：“案十月二字衍，《白起传》亦误出也，下文于是年书正月，时秦尚未以十月为岁首，不应先书十月。”梁说非是。《史记·秦本纪》：昭襄王“四十八年十月韩献垣雍，秦分为三军，武安君归，王龁将，伐赵武安、皮牢，拔之，司马梗北定太原，尽有韩上党，正月兵罢，复守上党，其十月，五大夫陵攻赵邯郸”。上既云“十月”，下又云“其十月”，“其十月”当为“其九月”之误。《白起王翦列传》亦云：“（昭襄王）四十八年十月秦复定上党郡，秦分军为二，王龁攻皮牢，拔之，司马梗定太原，韩、赵恐，……割韩垣雍、赵六城以和，正月皆罢兵，武安君闻之，由是与应侯有隙，其九月秦复发兵，使五大夫王陵攻赵邯郸，是时武安君病，不任行。”正作“其九月”。

（三）有谓昭襄以后，庄襄以前已首十月者　阎若璩《古文尚书疏证》云：“《秦本纪》昭襄王四十二年，先书十月宣太后薨，继书九月穰侯出之陶。四十八年，先书十月韩献垣雍，继书正月兵罢。似已用十月为岁首。秦自昭襄以后，庄襄以前，既首十月，则孝文王之事，有可得而论者。……”阎说无当。据《史记·秦本纪》、《始皇本纪》，昭襄王四十八年以后，未见有以十月为岁首之踪迹：“（昭襄王）四十九年正月，益发卒佐陵……其十月，将军张唐攻魏，……”（《秦本纪》）。“（王政）四年三月，军罢，……十月庚寅，蝗虫从东方来”（《秦始皇本纪》）。“（王政）十三年……正月，彗星见东方，十月桓齮攻赵”（《秦始皇本纪》)。此皆不以十月为岁首,盖秦于昭襄王四十二年改十月为岁首,至四十九年即复改正月为岁首(《白起王翦列传》)云:"(昭襄王)四十九年正月陵攻邯郸,少利,……八九月围邯郸,不能拔,……强起武安君,武安君遂称病笃,应侯请之,不起,于是免武安君为士伍,迁之阴密。武安君病,不能行,居三月,……秦王乃使使者赐之剑自裁,以秦昭王五十年十一月死,而非其罪。"按秦围邯郸,楚、魏救赵,在秦昭王五十年、魏安釐王二十年、楚考烈王六年,《史记·六国年表》、《楚世家》、《魏世家》、《信陵君列传》皆云然,此文"八九月"上当夺"五十年"三字。而《秦本纪》称五十年十月武安君迁阴密,十二月有罪死。自十月至十二月首尾正三月,则《白起王翦列传》"十一月"乃"十二月"之误。

(四)有谓昭襄王十九年至四十八年用十月为岁首者　张文虎《舒艺室随笔》云:"《述闻》据《史记·秦本纪》昭襄王四十八年文,先言十月,后言正月,谓当时已用十月为岁首,不始于始皇。案昭襄王四十二年先言十月,后言九月,亦犹是也。昔校《史记·六国年表》昭王十九年十月为帝,疑秦正托始于此。然自四十八年以后,复用夏正,故正月之后,书其十月,四十九年先书正月,后书其十月,而《始皇本纪》十三年先书正月,后书十月,其时犹未并天下也。"据《六国年表》,"秦昭王十月为帝,十二月复为王",未尝更改历法,张氏所疑,不足信。

(五)有谓起于秦文公者　蒋元庆《读小戴礼卢植注日记》云:"因始皇后日建亥,遂取建亥以释是书可乎?不知《史记》言秦文公获黑龙自以为水瑞,命河为德水,以十月为岁首,孔冲远《月令疏》明引之,则以十月为正,秦代从古如此,始自文公,并非肇于始皇,可无疑。"案《史记·封禅书》云:"秦始皇既并天下而帝,或曰:'……今秦变周，水德之时，昔秦文公出猎，获黑龙，此其水德之瑞’，于是秦更名河曰德水，以冬十月为年首，色上黑，度以六为名，音上《大吕》。”非谓秦文公时已以十月为岁首，蒋说无当也。

据上所论，可知秦并天下以前，惟有昭王四十二年至四十八年曾改用十月为岁首，《吕纪》、《月令》不可能依据秦历法而用十月为岁首。

《月令》孟冬："命太史衅龟策占兆，审卦吉凶"，郑玄注云："《周礼》上春衅龟，谓建寅之月也，秦以其岁首使太史衅龟策，与周异矣。"此亦郑玄以《月令》用十月为岁首之一例证。盖以秦用十月为岁首，孟冬正当《周官》之上春，同为一岁之始。而黄以周《礼说》"月令"条驳之云："夫衅龟之不同，由取龟之有先后也。《周礼》凡取龟以秋时，衅龟以上春，《月令》季夏‘登龟’，孟冬‘衅龟’，此与饬国典之有先后正同。注以殷国典在季冬为因于夏、殷，安知此衅龟在孟冬，不因夏、殷而用秦制乎？并谓登龟在季夏为误解《周官》乎？"《月令》季夏"命渔师伐蛟取鼍登龟取鼋"，郑玄注云："四者甲类，秋乃坚成，《周礼》曰：‘秋献龟鱼’，又曰：‘凡取龟用秋时’，是夏时之秋也。作《月令》者以为此秋据周之时也，周之八月，夏之六月，因书于此，似误也。"郑玄以《周礼》用夏正，《周礼》上春衅龟，《月令》孟冬衅龟为《月令》以孟冬为岁首之证，而《周礼》于秋登龟，《月令》于季夏登龟，遂谓《月令》作者误解《周礼》，殊不知《周礼》一书本夏正、周正杂用，《周礼》上春衅龟，秋登龟，当用周正，而《月令》孟冬衅龟，季夏登龟，所用乃夏正也。

《吕氏春秋》一书，本出吕不韦宾客各著所闻，集合众说加以系统组织而成。吕不韦晋人，其宾客亦多晋人，晋人行夏正，而《十二纪》所用者全为夏正（《吕氏春秋·开春论》云："开春始雷，则蛰虫动矣。"亦同《孟春纪》），当即抄合晋人之旧作也。

三　月令之五行相生说

《吕纪》、《月令》虽旨在叙十二月政之所行，而所包容至富。举凡天文律历、宗教风俗、生物变化、农桑渔牧以及衣食住行，无不包罗纳容。其组织全以阴阳五行为经纬，举所有之常识，归纳于五行学说中。其说虽多不合理，实古人常识之宝库也。兹将《吕纪》、《月令》五行说之系统，立表于下：

四时 五行	春	夏	中　央	秋	冬
五　行	木	火	土	金	水
四　方	东	南	中	西	北
十　日	甲　乙	丙　丁	戊　己	庚　辛	壬　癸
五　帝	太　皞	炎　帝	黄　帝	少　皞	颛　顼
五　神	句　芒	祝　融	后　土	蓐　收	玄　冥
五　虫	鳞	羽	倮	毛	介
五　音	角	徵	宫	商	羽
十二律	太　蔟 夹　钟 姑　洗	仲　吕 蕤　宾 林　钟		夷　则 南　吕 无　射	应　钟 黄　钟 大　吕
五　数	八	九	五	七	六
五　味	酸	苦	甘	辛	咸
五　臭	膻	焦	香	腥	朽
五　祀	户	灶	中　霤	门	行
五　祀 祭先品	脾	肺	心	肝	肾
明　堂	青　阳	明　堂	太　庙	总　章	玄　堂
五　色	青	赤	黄	白	黑
五　谷	麦	菽	稷	麻	黍
五　牲	羊	鸡	牛	犬	彘

考阴阳五行之说，本出于阴阳家。《史记·太史公自序》述司马谈《论六家要旨》云："尝观阴阳之术，大祥而众忌讳，使人拘而多所畏，然其序四时之大顺，不可失也。"又云："夫阴阳四时八位十二度二十四节，各有教令，顺之者昌，逆之者不死则亡，未必然也。故曰：'使人拘而多所畏'，夫春生夏长秋收冬藏，此天道之大经也。弗顺则无以为天下纲纪，故曰'四时之大顺，不可失也'。"《汉书·艺文志》述刘歆《七略》之说云："阴阳家者流盖出于羲和之官，敬顺昊天，历象日月星辰，敬授民时，此其所长也。及拘者为之，则牵于禁忌，泥于小数，舍人事而任鬼神。"《吕纪》、《月令》正"序四时之大顺"，欲以"为天下纲纪"者，亦所以记"阴阳四时八位十二度二十四节"之"教令"，欲以"敬顺昊天历象日月星辰，敬授民时"者，是则《吕纪》、《月令》与阴阳家言正相同。且郑玄《三礼目录》又谓《月令》"于《别录》属《明堂阴阳》"，《明堂阴阳》疑即辑录阴阳家言之作。

刘歆《七略》谓阴阳家者流出于羲和之官。《尧典》云："乃命羲和，钦若昊天，历象日月星辰，敬授民时。"按《山海经·大荒西经》云："羲和者帝俊之妻，生十日。"《吕氏春秋·勿躬篇》云："羲和作占日。"所谓羲和之官实即占日之官，及"官失其守"，流落民间，乃称为日者。《墨子·贵义篇》云："子墨子北之齐，遇日者，日者曰：'帝以今日杀黑龙于北方，而先生之色黑，不可以北。'子墨子不听，遂北，至淄水不遂而反焉。日者曰：'我谓先生不可以北。'子墨子曰：'南之人不得北，北之人不得南，其色有黑者，有白者，何故皆不遂也。且帝以甲乙杀青龙于东方，以丙丁杀赤龙于南方，以庚辛杀白龙于西方，以壬癸杀黑龙于北方，若用子之言，则是禁天下之行者也，是围心而虚天下也，子之言不可用也。'"《史记·日者列传》集解云："古人占候卜筮通谓之日者。”墨子谓日者之言不可用，即司马谈“使人拘而多所畏”及刘歆“拘者为之则牵于禁忌”之论。《吕纪》、《月令》中禁忌语亦不一而足，如《孟春纪》云：“是月也，不可以称兵，称兵必有天殃”；《仲春纪》云：“雷且发声，有不戒容止者，生子不备，必有凶灾”；《仲夏纪》云：“是月也，无用火南方”；《孟秋纪》云：“是月也，无以封侯立大官。”是则《吕纪》、《月令》之出于占候卜筮之学，可无疑也。

《左传》桓公十七年：“天子有日官，诸侯有日御，日官居卿以底日礼也。日御不失日，以授百官于朝。”案春秋、战国之世，列国天文历法占日之事，皆由太史掌之。《吕纪》、《月令》孟春云：“乃命太史守典奉法，司天日月星辰之行”，是太史有守奉之国典（孟冬云：“天子乃与公卿大夫，共数国典，论时令，以待来岁之宜”，太史所守奉者当即此国典也。古者典籍本太史所守藏，《左传》昭公二年：“韩宣子来聘，观书于太史氏。”《吕氏春秋·先识览》：“晋太史屠黍，见晋之乱也，……以其图法归周”），以司时令，故《吕纪》、《月令》谓先立春、立夏、立秋、立冬，必由太史谒之天子，报告立春、立夏、立秋、立冬之日。据《左传》昭公二十九年载晋太史蔡墨之言曰：“……故有五行之官，是谓五官，实列受氏姓，封为上公，祀为贵神，社稷五祀，是尊是奉。木正曰句芒，火正曰祝融，金正曰蓐收，水正曰玄冥，土正曰后土。”此即《月令》五神配五行之说。《国语·晋语二》云：“虢公梦在庙，有神，人面，白毛，虎爪，执钺，立于西阿之下，公惧而走。神曰：‘无走，帝命曰使晋袭于尔门’，公拜稽首，觉，召史嚚占之，对曰：‘如君之言，则蓐收也，天之刑神也。’”《月令》秋季属金德，“其色白，其虫毛”，而毛虫虎为之长，《淮南子·天文训》云：“西方金色，其帝少皞，其佐蓐收，……其兽白虎。”金可作兵，古者兵刑不分，此云蓐收白毛虎爪，执钺为刑神，是则五神配五行、五色、五虫之说，必亦早已存在。《左传》五神配五行之说，出于太史蔡墨之口，此五神配五行、五色、五虫之说，又出之史嚚之口，是亦足证《月令》本太史之学也。此五神配五行、五色、五虫之说，见于《晋语》，《晋语》颇多用夏正，必录自晋之史乘；五神配五行之说，又见于《左传》，《左传》据近人考证，本晋人之作，此语又出之晋太史口（《晋语》五神配五行、五色、五虫之说，出于虢大史，虢亦灭于晋），益足证《吕纪》、《月令》本晋学也。考五神中之句芒即伯益，亦即凤鸟玄鸟，本殷人东夷族之宗神，祝融即昭明、朱明、丹朱、驩兜，本殷人东夷族之火神，后土亦殷人东夷族之社神，蓐收亦殷人东夷族之刑神，玄冥即冥、鲧、共工、冯夷，本殷人东夷族之河伯，五神本皆出东夷神话之组合（详拙作《中国上古史导论》，见《古史辨》第七册）。三晋中之赵与秦同出东夷（其嬴姓即淮夷之盈姓，其他副证尚多，亦详《中国上古史导论》），故东夷神话颇盛于晋。《六国年表》载秦献公八年"初以君主妻河"，魏于西门豹为邺令时亦有河伯娶妇之俗。《左传》昭公七年传载晋平公有疾，子产谓鲧作祟，《左传》昭公元年亦载晋侯有疾，卜人曰："实沈、台骀为祟"，鲧、实沈、台骀皆即河伯。《左传》哀公六年载楚"昭王有疾，卜曰'河为祟'，王弗祭，大夫请祭诸郊，王曰：'三代命祀，祭不越望，江、汉、睢、漳，楚之望也，祸福所至，不是过也，不穀虽不德，河非所获罪也'，遂弗祭"。盖楚本有河伯之祀，卜人犹沿旧俗，谓"河作祟"耳。秦、楚皆迷信河伯，而晋亦有迷信河伯之说。《国语·周语上》载："十五年有神降于莘，王问于内史过，……对曰：'……其丹朱之神乎？'王曰：'其谁受之'，对曰：'在虢土'，……十九年晋灭虢。"丹朱本即祝融、昭明、朱明，乃东夷之火神，相传其神尝降于虢而后虢灭于晋，此又东夷神话盛于晋之一证。然则晋有东夷五神之神话，实不足怪。《吕纪》、《月令》之本出晋学，此又可证。

《左传》昭公十七年云："秋，郯子来朝，公与之宴。昭公问焉，曰：'少皞鸟名官，何故也？'郯子曰：'吾祖也，昔者黄帝以云纪，故为云师而云名，炎帝以火纪，故为火师而火名，共工氏以水纪，故为水师而水名，大皞氏以龙纪，故为龙师而龙名，我高祖少皞挚之立也，凤鸟适至，故纪于鸟，为鸟师而鸟名。……'仲尼闻之，见于郯子而学之，既而告人曰：'吾闻之，天子失官，学在四夷，犹信。'"郯为东夷，此以黄帝云纪，炎帝火纪，共工水纪，大皞龙纪，少皞鸟纪，实为东夷较为原始之神话。《吕纪》、《月令》五帝之说，实导源于此。此以黄帝云纪，大皞龙纪，少皞鸟纪，与《吕纪》、《月令》略异，案《吕纪》、《月令》春季"其帝太皞""其虫鳞"，而鳞，龙为之长，《淮南子·天文训》云："东方木也，其帝太皞，……其兽苍龙"，或即本此太皞龙纪之说欤？《吕纪》、《月令》以水德之帝为颛顼，而此作共工，共工即鲧，亦即玄冥，在《吕纪》、《月令》仅为水德之神。以颛顼配合于此东夷五帝神话，疑出战国人之所为。《左传》昭公八年云："陈，颛顼之族也"，九年又云："陈，水族也，火，水妃也。"《左传》昭公十七年亦云："卫，颛顼之虚，故为帝丘，其星为大水，水，火之牡也。"《左传》据近人考证为战国时晋人之作，此以陈为颛顼族又为水族，即《吕纪》、《月令》以颛顼为水德帝之说。《国语》云："星与日辰之位，皆在北维，颛顼之所建也。"《庄子·大宗师》云："颛顼得之，以处玄宫"，而《墨子·非攻下》云："高阳乃命玄宫"，《艺文类聚·符命部》引《随巢子》云："天命禹于玄宫"，皆以高阳氏颛顼为玄宫之天帝，亦同《吕纪》、《月令》以颛顼为北方玄色帝之说。以颛顼配合于五行中之水与五色中之玄色，疑在战国之世也。

《史记·封禅书》云：

> 初，秦襄公攻戎救周，始列为诸侯，居西垂，自为主少皞之神，作西畤，祠白帝。……其后十六年，秦文公东猎汧、渭之间，卜居之而吉。文公梦黄蛇自天下属地，其口止于鄜衍，史敦曰："此上帝之征，君其祠之"，于是作鄜畤，用三牲，郊祭白帝焉。……作鄜畤后七十八年，秦德公既立，卜居雍。后子孙饮马于河，遂都雍，雍之诸祠自此兴，用三百牢于鄜衍。其后六年，秦宣公作密畤于渭水，祭青帝。其后秦灵公作吴阳上畤，祭黄帝；作下畤，祭炎帝。栎阳雨金，秦献公自以为得金瑞，故作畦畤栎阳而祠白帝。汉高祖二年，东击项羽，而还入关。问故秦时上帝祠何帝也？对曰："四帝有白青黄赤之祠"，高祖曰："吾闻天有五帝，而今有四，何也？"莫知其说。于是高祖曰："吾知之矣，乃待我而具五也。"乃立黑帝祠，命曰北畤（《秦本纪》亦记秦祀白青黄炎诸帝，《史记》记秦之风俗最详，当本《秦记》）。

据此以五帝配四方五色之说似秦襄公时早已有成说，以五帝配五行之说，亦秦献公时已存在。秦献公以前遍祭白青黄赤四帝而不及黑帝者，盖颛顼为黑帝之说晚起，是时黑帝之偶像属谁，或尚无定说也。颛顼为黑帝之说既起于战国，则《吕纪》、《月令》似当为战国时之作品。

五天帝源出东夷神话之组合，故秦祀之。除秦外，楚亦祀之。《晏子春秋·内篇谏上》云："楚巫微道裔欵以见景公，……曰：'……请致五帝，以明君德。'景公再拜稽首，楚巫曰：'请巡国郊，以观帝位。'至于牛山而不敢登，曰：'五帝之位在于国南，请斋而后登之。'"楚巫谓景公"请致五帝"，足见齐人本不祀五帝。五行说疑本出神话之组合，以五行配四方五色、五帝、五神，本先有成说，初为宗教家之言，及邹衍之徒始移用之于历史哲学耳。近人以“邹子重于齐”，秦始皇之用五德终始说，又齐人奏之，遂谓五行说起于齐，无当也。《周官·春官·小宗伯》有云：“兆五帝于四郊。”以五帝分祀四郊，与《吕纪》、《月令》东郊迎春、南郊迎夏、西郊迎秋、北郊迎冬之说同。《周礼》据近人考证，为战国时晋人之作，则《吕纪》、《月令》殆亦同时同地之作品耳（古史中之五帝，即由此五天帝说演变而成，《荀子》首言古史之五帝，荀子亦赵之儒者）。《史记·封禅书》、《汉书·郊祀志》皆云：汉高帝时立“晋巫祠五帝”，或亦有所本也。

祭祀上帝，本殷、周旧典，其所祀上帝唯一。及秦襄公自以为主少皞之神，作西畤，祠白帝，于是上帝以地域区分。及文公梦黄蛇而史敦曰：“此上帝之征，君其祠之”，于是又祀白帝。可证是时以白帝即上帝，除五色帝外，实别无上帝。而《吕纪》、《月令》除祀四方之五帝外，别有皇天上帝，季夏云：“是月也，令四监大夫（《月令》无“夫”字）合百县之秩刍，以养牺牲，令民无不咸出其力，以供皇天上帝名山大川四方之神，以祀宗庙社稷之灵，为民祈福。”孟春又云：“天子乃以元日祈谷于上帝”，仲夏又云：“大雩帝”，仲秋又云：“是月也，乃命宰祝巡行牺牲，……上帝其享”，季冬又云：“乃命太史次诸侯之列，而赋之牺牲，以供皇天上帝社稷之享。”殆战国之世，五帝配合四方四时之说既盛，于是又于五帝之上累增一皇天上帝耳，盖已不知五帝中之黄帝本即皇天上帝，太皞、颛顼亦出上帝神话也。《周官·春官·司服》云：“王之吉服，祀昊天上帝则服大裘而冕，祀五帝亦如之。”《周官》于五帝之上尚有昊天上帝，亦与《吕纪》、《月令》于五帝之外别有皇天上帝同。

《墨子·贵义篇》云:“且帝以甲乙杀青龙于东方,以丙丁杀赤龙于南方,以庚辛杀白龙于西方,以壬癸杀黑龙于北方。”是则四方与十日五色相配之说,于战国初年亦已存在。《左传》昭公十七年云:“水,火之牡也,其以丙子若壬午作乎? 水火所以合也。”昭公三十一年又云:“庚午之日,日始有谪,火胜金,故弗克。”《晋语四》云:“有此其以戊申乎,所以申土也。”以丙配于火,戊配于土,庚配于金,亦与《吕纪》、《月令》合,《左传》、《国语》亦战国时作品耳。

《左传》昭公二十五年记郑子太叔转述子产云:“则天之明,因地之性,生其六气,用其五行,气为五味,发为五色,章为五声。”昭公元年又记秦医和云:“天有六气,降生五味,发为五色,徵为五声,淫生六疾,六气曰阴阳风雨晦明也,分为四时,序为五节。”此以五味五色五声四时与五行配合,亦与《吕纪》、《月令》同。

《文选·魏都赋》注引《七略》云:“邹子有《终始五德》,从所不胜:土德后木德继之,金德次之,火德次之,水德次之。”《淮南子·齐俗训》高诱注引《邹子》曰:“五德之次,从所不胜:故虞土,夏木,殷金,周火。”《史记·封禅书》云:“驺子之徒论著终始五德之运,及秦帝而齐人奏之,故始皇采用之。”又曰:“秦始皇既并天下而帝,或曰:‘黄帝得土德,黄龙地螾见。夏得木德,青龙止于郊,草木畅茂。殷得金德,银自山溢。周得火德,有赤乌之符。今秦变周,水德之时。昔秦文公出猎,获黑龙,此其水德之瑞。’于是秦更名河曰德水,以冬十月为年首,色上黑,度以六为名,音上《大吕》,事统上法。”据此,知齐人所奏,即邹子之说。邹子以黄帝土、夏木、殷金、周火。其说《吕氏春秋·应同篇》已载之,实早已传入秦国,不待齐人奏之,秦人固已知之矣。《应同篇》云:“凡帝王之将兴也,天必先见祥乎下民。黄帝之时,天先见大螾大蝼，黄帝曰：‘土气胜！’土气胜，故其色尚黄，其事则土。及禹之时，天先见草木秋冬不杀，禹曰：‘木气胜！’木气胜，故其色尚青，其事则木。及汤之时，天先见金，刃生于水，汤曰：‘金气胜！’金气胜，故其色尚白，其事则金。及文王之时，天先见火，赤乌衔丹书集于周社。文王曰：‘火气胜！’火气胜，故其色尚赤，其事则火。代火者必将水，天且见水气胜。水气胜，故其色尚黑，其事则水。”《吕氏春秋》一书，吕不韦盖欲秦王法之以为天子者，此云“代火者必将水”，亦隐示秦王为天子当以水德也。秦王政既并天下而帝，既用邹子之说，以秦为水德，又用《月令》之说，以孟冬十月盛德在水，用十月为年首而数以六纪。邹子但有水德色尚黑之说，未尝以四时分配五行。秦始皇既用《邹子》终始五德之说，又用《月令》四时分配五行之说，遂以十月为年首。循此以推，夏木德当以孟春正月为岁首，固合夏正，殷金德、周火德，将谓殷以孟秋七月为岁首，周以孟夏四月为岁首乎？《月令》谓水之数六，始皇数以六为纪，殆亦牵合《月令》之五行说。《月令》谓水德之季冬十二月律中《大吕》，始皇音上《大吕》，殆亦牵合《月令》，非本邹子之五德说也。《吕氏春秋》于《十二纪》之首章，用晋人五行相生说，而于《应同篇》又用《邹子》五行相胜说，于《十二纪》之首章，以太皞、炎帝、黄帝、少皞、颛顼为五帝，于《尊师篇》、《古乐篇》、《谕大篇》等又以黄帝、帝颛顼、帝喾、帝尧、帝舜为五帝(《尊师篇》云：“神农师悉诸，黄帝师大挠，帝颛顼师伯夷父，帝喾师伯招，帝尧师子州支父，帝舜师许由，禹师大成贽……”《古乐篇》历记古帝王之乐，曰朱襄氏，曰葛天氏，曰陶唐氏，曰黄帝，曰帝颛顼，曰帝喾，曰帝尧，曰帝舜，曰禹，曰殷汤，曰周文王。独于黄帝、帝颛顼、帝喾、帝尧、帝舜称帝，可证)，盖《吕氏春秋》本杂采群说而成，《十二纪》之首章本非作自吕不韦宾客也。

《月令》一篇，当早有成说，吕不韦宾客乃割裂十二月以为《十二纪》之首章耳。《吕纪》每章以后俱附文四篇以发挥其哲理。春木德，正万物生长之时，故“禁止伐木，无覆巢，无杀孩虫”（《孟春纪》），“无焚山林”（《仲春纪》），“无伐桑柘”（《季春纪》），“不可以称兵……无变天之道，无绝地之理，无乱人之纪”（《孟春纪》），而其所附论诸篇若《本生》、《重己》、《贵生》、《情欲》、《尽数》、《先己》，亦多言养生之理，用道家言。由于不生火，春木德转变为夏火德，正万物旺盛之时，故必盛礼乐以教导之，而其所附论诸篇若《劝学》、《尊师》、《大乐》、《侈乐》、《音律》、《音初》，无非言教学作乐之理，用儒家言。由于火生土，夏秋之间为土德。由于土生金，秋金德，多肃杀之气，正修治兵刑之时，故必“选士厉兵，简练桀隽，专任有功，以征不义，诘诛暴慢”（《孟秋纪》），而其所附论诸篇若《荡兵》、《振乱》、《论威》、《简选》、《顺民》、《知士》，无非言选厉简练之理，用兵家言。由于金生水，冬水德，正万物闭藏之时，故必“戒门闾，修楗闭，慎关籥，固封玺，备边境，完要塞，谨关梁，塞蹊径，饬丧纪”（《孟冬纪》），而其所附论诸篇若《节丧》、《安死》、《至忠》、《忠廉》、《士节》、《介立》，无非言丧葬忠廉之理，用墨家言。其组织至为周密（此徐时栋《烟雨楼读书志》尝论之）。盖吕不韦宾客杂取道、儒、兵、墨四家之说以分释《月令》也。《孟春纪》云：“立春之日，天子亲率三公九卿诸侯大夫以迎春于东郊，还乃赏卿诸侯大夫于朝”，此又其附论《贵公》、《去私》、《论人》诸篇之所以作欤？《吕纪》之首章犹似经，其所附论诸篇犹似传耳。

《吕氏春秋·季夏纪》之《音律篇》，以十二律分配十二月，即据《月令》为说，其强为割裂《月令》字句，编成四字句之韵语，痕迹显然。

兹列为一表如次：（以下（ ）表示应校正之字，〔 〕表示应补之字）

	音律篇	十二纪	月令
仲冬	土事无作，慎无发盖；以固天闭地，阳气且泄。	土事无作，无发盖藏；以固而(天)闭〔地〕，地(阳)气且泄。	土事无作，慎毋发盖；以固而(天)闭地，〔阳〕气沮泄。
季冬	数将几终，岁且更始；而农民无有所使。	数将几终，岁且更始；专于农民，无有所使。	数将几终，岁且更始；专而农民，毋有所使。
孟春	阳气始生，草木繁动；令农发土，无或失时。	地气上腾。 草木繁动。 王布农事，命田舍东郊。	地气上腾。 草木萌动。 王命布农事，命田舍东郊。
仲春	宽裕和平，行德去刑；无或作事，以害群生。	命有司，省图圄，去桎梏，无肆掠，止狱讼。 无作大事，以妨农功。	命有司，省图圄，去桎梏，毋肆掠，止狱讼。毋作大事，以妨神农之事。
季春	达道通路，沟渎修利；申之此令，嘉气趣至。	导达沟渎，开通道路；行之是令，而甘雨至三旬。	道达沟渎，开通道路。
孟夏	无聚大众，巡劝农事；草木方长，无携民心。	无发大众。 命野虞出行田原，劳农劝民，无或失时。 命司徒循行县鄙，命农勉作。	毋发大众。 命野虞出行田原，为天子劳农劝民，无或失时。 命司徒巡行县鄙，命农勉作。
仲夏	阳气在上，安壮养侠(佼)；本朝不静，草木早槁。	养壮狡。 行秋令则草木零落。	养壮佼。 行秋令则草木零落。
季夏	草木盛满，阴将始刑；无发大事，以将阳气。	树木方盛。 无举大事，以摇荡于气。	树木方盛。 毋举大事，以摇养气。
孟秋	修法饬刑，选士厉兵；诘诛不义，以怀远方。	修法制。 严断刑。 选士厉兵。 以征不义，诘诛暴慢，以明好恶，巡彼远方。	修法制。 严断刑。 选士厉兵。 以征不义，诘诛暴慢，以明好恶，顺彼远方。
仲秋	蛰虫入穴，趣农收聚；无敢懈怠，以多为务。	蛰虫俯户。 趣民收敛。 务蓄菜，多积聚。	蛰虫坏户。 趣民收敛。 务蓄菜，多积聚。

续表

	音律篇	十二纪	月令
季秋	疾断有罪，当法勿赦；无留有讼，以亟以故。	乃趣狱刑，无留有罪。	乃趣狱刑，毋留有罪。
孟冬	阴阳不通，闭而成冬；修别丧纪，审民所终。	天地不通，闭而成冬。饬丧纪，辨衣裳，审棺椁之厚薄。	天地不通，闭塞而成冬。饬丧纪，辨衣裳，审棺椁之厚薄。

《吕纪》"王布农事，命田舍东郊"，《音律篇》则改作"令农发土，无或失时"；《吕纪》"命有司省囹圄，去桎梏，无肆掠，止狱讼"，《音律篇》改作"宽裕和平，行德去刑"；《吕纪》"无作大事，以妨农功"，《音律篇》改作"无或作事，以害群生"；《吕纪》"导达沟渎，开通道路"，《音律篇》改作"达道通路，沟渎修利"；《吕纪》"以征不义，诘诛暴慢，以明好恶，巡彼远方"，《音律篇》改作"诘诛不义，以怀远方"，其改窜之迹，历历可见。他如《音律篇》"申之此令，嘉气趣至"，"草木方长，无携民心"，"本朝不静，草木早槁"等句，则由于勉强凑合；又《吕纪》"乃趣狱刑，无留有罪"，而《音律篇》则以之敷衍成"疾断有罪，当法勿赦；无留有讼，以亟以故"四句。《音律篇》于每月用四句韵语叙述，上二句皆本《吕纪》，而下二句往往出于凑合，其据《吕纪》改作，明证昭昭，知《吕纪》首章必早有成书，非吕氏宾客同时所作也。尤可异者，《音律篇》之文字，往往有不与《吕纪》同而与《月令》相类者。《吕纪》"养壮狡"，《月令》"狡"作"佼"，而《音律篇》作"侠"，亦"佼"之误。《吕纪》"以摇荡于气"，《月令》作"以摇养气"，而《音律篇》作"以将阳气"，此固可谓传写之讹。《吕纪》"循行县鄙，命农勉作"，《月令》"循"作"巡"，而《音律篇》云："巡劝农事"，此固可谓音同通假。《吕纪》"专于农民"，《月令》作"专而农民"，而《音律篇》亦作"而农民"，《吕纪》"岁将更始"，

《月令》"将"作"且",而《音律篇》亦作"且";《吕纪》"土事无作,无发盖藏,无起大众,以固而(天)闭〔地〕。发盖藏,起大众,地(阳)气且泄,是谓发天地之房,诸蛰则死,民多疾疫",《月令》作"土事无作,慎毋发盖,毋发室屋及起大众,以固而(天)闭地。〔阳〕气沮泄,是谓发天地之房,……",而《音律篇》亦作"土事无作,慎无发盖,以固天闭地,阳气且泄",与《月令》同。《吕纪》、《月令》"以固天闭地"一语总结上文,言于是月当固闭,而"阳气且泄",盖指不能固天闭地者而言,又另起下文,而《音律篇》以"以固天闭地,阳气且泄"连言,实为不辞,殆作者未尝分晓《吕纪》、《月令》之意而强为割裂其文句也。《音律篇》有不与《吕纪》同而与《月令》相类者,殆《吕纪》、《月令》与《音律篇》同据一底本,而《吕纪》与《音律》又出于吕氏二宾客之手,非出一人之笔,故不能划一焉。即如上"土事无作"一节,《月令》之文疑即据旧底本,行文甚不明晰,而《音律篇》作者亦偶未照而致割裂"以固天闭地,阳气且泄"二语,而《吕纪》之文或经修改,故上下文颇明白晓畅也。

四 月令述及之官制

1. 太尉

《吕纪》、《月令》之官制,最为人疑者,莫如太尉之官。《吕纪》、《月令》孟夏云:"命太尉,赞桀俊,遂贤良,举长大,行爵出禄,必当其位。"郑玄注云:"三王之官,有司马,无太尉,秦官则有太尉,今俗人皆云周公作《月令》,未通于古。"而徐文靖《管城硕记》云:"据鱼豢《典略》曰:古者兵尉官,皆以尉为名。《国语》晋悼公使祁奚为元尉,铎遏寇为舆尉,奚午为军尉。《管子》:'管藏于里尉。'又《石氏星经》'紫微垣右枢第二星曰少尉',尉既有少,则应有大矣。故《中候·握河纪》

云:'舜为太尉',《河图录运法》云:'尧坐舟中与太尉舜观凤凰。'如《尚书·立政》常伯常任准牧夫,皆《周礼》所无,安见无太尉耶?应劭以太尉为周官者,是也。"黄以周《礼说》卷四"月令"条云:"其疑官名之本于秦制者,莫如太尉。……考秦、汉太尉主兵,《月令》之太尉'赞桀俊,遂贤良,行爵出禄',职如《周礼》之冢宰,唐、虞谓之百揆,故《尚书中候》曰:'舜为太尉',此虽据后名以书前,非唐、虞之实号,而太尉为冢宰之别称,与秦尉之太尉,迥别可知矣。如因其官名之偶同而遂以为秦书,其篇内又称内宰为奄尹,酒人为大酋,岂秦亦有奄尹大酋之官乎?"《尚书中候》等虽有太尉之名,但出纬书,何足据信?《石氏星经》有少尉,但今本《石氏星经》乃出隋、唐时人伪作,皆不足为古有太尉之证。然秦之太尉仅主兵职,而《月令》之太尉兼及行政,二者固不容并为一谈也。

朱熹著《仪礼集传集注》,中录《月令》一篇,取《吕纪》、《淮南子·时则训》、《唐月令》诸本,以相对雠,一字一句,皆明白注出。《月令》"命太尉",朱熹谓"《吕》尉作封"。《路史·疏仡纪》注亦谓:"《吕氏春秋》大封为司马",足见《宋本吕氏春秋》确有作"大封"者。臧庸《经义杂记》因云:"《吕氏春秋·孟夏纪》'命大封',《淮南子·时则训》改'大封'为'大尉',汉儒传《礼记》,从之。俗本《吕览》又同《月令》作'尉',朱子《仪礼集传集注》云:'《吕》尉作封',今据此改正。案《管子·五行》篇云:'黄帝得大封而辨于西方,故使为司马',高氏诱注《季夏纪》'命神农将巡功'云:'昔炎帝神农能殖嘉谷,神而化之,号曰神农,后世因名其官为神农。'则此因大封治西方职为司马,后世因名司马为大封也。考《汉书·百官公卿表》,太尉为秦官,金印紫绶,掌武事,武帝建元二年省。元狩四年初置大司马,以冠将军之号,是太尉即汉之司马,《淮南》改《吕览》以从汉制,不作司马而作大尉者,以汉初官制因秦未革,至元狩四年改制而淮南已元狩元年以谋反诛,不及见矣。郑康成因大尉秦官而以《月令》为秦制,盖未考之《吕览》欤?”臧氏此说,仍疑无当。《淮南子·时则训》多据《吕纪》,其官制亦多不改用汉初之制。朱熹所记《吕纪》与今本出入甚多,且与高注亦多未合,盖宋时之俗本,未足据信。茆泮林《吕氏春秋补校》云:“《吕》当异字,若作大尉,则高诱不当无注”,亦未审。

《左传》成公十八年:“卿无共御,立军尉以摄之,祁奚为中军尉,羊舌职佐之,……铎遏寇为上军尉。”而《国语·晋语七》云:“(晋悼)公知祁奚之果而不淫也,使为元尉,知羊舌职之聪敏肃给也,使佐之;知魏绛之勇而不乱也,使为元司马;知张老之智而不诈也,使为元侯;知铎遏寇之恭敬而信强也,使为舆尉;知籍偃之惇帅旧职而恭给也,使为舆司马。”《左传》之中军尉,《国语》作元尉,《左传》正义云:“言元尉、元司马、元侯者,此皆中军之官。元,大也,中军尊,故称大也。”是则元尉即大尉耳。春秋之世,官制本文武合一,晋自中军元帅以下,皆以武官而兼治民,《月令》“命太尉,赞桀俊,遂贤良,举长大”,殆亦以武官而兼治民欤?《史记·赵世家》云:“(烈侯)六年,……荀欣侍,以选练举贤,任官使能,……官……荀欣为中尉。”是战国时赵之中尉,职在“选练举贤,任官使能”,与《月令》太尉之“赞桀俊,遂贤良,举长大”正相同。益可证《月令》本晋人之所作也。

2. 相与将帅

《吕纪》、《月令》孟春云:“立春之日,天子亲率三公九卿诸侯大夫,以迎春于东郊。还乃赏公卿诸侯大夫于朝,命相布德和(宣)令,行庆施惠,下及兆民。”案相之设立,初见于齐。《左传》襄公二十五年庆封为左相,《史记·齐世家》景公立,以崔杼为右相,是齐高、国二卿之外,于时复立左右二相。及战国之初,魏文侯以季成子、翟璜、李克为相,而以乐羊伐中山,吴起守西河,文武之职,始渐划分。至魏惠王时,惠施以文人为相,而庞涓以精兵法为将,军政两权乃各有专职。盖战国之世,文学游谈之风既盛,相国多用文人,执军权者乃不得不有专职。《吕纪》、《月令》于孟春“命相布德和(宣)令,行庆施惠”,而于孟秋又命“将帅选士厉兵”,文武似亦各有专职,此当出战国时人之笔也。《荀子·王霸》云:“相者,论列百官之长,要百事之听,以饰朝廷臣下百吏之分,度其功劳,论其庆赏,岁终奉其成功,以效于君,当则可,不当则废。”《荀子》以相之职在度臣下百吏之功劳,论其庆赏,与《吕纪》、《月令》命相“布德和(宣)令,行庆施惠”之说亦同。

《吕纪》、《月令》于孟秋云:“天子乃命将帅,选士厉兵,简练桀俊,专任有功,以征不义,诘诛暴慢,以明好恶,巡彼远方。”于孟冬又云:“天子乃命将帅讲武肄射,御角力。”案将帅之名,亦创始于晋(《左传》僖公二十七年“作三军谋元帅”,又昭公二十八年:“岂将军食之而有不足”)。及战国之世,齐、魏、赵乃相继设将军。秦之设将相较迟,商君秉国最久,官仅至大良造,惠文王十年始有张仪为相。秦在设相之后,大良造为最高武职。秦昭王即位,以魏冉为将军,卫咸阳(见《史记·穰侯列传》),秦始有将军官职。

3. *阉尹*

《吕纪》、《月令》有阉尹一官,前人亦或疑为秦制。《吕纪》、《月令》仲冬云:“是月也,命阉尹申宫令,审门闾(蔡邕作“闱”),谨房室,必重闭,省妇事,毋得淫,虽有贵戚近习,毋有不禁。”伊朝栋《南窗丛记》云:“《月令》命奄尹申宫令,此秦制也。秦用宦官,卒致赵高之乱。

若周公制礼，内小臣、阍人、寺人、内竖、内令之属，皆统于冢宰，阍寺等从未有以爵称者，惟内小臣掌王后之命，乃给事于后者，以奄为之，上士四人而已。王宫之政令，则小宰总之，宫伯掌卫士，官正掌纠禁，内宰则治王内之政而均其稍食，禁其奇衺，展其功绪。奄宦惟给洒扫之役，罔敢与知庶政，此成周之制，所以尽善。汉、唐皆不遵先王之礼，故以人主而受制于宫竖，其祸甚烈也。”伊说以奄尹为秦制，殊无据。《晋语四》云：“初，献公使寺人勃鞮伐公于蒲，文公逾垣，勃鞮斩其祛。及人，勃鞮求见，公辞焉，曰：‘……余于伯楚屡困，何旧怨也！退而思之，异日见我。’”《国语・晋语二》又云：“公令阉楚刺重耳，重耳逃于狄。”韦注：“阉谓阉士也，楚谓伯楚，寺人披之字也。”寺人为晋之宫官，寺人伯楚或又称阉楚，是则阉为宫官之称，由来已久。春秋时，宋有大尹之官，《左传》哀公二十六年“六卿三族降，听政因大尹以达”，杜注：“大尹，近官有宠者”，当亦奄寺之流。

4. 七驺

《吕纪》、《月令》于季秋云：“天子乃教于田猎，以习五戎狻马（《月令》作“班马政”），命仆及七驺咸驾，载旍（《月令》作“旌”）旐。”郑注：“七驺谓趣马，主为诸官驾说者也。”高注：“七驺于《周礼》当为趣马，掌良马驾税之任，无七驺之官也。”蔡邕《月令问答》云：“七当为六”，而《月令正义》引皇甫侃云：“天子马六种，种别有驺，则六驺也，又有总主之人，并六驺为七。”案晋有六驺之官，《左传》成公十八年：“程郑为乘马御，六驺属焉，使训群驺知礼。”而《国语・晋语七》云：“知程郑端而不淫，且好谏而不隐也，使为赞仆。”是乘马御即赞仆而六驺属焉，与《月令》“命仆及七驺咸驾”之说同。

5. 太史

春秋时，周、鲁、晋、齐、郑、卫等国俱有太史之官，以掌天文、历法、典籍与祭祀等事。《左传》哀公九年,"赵鞅卜救郑,占诸史赵、史墨、史龟"。是晋虽有卜人等官以专掌卜筮之事,而太史亦莅其事。战国时列国尚沿此制。《月令》记立春、立夏、立秋、立冬前三日太史谒天子。又记孟春"乃命太史守典奉法,司天日月星辰之行",孟冬"命太史衅龟策,占兆审卦吉凶",季冬"命太史次诸侯之列,赋之牺牲,以供皇天上帝社稷之飨"。

6. 冢宰

春秋时列国多设有冢宰或太宰主管一家财富。战国时沿用此制。《月令》记季秋"乃命冢宰农事备收,举五谷之要,藏帝籍之收于神仓"。季冬"命宰历卿大夫至于庶民土田之数而赋牺牲,以共(供)山林名川之祀"。如此登记卿大夫至于庶民土田之数,可知当时井田制已瓦解,因而从卿大夫至于庶民所有土田之数,颇有不同。

7. 工师

战国时各国官营手工业颇有发展,从中央以至于郡县均设有官营手工业作坊,设有工师主持。工师不仅有一定之技能参与设计,更有责任审核库藏原料,监督工匠操作,检定产品质量,上报制作成果。《月令》记季春"命工师令百工审五库之量,金、铁、皮革、筋骨、角、齿(象牙)、羽、箭、脂胶、丹漆,毋或不良"。孟冬"命工师效功,陈祭器,按度程,毋或作为淫巧以荡上心,必功致为上。物勒工名,以考其诚,功有不当,必行其罪,以穷其情"。

8. 四监

《月令》载季夏"命四监,大合百县之秩刍,以养牺牲,令民无不咸出其力,以共(供)皇天上帝名山大川四方之神,以祠宗庙社稷之灵,以为民祈福"。郑玄注:"四监主山林川泽之官。百县,乡遂之属地有山林川泽者也。”又云：“《今月令》四作田。”可见汉代的《今月令》“四监”作“田监”，四监当是因监察四方而得名。《月令》又载季秋“合诸侯，制百县，为来岁受朔日，与诸侯所税于民轻重之法、贡职之数，以远近土地所宜为度”。可知百县是指诸侯封地之外，四方广大山林川泽地区。《月令》又载季冬“乃命四监收秩薪柴，以共郊庙及百祀之薪燎”。四监主管祭祀上帝以及名山大川、四方之神。古时“国之大事，在祀与戎”，因而四监之官很是重要。

9. 其他

《吕纪》、《月令》于孟春、仲春有乐正之官，案晋亦有乐正，《晋语四》云：“公许之，乃发令于太庙，召军吏而戒乐正。”《吕纪》、《月令》于孟夏、仲夏、季冬有乐师之官，案晋亦有乐师，《左传》襄公十四年“师旷侍于晋侯”，杜注：“师旷，晋乐太师。”《吕纪》、《月令》于季春有司空之官，案晋亦有司空（见《春秋大事表》）。《吕纪》、《月令》于孟夏、季秋、孟冬有司徒之官，战国时赵、魏俱有司徒（见《魏策一》、《赵策四》及《吕氏春秋·应言》）。《吕纪》、《月令》于孟秋有理之官，晋亦有理（见《春秋大事表》）。《吕纪》、《月令》于仲秋有司服之官，战国时韩亦有典衣典冠之官（见《韩非子·二柄篇》）。《吕纪》、《月令》于孟冬有太卜之官，战国时赵亦有太卜（见《东周策》）。据此，《吕纪》、《月令》之官制，与其谓为秦制，无宁谓乃晋制也。

五 《月令》是以农事为王之行政月历

《月令》当是战国后期阴阳五行家为即将出现之统一王朝所制定行政月历，分月记述气候与生物、农作物之生长发展变化，相应制定有关保护、管理生产之各种政策措施，并规定天子每月应办之大事，原则是“月举大事，毋逆大数，必顺其时，慎因其数”。春季木德，万物开始生长，宜多用赏赐，因而孟春之月，“命相布德和令，行庆施惠，下及兆民”。夏季火德，万物成长繁荣，宜讲究教育，选举人才，因而孟夏之月，“命太尉赞杰俊，遂贤良，举长大，行爵出禄，必当其位”。秋季金德，对万物起杀伤作用，宜于选练军队与施用行罚，因而孟秋之月，“命将帅选士厉兵，简练杰俊，专任有功，以征不义”，“决狱讼必正平，戮有罪，严断刑”；仲秋之月“命有司申严百刑，斩杀必当，毋或枉桡”。冬季水德，万物隐蔽蓄藏，仲冬之月“可以罢官之无事，去器之无用者，涂阙廷门闾，筑囹圄，此所以助天之闭藏也”，季冬之月“令宰历卿大夫至于庶民土田之数而赋牺牲，以共山林名川之祀”。

《月令》主要是规定按时令办理有关农事之著作。孟春之月天子要择期举行“籍礼”，以表示对春耕之重视，同时“主布农事，命田舍东郊，皆修封疆，审端经术，善相丘陵阪险原隰，五谷所殖”。仲春之月“毋作大事，以妨农之事”。季春之月“天子始乘舟，荐鲔于寝庙，乃为麦祈实”。此乃祈求麦结实而丰收之祭礼，麦尊铭文：“在辟雍，王乘于舟，为大丰，王射大龚(鸿)，禽(擒)。”大丰簋铭文：“王又(有)大丰，王凡(汎)三方。”此谓举行祈求大丰之祭礼，天子需要到辟雍之水池，乘舟射擒水上动物，以此举行宗庙之祭礼。

《月令》载孟夏之月，“为天子劳农劝民，毋或失时。命司徒巡行县鄙，命农勉作，毋休于都”。又载是月“农乃登麦，天子乃以彘尝麦，先荐寝庙”。孟夏之月“登麦”，说明当时农民已种冬小麦，四月成熟。《月令》又载仲夏之月“乃命百县雩祀百辟、卿士有益于民者，以祈谷实”。“谷”即“稷”所结之实，可知当时已推行一年两熟制，既种有孟夏所收的冬小麦，又种有孟秋所收的谷。《月令》又载仲夏之月“农乃登黍”，黍是黍子，去皮称为黄米。《月令》又载季夏之月，“毋举大事，以摇养气，发令而待，以妨神农之事也。水潦盛昌，神农将持功，举大事则有天殃。是月也，土润溽暑，大雨时行，烧薙行水，利以杀草，如以热汤，可以粪田畴，可以美土疆”。此谓六月大暑，焚烧野草，用水灌上，使之腐烂，成为绿肥，可以作肥料，并改良土壤。《月令》又载孟秋之月“登谷”，仲秋之月“乃劝种麦”，季秋之月命冢宰举办五谷的收成，藏于“神仓”，孟冬之月“腊先祖五祀，劳农以休息之”，即举行腊祭，庆祝丰收，慰劳农民。《月令》又载仲冬之月，“农有不收藏积聚者，马牛畜兽有放佚者，取之不诘”。季冬之月“令告民出五种，命农计耦耕事，修耒耜，具田器”，“命宰历卿大夫至于庶民土田之数，而赋牺牲，以共山林名川之祀。凡在天下九州之民者，无不咸献其力，以共皇天上帝社稷寝庙、山林名川之祀”。

《月令》称农业生产者为“农”，亦或称之为“民”。季秋之月“令诸侯制百县，为来岁受朔日，与诸侯所税于民轻重之法”，可知当时民之主要负担为税。《月令》记季夏之月“毋举大事”，“以妨神农之事”，所谓“大事”当指徭役而言。

六 《月令》与《豳风・七月》、《夏小正》之比较

《诗经・豳风》有《七月》篇，是西周时代豳地农民所作按时令进行农事与生活之诗歌。豳一作邠，在今陕西旬邑县西、彬县西北，原先周之祖先公刘建都之地。《七月》所叙写豳地农民一年十二月中生产过程与生活以及为贵族服役情况，较为细致，并有感慨。《大戴礼记》有《夏小正》篇，是春秋时代以农事为主的月历。《礼记・月令》又是战国时代以农事为主的行政月历。三者有一脉相承之关系，为便

于比较，现将其重点列为一表如下：

月份	豳风七月	夏小正	月　令
一月	三之日于耜。……	正月农纬厥耒。初服于公田。 农率均田，均田者始除田也，言农夫急除田也。	孟春之月天子亲载耒耜，措之参于保介之御间，率三公九卿诸侯大夫躬耕帝籍。 主布农事，命田舍东郊，皆修封疆，审端经术，善相丘陵阪险原隰，土地所宜，五谷所殖，以教道民，必躬亲之。田事既饬，先定准直，农乃不惑。
二月	四之日举趾。…… 四之日其蚤(早)……献羔祭韭。…… 春日载阳，有鸣仓庚。	二月往耰黍。…… 初俊羔。祭者用羔。…… 有鸣仓庚。……	仲春之月耕者少舍。 天子乃献羔开冰，先荐寝庙。 仓庚鸣。
三月	蚕月条桑。……	三月摄桑。…… 妾子始蚕。…… 祈麦实。……	季春之月命野虞无伐桑柘。 后妃斋戒，亲东乡躬桑，劝蚕事。 天子焉始乘舟，荐鲔于寝庙，乃为麦祈实。
四月	四月秀葽……	四月秀幽(幽、葽一声之转)。 鸣蜮…… 取荼(荼即苦菜)。…… 执陟攻驹。	孟夏之月蝼蝈鸣。 王菩(一作瓜)生，苦菜秀。 农乃升(一作登)麦。
五月	五月鸣蜩……	五月良蜩鸣。 唐蜩鸣(唐蜩即蝉)。…… 鸩则鸣。……始食瓜。 初昏大火中，种黍菽糜时也。	仲夏之月蝉始鸣。 鶪始鸣(鶪即鸩)。 游牝别其群，则縶腾驹，班马正。 乃命百县雩祭祀百辟卿士有益于民者，以祈谷实。 农乃登黍。

续表

月份	豳风七月	夏小正	月　　令
六月	六月食郁(郁李)及薁(蘡薁)。 六月莎鸡振羽。	六月鹰始挚。……	季夏之月鹰乃学习。
七月	七月流火(火星流下向西)。 七月烹葵及菽。 七月(蟋蟀)在野。 七月食瓜。	七月寒蝉鸣。……	孟秋之月,农乃升(一作登)谷,天子赏新。 寒蝉鸣,鹰乃祭鸟。
八月	八月其获。 八月(蟋蟀)在宇。 八月剥枣。…… 八月萑苇。 八月断壶(葫芦)。	八月剥枣。	仲秋之月乃命有司趣民收敛。 乃劝种麦,无或失时。
九月	九月叔苴、采荼薪樗,食我农夫。 九月授衣。…… 九月筑场圃。 九月肃霜。	九月王始裘,衣裘之时也。 荣鞠树麦,鞠荣……而树麦,时之急也。	季秋之月菊有黄华(即鞠华)。 天子乃以犬尝稻,先荐寝庙。 命冢宰农事备收,举五种之要,藏帝籍之收于神仓。
十月	十月纳禾稼,黍、稷、重穋,禾、麻菽麦。 十月获稻,为此春酒。		
十一月	一之日觱发。 一之日于貉,取彼狐狸,为公子裘。	十一月王狩。冬猎为狩。 万物不通陨麋角。日冬至,阳气至始动。	仲冬之月日短至,阴阳争,诸生荡。
十二月	二之日栗烈。 二之日其同,载缵武功,言私其豵,献豜于公。 二之日凿冰冲冲。		

依据上列比较表，可知从西周，经春秋而到战国，《豳风·七月》、《夏小正》与《月令》所载“物候”知识是一脉相承的，按时令进行的农事也是一脉相承的。“物候”原是农民长期以来从生产过程与生活中累积经验而得来，着重于一年十二个月气候变化与草木生长开花结果，生物生长变化以及候鸟、昆虫等往来变化的关系。鸟鸣与虫鸣是农民经常注意的“物候”，如二月仓庚（即黄莺）鸣，五月鶪（一作鵙，即伯劳）鸣，四月蝼蝈（即蝼蛄）鸣，五月蝉始鸣，七月寒蝉鸣。植物的随时开花结果，也是常用的“物候”，如四月秀葽（一作幽，即师姑草），九月菊有黄华，八月枣结果，可以剥枣。

关于按时令进行的农事，有两种原因可以引起变化。一种由于农业耕作技术的进步，例如西周时代只有春小麦，春季播种，秋季收获，因而《豳风·七月》云“十月纳禾稼”，是麦与黍、稷、麻、菽一起收获的。春秋时代逐步推广播种冬小麦，冬小麦秋季播种，到孟夏收获，因此《夏小正》谓九月“树麦”，三月“祈麦实”，《月令》谓季春之月“乃为麦祈实”，孟夏之月“农乃升（一作登）麦”。另一种原因引起农事变化的，是社会经济的变革与土地制度的变化。西周实行井田制，《夏小正》谓正月“初服于公田”，“公田”当为井田制的“公田”，亦即“籍田”，需要大量农民集体耕作于公田，天子要举行籍礼表示带头集体耕作。《夏小正》又谓正月“农率均田”，因为井田制更要定期平均分配份地。所说“均田者始除田也，言农夫急除田也”，王聘珍《大戴礼解诂》谓“除犹修治也”，这是说农夫的份地平均分配，使农民急于耕作。《月令》因为是战国时代著作，当时井田制已瓦解，小农经济普遍存在，因此已无“初服于公田”的事，籍礼只是天子表示重视农业的仪式。《月令》注重“皆修封疆，审端经术”，重视田地的封疆和界限沟洫，因为小农有此需要。

特别要指出，《月令》仲夏之月“农乃登黍”，郑玄注：“登，进也”，《正义》云：“黍是火谷，故于夏时与雏同荐之。如郑此言，黍非新成，直取旧黍，故下孟秋云农乃登谷，注云黍稷是也。”《吕氏春秋·仲夏纪》高诱注：“登，进。植黍熟，先进之。”蔡邕《月令章句》云：“中夏而熟，黍之先成者谓之蝉鸣黍。”说皆不确。《夏小正》云：“初昏大火中种黍、菽、糜时也。”崔寔《四民月令》亦云：“夏至先后各二日可种黍”，又云：“天子以雏尝黍，羞以含桃。”可知黍确是五月始种，五月农乃登黍，确是取旧黍，并非新熟。

《夏小正》与《月令》所载按时令之农事大体相同，但亦略有出入。如《夏小正》言九月“树麦”，《月令》言八月“劝种麦”。《夏小正》言五月“始食瓜”，《月令》言四月“王菩（一作瓜）生”。《夏小正》皆比《月令》迟一月，当因作者所居两地气候有差别。《夏小正》言四月“执陟攻驹”，《月令》言五月“絷腾驹”，此又《夏小正》比《月令》早一月，则又作者所居两地风俗有不同。

以《豳风·七月》与《月令》相比较，《七月》谓“八月其获”，而《月令》谓孟秋（七月）“农乃登谷，天子尝新”；《七月》谓“十月获稻”，而《月令》谓季秋（九月）“天子乃以犬尝稻，先荐寝庙”。所说两次收获，《七月》皆比《月令》迟一月，当与作者所居两地气候有不同。《诗经》毛传已提出“豳土晚寒”之说，谓“三之日，夏正月也，豳土晚寒，于耜，始修耒耜也”。豳地偏处西北，当然冷得既早，冷的季节又长，到早春还很寒冷。胡承珙《毛诗后笺》云：“《释文》于《毛传》晚寒，云谓节晚，而气寒也，此语最当，严辑本之，谓气候晚而多寒，故耕事迟，孙毓申毛，以为虽晚犹寒，实胜郑笺。”

《豳风·七月》称一之日(十一月)打猎,取得狐狸为公子裳;二之日(十二月)集中打猎练武功,猎得大兽献于公;三之日(正月)前往农田耕作,即《夏小正》所谓"初服于公田";四之日(二月)举趾(趾通兹,即兹基,就是锄头),即《夏小正》所说"往耰黍"。前后四月主要为"公"服役,所谓"一之日"到"四之日"的名称当即由此而来。

(以上一至四段,原载《齐鲁学报》1941年第2期,五、六两段新补)

《今月令》考

郑玄注《月令》，辄有"《今月令》作某某"云云，孔颖达《正义》以《今月令》即指《吕氏春秋·十二纪》，"入《礼记》者为古，不入礼记者为今"。今《吕纪》具在，校之实多未合，知其说固不足信也，先儒已尝言之矣。而毕沅作《吕氏春秋校本》，既略取其说，如《季冬》"水泽复坚"，毕氏据《今月令》校删"坚"字；逮茆泮林作补校，乃益信其说，几欲据《今月令》而尽改《吕纪》；近范氏耕研作《补注》，亦仍从之，此不可以不考辨。

《今月令》与《吕氏春秋·十二纪》

郑注《月令》，引《今月令》凡十八条（梁玉绳《瞥记》、徐鼒《读书杂释》谓十七条，盖脱仲冬"渊泽井泉"一条），与《吕氏春秋》及高注甚异，钱大昕、梁玉绳、黄以周，皆尝论证，今以《吕纪》、《月令》及《今月令》，列为一表如次：

	《吕　纪》	《月　令》	《今月令》
孟春	候。雁北	鸿雁来	候。雁来
季春	罼弋。罝罘罗网 无悖于时,无或 作为淫巧。 淫雨早降	罝罘罗罔毕翳 毋悖于时,毋或 作为淫巧。 淫雨蚤降	罝罗罔毕弋。 毋悖。毋或诈伪 淫巧。 众雨蚤降
孟夏	王菩生(“菩”本误 “善”,今从毕校) 无伏。于都	王瓜生 毋休于都	王萯生 毋伏。于都
仲夏	处必揜身欲静无躁 百官静事无刑	处必掩身毋躁 百官静事毋刑	处必掩身欲静 百官静事无径
季夏	令渔师伐蛟 令四监	命渔师伐蛟 命四监	命榜人伐蛟 命田监
孟秋	民多疟疾	民多疟疾	民多厉疫
季秋	操矢以射	挟矢以猎	挟矢以射
孟冬	乘玄辂 命太卜祷祠。龟策 固封玺	乘玄路 命太史衅龟筴 固封疆	乘軫路 命太史衅祠。龟筴 固封玺
仲冬	渊泽井泉	渊泽井泉	深泽井泉
季冬	水泽复坚 及百祀之薪燎	水泽腹坚 及百祀之薪燎	水泽腹 (无)

据上表,是《今月令》之与《吕纪》,字之同者五,音之通者二(“萯”与“菩”,“径”与“刑”),句之全同者,则孟夏“无伏于都”、孟冬“固封玺”二句而已。梁玉绳《瞥记》曰:“郑与高诱同时,所见《吕览》,亦不应异同若是。”其说是也。郑氏《礼记目录》云:“《月令》本《吕氏春秋·十二纪》之首章也,以礼家好事钞合之,因题曰《礼记》。”郑氏既以《月令》钞合《吕纪》,岂有以《月令》为古,而反以《吕纪》称今乎?亦事理所不可通也。孟夏“王菩生”,《月令》作“王瓜生”,《今月令》作

"王萯生",毕校云:"古'菩''萯'通用,郭璞注《穆天子传》'茅萯'云:'萯今菩字,音倍。'《集韵》音蓓,与萯通。"梁玉绳、黄以周亦皆以此《吕纪》与《今月令》合。今案《说文》"菩""萯"分列,"菩""萯"当非一字,"菩""萯"盖音借也。然古音瓜读如姑,其声亦与"萯"近,《吕纪》自不必与《今月令》有关。

至于《仲夏》"百官静事无刑",高注云:"事无刑,当精详而后行。"松皋圆《毕校补正》、王引之《经义述闻》、徐鼒《读书杂释》、刘师培《斠补自序》及范耕研《补注》皆据《注》,谓"刑"当作"径",本与《淮南子·时则训》及《今月令》同,后人以《月令》改之也。然"刑"与"径",古音同青部,疑本相通,高氏尝注《淮南》,亦或以之与《时则》对校,知"刑"之通"径",遂同作此注,似亦不必本作"径"也。陈乔枞《札记郑读考》曰:"《说文》云:'刑,刭也'。'刭,刑也'。二字义同。'刑''径'音亦相近,《王制》曰:'刑,侀也;侀者成也,一成而不可变,故君子尽心焉。'是刑之为训,有一成不变之义,近于直情径行,故高诱以为'当先精详而后行'。"是"刑""径"不特音近义亦通也。

《季春》"毋悖于时,毋或作为淫巧",朱熹《经传通解》谓《吕》"为"作"伪",茆泮林《补校》乃云:"《今月令》无'于时','作为'为'诈讹',朱子所见本'为'作'伪',当近古。"其说亦未必是。朱熹所引《吕书》,颇有讹脱,不与今本同,疑朱子所见者,乃当时劣本,不足尽据也。《孟冬纪》亦云:"无或作为淫巧,以荡上心。"惟淫巧足以荡上心,"作伪""诈讹",则欺上而非荡上之心矣。

孟冬"命太卜祷祠龟策",《月令》作"命太史衅龟筴",郑注云:"《今月令》作'衅祠','祠'衍字。"范氏耕研《补注》云:"今《吕书》'衅''祷'不同,而下正有'祠',知《吕书》正郑所谓《今月令》也。"其说殊非。范氏未尝细为比观，以“祠”一字之同，遂谓正是，武断孰甚！季冬“及百祀之薪燎”，《今月令》无，范氏又云：“《吕书》多与郑所举《今月令》同，此条独否，高氏且有注，疑不能明也。”范氏既武断于前，宜乎其不明矣。

《今月令》与《明堂月令》

清儒之卓识者，已见《今月令》之非《吕纪》，故欲于《吕纪》外，别求其相当者，惠栋、钱大昕、李惇、陈乔枞、洪颐煊、蔡云、钱坫、徐鼒及叶德辉，无不以《今月令》即《明堂月令》，其论据，不外三端：

（一）据《说文》所引《明堂月令》　惠栋《九经古义》据《说文》雨部“霥”字下引《明堂月令》“霥雨”，谓与季春《今月令》“衆雨”合，云：“郑所云《今月令》皆《明堂月令》也。”段玉裁《说文注》亦云：“汉人众读平声，即许所据之霥雨也。”李惇、陈乔枞等亦据《说文》引《明堂月令》“舫人”习水者，谓与季夏“榜人”合。李氏谓舫榜音相近，是也。“旁”为“方”之重唇字，古无轻唇音，“方”亦读如“旁”，《大射仪》“左右曰方”，“方”即“旁”也。陈氏云：“‘舫’正字，‘榜’假借字，司马相如《子虚赋》张揖注云：‘榜，船也，《月令》曰命榜人，榜人，船长也。’张所引《月令》即《今月令》文也。舫榜声相近，故舫人亦曰榜人。《尔雅·释言》：‘舫，舟也。’《广雅·释水》‘舫’‘榜’并云：‘船也’，则固以榜为船矣。”其说近是。《北堂书钞》卷一三八引《明堂月令》正作“榜人习水者”，《太平御览》卷八七一引《明堂月令》亦作“榜，舫人习水者也”。

（二）据蔡邕《独断》引《月令》　李惇又据《独断》引《月令》“固封玺”，以证《今月令》之即《明堂月令》。王引之《经义述闻》亦曰：“家大人曰：‘蔡邕《独断》引《月令》曰固封玺’，即郑所谓《今月令》也。”

（三）据蔡邕《月令章句》 陈乔枞、蔡云诸家以诸书所引《月令章句》以证《今月令》。今以诸书所引《月令章句》与《今月令》，列为一表如次：

《今月令》	《月令章句》
候雁来	鸿雁来
田猎罝罗罔毕弋	田獵置罗网毕弋（《玉烛宝典》引《御览》卷八三二，引“毕”作“罼”）
王萯生	王蓓生（《玉烛宝典》引《御览》卷九九八，引“蓓”作“萯”）
处必掩身欲静	处必掩身毋躁（《月令正义》引蔡氏云：“处必掩身，处犹居也。掩，隐翳也。……毋躁者，躁动也”）
百官静事毋径	百官静事无径（《玉烛宝典》引）
民多厉疫	民多厉疫（《玉烛宝典》引）
天子乃厉饰执弓挟矢以射	《后汉书·礼仪志》注引《月令章句》云：“亲执弓以射禽，所以教兆民载战事也。”
命太史衅祠龟筴	命太卜衅龟筴（《初学记》卷三〇引）

据上表，是《月令章句》与《今月令》合者甚多，但亦未能尽合，疑非一书。今以《说文》所引《明堂月令》与蔡邕《月令章句》对校，甚相合，疑所见一书也。《说文》“䗂”字下引《明堂月令》曰：“腐草为䗂”。与《月令》、《吕纪》、《淮南》、《逸周书》皆不同，与《易通封验》作“嗌”合。《吕纪》、《淮南》皆作“腐草化为蚈”，《月令》则作“腐草为萤”，《逸周书》作“腐草化为萤”。《正义》引蔡氏云：“鸠化为鹰，鹰化为鸠，故称化；今腐草为萤，萤不复为腐草，故不称化。”是《月令章句》亦作“萤”，与《说文》不合，但此“萤”字，疑孔氏所改，非其本真。《玉烛宝

典》引作"腐草为蛙",当是真也。《北户录》引《逸周书》亦作"蛙","蠲""蛙"古声同。《毛诗》"吉蠲为饎",《韩诗》"蠲"作"圭",是其证。《说文》"骴"字下引《明堂月令》曰:"掩骼薶骴(《系传》"薶"作"埋")",与今《淮南子·时则训》同,而《吕纪》作"揜骼霾髊"《月令》作"掩骼埋胔",《释文》引蔡云:"露骨曰骼,有肉曰胔。"《玉烛宝典》引《月令章句》亦作"掩骼埋胔",然"胔""骴"古同一字。《国语》韦注亦引《明堂月令》五条与《月令章句》则不甚合,亦非一书。《周语上》韦注引《明堂月令》云:"月夜分,雷乃发声,始震雷,蛰虫咸动,启户而出。"今《玉烛宝典》引《月令章句》作"日夜分,雷乃发声,始电"。《鲁语上》韦注引《月令》曰:"孟春蛰始震。"今《玉烛宝典》引《月令章句》作"蛰虫始振"。

《明堂月令》之来源,亦有数说:(一)出于《明堂阴阳》　钱大昕、段玉裁等主之,《汉书·艺文志》有《明堂阴阳》三十三篇,在《记》百三十一篇外,郑《目录》称《月令》,刘向《别录》属《明堂阴阳记》。(二)即《戴记·月令》　汪中等主之。徐锴《说文系传》亦云:"《明堂月令》即今《戴记·月令》未删定前也,古天子居明堂,每月告朔,班一月之政令,故曰《明堂月令》(见"仈"字下)。近黄以周参合二说,以为《戴记·月令》与《明堂月令》,虽非一书,然而同出古文。其言曰:"《汉志》又曰:'《礼古经》出鲁淹中,与十七篇文相似,多三十九篇及明堂阴阳'……《释文叙录》云:'《古文记》二百四篇',则《明堂月令》、《戴记·月令》,皆出古文,亦可知也。《后汉书·鲁恭传》曰:'《月令》周世所造',此言最为核实。……《盛德》所记,及《异义》所引《明堂月令》文,并不见于《小戴》。"其说疑非。疑汪氏之说是也。稽蔡邕《月令篇名》曰:"因天时,制人事,天子发号施令,祀神受职,每月异礼,故谓之《月令》，所以顺阴阳，奉四时，效气物，行王政也。成法具备，各从时月，藏之明堂，所以示承祖考神明，明不敢泄渎之义，故以‘明堂’冠‘《月令》’，以名其篇。”疑后汉于《月令》，简称之但曰《月令》，详言之，则以“明堂”冠“《月令》”，非有二书也。蔡氏《独断》引《月令》曰“固封玺”，则简称之耳。《说文》所引《月令》，皆称《明堂月令》，无称《月令》者，惟“靡”字下注云：“一曰若《月令》靡草之靡。”亦足见详简之不同。《明堂月令》之名，见《大戴记·盛德篇》，卢注云：“于明堂中施十二月之令也。”汉儒之称《月令》为《明堂月令》，盖据于此。蔡氏《月令问答》曰：“予幼读记，以为《月令》体大经同，不宜与杂录并行。”其所谓《记》，当即《戴记》，其《月令篇名》，称“秦相吕不韦著书，取《月令》为纪号，淮南王安亦取以为第四篇，改名曰《时则》”。亦足见其所据者为《戴记》，然则《明堂月令》即《戴记·月令》，郑氏岂有以《明堂月令》证《明堂月令》者乎？《明堂月令》之非《今月令》明矣。郑注《祭法》，亦引《明堂月令》，其文全同《戴记》，若《明堂月令》即《今月令》，郑注亦不应自乱其体例若此，于《月令》注称《今月令》，而于《祭法》注又称《明堂月令》也。若《明堂月令》固别出古记，与《戴记》有别，则何郑注《月令》独引《今月令》之异文，而于《明堂月令》反不之及也？高诱注《淮南·主术训》，引《明堂月令》“獭祭鱼”，疑亦指《戴记·月令》。《国语》韦注引《明堂月令》“孟秋乃升谷，天子尝新”（《月令》“升”作“登”），“季秋农事毕收”（《月令》“毕”作“备”），亦皆指《戴记·月令》。韦《注》于初引，称《明堂月令》，后皆称《月令》者，亦详简之不同，非有二书也。其与《月令》出入者，盖古人引书用意，本不尽旧文。许慎、蔡邕所引与《月令》异者，则今古文之不同也。黄以周曰：“《说文》称引经传从古文，见许君《自叙》，其引《明堂月令》，字多与《戴记》异，亦用古文也。”其说甚是。许氏引《经》多古文，与今本异者，十盖五六，不独《月令》为然。蔡氏亦从古文，故与《说文》所引相近。

《今月令》与汉《月令》

谓《今月令》乃汉《月令》者，梁玉绳首创之，桂馥《札璞》、罗以智《七十二候表》、黄以周《礼说》皆从之。梁氏曰：“《今月令》者，乃汉时太史所上月历，非《吕览》也。《后汉书·侯霸传》：‘每春下宽大之诏，行四时之令，皆霸所建’，是东汉自有所行《月令》也。”桂氏曰：“古月令谓《明堂月令》，今月令谓后汉所行之《月令》，郑云：‘汉始亦以惊蛰为正月中，雨水为二月节。’馥案自刘歆作《三统历》，改雨水为正月中，惊蛰为二月节，后汉遂有改定之《月令》，所谓《今月令》也。”黄氏曰：“汉《月令》之见于史者，西汉魏相始奏其书，东汉侯霸又建其令，并见本传。《汉·明帝纪》：‘永平二年正月辛未，祀明堂，诏骠骑将军三公曰：其班时令。注云：‘谓月令也，汉仪太史每岁上其年历，先立春、立夏、大暑、立秋、立冬，常读五时。’皆其证也。”黄氏又论《今月令》与《明堂月令》相同之故曰：“《汉书·魏相传》云：‘相表采《易》、《阴阳》及《明堂月令》奏之’，相所表奏者，即《今月令》也。《今月令》之文，采用《明堂月令》，故诸书所引《明堂月令》文，多同于《今月令》，而《今月令》之所采用，又有《易》、《阴阳》诸书，此《今月令》所以有异于《明堂月令》而不可以为一书也。”说皆近是。后汉崇尚古文，其时所行《月令》，亦当采之古文，故《说文》与《月令章句》，往往与之相合。然疑后汉所行《月令》本不一，故帝臣屡为下诏奏表。《盐铁论》引《月令》曰：“凉风至，杀气动，蜻蛚鸣，衣裘成，天子行微刑，始貙膢以顺天令。"此与《戴记》全异。郑注所谓《今月令》,疑亦非指一书,汉时所通行之《月令》皆与焉。《孟春》郑注云:"《今月令》'鸿'皆作'候'",《孟冬》郑注又云:"《今月令》'疆'或为'玺'",一则曰"皆",一则曰"或",则其非指一书明甚,诸家必欲指为何书,是以难通也。

(此篇原为《吕氏春秋集解》附考之一,发表于《制言半月刊》1935 年第 5 期。蒋维乔、杨宽、沈延国、赵善诒共署名,由我执笔)

卷八

重刊《墨经哲学》前言

《墨子》和《墨经》是我少年、青年时代重点研究的对象，因为我认为，《墨子》是战国时代“百家争鸣”中第一家有系统的学术著作，此中《墨经》（即《墨子·经上篇》）是各派墨家所“俱诵”的经典著作，有许多精彩内容值得我们作深入钻研。战国时代“百家争鸣”中所争论的，主要是治国、平天下的道理，只有墨家和名家争论的是哲学上的重要问题。《墨经》是一部有完整体系的学术著作，系统地分析了哲学上的许多重要问题，包括“认识论”、“德行论”、“心理论”、“刑政论”、“宇宙论”、“名理论”、“方法论”。此中“宇宙论”讲得特别详细，讲到了宇宙的意义、宇宙的终极、宇宙的结构以及物质世界的形成。

《墨经》对于宇宙和物质世界的形成，作出了具体的分析，他们把空间称为“宇”，时间称为“久”，“久”就是“宙”。如果一件实物所处区域的边际前，再也不容一线之地，这就是个别区域的空间穷尽之处，整个空间也是如此。如果个别实物所处的空间中，始终保持一个静止固定状态，就没有时间性可言，整个时间也是如此。他们已经认识到时间和物质运动有着不可分割的关系，脱离了物质运动，就没有时间性可言。《墨经》说："穷，或(域)不容尺"；"尽，俱止动"，就是这样的见解。

《墨经》不仅认为"久"(宙)是物质运动形成的，而且对运动的过程作了分析，认为物质运动共有六种方式，"化"是本质未变而外表已变，"损"是有部分物质从整体上分离出去，"益"是有外来物质附加到原有物体上，"儇"(环)是整个物体循环旋转，"库"是指一个空间领域内物体有了更换，"动"是指一件物体所处空间移动。这样把物质运动归结为六种运动方式，是和古希腊著名哲学家亚里士多德(前384—前322)的分析相类似的。

特别要指出的，《墨经》认为万物的构成，是由物质粒子经过五种不同组合方式而形成：(1)"有间"是一种有空隙的组合。(2)"盈"是物质粒子相混合的组合，这种组合很重要，例如"石"就是由"坚"的特性物质粒子和"白"的特性物质粒子相"盈"(混合)而成，所以《墨经》说："坚白不相外也。"(3)"撄"是物质相互接叠的组合。(4)"仳"是物质不规则的组合。(5)"次"是有秩序的组合。《墨经》认为五种组合方式中，"盈"的组合方式最为重要，举出了"石"由"坚"、"白"两种物质粒子相"盈"而组成作为例子。这是《墨经》的重要主张，名家对此是反对的，认为"石"中"坚"和"白"两种物质粒子是不相"盈"而相"离"的，于是引起了"盈坚白"和"离坚白"的辩论。

《墨经》认为万物是由一种不可再分割的物质粒子，经过上述五种不同的组合方式而形成，这和古希腊著名哲学家德谟克里特(约前460—前370)的分析相类似。《经下篇》说："非半，弗斮则不动，说在端。"《墨经》把这种微小的物质粒子称为"端"，"非半"是说这种物质粒子不是由两个半部所构成，有它不可以再分割的特性，不可能再分割。“弗斮”是说不可以再分割，“不动”是说不可能再变动。《经上篇》在叙述五种不同组合方式之前，解释“端”的性质说：“端，体之无序而最前者也。”《经说上篇》解释说：“是无同也。”“体之无序”，我解释为“既无长广”，“更无次序可言”。我解释“是无同也”为“与无相同”，现在看来是不妥当的。梁启超《墨经校释》把“同”字校改为“间”，“无间”是说不能再分割，这是比较确当的。还有我在此书中说：“《墨经》论万物之组合，多由乎物德之相撄相盈”，这样把物质粒子称为“物德”，是不确切的。

我这部解释《墨经》的著作，初版是抗日战争时期 1942 年在重庆出的，封面上作者姓名又误作“杨霓”，再版是抗日战争胜利后上海出的，印数不多，因而史学界许多朋友根本不知道我曾著有这样一部书。

从 20 年代到 30 年代初期，学术界对《墨经》作出新校释，成为一时风尚，除了早期张惠言《墨子经说解》，还有张煊《墨子经说新解》（《国故》第二期）、叶瀚《墨经诂义》、张之锐《新考正墨经注》、梁启超《墨经校释》、胡朴安《墨子经说浅释》（《国学汇编》第二集）、邓高镜《墨经新释》、顾实《墨子辩经讲疏》、钱穆《墨辩探源》（《东方杂志》二十卷八期）、伍非百《墨辩解故》、张纯一《墨学分科》、范耕研《墨辩疏证》、鲁大东《墨辩新注》等。

这时大多数学者没有把《墨经》看作有组织、有系统的著作，常常不顾全篇结构和上下文义，对单独字句作出种种新的校释，从而争奇斗胜。正如陈寅恪在《冯友兰中国哲学史审查报告》中所说：“今日之墨学者，任何古书古字，绝无依据，亦可随一时偶然兴会而为之改释，几若博者能呼卢成卢，喝雉为雉之比，此近日中国号称整理国故之普通状况，诚可长叹息者也。”(《学衡》第七十四期，《金明馆丛稿第二编》第247到248页)这是当时学术界的一种病态。

我认为，《墨经》全篇是有组织、有系统的著作，必须认清其体例和结构，依据上下文义和体例，用墨家学说以及相互辩论的名家学说作比较，从而认真做好校勘而作出解释。我从1929年春天到1930年春天，把《经上篇》和《经说上篇》妥为编排，作了有系统的解释，称为《墨经义疏》。卷首有《通说》一卷，为了征求学术界的意见，《通说》曾发表于《制言半月刊》第七册，这是由老同学沈延国转送去的，他是章太炎的学生。后来为了引起学术界的注意，书名改为《墨经哲学》，我请老师蒋维乔先生写了序文，送到重庆正中书局出版的，因为这是抗日战争时期，蒋先生有个学生正在正中书局当编辑。令人遗憾的是，出版时我没有看到，封面上所印的作者误作“杨霓”，好在蒋维乔序文中没有错，因此近人著作引用此书有不错的，也有错作“霓”的。

1986年南京大学教师杨俊光在《南京大学学报》增刊上，发表《墨经研究的一个卓越成果——杨宽先生〈墨经哲学〉读后》一文，承蒙称许我这部书优于前人以至同时代人之处有三：一是视《墨经》为一有系统的著作，二是视《墨经》为墨学要旨之所在，三是具体确定了《墨经》在当时思想斗争即“名墨相訾”中的地位。所谓“名墨相訾”，是名家对《墨子·经上篇》的驳诘，《经下篇》是墨家对名家的反驳。与此同时，承蒙还指出我书中批评诸家“妄以科学相穿凿”，说“方圆平直诸章非几何学界说”，这并不正确。因为《墨经》中确实有几何学、力学和光学的解说。

这部解释《墨经》的著作，我称为《墨经哲学》，因为《墨经》从头到尾，讲的全是墨家的哲学思想体系，此中“宇宙论”对物质世界的分析，十分重要，是别的诸子书上所不见的。现在我把这本著作重新刊布，敬请批评指教。

杨　宽

墨经哲学

序

自孟子以“无父”距墨氏，后儒恐见弃于圣人之徒，咸惴惴焉不敢涉墨子之庭。晋鲁胜虽有《墨辩》之《注》，已多阙疑，而其书今不存。唐宋之世，虽有乐台之《注》，李焘之《校》，然亦以世尚儒术，卒不得传。昌黎《读墨》，宋儒又讥之甚烈。自清季考据之学兴，由经史而及于诸子，又遭逢时会，欧学方东渐，学者正惊其优异，而自惭迂拙，乃遍检古籍，惟《墨子》足以当之，于是取西说，谈墨学，纷纭竞起，无虑数十家矣，而治《墨经》者尤众。

《墨经》辞约旨博，传写屡更，错乱特甚，故晚近学者，无不惊为奇文，争相校释，或窜句游心，任情臆说，或强相立异，自矜创获，割裂破碎，盖非墨子之《墨经》矣！而谨守之士，于是以《墨经》不能轻校轻释，概以阙疑归之。独青浦杨宽则异于是，其说以《墨》证《墨》，以子治子，莫不察其义例而观其会通。余初不识君，先获睹其说于刊物中,喜其考证周详,立论精审,通条连贯,而纲举目张,意其必为老成之考据学者,不谓其为在校肄业之学子也。余执教光华大学有年,岁戊辰,讲授《墨子》学程,君就听焉,余审君名,初不知其即昔日见于刊物者,继视君聪颖博辨,夐异侪辈,始而疑焉,逮君以实告,于是恍然而悟,惊叹久之!君虽从余游,实余之所畏也!

《庄子·天下篇》称:"相里勤之弟子,五侯之徒,南方之墨者苦获、已齿、邓陵子之属,俱诵《墨经》,而倍谲不同,相谓'别墨',以'坚白''同异'之辩相訾,以觭偶不仵之辞相应。"是《墨经》乃"坚白""同异"之辩之所自出,当无非以辞约旨博之故。《庄子·骈拇篇》有云:"骈于辩者,累瓦结绳,窜句游心于'坚白''同异'之间,而敝跬誉之言,非乎?杨墨是矣!"是后世墨者,不特于《墨经》相訾应,亦已多窜句游心,今欲于千载之后,观其会通,必求其无穿凿之病,斯固难矣!前伍非百氏著《墨辩解故》,以全篇一归之为辩学,任公已深佩之,然《墨经》实非全辩学之书,故犹不能无扞格难通处。去岁,君既毕业,汇集其十年来研究《墨经》之说,结集成册,别为十五章,章各冠以学说之总名,复条析其目,丽以《经说》原句,附以附释,并于卷首冠《通说》一卷,名之曰《墨经哲学》,示有别于世之以科学相皮傅者。余尝谓君曰:"今之治学,宜乎观其会通,以科学方法,比较分析,方有端绪可寻。校勘训诂,此特治学初步然也,而观其会通为尤要,否则虽有仲容之精博,犹不足以探索真理。"君韪余言,故是编之作,莫不穷原竟委,观其会通,无割裂破碎之病,无立奇炫异之弊,《墨经哲学》之真义,乃得大显于天下,哲学史将为之改观矣!诚空前之杰构也!是为序。

民国二十六年三月蒋维乔叙于因是斋

凡例

一、《墨经》原始，只今《经上篇》，其《经》与《说》不分写，《经》不两列，《说》无标题，考论具详《通说》。今乃引《说》就《经》，不两列，去标题，正其错乱，悉复原始。

二、《墨经》义例密察，上下相贯。今循文分章，各标其义，如“知”“虑”诸句，则总标之曰“知识论”；“久”“宇”诸句，则总标之曰“宇宙论”。于各节各句亦然，如“化”句则标曰“论变化”，“损”句则标曰“论损失”，“益”句则标曰“论增益”，“儇”句则标曰“论旋转”。庶几展卷了然，非敢妄为增益。

三、旧疏《墨经》，校与释相混而不分，梁启超、伍非百始别以大小字，判然便于观览。今于每句校勘，凡管见所及，所论诸家得失，皆与焉。次为释义。至有关全章之义者，则殿后。庶几条理晓然，不眩心目。

四、古者以声载义，字多假借，学者以声求义，乃可冰释。《墨子》书最古，假借字亦最多，王念孙已尝言之。今治《墨经》辄多求之形声通假之源；其有破字乙改，如不得已，亦仍注原文，以昭详慎。至或因仍他家，则谨录所从，示不掠美。

五、前人注释，类多割裂穿凿，今循文训释，观其会通。《经》不能明，则求之《说》；《说》不能明，则校以文义文例，参以古言古义。其或错不可校，则阙疑焉，木强说也。

六、书中句读悉与俗同，至（　）表当删去者，〔　〕则表增补或校改者。

墨经通说

晚近治《墨经》者多矣！专著既无虑十数种，论文之散见杂志者，更不可胜计。诸家立奇造异，说科学，谈玄妙，揆之一句固甚通，验之全文终不协。予治此书既久，偶有所见，辄为下笺，稿凡三易，乃成此编，别为一十五章。全编以《墨》证《墨》，以子治子，不说科学，不谈玄妙，察其义例而观其会通，众说之纷纭缴绕，亦庶乎如斩乱丝，摧陷廓清焉。缮写既定，谨为穷波讨源，述此《通说》一卷，俾览者得以详也。

源流第一

晚近论《墨经》，约有二说：或以上、下《经》当之，以为墨子自著，其说本于鲁胜，而毕沅、梁启超衍之；或以《尚贤》、《尚同》十论当之，而以上、下《经》出之后世墨者，命之曰《墨子辩经》或《墨辩》，其说亦源于鲁胜，而孙诒让、胡适衍之。鲁胜《墨辩注叙》云："墨子著书，作《辩经》以立名本。"前说则从其"墨子著书"之意，后说则取其《墨辩》之名。墨子之学，"多言而不辩"（《韩非子·外储说左上篇》），后说既取《墨辩》之名，以其义在辩，自不得不以为非墨子自著，而谓出于后世墨者矣。《经说》上下，文义简约，未易会通，显然易见者，惟《经下》"坚白""同异"之辞，与《公孙龙子》相出入。故方予初治《经说》，则于《经说》出于后墨之说，虽欲不信而不得；后更细玩，乃见《经上》"坚白""同异"之辞，其旨在立而不在破，不与《经下》同；遂恍然悟上下两

《经》，非可一概而论。《经上》命名举实，文皆界说，其于宇宙人生以及名实之理，无不通条连贯，绝非后墨之辩辞，更非名家怪说。盖墨家要旨之所在，固后墨所俱诵者也。《经下》文皆辩说，固后墨与他家辩难而作。疑同出于后墨者，惑于皆有“坚白”“同异”之辞，而不辨其义也；疑皆为墨子自著者，惑于同名，而不察其实也。两篇旨趣不同，辞亦大异，当分别观之(《经下》一篇，当辩难时，某派之领袖所作。其徒以之为与辩者相辩之本者，故亦尊之为经。为别于原始原诵之《墨经》，乃以俱诵之《墨经》为《经上》，而以之为《经下》)。

墨子欲善之益多，述作不偏废(《耕柱篇》)。《墨经》为墨子自著，亦理或然也。《韩非》称楚王谓墨子之学，多言而不辩，疑亦指《墨经》而言；钱穆谓指《尚贤》十论，十论言虽多，然文词滔滔，诸下篇又多与人相辩之辞，何得称不辩？墨子尚实，恐以文害用，故不作论辩，而特立大纲，亦以便记忆遵守也。《墨子·贵义篇》云：“墨子南游于楚，献书于惠王，惠王以老辞。使穆贺见子墨子……曰：‘子之言则成善矣，而君王天下之大王也，毋乃曰贱人之所为而不用乎？’”《渚宫旧事》亦曰：“墨子至郢，献书惠王，受而读之曰：‘良书也。……’墨子辞曰：‘……今书未用，请遂行矣。’将辞行，使穆贺以老辞。”二书所记，虽有出入，要为一事。墨子所献，当自著之书。墨子未尝出仕(《贵义篇》云：“翟上无君上之事”)，固贱人，此墨子自著，故见称“贱人所为”。墨子辞曰：“今书未用，请遂行矣”，则此书必为墨家要旨所在。此书为何？曰：必《墨经》是矣。《墨经》之论精博，固“良书也”，固“成善矣”，亦固墨家要旨之所在也。若《尚贤》十论，皆后学所作，墨子乌从而献之？他家之书，墨子又岂愿献王而请用，且以去就争之也？必不然矣！

《庄子·天下篇》云:“相里勤之弟子,五侯之徒,南方之墨者苦获、已齿、邓陵子之属,俱诵《墨经》,而倍谲不同,相谓‘别墨’,以坚白同异之辩相訾,以觭偶不仵之辞相应。”是《墨经》中“坚白”“同异”之说,为后世墨者所谈辩。《墨经》云:

有间,中也。(经)

有间谓夹之者也。(说)

间,不及;旁也。(经)

间谓夹者也。尺,前于区穴而后于端;不夹于端与区穴。及,非齐及之及也。(说)

纑,间虚也。(经)

虚也者,两木之间,谓其无木者也。(说)

盈,莫不有也。(经)

无盈,无厚;盈,于尺无所往而不得。(说)

坚白不相外也。(经)

得二异处,不相盈,相非是相外也。(说)

撄,相得也。(经)

尺与尺俱,不尽;端与端俱,或尽或不尽;坚白之撄,相尽;体撄,不相尽。(说)

仳,有以相撄,有不相撄也。(经)

两有端而后可。(说)

次,无间而不相撄也。(经)

无厚而后可。(说)

此章论万物之结构,为墨家宇宙论之要义,为“坚白”之辩所从出。墨子论宇,以万物之不同,乃由于物德组合方式之有异。“有间”

“间”“纑”三句，论有间虚之组合方式，“盈”句论相混合之组合方式，“攖”句论相接叠之组合方式，“仳”句论不规律之组合方式，“次”句论有规律之组合方式，“坚白不相外”句，盖承“盈”句而言，以为如“坚”“白”二德之充盈全石，石乃坚白相盈而成也（《荀子·儒效篇》云：“若夫充虚之相施易也，坚白同异之分隔也。……虽有圣人之知，未能偻知也。”即指此）。所谓“坚白”之辩，盖墨家倡导“盈坚白”之宇宙论，穷百家知之辩者，乃以“离坚白”之说破之（见《庄子》及《公孙龙子》），而墨家更辩护之（见《经下篇》）。太炎先生曰：“儒墨皆自有宗旨，其立论自有所为，而非泛以辩论求胜；若名家则徒以求胜而已。”（《华国月刊》第四期《与章行严论墨学第一书》）其论至确。鲁胜、孙诒让、胡适混同名墨两家，其说固非；章行严以墨家辩难名家，似亦宾主颠倒也。所谓“同异”之辩，当亦由墨家严分同异之别，辩者乃以“合同异”之说破之，而墨者更辩护之也（名家之说，针对《墨经》。如《墨经》云：“宇，弥异时也。”而惠施曰：“至大无外，谓之大一；至小无内，谓之小一。”又如《墨经》曰：“厚，有所大也。”而惠施曰：“无厚不可积也，其大千里。”《墨经》曰：“穷或有前不容尺也。”而惠施曰：“南方无穷而有穷。”《墨经》曰：“中，同长也。”而惠施曰：“我知天下之中央，燕之北，越之南也。”《墨经》曰：“方，柱隅讙也”，“圜，一中同长也”。而辩者曰：“矩不方，规不可以为圆。”说另详篇中）。《墨经》俱墨家要旨，虽亦有“辩”“说”之界说，第其一端尔。全文论认识人生宇宙，而一贯以墨家之旨；其旨之在“墨”而不在“辩”，固彰彰明甚，“辩经”之名，鲁胜妄自杜撰尔，古无是也。而伍非百强谓鲁胜犹见及古名，今本脱其“辩”字；以为“经为篇目通名，依义而后能立”，“舍辩言经，实为不词”（《墨辩定名答客问》）。殊不知此经之义在墨，其于墨家书中，由墨者自称则名“经”足矣，固不必标以“墨”也。墨家自信颇坚，自谓：“王公大人用我言，国必治，匹夫徒步用我言，行必修”（《鲁问》），“非吾言者是犹以卵投石”（《贵义》），自以其义为天下唯一之正义，亦必以此经为天下唯一之常道，足以“一同天下”者也，固何必标之以“墨”而自狭其范围。由他家称之，乃不得不别其义曰《墨经》。鲁胜误以辩者施、龙辈，祖述此经，因杜撰“辩经”其名，不知其戾于本旨也。《墨经》为墨家要旨，故为墨者所俱诵，又为辩者辩难之鹄的。《墨经》既为墨者俱诵，辩护时必多所仿依，故《经下》辩辞，往往一本于《经上》。《墨经》既辞约旨博，后人必难索解，故易受辩者之驳难，而自互又倍谲不同，乃至于“累瓦结绳”，“窜句游心”（《庄子·骈拇篇》）。韩非曰：“书约而弟子辨”（《八说篇》），其此之谓乎？墨家之有《墨经》，亦犹道家之有《道经》（《荀子·解蔽篇》），及儒家之六艺名经，以其为常道而尊之也。《天志中篇》末句云：“顺天之意者，义之法也。”《天志下篇》末句亦云：“天之志者，义之经也”，则经者法也；《墨经》之所以名“经”者，盖墨家以为天下之大法也。经乃周末文体之一，《荀子·劝学篇》云：“始乎诵经”。《韩非子·八说篇》云：“书约而弟子辨，是以圣人必著论。”盖周末已分文体为二，精要者谓之经，通达者谓之论。

《墨子·尚同中篇》云：“方今时，复古之民始生，未有正长之时，天下之人异义，是以一人一义，十人十义，百人百义，其人数兹众，其所谓义者亦兹众，是以人是其义，非人之义，故交相非也。”墨子以天下之乱，由于人之异义，故欲以一同天下之词。巨（钜）子之设，恐即此也；后世墨者，必听命于巨子，足以证之。《墨经》之作，恐亦此也；《墨经》为后世墨者所俱诵，足以证之。

《墨经》一书，墨家欲以一同天下之义者也，故于事物无不为之界说。其论“欲”论“行”论“为”论“治”，与《亲士》、《修身》要旨同。《亲士篇》曰：“非无安居也，吾无安心也；非无足财也，吾无足心也；是故君子自难而易彼。”谓天下之乱，自乎不安足。《墨经》云：“平，知无欲恶也。”“为，穷知而县于欲也。”“必欲正权利，且恶正权害！”“任，损己而益所为也。”与《亲士》之论同。《修身》之要旨在力行，如云：“功成名遂，名誉不可虚假，反之身也。”即《经说》所谓：“所为不善名，行也；所为善名，巧也。若为盗。”《墨经》云：“生，刑(同形)与知处也。”以为必身与心合，而后谓之“生”；心既知之，身必行之，与《修身》云“士虽有学，行为本焉”意同。

《墨经》之论，全以理据，无浅陋迷信之言，惟学理既深，难以语俗，乃不得不借助于社会迷信，以图发展其说，又不得不以理论改至通畅，以应世俗，此或《尚贤》、《尚同》十论之所以作也。《尚贤》、《尚同》十论，要皆仿依于一法仪。其法仪为何？曰：“使各从事其所能”；曰：“凡足以奉给民用则止”；曰：“诸加费不加利于民者弗为”(《节用篇》)。以为人者赖力而生，必各分工从事，开源节流，乃能相济相达。尚贤、尚同、尚早婚，使各从事其所能也；节用、节葬、节蓄私，凡足以奉给民用则止也；非攻、非乐、非久丧，诸加费不加利于民者弗为也。寻此三者，亦尽据于《墨经》之所论。《墨经》曰：

> 佴，自作也。(经)
>
> 与人遇人，众循。(说)
>
> 誚，作“嗛”也。(经)
>
> 为是，为之；台彼也，弗为也。(说)
>
> “廉”，悠非也。(经)
>
> 己惟为之，知其䣊也。(说)

令，不为所非也。（经）

所非身弗行。（说）

佴，助也。（《说文》云："佴，次也。"《诗传》云："佽，助也。"）"佴"句盖谓虽各自从事，实亦辅助他人，此即"使各从事其所能"说之所由本。诮，有所不为也（《论语》）。"诮"句盖谓做事宜兼顾；为，助也（《诗笺》、《论语》邹注）；台，失也（《方言》）；《说》盖谓做事不可助此失彼；助此者为之，失彼者弗为也（《非乐上》云："利人乎即为，不利人乎即止。"《贵义篇》云："凡言凡动，利于天鬼百姓者为之；凡言凡动，害于天鬼百姓者舍之。"义同）。此即"凡足奉给民用则止"说之所由本。令，不为所非也，此即"诸加费不加利者弗为"说之所由本。

《尚贤》、《尚同》之论，亦由《墨经》论"政"演成。《墨经》云："君，臣萌通约也。"《尚同中篇》云："凡国之万民，上同乎天子而不敢下比；天子所是，必皆是之；天子所非，必皆非之。"亦以君之言行，为臣民之通约，须共守者也。《经说》云："君，以若名（通民）者也。"《尚贤》、《尚同》亦以天子须天下之最贤者，能"明于民之善非"，能顺从民意者也。《墨经》主法治，有"功""赏""罪""罚"诸论，《尚同》亦云："得善人而赏之，得暴人而罚之。"《经说》云："爱己者，非为用己也，不若爱马"。"志以天下为芬，而能能利之，不必用。"爱人者，须非为用人，利人者，须不必用人；无论其有用否也，皆当爱利之。《兼爱下》云："老而无妻，无所持养，以终其寿；幼弱孤童之无父母者，有所放依，以长其身。"义亦相同。《节用》、《节葬》、《非乐》、《非命》诸论，亦与《墨经》论"实"义合。是则《尚贤》十论之由《墨经》演成，盖断断也。《墨经》为墨者俱诵，辩论必以之为据，故著述亦必本之。

试更观《尚贤》十论，皆分上、中、下三篇，墨家尚实，"无不加用为者”，当不三篇同作，况文义又大同哉？《太平御览》引《墨子》曰：“多言何益？言唯贵其时也。”（此文今逸）上篇名上，其著作或先，中篇次之，下篇又次之。各上篇文约论要，多据理论；各下篇言繁好辩，多重迷信；中篇适得乎中，是则十论由《墨经》演成之迹，又可见矣。《墨经》辞约旨博，无迷信；十论上篇，文亦较简，迷信亦较少，盖著作较先，去《墨经》未远也。其后墨学不昌，非者益烈，故下篇之文特繁，迷信特重，而特有与他人辩辞。

释例第二

经文旁行例

校读《墨经》，当先理其二特例：一为经文旁行之例，一为经说标题之例。旁行之例，毕沅已明之。经文末有“读此书旁行”五字，毕氏依之，录为两截，旁读成文，今订之如次（案卢文弨《钟山札记》卷四“两排读法”条云：“古书两重排列者，皆先将上一列顺次排讫而后始及于下重。自后人误以一上一下读之，至改两重为一列，亦依今人所读，而大失乎本来之次第矣。《后汉书·马武传》后附云台二十八将，昔人颇多致疑。薛季宣、王伯厚始移而正之，曰：《史记正义》所载谥法解，亦本是两重，改为一列，文多间杂。”今本《墨经》亦两重间杂为一列，与诸书之误同）：

故所得而后成也	日中正南也
体分于兼也	直参也
知材也	圜一中同长也
止以久也	方柱隅四讙也
必不已也	倍为二也

平同高也
虑求也
知接也
恕明也
仁体爱也
义利也
礼敬也
行为也
实荣也
忠以为利而强低也
孝利亲也
信言合于意也
佴自作也
同长以正相尽也
中同长也
厚有所大也
盈莫不有也
坚白不相外也
撄相得也
似有以相撄有不相撄也
次无间而不撄撄也
法所若而然也
佴所然也
说所以明也

端体之无序而最前者也
有间中也
间不及旁也
纑间虚也
謂作嗛也
廉作非也
令不为所作也
任士损己而益所为也
勇志之所以敢也
力刑之所以奋也
生刑与知处也
卧知无知也
梦卧而以为然也
平知无欲恶也
利所得而喜也
害所得而恶也
闻传说
见体尽
合正宜必
欲正权利且恶正权害
为存亡易荡治化
同重体合类
异二不体不合不类
同异交得放有无

攸不可两不可也	久弥异时也宇弥异所也
辩争彼也辩胜当也	穷或有前不容尺也
为穷知而县于欲也	尽莫不然也
已成亡	始当时也
治求得也	化征易也
誉明美也	损偏去也
诽明恶也	大益儇稘秖
举拟实也	库易也
言出举也	动或从也
且且言然也	闻耳之聪也
君臣萌通约也	循所闻而得其意心之察也
功利民也	言口不然也
赏上报下之功也	执所言而意得见心之辩也
罪犯禁也	诺不一利用
罚上报下之罪也	服执说巧转则求其故
同异而俱于之一也	法同则观其同
使谓故	法异则观其宜
名达类私	止因以别道
谓移举加	读此书旁行
知闻说亲名实合为	正无非

经说标题例

标题之例，张惠言略引其绪，孙诒让始明之。盖以《经》与《说》既分，不易知《说》之所明何《经》，乃牒经之首一二字冠之，以为识别，无所取义也。后人不明，几经传写，乃至脱误颇多。

一、牒经一字例　如：

知，接也。（经）

（知）：知也者，以其知过物而能貌之，若见。（说）

仁，爱也。（经）

（仁）：爱己者，非为用也，不若爱马。（说）

二、牒经二字例　如：

知，材也。（经）

（知材）：知也者，所以知也，而不必知，若视。（说）

三、标题脱写例　如：

有间，中也。（经）

有间谓夹之者也。（说）

间，不及；旁也。（经）

间谓夹者也。……（说）

四、标题错乱例　如：

令，不为所非也。（经）

所（令）：非，身弗行。（说）

"有间"句《说》首"有间"二字，"间"句《说》首"间"字，与下相属成文，非标题，其标题盖已脱。"令"句《经》旧作"令，不为所作也"，毕沅注云："使人为之，不自作"，义不可通；今据《说》校"作"为"非"。《说》今本标题"令"字错下，当据《经》移上。孙诒让未明标题错下例，疑"弗"字为"所"，殊无当也。令，善也，禁也，故《经》云："令，不为所非也。"《说》又云："所非，身弗行。"义得会通矣。

经文体例

《墨经》体例密察，上下条贯，兹分辞句章节二端言之。

一、辞句

（一）界说例

1. 从名辞内涵言例　如："知，材也"；"虑，求也"；"知，接也"；"恕，明也"。

2. 从名辞外延言例　如："知：闻，说，亲"；"闻：传，亲"；"见：体，尽"。

（二）断语例　如："诺不一利用。""必欲正权利！且恶正权害！"

《墨经》欲为墨者所俱诵，故为文多首标一名辞，取其约而易记；下义用界说，期于外延、内涵无所增减，盖述学精密之法也。或用断语，取其警切而易于刻入人心也。

二、章节

（一）上下句相承例　如："知，材也；虑，求也；知，接也；恕，明也"四句，论认识之四步，义皆相承。

（二）上下句相并例　如："仁，爱也；义，利也；礼，敬也"三句，论道德之三端，义皆并列。

（三）上下句相对例　如："止，以（通已）久也；必，不已也。"一论止，一论不止，义正相对。

（四）上句为下句一字立界说例　如："举，拟实也"，为下句"言，出举也"之"举"字立界说。"彼，不可两可也"，为下句"辩，争彼也"之"彼"字立界说。

（五）下句专释上一句例　如："廉（通慊），恷非也"，为上句"諵，作慊也"专释"慊"字。

《墨经》辞句，对偶划一，亦取其易记也。吾人可循此而判其章句，观其会通，校其错乱。如：

穷，或有前，不容尺也。（经）

穷：或不容尺，有穷；莫不容尺，无穷。（说）

尽，莫不然也。（经）

尽：俱止动。（说）

近人于“尽”句，多以名学释之，谓即论命题之周延。然按之义例，殊非。上“久”“宇”二句，文义并列，此“穷”“尽”二句，义亦相并也。“穷”句论“宇”之终极，“尽”句乃论“宙”之终极，盖谓动作俱止，则万物莫不皆然；万物莫不皆然，则无时间性可言，此则宙之终极也。《易·系辞传》云：“易不可见，则乾坤或幾乎息矣。”义同。

经说体例

一、释经例

（一）释经意例　如：

知，材也。（经）

知也者，所以知也；而不必知，若视。（说）

（二）释经字例

1. 释经一字例　如：

力，刑之所以奋也。（经）

力，重之谓。与动，“奋”也。（说）

2. 释经二字例　如：

坚白不相外也。（经）

得二异处，不相盈，相非，是“相外”也。（说）

（三）申经意例　如：

罪，犯禁也。（经）

罪不在禁，惟害无罪，殆姑。（说）

（四）反释经意例　如：

止，以已也。（经）

无久之不止，当牛非马，若矢过楹；有久之不止，若马非马，若人过梁。（说）

（五）对偶以释经意例　如：

行，为也。（经）

所为不善名，行也；所为善名，巧也，若为盗。（说）

（六）同于经文例　如“赏”“罚”二句。

《说》之同《经》者，诸家以为非其本真，疑是（孙诒让云：“乃经语而未著说。”胡韫玉云：“述经语而无说，疑有缺文。”张其锽云：“后人写经足说耳。”疑张说是也）。校释经说，亦不可不察其文例。如：

纑：间虚也。（经）

“虚”也者，两木之间，谓其无木者也。（说）

损：偏去也。（经）

“偏”也者，兼之体也。其体或去或存，谓其存者损。（说）

王引之于“纑”句《说》“虚”上增“间”字，于“损”句《说》“偏”下增“去”字，孙诒让等皆从之，此未明释经一字之例矣。

二、譬喻例

（一）同喻例　如“若睨”“若见”“若明”。

（二）异喻例　如“不若爱马”“不若金声玉服”。

胡适校“辩”句说“不若当犬”作“不当若犬”，梁启超等皆从之，此未明异喻之例也。

校读第三

《墨经》非特旁行标题之纠纷，亦复颇多传写错乱，今略据义例，粗为校正。

一、"故""体""厚""侗"四句之《经》与《说》同时错乱

《墨经》首二句："故，所得而后成也"；"体，分于兼也"，与下文不贯。疑书策落次，难以缉缀，遂妄置于首者。或因见"故"句《说》有"若见之成见也"句，遂以为与首章论知之"若视""若睨""若见""若明"有关，乃置诸其前。或又见"体"句《说》云："若二之一，尺之端也"，遂以为与"故"句《说》之"若有端"有关，乃又置诸"故"句之后。于是"故""体"并为首二句。"故"句依文义，当与下"法""佴"二句并列。"故，所得而后成也"，即所以然也；"法，所若而然也"；"佴（通尔）所然也"；"故"句即论"为何"，"法"句即论"如何"，"佴"句即论"何"。"体"句依文义当与下"倍"句相对："倍，为二也"；"体，分于兼也"；盖合论物之加倍与体分。且"体"句当列于"端，体之无序而最前者也"句前，乃先为"体"字立界说。

"厚"句，今在"平""中"二句后，在"直""圜""方"三句前。"平""中""直""圜""方"五句，本论物之规律。《法仪篇》云："百工为方以矩，为圆以规，直以绳，正以县，平以水（三字旧脱，今从孙诒让校），无巧工不巧工，皆以此五者为法。"《墨经》之"中"，即《法仪》之"正"（古"中"、"正"义通）。此五法者，乃百工之所习用，而古人于物之规律概念亦只此。《墨经》所论，盖就百工之法而为之界说也。此五句上下相贯，"厚"句不应杂出其间。厚句当与"端"句并论。"厚，有所大也"；"端，体之无序而最前者也"，一则论体之大，一则论体之小，盖与

“体”句同时脱出者。或当时简策落次，误以“厚，有所大也”之“大”，与“平，同高也”、“中，同长也”之“高”“长”对待，遂妄为移入。

“侗”句今在“久”句前，“罚”句后，不与上下文相协，亦当错简，此梁启超已见之。或此简脱出后，浅人见“久”“宇”二句，皆有“异”字，遂以为与之有关而列前。“侗”句当在下“同”“异”二句后。《墨经》论同之外延有四：曰重同，曰体同，曰合同，曰类同，中惟“合同”难明，此“同，异而俱于之一也”句，盖特申“合同”之义。

《墨经》之错简，大抵尽于此，余皆通条连贯也。诸家任情移乙，治丝益棼，皆无是处（伍非百以“尽”句为错简，非是。殊不知上“穷”句为论宇之终极，此“尽”句盖论宙之终极也，于文甚贯。伍氏以“儇”句为错简，亦非。张其锽以“损”“益”“服”“儇”“法”诸句移易，皆非）。

二、“平”“直”“闻”“言”四句之《说》错入《经》

“平”句云：“平，同高也”，无《说》。其下句云：“同长（“长”疑系“也”“者”二字之合误）以正相尽也。”颇不类《经》文，而与上“平”句义相承，且亦无《说》，疑此当“平”句之《说》，而错入《经》文者也。如是则“平，同高也”，与下“中，同长也”，文例相对，义亦皆论物之规律。《说》“同也者”云云，盖释《经》文“同”字。

“日”句云：“日，中正南也”，与上下文论“平”“中”“圜”“方”不相贯，当有舛讹。“日”句无说，其下之“直”句亦无说，则此亦当为“日”句之《说》而错入《经》文者。据此则“日”当校“直”，声近而讹；“南”当校“向”，形近而讹。“日”句当作“直，中正向也”，为《经》；“直，参也”，为《说》。如是则与上之论“平”“中”，下之论“圜”“方”，皆相贯。

“闻”句云：“闻，耳之聪也。”下之“循”句云：“循所闻而得其意，心之察也。”皆无《说》。“言”句云：“言，口之利也。”下之“执”句云：“执所言而意得见，心之辩也。”皆无《说》。“循”句“执”句，又不类经文，义与“闻”“言”二句同，亦当为其《说》，盖错入《经》文者（此伍非百已见之）。

三、“大益”句错入下句

《经》云：“损，偏去也。服执说巧转则求其故。大益。儇，秵秖。”“损”句论损失，“大益”论增益，“儇”句论旋转，皆论动作，当相并论。经文旧为旁行，今本上下列交错相次，“大益”别为一句，不应与“儇”句相属。

四、“久”“宇”二句、“知”“名”二句之合并

《经》云：“久，弥异时也。宇，弥异所也。”“久”“宇”义虽相贯，而各为一句。依旁行之例，宜相参错，而今则不然。

《经》云：“知：闻，说，亲。名实合，为。”其“知：闻，说，亲”，“名实合，为”，亦当各为一句。“知”句当与下“闻”句相贯；“名”句当与上“谓”句并论；一则论知识，一则论名实。

以上考订错乱既毕，其传写之流变，乃亦可得而言。前本经文旁行，然疑原始竹简，必非旁行。古未有两截旁行之书；旁行斜上，初惟谱表然（伍非百谓旁行始见《史记》，非是。《南史·刘杳传》引桓谭言：“太史公三代世表，旁行斜上，并放周谱”），亦出于势所必然耳。古者书皆竹简，竹简之长，不过一二尺，以篆著之，长句必不可两列，且读之又甚不便，经之句近百，著之于竹，当亦数十简，排列数十简而读之，势不可也，此伍非百已言之（《辩经原本非旁行考》）。今本《经》与《说》分写，各自成篇，原始殆亦不然。《墨经》辞约，非《说》不明，排列二篇而读之，又势不可也。原始竹简之《说》附于《经》，可于“故”“体”“厚”“侗”四句之《经》与《说》同时错乱见之。不然，必无同时错

乱之可能。又可于“平”“直”“闻”“言”四句之《说》错入《经》见之。不然，又必无错入之可能。古书注解之错入正文者，其例亦多，亦无不由于注解旁记误也（王引之《经义述闻·通说下》、俞樾《古书疑义举例》“以旁记字入正文例”）。经传合写，古书亦或如是（李慈铭以《韩非子·内外储说》本亦经说合写。《孟学参日记》曰：“《储说内外篇》，皆先列数义为纲，而后举其事以为之证。原本每条下即分系其事，后人传写如朱子所定《大学经传》例，移易其次，遂妄题曰右经右传，而于每条传上标一二三四五六字以别识之。《内储说》先撮举七术六微之凡，而《外储说》无之，盖亦是传写脱去。此当在唐以前，其移并则似宋人所为耳”）。

又今《说》之有标题，原始当亦无之。原始《说》既旁记于《经》，当无烦为标题以识别也。可于今《说》之错入《经》者，皆无标题见之（“直，参也”，“直”亦非标题。“直”与“参也”相属成句）。梁启超亦尝疑标题非原始所宜有（《读墨经余记》），惜其未能参验以效实。标题意在识别，多无所取义。其法本于古有之，古书每篇皆有标题，例牒首句二三字为之，今所谓篇名也。古书每章或提行跳出，亦或别为标题，今谓之章名。《墨经》之《说》，牒《经》一二字为标题。其例于古无有，当亦法效篇章而来，亦所以识别而无义也。梁、伍诸氏，严守牒经首一字为标题，胡适以为“不可说此字在经说不许与下连读成句”，皆不明乎标题之通例。

标题之出，或在汉后。汉后墨学微绝，《墨经》研习无人，惟好书者藏之耳。汉后书用绢帛，而绢帛颇贵，藏者欲省绢帛，乃将《经》与《说》分写，逐句相连。又因《说》之不能明其所属，特牒《经》而为标题之例以识别之。亦犹古书各章，或提行跳出，传写翻刻，终至改为接写(王先谦《汉书补注》),亦所以节省也(唐宋注疏,多有标题。疑经说分写而有标题,亦唐人所为。范氏云:“古人经自经,传自传,各为一书。观于今世经典释文,尚单为一本,或附于经后,皆先标一字,下注音义,想古代之传,亦必有标目字矣。”其说疑非)。“平”“直”“闻”“言”四句之《说》,当因其文简短,末有“也”字,遂误为经文而未分出者。经文之尝逐句相连,则可于“大益”句之错入下句及“久”“宇”二句、“知”“名”二句之合并见之。不然,又必不能有此误。

旁行之本,当又在其后[伍非百疑旁行本出于《史记》流传后,梵文未盛前。栾调甫因《后汉书·朱景列传》有两重旁读文,疑此写法,乃刘宋通例,皆证有未充,未可据以定。伍非百以今本出于鲁胜引说就经本,鲁胜本出于汉人重写之本,汉本乃出于著书原本,其说疑非。予前尝别为《墨经写式变迁考》一文详论之(《学艺杂志》十四卷一号)。伍氏以今本出鲁胜本,其言曰:“盖由墨子成书,至晋五百年而后有此注。后胜而校墨经者,不据胜本,将何以哉?”案今本墨经,将旁行作直写,文错至不可读,吾知其必仓卒从事,未尝校订者。鲁胜本引说就经,而今本则经说分写。伍氏乃云:“余意其据鲁胜本而参考汉本,然亦有参校汉本处。”信如伍说,似今本经文据鲁胜本,而经说则用汉本。然今本说错入经者,说乃无之;经文错乱者,说亦错乱。吾知所据一本,非有二本也。彼传写者疑亦与众篇连第抄下而已]。经文接写,不易与《说》比观,乃又依《说》分写,旁行并列,但以经文不长,下幅空白太多,乃分为上下两列,于左角特标“读此书旁行”五字。两列之出于传写,非有深义,可于上列末“动”句与下列首“止”句相贯见之。而时贤必以其有若何之微言大义在,是以难通也。旁行之出于比读,又可于分句之粗陋见之。“大益”句不似经文,或为“益大也”

之讹，其错下，或依《说》分《经》时见“大益”不能成句，又无《说》，遂误并于下句者。“久”“宇”二句之合并，或亦因《说》误为：“今久古今旦莫宇东西家南北”；遂以“宇东西”“家南北”为三字句，而不知“宇”为标题也。“知”“合”二句之交错合并，或因原始竹简颠倒，后又脱其标题所致。又考《经下》亦旁行，而“读此书旁行”五字，独出于《经上》，亦可知改写时非先有成例，盖仓卒为之也。上列反比下列少一句者，当亦仓卒所致；几经传写，致“读此书旁行”五字，亦错入经文而在上列。

要之，《墨经》之传写凡三变，共四本：

第一　经说合写原本

版本　竹简

写式　经与说合写，经每句一行，说以说一经之义者，另行旁记之。

第二　经说分写本

版本　绢帛

写式　经说分写，各自为篇，逐句接写，说有标题之例，以明其所属。

第三　经文旁行本

版本　纸册或绢帛

写式　说如前分写本。经每句一行，共分二列，经之前半，写于上列，后半写于下列。左角标“读此书旁行”五字。

第四　今本（鲁胜谓：“今引说就经，各附其章。”则晋时经之行列尚分明，今本之出，当在晋后）

版本 纸册

写式 说仍如前。经亦改直写，上下列交错相次。

知识论第一

（章前“故”“体”二句，与此绝不相蒙，当错简。论详通说）

一、论求知之工具

经 知，材也。

说 （知材）知也者，所以知也，而〔不〕（校增）必知。若〔视〕（本作明）。

《说》本有标题“知材”，原始当无之，今删，论详总说（“知”，张惠言读为“智”，曹耀湘从之，非是。《荀子·正名篇》亦曰：“所以知之在人者谓之知。”“不”，胡适据下句“而不必得”之例而校增，梁启超从之。甚是。诸家或不校。张惠言释云：“智者必知。”伍非百释云：“元知之必知，犹见精之必能见。”曹耀湘谓：“必知乃得谓智。”胡韫玉、张纯一、邓高镜亦云然。皆不与下文相协。“明”，涉下“恕”句而误。梁启超校为“眼”，未当。梁氏亦自知不妥，于其《读墨经余记》、《墨子学案》，乃校为“目”，张其锽从之，亦未当。经说之喻，皆用事而不举物，窃疑校“视”为是。观乎论“知”四句，其论由浅入深，知其喻当亦然。下三句之喻为“若睨”“若见”“若明”，则此校为“若视”，或不谬？伍非百不校，以“明”释为“见精”之意，然则于下“恕”句之“若明”，无可解矣。同于一章，同为“若明”，不当有歧义）。

此“知”，言求知之工具也。故云：“知，材也。”包含固有之本能，过去之经验。求知之工具，固所以知者也；然不经虑求，未必得知。如遇物而泛视，不能刻入于“知”。《荀子·正名篇》曰：“所以知之在人者谓之知。”又曰：“所以能之在人者谓之能。”《荀子》之“知”与“能”，即此《墨经》之“知”，故《荣辱篇》云：“材性知能，君子小人一也。”《吕氏春秋·贵生篇》云：“无有‘所以知’者，死之谓也。”知者，《荀子》或谓之“心”，《解蔽篇》云：“心生而有知。”能者，官能，指耳目口鼻。《天论篇》云：“耳目口鼻形能[同態(态)]各有接而不相能也，夫是之谓天官。心居中虚，以治五官，夫之谓天君。”《正名篇》云：“情然而心为之择，谓之虑；心虑而能为之动，谓之〔能〕”；亦以“心”“能”相对。《荀子》谓为“知”“能”或“心”“能”，《墨经》则合谓之“知”。《荀子·解蔽篇》云：“心不使焉，则白黑在前而目不见，雷鼓在前而耳不闻。”《管子》云：“夫心有欲者，物过而目不见。”亦皆谓“知”有他求而不使，则虽有耳目，不能闻见也（《庄子·逍遥游》云：“岂惟形骸有聋盲者，夫知亦有之。”“知”亦“知材也”之“知”）。《吕氏春秋·圜道篇》云：“人之有形体四肢，其‘能’使之也，为其感而‘必知’也。”亦以人有知能，感而必知，不感则不必知。

二、论求知之过程

经 虑，求也。

说 (虑)虑也者，以其知有求也，而不必得之。若睨。

《说》本有标题“虑”，今删。

虑也者，因其求知之材而有所求也。此论求知之过程，虑固求知应有之过程。然虑而不接取印象，仍未必能得其概念。睨，《说文》云："衺视也。"虑而不必得，犹睨未必能得其全貌。《荀子·正名篇》云："性之好恶喜怒谓之情；情然而心为之择谓之虑。"《墨经》则不然，以为情之冲动，足以误事，故主"去喜去怒去乐，去悲去爱去恶"(《贵义篇》)。以为虑者，以"本能""经验"有所求；其所以有求，亦无不据于"本能""经验"，不本于情欲也。若任情之所欲，其所得之知识必皆主观，"人是其义而非人之义，则天下之乱，必若禽兽然"。

三、论得知之过程

经 知，接也。

说 (知)知也者，以其知过物而能貌之。若见。

《说》本有标题"知"，今删(“过”，孙诒让疑“过”为“遇”，以其与《经》云“接”同义。梁启超从之。窃谓不然。《吕览·异宝》“伍员过于吴”，注：“过犹至也。”《战国策·秦策》“臣不复过矣”，注：“过，见也。”则“过”本有“接”义，夫知既有求，求而接触至物，故曰：“过物”。“遇”，《说文》云：“逢也”。《礼·曲礼》：“诸侯未及相见曰遇。”《穀梁传》：“不期而会曰遇。”遇通偶，《尔雅·释言》：“遇，偶也。”盖偶尔相值，非虑而得接之谓也)。

此"知"言据求知之材以求，求而接触至物，取其印象，得其貌似，即得知之过程也，如见之成见，过物而接见其印象。《吕览·自知注》："知犹见也。"义亦同。《吕览·知接》云："不接而自以为智，悖。"《淮南子·原道训》云："物至而神应，知之动也。知与物接而好憎生焉。"《说林训》云："盲者不观，无以接物。"其"接"皆"知接也"之意，亦以为"接"为得知应有之过程。《吕氏春秋·知接篇》云："瞑者目无由接也，无由接而言见，谎；智亦然，其所以接智，所以不接不智，同；其所能接，所不能接，异。”亦以目见譬喻知接。

四、论知识之成立

经〔恕〕，明也。

说（〔恕〕）〔恕〕也者，以其知论物而知之也著。若明。

《说》本有标题“恕”，今删（“恕”，三“恕”字本作“恕”，义不可通。毕沅、张惠言、胡韫玉、邓高镜强释，非是。毕云：“推己及人故曰明。”张云：“明于人己。”邓云：“如明自明，亦能明物。”胡云：“以智论物，知之甚明，若书之于史而无偏倚也。”皆迂曲。胡氏移乙经说原文，将“而知之也著若明”校为“而知之明也若著”，更无当。孙诒让据藏本吴钞本经文校“恕”，甚是。恕不见字书，顾千里云：“恕即智之古文”，是也。《非攻中》云：“此即恕者之道也。”“为”句说云：“〔骚〕脯而非恕也，雔指而非愚也。”“智”皆作“恕”。墨子书久无人校，故古字独存）。

“恕”当读如“哲”，“恕”也者，用固有之本能经验，将接得之印象——“物”——分析综合，如是而得之知识，乃能显著明了。“明”，微察之意。《韩非子・难三》云：“知微之谓明。”《管子・宙合》云：“见察谓之明。”“恕明也”之“明”，知微之谓；“若明”之“明”，见察之谓。“若明”者，谓如见物，不仅得其貌似，且能审察而明其概念。“论”，判明之意（《吕览・应言》“不可不熟论也”，注：“辨也。”《淮南子・说山》“以近论远”，注：“知也。”）。《荀子・正名篇》云：“知有所合谓之智。”又曰：“能有所合谓之能。”“有所合”者，即通悟之意。与此谓“以其知论物”同。《荀子・解蔽篇》云：“万物莫形则不见，莫见而不论，不论而失位。”亦谓见而能论，而后能得其宜。

墨之术，缘于知识而绝于情欲，故《经》云："为，穷知而县于欲也。"又云："平，知无欲恶也。"《亲士篇》亦云："未闻为其所欲，而免其所恶也。"《贵义篇》亦云："必去喜去乐去悲去爱去恶而用仁义。"盖缘于知则行无不当，任其欲则事必有失。《亲士篇》云："非无安居也，我无安心也；非无足财也，我无足心也。"安心足财，本无常准；任其欲，则无安足之心；心无安足，则必有求；相向以求，则必有争；相争相攘，则必有乱。故墨者"损己而益所为"(《墨经》)，"以绳墨自矫而备世之急"(《庄子》)。其论仁义，亦曰："仁：爱己者，非为用己；不若爱马。""义：志以天下为芬，而能能利之，不必用。"盖缘于知，理应爱利，不可以欲用之而爱利之。墨家既以知识为首要，故其《经》以知识章冠首。

名墨本相訾，亦各据其"知识论"立论，墨家重经验，名家主怀疑。名家之起，本所以攻击论及宇宙之墨家，论详总说。《墨经》论宇宙，以为万物之不同，由乎物德组合之有异，如石乃坚白二德相盈而成。名家乃以"离坚白"之说破之；以为视石得白不得坚，拊石得坚不得白，吾人如何必知坚白之相盈。盖以一切事物之认识，仅限于一人一时一地，非可普遍。墨家则力主认识之普遍性与必然性。《韩非子·内储说上》述惠施之言曰："谋者，疑也。疑也者，诚疑；以为可者半，以为不可者半。"据此则名家所谓谋虑，怀疑而已；怀疑者，两可而已。《庄子·秋水篇》云："庄子与惠子游于濠梁之上，庄子曰：'儵鱼出游从容，是鱼之乐也。'惠子曰：'子非鱼，安知鱼之乐？'"惠施以为"鱼出游"，知鱼出游而已；吾人非鱼，安知鱼之乐？盖基于认识之主观性。其"离坚白"之说亦然，吾人非石，视不得坚而得白，安知白与坚之相盈？拊不得白而得坚，又安知坚与白之相盈？墨家重经验，以真知之得，其必用以前之经验，将所得之印象分析综合而后可。视时得白之印象，必与拊时得坚之印象结合，而后成石之概念。是墨家之宇宙论基于知识论也。

荀子之论知识，颇同于《墨经》。《正名篇》云："征知，则缘耳而知声可也，缘目而知形可也，然而征知必将待天官之当簿其类，然后可也。"缘耳目而知声形，仅得形声之貌似，此同《墨经》"知，接也"；"必将待天官之当簿其类"，盖谓必待天官所著之经验，始可比类通之（"当"古通"尝"，簿，著录也），此同《墨经》"恕，明也"。《庄子·庚桑楚》云："知者，接也；知者，谟也；知者之所不知，犹睨也。"或皆本于《墨经》。

德行论第二

一、论道德

（一）论兼爱之谓仁

经 仁，（体）爱也。

说 （仁）爱己者，非为用己也。不若爱马。（著若明）

《说》本有标题"仁"，今删［"体"，当衍。伍非百删之，是也。《经说下》云："仁，爱也；义，利也。"足证。如是与下"义，利也"文例相同。与说义亦相通，"体，分于兼也"（见《经》）。墨家尚兼。《兼爱下》云："兼爱则仁矣义矣。"若此果为"体爱"，则墨家当力斥之，岂愿命之以"仁"？梁启超不删而强释云："仁者，相人偶之谓。个人为人类之一体,体分于兼,人之爱人,若手足之捍头目也。”非墨义。张惠言释云:“以爱为体。”曹耀湘释云:“爱人如己,是谓体爱。”虽较梁说为佳,亦殊牵强。胡韫玉释云:“若爱已而不用已,则不若爱马。已马一体而爱之,故曰体爱。”既牵强,亦非墨义。墨家论爱,非为用也。《兼爱下》云:“有道者劝相教诲,是以老而无妻者,有所持养,以终其寿;幼弱孤童之无父母者,亦有所依放,以长其身。兼爱之效用,如此其大也。”若爱而为用,即失兼爱之大效。张其锽乃云:“墨子之言体爱,则殊于兼爱。故墨不贵仁,而言仁必及义。”亦无当。《法仪篇》屡称:“法不仁,不可以为法。”《兼爱下》亦屡云:“仁人之事者,必务兴天下之利。”其贵仁亦可谓至矣。张纯一云:“仁,《说文》云:‘亲也,从人二。’上文云:‘体分于兼。’《说》云:‘若二之一。’可相发明。……仁从人,即兼义,从二即体义。”更无当。夫《经》云:“体,分于兼。”《说》云:“若二之一。”是以“二”喻“兼”,以“一”喻“体”。“见”句《说》云:“〔持〕者,体也;二者,尽也。”可证。仁从二,故有“兼”义而无“体”义也。“已”,孙诒让疑为“民”,以为“民”唐人避讳阙笔,与“已”形近而误。伍非百校之为“人”,皆非。盖时人惟知爱已,不知爱人,所以云然者,欲人之推已及人也。《兼爱上》云:“爱人若爱其身。”《兼爱下》云:“为彼犹为已也。”皆推演此义。“不若爱马”,伍非百以“不”读“否”,释云:“为用之而后爱之,爱非真爱,故曰若爱马。”非是。此未明异喻之例。“著若明”,当涉上而衍。伍非百尽删之,是也。孙诒让云:“疑‘著’为‘者’,属上读,涉上文而误作‘著’。又并衍‘若明’二字。”非是。《经》、《说》之喻,举事为多。邓高镜不删,以“著”属上,以“若明”之“明”同“民”,释云:“圣人之爱民利民,……非求民之用也,故曰若民。”非是。一说而二喻,说无是例〕。

仁者，以兼爱为本，不以酬报为鹄。《艺文类聚》引《墨子》曰："翟以地为仁，太山之上，则行封禅，而祭皇天山灵；培塿之侧，则生松柏，下生黍蒲，水生鱼鳖；民衣食于地上而终不责德，故翟以为仁。"地兼爱万民而不求报酬，故墨子以为仁。《庄子·天地篇》云："爱人利物谓仁"，《在宥篇》云："亲而不可以广者，仁也。"《韩非子·解老篇》云："仁者，其中心欣然爱人也。"《贾子·道术》云："心兼爱人谓之仁。"义或指此。

墨子以人情为恶，故必欲绝去之。荀子性恶之说，实多受墨子影响。以为人之情，生而有自爱自利，故其论兼爱，欲人皆"爱人若爱其身"。人之爱其身，皆所以自适其生而已，无他意也，故《说》云："爱己者，非为用己也。"爱马则不然，所以欲用马也，故云："不若爱马。"《经》、《说》之意，以为爱人当若爱己，不当若爱马。盖爱己，非为用，此则出于真心，真爱也。若欲用之而爱之，此则以爱为饵，不仁也。

(二) 论兼利之谓义

经 义，利也。

说 (义)志以天下为芬，而能能(通耐)利之。不必用。

《说》本有标题"义"，今删[。"志"，俞樾以"志"当为"者"，草书相似而误。非是。"仁""礼"诸句说皆不以"某者"起下文。"芬"，孙诒让疑"芬"为"爱"，篆文形似而误，梁启超从之，非是。"孝"句亦有"芬"字，当不同误。王闿运以"芬"同"分"，加艸以别于分离字耳，此读为职分之分。邓高镜从之。张惠言云："芬，美也。"说皆牵强。张纯一云："《方言十三》'芬，和也'，注：'芬香和调。'此言义在天下为美德，为义可使调和。"义亦不贯。芬，《说文》云："草初生其香分布也。"芬之本义，花卉以香分布也。此借以言道德发扬也。《晋书·桓彝传赞》云:“扬芬千载之上。”扬芬连文,芬亦扬也。“志以天下为芬”者,言当以天下为发扬志气之目标,不可自私自利也。“而能能利之不必用”,俞樾以“能能”叠用无义,当作“而能利之,不能必用”。胡韫玉从之,而以“不能”为句,皆非。“孝”句《说》亦作“能能”,当不同误。张其锽以一“能”属上读,一“能”属下读,亦牵强未当。孙诒让云:“能当读如《诗·大雅》‘柔远能迩’之‘能’,《汉书·百官公卿表》颜注:‘能善也。’能能利之,言能善利之也。”曹耀湘云:“能能者,竭尽其力之所能。”皆无当。谭氏戒甫则以能古有兼该之义,能利即兼利也(《释名·释言语》“能该也,无物不兼该也”),疑亦非。于此虽甚通,然于下“孝”句“而能能利之”,则无可解矣。宽案,“能”古同“耐”。《礼运》“故圣人耐以天下为一家”,注:“耐,古能字。”《乐记》“故人不耐无乐”注:“耐,古书能字也,后世变之。”《汉书·晁错传》“胡貉之人性能寒”,注:“能读曰耐。”《荀子·仲尼篇》云:“能耐任之,则慎行此道也。能而不耐任,且恐失宠。”言能忍耐困苦而力任,则顺行此道;若能而不耐任,犹恐失宠也。王念孙删二“能”字,非是。《经》、《说》“而能能利之”,第二“能”字当作“耐”。墨者形劳天下,备世之急,故必以能耐苦而兼利天下者谓之义。“用”,梁启超校“用”为“周”,释云:“周遍也。仁以周爱为鹄,故言兼相爱;义不必以周利,故言交相利。”非是。案《小尔雅》:“交,俱也”。《广韵》云:“共也,合也。”“交”亦有“兼”义,或“交”或“兼”,变文示异耳。《法仪篇》云:“以兼而爱之,兼而利之也”,可证。孙诒让释“不必用”曰:“不必人之用其义也。”曹耀湘释曰:“不必在上位。”皆非。此言不必求酬报,义与上“非为用”同。张纯一疑“利”上有“体”字,谓“利人即所以自利,是体利”,其谬与其前释“体爱”同]。

《墨子》书恒言“兼相爱，交相利”。兼相爱，仁也。交相利，义也。义者，以耐苦兼利为本，亦不必以酬报为鹄，务以天下为发扬志气之目标。若必求酬报，因欲用之而利之，则利非出真心，而以利为饵也。《天志中》云：“义者，善政也。”《耕柱篇》云：“今用政为义，刑政必治，社稷必安，所谓贵宝者，可以利民，而义可以利人。故曰：‘义，天下之良宝也。’”皆此意。墨家以“利”说“义”，而儒家则以“义”“利”对待，若冰炭之不同器。孔子曰：“君子喻于义，小人喻于利。”又曰：“放于利而行，多怨。”孟子亦曰：“仁义而已矣，何必曰利?”又曰：“去利怀仁义。”最可见。盖墨家之所谓利，乃众利，而儒家之所谓利，乃私利。至荀子虽亦以“义”“利”对待，然以好利为人本性，非可强去，惟求其“无以利害义”(《法行》)，以“利少而义多，为之”(《修身》)。当受墨子影响。荀子固非纯然仲尼之徒也。《荀子·富国篇》云：“不利而利之，不如利而后利之之利也；不爱而用之，不如爱而后用之之功也；利而后利之，不如利而不利者之利也；爱而后用之，不如爱而不用者之功也。”则正阐发斯义。《吕览·贵公》云：“伯禽将行，请所以治鲁，周公曰：‘利而勿利也。’”义亦同。

(三) 论兼敬之谓礼

经 礼，敬也。

说 (礼)贵者公，贱者名，而俱有敬，僈焉等异，论也。

《说》本有标题，今删(孙诒让将《说》句读为“贵者公，贱者名，而俱有敬僈焉，等异论也”，而解作“贱者称贵者为公而自名也”，“贵贱之中复有敬慢之别”，“礼有贵贱尊卑等差之异。张云：‘论读作伦’”。案孙氏意，以为贵者人称之公，贱者自称以名，其间颇有敬慢，所以然者，伦理也。梁启超句读为“贵者公，贱者名，而俱有敬僈焉，等，异论也”，而解作“礼以敬僈为标准，并不系所遇者贵贱，贵贱不过伦理上等差之名词也”。邓高镜句读为“贵者公贱者名而俱有敬，僈焉，等，异论也”，而解作“贵贱虽异位，而用敬则同，若僈怠不敬，则差异之伦叙，等无别矣”。宽案三氏之句读皆非。孙、梁以礼有敬僈之别，与《经》文“礼敬也”不协，又非墨家旨。邓氏以“僈焉”为句，亦未允。此当以“僈焉等异”为句，焉，语助辞。“名”，张惠言云：“君，公也，名当作民，古字通用。”尹桐阳从之。义亦可通，不若读如字之为长）。

古者姓氏有别，“氏者，所以贵功德，贱伎力，或氏其官，或氏其事”（见《白虎通》），故贵者有氏，“贱者有名无氏”（见《通志》），有氏则可称之以“某公”，无氏，乃直呼其名。故《说》云：“贵者公，贱者名。”俗皆以称公为尊敬，称名为不敬，如《庄子·列御寇篇》云：“如而夫者，三命而命诸父”，《战国策·魏策》云：“宋人有学者，三年反而名其母。”论者皆以为不敬。僈通曼，无也（王念孙校《荀子·非十二子》曰：“僈读为曼，《广雅》曰：‘曼，无也’”）。“僈焉”无有貌“等异”者，等差之异也（《荀子·富国篇》：“分割而等异之也”，注“以等差异之”）；“僈焉等异”者，其义颇同《荀子》之所谓“齐”与“僈差等”。《礼记·乐记》云：“礼者为异”，注云：“谓别贵贱也。”《荀子·富国篇》云：“礼者，贵贱有等。”而《墨经》则不然，以为人虽有贵贱之分，而礼无敬慢之别。与人遇人，不论贵贱，于礼俱当有敬。故《经》云：“礼敬也”，贵者称为公，贱者呼其名，然而俱有敬也，绝无差异。盖理之所当然也（《吕览·怀宠》注：“论犹理”）。《荀子·天论篇》云：“墨子有见于齐，无见于畸。”《非十二子》云：“僈差等，曾不足以容辩异！……是墨翟宋钘也。”皆指此。

二、论实行

(一) 论行

经 行，为也。

说 (行)所为不善名，行也；所为善名，巧也。若为盗。

《说》本有标题“行”，今删(“善名”，王引之疑“善”为“著”，胡韫玉从之。非是。《礼·曲礼》疏：“善，犹好也。”《荀子·非相》：“凡人莫不好言其所善”，注：“所善谓己所好尚也。”“善名”者，犹言好名也。伍非百于“善”断句，张其锽从之。伍氏又以“不善”与“善”互易，以“名”犹言“谓”，皆非。此未明《经说》之例。《经说》释“某”，或起以“某也者”，或结以“某也”，无“名某也”之例。《经说》有释经之正面者，有释经之反面者，亦有正反对偶者，此即正反对偶者。“巧”，孙诒让疑为“竊”，因俗书“窃”而误。胡韫玉从之，非是)。

见义勇为，不好名誉，是真行也。《荀子·正名篇》亦云：“正义而为谓之行。”好名而为，则所为非真行，沽名钓誉而已，乃取巧也。由巧而得名，犹盗而得物。《修身篇》云：“名不徒生，誉不自长，功成名遂，名誉不可虚假，反之身也。”又云：“名不可简而成也，誉不可巧而立也，君子以身戴行者也。”《耕柱篇》云：“为义非避毁就誉。”墨子尚力行，故力非虚假伪饰，必功成而后可以名遂，盖“行”者，当以“为”为本。

(二) 论实

经 实，荣也。

说 (实)其志气之见也。使人如己。不若金声玉服。

《说》本有标题，今删(“人”，梁启超校之为“之”，而解作“实也者，志气所表现，当使之恰如自己之本来面目也”，非是。果如梁言，恶足言荣?“如”,胡韫玉校之为“知”,解作“使人可以知己”,非是。墨家论行,不尚名誉,当亦不患人之不己知也。“不”,孙诒让校“不”为“必”,非是。盖未明异喻之例。“服”,张其锽据《孟子》“金声玉振”校为“振”,可不必)。

实也者,志气之实现也。“实”“荣”义本相反,《尔雅·释草》云:“不荣而实者,谓之秀,荣而不实者,谓之英。”《庄子》亦云:“或谓之实,或谓之荣。”墨子尚实,故以实为荣。《修身篇》云:“行不信者,名必秏。”此亦谓行而能实,名必荣也。“使人如己”者,言志气之实现,荣华奋发,足以感人,使人皆与己同也。《庄子·天下篇》论墨子曰:“好学而博不异。”郭《注》:“既自以为是,则欲令万物,皆同乎己也。”义指此。《贾子·大政》云:“能言之,能行之,谓之实。”墨子则不然,非特欲志之而能行之,且欲其感化他人也,如此“志意之荣”(见《荀子·赋篇》),可谓真荣,不若金声玉服之虚饰于外。

三、论为人

(一) 论忠君

经 忠,以为利而强低也。(存疑)

说 (忠)不利弱子,亥足将入止容。(存疑)

《说》本有标题,今删(“低”,张惠言云:“当作氏”。孙诒让疑为“君”,“君”与“氏”篆相似。王闿运校“低”为“仕”。宽疑为“子”。《说》云:“不利弱子。”“不利”与《经》“利”相反,“弱子”亦当与“强子”相反。“子”通“字”、“慈”,爱也。《书·皋陶谟》“予弗子”,郑读“将吏反”。《列子·说符》作“弗字”。《说文》锴本云:“字,爱也。”《诗·生民》“牛羊腓字之”,《传》:“爱也。”《左传》成公四年、十一年,昭公元年注,“字”皆训爱。《书·金縢》“是有丕子之责”,郑注:“爱子孙曰子。”《史记》、《白虎通》“丕子”作“负子”,《公羊传》作“负兹”。兹,同慈。《中庸》“子庶民也”,郑注:“犹爱也。”“不”,伍非百疑为“必”。“亥”孙诒让疑为“孩”,以为“子亥”犹云“孩子”。“入”,梁启超疑为“不”。“止”,孙诒让疑为“正”,梁启超疑为“必”。张纯一疑《经说》全文为“以君为芬,而能能利之,不必容”,以为“亥”即“芬”之讹,“弱”为“能”草书之讹。又倒著“利”下,又脱“能”衍“子”,“不”为“君”之残讹,“以”“为”“而”三字错入《经》文,“足”为“君”之讹,“将”字衍。宽案诸家所校,皆无据。张氏所校,破字过多,又不合墨义。墨子之所谓忠,在求众利,非全在利君。“亥”疑通“劾”,《六书故》云:“劾犹核也。”“止”或本作“正”,“容”古通“颂”,《经说》疑当作“不利弱子,劾;足将入正,颂”。言君不能爱利其民,则臣当劾其过失。政者,正也。君足以入乎正,则臣当颂其盛德。然亦臆说,姑存疑)。

《鲁问篇》云:“上有过则谏,已有善则访之上而无敢以告,外匡其邪而入其善,尚同而无下比,是美善在上而怨仇在下,安乐在上而忧戚在臣,此翟之所谓忠臣者也。”《公输篇》云:“知而不争,不可谓忠。”是墨子所谓忠,乃匡邪入善而争众利者也。众利既得,则君亦得其利。《荀子·臣道篇》云:“逆命而利君,谓之忠。”义亦同。《墨经》说义既不能详,谨记此,以便参考。

(二)论孝亲

经 孝,利亲也。

说 (孝)以亲为芬,而能能(通耐)利亲。不必得。

《说》本有标题,今删(俞樾校说“而能能利亲不必得”为“而能利亲,不能必得”,胡韫玉从之。又以“不能”为句,其谬同“义”句。

"得",毕沅、邓高镜读为"德",释"不必德"为"不以为德"。非是。孙诒让释为"不必中亲之意",亦非。"得"即《论语》"血气已衰,形之在得"之"得")。

孝也者,务以亲为发扬志气之目标,虽苦难亦当耐而利之。

《贾子·道术》云:"子爱利亲,谓之孝。"义同。"不必得"者,言孝之目标在利亲,不必求有所得,如家产之类。

(三)论信用

经 信,言合于意也。

说 (信)不以(通台)其言之当也。使人视,城(通诚)得金。

《说》本有标题,今删("以","以"通"台"。台,《说文》云:"从口以声。"《方言》云:"台,失也。""以""台",古读如"始"。始失古双声,同在审母,故得通。孙诒让校"不"为"必",而作"必以其言之当也",非是。上下诸句皆论德行,此当言"信用"之"信",非"信人"之"信"。今作"不失其言之当也",乃可与经"言合于意"相通。"意",梁启超读为亿,非是。墨家尚实,不主亿也。《大取》"知与意异"可证。张其锽校之为"实",亦非。意者,心之意念也。"城",通"诚"。张惠言、孙诒让不改读。张释云:"但使人视之如城,得之如金。"孙释云:"言告人以城上有金,视而果得之。"皆迂曲。梁启超校"城"为"诚",读为三字句,其义甚是。张纯一疑"使"上有"若",非是。《经说》之长喻,例皆无"若"。如"间"句"尺前于区穴"以下,"纑"句"两木之间"以下,"为"句"欲䨮其指"以下,皆为喻,皆无"若")。

言者,出于口;意者,发乎心;心口若合符节,则言必有当;言而当于其意,斯可谓之信矣。故《经》云:"信,言合于意也。"《说》亦云:"不失其言之当也。"言合于意,则其言可信而有用;故《穀梁传·僖公二十二年》亦云:“言之所以为言者,信也。”言不失当而可信,则依其言而行者,亦必有果;故欲知其言之信否,当视其行者果否。譬若令人视金,而诚能得金,则其言可信。《修身篇》云:“言不信者,行不果。”《兼爱中》亦云:“言必信,行必果。”《贾子·道术》云:“期果言当谓之信。”义亦同。

四、论作为

(一) 论当各自从事

经 佴,自作也。

说 (佴)与人遇人,众慏(通“揗”“循”)。

《说》有标题,今删(“佴”,梁启超校为“侔”,谓同《小取》“侔也者,比辞而俱行也”,非是。“侔”在论辨,与上下文不相蒙。张其锽校为“侮”,谓同《孟子》“人必自侮而后人侮之”,亦附会。原文不误。“作”,俞樾疑为“佐”,孙诒让校为“仳”,皆非。原文不误。第二“人”,曹耀湘读为三字句,校之为“入”,不必。“慏”,字书无之。孙诒让读为“揗”,曹耀湘疑“慏”为“循”,皆是)。

察天下乱之所自起,起于民之有三患:“饥者不得食,寒者不得衣,劳者不得息。”(《非乐上》)使天下之人,“有力者疾以助人,有财者勉以分人,有道者劝以教人,若此则饥者得食,寒者得衣,劳者得息,乱者得治”(《尚贤下》)。此墨子之所以尚兼爱。兼爱之法固诚善矣,然如财力自顾且不足,何能兼爱而分人助人?故欲兼爱,必先足财用。《七患篇》云:“为者寡,食者众,则岁无丰;故曰财不足,则反之时;食不足,则反之用;故民以时生财,固本而用财,则财足。”盖足财用之法有二:一曰“生财密”(《七患》),乃开源之法;一曰“用之节”

(《七患》),乃节流之法。然则"生财密""用之节"之法又如何?《非乐上》云:"利人乎即为,不利人乎即止。"《贵义篇》云:"凡言凡动,利于天鬼百姓者为之;凡言凡动,害于天鬼百姓者舍之。"《节用中》言之尤详,其言曰:"使各从事其所能,凡足以奉给民用则止,诸加费不加利于民者,圣王弗为。"墨家之论,无非阐发斯意,尚贤、尚同、尚早婚,使各从事其所能也;节用、节葬、节蓄私,凡足以奉给民用则止也;非乐、非攻、非久丧,诸加费不加利于民者弗为也。《墨经》论作为,亦不外此义,惟《非乐》、《节用》诸论,则尤加详焉。"佴"句盖论"各从事其能","誚"句"廉"句,则论"不利人乎即止","令"句则论"诸加费不加利者弗为"。

佴,辅助也(《说文》云:"佴,次也。"《尔雅·释言》云:"佴,贰也。"《说文》云:"贰,副益也。"《诗·车攻》"决拾既佽",《笺》:"佽,比也。"《杕杜》:"胡不比焉,胡不佽焉。"《传》:"比,辅;佽,助也")。夫人之生不能离众,一人之身,百工之所为备;百工之事,固不可兼技也;人既赖众而生,亦自应"各因其力所能至而从事"(《公孟》),以交相利,以相济达。虽各自从事,实亦辅助他人。故《经》云:"佴,自作也。""遇"通"偶""耦"(《尔雅·释言》云:"遇,偶也。"《释名·释亲属》云:"遇,耦也");"循"通"循",《说文》云:"顺行也",《广韵》云:"善也",《淮南子·本经训》"五星循轨"注:"顺也"。"与人遇人,众循"者,言与人相与相偶,自作而助人,则众皆顺善也。《曾子·制言篇》云:"人之相与也,譬如舟车然,相济达也。"《管子·牧民篇》云:"使民各为其所长,则用备。"义同此。

(二)论当有所不为

经 誚,作嗛也。

说（詶）为是，为（是）之；台（通怠）彼也，弗为也。

《说》本有标题，今删（《说》本作“为是为是之台彼也弗为也”，孙诒让谓“为是”误衍，诸家皆从之，非是。案之对偶之例，仅衍“是”字，涉上而衍）。

“詶”不见字书。《孟子》“睊睊胥谗”，孙奭《音义》云：“睊一作詶，詶、睊、狷并同声假借字。”《论语·子路》云：“狷者有所不为也。”《国语·晋语》亦云：“小心狷介不敢为也。”“嗛”通“廉”，《庄子·齐物论》云：“大仁不仁，大廉不嗛”，可证。“廉”亦借为“溓”为“俭”，亦洁清而有所节制之意。詶也者，做事谨慎小心，洁清节止，有所不为也。故《经》云：“詶，作嗛也。”《说》中“为是”与“台彼”相对。为，助也（《战国策·魏策》“臣请问文公为魏”，注：“为，助也”）。《诗·大雅》“福禄来为”，《笺》：“为，犹助也。”《论语·述而》“夫子为卫君乎”，注：“为，助也。”台，古怠字（《管子·版法篇》：“故曰顿卒怠倦以辱之。”宋本“怠”作“台”，《书·盘庚》蔡邕石经本“汝罔台民”，今本“台”作“怠”）。台，《方言》云：“失也。”“台彼”者，言无助于彼也。墨子尚众利，故论作为，谓当兼顾各方，有益于是者，为之，无益于彼者，弗为。孔子以狷者次于中道，孟子乃斥以为“不屑不洁”。而《墨经》则以为美德，以为作为，当视民用而定。足以奉给，则自当有止；苟不为节止，衣食之财，难免有不足之虞也。《孟子》曰：“人有所不为也，而后可以有为。”与此可相发。

经 廉，作非也。（存疑）

说（廉）己惟为之知其䫉也。（存疑）

《说》本有标题，今删（“廉”，孙诒让疑为“慊”。慊，恨也。与上下文不相通。邓高镜读为“规”，亦非。“作”，梁启超校为“怍”，或是。

《荀子·儒效》“无所儗恷”，杨注：“恷与怍同。”此或脱其“心”，毕沅读为狙，非也。“惟”，孙诒让读为“虽”。“䁯”，字书无之。毕沅云：“一本作思耳。”孙诒让校为“谌”，曹耀湘校为“愢耻”。疑“䁯”本为“醜”，读者以“耻”字注其旁，因误合而遂成此形。《吕氏春秋·不侵》“欲醜之以辞”，注云：“醜一作耻。耻，辱也”）。

廉通嗛，此蒙上“誚，作嗛也”，而专释“嗛”字。

（三）论当不为所非

经 令，不为所〔非〕（本作作）也。

说 所（令）非，身弗行（《说》中“令”字，当为标题，盖错入文中者。《说》中如是者甚多，今删。张纯一疑“令”为“卩”，非是。盖未得其解也。“不”，张其锽校为“必”，非是，亦未得解。张氏以“为”“作”互易，尤无当。“非”，本作“作”，据《说》校。形似而讹。“所”，梁启超以为衍而删之，非是。盖未明标题错入之例。“弗”，孙诒让疑为“所”，非是）。

令，《广雅·释诂》云：“禁也。”令者所以禁人为非，亦欲之为善也。“令”或借为“灵”，“良”，“练”，皆双声，皆“善”义。《尔雅·释诂》云：“令，善也。”《既醉笺》亦云然。墨子尚实利，故论作为，以为费去一分财力，必欲得其一分代价；若费财劳力而不加利者，皆非之，既非之，则必不为。墨子尚实行，故以不为所非为美德，命之曰“令”。令兼“禁”“善”二义。《荀子·不苟篇》云：“君子欲利而不为所非。”义同。

（四）论责任

经 任，士损己而益所为也。

说 （任）为身之所恶，以成人之所急。

《说》本有标题，今删。

任，负也；担也；事也。墨家尚众利，故以君子所任，在乎损己利众。《亲士篇》云："君子自难而易彼。"《庄子·天下篇》云："以绳墨自矫，备世之急。"《晏子春秋·问上》云："墨子曰：'晏子知道，道在为人者重，自为者轻。'"义皆同。

（五）论勇敢

经 勇，志之，所以敢也。

说（勇）以其敢于是也，命之；不以其不敢于彼也，害之。

《说》本有标题，今删。

墨子论作为，既或有所应为，有所不应为，故其所谓勇，非仅敢作敢为之意。志气之目标在是，所以敢也；以其敢于是也，命之曰勇。志不在彼，所以不敢；虽不敢于彼，于勇何害？如勇于"成人之所急"而怯于为人之所恶，勇于"成人之所急"，志之，所以敢也。怯于为人之所恶，不志之，所以不敢也，何害于勇？

儒、墨两家，处境不同，故论德行，颇相殊异。儒，《说文》云："柔也，术士之称。"需柔双声，考诸经传，凡从"需"字，其音义皆为柔；是柔亦儒之本训。儒者，人之柔弱者也；文人术士，多柔弱书生，故引申为术士之称，是当时之贵族。墨之本训为石墨，或借为黑。《广雅·释器》云："墨，黑也。"《释名·释书契》云："墨，晦也。"墨亦通默（屈原《怀沙赋》"孔静幽墨"，注："无声也"）。黑则无色泽，晦则无光彩，默则无声音，要为不文之义，盖当时朴实之贱者。墨子贱者（《贵义》，穆贺直称墨子为贱人），有见于王公大人之靡财贫民，士君子之文巧害用，故其论德论行尚众不谋私，好实不恤文，仁者兼爱众，义者兼利众，礼者兼敬众，佴者各自从事，密生财，所以助众也，誷者有所不为，节财用，令者不为所非，止浪费，皆所以济众也。

人生论第三

一、论动非生

经 力，刑(通形)之所以奋也。

说 力，重(通动)之谓。下与(通举)重，“奋”也。

《说》中标题本脱。“力重之谓”之“力”，与下文相属，非标题(“下”，孙诒让属上，读为“重之谓下”，释云：“凡重者必就下。”非也。杨保彝以“下”属下读，是也)。

“刑”古同“形”(《管子·权修篇》：“恶之有刑。”《韩非子·难三篇》引“刑”作“形”。《荀子·成相篇》“形是诘”，“形”即“刑”)，形者，体貌也(《礼记·乐记》：“在天成象，在地成形。”注：“体貌也”)。“重”古通“动”(《左传·僖公十五年》：“感忧以重我”，“重”即“动”)。“与”古同“举”(《易·象传》：“物与无妄。”虞注：“举也。”《管子·乘马篇》：“与民数得亡”，《墨子·天志上》“与谓之不详者”，“与”皆同“举”)。奋，《尔雅·释诂》云：“动也”；《释言》云：“振也”。《易·豫象》“雷出地奋”，注：“动也”。奋为动义，故《说》云：“下举重，奋也。”“下举重”者，由下而举重上也。

世俗之说者，往往以形体能动，即谓之生，是不然。形体之所以能动者，在乎力；力也者，所以动者也。故《说》云：“力，动之谓。”形体之所以动，仅仅以形体之有动力在耳。

二、论生

经 生，刑（通形）与知处也。

说 （生）楹（通盈）之生；〔离〕（本作商），不可必也。

《说》本有标题“生”，今删（“楹”，通“盈”。吴钞本正作“盈”。《公羊传》：“戊辰吴败顿、胡沈蔡、陈许之师于鸡父，胡子髡、沈子楹灭获陈夏齧。”《穀梁传》“楹”亦作“盈”。毕沅校“楹”为“形”，非也。“离”，本作“商”，商与离，形似而讹。孙诒让疑“商”为“常”，声近而误，以为言生无常。梁启超从之，以商同常，举《广韵》“商，又常也”为证。义皆迂回难通。伍非百疑“商”为“意”，以为言“形之生存，非意之所能知”，亦无当。张纯一于“商”上校增一“若”，移至句末，释云：“寿夭无常，有如商家求利，盈亏无常。”尤牵强）。

生之义，非仅形体之能奋而已；形之所以能奋者，力也，非生也。生也者，形与知合处之谓也。故《经》云：“形与知处也。”《淮南子・原道训》云：“形者，生之舍也。”“形”即身也。“知”亦即心也，《荀子・解蔽篇》云：“心者，形之君也。”身心二者能相处，心有所知，身必行之，乃可谓生。若身心离异，则虽有力能动，是亦犹死，不可必谓之生也。故《说》云：“盈之（之犹则也，见《经传释词》）生；离，不可必也。”

三、论卧非生

经 卧，知无知也。

说 （卧）

《说》仅有标题，今删。

上“知”为“知材也”之“知”，下“知”为“知接也”之“知”。卧也者，能知之工具无其能接之能力也。虽未死,不可谓之生,盖"知"已无"知","知"已与"形"离矣。

四、论梦非生

经 梦,卧而以为然也。

说 (梦)

《说》仅有标题,今删。

《荀子·解蔽篇》曰:"心卧则梦,……故心未尝不动也",梦则形卧而心动,其"知"与"形"已离。虽"知"觉其行,然而"形"未行也,故虽似生,亦不可谓之生。梦者,形卧而"知"以为然也。

《墨经》首章论知识,次章论德行,此则承上而论其知行之应相合。

墨子尚实,故力主"形""知"之应相合。甚至谓形知合一而后可谓之生;形之能奋,卧而无知,梦而不行,皆不得谓之生。墨家既主形知之合一,故亦力主言行之合一。盖言者,知之表也;行者,形之动也(《兼爱中》云:"言行若合符节,无言而不行也。"《鲁问篇》云:"言义而弗行,是犯明也。"此"明"即"恕明也"之"明"。《公孟篇》云:"政者,口言之,身必行之。"《耕柱篇》云:"言足以复行者,常之。"《贵义篇》亦云:"言足以迁行者,常之")。

儒家论生,颇与墨家迥异。《易·系辞传》曰:"天地絪缊,万物化醇。男女构精,万物化生。"《荀子·正名篇》曰:"性之和所生,精合感应,不事而自然,谓之生(本作性,从章炳麟校)。"儒家以为生者,自然之事,而墨家则以为须视人为而定。必其为合于其知,然后得谓之生。不然,虽似生,犹死也。

平治论第四

一、论心之平

经 平，知无欲恶也。

说 平，惔然。

《说》本脱标题。“平惔然”之“平”，与下相属，非标题。

平，《说文》云：“又正也。”平亦治也，《诗·黍苗》“原隰既平”，《传》：“土治曰平。”“惔”通“憺”、“倓”、“淡”。《一切经音义》引《苍颉篇》云：“惔，恬也。”《集韵》云：“憺，或作惔。”憺，《说文》云：“安也。”平也者，心平知足，于欲恶皆处之淡然也。“知”亦“知材也”之“知”，“知无欲恶”者，谓心无好恶之妄情也。心无好恶之妄情，则行为得实而治，故欲治其行为，必先去其欲恶。

二、论事之治

经 利，所得而喜也。

说（利）得是而喜，则是利也；其害也，非是也。

经 害，所得而恶也。

说（害）得是而恶，则是害也。其利也；非是也。

《说》皆本有标题，今删（曹耀湘谓“其害也”、“其利也”，两“也”字均当读“他”，非是）。

经 治，求得也。

说 （治）吾事治矣，人有治，南北。

《说》本有标题，今删（“有”，孙诒让疑为“为”，又疑“有治”为“治有”，其释云：“吾事治，则自治其身；人治则当求之四方。”义甚迂。以“南北”释为“四方”，尤未当。梁启超又校“其南北”为“在利害”，张其锽校“南北”为“同此”，皆臆说，不足据）。

夫天下之乱，起于心不平，欲不去。盖“治，求得也”。苟衣食之财，皆求而不得，则天下乱，饥者得食，寒者得衣，劳者得息，百姓皆得暖衣饱食，则天下便宁无忧。天下之治，既在求得，使天下之人，皆有欲恶而心不平，则天下之人，皆必自利而害人。盖“利，所得而喜也；害，所得而恶也”。使天下之人，皆自利害人，则必争而乱矣。“吾事治矣”，则吾得利矣；“人有治”，则人亦得利矣；人各自利，则必相争相攘，故《说》云：“吾事治矣，人有治，南北。”

此平心知足之说，即墨家所以自苦而兼爱之本。平心知足，颇类道家言。《庄子·刻意篇》云：“圣人休焉，休（本作“体为”，从俞樾校）则平易矣，平易则恬惔矣。”其与《经》、《说》“平，惔然”可相发。《亲士篇》云：“吾闻之曰：非无安居也，吾无安心也；非无足财也，吾无足心也。”所谓“闻之”者，或闻自道家也。惟道家之说，绝欲去知；墨家之说，则绝欲而尚知。道家去知，故主无为；墨家尚知，故主力行。

荀子之学，受墨子影响独多，其性恶非命之说，本于《墨子》；其正名之论，亦多据此；其礼治之说，则排击《墨经》。《荀子·正名篇》云：“凡语治而待去欲者，无以道欲而困于有欲也；凡语治而待寡欲者，无以节欲而困于欲者也。……假之有人而欲南无多，而恶北无寡，岂南者之不可尽也，离南行而北走哉？……故知者道而已矣，小家珍说之所愿,皆衰矣。”此亦当排击墨子之说,故云:“凡语‘治’而待去欲”,亦以南北为喻,而又斥之为“小家珍说”。杨倞《注》亦云:“能知此者,则宋(宋牼主寡欲)、墨之家自珍贵其说,愿人之去欲寡欲者皆衰矣。”盖《荀子》虽亦以“欲为蔽”(《解蔽篇》),但又以“欲”为人之所生而有,非可强去;制礼义以导之而已矣。故《不苟篇》曰:“礼义之谓治。”

言谈论第五

一、论言之功用

经 誉,明美也。

说 誉之,必其行也,其言之忻,使人督(通笃)。

经 诽,明恶也。

说 〔诽之〕(本作“之诽”)〔不〕(本作“必”,通否)其行也。其言之……(存疑)

(二句,《说》本为“誉之必其行也其言之忻使人督之诽必其行其言之忻”。“誉”“诽”义相反,说不宜同。伍非百校增“使人督之”四字,以“誉”“诽”之说,皆作“必其行也,其言之忻,使人督之”,云:“言必当行,而后所誉诽者信”;“其言虽可喜,不必遂信,当使人覆按其言”,非也。孙诒让虽知其不宜同,但未为校订。张惠言以“使人督之”属下说“诽”,非也。孙诒让云:“智,笃之借字。《书·微子之命》云:‘曰笃不忘’;《左传·僖公十二年》云:‘谓督不忘’,督即笃也。”是也。《左传·昭公二十二年》司马督,《古今人表》作司马笃。梁启超则校为“誉,誉之,必其行也,其言之,使人忻”,“诽,督之,非其行也,其言之,使人怍”。梁氏以“督之”与“誉之”相对,果相对,亦应为“诽之”,不当作“督之”,其以“使之”移至“忻”上,以“诽”句说之,“忻”校“怍”,皆武断,非也。“诽”句说之“必”亦应为“不”,形似而讹。胡韫玉疑“诽”句说“其言之忻”涉上而衍,又以“使人督之”移下,校作“誉之,必其行也,其言之忻”,“诽,必其行也,使人督之”,亦非也。考之《经》、《说》文例,义相反者,文例必同,不应上句例同,而下句例异。张纯一疑“诽”句说当作“诽,必其行也,其言之醜,使人戒之”。曹耀湘校作“其言之不忻,使人改之”。皆臆说,未敢据以定。张氏校删“誉”句说“誉之”之“之”,亦未审。宽案“其言之忻,使人督之”之“之”,不应属此,作“其言之忻,使人督”(同笃),句法斯整练。……“之”当属下“诽”句说,“之诽”当乙改为“诽之”,乃可与上“誉之”相对。“诽”句说之“必”当校“不”,诸家或不校。张其锽云:“必其行恶,然后可诽。”张纯一云:“必分别其所行,确是恶行。”或读“必”为“毖”,义皆迂回。《庄子·大宗师》云:“其出不䜣,其入不距。”《司马法》云:“善者忻民之善,闭民之恶。”皆“䜣距”“忻闭”对文,“诽”句说或当为“其言之距”或“其言之闭”,姑存疑)。

墨子尚实行,故亦尚诽誉。诽誉者所以校人之行为者也。《耕柱篇》曰:“子墨子曰:‘天下之所以生者,以先王之道教也。’今誉先王,是誉天下之所以生也;可誉而不誉,非仁也。”墨子以为誉诽足以扬善正恶,故以可誉而誉为仁,可誉而不誉,非仁也。《尚同下》云:“若见爱利天下以告者,亦爱利天下者也,上得则赏之,众闻则誉之;若见恶贼天下不以告者,亦犹恶贼天下者也,上得则罚之,众闻则非(同诽)

之。”盖长上之赏罚，固平治天下国家之大法；而群众之誉诽，尤足劝善沮恶。

“忻”通“欣”、“䜣”(《淮南子·览冥训》“忻忻然常自以为治”，注：“得意之貌”)。“督”通“笃”(说见校文)。誉也者，明人之美德，期必其行也。其言之也欣欣然，使人笃行而不倦。诽也者，明人之恶行，不欲其行也。

墨术欲明人之美恶，儒术则称善讳恶，如《论语·卫灵公》云：“躬自厚而薄责于人，则远怨矣。”《礼记·坊记》亦云：“子曰：‘善则称人，过则称己，则民不争。’”惟《荀子》则云：“君子崇人之德，扬人之美，非谄谀也；正义直指，举人之过，非毁疵也。”当亦受墨之影响。

二、论言之意义

经 举，拟实也。

说 (举)告以文名，举彼实也。

《说》本有标题，今删(“文”，孙诒让疑“文”为“之”，云：“之名犹言是名，与‘彼实’相对。”梁启超从之，非也。彼，他也，古音同而义通，本第三位之代名词，于《墨经》为“客观”之义，盖引申而得。《墨经》“彼”句云：“彼不可两可也”；“辩”句云：“辩，争彼也”，“彼”皆“客观”义，非同“彼此”之“彼”。曹耀湘以下“故”字移“也”上，张纯一从之，亦非。案文例“文名”与“彼实”对，不当赘“故”字。胡适以“告”为一句，以标题连下读，句读作“举，告，以文名举彼实也”，非是。《经》、《说》未有一字释经全义之例)。

此句所以起下“言”句。《荀子·正名篇》云：“名者，所以期累实也。”义同此。“举”从“与”通“与”，与，党与也(见《说文》)。故“举”有

"合"义(如《尚同中》谓"举天下之人",犹云"合天下之人"也)。期,会也(见《说文》、《广雅》)。亦"合"义。与,待也(见《论语》"岁不我与"注)。期,亦待也(见《庄子·寓言篇》注)。古"与""期"义多相通,是《墨经》之"举",犹《荀子》之"期"。《墨子·小取篇》云:"名以举实",义亦同此,"举实"犹"期累(结也)实也"。《荀子·正名篇》又云:"其官之意物也同,故比方之,疑似而通,是所以共其约名以相期也。""疑"亦同"拟"。盖名由人定,本无固实,约之以命实耳。故名之于实,终不相切合,仅拟似而已。此云:"举,拟实也。"义亦同。

"彼实"者,客观之实也;"文名"者,文饰之名也。举也者,以"文名"拟似"彼实"也。

经 言,出"举"也。

说 (〔言〕)言也者,诸口能之,出,民(通名)者(通著)也;民(通名)若画俿(同虎)也。言也,谓。言,犹(通由)〔名〕(本作"石")致也。

《说》"言也者"上,本有"故"字,乃标题"言"之讹,今删(《说》全文本作:"言也者诸口能之出民者也民若画俿也言也谓言犹石致也"。王引之以"出"倒误在下,"能"下又脱一字,校为"言也者,出诸口能言民者也",云:"言出诸口而加之民也,《系辞传》曰:言出于身加于民。"王氏迂就《系辞传》,任情移乙,非是。孙诒让校二"民"一"石"为"名",甚是。"民"通"名""石"为形误。梁启超从之,又读"能"为"态",乙"也谓",校为"言也者,口态之出名者也;名,若画虎也。言,谓也,言由名致也",云:"以口姿态表出所欲举之名,谓之名",非也。口之姿态,仅口外形之表现,未足以表"名";所能表"名"者,以口之能也。《荀子·正名篇》云:"所以能之在人者,谓之能。"所以能之在人,谓耳目口鼻形体。《天论篇》云:"耳目鼻口形能(同态),各有接而不相能也。”口者，所以能言者也。故此云：“言也者，诸口能之。”胡韫玉亦乙“也谓”，并移为首句，谓“全书例当如是”，未当。《经》、《说》例颇不一，因有以释经全义为首句者，如“重”句《说》；但亦以释经全义为末句者，如“损”句《说》。《经》、《说》多以“也者”起下文，此首句亦为“言也者”，当不错乱。胡氏又乙“名致”为“致名”，亦非。“言犹名致”者，以名致言也，“犹”通“由”，与“以”“用”皆一声之转。张纯一校“民”为“氏”，释“出氏者也”谓：“出之于口，犹称人之氏也”；释“氏若画虎也”云：“言称人之氏，能状其实，使人明了不疑，若画虒然。”牵强殊甚。邓高镜谓“民者”犹“名著”，是也。古者、著通，《说文》无“著”字。“者”从“白”，本有“明”义）。

诸，《玉篇》云：“非一也，皆言也。”言之一事，凡众之口，无不能之，故曰：“言也者，诸口能之。”然则言者究为何事？曰：“出举也。”举者何？曰：“拟实也。”出者何？曰：“名著也。”名者何？曰：“若画虎也。”盖言者，著“文名”以拟似其“彼实”也。名之于实，仅得其似，非即实也。是犹所画之虎，亦得虎之似，非真虎也。欲明实，必以言；欲言，又不得不假“文名”。必见羊而名之羊，见犬而名之犬，然后天下之实可得言。故云：“言由名致也。”《论语》云：“名不正，则言不顺。”《荀子·正名篇》云：“期命也者，辨说之用也。”皆以“言由名致”故也。

《吕氏春秋·精谕篇》亦云：“言者谓之属也。”

三、论言之用词

经 且，（且）言“然”也。

说（且）自前曰“且”，自后曰“已”，方然亦“且”（若石者也）。

《说》本有标题，今删（“且且”叠文无义。毕沅删其一字，是也。

胡适以“且言”移乙，校作“且言且然”，张其锽从之，非是。“且”与“且然”，义略有别，且经文界说，例无主辞在其中。“已”，王树枏校之为“且”，张纯一从之，云：“自后曰已，无关且义。”此未明《经》、《说》对偶释经之例。如“行”句之《说》，以“行”“巧”对偶，以“行”为主，而以“巧”为宾。又如“穷”句之《说》，以“有穷”“无穷”对偶，以“有穷”为主，而以“无穷”为宾。此亦以“且”“已”对偶，以“且”为主，而以“已”为宾。盖以宾比主，益显主义，亦说经之要法。王树枏云：“自后曰且，语助辞也。”王氏以不得“自后曰且”之古训，乃以“语助”释，无当。张纯一所举《国策·秦策》、《诗·溱洧》二例，实亦皆语助。《溱洧》“士曰既且”，《笺》：“士曰已观矣。”《笺》之“已”乃释“既”，而非释“且”也。“方”“然”“亦”“且”，伍非百以之分读，谓：“且”用在辞前，“已”用在辞后。“方”“然”“亦”与“且”同例，“方”“然”“亦”“且”四字可互训。故曰：“且言然也。”非是。“方然亦且”，当承上“自前曰且”而言。“若石者也”，俞樾谓涉下“若名者也”而误衍，是也。王闿运校“石”为“不”，云：“若不者，言或然或否也”，未当）。

《诗·载芟》：“匪且有且，匪今斯今。”《毛传》：“且，此也。”“且”“此”双声。《正义》曰：“‘今’谓今时，则‘且’亦今时。”“且”同“今”义，故《说》云：“方然亦且。”“今”是时也；《公羊传·宣公十五年》“是何子之情也”，《韩诗外传》引“是”作“今”。故《经说下》云：“且犹是也。”“是”犹“然”，《太元务测》范注：“然犹是也”，故《经》云：“‘且’言‘然’也。”“然”即“方然”。“且”亦犹“将”也。《吕览·音律篇》高注：“且，将也。”《论衡·知实篇》云：“将者，且也。”《墨子·小取篇》云：“且入井，非入井也。”此则自前言之，将入而未入，故《说》又云：“自前曰且。”将来谓之“且”，现在亦谓之“且”，过去则谓之“已”，此三式于语词最要，其中尤以“方然”之义为尤要，故墨子特言之。

刑政论第六

一、论君政

经 君，臣萌(通民)通约也。

说 君，以若名(通民)者也。

《说》标题本脱。“君，以若名者也”之“君”，与下相属，非标题(“萌”，毕沅云：“疑同‘名’，或同‘氓’”。疑同“名”，非也。同“氓”，是也。“萌”、“氓”、“甿”、“民”，古皆相通。《一切经音义》曰：“‘萌’古文‘氓’同。”《说文》云：“氓，民也。”《吕览》高注：“萌，民也。”《管子·山国轨》尹注：“萌，田民也。”《史记索隐》：“萌一作甿。”《说文》云：“甿，田民也。”皆可互证。《尚贤上》“四鄙之萌人”，“萌”亦“民”义。“若”，梁启超疑为“约”，张纯一疑为“群”，云：“损‘羊’为‘君’，形近而讹”，皆非。邓高镜云：“若，顺也”，是。“若”通“顺”，“顺”“若”一声之转。《尔雅·释言》云：“若，顺也。”“名”，通“民”。《经》、《说》“名”“民”多通假，“言”句《说》二“民”皆通“名”。孙诒让、李笠读如字，非是。孙云：“君之名对臣而立，故曰：‘以若名’，若即指臣民也。”李云：“以顺得名也。”义皆不若改读为当)。

墨子以天下之乱，由乎“人是其义，非人之义”，而“不能相和合”。故必欲选贤良之人，立为天子，以“尚同一义为政”，故《经》云：“君，臣民通约也”(君本有合同之义。《白虎通》云:“君,群也。”《荀子·君道篇》云:“君者何也?曰:能群者也。”《王制篇》云:“君者,善群者也。”《韩诗外传》云:“君者何也?群也。”《春秋繁露》云:“君者不失其群者也”)。君之一义,既为臣民之通约,则皆当固守;“凡国之万民,上同乎天子而不敢下比,天子所是,必皆是之;天子所非,必皆非之”(《尚同中》)。君者,既为万民所固守,君之是非,为天下是非之所系,故天下之君,非可苟也,必以顺民之心、“得下之情”者为之。故《说》云:“君,以若民者也。”苟能顺民之心,明于民之善非,则可得善人而赏之,得暴人而罚之;赏罚明察,则足以劝善沮暴而天下平治。墨子既尚同,不欲民之稍异义,故治民主用刑。《尚同上》云:“古者圣王为五刑,请以治其民,譬若丝缕之有纪,罔罟之有纲,所以连收天下之百姓之不尚同其上者也。”《尚同中》亦云:“下比而非其上者,上得诛罚之,万民闻则非毁之,故古者圣王之为刑政赏〔罚〕(本作“誉”,从陶校)也,甚明察以审信。”

《荀子·王霸篇》云:“刑赏已诺,信乎天下矣,臣下晓然,皆知其可要也,……五伯是也。”《注》:“要,约也。”《荀子》虽亦主“严刑罚以戒”,然谓仍必以礼义明之。故《富国篇》云:“不教而诛,则刑繁而邪。”此亦荀、墨之同而不同。《荀子·君道篇》云:“君者,民之原也;原清则流清,原浊则流浊。”《大略篇》云:“天之立君,以为民也。”《王制篇》云:“君者,舟也;庶人者,水也。”皆可与此相发。

二、论赏功

经 功,利民也。

说 功不待时(若衣裘功)。〔必〕(本作“不”)待时,若衣裘[《说》

本作“功不待时若衣裘功不待时若衣裘”。毕沅疑下七字重衍，诸家皆从之。张惠言解云：“冬资葛，夏资裘，不待时而利。”张纯一从之，云：“为之于未有，治之于未乱，斯则墨子‘功不待时’‘备世之急’之正义。”宽案二氏之说皆非。《墨经》举喻多以事，“若衣裘”之“衣”当为动字，张释为“冬资葛，夏资裘”，增字为解，窃所不取。孙诒让校“不”为“必”，云：“功之利民，必合时，若夏衣而冬裘。”梁启超从之，云：“不适时则不为功，若裘之衣，唯冬乃利。”孙以“必待时”释“必合时”，非是。梁以“功必待时”，殊非墨家力行之义。胡韫玉乃于“若衣裘”上增一“不”，义虽可通，亦不敢从。宽疑下七字非重衍，吴钞本无之者，当为抄时疑衍而删，下“功”字，当为标题错入文中者，下“不”字当为“必”，涉上形似而误。上“若衣裘”三字，当涉下而衍（吴钞本颇多任意移乙，本不可信。如“故”句说：“小故，有之不必然，无之必不然。”吴钞本以“不必然”作“必不然”。又如“尽”句说“尽，但止动”，吴钞本“尽”作“静”，盖据“止动”而妄改）]。

墨子尚众利，故以利民者，乃得为功。《修身篇》云：“务言而缓行，虽辨必不听；多力而伐（伐，《说文》锴本：“一曰败也。”是其义）功，虽劳必不图。”换言之，多力而不伐功，则必图。事之为否，全视功利之得失。“利民则为之，不利民则弗为”，此墨家力行之义。若必待时而得功，是取巧也，非真功也。犹若衣裘，唯利于冬，不能久也。

墨家尚力行，故“非命”“不待时”。儒家则不然，孔子略言“命”（《论语·颜渊篇》云：“死生有命，富贵在天”），孟子乃尚论时（《孟子·公孙丑》云：“五百年，必有王者兴。其间必有命世者，自周以来，七百有余岁矣，……以时考之，则可矣”）。惟《荀子》则亦非命非时（《荀子·天论篇》云：“治乱天耶？日月星辰瑞历，是禹桀之所同也。

禹以治，桀以乱，治乱非天也，时耶？繁启春夏，蓄积收藏于秋冬，是又禹桀之所同也。禹以治，桀以乱，治乱非时也”），当为《墨子》之影响。

[经]赏，上报下之“功”也。

[说]〔赏，上报下之功也〕（《说》“上报下之功也”六字，旧错于“罪”句《说》下，而标题则未错。今据《经》文及标题移上。而张纯一不察，乃据此六字错乱之位次，强以经文标题迁就之，云：“不宜以‘赏’间于‘功’‘罪’之中。”殊谬。此上下四句所重者，仅在“赏”“罚”二句；“功”句所以起下“赏”句，“罪”句则所以起下“罚”句也，亦犹“举”句之所以起“言”句。《说》者所以明《经》。今《说》与《经》，文句全同，原始当不如是。孙诒让云：“乃经语而未著说。”胡韫玉云：“述经语而无说，疑有缺文。”张其锽云：“后人写经足说且。”此句义理颇明，原始或亦如“说”）。

赏也者，在上者所以酬下之功也。意在劝善。

三、论罚罪

[经]罪，犯禁也。

[说]罪不在禁。惟害无罪，殆（通隶）姑（通辜）。

《说》本脱标题。“罪不在禁”之“罪”，与下相属，非标题（“惟”，梁启超读为“虽”，云：“事苟在不禁，虽妨害人，亦无罪。”非墨义。墨家尚实，必不以害人无罪。“殆姑”，孙诒让读为“隶”“辜”，甚是。《诗·七月》：“殆及公子同归”，“殆”即“隶”，“殆及”连文，“殆”亦“及”也。《节南山》：“无小人殆”，《笺》：“近也。”《国语》注、《吕览》注并云：“殆者，近也。”“姑”“辜”亦声通。《尚同中》云：“不杀不辜，不失有罪。”亦以“罪”辜”互文。伍非百删“姑”字，以为“姑”与“殆”形似重误，释云：“律无正文，无论何种行为不为罪，故《说》曰：虽害无罪殆。殆，罪也。”亦非墨义。梁启超校“殆姑”为“若殆”，训“殆”为“行路相挤”，其校既无据，其训更无征。张其锽已辨之，张氏读“殆”为“怠”，亦无当）。

墨子欲以刑罚治罪，所以禁民为非也。故名之为罪者，为非禁而害人者也。然罪之为名，非在禁人之一切行动；惟侵犯他人，害及无罪，则近罪矣。

经 罚，上报下之“罪”也。

说〔罚，上报下之罪也〕（《说》与《经》全同，原始当亦不然。论已详“赏”句）。

罚也者，在上者所以责下之罪也，意在沮暴。

宇宙论第七

（章前“同异而俱于之一也”句与上下文不相属，今删，论详《总说》）

一、论宇宙之意义

（一）论宙

经 久，弥异时也。

说（久）〔合〕（本作“今”）古今〔旦〕（本作“且”）莫（《说》本作“今久古今且莫”。王引之疑上“今”字因下“今”字而衍。孙诒让、章炳麟皆从之，非也。胡适校“今”为“合”，移“久”于“合”上，甚是。“弥”亦

"合"义。《广雅·释诂》云:"弥,合也。"刘昶校"今"为"亼",不若校"合"为当。《经说》错入文中者颇多。王引之、张惠言、顾千里皆校"且"为"旦",甚是。形似而讹)。

古人于时间之观念,不出于"易","易者,变化之总名,改换之殊称,自天地开辟,阴阳运行,寒暑迭来,日月更出,孚萌庶类,亭毒群品,新新不停,生生相续,莫非变化之力,换代之功"(孔颖达说)。《系辞传》云:"易,穷则变,变则通,通则久。"盖时间之性,在乎"变";时间之理,会乎"通";而时间之义,存乎"久"。《墨经》先论时间之义,次则会其通而辨其变。

久者,时间之总称,合古今旦暮之异时而言。此本古人之通义,惟墨子为之切实确定耳。《淮南子·齐俗训》云:"往古来今谓之宙。"《三苍》亦云:"古今往来曰宙。""宙"即"久","久""宙"声同义通。

(二) 论宇

经〔宇〕(本作"守")弥异所也(以上两句,本相并。盖《经》与《说》分写时,标题错乱而误并。论详序说)。

说(宇)〔家〕(本错"东西"下)东西南北。

《说》本有标题,今删[《经》"宇"本作"守",王引之据《说》校"宇",是也。形似而讹。《说》本作"宇东西家南北"。王引之、顾千里皆云:"家"衍,章炳麟亦从之,非是。孙诒让训"家"为"中",义迂亦无当。胡适校"家"为"蒙",移于"东西"上,云:"'家'是'冡'之误,即'蒙'字。"梁启超、伍非百皆从之。宽案"家"移上,甚是。盖写者不明标题之例,乃以"家"移下二字,以成三字句也。至胡氏校"家"为"蒙",殊谬。家从宀从豕(《说文》云:从豭省声,迂回难通),古亦或从犬(见《汗简》),为豕犬之所居,假为人之所居。段玉裁云:"豢豕生子最多,故人居聚处，借用其字。”家有聚合之义，故与上“久”句《说》“合”为互文，“家”字当不讹（“家”有聚合义，故“嫁”从“家”，亦有聚合义）]。

古人于空间之认识，不离事实。离事实，即无空间可言，其空间不与今科学之空间同。《墨经》亦然。《墨经》以“宙”“宇”乃藏事物之“时”“所”，宙之性，在乎事之变；宇之性，则在乎物之德。宙之理，在乎变之通；宇之理，则在乎德之盈。此先论宇之义，后则论德之盈，而辨其组合之方式，中更参以论物之人工规律，及物之倍分与大小。

宇者，空间之总称，合东西南北之异所而言。此亦古人之通义。《淮南子·齐俗训》云：“四方上下谓之宇。”《三苍》亦云：“四方上下曰宇。”《尸子》亦云：“天地四方曰宇。”

名墨之相訾，由于名家驳难墨家之宇宙论。论已见序说。《墨经》既以宇为全部空间之总称，而惠施乃操两可之说，辩之曰：

> 至大无外，谓之大一；至小无内，谓之小一。（《庄子·天下篇》）

以为至大无外，包含东西南北四方，固可称宇。但如《庄子·则阳篇》云：“戴晋人曰：‘有所谓蜗者，君知之乎？’曰：‘然。’‘有国于蜗之左角曰触氏，有国于蜗之右角曰蛮氏，时相与争地而战，伏尸数万，逐北旬有五日而后反。’君曰：‘噫！其虚言欤？’曰：‘臣请为君实之，君以意在四方上下有穷乎？’君曰：‘无穷。’曰：‘知游心于无穷，而反在通达之国，若存若亡乎？’君曰：‘然。’曰：‘通达之中有魏，于魏中有梁，于梁中有王，王与蛮氏有辩乎？’君曰：‘无辩。’客出，惠子见。君曰：‘客，大人也，圣人不足以当之。’”蛮氏之国，处于蜗角，已小矣；蛮氏国中之王，则小至不可计矣；以梁王较之，相差至巨，然与四方上下相比，则亦无辩也。蛮氏与梁王无辩，则梁与天下亦无辩；梁可谓之宇，

小如蜗角,亦可谓之宇。蜗角可谓之宇,至小无内,亦可谓之宇也。惠施既创大小一体之说,而天下之辩者,亦相应之曰:

郢有天下。(《庄子·天下篇》)

以郢虽小国,亦可谓之宇,亦可谓为有天下也。

二、论宇宙之终极

(一) 论宇之终极

经 穷,或(同域)有(同囿)前,不容尺也。

说 (穷)或不容尺,有穷;莫不容尺,无穷也。

《说》本有标题,今删。

"或"同"域","有"同"囿","有""囿"古读若以,与"或""域"声同义通(《吕览》高注:"或,有也。"古"有""或"声义俱近。《论语》郑注:"或之言有也。"《孟子》赵注、《广雅》、《小尔雅》皆云然)。"或有"者,谓宇之区限也。尺,度也。度必依限而度,故度有"限"义,亦有"法制"义(《说文》云:"度,法制也")。度有"限"义,故尺亦有"边"义("局"从"尺",亦有限义,足佐证)。"或有前,不容尺"者,谓宇之区限之前,更不容一边之存也。《墨经》论宇宙不离事物,以为宇乃藏物之所,万物既有区限,宇之形亦必局促有穷也。

《说》"或""莫"对文,非同《经》文之"或"。或,有也,莫,无也(《易·益上九》曰:"莫益之,或击之。"亦"莫""或"对文,义为"无""有"。《诗·殷其靁》:"莫敢或遑",亦无敢有遑也)。"或不容尺"者,有不容尺也。"莫不容尺"者,无不容尺也。有不容尺,则有穷;无不容尺,则无穷也。说以"有穷""无穷"对偶成文;其主义只在明《经》之"有穷"。"无穷"之义,仅在衬托。

(二) 论宙之终极

经 尽,莫不然也。

说 (尽)〔俱〕(本作但)止动。

《说》“尽”,吴钞本作“静”,非是;此为标题,今删(“俱”,本作“但”。从孙诒让校。《贾子·匈奴篇》:“上使乐府幸假之但乐”,“但”亦“俱”之误。“俱止动”,胡适删“动”字而作“俱止”,云:“立辞而不能人莫不然,则辨说生矣。”伍非百删“止动”二字,释“尽”为全体,移与“体”句并列,云:“‘尽’章非宇非宙,夹于其中,于文未协。”皆非,皆未得解。原文不衍)。

尽,《小尔雅·广言》云:“止也”。动作不止,则变无已,时间无尽也。若动作俱止,终无变易,则天下之物,莫不皆然。天下之物,自始至终,莫不皆然,则无时间性可言,此则“久”之终极也。《系辞传》云:“易不可见,则乾坤或几乎息矣。”义同。

空间时间,在科学上纯为抽象的。其结构至大而无极,而《墨经》之“宇”“久”乃实际的,以为“宇”“久”乃藏事物之“所”“时”。物既有域囿,事亦有完毕,则“宇”“久”亦自有其终极,如古希腊之论宇宙然;古希腊之论空间,亦上下四方有穷,其论时间,亦古今往来有尽,以为宇宙乃一质实圆融之形体。盖古人尚未有若何抽象之思想,仅显示其感觉经验之境相而已。

惠施既论大小为一体,乃亦论有无为一体,操两可之说。辩《墨经》宇有穷之论曰:

南方无穷而有穷。(《庄子·天下篇》)

以大小有无,本无常准。大者自小者视之,可谓大矣;大者自更大者视之,亦不足为大也。《庄子·秋水篇》云:“以差观之,因其所大而大之，则万物莫不大；因其所小而小之，则万物莫不小。”义即此。有者自无者视之，可谓有矣；有者自更有者视之，亦不足为有也。《秋水篇》又云：“以功观之，因其所有而有之，则万物莫不有；因其所无而无之，则万物莫不无。”义亦指此。惠施创有无一体之说，乃谓南方有穷可，南方无穷亦可，非惠施之有若何科学思想也。惠施既以有无为一体，天下之辩者乃亦相应而辩之曰：

卵有毛。（《庄子·天下篇》、《荀子·不苟篇》）

马有卵。（《庄子·天下篇》）

丁子有尾。（《庄子·天下篇》）

山出口。（《庄子·天下篇》）

钩有须。（《荀子·不苟篇》）

《天下篇》以“卵有毛”等四事属辩者公孙龙辈；而《不苟篇》以“卵有毛”“钩有须”诸事属惠施、邓析，恐误；或荀子以诸事为名家言，未审何人所发，遂以著者惠施领之耳（荀子往往以惠施、邓析代表一切名家。惠施固辩者，《天下篇》尝列举其说；邓析于其他古籍，皆未见其有说，《左传》则谓为造竹刑之人。案年代，邓析在前，惠施在后。邓析固有其说，应称邓析、惠施，不当皆称惠施、邓析。亦可疑）。卵本无毛，马本无卵，丁子本无尾，山本无口，钩本无须，而辩者皆以为有。盖因惠施有无一体之说，以无为有也。卵固光滑，马固不生卵，丁子固无尾，山固不出口，钩固无须，然吾人非卵非马非丁子非山非钩，又安知其必然。卵固光，然较诸更光者，亦可谓有毛；卵可生鸡，鸡有毛，卵来日可生毛，安知今日之必无毛。丁子，蛙也（成玄英谓：“楚人呼虾蟆为丁子”）。在昔幼时，固尝有尾，安知今日之必无尾也。卵无毛，马无卵，丁子无尾，山无口，钩无须，此特吾人所见为然，自他物视之，岂必然也？辩者既辩无为有，乃又辩有为无。其言曰：

孤驹未尝有母。（《天下篇》）

既云孤驹，则今必无母；今既无母，在昔亦未必有母也。

三、论宙之结构

（一）论动作之开始

经 始，当时也。

说 （始）“时”，或有久，或无久，始，当“无久”也。

《说》本有标题，今删。

《墨经》以宙之结构，由乎动作（即变），其别动作为三：曰开始，曰历程，曰停止。“当”犹“将”也，开始者，动作初发其端，未历时久，将有“时”而未至也（《仪礼·特牲馈食礼·记》：“佐食当事，则户外南面。”郑注：“当事，将有事而未至。是“当”有“将”义）。

《墨经》之《经》与《说》，当非出一手，故其用字颇有出入。《说》之“时”，其义不同《经》之“时”。《经》云：“久，弥异时也。”时为久之一部，仅含“久”义。而《说》则别“时”为二：曰有久，曰无久（《左传·闵公二年》：“时事之征也。”是其义）。“有久”者，尝历若许时间也；“无久”者，未历若许时间也。动作之历程与停止，皆历时久，此即“有久”也。开始则初发其端，未历时久，此即“无久”也。故《说》曰：“始，当无久也。”《说》以“无久”释《经》之“时”，“当”之通训训“当”，与《经》原义有出入（当，《说文》云：“田相值也。”《广雅·释诂》云：“直也。”是其通训）。

（二）论动作之历程

1. 论变化

经 化，征易也。

说(化)若鼃为鹑。

《说》本有标题,今删[“征”,张惠言云:“征之言转。”未确。杨保彝训征为验,亦无当。征,《尔雅·释诂》云:“虚也。”《释文》云:“征(徵)从微省。”微训隐,亦近“虚”义。《列子·天瑞篇》释文引《说》,未有“也”字,当引者所增]。

征,虚也,“征易者”,物质未变,虚表易也。《荀子·正名篇》云:“状变而实无别,而为异者谓之化。”《周礼·大宗伯》注:“能生非类曰化。”义同此。“鼃”古“蛙”字,《说文》云:“蛙,虾蟆也。”《淮南子·齐俗训》云:“夫虾蟆鹑生非其类,唯圣人知其化。”《万毕术》云:“虾蟆得爪化为鹑。”《论衡·无形篇》云:“岁月推移,气变物类,虾蟆为鹑,雀为蜃蛤。”义皆同此。窃思古人见“鹑无常居”(陆佃语),遂以彼变化多端,皆由他物化成。如《淮南子·时则训》云:“田鼠化为鴽”,《注》:“鴽,鹑也。青徐谓之鹌,幽冀谓之鹑。”《列子·天瑞篇》亦云:“田鼠之为鹑。”《交州记》云:“南海有黄鱼,九月则化为鹑。”此生物偶生之说(Abio-genesis),或无生原始说(Spontaneous generation),为古人普遍之信仰,盖未谙生物学使然。

2. 论损失

经损,偏去也。

说(损)“偏”也者,兼之体也,其体或去〔或〕(校增)存,谓其存者损。

《说》本有标题,今删(“或”,从孙诒让校增。第二“存”字,王引之校为“去”,胡韫玉从之,以为可与《经》应,非是。去者已去,何得谓损?存者失其一部,故损也)。

《经》“体”句云:“体,分于兼也。”体者部分,兼者全部,“偏”也者,亦全部之一部分也。损者，一部离全部而去，故《经》云："损，偏去也。"一部既去，他部尚存，谓之损者，仅就其存者言，故《说》云："谓其存者损。"苟无存者，连存者而亦去，则亦无所谓损。一物而偏去，偏去而他合，在此为损，在他则益也。若就万物全体言，则本无损益；损益云者，仅就此就他而谓。

3. 论增益

经〔益，大也〕(本作"大益"。"大益"与他句文例不合，复不与旁行例相合，又佚《说》。读者或以之属上行，或以之属下行，自以属上行为是，与"损"句相对。此或依《说》分《经》时，因见"大益"不能成句，又无《说》，遂误并于下句。论见总说。伍非百疑此句当作"益，大也"；张纯一疑作"益，大来也"，当从伍校)。

益者，言物外有他物增益于此，使此大也。

4. 论旋转

经儇(通"环""还")，〔俱〕(本作"稘")袛(通"柢""氐")〔也〕。(校增)

说(儇)昫民也。(存疑)

《说》本有标题，今删("儇"，孙诒让校作"环"，非是。"儇""环""还"，古皆通。《荀子・礼论篇》"设掩面儇目"，注："儇同还。"《大戴礼・保傅》："亟顾环面"，"环"亦同"还"，注："旋也。""俱"，本作"稘"，从孙诒让校，盖涉下"秖"字而误。"秖"，吴钞本作"袛"，曹耀湘从之，云："儇，慧利也；俱袛，无众寡，无大小，无敢慢也。一有不敬，则必失己失人，不得为慧利矣。"非也。与上下文论动作不贯。秖，孙诒让校"柢"，非是。古秖、柢同字。《汉书・刑法志》"提封万井"，注："陈留人谓举田曰'秖'，'秖'即'柢'。"胡韫玉校"稘秖"为"稘秪"，云："《说文》:‘稘,复其时也。’《汉书》:‘稘三百有六旬有六日。’盖岁一周为一稘也。《说文》:‘牴,触也。’引申为接触之称,言环者如岁之一周而相接触也。”案《经》文不用喻,义既牵强,改字亦太多,无当。此句案《经》文例,末当增“也”字。《说》之“昫”,毕沅据《经》校“稘”,孙诒让更校为“俱”,或是,音近而误。《说》之“民”,孙诒让校为“氐”,谓即“柢”之省,或亦是。章行严校“昫民”为“无柢”,非是,《说》不可与《经》相反。胡韫玉不校,云:“《说文》:‘昫,日出昷也’;‘氐,下也’。日出昷者,日初出也;日初出以至氐下,即环之义。”亦非。《说》无如此简奥文法。曹耀湘、张纯一以“恤民”“爱利天下”为释,殊谬。宽案,果如孙校,则此亦后人写《经》足《说》。张其锽则校为“均氐”,皆无实验,姑存疑)。

“儇”通“环”“还”(说见校文)。“环”“还”皆有“旋转”义(《山海经·大荒北经》“相繇九首蛇身自环”,注:“转旋也。”《周礼·春官·乐师》“环拜以钟鼓为节”,注:“环犹旋也。”《荀子·王制篇》:“始则终,终则始,若环之无端也”)。《尔雅·释言》云:“柢,本也。”孙诒让云:“以环之为物,旋转无端,若互为其本。故曰:‘俱柢。’”愚意言全部空时未动,仅各端将所处空间转递而已。《尔雅·释器》云:“邸谓之柢。”郭注:“邸即底。”“俱柢”者,其根底仍共置,惟各端旋转而已。

5. 论换易

经 库(通居),易也。

说 (库)区穴若斯貌常。

《说》本有标题,今删(“库”,孙诒让校作“庫”,诸家皆从之,非是。盖未审古训。《释名》云:“古者‘车’声如‘居’,言行所以居人也。”“车”“居”古通。《尔雅·释草》:“望乘车”,即牂蕿也。《唐韵》:“蕿女庚切”,《释文》:“棄本又作乘,居本又作车。“库”从“车”声,故“库”亦通“居”。《汉书·食货志》“废居居邑”,注:“废居,贮蓄之名”;《张汤传》:“居物致富”,注:“居,储也”,“居”皆即“库”。《书·益稷》:“樊迁有无化居”,“居”字亦作“㝒”、“賰”。《广雅》云:“賰,卖也。”下“为”句,《说》云:“买鬻易也”,是其证。张之锐训“库”为“藏”,未当。张纯一以“库”喻如来藏心,更望文生义。“易”,洪颐煊校“物”,伍非百疑作“昜”,同“阳”,上脱“当”字,皆未明“库”义。胡韫玉读“易”为“傿”,训为平地,云:“库易也者,言库为藏物之所,其内平地也。”殊谬。梁启超训“易”为“斜”,更于古无征。《说》:“斯貌常”,孙诒让疑作“所视庳”,云:“虽有区穴视之庳而不见也。”非是。梁启超更以颠倒成“所视庳若区穴”,云:“区穴视指几何学之平面;所视庳者,视为物障,若在平面不能睹物之体也。”此梁氏醉心《墨经》有科学之说,强之使然,殊非)。

“库”通“賰”,易也(说见校文)。易者,换易也;空间照常,而物已易也。区穴,虚也,物所处之空间也(《荀子·大略篇》注:“区者,与邱同义。”区、丘古音同义通,故“区”亦训“虚”。《管子·宙合篇》曰:“区者,虚也。”“穴”亦“虚”义)。“区穴,若斯貌常”者,空间未变,外貌犹常,而其间所置之物已易也。

6. 论徙动

经 动,或(通域)〔徙〕(本作“从”)也。

说 (动)偏(通遍)祭(通际)〔徙〕(本作“从”)者户枢免瑟。(存疑)

说本有标题,今删(二“徙”字,本皆作“从”,从孙诒让校。《经下》:“宇或徙”,“徙”亦讹“从”。张之锐不校,云:“自动,主也;被动,从也。故曰:动,或从也;言或从,明尚有主动也。”义迂。“偏”,孙诒让谓当作“遍”,又云:“偏、遍字亦通。”案后说为是。《易·益》“偏,辞也”,孟喜正作“遍”。《檀弓》:“二名不可偏讳”;《魏策》:“偏事三晋之利”;《汉书·礼乐志》:“海内偏知上德”,“偏”皆通“遍”。诸子书多以“偏”为“遍”,《墨子》亦然,非传写之讹,不烦改字。《非儒篇》:“远思周偏”,《公孟篇》“今子偏从人而己说之”,亦皆“遍”之借。伍非百读“如”字,云:“动也者,非全体同时而徙,乃物之各体逐渐而徙”,非是。动者,当全部同时而徙,使各体逐渐而徙,则谓之逐渐之损。“祭”,孙诒让校“际”,非是。“祭”“际”古通,亦不烦改。《春秋繁露》曰:“祭之为言际也。”《广雅·释言》曰:“祭,际也。”“者”,梁启超校“若”,或是。《说》多以喻作结。“免瑟”之“瑟”,张惠言读为“虱”,云:“‘瑟’‘虱’同。户枢不蠹,动故也。”案瑟、虱固通,杨保彝云:“如韩咎与幾瑟争太子,《战国策》作幾瑟,《史记》作虮虱。”栾调甫亦云然。然是则言动之效用,与上不属。孙诒让校“免瑟”为“它蚕”,亦非。蛇蚕之动主前进,户枢之动为旋转,恶得相并以喻!章行严校“瑟”为“徙”,云:“若户枢虽转而盘旋不出于枢,不得云徙。”其义虽可通,然亦臆说,姑存疑)。

或,域本字(伍非百解“或”为部分,引《大取篇》“或也者,不尽也”为证。非是。胡韫玉释“或”为虚字,亦非。张纯一读“或”为“惑”,云:“惑从外动,故曰动。惑从也。”引佛义为证,附会。此句主论“宇宙”中之动作)。域即“区穴”义。动也者,言所处空间之迁徙也。“偏”通“遍”,“祭”同“际”,“遍际徙”者,言此物所处全部空间迁徙也。

《墨经》以为天下之“变”,不外以上六“通”,今列为一表:

名＼性	空　间	物　质	物　形
化	未徙	未易	易
损	未徙	损去一部	损去一部
益	未徙	增益一部	增益一部
环	各端循环徙移	未易	未易
库	未徙	易	易
动	徙	未易	未易

（三）论动作之停止

1. 论停止

经 止，以（通已）久也。

说 （止）无久之不止，当“牛非马”。若〔矢〕（本作“夫”）过楹。有久之不止，当“马非马”。若人过梁。

《说》本有标题，今删[“夫”，张惠言疑为“人”，非是。王引之校为“矢”，云：“《乡射礼·记》曰：射自楹间。故以矢过楹为喻。”是也。王闿运主不改，云：“若人之过楹，必绕而行，以遇楹故止，无楹则不止也。绕楹者，士君子行礼之事。故不曰人而曰夫。”李笠从之，并引《荀子·正名篇》“非而谒楹，有牛马非马也，此惑于用名以乱实者也”为证。李笠校“非而谒楹”为“彼夫谒楹”（以“而”即“夫”之讹，非同匪，彼也），此强书就我也。刘念亲《〈荀子·正名篇〉诂释》校作“飞矢过楹”，“非”“飞”古通，“而”与“矢”篆文相似而讹，似较允当。伍非百亦以“夫”“人”为互文，不主改，云：“‘过楹’喻‘牛非马’，‘过梁’喻‘马非马’”，亦不可通。“当牛非马”、“当马非马”，孙诒让谓与上下文不相蒙，而与后“彼凡牛枢非牛”章相近，或有错误。胡韫玉、张其锽从之删，非也。梁启超校“当牛非马”为“当牛马非马”，校“当马非马”为

“当牛非马”，殊谬。梁氏混同名墨，强之以就《庄子·天下篇》“镞矢之疾，不行不止之时”，失之]。

古“以”“已”同字。《礼记·檀弓》郑注：“‘以’与‘已’字本同。”《管子·立政》“使者以发”，元刻“以”作“已”。凡物之止，言此物处此空间中不动若干时也。故曰：“止，已久也。”

《说》别“时”为“无久”“有久”。“止”之义，既为“已久”，则“无久”当然“不止”，“有久”然后能“止”也。故言“无久之不止”，以不止为不止也，与言“牛非马”相当，此乃当然之事。若矢之过楹，历程中绝未与他物接触，毫无时间之留滞，是为“无久”，“无久”故“不止”也。“无久”则不止，“有久”则“止”，故言“有久之不止”，以止为不止也，与言“马非马”相当，此乃不然之事。若人之过梁，每步接触至梁，皆有时间留滞，是为“有久”；“有久”故不能不止也（《庄子·齐物论》“未成乎心而有是非，犹‘今日适越而昔至，无是理也’”。此云“有久之不止，若马非马”，亦言无是理也）。

2. 论不止

[经]必，不已也。

[说]“必”谓台执者也。若弟兄，一然者，一不然者，必不“必”也，是非“必”也。

《说》本夺标题（“已”，伍非百校作“二”，释“必”为定点，非是。胡韫玉读为“人己”之“己”，亦无当。“台”，毕沅校为“握”，非是。《释名·释宫室》：“台，持也。”《淮南子》高《注》云：“台，犹持也。”《庄子·庚桑楚》云：“灵台者，有持而不知其所持而不可持者也。”是亦“持”训“台”。“台”“持”本声通。《方言》云：“台，匹也；秦晋之间物力同者，谓之台。”又云：“台，支也。”“支”亦“持”义，今通谓同力举物亦曰

“台”。“执”,道藏本、吴钞本作“孰”,非也。胡韫玉据之校“辜”,以为“孰”篆文作“䎱”,左半从“辜”,与“章”篆文相似而误,写者又加“丸”为“孰”耳。云:“章者测度义,台章者言立表于台而测度极准之为必也。不以台章,虽兄弟亦有争执。”穿凿殊谬。“一然者”以下,梁启超强为割裂,划归下句,以下句无《说》故也。梁氏既割下文,所余残句“若弟兄”,则释为“弟必后生,兄必先生”,此“挖肉补疮”之校法,实开校勘学未有之恶例。“弟”,张其锽校为“射”,云:“以射喻必者,执弓审固期于必中也。”非是。“非”,张其锽校为“求”,亦无当)。

“必”言不止。必,《说文》云:“从八从弋”,本有二者极端相持不已之义。必也者,坚持力行,新新“不已”也。故《说》亦云:“必,谓台执也。”台,力持也(说见校文);“台执”,亦谓力持坚执也。

《经》与《说》,当非出一手。《经》论宙间动作之不已,纯为宇宙哲学,而《说》则涉及人伦哲学。谓若弟与兄,势均力敌,各执一见,相持不下,一以此事为然,一以此事为不然,若是之不辨是非,意气用事,必不能谓“力行不已”也,是非“力行不已”也。盖墨家论事,不仅在然与不然,必求其所以然与所以不然之故。如论“仁”“义”“礼”曰:“仁,爱也。义,利也。礼,敬也。”仁者,所以爱人;义者,所以利人;礼者,所以敬人;所以然之故既明,乃可力行不已。不然,事多失误,徒劳而乏功也。

墨家尚实,故于动作,亦区别颇严。而惠施辩之曰:

> 日方中方睨;物方生方死。
>
> 今日适越而昔来。(以上见《庄子·天下篇》)
>
> 秦齐袭。(见《荀子·不苟篇》)

以为今觉其变,而其变已古,是古今无常,时间无准也。时间既无准,则“中”与“睨”，“生”与“死”虽异，亦可谓之同时也。“中”“睨”“生”“死”，可谓之同时，则谓今日适越而昔来，亦乌乎不可？虽动作前后亦可颠倒谓之，则秦齐虽同时，亦可谓之相袭也。惠施既辩古今为一体，而辩者更相应而辩动作停止为一体，其言曰：

飞鸟之影，未尝动也。

镞矢之疾，有不行不止之时。（俱见《天下篇》）

《墨经》以动止有严别，而辩者以为止与不止，亦无绝然之界，吾人于动作历程中，仅就其至微不可分之点观察，则虽飞鸟镞矢，亦必尝止。辩者既驳《墨经》之说，又就《墨经》之说而辩之曰：

轮不蹍地。

以为轮者，始终旋转前进，未见有刹那之止，既“不止”，当于地“无久”，未尝蹍地也。

《墨经》论整个动作历程之单位：曰化，曰损，曰益，曰环，曰库，曰动。而惠施辩之曰：

连环可解也。（见《天下篇》）

《墨经》之所谓“环”，即旋转无端而循环不已也，故惠施亦称之“连环”。惠施以为“环”者不可谓一动作，如就其历程中至微之点观之，实亦停止，皆有端也。故“连环”实不连而可解也。

四、论宇之结构

（一）论物体之规律

1. 论平

经 平，同高也。

说 “同”〔也者〕（本作“长”），以〔正〕（本作“缶”）相尽也（此二句，本皆《经》文，皆无《说》，义又相协，“同长以正相尽也”，又不类《经》文，后句当为前句之《说》。如是则《经》文“平，同高也”，与下“中，同长也”，例相对，义亦相蒙。《墨经》原始，《经》与《说》合写，此当为将《说》分出时所脱遗。论已详总说。诸家未尝思虑及此，皆以“平”句无《说》，以“同捷与狂之同长也”，为“同长”句之《说》，以“心中自是往相若也”，为“中”句之《说》。张纯一乃移“长”于上，删“心”字，校作“同长，楗与牡之同也”，“中，自是往相若也”。胡韫玉则移“心”于下，校作“中，自是心往相若也”，以强成标题。梁启超则更任情乙改，划上句末节“一然者，一不然者，必不必也，是非必也”，校成“平，一然者，一不然者，必不平也；同然，平也”，补为“平”句之《说》；将“同捷与狂之同长也”，校成“同擢异得之同也”，以为“同长以正相尽也”之《说》；又将“长”删去，强之以成《经》文，皆穿凿无当。“高”，洪颐煊校“亭”，非是。“正”，本作“缶”，卢文弨曰：“疋，古文‘正’，亦作‘缶’。”毕沅从之，云：“《唐大周刻石·心经》‘投心缶觉’如此。”孙诒让云：“《集韵·四十五劲》云：‘正，唐武后作缶’，亦见唐岱岳观碑。”甚是。今据正。王闿运云：“缶，毕释为正，非也。二山为出之俗书，今字犹然。出谓自此至彼，同出同尽，是同长也。”非是。“也者”，本作“长”，“以正相尽”仅有“同”义而无“长”义，“长”字当讹。“长”疑为“也者”篆文合误。“也”篆文作“□”，“者”篆文作“□”，“也”“者”合而为“□”，颇与“长”之篆文“□”相似。“同长以正相尽也”，毕沅分为两句：以“同长以正”为句，以“相尽也”亦为句。王树枏、章行严皆从之。王引《公羊传》“胥，相也”，“胥”与“尽”同义为证。章氏以《兼爱》释之，皆无当）。

同高者，谓之平。高者，高度也。同之义甚抽象，究如何而可谓

之同?《说》特释之曰:“以正相尽也。”何谓“以正相尽”? 曰:

设甲－乙＝0,或乙－甲＝0,

如是则“甲”与“乙”,以正相尽。“甲”“乙”既以正相尽,则:

甲＝乙,或乙＝甲。

2. 论中

经 中,同长也。

说 (〔中〕)(本作“同”)捷与狂之同长也(存疑)。心中,自是往,相若也(“中”,本作“同”,本标题,乃音近涉上而讹。或此本“中同”二字为标题,此夺“中”字。“捷”,吴钞本作“揵”。毕沅云:“一本作楗。”伍非百、张纯一从之。孙诒让读“捷”为“插”,张其锽校为“长”,于义皆不能通,姑存疑。“狂”,孙诒让疑为“往”。伍非百校为“柱”。张其锽校为“法”,云:“同必有所准,故解以法同。”张纯一校为“牡”,云:“凡牡与牝,必修短合度,如楗与闭然。”胡韫玉校为“枉”,云:“捷者,比次两线同辏圜心是也。‘与枉之’者,以曲线齐其长,所谓以短线为界作圜与长线相交也。”皆无当。姑存疑,以待明哲)。

居“中”者分半,故“中”有“半”“均”义。《玉篇》云:“中,半也。”《说文》云:“半,物分中也。”是“半”“中”同义。此亦分半而均等之义,故“中”言“心中”,“同长”言“自是往,相若也”。此句盖言自某部至两端“同长”者,乃可谓之“中”部。

3. 论直

经 〔直〕(本作“日”),中〔正〕(本作“缶”)〔向〕(本作“南”)也。

说 〔直〕,参也(此两句,本亦皆《经》,亦皆无《说》,于义皆不能通,当有讹误。此亦当如前,后句为前句之《说》。“日”当依《说》校“直”,或亦“直”之坏字。“缶”即“正”,唐武后所制。“南”当校“向”,

形似而讹。“日”，易顺豫校为“圜”，谓古与“O”同字，后人不明本义，以形近日，妄改为日。章行严从之，谓一规有两股，为便于说明起见，使不动股向上立，动股向下当胸立，而上立者，中也，向下当胸立者，正南也。由正南起旋，经一环而圜成，故曰圜中正南也。又释“直，参也”云：“盖规之动股，由正南左旋，行及正北，与中正南成一直线，是曰直径。”义皆迂回。伍非百以“直参也”为《经》，以“日中正南也”校作“直，中北南也”为《说》，云：“二目视一物，犹三角之出两边以定一角物也。……参，三也，两与中也，合两而定一中也。以两边定垂线，以两目定物值，其值皆在参之中。是直者无他，乃分平两见而出其中者也，故曰：‘直，参也。’南北者，中之两极；中者，南北之交会。……中也，南也，北也，一交两极，相参而直定。故《说》云：‘直，中北南也’，直当几何之垂线。”义亦迂。诸家或不校。张惠言释“日中正南”曰：“景，中则景正表南。”孙诒让云：“此处见日之中，彼处见日之睨，‘日中正南’即‘方中方睨’之意。”陈澧释“直参也”曰：“此即《海岛算经》所谓后表与前表相参直。”张其锽云：“三点距离成一直线则直。”张纯一云：“通之物理，参同三，即几何直线角以三直线成勾股直角。”皆附会)。

“直”本有“中正”义(直，《说文》：“正见也。”《广雅·释诂》：“真，正也。”《说文》：“正，是也”；“是，直也”。皆“正”“直”义通之证。《诗·硕鼠》：“爰得我直”，注：“正也。”《论语》：“三代之所以直道而行也”，“直道”即“正道”。《尔雅·释水》：“滥泉正出”，“正出”，直出也，是亦可证)。“参”亦“中正”义(《论语·卫灵公篇》：“立则见其参于前也”，谓中正于面前也。《吕氏春秋·有始览》：“夏至日行近道，乃参于上”，谓中正于上也。《淮南·说山训》：“越人学远射，参天而发，适在五步之内”，亦谓中正向天发也。说见王氏《吕氏春秋杂志》及《经义述闻通说》）。直者，其方向中正不曲者也，故《经》曰：“直，中正向也。”说曰：“直，参也。”

4. 论圜

经 圜，一中同长也。

说 （圜）规写〔交〕（本作支）也。

《说》本有标题，今删（“交”本作“支”，吴钞本作“支”，孙诒让疑“交”之误，甚是。《备城门篇》“交”亦讹“支”）。

圜即圆。圆者，自一中的，至周各端，皆同长也。“规写交”者，言规画圜形，自一端起，旋转一周而起终两端交合也。

5. 论方

经 方，柱隅四讙也。

说 （方），矩见〔交〕（本作支）也。

《说》本有标题，今删（“柱”，伍非百据《周髀算经》“径隅五”，校为“径”，非是。“讙”，吴钞本作“驩”。毕沅疑为“维”，孙诒让疑为“杂”，皆非。古从“雚”声者，皆有“杂出”义，不烦改字。讙，《说文》云：“哗也”，言之杂出也。灌，《汉书・地理志》“方灌灌兮”，注：“水流盛也。”水之杂出也。歡（欢），《说文》云：“喜乐也”，情之杂出也。矔，《说文》云：“目多精也”，目光杂出也。爟，火之杂出也。皆其证。邵瑞彭云：“讙与端音转，即端之假字。”非也。张惠言云：“讙亦合也。”张纯一从之，引《秦策》“二而大国与之懽”注：“懽，犹合也”为证。非是。“合”为“懽”、“欢”之引申义。“见”，孙诒让依上句校“写”，非也。张其锽校为“具”，亦非。“交”本亦支，误同前）。

柱，直线也；隅，直角也；“柱隅四讙”者，直线直角，四出而相杂也。矩之形为“∟”，“矩见交”者，二矩相交如□而成方。《周髀算经》云：“合矩以成方”，同其义。

《墨子·法仪篇》云：“百工为方以矩，为圆以规，直以绳，正以县，〔平以水，〕无巧工不巧工，皆以此五者为法。”《孟子·离娄章》云：“焉继之以规矩准绳，以为方员平直。”《荀子·礼论》云：“绳者，直之至；衡者，平之至；规矩者，方员之至。”《考工记》云：“圜者中规，方者中矩，立者中县，衡者中水。”盖古者百工，皆以规矩绳准，以为方圆平直中；古百工为器物之方法只此，而古人于物之规律的概念亦只此。《墨经》之所论，盖就百工所用之法，而为之界说也。此不与今几何学同。诸家妄以几何附会，殊无当也。

《法仪篇》云：“为方以矩，为圆以规，直以绳，正以县，〔平以水。〕”其序次与《墨经》论“平”论“中”论“直”论“圜”论“方”正反，盖《法仪》顺序之而《墨经》倒序之也。《墨经》之“中”，即《法仪》之“正”，古“中”“正”义通（《淮南子·主术训》“是以中立”，注：“正也。”《孟子·离娄》“指履其正者，乃可为中”；《礼记·儒行》：“儒有衣冠中”，“中”，亦即正也）。工匠之所以欲“中”“正”者，求其能立也，故《考工记》谓之“立”。

《墨经》既严为物之规律定界说，曰：“平，同高也。”而惠施辩之曰：

天与地卑，山与泽平。（见《天下篇》）

山渊平，天地比。（《荀子·不苟篇》、《正名篇》）

《墨经》曰：“中，同长也。”而惠施辩之曰：

我知天下之中央。燕之北，越之南是也。（《天下篇》）

《墨经》曰：

圜，一中同长也。（经）

规写交也。（说）

而辩者相应惠施而辩之曰：

规不可以为圆。

《墨经》曰：

方，柱隅四讙也。（经）

矩见交也。（说）

而辩者辩之曰：

矩不方。

盖辩者既以天下无公是，而仅有主观，则物体之规律，亦必无绝对之标准。天下本无绝对之“同高”“同长”者，虽云“平”“中”，然仅相对而已，实皆不平不中也。不平不中者，可谓之“平”“中”；则天地虽远，亦可谓之比卑；山泽虽高下，亦可谓之齐平；燕之北虽极北，越之南虽极南，亦可谓天下之中央也。非特天下无同高同长者，亦决无绝对之正圆正方者；圆方虽由规矩所成，然亦相对而已，实皆非圆非方也。规所成者既不圆，则规不可以为圆矣；矩见交者既不方，则矩亦不方矣。

（二）论物体之大小

1. 论增大

经 倍，为二也。

说 （倍）二尺与尺，但去一。

《说》本有标题，今删（“但”，梁启超校为“俱”。并将“盈”句说“得二”二字移此，校作“倍，二，尺与尺俱，去一得二”，云：“线与线并，线失其一，而此线所得者，乃实二也故曰：‘得二。’”张其锽从之，又校

“去”为“法”，云：“法者为倍之法，倍准于法。”皆非也。但，《汉书·陈胜传》注云：“但者，急言之则音如第矣。”古“但”、“第”、“特”、“徒”、“直”，皆音同义通，为发声之词）。

“倍”“培”“陪”，古皆通，有“兼”“加”“累”义（《左传·僖公三十年》注：“益也。”《庄子·养生主》注：“加也。”《诗·荡》“曾是倍克”，《正义》：“不自量度谓兼倍于人。”《晋语》注：“垒墼曰培。”《说文》云：“陪，满也。”《广雅·释诂》云：“陪，益也”），“二”亦有“尽”、“兼”义（“见”句，《说》云：“二者，尽也。”“体”句，《说》云：“若二之一”）。倍者，本一而累增之也。《说》之义较狭，谓譬之二尺与尺，二尺者，尺之倍也。盖二尺之与一尺，其间相去一尺也（《节用中》：“圣人为政一国，一国可倍也”，“倍”亦“累增”义）。

[经]厚，有所大也（此句本错在“中”句下，今移正，说见总说）。

[说]（厚）惟无所大。

《说》本有标题，今删（《说》本作“惟无所大”，与《经》适反。孙诒让云：“积无成有，其厚不可极也。与经文相反而实相成。”非是。《说》所以明也。墨家尚实，《说》与《经》当不相反。梁启超校“惟”为“区”，云：“面无容积，故曰：无所大。”梁氏校释，似离《经》太远。陈澧云：“《几何原本》云：‘面止有长有广。’盖面无厚薄，言厚必先有面之长广，故云：‘有所大。’其《说》云‘无所大’者，但言厚则无见其长广也。”义亦迂回。章行严则以“中”句“心”字移此，校作“心惟无所大”，云：“陈澧云：‘……’其说是。惟言厚无以见长广云者，特心境如是。”亦欠当。伍非百先校为“惟无斯大”，谓即惠子“无厚不可积也，其大千里”，非是。伍氏后校作“惟无，无所大”，增一“无”字，说虽可通，疑亦非。《墨子》书颇多“唯毋”或“唯无”之词，“毋”“无”皆发声助。《汉书·货殖传》孟注："'无'，发声助也，字或作'毋'。""惟无所大"者，惟，所大也。惟，《玉篇》云："为也。"古"为""有"相通，故惟亦有"有"义。《东京赋》薛注云："惟，有也"）。

有长广而无厚，惟一空虚之表面而已，不足为物而有所大也。大者，由累积而成也，积厚乃有所大也。故《经》云："厚有所大也。"无，发声助。《说》"惟无所大"者，惟所大也，有此厚，乃有所大也。

2. 论减小

经 体，分于兼也（此句本错上为第二句，今移正，说见前总说）。

说 （体）若二之一，尺之端也。

《说》本有标题，今删（张惠言以"故"句《说》"体也若有端"五字移此，伍非百、胡韫玉、张纯一皆从之，非也。王闿运、伍非百又以"故"句《说》"若见之成见也"，亦为此《说》，亦非也。章炳麟释"见之成见"曰："特举为体，分二为节之谓见。《经上》云：'见，体，尽。'《说》曰：'时者，体也；二者，尽也。'时读为特，尽读为节。……上见为体，下见为节。大故，体也；小故，节也。"伍非百云："案太炎举'体'、'尽'证两见字，极是。惟以尽为节则非，尽，读若兼。……上见为体，下见为兼，与下文'二之一'，同为'体'章之文。"宽案章氏之释，本为大谬。伍氏以"兼"释"尽"，固是，以"体""尽"释两见，终亦无当。同在一句，一字而二义，《墨》经无是例）。

"兼"有"二""倍""尽"义（兼，《说文》云："并也，从又持秝。""兼"持二禾，《仪礼·聘礼》"兼执之以进"，注："犹两也。"《西京赋》："鬻者兼赢"，注："倍也。"《荀子·解蔽》："圣人纵其欲，兼其情，而制焉者"，注："犹尽也"）。"体"有"一""分""特"义（古从豊声者，皆有"一""特"义。礼者，特殊之仪也。醴，《说文》云："酒，一宿熟也。"鳢，《埤雅》

云："诸鱼中惟鳢鱼胆甘可食，有舌，鳞细有花文，其首戴星。"古俎有十一体、九体、七体、五体、三体、一体之差，体皆以奇数。《周官·天官·叙官》郑注："体，犹分也"）。体者，本兼而减分之也；兼一而成二，兼端而成尺，体之于兼，若一之于二，端之于尺也。故《说》云："若二之一，尺之端也。"

[经]端，"体"之无序而最前者也。

[说]（端）是无同也。

《说》本有标题，今删（"序"，王引之校为"厚"，云："《经说上》云：'仳，两有端而后可；次，无厚而后可。'是其证。"梁启超从之，云："点无长短广狭厚薄，故曰无厚。"伍非百亦从之，引惠子"无厚不可积也，其大千里"、《韩非子》"坚白无厚之辞彰"为证。皆非。《墨经》他句有"无厚"，不能证此亦必"无厚"；惠子"无厚"云云，乃驳《墨经》论"厚"，韩非所云，亦在彼而不指此也。鲁胜《墨辩注叙》："名必有分，明分莫如有无，故有序之辩"，是晋时墨子亦作"无序"。"序"字当无讹误。伍非百疑《墨辩注叙》亦误，未当。"同"，梁启超校为"间"，云："点者，不可分也，不可分则无间也。"与《经》意无涉，非《说》本义）。

"序"通"叙"，次第也。"体"，分于兼也。物而减分至于端，则既无长广，又无高厚，至小极微，与无相同，故《说》云："是无同也。""体"至既无长广，而与无同，则各端当然相同，更无序次之可言，故《经》云："端，体之无序。"端之地位，处于最前，故《经》又云："最前者也。"（《墨经》论宇宙，不离实物，论"端"亦不抽象。诸家以几何之点附会之，无当也。陈澧云："按端即西法所谓点也。'体'之无序，即西法所谓线也。序如东序、西序之序，犹言两旁也。《几何》云：线有长无广，无广是无两旁也。又云：线之界是点，点是线之尽处，是最前者也。

又云：直线止有两端，两端之间，上下更无一点，是无同也。”梁启超云：“凡形皆起于端，故曰：‘最前。’”胡韫玉云：“《几何原本》云：点者无分，无分是无同也。”皆附会。章行严云：“端属空间，故言体。端在几何曰点，两点相次，即成为序。今著体之所自始，限于一端，故曰无序而最前。《说》言‘无同’，亦由是推演而成。设有同之，乃另属一体。”亦殊非）

《墨经》论万物之组合，多由乎物德之相撄相盈（说见下节）。物德相撄相盈，然后可积而厚；若不相盈，即不能有厚；有厚然后边有体积而成物，故《墨经》云：“厚，有所大也。”而惠施操两可之说，辩之曰：

无厚，不可积也；其大千里。

惠施合有无为一体，故以无厚虽不可积，然物德相次相间，其大亦千里也。

《墨经》“端”句，以物减分至于端，则至微极小，与无等同，绝无序次可言。而辩者相应惠施而辩之曰：

一尺之棰，日取其半，万世不竭。

以为如一尺之棰，今日取其半，明日取其半中之半，苟日日而取之，历万世而不竭，终不能“无序”，“是无同”也。

（三）论物体之组合

1. 论有空隙组合

经 有间，中也。

说 “有〔间〕”（本作“闻”）谓夹之者也。

《说》标题本夺（《说》“间”本作“闻”，毕沅依《经》校，甚是。张其锽于“中”上校增“在”是，非是，盖未得解。毕沅云：“间隙是二者之中”，释有“间”为“隙”义，诸家从之，殊谬）。

《墨经》论物，亦颇似古希腊。于物之概念，仅有视之可见之色，与夫拊之可得之“坚”。亦古人未有若何之抽象思想，特显示其感觉经验之境相而已。《墨经》以万物之组合，亦由乎物德（如坚、色）排列方式之有异。此先论有空隙之排列方式。

“有”“为”喻纽双声，义通；有间，为间也。《孟子·尽心章》：“为间不用，则茅塞矣。”赵《注》：“为间，有间也。”《庄子·大宗师篇》“莫然有间”，《释文》曰：“本亦作为间。”惟《孟子》之“为间”、《庄子》之“有间”，指“久”言；而此则指“宇”言。间，隔也（《管子》尹注云：“间，隔也。”《汉书·韦元成传》“间岁而祫”，注：“隔一岁也”），介也（《孟子》“山径之蹊间介”，《长笛赋》“间介无蹊”，注：“间介一也”）。为间，因之而有间介者也；指“久”，谓中止者也；指“宇”，则谓中隔者也。故《经》云：“有间，中也。”此论物德有空隙组合中之居中者。

夹，像二人夹持一人，引申之，盖两以夹一之谓。“有间”之物德居中，是一之被夹于两之间者，是有两以夹之者也，故《说》云：“有间，谓夹之者也。”

经 间，不及，旁也。

说 “〔间〕”（本作“闻”）谓夹者也。尺，前于区穴而后于端，不夹于端与区〔穴〕（本作“内”）。及，及非齐之及也。

《说》标题本夺（《说》之“间”，本作“闻”，从毕沅校。“穴”本作“内”，亦从毕沅校。梁启超删“前于区穴”之穴，校“内”为“间”，非是。“库”句亦有“区穴”，乃《经说》常用语。“穴”与“内”，形相似，本易讹误。《礼记·月令》：“蛰虫咸俯在内”，“内”亦“穴”之误。《吕览》正作“穴”。胡韫玉删“不及”之“不”，云：“夹即左右两直线，故曰及旁。”非也。张其锽以“尺”下十六字为“圜”句《说》，非是。“不夹”之“不”，孙诒让云:“或云‘不’,当为‘必’,亦通。”非是。不能通也。胡韫玉以《说》“及”移乙,校作“及非齐及之及也”,可不必)。

间,介也。《大雅·生民》笺:“介,左右也。”古个、介同字(说见《经义述闻通说》)。《乡射礼》注:“居两旁谓之个”;《吕氏春秋·孟春纪》注:“左右房谓之个。”《经》“旁也”,对上“中也”而言,盖论物德有空隙组合之在旁者。“间”之物德在旁,是两之夹一者,故《说》云:“间,谓夹者也。”

“间”之物德,要不可与“有间”相连及;苟夹者与夹之者相连,浑然一体,既不能谓之“夹”,亦不能谓之“间”也。故《经》云:“间,不及。”

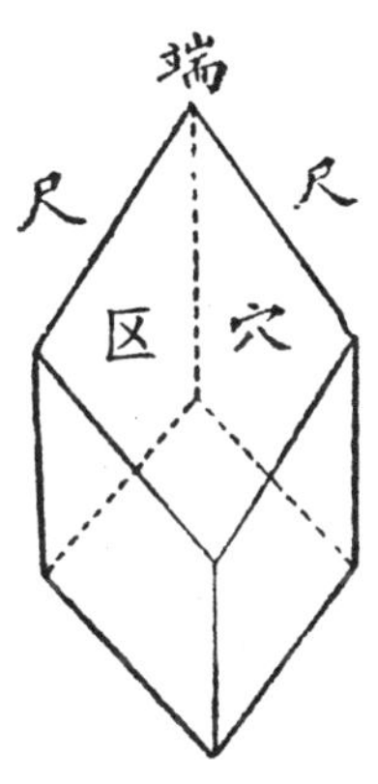

《墨经》论空间,不离实物;所谓“端”“尺”“区穴”,亦未尝抽象。端者,物之最前之点也。尺者,边限也(说见前“穷”句),最前之线也。区穴者,亦最前之表面也。不与几何学中理想之点线面同。端,处于尺之最前尽处;尺,处于区穴之最前尽处;是尺之前,连及于端;尺之后,连及于区穴;浑然一体,无有间隙。故尺虽前于区穴而后于端,不得谓之夹于端与区穴,“尺”亦不得谓之有“间”,“端”与“区穴”,亦不得谓之“间”。此说以物形,反喻间夹之义。

《经》“不及”之“及”,乃连及之及,非“齐”及之及也。《广雅·释诂》:“及,连也。”《公羊传·庄公十年》:“及者何?累也。”是其义。《诗·氓》:“及尔偕老”,此“及”则齐及之及也(《左传·襄公廿二年》:“以受齐盟”,注:“同也。”“及尔”即“同尔”也)。

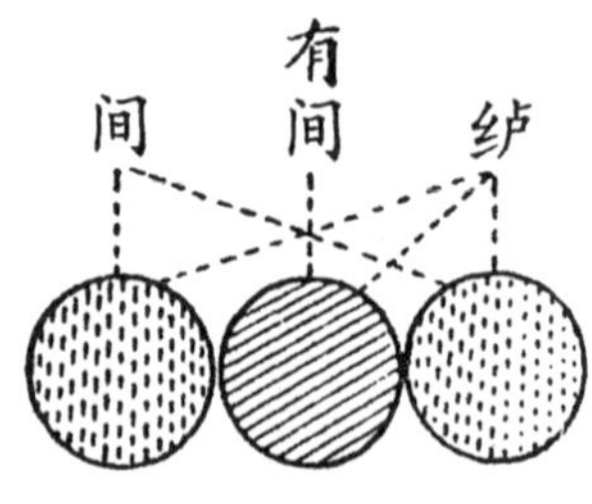

经 纑，间虚也。

说 （纑）“虚”也者，两木之间，谓其无木者也。

《说》本有标题，今删（“纑”，卢文弨谓即“垆”。王引之据“两木之间”云云，校为“栌”，云：“《众经音义》卷一引《三苍》云：‘栌，柱上方木也。’栌以木为之，两栌之间无木。”孙诒让从之，非是也。“两木之间”云云，乃譬喻之辞，用以明“虚”义，且为《说》中文，乌足以据？至谓“两栌之间无木”，殊未允。凡两物之间，皆多无物，岂独栌而已矣！古从卢声之字，皆“处”义，“处”有“虚”义。卢，《说文》云：“饭器也”，饭之所处也。庐，《广雅·释宫》云：“舍也。”炉，火之所处也。栌者，斗拱，椽之所处也。《左传·昭公十七年》：“大辰之虚也”，注：“旧居之处也。”《荀子·大略》：“非其里而虚之。”虚，亦处也。必有虚而后可处，故虚有处义。处义者亦有虚义。《韩非子·解老》云：“以处见其形，故曰：‘无状之状，无物之象。’”处亦虚也。章行严云：“曩在上海，从吾兄太炎先生考询是事，先生口授数义。纑，《说文》云：‘布缕也。’古无木棉，凡言布，皆以麻为之。是缕者，麻缕也。麻之未缉绩者曰枲，分枲茎曰朩，朩读若髌，从屮，八象枲皮。段《注》：‘其皮分离之象也。’是既一缕，而分之成为两朩。而两朩之间必有两朩者在，然后可分，故曰间虚。”章氏因“纑”而校“木”为“朩”，误。亦犹王氏因“木”而校“纑”为“栌”。“木”，易顺豫校为“糸”，云：“布者缕之所织而成也。无隙而实有隙，故曰间虚，糸即缕也。”章校为“朩”，云：“隶书转变。‘𣏟’作‘麻’，‘朩’作‘木’，遂误作木矣。”非是。“两木之间”云云，乃喻，不必与《经》相应。苟“纑”固为“布缕”，

“木”固“糸”或“朩”，则不能与上下文会通矣。《经》“虚”上之“间”，胡韫玉据《说》删，非是。《说》“虚”上，王引之校增一“间”字，亦非。殊未明《经》、《说》释经一字之例）。

间之虚，谓之纑，此论物德有空隙组合中之空隙。何谓空隙？曰：譬之两木之间，谓其无木者也。

2. 论相混合之组合

经 盈，莫不有也。

说 （盈）无盈，无厚。〔盈，〕（校增）于尺无所往而不得。

《说》本有标题，今删（《说》本作“无盈无厚于尺无所往而不得得二”。梁启超移“得二”至“倍”句，未得其宜。毕沅、孙诒让、伍非百属下“坚”句，甚是。栾调甫以“得二”不错，云：“照古简字推算，至少须八九字方可。”宽案非是。此非错简，盖写者不明标题之例，致标题错乱。“得二”当属下句，下句“得二坚异处”，当作“坚，得二异处”。“坚”乃标题，乃错下者。如“令”句“所令非身弗行”，亦当作“令所非，身弗行”，“令”亦标题而错下者。此亦校《说》所不可不知。若必以标题为准，以“所”“得二”属上，终扞格不得通也。章行严亦不明此理，以“得”重衍而删之，云：“凡遇浑然一致之物，无所往而不可分。于尺得二，是为显证。”殊迂回。“盈”，栾调甫因“穷”句“有穷”“无穷”之例，增“盈”字，校作“盈，无盈，无厚于尺。盈，无所往而不得。”宽案增“盈”，甚是。《说》本多对偶之例，惟以“于尺”属上则非，盖未得解。“尺”，孙诒让校“石”，云：“此上下文虽多言尺，然此尺字，实当作‘石’，形近而误。此与下文并以坚白石为释，言坚白在石，同体相盈则弥满全体，随在皆有坚，亦随在皆有白。”非是。未得解也。此句统释物德之相盈，非专指石）。

盈,《说文》云:“满器也。”《广雅·释诂》云:“充也。”此言物德之相互充满,故《经》云:“盈,莫不有也。”尺,边限也;各物德既相盈,随在此数物德,莫不皆有;则于边限中,此数质无所往而不得,故《说》又云:“盈,于尺无所往而不得。”

物体之厚,由乎倍积;物德不相盈,则全体不充实;全体不充,则无由倍积,不可积则无厚矣。故《说》云:“无盈,无厚。”

经 坚白,不相外也。

说 得二(坚)异处,不相盈,相非,是“相外”也(“坚”乃标题,乃错下者。孙诒让于“坚”下校增“白”字,非是。梁启超删“白不”二字,校成“坚相外也”,释“坚”为佛典之“质碍”,使与“撄相得也”例同。宽案非是。此句与下句不同论一事,例不必同。此条文例之异,盖此非主义所在,所以喻“盈”义耳)。

盈

《墨经》论物德之排列,最重相“盈”;万物体积之成,无不由乎物德之相盈。盖物德相盈,乃得叠积而厚,厚而后有所大也。苟物德相间,多所间虚,物德虽多,终不得积而厚也。《墨经》既重“盈”义,故特举“石”以喻之。石者,乃坚白二德,相盈而成,白中含坚,坚中亦含白;故《经》云:“坚白不相外也。”(《吕氏春秋·诚廉篇》:“石可破也,而不可厚坚。”亦承此意)

得,值也。《庄子·大宗师》云:“得者,时也。”《注》云:“当所遇之时,世谓之得。”《尔雅》云:“时,是也。”当此坚白二者,相处有异,白不含坚,坚亦不含白,不相盈合,而相疏斥,是则“相外”也。《说》释《经》“相外”二字,而反衬《经》义。

3. 论相接叠之组合

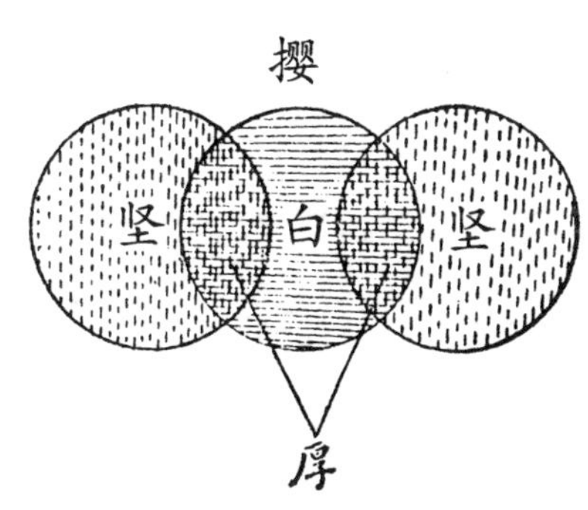

经 撄,相得也。

说 (撄)尺与尺俱,不尽;端〔与〕(本作“无”)端〔俱〕(本作但),尽;尺与〔端〕(本脱至句末)俱,或尽或不尽;坚白之撄,相尽;体撄,不相尽。

《说》标题删(“与”本作“无”,从张惠言校,案文例当如此。邓高镜读“无”为“抚”,牵强。“俱”本作“但”,从张惠言校。“尽”句《说》“俱”,亦讹“但”。“端”,从孙诒让移上。“坚白”之“坚”,梁启超校为“兼”,而删“白”字,使与“体”对,非是)。

撄,《玉篇》云:“结也。”《庄子·大宗师》崔注云:“有所系也。”(见释文)此论物德相接叠之排列,故《经》云:“撄,相得也。”

“撄”而尽能契合者,谓之“相尽”,其义同乎“盈”;若坚白二德之相盈于石。至或一部相得,不尽契合,此则谓之“不尽”。故《说》云:“坚白之撄,相尽;体撄,不相尽。”

譬之如物形之“端”“尺”:尺,边限也;各物边之形状不一,长短又不同,故尺与尺相接叠,必不能尽相契合;故《说》云:“尺与尺俱,不尽。”端者,物之最前处也,皆与无同,无序次之可言,故端与端接叠,必尽相契合;故《说》又云:“端与端俱,尽。”尺者,端之兼;端者,尺之体;体,分于兼也;苟集端之体与尺之兼,适相若,则接叠必尽契合;反是则必不契合;故《说》又云:“尺与端俱,或尽或不尽。”

4. 论不规律之组合

经 〔仳〕(本作“似”),有以相撄,有不相撄也。

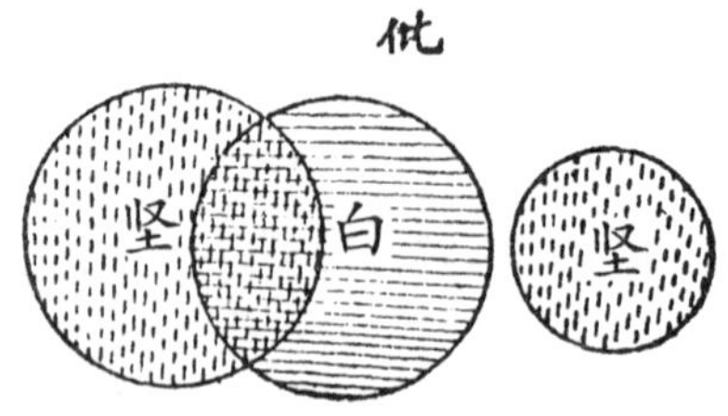

说（仳）两有端而后可。

《说》标题删（“仳”本作“似”，孙诒让据《说》校，甚是。张其锽以“同异”句“比度多少也”校此，非是）。

“仳”通“訾”，《诗》曰：“有女仳离”，“仳”当即“訾”，别也。此论物德不规律之组合。有相撄者，亦有不相撄者，别而为两也。端，处位最前，凡相撄，端必先尽撄；凡不相撄，端必亦不相撄。不撄之端与相撄之端，两者必先并而有之，始可称“仳”。

5. 论有规律之组合

经 次，无间而不〔相〕（本作“撄”）撄也。

说（次）无厚而后可。

《说》标题删（“相”，本作“撄”。张惠言云：“撄，衍字”，非是。此从孙诒让校）。

次，序次也，行列也（《国语》“失次犯令”，注：“次，行列也”）。此言物德有规律之组合。诸物德适相接及，既无间隙，又不接叠，井井然有序也。苟接叠，即积厚；苟有厚焉，其必为撄；故次者，必无厚而后可。

《墨经》既创盈坚白之本体论，辩者乃以“离坚白”之说破之，所谓坚白之辩也。《公孙龙子·坚白论》云：

> 视不得坚而得其所白，无坚也。拊不得其所白而得其所坚；得其坚也，无白也。

盖谓视石时得白不得坚，吾人非石，安知白之必与坚相盈？

拊时得坚不得白，又安知坚之必与白相盈？辩者离坚白之说，实亦据其认识之主观性。既据主观性，故主“以神见”，而力非“以目以火见”。《坚白论》又云：

> 且犹白以目以火见，而火不见；则火与目不见，而神见；神不见而见离。

以为有火无目，固不能见；有目无神，亦不能见；足证见与不见，全系于神。故辩者更因而辩之曰：

> 目不见。
>
> 鸡三足。
>
> 火不热。（以上见《天下篇》）
>
> 臧三耳。［见《孔丛子·公孙龙篇》及《吕览·淫辞篇》。《淫辞篇》“耳”讹为“牙”，《孔丛子》作“耳”，是。非作伪者误改，详拙作《名家言释义》（《光华大学半月刊》二卷八九期）］

盖以为“行由足动，动由神御，今鸡两足，须神而行，故曰三足也”（司马彪说）。《公孙龙子·通变论》曰：“谓鸡足一，数足二，二而一故三。”足一者，神足也；数足二者，形足也。“鸡三足”“臧三耳”者，盖包神而言；若离神，则目不见，火亦不热矣。

坚白之辩，其源起于《墨经》之论宇宙，而其流则至于“目不见”“鸡三足”，此则读《墨经》与《公孙龙子》可明辨也。鲁胜《墨辩注叙》云：“名必有形，察形莫如别色，故有坚白之辩。”坚白之辩，既在别色，然则于“坚”何涉？此亦鲁胜就“白”在妄说者，不足以据。《庄子·天地篇》云：“夫子问于老聃曰：有人治道若相放，可不可，然不然，辩者有言曰：离坚白若县寓。”栾廷梅据此，遂谓此言出墨子前，离宗之说出古辩者，而墨子非难之；殊无当。《庄子》书多寓言，不足据信，孔子此语，当亦非真出孔子，惟足见庄子时，其说已风行而已。《庄子·天道篇》记孔、老问答，孔子语中述及“兼爱”之名；《天运篇》载老子有“儒墨并起”之言，皆非孔老所及见，亦《庄子》寓言也。栾氏论盈离之辩曰：“辩者离，乃离物而成之意；墨子主张物意相合，以为石坚白同体，既不可偏去而异处，则亦当不相外。”亦殊迂回。辩者离坚白，合同异，饰辞以相悖，巧譬以相移，此在先秦为创举，故人皆谓其“不法先王，不是礼义”（《荀子·非十二子》），“行无师，学无友”（《列子·仲尼篇》）。然其自称亦曰：“先王之道”，“仁义之行”（《庄子·秋水》），且自比“白马非马”于孔子之“异楚人于所谓人”（《公孙龙子·迹府》）。盖昔之学者，尊古贱今，欲坚人之信，必托先王而后入说也。

宇宙本体之论说天地万物之所以然也，此墨名二家所谈辩，而儒家所不论（《庄子·天下篇》总惠施十事曰历物之意，载黄缭问惠施天地之所以不坠不限、风雨雷霆之故，惠施不辞而应，不虑而对）。《荀子·君道篇》云：“君子……于天地万物不务说其所以然，而致善用其材。”坚白之辩，其在说天地万物之所以然，故《荀子》颇加非难，以为“非礼义之中，辩而无用，多事而寡功”（《非十二子》）。《墨经》论坚白不相外，虽据经验，然坚白二德，究非可同时并现，坚白之为盈为离，不盈之无厚有厚，究超越经验而为形而上之学也。故荀子非之曰：“若夫充虚相施易也，坚白同异之分隔也，是圣人之知，未能偻知也；不知无害为君子，知之无损于小人。”（《儒效篇》）又曰：“夫坚白同异有厚无厚，非不察也；君子之辩，止之也。”（《修身篇》）

辩说论第八

一、论说

(一) 论“为何”而然

经 故,所得而后成也。(此本错上为首句,今移正,说详序说)

说 (故)小故,有之不必然,无之必不然;体也。若有端。大故,有之必〔然〕(校增),无〔之。必不〕(校增)然,若见之成见也。

《说》标题删(“有之必然,无之必不然”,本作“有之必无然”,梁启超校删“无”字,张其锽校增“不”字,作“必无不然”,皆非。孙诒让云:“此当作‘大故有之必然,无之必不然’,与上‘小故’文相对。”甚是,今据正。《经说》本多对偶,邓高镜不校,强释“必无然”为“必由于无乃能然”,增字为解,非也。“得”,伍非百校“待”,非是。“必不然”,吴钞本作“不必然”,涉上而讹。“有之不必然”之“不”,胡韫玉以为衍,非是。“小故”与“大故”不同。“体也,若有端”,张惠言移至“体”句,云:“物之有体,若有其端。”伍非百、胡韫玉从之,非是。“体也”所以释“小故”,“若有端”则所以喻“小故”也。“若见之成见也”,张惠言云:“若者指事之词,目之见性也。然不接物而不故,欲见之亦不成见,是见之所以成其见者,乃故也。”宽案张说近是。孙诒让妄以张说为迂,疑上“见”为“得”之讹,疑下“见”为“是”之讹,强之以释《经》文,无当也。王闿运、伍非百以之为《说》“体”句之文,亦非)。

故也者，凡事得此而后成也。即论事物之所以然，或为何而然。事物之所待说明者，斯为最要。故《小取篇》云："以说出故"，《大取篇》称"辞以故生"。《兼爱上》云："不知乱之所自起则不能治，譬之如医人之攻人之疾者然，必知疾之所自起，焉能攻之。""所自起"即"故"也。《论语》："不曰如之何如之何者，吾未如之何也已矣"；《吕氏春秋·知度篇》："以奈何为宝"（本作实，从俞校），皆同此意。《说》别故为二，总合之故，谓之大故；小分之故，谓之小故。小故影响于事物之"然"较小，故有之亦不必然；但无之则必不然。盖小故者，大故之一体也；体，分于兼也；无体不能成兼，无小故则不能成大故也；正如尺之有端。但有端者，不必为尺；若无端，终不能成尺也。大故者，事物然否之所系，有之必然，无之必不然，如见之所以成见，必须有见之"材"，见之"虑"，见之"接"，三者皆具，然后能见；三者皆无，必不能见也。

（二）论"如何"而然

经 法，所若而然也。

说（法）意，规，员，三也（通者）俱，可以为法。

《说》标题删（"规"，胡韫玉校为"矩"，云："矩员即矩规。言矩与规，皆可以为法。"未得其解）。

法，《说文》云："刑也。"《尔雅·释诂》云："常也。"（《吕览》注："象也。"《荀子·不苟》注："效也"）本规范之义，凡事凡物，若此轨范而为，必皆同然也。此即论事物之如何而然，故《经》云："法，所若而然也。"论事物之如何而然，虽不若论事物之为何而然为要，然亦不可不明。《法仪篇》云："子墨子曰：天下从事者，不可以无法仪；无法仪，而其事能成者，无有也。"不知所以然之故，固不能成事；既明其故，未知所以为之法，则事犹若未成；法既明，仿依以从事，则事必然，此“法”之所以必待“说”。

“法”之最足以喻者，莫若规矩绳准；《法仪篇》云：“百工为方以矩，为圆以规，……皆以五者为法。”《管子·七法篇》云：“尺寸也，绳墨也，规矩也，衡石也，斗斛也，角量也，谓之法。”故《说》以写圆之法为喻。写圆必先有欲写之“意”，能写之“规”，与夫“圆”之概念，三者皆具，乃能所若而然。

（三）论“何”而然

经 佴（通尔），所然也。

说（佴）“然”也者，〔氏〕（本作“民”，通“是”）若法也。

《说》标题删（“佴”，梁启超因《小取》“辞之侔也，有所至而正其然也，有所以然也”而校为“侔”，非是。《小取》义与此不类。“佴”通“爾”，故云：“所然也。”“氏”本作“民”，形似而误。“氏”通“是”。《大戴礼·帝系篇》：“氏产青阳及昌意”；《后汉书·李云传》：“五氏来备”，“氏”皆“是”也。《太元务测》范注：“然，犹是也”，“是”有“然”义。梁启超读“民”为“名”，章行严校为“明”，无当）。

“佴”“爾”“尔”，古皆读如“呢”，义皆相通。爾，《说文》云：“词之必然也。”尔有“必然”义，故经云：“尔，所然也。”“然”或体作“蘸”或“難”，是“然”古音读如“难”，“难”“爾”双声，故义亦通。此论事物之“何”而然，为事物之最浅显者。

“氏”通“是”，此也；“是若”，此若也。墨子书多用此词，如《墨子·尚贤篇》曰：“此若言之谓也。”《节葬篇》云：“以此若三圣王者观之。”“此若”犹云“若此”。此《说》仅释《经》文“然”字，上句《经》云：“法，所若而然也。”此则倒之曰：“然也者，是若法也。”

（四）论“说”

经 说，所以明也。

（此本无《说》。张其锽以“同异”句《说》“论行学实是非也”移此，非）

此总结上三句。故者，所以然；法者，所若而然；佴者，所然；此三者明，则天下之事理尽矣。说则所以明也。说者能明乎“故”“法”“佴”三者，则说之能事尽矣。《公孟篇》云：“子墨子问于儒者曰：‘何故为乐？’曰：‘乐以为乐也。’子墨子曰：‘子未我应也。今我问曰：‘何故为室？’曰：‘冬避寒焉，夏避暑焉，室以为男女之别也’，则子告我为室之故矣。今我问曰：‘何故为乐？’曰：‘乐以为乐也。’是犹曰：‘何故为室？’曰：‘室以为室也。’”墨子问之以“故”，而儒者对之以“佴”，儒者所说，未尝分明“故”“佴”，故墨子以为未应。《耕柱篇》云：“叶公子高问政于仲尼曰：‘善为政者若之何？’仲尼对曰：‘善为政者：远者近之，而旧者新之。’子墨子闻之曰：‘叶公子高未得其问也；仲尼亦未得其所以对也。叶公子高岂不知善为政者之远者近之而旧者新之哉？问“所以为”之若之何也。……’”叶公子高问之以“法”，而孔子对之以“佴”，孔子所说，未尝分明“法”“佴”，故墨子以为未得。

二、论辩

经 〔彼〕（本作“攸”），不可两（不）可也。

说 （彼）凡牛枢（同区）非牛，“两”也；无以非也。

《说》标题删（“彼”本作“攸”，从张惠言据《说》改。孙德谦云：“攸当读如本字，无烦改彼。攸者，所也，言我所不可，人亦不可，是两不可也。”非是。此未明经说标题之例。胡适校“彼”为“彼”，谓“彼”与

“诐”通。《说文》:“诐,辩说也。”下句“辩,争彼也”之“争佊”,即今谓“辩驳”。章炳麟非之,以为治经与诸子不同法,经多陈事实,其文似有重赘;诸子多明义理,下义简贵,或不可增损一字。而墨辩尤精审,则不得更有重赘之语。假令毛、郑说经,云:“辩,争佊也”,则可;墨家为辩,云:“辩,争佊也”,则不可。假令去其重赘,但云“辩,争也”,此文亦只可见于经训,不容见于墨辩。所以者何?以墨辩下义,多为界说,而未有直训者也。宽案章说是。伍非百以“彼”即《齐物论》“彼是”之“彼”,所谓“彼非”者也,云:“我可以之‘彼’人,人亦可以之‘彼’我,故曰:‘彼,不可两不可也。’”孙德谦以“彼”言“彼”,而“此”即包该于其中。宽案伍氏以“彼”兼“彼”“非”二义,孙氏以“彼”兼“彼”“此”二义,皆非。《墨经》无是文例。张纯一释“彼”为“蔽”,栾调甫读“彼”为“非”,亦皆无当。下句云“辩,争彼也”,栾氏读“争”为“诤”,以“争彼”为“争正彼方所立之非”,终觉迂回。宽案古“也”“皮”声通;彼,他也。《墨经》“彼”字,当为“第三者”义,引申为客观的真理之意。故“举”句《说》云:“举彼实也”,彼与实连文。“不可两不可也”,梁启超删下“不可”二字,谓研究之对象两歧,无以为辩论之地,非是。鲁胜《墨辩注叙》云:“是有不是,可有不可,是名两可。”是《经》中必有论两可者。宽意鲁胜所叙,必指此句,他句更不足当。据此,其下“不”字当衍,“可”字当不衍。“凡牛枢非牛”,伍非百校为“凡牛非牛若枢”,强之以对《齐物论》,云:“言此所谓牛,在彼谓之非牛,可反覆相难,若枢之无穷也。”无当。盖盲从张惠言云“可彼可此谓之枢”而至此。孙诒让以“牛枢”为木名,亦非。“枢”同“区”,亦犹“生”句之“楹”同“盈”)。

彼者,客观之真理,天下是非之真也,天下既有是非之真,则可者是之，不可者当非之，故《经》云："彼，不可两可也。"既为真理，自不可妄加非难，故《说》云："无以非也。"

《经》、《说》"凡牛区非牛，两也"，乃释《经》"两"字，《经》、《说》颇多是例。言两也者，如牛之别于非牛也。不可两可者，不可或谓之牛或谓之非牛也。

经 辩，争彼也；辩胜，当也。

说 (辩)或谓之牛，〔或〕(校增)谓之非牛，是"争彼"也；是不俱当，不俱当，(不)必或不当，不若当犬。

《说》标题删("或"，从孙诒让校增。"不"，从孙诒让据道藏本删。《说》"辩"下，孙诒让疑有"者"字，非是。亦未明标题之例。"若当"，胡适校为"当若"，梁启超从之，非是。此胡、梁未明异喻之例，《经说》异喻，多云"不若某某")。

辩也者，所以争是非之真也。《小取篇》云："夫辩者，将以明是非之分，审治乱之纪，明同异之处，察名实之理，处利害，决嫌疑。"《非命上》云："辩论必立仪，言而无仪，……是非利害之辩，不可得而明知也。"《修身》亦云："辩是非不察者，不足与游。"皆其义。辩者既在争是非之真，若辩而胜，则其理真矣。故云："辩胜，当也。"

譬若一物，或谓之牛，或谓之非牛，是争是非之真也。其中二者，必不能俱当，必有不当者在也。不若以狗当犬，则俱可当也。《经说下》云："同，或谓之狗，或谓之犬也。异则或谓之牛，或谓之马也。俱无胜，不辩也。辩也者，或谓之是，或谓之非；当也者，胜也。"亦其义。

《荀子·正名篇》云："期不喻，然后说；说不喻，然后辩。"盖辩之程度较"说"为深，说仅在立真，辩则兼及破妄也。故《墨经》亦先论

"说",后论"辩"。

从事论第九

一、论从事之意义

经 为,穷知而縣(同悬)于欲也。

说 (为)欲䨲(通痒)其指,智不知其害,是智之罪也。若智之慎文也,无遗于其害也,而犹欲䨲之,则离之。是犹食脯也;骚(通燥)之利害未可知也,欲而(通以)骚,是不以所疑,止所欲也。廧(同墙)外之利害未可知也,趋之而得〔利〕(本作"力"),则弗趋也,是以所疑,止所欲也。观"为,穷知而縣于欲"之理,〔骚〕(本作"䨲")脯而非恕(同智)也,䨲指而非愚也。所〔与(通以)为〕(本作为与)不所与为,相疑也,非谋也。

《说》标题删("䨲",不见字书。毕沅谓即"难"之异文,张惠言从之,未悉何据。孙诒让疑为"斳",云:"《耕柱篇》、《备穴篇》'斳'并讹作'难',《经下篇》'斳''著'本或讹从着,故又讹从养也,'斳'与'斫'义同。"王闿运则以"䨲"同"䕼",即今"燃",梁启超则以"䨲"为"雍"之讹、邓高镜以"䨲"为"養"(养)之异文,皆证有未充。宽案"䨲"当通"痒"、"庠"、"恙"。痒,《说文》云:"疡也。"庠,《广雅·释诂》云:"伤也。"痒,《尔雅·释诂》云:"病也。"恙,《风俗通》云:"病也。"古从"羊"者,本亦从"養",如"蛘"亦或作"癢"(痒)、"養"(养)、"懩"。"骚",张其锽校“搔”，非是。毕沅读为“臊”，臊，臭也，于义无当。宽案“骚”当通“燥”。此云：“是犹食脯也，骚之利害未可知也。”脯，《说文》云：“肉干也”；《汉书·东方朔传》云：“干肉为脯”；《释名》云：“脯，搏也，干燥相搏著也”；是其证。燥脯者，肉之末椒姜而曝燥以成者也。“指”，梁启超校为“智”，非是。“文”，孙诒让疑为“之”，王闿运疑为“又”，王树枬疑衍，皆非。文，《说文》云：“错画也。”《释名》云：“文者，会集众采以成锦绣。”文者，集各端以成善美之谓。智之慎文者，言思想之密察，各端兼顾也。故下文接云：“无遗于其害也。”“止”，梁启超校为“正”，非是。“犹欲”，梁启超校为“欲犹”，非是。“犹欲𩟐之”之“𩟐”张其锽校为“縣”，非是。“离”，孙诒让疑或亦“靳”之误，胡韫玉从之，非是。“若智之慎文也”之“也”，王闿运疑衍，非是。“趋之而得利，则弗趋也”之“也”，亦同，皆起下文。“欲而骚”，孙诒让疑“骚”上脱“得之”两字，非是。欲而骚者，欲以骚也。古“以”、“而”相通。墨子书屡云“可而”，可而，可以也。“利”，本作“力”，俞樾疑“人”篆书之误。张其锽疑为“少”。孙诒让疑为“刀”，刀，泉刀也，义亦可通。王闿运疑为“利”，较孙说尤通，可与上“利害”二字呼应，“力”盖“利”之坏字。“𩟐脯”之“𩟐”，义不可通。王闿运校为“食”。宽案不若校“骚”为允。“所与为不所与为”，本作“所为与不所与为”，张惠言校作“所为与所不为”，疑非。古“与”、“以”相通，所与为者，所以为也。《荀子·王霸》：“所与为之者之人者，则举义士也；所以为布陈于国家刑法者，则举义法也。”“所与为”与“所以为”互文。梁启超疑“是犹食脯”以下为附加，非是）。

“縣”，同“县”、“悬”，远隔也（县从𥄉。𥄉，倒首也，故有反逆之义。《广雅·释言》云：“县，抗也。”《淮南子·主术训》：“其于御兵刃县矣”,注:“远也。”《荀子·非十二子》“县君臣”之“县”,《荀子·富国》“群众未县”之“县”,《汉书·高帝纪》“县隔千里”之“县”,皆此义。诸家训以系,非也)。穷,尽极也。为也者,当尽其智力而绝其所欲,必依放“知”之所谋虑而从事,不可任所“欲”为也。《贵义篇》云:“必去喜去怒去乐去悲去恶,而用仁义。”义同此。

此亦墨家要义,《说》举二例以喻之:

(一)“雝”通“痒”,伤也(说详校文)。伤指本有害,若不知其害而为之,是知之罪也,故行为当尽其智力。若知既周密谋虑(若智之慎文也),周知其害(无遗于其害也),而犹欲伤其指(而犹欲雝之),是则欲之罪矣,与知无罪也(则离之)。

(二)“骚”通“燥”,曝也。脯,干肉也;肉之曝燥而成者也(说详校文)。食脯本有利,若不知其利害而燥之,是不以所疑而止其所欲。“廧”同“墙”(《左传·成公三年》:“伐廧咎”,《穀梁传》作“墙”),墙外本有利,若以不知其利害而勿趋,是以所疑而止其所欲。

此二者,苟绳之以“为,穷知而县于欲”之理:虽燥脯而得利,然未周知其利,不得谓之智也;虽伤指而受害,然此情欲使然,与智无涉,不得谓之愚也。至于食脯因燥而得利,墙外弗趋而失利,一则以欲胜疑,一则以疑胜欲,任所欲而得利,去所欲而失利,似若智力之不为据矣。然细究之,其所以为而得利,其所以不为而失利,乃相疑之罪,非谋虑之过也。苟能周密谋虑,详察其利害,则食脯必燥,墙外亦必趋。

《荀子·正名篇》云:“性之好恶喜怒哀乐,谓之情;情然而心为之择,谓之虑;心虑而能为之动,谓之伪;虑积焉,能习焉,而后成,谓之伪。”荀子论“为”,主积虑习能,与《墨经》同。其导于情欲,则与此“县欲”为异，故其斥《墨经》去欲之说，尝言曰：“凡语治而待去欲者，无以道（同导）欲而困于有欲也。”盖以欲者生而然，非可强去，以心导之可耳。故又云：“心之所可中理，则欲虽多，奚伤于治。”

二、论从事之结果

[经]已成，亡。

[说]（已）为衣，成也；治病，亡也。

《说》标题删。

“且”句《说》云：“事后曰已。”已者，事之已然，已至止境，结果也。事之结果，有“成”“亡”之别（《广韵》亦云：“已，成也。”又云：“去也”）。

（一）“成”，言有所成就也。譬若为衣，则以成衣为已。

（二）“亡”，言有除去也。譬若治病，则以去病为已。凡从事，有“立”与“破”之别。“成”者，“立”之果；“亡”者，“破”之果。

三、论从事之起因

[经]使：谓，故。

[说]（使）令，谓（谓）也。不必成，湿（通“宪”）故也。必待所为之成也。

《说》标题删（孙诒让句读作：“使，令谓。谓也不必成湿，故也〔者〕，必待所为之成也。”邓高镜句读作：“使，令，谓谓也。不必成，湿故也，必待所为之成也。”皆非。案《经说》文例，当作：“令，谓也。不必成，湿故也。必待所为之成也。”“谓”，从梁启超校删。“湿”，卢文弨云：“《方言》：‘自关而西，秦晋之间，凡志而不得，欲而不获，高而有坠，得而中亡，谓之溼。’杨倞注《荀子》，引作溼，此溼与《方言》义同。”非是。训“溼”为“忧”，仍不可通。《荀子·不苟篇》：“穷则弃而儑”，《韩诗外传》作“累”。洪颐煊谓《荀子》之“儑”，即《说文》“儽”。孙诒让据之，疑此“溼”亦即“儽”，非是。义仍不可通。胡韫玉校为㬎，以为古文“显”字，“显”、“宪”古通，云：“宪者，藏之太府者也。故曰：故……宪之为使，盖无有成也。”胡氏以宪、显通，甚是。以“宪”训“法”，则无当。张纯一以“显”训“明”，更迂曲。张其锽校为“法”，亦非。宽案“显”古皆从“㬎”声，本可相借，不烦改字。《释名》多双声诂字，其云：“天，显也。”盖“显”古读舌音，“显”古通“宪”；“显”，《礼记·中庸》多用“宪”，宪，《说文》云：“敏也。”《史记·仲尼弟子列传》：鲁原宪，字子思，是“宪”本“思虑”义。《乐记》：“发虑宪求善良”，虑、宪连文，宪亦虑也。“待”，张其锽校“得”，非是，不烦改）。

古“使”“事”同字。《尔雅·释诂》注：“使，从也。”“使”也者，言事之所以致使如是，即事之所从起，亦有两端：

（一）谓　《广雅·释诂》云：“谓，使也。”《汉书·霍光传注》：“谓，告语也。”《尔雅·释诂》云：“令，告也。”皆展转相通。谓也者，被动之使因他人之指令告语而从事也。因他人之指令告语而从事，既不能明其旨趣，又必不能尽其心力，故不必有成也。《吕氏春秋·功名篇》所谓“强令之笑不乐，强令之哭不悲，强令之为道也，可以成小而不可以成大”。

（二）故　“溼”古通“宪”，宪，思虑也（说见校文）。故，亦意也（《吕览·不侵》：“我将告子其故”，注：“故，意也”）。《说文》云：“故，使为之也。”“故”也者，自动之使，因一己之思虑故意而从事也。因一己之思虑故意而从事，旨趣必自明，故谓之即成。然不为，亦不得成，故云:“必待所为之成也。”

名实论第十

一、论名

经 名:达,类私。

说 (名)物,达也;有实必待文〔名〕(本作多)也命之。马,类也;若实也者,必以是名也命之。臧,私也;是名也,止于是实也。声出口,俱有名。若姓〔字〕(本作“宇”)。

《说》标题删(“名”,本作“多”,从孙诒让校。“文”,孙诒让校为“之”,梁启超从之,非是。不烦改。“待”,梁启超校为“得”,非是。“字”本作“宇”,从毕沅、张惠言校。栾调甫以原文不误,句读作“物,达也;有实必待文,多也命之。马,类也;若实也者,必以是名也命之。臧,私也;是名也,止于是实也”。宽案“多也命之”,义不甚通。其以“物,达也”,“马,类也”,“臧,私也”三句整齐,甚是。“命之”固当属上,如“勇”句《说》亦云:“以其敢于是也,命之”,文例正同)。

名,分析之,凡三类:

(一) 达名　达,通也。达名,通名也。物者,万物之通名也。宇之有实者,必待此文饰之名以命之。《荀子·正名篇》云:“万物虽众,有时而欲偏举之,故谓之物。物也者,大共名也。”《荀子》之大共名,即此达名。

（二）类名　马者，物之一类，类名也。凡与此实相若者，必皆以此名命之。《荀子·正名篇》云："有时欲偏举之，故谓之鸟兽。鸟兽也者，大别名也。""大别名"即此"类名"。

（三）私名　臧，《方言》云："海岱之间，骂奴曰臧；燕之北郊，民而婿婢，谓之臧。""臧"，或本愚贱者之名，时人借之以骂奴婢也，故《墨经》以臧为私名。《淮南子·主术训》高注："臧获，古之不能御者，鲁人也。"或有所本。私名者，仅限于此实，他物不得以命之。故《说》云："是名也，止于是实也。"即《荀子·正名篇》云："别则有别，至于无别然后止。"凡声之出于口，莫不有名；物之有名，犹人之有姓字然。故《说文》云："声出口，俱有名。若姓字。"

二、论辞

经 谓；〔命〕（本作移），举加。

说（洒）　谓狗犬，命也；狗犬，举也；叱狗，加也（"洒"，疑本作"谓"。本标题，今删。张惠言云："洒即移意。"非是。孙诒让校"鹿"，梁启超、伍非百校"丽"，以之属上句。胡韫玉以之属下，校作"命狗犬，丽也"，因又校《经》之"移"为"丽"。张纯一移乙作"谓，洒狗犬，移也；命狗犬，举也；叱狗〔犬〕，加也。"伍非百校作："命狗犬，移也。"皆非。"命"，本作"移"，从梁启超校。第二"犬"字，章行严校"大"，张其锽从之，非是）。

"谓"，《荀子》谓之"辞"。《荀子·正名篇》云："辞也者，兼异实之名以论一意也。""辞"者，所以"论"也，"论"说也（《文选·西京赋》注："论，说也"）；"谓"亦说义，《广雅·释诂》云："谓，说也"，《论语》"孔子谓季氏"，《疏》："评论之辞也"，是"谓"亦论辞之义。《荀子·解蔽篇》

云:“由辞谓之,道尽论矣。”益足证。

辞,分析之,凡三体:

(一) 命辞　命者,命名以喻实也。如谓狗犬之名是。即今文法之谓词(Predicate)。

(二) 举辞　举,《荀子》谓之“期”(说见“举”句)。举者,举实以约名也,如举狗犬之实是。即今文法之主词(Subject)。《荀子·正名篇》云:“实不喻,然后命;命不喻,然后期。”亦以命以喻实,期以约名也。

(三) 加辞　加者,无关本义,而附加者也,如叱狗之声是。即今文法之惊叹词(Interjection)。

如谓:“恶! 此狗也”一辞,“此”,举狗之实,“举”也;“狗也”,命狗之名,命也;“恶”,与辞意无关,“加”也。

三、论名实合

经 名实合,为。(此本并误于下,今移正,论详总说)

经 所以谓,“名”也;所谓,“实”也;名实耦,“合”也;志行,“为”也(“志”,梁启超、胡韫玉校“知”,非是)。

辞者,所以达其志义也。然必不异名实,乃可以达。《荀子·正名篇》云:“彼正其名,当其辞,以务白其志义也。彼名辞也者,志义之使也。”名实相耦合则名正辞当,志义以达,使命以成。故《经》云:“名实合,为。”

《说》将《经》逐字训释。“名”者,我所藉以称实也;“实”者,我之所称也,故云:“所以谓,名也;所谓,实也。”“合”者,欲其名实之相耦也,故云:“名实耦,合也。”“为”者,指志义之行使,故云:“志行，为也。”

知源论第十一

一、论知

[经]知：〔闻〕（本作间），说，亲。

[说]（知）传受之，闻也，方不㢓（同障），说也，身观焉，亲也。

《说》标题删（“闻”本作“间”，从毕沅据《说》校）。

此论得知之源。知之源，凡三：

（一）闻知　闻知者，非身亲历，以展转得受，相闻而得。

（二）说知　说知者，非身历，非闻得，以意推论而得（《广雅·释诂》：“说，论也。”《考工记》注：“犹意也”）。方，比方也（《论语·宪问》：“子贡方人”，何晏注：“比方人也”）。方不㢓者，言分析综合而比方之，通于理而无所障塞也。《荀子·正名篇》云：“凡同类同情者，天官之意物也同，故比方之，疑似而通。”《荀子》之“比方之，疑似而通”，与此“方不㢓”相仿佛。惟《荀子》之意，谓析类比较，综合各部以成概念；《墨经》之意，则指根据概念，以一部推测他部。

（三）亲知　亲知者，以身亲历而见知。

二、论闻知

[经]闻：传，亲。

说（闻）或告之，传也；身观焉，亲也。

《说》标题删（“传”，道藏本、吴钞本作“博”，误。“观”，梁启超校为“亲”，胡韫玉、张其锽从之，非是。《尔雅·释言》云：“观，示也。”《汉书·宣帝纪》师古曰：“观，示也。”示，《华严经音义》引《苍颉篇》云：“现也。”《孟子》“吾何修而可以比于先王观也”，注：“游也。”是“观”者，本显示而亲历之义）。

闻知，其源亦有二：

（一）传闻　传闻者，展转告谓，间接而闻得也。

（二）亲闻　亲闻者，由身亲历而闻得也。

三、论亲知

经见：体，尽。

说（见）时（通特）者，体也；二者，尽也。

《说》标题删（“时”，孙诒让校为“特”，云：“特，奇也；二，偶也。”甚是。“时”“特”皆从寺声，当可通假。邓高镜训“时”为“伺”，云：“伺而观之，见其一体。”张纯一亦然，非是）。

见者，言亲知也。亲知之别有二：

（一）体见　言特见一体也。

（二）尽见　言全部尽见也。“时”、“通”、“特”，一也（《书·舜典》：“归格于艺祖用特”，《传》：“一牛也。”《仪礼·昏礼》：“其实特豚”，注：“犹一也。”《国语·晋语》：“子为我具特羊之飨”，注：“一也”）。《经》“体”句云：“体，分于兼也。”《说》云：“若二之一。”一者，二之体，一者，一之兼，兼尽也。故此云：“特者，体也；二者，尽也。”

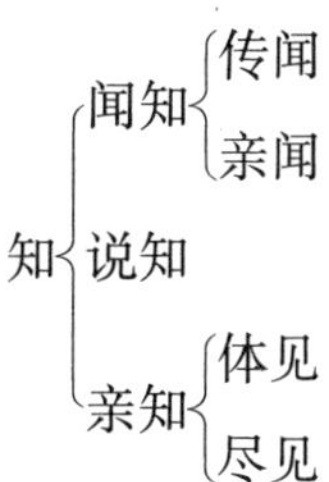

行为论第十二

一、论行为之宜欲

经 合：正，宜。

说 (古)兵立反(存疑)。中志工(同功)，正也；臧之为，宜也。

经〔必〕(本属上句“合”)欲正权利；且恶正权害。

说 非彼(必)不有，“必”也。“〔正〕”(本作圣)者，用而勿必；——必也者，可勿疑。——“〔权〕”(本作仗)者，两而勿偏。

(此二句《经》本作“合，正，宜，必”；“欲正权利，且恶正权害”。《说》本作“古兵立反中志工正也臧之为宜也，非彼必不有必也圣者用而勿必必者可勿疑仗者两而勿偏”。邓高镜以此二句合并，非是。以“合”之“必”属下，则甚审。“必”不合“合”义。“非彼必不有，必也”之句中“必”字，当为标题，《经》、《说》每多标题错入文中，今删之。此当为依《说》分《经》时，不见标题。见“非彼必不有，必也”之“必也”与“正也”“宜也”例同，遂妄为属上，论已见序说。杨保彝以“必也者可勿疑”以上释“合”句，诸家从之，非也。张惠言、伍非百、钱穆以“仗者两而勿偏”亦“合”句《说》，则“必欲”句无《说》矣，更非。“古”，杨保彝依《经》校“合”，盖标题，今删。“兵立反”，义不可通。王闿运以为反语，非正文，牵强。张惠言以“兵立”为句，云：“古者持兵而立，必两人相合。”亦迂回。孙诒让以“反中”为“反也”之误，与“正也”相对，更谬。钱穆本《间诂》云：“疑当作其迹反中志正，犹云反经合道。”亦非。钱穆以“兵立”当是“丘位”二字之讹，“位”字“人”旁移上，误为“兵”也，云：“‘丘’‘区’音同而义通，谓区位相反向中也。”如钱说，则此为训诂，而非墨义，亦无当也。姑存疑。钱氏以“志工”移“正也”，亦非。“工正”，王闿运疑为“缶”之分误，又以缶同出，非也。“且”，孙诒让疑衍；伍非百校“宜”；张其锽校“正”，移为首。皆非。“正”本作“圣”。孙诒让疑“圣”为“宜”，又疑为“正”，案“正”是。“权”本作“仗”。从孙诒让校，草书形似而讹）。

“工”“功”古同字（《管子·乘马》：“不可使而为工”，“工”即“功”。《七法》：“而器械不功”，“功”即“工”），心之所之为志，事之所成为功，相从其所为，或因赏誉义亦同。《鲁问篇》云：“吾愿主君之合其志功而观焉。”“中志功”者，言所为与所志相适也。人之所志与所为，不必而为伪，故所志与所为必相适，而后可谓之“正”。

臧，善也。“臧之为”者，善之行为也。为此能善，斯则“宜”矣。

利固为人所欲，然不可求欲过分，求欲过分，势必自私自利，相互侵犯而天下乱矣；故吾人于利，必欲正而权之，务使其分配均也。

害固为人所恶，然当兼顾大体，使不兼顾，势必相互以害分人，而天下之争乱，又必起矣；故吾人之于害，不可正而权之，务必自苦自难，不以害分人也。

"必欲"之"必",不同乎"必,不已也"之"必",故《说》特释之曰:"非彼不有,必也。"所以利者,"用也",然而勿可必欲用之,若必欲用之,势必互相侵犯而酿成大乱;故"正"者,即于"用"加以相当疑虑也。"用而勿必"之"必"与"必欲"之"必"又不同,故特以"必也者可勿疑"释之。"用而勿必"者,言利用之而勿可勿加以相当之疑虑也。"正权"之"权",义亦同正,《大取篇》云:"权,正也。""两而勿偏"者,言两相平正,不偏何方也。

二、论行为之类别

经 为:存,亡,易;荡,治,化。

说 (为)早(通皁)台,存也;病,亡也;买鬻,易也。霄(通消)尽,荡也;顺长,治;鼃〔鹑〕(本作买),化也。

《说》标题删("早",孙诒让校"甲",云:"甲,备战于城及宫门,为台以备守者,以求存为为也。"非是。释"存"为"求存",尤无当。张惠言云:"皁,古只作早。"甚是。皁,同草也。草,《说文》云:"音皁,斗栎实也。象斗字。"《周礼·地官·司徒》"宜皁物",注:"皁物,柞栎之属。"柞栎,皆坚韧木也。又养马处亦谓之皁。皁者养马,牢者养牛,本皆有坚持义。"鹑"本作"买",不可通。张惠言疑即"鹑",甚是。俞樾云:"买、鹑,音义俱远,形又不似。鼃,疑为卖字之误。"与上重复,非是。孙诒让校为"鼠",引《列子·天瑞篇》"田鼠之为鹑"为证,云:"鼃、鼠二者皆能化为鹑。"亦非。案此文上下相对,"存"对"荡","亡"对"治","易"对"化","买鬻,易也","买鬻"相对。此亦当相对,不当"鼃鼠"相并。孙氏又云:"或云:'买'当为'𦎫',即'鹑'之省。"是也)。

论行为,其类凡六:

（一）存　“早”通“皁”，坚持也（说见校文）；“台”亦持也（说见“必”句）；皁台言坚持常态，保存之行为也。

（二）亡　“病”者有所破坏损失之行为也。

（三）易　“买鬻”，言买进卖出，换易之行为也。

（四）荡　“霄”通“消”，“消尽”，言破坏彻底，荡亡之行为也。

（五）治　“顺长”言顺利长大，治理之行为也。

（六）化　“鼃鹑”，言若鼃为鹑，变化之行为也。

同异论第十三

一、论同

经 同：重，体，合，类。

说（同）二名一实，重同也；不外于兼，体同也；俱处于室，合同也；有以同，类同也。

《说》标题删。

同之别有四：

（一）重同　重同者，名虽有二，而其实一也。二名重复，故曰重同。

（二）体同　体，分于兼也。体同者，二体统含于一兼也。

（三）合同　合同者，二物合处于一所也。其物虽异，所在同也。

（四）类同　有，或也（《穀梁传·庄公二十九年》曰：“一有一亡曰有”)。以,《广雅》云:“与也。”有以同者,言一部相与同;二物中有不相同,而亦有相同也。《大取篇》云:“重同,具同,连同,同类之同,同名之同;丘同,鲋同,是之同,然之同,同根之同。”“重同”亦即《墨经》“重同”;“具”同“俱”,“具同”亦即《墨经》“俱处于室,合同也”;“异”句《说》云:“不连属,不体也”,是“连同”亦即《墨经》“体同”;“同类之同”,亦即《墨经》“类同”;当《大取篇》所论,衍《墨经》说也。

二、论异

经 异:二,〔不〕(校增)体,不合,不类。

说 (异)二必异,二也,不连属,不体也;不同所,不合也;不有同,不类也。

《说》标题删(“不”,从毕沅及吴钞本校增)。

异之别,亦有四:

(一) 二而异　既为二物,必有异处,此二而异也。

(二) 不体而异　二物不相连属,外于一兼,此不体而异也。

(三) 不合而异　二物不相俱处,此不合而异也。

(四) 不类而异　“不有同”者,言不或同而绝相异,此不类而异也。

三、论合同

经 同,异而俱于之一也。(此本错上,今移正,说详序说)

说 (侗)二人而俱,见是楹(同盈)也。若事君。

《说》标题删(“侗”,或为标题者,为别于他句,故作如是写。伍非百据《说》“侗”,而校《经》“同”为“侗”,云:“同,大貌,引申为‘大同’之意。”非是。“楹”，孙诒让疑为“形”，非是。“生”句“楹”亦同“盈”。“人”、“也”，梁启超删之，非是）。

《墨经》论“同”，有“重”、“体”、“合”、“类”四义；中惟“合”义难明，故此特申言之。其物虽异，俱于之一，是为合同。何谓“俱于之一”？曰：如二人而相俱于一处，见是不离也。君者，臣民之通约也。“若事君”者，言臣民合同事君，臣民虽异而俱在此通约内也。

四、论同异之辨别

经 同异交得，放有无。

说 同异交得于福家（通嘉）良〔恕〕（本作“恕”），有无也；比度，多少也；免蚓还园，去就也；鸟折（通制）用桐，坚柔也；剑〔戈〕（本作“尤”）〔甲〕（本作“早”），死生也；处室子，子母，长少也；两绝胜，白黑也；中，央旁也；论行（行行）学实，是非也；难宿，成未也；兄弟，俱适也；身处志往，存亡也；霍为，姓（通性）故也；贾宜，贵贱也。〔长短，前后，轻重，援〕（本错“诺”句下）。

（诸家以同异“交得”为标题，非也。标题夺。“放”，张惠言疑为“于”，孙诒让疑为“知”，非也。放，《广雅·释诂》云：“依也。”《法仪》：“放依以从事”，放亦依也。《淮南子·兵略训》：“放于九天之上”，注：“寄也。”《孟子》：“摩顶放踵”，丁音：“至也。”《孟子》“放乎四海”，赵注：“至也。”“福”，张纯一读为“富”，非也。“家”，疑通“嘉”。《左传·桓公八年》“家父”，《古今人表》作“嘉父”。“恕”，本作“恕”，从孙诒让校。“恕”“度”皆当属上读，“有无也”、“多少也”与下“去就也”、“死生也”相排。“免”，孙诒让疑为“它”，非。伍非百疑“免蚓”为“龟蛇”，亦非。“园”，孙诒让疑“圜”，非。“鸟”，孙诒让疑为“象”，“象”通作

“爲”，与“鸟”形近，非也。“折”，孙诒让疑为“梗”，非。古“折”、“制”相通。《广雅》云：“制，折也。”《管子·霸言》：“小国得之也以制节”，“制”亦通“折”。《尚同中》引《书·吕刑》，“制”亦作“折”。《论语》“片言可以折狱”，鲁读折为制。《大戴礼·保傅篇》亦作制狱。“戈甲”本作“尤早”，从孙诒让校。“行行”，姑从孙诒让删。“霍”，孙诒让校“虎”，非。“故”，孙诒让疑“段”，非。“长短”等七字从伍非百移上）。

同异二者，由相比相接而得，其最可明分者，莫如有无。

《说》别同异交得之法，凡十七：

（一）有无相交　墨者于福嘉良智，定有常准，同此准者为有福，异此准者为无福。二人皆有福，或皆无福，皆得谓之同；若一有一无，则谓之异。其异同可以有无交得也。

（二）多少之交　两物而比度其量，量同则谓之同，量异则谓之异，其同异可以量之多少交得也。

（三）去就之交　譬之若蚵，或则免除，或则还回园中，其同异可以去就交得也。

（四）坚柔之交　“折”通“制”。“鸟用桐”，言以桐之鸟或非以桐制之鸟也，桐鸟与生鸟之异在坚柔，其同异可以坚柔交得也。

（五）死生之交　剑戈，所以杀人；甲，所以卫人；一则以死，一则以生，其同异可以生死交得也。

（六）长少之交　处室子，在室处女也。处女与有子之母，其同异在长少也。

（七）白黑之交　白与白同，黑与黑同，白与黑则两相绝胜，其同异在绝胜与否也。

（八）央旁之交　中与不中，其同异可以中央与否交得也。

（九）是非之交　墨者于言谈从事，皆有法仪，若之者是，不若者非，其同异在是非也。

（十）成否之交　“宿”通“夙”，“难，宿”，言难早成，故成与未成，其同异在能早成与难以早成也。

（十一）兄弟之交　兄弟当相耦，故云“俱适”。兄弟与非兄弟，其同异在能否俱适也，为兄弟而不俱适，未足以为兄弟也。此亦墨家尚实之义。

（十二）存亡之交　身处而志往，形虽存，而知已亡也。《经》“生”句云：“生，形与知处也。”墨者以为必形与知处，乃可谓生存；生存与否，其同异在处与往也。身与志处，乃可谓存；苟身处志往，亦未足为存也。

（十三）性故之交　“霍为”者，挥霍之为也；墨家以性情为恶，故以挥霍之行为性；挥霍与否，其同异在性故也。性者，天之所就，故者以意而成，《国语》韦注：“故，谓多作计术。”《庄子·刻意篇》云：“去知与故”，“循天之理”。《管子·心术篇》：“恬愉无为，去智与故。”《吕氏春秋·论人篇》“去巧故”，《注》云：“巧，故緺诈也。”《淮南子·主术训》：“上多故，则下多诈。”故，乃巧诈之意。“故”本“意”义而引申为巧诈，亦犹为之引申为伪。故《荀子》即谓之“伪”，《性恶篇》云：“不可学，不可事，而在人者，谓之性；可学而能，可事而成之在人者，谓之伪。是性伪之分也。”荀子性伪之分，即本乎墨子性故之分也。孟子亦有性故之分。《离娄下》云：“天下之言性也，则故而已矣！故者以利为本，所恶于智者，为其凿也。”此孟子评当时之言性恶者，以为故者以利为本，固恶也，性者，固有仁义本善也；天下之言性恶者，误以“性”为“故”耳。

（十四）贵贱之交　贵贱之分，在乎售与不售，售则贱，不售则贵，售与不售，在乎价之宜与不宜，宜则售，不宜则不售，是贵与贱，其同异在价之宜否也。

（十五）长短之交。

（十六）前后之交。

（十七）轻重之交，皆可类推（《小取》："援也者，曰子然，我奚独不可然也?"援，《说文》云："引也。"即类推意）。

《墨经》既如此严分同异之别，而辩者乃以"合同异"之说破之，此所谓"同异之辩"也。惠施曰："大同而小异，此谓之小同异，万物毕同毕异，此之谓大同异。"盖辩者之认识论，基于主观性，故力非同异之绝对性，谓是相对也。由异者而观之，则既为二物，必有异处，若由同者而观之，则同为天下之物，必有同处。《庄子·德充符》云："自其异而视之，肝胆楚越也；自其同而视之，万物皆一也。"亦其义。《墨经》虽亦谓"二必异，二也"，"有以同，类同也"；然其区而四，不相混同，不若辩者之笼统言之。惠施既"合同异"，而辩者相应而辩之曰：

狗非犬。

白马非马。

犬可以为羊。

白狗黑。

黄马，骊，牛：三。

《尔雅》云："犬未成豪曰狗。"狗乃未成豪之犬，犬之一体也。故狗与犬，若由异而视之，亦相异也。白马与马亦然。《公孙龙子·白马论》云：

马者，所以命形也；白者，所以命色也；命色者，非命形也。……故曰:“白马非马”。

公孙龙之说,盖以“白”“马”为二名,以“形名离”也。辩者既以“白”“马”为二名,则“马”为一名,二非一,则白马非马矣。白马既不同乎马,则黄马亦不同乎骊。马与牛不同,黄马与骊又不同,则黄马、骊、牛为三类矣。

狗本犬,白马本马,而辩者以为狗非犬,白马非马,同者既可谓之异,则异者亦可谓之同也。犬无角,羊有角,犬与羊虽异,然犬与羊同为四足兽也;若由同而视之,则犬亦羊也。白狗、黑狗虽色有异,然而同为狗也;若由同而视之,则白狗亦黑狗也。故《公孙龙子·通变论》云:

羊与牛虽异,羊有齿,牛无齿,而牛之非羊也,羊之非牛也,未可,是不俱有,而或类焉。羊有角,牛有角,牛之而羊也,羊之而牛也,未可,是俱有,而类之不同也。

盖羊虽有角,牛虽亦有角,然自异而视之,则类不同;不可谓羊即牛也,牛即羊也。羊虽有齿,然自同而视之,则牛亦羊也,羊亦牛也。

闻言论第十四

一、论闻

经 闻,耳之聪也。

说 循所闻而得其意,心〔之〕(本作“也”)察也(此本《经》。上二句，本皆《经》，俱无《说》，义颇相协。伍非百、胡韫玉皆疑下句为上句之《说》，甚是。盖汉人《经》、《说》分写时所遗。“之”本作“也”，从毕沅依下文校）。

他人之意，以闻得之。闻者，由于耳。《管子·宙合篇》云：“耳司听，听必顺闻，闻审谓之聪。”闻而能审其音，耳之聪也。然耳之所听，审其音而已矣，闻者欲得其意，必从所闻而心为之辨察也。故《说》云：“循所闻而得其意，心之察也。”

二、论言

[经]言，口之利也。

[说]执所言而意得见，心之辩也（此本《经》。上二句，本亦同《经》，误当同前。此二句《说》，进申《经》意，致分《说》者，亦误为《经》文而未分出）。

自吾之意，以言现之，言者，出于口；言而能明其音，口之利也。然口之所利者，明其音而已矣，言者欲显其意，又必待心之辨察，而后出其言，故《说》云：“执所言而意得见，心之辩也。”不然，言虽繁，不能显其意也。《修身篇》云：“慧者心辩而不繁说。”亦其义。《法言·问神篇》云：“言，心声也。”《庄子·外物篇》云：“言者所以在意。”义亦同。

三、论诺

[经]诺，不一利用。

[说]（诺）超城员止也（存疑）。相从，相去，〔无〕（本作“先”）知，是，可五色（通式）。［正五诺皆人于知（四字存疑）有说，过五诺，若员

(吴钞本作“负”)无直(四字存疑)无说,用五诺,若自然矣。](本错篇末)

《说》标题删(“无”,本作“先”。胡适、伍非百校“无”,张其锽、张纯一皆从之,是也。“色”,孙诒让校“也”,非是。“色”通“式”,法也,用也。“正五诺”以下,本错篇末,从孙诒让移正。“超城员止”,孙诒让疑“员止”为“负止”,当是。下“员”字,吴钞本正作“负”;“正”,《墨经》多作“止”。孙氏疑“超城”亦误,但未校正。叶翰疑为“趋域”,云:“诺之为用,或正或负,当视趋域以定之。”迂回!张其锽校为“趋成”,亦无当。宽案“超”或为“过”,义同,形似而误;“城”或通“诚”,同“信”句“正”,疑当移上作“正过,诚负也”,与下文相应。写者见“负”“正”相对,妄为移下,后又讹“止”也。义虽可通,然无实证,姑存疑。“皆人于知”,义亦难通。“皆”,孙诒让据下文校“若”,张其锽校“皆人”为“必皆”。宽疑“人”当作“诚”,音近而讹,“皆诚于知”,言五诺中正皆真实于知也,姑亦存疑。“若员无直”,“员”,吴钞本作“负”,“直”,孙诒让疑为“知”,谓声转而误。宽疑“若”为“皆”,“皆负无直”者,言五诺皆过,皆虚伪而不中正也,姑亦存疑。梁启超以“谎”句《说》有附加,胡适以下之六句当合一,皆非)。

诺,应之词也。诺之方式不一,故其利用亦不一。其方式凡五:

(一)相从　其言之意,我与之从同,如应之曰“然”,是赞成其言也;此以主观。

(二)相去　其言之意,我与之相违,如应之曰“否”,是非难其言也;此亦主观。

(三)无知　于其意不知其然否也,如应之曰“不知”。

(四)是　以其言之理为是也;此以客观。

（五）可　以其言之理尚可，而未尽然也；此亦客观。

运用此五式，皆当出之自然，而不能有所作讹。若自然而得当，则意可相明；若作讹而不当，则意无以相明也。

别道论第十五

一、论观巧观宜

经 服执说（音利）巧转则求其故。

说 执（服）难成，言务成之，九（同究）则求执之法。

（“服”当为标题，乃错入文中者，今删。孙诒让“服执说”为句，张惠言读“巧转”为句，并谬。皆不可通。“音利”，道藏本以来，皆旁记，当注文。孙诒让疑为正文，当作“言利”，以为“说”字。考之《唐韵》、《集韵》，皆与利音不相应，宽案作“言利”，义亦迂。“音利”二字，当非原始所有，后世浅学者妄增之耳。《说》“言”，伍非百校为“说”，以为坏字，无当。“言”当犹“云”，语词也。“九”，孙诒让疑为“说”之坏字，亦非。王闿运校“执”，亦未当。“九”当通“究”。《白虎通・宗族》：“九之为言，究也。”《广雅》、《春秋繁露》皆云：“九，究也。”“法”，诸家属下，非）

“服执”，犹云从事也。服执同义，故可连文。《诗・执竞篇》释文引《韩诗》曰：“执，服也。”（《虞书》“五刑有服”，《传》：“从也。”《尔雅・释诂》：“服，事也。”《论语》：“有事，弟子服其劳。”《皇疏》：“执，持也。”

《尚贤上》亦云:"以官服事")说,伺也,犹观也(《说文》:"说,言相倪伺也。"《集韵》:"说,伺也")。"说巧转",即下句《说》云"观巧转"也;则,或也(见《经传释词》);"求其故",即下二句《说》"问故"也。"服执,说巧转,则求其故"者,言从事必当观察其技巧转变之法,或则一一求其所以然之故。

《说》言若事有难成,乃当务成之,究则当求其执行之法。《贵义篇》云:"为义而不能,必无排其道;譬若匠人之斲而不能,无排其绳。"义亦同。

二、论观巧

经 法同则观其同。

说 (法)取同,观巧传(通转)。

《说》标题删("法"下,张纯一校增"同"字,以为标题,非是。《说》之牒《经》,本无足例,有一字,亦有二字者)。

所从事之法,苟尽皆同一,则不必选择,观其同者而法之可也。既不必选择,亦不必求其所以然之故,观察其技巧两变之法足矣。既有其法,必有其巧,故必观其巧转,巧转既明,然后能得法。《法仪篇》云:"巧者能中之",义以此。

三、论观宜

经 法异则观其宜。

说 (法)取此择(通释)彼,问故观宜。

《说》标题删("问",伍非百校"明",非)。

所从事之法,苟操术不同,则当分别取舍,观其宜者而法之。既欲取舍，必先当问求其所以然之故，乃能分别宜否，而后观其宜也。

四、论正道

经 止，因以别道。

说 以人之有黑(通墨)者，有不黑者也，止黑人。与以有爱于人，有不爱，〔正〕(本作“心”)爱人。是孰宜〔止〕(本作“心”)？彼举然者，以为此其然也，则举不然者而问之。

(“止”，梁启超、伍非百疑为“正”，是也。然正、止古或相通。《诗·终风序笺》云：“正，犹止也。”《庄子·应帝王》：“萌乎不震不正”，《释文》云：“崔本不诹不止。”《列子·黄帝篇》亦作：“不诹不止。”《荀子·儒效》：“有所止矣”，《群书治要》引作“正”。《荀子·不苟》：“诗者，中声之所止也”；“见由则恭而止，见闭则敬而齐”，“止”皆“正”也。《议兵》：“圜居而方正”，《序》作“止”。《管子·权修》：“用之有止”，“用之不止”，《治要》皆作“正”。二“止”，本作“心”，从张惠言校。“墨人与”，伍非百校为“墨与人”，非是。《小取》亦称“盗”为“盗人”)

“止”疑通“正”，校正也；故《经》云：“正，因以别道。”“黑”通“墨”，墨者本亦古社会之一流品，犹儒者之为术士之称。譬若有墨者与不墨者，当以墨者为正。譬若有爱人与不爱人，当以爱人为正。欲知其孰宜为正，其必“求其故”。如彼举其然者，以为此其然也，则我举其不然者而问之，察得其宜者而正之。

五、论圣道

经 〔圣〕(本从“缶”)，无非。

说 若(圣)人有非而不非。

《说》“圣”当为标题，错入文中者，今删(《经》“圣”，本作“缶”，从孙诒让据《说》校。圣，唐武后作“𡈼”，“缶”乃坏字。“必”句《说》“圣”讹“缶”，足证《墨经》“缶”、“𡈼”确互误。伍非百从之，是也。张纯一以“若圣人”移至句末作喻，非是)。

圣道在何？正而已矣。故《经》云：“圣，无非。”《说》：“若人有非而不非者，言若人为非，而圣人终特立独行，枯槁不舍，不为所非也。”

卷九

墨学分期研究

《墨子》一书乃墨家著作之汇编，墨学当分三时期：（一）开创时期，《亲士篇》、《修身篇》及《经上篇》属之；（二）发展时期，《尚贤》、《尚同》等上中下各篇属之；（三）辩论时期，《大取》、《小取》及《经下》篇属之。今分上中下三篇，以考论墨学发达之迹象与其流变。至于末尾两卷所载《备城门》以下十一篇，讲究守城防御战术，当出于墨子弟子禽滑釐一派后学所作。

上篇　开创时期之墨学

导言

综观《墨子》全书，前后之思想文字殊不一致。《亲士》、《修身》二篇，与后《尚贤》、《尚同》等十篇不同，以思想观之，为后十篇之初步，主张先求基础巩固，再求装饰，不称“尚贤事能”，而言“献贤进士”；以文字观之，在后十篇之前，故文字简而深。毕沅以《亲士》、《修身》二篇无称“子墨子云”，疑翟所自著。孙星衍《墨子注·后叙》亦云“《亲士》、《修身》、《经上》、《经下》及《经说》凡六篇，皆翟自著”。而孙诒让驳之云：“毕说未塙。此书文多阙失，或称子墨子曰，或否，疑多非古本之旧，未可据以为墨子自著之书也。又此篇所论，大抵《尚贤》篇之余义，亦似不当第一篇。后人因其持论尚正、与儒言相近，遂举以冠首耳。以马总《意林》所引校之，则唐以前本已如是矣。”孙氏以书多阙失，非古本之旧，未可据以定。余意不然。墨书固多阙失，然此二篇，未见有若何之阙失，为何独阙关于“子墨子曰”之文？一篇缺落“子墨子曰”之文，或尚有可能，二篇皆缺，有若是之巧乎。至谓“《尚贤篇》之余义”“与儒言相近”，余又以为不然。《亲士》、《修身》二篇，其所论范围，不仅尚贤，其所论之焦点，在兼爱、自苦、实利、力行。汪中《墨子序》云：“《亲士篇》错入道家言二条，与前后不类，今出而附之篇末。又言吴起之裂，以楚悼王二十一年，亦非墨子之所知也。”案《亲士》篇原文，粗视之，似有不贯。今汪中《墨子》校本不传，其所谓道家言二条者，不知何指。《亲士篇》云：“吾闻之曰：非无安居也，我无安心也，非无足财也，我无足心也。”其言与老子“知足不辱，知止不殆，……罪莫于可欲，祸莫大于不知足，咎莫大于欲得，故知足之足常足矣”之言相类。汪中所谓道家言二条，此或即其一也。案此文前有“吾闻之曰”一语，则墨家此言盖闻自道家者也，乃引入者，非错入者也。《墨商》疑“是故江河不恶小谷之满已也，故能大；圣人者，事无辞也，物无违也，故能为天下器”，即汪中所指道家言。其言曰：“六句横贯篇中，与上下文不相蒙，亦不类墨家言，重提是故江河之水云云，于文例亦犯复，必有讹捝。汪中《墨子》校本谓《亲士篇》错入道家语，其书未见传本，意即指此条。”案此盖言为君者当广收贤士，所以欲广收贤士者，盖“良才难令可以致君见尊”也，与上下文意义一贯，并无不相蒙之处。至于文句重复，盖所以壮文气也。《墨子》书中重复之句，随处可见，岂独此段而已。原文“事无辞也，物无违也”二句，将墨家“力行”“实利”两大主义之精神，包罗完尽，何谓“不类墨家之言”，岂主“无为”之道家之言哉？

《亲士篇》“今有五锥此其铦，铦者必先挫，有五刀此其错，错者必先靡……故曰太盛难守也”一段，近人多疑之。王闿运注本将此段另行，以为与上文不贯，余亦以为不然。盖此言贤士之容易牺牲，上文既云“归国宝不如献贤而进士”，言献贤进士之重要，接此一段言贤士之易牺牲，益见贤士之当重视，上下文义未有不贯。至于吴起之裂，墨子及见与否，近人辩之甚烈。孙诒让以为墨子能见吴起之死，其言曰：“案《鲁问篇》墨子及见田齐大公和，和受命为诸侯，当楚悼王十六年，距起之死仅五年耳。《非乐上篇》说齐康公兴乐万康而薨，复在起死后二年，然则此书虽多后人增益，而吴起之死，非墨子所不及见，明矣。”而胡适则以为决不曾见吴起之死，以为《吕氏春秋·上德篇》称吴起死时，阳城君得罪逃，楚兵追至，墨者巨子孟胜率弟子一百八十三人以守，孟胜将死之前，使人以巨子传给宋国田襄子，可见当时墨家已设立巨子，并将巨子传授，且孟胜弟子劝其勿死曰：绝墨于世不可，足以证之。其实无论墨子能及见吴起之死与否，此二篇是否为墨翟自著，终不可定，然而思想较为初步，昭然可见。《经上篇》各条，犹今日所谓定义，将当时所用之学术名词以墨学解释者也，其思想文例与《经下》"倍谲不同"，当非出于一时，更非出于一手。《经上》各条简而甚要，约而易守，思想与《亲士》、《修身》二篇相近，与《尚贤》、《尚同》等篇不合，余意为最初墨家之经，亦即《庄子·天下篇》所谓"俱诵《墨经》"之《墨经》；《经下》乃"倍谲不同"时之产物，为别墨所作。胡适从孙诒让因文体思想与《尚贤》等篇不同，所论与《庄子》所举惠施、公孙龙所争问题相同，遂以《经》上、下及大、小《取》皆别墨所作。梁任公因《经上》文约旨微，定为墨翟自著。自当以梁氏之说为是。

自苦与兼爱理论上之根据及其方法

《亲士篇》：

> 吾闻之曰："非无安居也，我无安心也。非无足财也，我无足心也。"是故君子自难而易彼，众人自易而难彼。故为其难者，必得其所欲焉，未闻为其所欲，而免其所恶者也。

此段实墨学之初步思想，研究者多忽略之，近人甚至谓之伪作。"非无安居也，我无安心也。非无足财也，我无足心也"。毕注言："不宜苟安，如好利之不知足。"毕氏此释，铀乎孙诒让谓"与儒言相近"矣。"非无安居也，我无安心也。非无足财也，我无足心也"二语，文例对称，意义一贯，决非以后语喻前语也。"非无安居也，我无安心也"，此明明劝人"宜安心"，而毕氏解作"不宜苟安"，与原文适得其反。"非无足财也，我无足心也"，此明明劝人勿自私自利，"宜有足心"，而毕氏解作"如好利之不知足"，而默认"好利之不知足"为当然，此又与原文相反。若果如毕注，则反对自私自利之墨家，岂愿引之哉。

陈柱《墨学十论》解作"我非无安居，但为天下有不安之故，我心亦不安，故我亦无安居也。我非无足财，但为天下有不足之故，我心亦不足，故我亦无足财也。此荀子所谓墨子之言昭昭然为天下忧不足”。“非无安居也，我无安心也”，此明言所以“无安居”由于“无安心”。“非无足财也，我无足心也”，此明言所以“无足财”由于“无足心”。无安心、无足心，当然出之于内心，由于人心之自私自利。陈氏不解此意而强为之释云：“但为天下有不安之故，我心亦不安。但为天下有不足之故，我心亦不足”，以罪假之于“天下”，非原文本意也。且与下文“是故君子自难而易彼”不接。“但为天下有不安之故，我心亦不安”，因天下不安而引起吾心之不安，当有可能性。至于“但为天下有不足之故，我心亦不足”，不知天下财物不足，如何能牵及我心之不足。陈氏亦自知不能通，故引荀子“墨子之言昭昭然为天下忧不足”以为佐证。而不知上有“吾闻之曰”一语，盖此言非墨子之言，而闻自道家者也。“我无安心也”“我无足心也”之“我”，决非指自己而言，乃指一般者也。

夫人之烦恼乌乎起？曰起于不满意。夫天下之争乱乌乎起？曰起于各人之不满意。不满意奚自乎？曰自乎不知足，富者望更富，贵者望更贵。如帝王者，不可谓不富矣，不可谓不贵矣，然而仍欲攻人之国、略人之地者，何也？曰起于不满意，自乎不知足。故云“非无安居也，我无安心也，非无足财也，我无足心也”。安居足财，其实无绝对之标准，皆由主观而定，贫者自更贫者而观之，亦可谓富者矣，富者自更富者而观之，亦可谓贫者矣；人而无知足之心，追求终无已时，互相侵犯，亦终无已时，人心终无满意之日，天下之乱亦终无息灭之时。人而有知足之心，对己则无论如何困苦穷贫，亦可认为安居足财，对人则不予侵略，如是则人生之烦恼可去，天下之争乱可息，是故墨子主张知足，“自难而易彼”，自处于难而处人以易，对己则以“自苦”，对

人则以“兼爱”,牺牲个人幸福,为大众谋利益,亦即《庄子·天下篇》论墨子所谓“以绳墨自矫而备世之急”。《经上》云:

［经］ 任,损己而益所为也。

［经说］ 任,为身之所恶,以成人之所急。

以损己利众为人应有之任务,有知足心,而后可息天下之乱,可去人生烦恼,使得到最后之满意结果,故云:“是故为其所难者,必得其所欲焉。”若无知足心,乃生不满意,乃欲“自易而难彼”以求满意,于是侵略之事以生,天下之乱以起,侵略终无已时,而欲望仍然无穷,追求终无已时,于心亦终无满意之日。譬之求美物,墨子所谓“甘瓜有苦蒂,天下之物无全美”(见《埤雅》引)。若一美物,一经分析,则必有不美之处发现,虽欲满意,而满意终不可得,且反得不满意,故云“未闻为其所欲而免其所恶者也”。《经上》云:

［经］ 治,求得也。

［经说］ 治,吾事治矣,人有治,〔若〕南北。

经说本作“吾事治矣,人有治南北”。孙诒让校作“吾事治矣,人治有南北”,而解作“吾事治则自治其身,人治则当求之四方”。梁任公校作“吾治矣,人治在利害”,而解作“所求者何,人求利不求害,……故云人治在利害”。案孙说强解南北为四方,义不可通。梁氏改字太多,亦不可信。余意在“南”上增一“若”字较佳。

求而得之,斯为治矣。求得者何?曰所得而喜之利也。吾事治矣,则吾利得矣,若人各有所治,则人各自利,使人各自利,则侵略之事以起,相互侵略,势必各受其害,故云“若南北”。若南北者,言欲求其利而反得其害,犹至北而南求之也。

墨家主“自难而易彼”,其对于道德之解释亦以此为标准。《经上》云：

［经］　仁，爱也。

［经说］　仁，爱己者，非为用己也，不若爱马。

［经］　义，利也。

［经说］　义，志以天下为芬，而能能利之，不必用。

经文本作“仁，体爱也”，体字当衍。《经说下》“仁，仁爱也，义，利也”，足以证之。如是则与“义，利也”对称，与《经说》可通。若体字不衍，与墨学不合，盖墨家主兼爱而“体，分于兼也”，《经说》“不若爱马”下有“著若明”三字，盖涉上条而衍。

仁者兼爱他人也，不必以酬报为鹄。《艺文类聚》引《墨子》云：“翟以地为仁。太（泰）山之上，则行封禅而祭皇天山灵。培塿之侧，则生松柏，下生黍苗莞蒲，水生鼋鼍龟鱼，民衣食焉死焉，而地终不责德，故翟以为仁。”地兼爱万民，而不求酬报，此墨家之所谓仁也。爱己者，所以自适其生而已，别无他求，故云“非为用己也”。爱马所以欲用马也，因欲用之而爱之，是以爱为手段，不足为仁。使人皆以爱人为利己之工具，表面虽佳，而暗中之纷乱起矣，故爱人当若爱己，不当若爱马。

义者，兼利他人也，亦不必以酬报为鹄。务以能善利天下，为发扬道德之目标，不必因欲用之而利之也。爱人者，非为用人，利人者，不必用人，若爱在为用，利在必用，则天下之争乱起矣。故无论有用与否，皆当爱利之，“是以老而无妻者，有所恃养，以终其寿，幼弱孤童之无父母者，有所放依，以长其身”（《兼爱下》）。然则如何而自难？《贵义篇》云：“子墨子曰：必去喜、去怒、去乐、去悲、去爱、去恶，而用仁义，手足口鼻耳目皆从事于义，必为圣人。”夫欲之生，盖由于情也，人之所以无知足心者，盖有喜怒乐悲爱恶故也。有恶然后求爱，有爱然后求更爱；有悲然后求乐，有乐然后求更乐；使情而能无，则欲无以生，心皆知足矣。《经上》云：

> ［经］ 平，知无欲恶也
>
> ［经说］ 平，惔然。

惔，通淡，平者，心平也，亦即知足也。对于各种欲恶，皆处之惔然，故云“平，知无欲恶也”。《经上》又云：

> ［经］ 为，穷知而縣于欲也。
>
> ［经说］ 为，欲雗其指，智不知其害，是智之罪也。若智之慎文也，无遗于害也，而犹欲雗之，则离之。是犹食脯也，骚之利害未可知也，欲而骚，是不以所疑止所欲也。廧外之利害未可知也，趋之而得〔利〕(原作“力”，今校正)，则弗趋也，是以所疑止其所欲也。观为穷知而縣于欲之理，〔骚〕(本雗)脯而非恕也，雗指而非愚也，所为与，不所〔为〕〔与〕，相疑也，非谋也。

“縣”为“县”之籀文。县同悬，隔也。行为当尽其知力，隔其所欲。《经说》举三例以明之：

(一) 雗指本有害。若不知其害而为之，是智之罪也；若既周密考虑(若智之慎文也)，周知其害(无遗于其害也)，犹欲雗之，是欲之罪矣，与智无涉也(则离之)。孙诒让谓“雗”即“靳”之讹，靳指谓斫手指。

(二) 食脯本有利。若不知其利害而骚之，是不以所疑而止其所欲。骚谓加味料。

(三) 墙外本有利。因不知其利害而勿趋，是以所疑而止其所欲。

虽然，骚脯而得利。然未周知利，此何得谓之智。雗指而得害，盖因欲望使然，此何得谓之愚。至于食脯因骚而得利(所为)，墙外因弗趋而失利(不所为)，一则以欲望战胜疑惑，一则以疑惑战胜欲望，任心所欲，而能得利，不遂所欲，因而失利，似乎知之不可靠。墨家以为此相疑之过也，非谋虑之过也。

自难者何？简言之，牺牲个人一切，从事于大众利益也。然牺牲当有代价，宁愿一时忍耐受苦，不能作无谓之牺牲。句践遇吴王之丑，屈服于夫差之下，非不能殉国也，非不忠于国家也。所以愿受辱忍苦者，盖正有忠于国之复国大志在焉。死有重于泰山，有轻于鸿毛，有代价之死，则重于泰山，无代价之死，则轻于鸿毛。如忠臣殉国，若依墨家观之，则以为不然。当耐苦忍辱，留一有用之身，为祖国报复，此之谓真忠臣。故《鲁问篇》云："孟山誉王子闾曰：昔白公之祸，执王子闾，斧钺钩要，直兵当心。谓之曰：为王则生，不为王则死。王子闾曰：'何其侮我也？杀我亲，而喜我以楚国，我得天下而不义，不为也，又况于楚国乎？遂死而不为。王子闾岂不仁哉？'子墨子曰：'难则难矣，然而未仁也。若以王为无道，则何故不受而治也。若以白公为不义，何故不受王？诛白公，然而反王，故曰难则难矣，然而未仁矣。'"如牺牲而有代价，若依墨家观之，犹货物之出售而有代价，乃非常值得之事。《鲁问篇》云："鲁人有因子墨子而学其子者，其子战而死，其父让子墨子。子墨子曰：'子欲学子之子，今学成矣。战而死，而子愠，而犹欲粜，粜售则愠也，岂不费哉？'"即《耕柱篇》所谓"为义非避毁就誉，去之苟道，受枉何伤"。然则又如何而"易彼"？《修身篇》云："是故先王之治天下也，必察迩来远。君子察迩而迩修也，见不修身、见毁，而反之身者也，此以怨省而行修矣。"此言欲谋大众幸福，欲人皆为义，必须以身作则，从本身做起，必先独善其身，然后可以兼善天下。独善其身之法如何？《修身篇》云："谮慝之言，无入于耳；批扞之声，无出之口，杀伤人之孩，无存之心；虽有诋讦之民，无所依矣。"兼善天下之法如何？《修身篇》云："君子之道也，贫则见廉，富则见义，生则见爱，死则见哀，四行者不可虚假，反之身者也。"此墨家兼爱之最高理想。然则如何而推行之？《修身篇》云："是故置本不安者，无务丰末。近者不亲，无务求远。亲戚不附，无务外交。"盖主张由近及远之推扩方法也，必先"老吾老"，然后可以"以及人之老"；必先"幼吾幼"，然后可以"以及人之幼"。亲爱必先自"近者""亲戚"，然后可以兼天下之人而爱之，所谓"爱无差等，施由亲始"也。

实利与力行理论上之根据及其方法

《修身篇》："君子战虽有陈，而勇为本焉；丧虽有礼，而哀为本焉；士虽有学，而行为本焉；是故置本不安者，无务丰末。"谓丧虽有礼义，但根本目的在哀；求学学理固重要，但根本目的在实行。《耕柱篇》："子墨子曰：言足以复行者常之，不足以举行者勿常，不足以举行而常之，是荡口也。"《贵义篇》："子墨子曰：言足以迁行者常之，不足以迁行者勿常，不足以迁行而常之，是荡口也。"凡事之应作与否，当以能达目的与否为标准。墨子并非反对研究理论，但不能太偏理想，必须欲有实行之可能性。如彼之提倡兼爱，以兼爱确有实行之可能，"爱人者，人必从而爱之"，而爱己之心，人皆有之，欲爱己，于是便能兼爱他人。

墨子虽主节用，但不绝对主张"实利"，亦并非反对礼节，且甚提倡之，如忠孝仁义之提倡，原书中随处可见。惟凡事必须欲目的既达，然后可以饰装。如《说苑·反质篇》引《墨子》云："墨子曰：诚然，则何事夫奢？长无用，好末淫，非圣人之所急也。故食必常饱，然后求美；衣必常暖，然后求绣；行为宜长久先质，而后文。此圣人之务也。”此即司马谈论墨者所谓“要曰强本节用，则人给家足之道也”（《史记自序·论六家要旨》），亦即欧阳修所谓“其强本啬用之说，亦有足取者”（《汉书·艺文志》评注所引），亦即宋濂所谓“墨者强本节用之术也”（《宋学士全集》卷二七）。然则目的如何可达？曰在力行。《贵义篇》：“子墨子曰：商人之四方市贾徙，虽有关梁之难、盗贼之危，必为之。今士坐而言义，无关梁之难，盗贼之危，此为倍徙，不可胜计也，然而不为，则士之计利不若商人之察也。”此言欲求利，欲达目的，必须力行。力行之方针如何？《经上》云：

［经］ 不为所〔非〕也。

［经说］ 令，〔所〕非身弗行。

“非”本作“作”，依《经说》而校。“所非”本作“非所”，依《经》文而校。“令”有善义，此谓美德，当以“不为所非”、“所非身弗行”为美德。墨子主张一切言行必须依据法仪。《非命上》篇云：“必立仪，言而毋仪。……是非利害之辨，不可得而明知也。”法仪者，所以明知是非利害者也，是非利害既明，是者为之，非者弗为。《经上》又云：

［经］ 諿，作嗛也。

［经说］ 諿，为是为之；台彼也，弗为也。

《经说》首二句本作“为是为是之”，案第二“是”字涉上文而衍。“諿”同“狷”，《论语·子路篇》云：“狷者有所不为也。”“狷”又同“獧”，《孟子·尽心下篇》云：“孔子不得中道而与之，……獧者有所不为也。”此盖言做事小心，有所不敢为也。《经说》中“为是”与“台彼”相对，台当通怠，怠彼者，言无助于彼也；为是者，言有助于是也。有益于是者为之，无益于彼者弗为。

总上二条，言行为当加以选择。故其"勇"之定义如下：

［经］ 勇，志之所以敢也。

［经说］ 勇，以其敢于是也，命之；不以其敢于彼也，害之。志在于是，而敢于是，命之曰勇。志不在彼，不敢于彼，于勇无害。然则如何而可力行？曰在自信。《修身篇》云："志不强者，智不达；言不信者，行不果。"使言而不能自信，行则必不能有果；必须抱不屈不挠之精神，偶有失败，不稍灰心，而能再接再厉，终有达到目的之一日，所谓"有志者事竟成"也。《亲士篇》云："君子进不败其志，〔退〕内究其情，虽杂庸民，无所怨心。彼有自信者也。陈柱释云：信伸古今字。谓虽处平民之位，亦无怨心。何也？在社会努力终能自伸，不必为官也。"此言君子进而执政，不能随波逐流，败坏昔日救世之志；如不能行而失败，退则研究其中所以失败之原因，以图继续奋斗。虽杂庸民，无论如何艰难困苦，终无怨心，何也？盖有坚强之自信力在焉。以为环境无论如何恶劣，只须奋斗，终可打破，志愿终可以达。以为目前固然痛苦，将来之幸福无穷也；个人固然痛苦，大众之幸福无穷也；物质上固然痛苦，精神上之愉快无穷也。自以为"我言足用矣，舍言革思者，是犹舍获而攈粟也；以其言非吾言者，是犹以卵投石也。尽天下之卵，其石犹是也"（《贵义》）。"王公大人用我言，国必治。匹夫徒步之士用我言，行必修"（《鲁问》）。夫"一箪食，一瓢饮，人皆不堪其忧，回也不改其乐"（《论语》），盖回亦有自信者也。《贵义篇》云："子墨子谓二三子曰：为义而不能，必无排其道。譬若匠人之斫而不能，无排其绳。"此言墨子所以劝勉弟子之勿灰心也，谓主义之所以不能行者，非主义之不佳，乃实行者之方法不妙。必须益加努力，以求

贯彻。《贵义篇》云:“子墨子自鲁即齐,过故人,谓子墨子曰:‘今天下莫为义,子独自苦而为义,予不若已。’子墨子曰:‘今有子十人,一人耕而九人处,则耕者不可以不益急矣。’”此言环境愈恶劣,益当奋斗,天下为义者少,需义者多,故必须益加努力为义。

墨子以为力行,无论如何失败,至少较不行为佳。《墨子·耕柱篇》载:“巫马子谓子墨子曰:‘子兼爱天下,未云利也;我不爱天下,未云贼也。功皆未至,子何独自是而非我哉?’子墨子曰:‘今有燎者于此,一人奉水将灌之,一人掺火将益之,功皆未至,子何贵于二人?’巫马子曰:‘我是彼奉水者之意,而非夫掺火者之意。’子墨子曰:‘吾亦是吾意而非子之意也。’”虽行而未见若何效力发生,亦不能灰心,仍须努力。《墨子·耕柱篇》又载:“巫马子谓子墨子曰:‘子之为义也,人不见而服,鬼不见而富,而子为之有狂疾。’子墨子曰:‘今使子有二臣于此,其一人者,见子则从事,不见子则不从事;其一人,见子亦从事,不见子亦从事,子谁贵于此二人?’巫马子曰:‘我贵其见我亦从事,不见我亦从事。’子墨子曰:‘然则是子亦贵有狂疾也。’”墨子既主力行实利,故极力反对虚假。《修身篇》云:“贫则见廉,富则见义,生则见爱,死则见哀,四者不可虚假,反之身者也。”又云:“功成名遂,名誉不可虚假,反之身者也。”《经上》云:

[经] 行,为也。

[经说] 行,所为不善名,行也;所为善名,巧也,若为盗。

善名者,求善其名也(善乃动字)。见义勇为,无求善名,是真行也。《荀子·正名》云:“正义而为,谓之行。”为求善名,是以行为求名之工具,非真行也,乃取巧也,由巧而得名,犹盗而得物。

墨子既主知足,又主实利,粗视之,似有矛盾,然墨家之“知足”,

非若道家所主不求进取之知足也，墨家之知足，乃以自难而易彼为进取之标准，知足之目的在利人。利人者，人必从而利之。最后之目的，亦在众利，毫无抵触也。

结论

墨家之主张兼爱、自苦、实利、力行四大主义，已如上述。《孟子》云："墨子兼爱，摩顶放踵，利天下为之。"将四大主义之精神，包含完尽，诚知言也。四大主义中，尤以兼爱与自苦为要。故其惟一之标语，《经上》云：

> ［经］　必，欲正权利，且恶正权害。
>
> ［经说］〔必〕非彼不有，必也。〔正〕者用而勿必，必也者可勿疑，〔权〕者两而勿偏。

此条及此条之前一条，经文本作"合正宜必"。"欲正权利，且恶正权害"，此条经说本作"非彼必不有，必也。圣者用而勿必，必者可勿疑，仗者两而勿偏"。今案，"必"不合"合"义，当连下条为是，或抄者因见下条"非彼不有，必也"之"必"也，与"正也""宜也"文例相同，遂以之属上。"非彼必不有，必也"中第一"必"字，当为标题错乱于此，案本书经说文例解释一字者，绝无有原字在其中者。"圣"从孙诒让校"正"，"仗"从梁启超校"权"。利固为人所欲，然不可求欲过分。求欲过分，势必趋自私自利之途，于是相互侵略，天下乱矣。故吾人对于利，必欲正权之使之，勿自私自利，得以利与他人分配平均也。害固为人所恶，若必欲正权之，相互以害分人，则天下之争乱又必起矣。故吾人之于害，当恶正权，自苦自难，不以害分配他人也。"必欲"之"必"，非前"必不已也"之"必"，故特申言"非彼不有，必也"。所以利者,得用也,然而勿可必欲得之。若必欲得之,必互相侵犯,酿成大乱,故对于“用”不可不加相当考虑也。“用而勿必”之“必”与“必欲”之“必”又不同,故特以“必者可勿疑”释之,“勿必”言勿可勿疑,当加以考虑也。权者,言两方平衡,绝不偏重何方也。

中篇 发展时期之墨学

总论

毕沅《墨子注叙》云:“今惟《亲士》、《修身》及《经上》、《经下》,疑翟自著。余篇称子墨子,《耕柱篇》并称子禽子,则是门人小子记录所闻。”《四库全书总目提要》亦云:“书中多称子墨子,则门人之言,非所自著。”是皆言自《所染篇》至《非命篇》为墨子门人所记。惟近人胡适疑《非乐篇》为伪作,以为墨子不能及见田和与齐康公。孙诒让则疑康公为景公之误,其言曰:“齐康公与田和同时,墨子容及见其事。但康公衰弱,属于田氏,卒为所迁废,恐未必能兴乐如此之盛,窃疑其为景公之误,惜无可校验也。”案原文云:“昔者齐康公兴乐,万人不可衣短褐,不可食糠糟。”此云“昔者”,则此事离此文作时年代当甚远,此事即或能为墨子所见,此言亦决非出自墨子之口,当为门人小子作者所言。下文多接“是故子墨子曰”等语,足见其中所载史迹,未必全为墨子所亲见,仅引以证明墨子之学说耳。墨子之是否及见康公,与原文之真伪无涉,姑置勿论,《非乐篇》之非伪,余敢断言。夫墨学为人所轻视也已久,谁复愿为之伪作哉?

至于自《尚贤篇》以下,如何每篇均分上中下三篇,论者纷纷不一。俞樾《墨子间诂序》云:“今观《尚贤》、《尚同》、《兼爱》、《非攻》、《节用》、《节葬》、《天志》、《明鬼》、《非乐》、《非命》,皆分上中下三篇,字句小异,而大旨无殊。意者此乃相里、相夫、邓陵三家相传之本不同,后人合以成书,故一篇而三乎?”俞樾之说,盖根据《韩非子·显学》“自墨子之死也,有相里氏之墨、有相夫氏之墨、有邓陵氏之墨”也。然《庄子·天下篇》云:“相里勤之弟子、五侯之徒,南方之墨者苦获、已齿、邓陵子之属,俱诵墨经,而倍谲不同,相谓别墨。”案上中下三篇意义大同小异,文句又多相类,绝不“倍谲不同”,亦不“相谓别墨”,俞樾之说,其非也明甚。梁启超《墨子学案》云:“每题各有三篇,文义大同小异。盖墨家分为三派,各记所闻。”案各篇皆甚有系统之论文,岂“各记所闻”之杂记可比,文义既大同小异,焉有派别可言?陈柱《墨学十论》云:“余意墨子随地演说,弟子各有记录,言有时而详略,记有时而繁简,是以各有三篇。当时之演说,或不止三次,所记亦不止三篇。然古人以三为成数。”案各篇中皆有“是故子墨子曰”一句,其非墨子之演说辞,可断言也。钱穆《国学小丛书·墨子》云:“《韩非·外储说左上》楚王谓田鸠曰:‘墨子显学也,其言多而不辨,何也?’曰:‘恐人怀其文,忘其用,直以文害用也。’……墨家本意尚用不文,但恐不易得人信仰,故重复发挥,这即《尚贤》以下三篇的所以然。”案楚王、田鸠之所言,乃指墨子本人之言论。而此二十三篇为门人小子所作,其中多有与执无鬼者(《明鬼下》)、执厚葬久丧者(《节葬下》)、执有命者(《非命上》),相辩之辞,言虽多,又何尝不辨?钱穆之说亦不确。然则果如何有三篇乎?余意为三墨者,以墨学为根据,将墨子之言加以发挥而成之论文，故结句皆有“是故子墨子曰”等语。综观各上篇、各中篇、各下篇，其文笔语气相同，思想亦各一贯，三篇其必各出于一人之手无疑。《尚贤》、《尚同》上篇最短，中篇最长，下篇次之；其后皆上篇最短，下篇最长，中篇次之。上篇之文简而且要，多以理论立说；下篇之文言多而好辩，极推重迷信；中篇之文适得其中。《明鬼下篇》有与《执无鬼者》相辩之言，《节葬下篇》有与“执厚葬久丧者”相辩之言；惟《非命上篇》在三篇之中，文最长，且有与“执有命者”相辩之言，文笔语气与各下篇相同，故余疑此为排列之误。今之《非命中篇》当为上篇，《非命下篇》当为中篇，《非命上篇》当为下篇。果如是，然后可与各上中下篇之文笔思想相合。

各上中下篇既有若是之特征，而各出于一人之手，然则三篇出于同时乎？曰非也。当开创时期之《亲士》、《修身》、《经上》各篇，全以理论作根据，惟以理论深奥，难以语常，于是墨者不得不改至通畅，以适应环境而成今之所谓上篇。及后仍无成效，于是又不得不借重于当时社会流行之宗教思想，以图发展其学说，乃次第成中下二篇。然则如何文愈后愈增长乎？曰以当时人对于墨学之不能了解，故文亦渐加长，反复重述，以期明了。然则又如何下篇特多与人相辩之辞？曰以其后世人之反对墨学益多，故下篇与人相辩之言特多。凡此等等，均为推测。

墨学理论之体系

《墨子·尚贤上》云：“子墨子言曰：古者王公大人为政于国家者，皆欲国家之富、人民之众、刑政之治，然而不得富而得贫、不得众而得寡、不得治而得乱，则是本失其所欲，得其所恶，是其故何也？”墨子因古者王公大人所欲及时代之需要，而立国家之富、人民之众、刑政之治，为治国平天下之“三务”。其言曰：“天下贫则从事而富之，人民寡则从事而众之，众而乱则从事乎治之。若三务者，此仁者为天下度也。”（《节葬下》）

欲求国家之富、人民之众、刑政之治，必须具有三条件。《七患》篇云：“食者国之宝也，兵者国之爪也，城者所以自守也。此三者，国之具也。”盖食者所以养活人民者也，兵者所以保护主权者也，城者所以防卫土地者也，与今政治学中有关国家学说应具之三条件：人民、主权、土地相同。如三者不具，则不足以图存，故平时须有相当之准备。其言曰：“故仓无备粟，不可以待凶饥；库无备兵，虽有义不能征无义；城郭不备全，不可以自守。……故备者，国之重也。”（《七患》）三具之中，以食为最。《七患》篇云：“君无养，民无食，则不可以事。故食不可不务也，地不可不力也，用不可不节也。”盖民生问题不能解决，则人民必纷纷求食，而国家乱矣。孙中山先生分民生为衣食住行四者，墨子则仅分食衣行三者。其言曰：“民有三患：饥者不得食，寒者不得衣，劳者不得息。三者民之巨患也。”（《非乐》）夫民之好乱，岂真好乱哉？是亦不得已也。《老子》所谓“民之轻死，以其求生之厚”，如能将“民之巨患”解决，则天下岂乱哉。《天志中篇》云：“诸侯之冤不兴矣，兵甲不作矣，内有以食饥息劳，持养万民，则君臣上下惠忠、父子兄弟慈孝。……则刑政治，万民和，国家富，财用足。百姓皆暖衣食饱，便宁无忧。”然则解决“民之巨患”之法何如？《尚贤下篇》云：“有力者，疾以助人；有财者，勉以分人；有道者，劝以教人。若此则饥者得食，寒者得衣，劳者得息，乱者得治。”此言解决民生之法，是在兼爱。然兼爱，必须实力充分。如果自顾不周，如何能兼爱他人。必须有余力，然后可以助人；必须有余财，然后可以分人。如果实力充分，则兼爱可以实行，他人虽欲侵略之，亦不敢矣。《节葬下》云："是故大国之所以不攻小国者，积委多，城郭修，上下调和，是故大国不耆攻之。"然则如何而可使实力充分？墨子以为有二法：一为生财密，二为用之节。积极方面，使生产力增加；消极方面，使消费减少。《七患篇》云："为者寡，食者众，则岁无丰。故曰：财不足，则反之时；食不足，则反之用。故民以时生财，固本而用财，则财足。"生财密可使财足，用之节可使食足，如是则民生问题可迎刃而解。然则"生财密，用之节"之方法何如？《非乐上篇》云："利人乎即为，不利人乎即止。"《贵义篇》云："凡言凡动，利于天鬼百姓者为之；凡言凡动，害于百姓者舍之。"《节用中》篇言之最详尽，其言曰："古者圣王制为节用之法曰：凡天下群百工，……使各从事其所能，曰凡足奉给民用则止，诸加费不加于民利者，圣王弗为。"

总之墨学之原则，以为社会之生产，以养民为目的。社会国家对于每个人有保证生活之义务，每个人对于社会亦有谋共存共荣之义务，故必须"各从事其所能"。社会生产之目的，既在养民，故其生产是为消费而生产，为满足社会需要而生产，利于人民者为之，不利人民者弗为；其目的既在满足人民需要，故"凡足以奉给民用则止"。若不加限止，生活必需品之供给，难免有不足之虞，生产与消费方面，皆将受莫大之影响矣。

（一）"生财密"之方法——"使各从事其所能"（《节用中》），各因其力所能至而从事焉。

1. 关于"国家之富"、"刑政之治"

人类既有消费，必当有生产。各人以天赋才能之不同，所处环境之不同，所得知识之不同，故其特长亦各异。夫人为群性动物，不能离群而生存，是故皆当发展其特长，分工合作，以增加生产，庶几足够消费，共同维持生活。《非乐上篇》云：“今之禽兽麋鹿蜚鸟贞虫，因其羽毛以为衣裘，因其归蚤以为绔屦，因其水草以为饮食，故唯使雄不耕稼树艺，雌亦不纺绩织纴，衣食之财，固已具矣。今人与此异者，赖其力则生，不赖其力则不生。君子不强听治则刑政乱，贱人不强从事则财用不足。……王公大人蚤朝晏退，听狱治政，此其分事也；士君子竭股肱之力，亶其思虑之智，内治官府，外收敛关市、山林、泽梁之利，以实仓廪、府库，此其分事也；农夫蚤出莫入，耕稼树艺，多聚菽、粟，此其分事也；妇人夙兴夜寐，纺绩织纴，多治麻、丝、葛、绪、捆、布、缪，此其分事也。”万事皆能分工合作，天下之事，无有不成哉。《耕柱篇》云：“能谈辩者谈辩，能说书者说书，能从事者从事，然后义事成也。譬若墙然，能筑者筑，能实壤者实壤，能欣者欣，然后墙成也。”

2. 关于“人民之众”

(1) 尚早婚

《节用上篇》云：“昔者圣王为法曰：丈夫年二十，无敢不处家；女子年十五，无敢不事人。此圣王之法也。圣王既没，于民次(读为恣)也，其欲蚤处家者，有所二十年处家；其欲晚处家者，有所四十年处家。以其蚤与其晚相践，后圣王之法十年。若纯三年而字子，生可二三年矣。此不惟使民蚤处家，而可倍与。”

墨子以为男子至年二十、女子至年十五，已有生产子女之能，理当“各从其所能”，否则既受社会人类之培养，今已有生产之能，而不能负传种之责，此“诸加费而不加利于民”之事，故主实用之墨子以为

“弗为”。

（2）节蓄私

《辞过篇》云：“阴阳之和，莫不有也。……虽上世至圣，必蓄私，不以伤行，故民无怨。宫无拘女，故天下无寡夫；内无拘女，外无寡夫，故天下之民众。当今之君，其私蓄也，大国拘女累千，小国累百，是以天下之男多寡无妻，女多拘无夫，男女失时，故民少。……当蓄私不可不节。”

墨子并不反对蓄私纳妾，以“不以伤行”为限，若纳妾过多，因此“女多拘无夫”，不能使“各从事其所能”。当时之君，耗费若干金钱以蓄私，而结果“女多拘无夫”，而天下之男子亦“多寡无妻”，因此天下人口之繁殖力减少。此又“诸加费不加利于民”之事，故墨子亦以为“弗为”。

总之，墨子使“人民之众”之法，积极方面，在使男女生育增加。故彼所以反对久丧者，除因恐病死而外，最大原因，在“君死丧之三年，父母死丧之三年，妻与后子死者，二皆丧之三年……。此其为败男女之交多矣，以此求众，譬犹使人负剑而求其寿也”（《节葬下》）。彼之所以反对战争者，除因恐战死、病死而外，且“攻伐邻国，久者终年，速者数月，男女久不相见，此所以寡人之道也”（《节用上》）。

墨子之尚贤，亦以此为出发点。其最大目的，亦在“使各从事其能”，“可使治国者使治国，可使长官者使长官，可使治邑者治邑，凡所使治国家、官府、邑里，此皆国之贤者也”（《尚贤中》）。夫如是，则可“各因其力所能至而从事焉”，以期达到“国家之富、刑政之治”，“贤者之治国也，蚤朝晏退，听狱治政，是以国家治而刑法正；贤者之长官也,夜寝夙兴,收敛关市、山林、泽梁之利,以实官府,是以官实而财不散;贤者之治邑也,蚤出莫入,耕稼树艺,聚菽粟,是以菽粟多而民足食。故国家治而刑法正,官府实而万民富”(《尚贤中》)。

墨子之尚同,系根据尚贤为出发点。尚贤既行,则“天子者,固天下之仁人也”(《尚同中》),天下万民之贤能,无有出其右者,其思想品格高于万民,故“天下万民上同乎天子,而不敢下比,天子之所是,必亦是之;天子之所非,必亦非之。……夫天下何说而不治哉”(《尚同中》)。总之,尚同者因“天下之人异义”,人众而乱,故主张选天下之最贤者,立为天子,使“一同天下之义”,以达于“刑政之治”。

(二)“用之节”之方法

第一法,“凡足以奉给民用则止”(《节用中》),“无不加用而为者”(《节用上》)。

1. 关于“国家之富”、“刑政之治”

(1) 衣服 《节用上》:“冬以圉寒,夏以圉暑。”《节用中》:“冬服绀緅之衣,轻且暖。夏服絺綌之衣,轻且清。则止。”《辞过》:“冬则练帛之中,足以为轻且暖;夏则絺綌之中,足以为轻且清。谨此则止。”

(2) 饮食 《节用中》:“足以充虚继气,强股肱耳目聪明。则止。”《辞过》:“足以增气充虚,强体适腹而已矣。”

(3) 宫室 《节用上》:“冬以圉风寒,夏以圉暑雨。”《节用中》:“旁可以圉风寒,上可以圉霜雨露,其中蠲洁可以祭祀,宫墙足以为男女之别。则止。”《辞过》:“高足以避润湿,边足以圉风寒,上足以待雪霜雨露,宫墙之高足以别男女之礼。谨此则止。”

(4) 舟车 《节用上》:“车以行陵陆,舟以行川谷,以通四方之利。"《节用中》:"车为服重致远……。古者圣王为大川广谷之不可济,于是制为舟楫,足以将之,则止。"

(5)兵甲 《节用上》:"以圉寇乱盗贼。"《节用中》:"古者圣王为猛禽狡兽暴人害民,于是教民以兵。"

墨子之所以主张节葬,即以此为出发点。其言曰:"衣食人之生利,然且犹尚有节。葬埋者,人之死利也,夫何独无节于此乎?"(《节葬下》)墨子以为葬埋之消费,最无益于人生,故彼制葬埋之法云:"棺三寸,足以朽骨,衣三领,足以朽肉,掘地之深,下无菹漏,气无发泄于上,垄足期其所则止矣。"(《节葬下》)

第二法,"诸加费不加利于民,弗为"(《节用上》),"凡费财劳力不加利者,不为也"(《辞过》)。

1. 关于"国家之富"、"刑政之治"

墨子以为费去一分财力,必须欲有一分代价。若费财劳力虽多,而不能得相当之代价者,皆非之。"且夫仁者之为天下度也,非为目之所美、耳之所乐、口之所甘、礼之所安。以此亏夺民衣食之财,仁者弗为也"。墨子之所以主非乐(反对娱乐),即据此点,以为娱乐乃"诸加费不加利于民"之事,既无补于除天下之害,更无补于兴天下之利,故极力非之。《非乐上篇》云:"是故子墨子曰:姑尝厚敛乎万民,以为大钟鸣瑟琴竽之声,以求兴天下之利,除天下之害,无补也。"墨子之所以主非攻者,亦据此点。以攻伐乃"诸加费不加利于民"之事,计其所得,不偿所失。《非攻中篇》云:"计其所自胜,无所可用也;计其所得,反不如丧者之多。"否则势必"厚敛于百姓,暴夺民衣食之财",于是"财不足待凶饥振孤寡,故国贫而民难治也"。"富贵者奢侈,孤寡者冻馁,虽欲无乱,不可得也"(《辞过》)。如果在上者奢侈,在下者势必法而象之，于是“其民淫僻而难治，其君奢侈而难谏也，夫以奢侈之君，御淫僻之民，欲国无乱，不可得也”(《辞过》)。

2. 关于“人民之众”

《节用上》云：“且大人惟毋兴师，以攻伐邻国，久者终年，速者数月，男女久不相见，此所以寡人之道也与。居处不安，饮食不时，作疾病死者，有与侵就偄橐攻城野战死者，不可胜数。”此墨子所以非攻伐之一因也。孙诒让谓“偄”当为“伏”之讹，即《韩非子·强国》所谓“堙穴、伏橐”，此为地道战中将烟压送到敌人地道中以窒息敌人的方法，此为战国时代最厉害的战术。《节葬下》云：“君死丧之三年，父母死丧之三年，……使面目陷陬，颜色黧黑，耳目不聪明，手足不劲强，不可用也。又曰：上士操丧也，必扶而能起，杖而能行，以此共三年，若法若言行若道，苟其饥约，又若此矣。是故百姓冬不仞寒，夏不仞暑，作疾病死者，不可胜计也。此其败男女之交多矣，以此求众，譬犹使人负剑而求其寿也。”此墨子所以非久丧之原因也。

总上所述，归纳足为国家之大患者凡七。《七患篇》云：“国有七患。七患者何？城郭沟池不可守，而治宫室，一患也。敌国至境，四邻莫救，二患也(“敌”原误作“边”，今校正)。先尽民力无用之功，赏赐无能之人，民力尽于无用，财宝虚于待客，三患也。仕者持禄，游者爱佼，君修法讨臣，臣慑而不敢拂，四患也。君自以为圣智而不问事，自以为安强而无守备，四邻谋之不知戒，五患也。所信者不忠，所忠者不信，六患也。畜种菽粟不足以食之，大臣不足以事之，赏赐不能喜，诛罚不能威，七患也。以七患居国，必无社稷；以七患守城，敌至国倾。七患之所当，国必有殃。”

今总结本节，立一墨学之系统表于下：

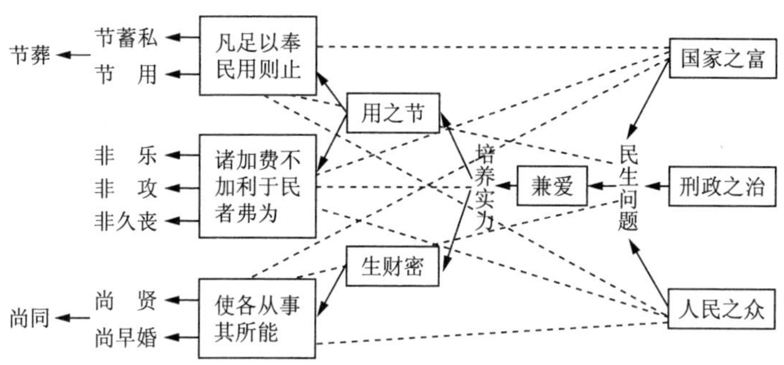

墨学借助于社会流行之宗教思想

墨学借助于社会流行之宗教思想，以便利其实行。

墨子证明其主张之正确可行，有三法：

（一）本之者　《非命上》："上本古圣王之事。"

（二）原之者　《非命上》："下原察百姓耳目之实。"

（三）用之者　《非命上》："发以为刑政，观其中国家百姓人民之利。"

墨子主实用，故其做事主经验。其一法，即本于往昔一般人之经验；其二法，即原于现今一般人之经验；其三法，即实验。

墨学之中心，是在兼爱，前节已论之备矣。夫好逸恶劳，人之情也；而墨家主张兼爱，以自苦为极，于是托之于天意，其证如下：

> 奚以知天兼而爱之，兼而利之也？以其兼而有之，兼而食之也。今天下无大小国，皆天之邑也；人无幼长贵贱，皆天之臣也；此以莫不刍牛羊，豢犬猪，洁为酒醴粢盛，以敬事天。此不为兼而有之，兼而食之邪？（《法仪篇》）

楚之王食于楚四境之内，故爱楚之人；越王食于越，故爱越之人；今天兼天下而食焉，我以此知其兼爱天下之人也。(《天志下篇》)

此二段论证，系根据其(二)法，以众人之行为，为惟一之正则。此二段以众人之祭天，而断定天下之国与民皆天之邑与臣；以楚越等王之兼爱楚越之人，而断定天下之主宰兼爱天下之人。而《非命篇》则以众人未尝见命之物，闻命之声，遂断定命为确无。然则众人多尝闻天之声，见鬼之物乎？当夫祭祀之际，真能见天鬼食乎？墨子以兼爱主张出于天意："顺天意者，兼相爱，交相利，必得赏；反天意者，别相恶，交相贼，必得罚"(《天志上》)。"我为天之所欲，天亦为我所欲"(《天志上》)。"然有不为天之所欲，而为天所不欲，则夫天亦且不为人之所欲，而为人之所不欲矣"(《天志中》)。然则如何得知天有赏罚之能？墨子以古代圣王和暴王之不同结局作为明证：

昔之圣王禹汤文武，兼爱天下之百姓，率以尊天事鬼。其利人多，故天福之，使立为天子。天下诸侯，皆宾事之。暴王桀纣幽厉，兼恶天下之百姓，率以诟天侮鬼。其贼人多，故天祸之，使遂失其国家，身死为戮于天下，后世子孙，毁之至今不息。(《法仪篇》)

古者圣王明知天鬼之所福，而辟天鬼之所憎，以求兴天下之利，而除天下之害。是以天为之寒热也，节四时，调阴阳，雨露也时。五谷熟，六畜遂，疾菑戾疫凶饥则不至。《天志中篇》

此二段论证，皆根据其(一)法。

下篇　辩论时期之墨学

绪论

墨家与儒家同为战国时代之显学，《韩非子》有《显学》篇，站在法家立场，批评儒、墨两家。彼评论墨家云："世之显学，儒、墨也。……自墨子之死也，有相里氏之墨，有相夫氏之墨，有邓陵氏之墨，……墨离为三，取舍相反不同。"《庄子·天下篇》又云："相里勤之弟子、五侯之徒、南方之墨者——苦获、已齿、邓陵子之属，俱诵墨经，而倍谲不同，相谓'别墨'，以坚白同异之辩相訾，以觭偶不仵之辞相应。以巨子为圣人，皆愿为之尸，冀得为其后世，至今不决。"

据此可知墨子死后，墨家分为三派：一为相里氏即相里勤，一为邓陵氏，即邓陵子，更有相夫氏、五侯、苦获、已齿等人，彼此"俱诵《墨经》而倍（背）谲不同"。可知此三派墨家均以《墨经》一书作为其经典而展开争辩，由此争夺"巨子"的统治权。争论之主要内容，即所谓"坚白异同之辩"。《墨子》书中之《大取》、《小取》以及《经下》，当为墨家后期有关辩论之著作。

《庄子·骈拇篇》亦云："骈于辩者，累瓦结绳，窜句游心于坚白异同之间，而敝跬誉无用之言，非乎。而杨墨是已。"当时辩论之对方，除名家以外，更有在本家之内。辩论之目的，已不在兼爱自苦，而在坚白异同。当时墨离为三，相互辩论，竟相谓"别墨"，足见当时辩论之激烈。“别墨”者，错误之墨也，有别于真正之墨，犹今人称错误之字为别字，此为当时任何一派指摘他派之词，并未能确定何派为“真墨”，何派为“别墨”，惟皆自谓“真墨”而谓人“别墨”。《韩非子》所谓“孔墨不复生，将谁使定世之学乎”，是矣。在当时“别墨”并非某派专用之名，明甚。近人胡适以之为墨家新派之名，于其《中国哲学史大纲》更特立“别墨”一章，不可信从。

墨家衰微之主因在于内哄。内哄发生之主因，在于争“巨子”。墨家之巨子制度，盖欲团结一致，以推行其政治主张。《吕氏春秋·上德篇》云：“孟胜为墨者巨子，善荆之阳城君。阳城君令守于国，毁璜以为符，约曰：符合听之。荆王薨，群臣攻吴起兵于丧所，阳城君与焉。荆罪之，阳城君走，荆收其国。孟胜曰：‘受人之国，与之有符，而力不能禁，不能死，不可。’其弟子徐弱谏孟胜曰：‘死而有益，阳城君死之可矣。无益也，而绝墨者于世不可。’孟胜曰：‘不然。吾于阳城君也，非师则友也，非友则臣也，……死之所以行墨者之义，而继其业者也，我将属巨子于宋之田襄子。襄子贤者也。何患墨者之绝世也。’……因使二人传巨子于田襄子。孟胜死，弟子死之者八十三人，二人以致令于田襄子，欲反死孟胜于荆，襄子止之曰：‘孟子已传巨子于我矣。’不听，遂反死之。”

墨者之须听命巨子，盖墨家尚同使然，所谓“上之所是，必皆是之。上之所非，必皆非之”也。墨家主义不能普及天下，乃先以身作则，以合于“言行若合符节”、“知行相处”之主张。巨子之传授，乃前任指定后任，以贤者任之，盖尚贤主义使然。所谓“有能则举之，高予之爵，重予之禄，任之以事，断予以令”也。孟胜以与阳城君善，而欲死事之，此非为众利，而全为感情用事，实非墨家之义。其弟子亦不顾众利而死事之，其遗派之二人亦不听襄子而反死之，足见当时墨者已不知墨义为何物，而为一义侠之团体而已。当时墨者仅忠于其师，而不能听命其他领袖；墨家之中门户之见已成，墨者仅为其领袖之工具而已。

辩论之根据

《庄子·天下篇》称墨者“俱诵墨经，而倍谲不同”，足见当时墨者虽取舍相反不同，但其根据则全在《墨经》。《墨经》为何？曰：今《经上》是也。古籍之尊为经者，如《易经》、《诗经》、《算经》、《孝经》，莫不以义命名。此云《墨经》，当亦为墨义所在。墨家尚同尊上，《墨经》为墨者所俱诵，此必为墨家最精深之书。《经上》所论包罗甚博，义亦良精，且皆墨学深奥处。此即为《庄子》所谓《墨经》，余敢断言。《经上》言论，于是非皆有肯定之断语，绝无巧辩之处，决非“相谓别墨”时之辩辞。鲁胜牵之于《墨辩》之中，殆未深考。孙诒让亦以之为“名家言”，殆亦盲从鲁胜所致。近人胡适亦以之为“别墨”所作，殆更盲从孙诒让之故耳。《经下》云：

> ［经］ 偏去，莫加少，说在故（梁启超释“加少，增减也”。非是。加少犹今谓减少也。《孟子·尽心》“邻国之民不加少，寡人之民不加多”可证。加少并非对待之字）。
>
> ［经说］ 偏 俱一，无变（“俱一”言“同也”。下文有“俱一若牛马四足”可证。伍非百释“俱一”为“俱特”，释“俱一无变”为“二一无变”，强之以驳公孙龙子“二一有变”之说，非是）。

此言若一部损去，并无减少也，与以前仍相同无变。其根据即在《经上》：

［经］ 损 偏去也。

［经说］ 损 偏也者，兼之体也。其体或去或存，谓其存者损。

偏者，全部中一部也。“偏去”者，谓一部离一部而去，就其存者言，则损矣；就全部言，则无所谓损失也。《经下》云：

［经］ 狗犬也，而杀狗非杀犬也，可说在重。

［经说］ 狗狗，犬也。谓之杀犬可，若两膭。

《尔雅·释畜》“犬未成豪狗”。狗为犬之未生长毛者，故杀狗可谓非杀犬。膭当通螝。《庄子》“螝二首”，《韩非子》“虫有螝者，一身两口，争食相龁，遂相杀也”。若谓杀狗即杀犬，此乃自相矛盾之论，犹螝自相龁杀，其根据亦在《经上》。《经上》云：

［经］ 同 重体合类。

［经说］ 同 二名一实，重同也。

狗为犬之一种，非“二名一实”，非“重同”，故杀狗非杀犬。《经下》云：

［经］ 俱物一体也，说在俱一惟是（俱本欧。梁启超校区、钱穆校数，皆无依据。今依《经说》校俱，较当）。

［经说］ 俱 俱，一若牛马四足；惟是，当牛马。数牛、数马，则牛马二；数牛马，则牛马一。若数指，指五而五一。

此言万物俱一体。俱一，同也。若牛马之为四足兽，惟是，独此为是，与他物不同也。若牛马，牛惟是牛，马惟是马，显为二物；若合而计之，则同为四足兽。若数指，五指显为五物，皆不同；合而观之，则五指皆为指，皆同一。以此推之，万物皆可谓同一，盖“惟是”可“俱一”者也。其根据亦在《经上》：

［经］ 同 重体合类。

［经说］ 同 （上略）有以同，类同也。

有相同之点，即可称同。无论何物，细察之，必有相同之点，故万物莫不类同一体。

就上所论，足见当时辩论，全据《墨经》。《庄子·骈拇篇》称彼辈“窜句游心于坚白同异之间”，殆即此也。

坚白论

“坚白异同”为当时辩论之中心。当时墨家认为世界万物是由不同性质之物质粒子经过五种不同之组织结合方式而形成。此中以相“盈”而结合之方式最为重要。并且举出以“石”的物质组织为例，认为“石”是由“坚”的属性的物质粒子与由“白”的属性的物质粒子相“盈”而组成。据《墨子·经上》所示：

(1) 有间 中也。间 不及，旁也。纑 间虚也。

(2) 盈 莫不有也。坚白不相外也。

(3) 撄 相得也。

(4) 仳 有以相撄，有不相撄也。

(5) 次 无间而不相撄也。

此章盖论物质粒子五种不同之组织排列方式，今略释于后：

(1) 有空隙之排列 其空隙称“纑”，夹于中间者称“有间”，夹者称为“间”。

(2) 相混合之排列 两物全相混合，在此两物范围中，无论何处，莫不有其分子者，称为“盈”。

(3) 相接叠之排列 两物中有全部接叠或一部接叠者，称为“撄”。

(4) 不规律之排列 排列中有相接触者，有不接触者，称为“仳”。

(5) 有次序之排列　排列中既无空隙,又不接叠者,称为"次"。

"坚白不相外也",所以释"盈"者也。如一石,其中"坚"与"白"的物质粒子莫不相混,皆不相外,此即名"盈"。"盈"之义难明,故特举坚白以释。《经下》云:

［经］　一偏弃之,谓而固是也,说在因(因同盈。《经下》盈皆作因。下文"无久与宇坚白说在因"可证)。

［经说］　一　一与一亡,不与一在,偏去。

何谓"盈"?盈者两质相混,在此范围内"无所往而不得"者,若在此范围中有一部离去,然仍不失其本质也。何以故?盖各本质皆相盈者也,如石,碎之为二,此二者,坚白仍皆莫不有也。《经下》又云:

［经］　不可偏去而二,说在坚白、见与不见,一与二,广与修(修本作循,形似而讹)。

［经说］　不　见不见离,一二相盈,广修坚白(标题"不"本在"相"前,盖错入者。墨书中此例甚多。如"所令非身弗行"之"令"亦错)。

此言坚白不可离也,若离即不得谓之石,犹二若分离为一,即不得谓之二。又犹广与修分离,不得谓之体。虽然,视石现白不见坚,拊石现坚不现白,此仅现与不现离耳,石中之坚与白仍相盈,而未有离也。《经下》云:

［经］　无久与宇,坚白。说在因。

［经说］　无坚得白,必相盈也。

此言坚白无时间性与空间性。坚与白无论何点,皆相盈为石,故坚与白在空间中绝无地位可言。在石中,坚得白,必相盈,并无时间性可言。如抚石得坚而不得白，不能谓白离坚而别也；又如视石得白而不得坚，不能谓坚离白而别也。决无此时石中含坚不含白，而他时石中含白不含坚之理。与《公孙龙子》“视不得其所坚，而得其所白者，无坚也；拊不得其白，而得其所坚，得其坚也，无白也”，绝然不同。

异同论

《墨辩注序》曰“同异生是非”。同异为是非所系，同异既明，是非辨别自易，故同异论在辩论上占至要之地位也。《经下》云：

[经]　正　类以行之，说在同（正从梁校，之从孙校）。

[经说]　正　彼以此其然也，说是其然也，我以此其不然也，疑是其然也。

辨证之法，首当将彼此理论分析，将相同者归纳成类，然后以与我相异之点质难之。不然，无的放矢，徒劳而乏功也。《经下》云：

[经]　推类之难，说在名之大小。

[经说]　推　四足兽与牛马与物尽异，大小也。

辨证之法，首贵将同者归类，归类首当注意名之大小。牛马为四足兽之一种，四足兽为物之一种，其相异之点，即“物”之名较“四足兽”为大，“四足兽”之名较“牛”“马”为大。《小取》云：“白马，马也；乘白马，乘马也。骊马，马也；乘骊马，乘马也。获，人也，爱获，爱人也。臧，人也，爱臧，爱人也。此乃是而然者也。”

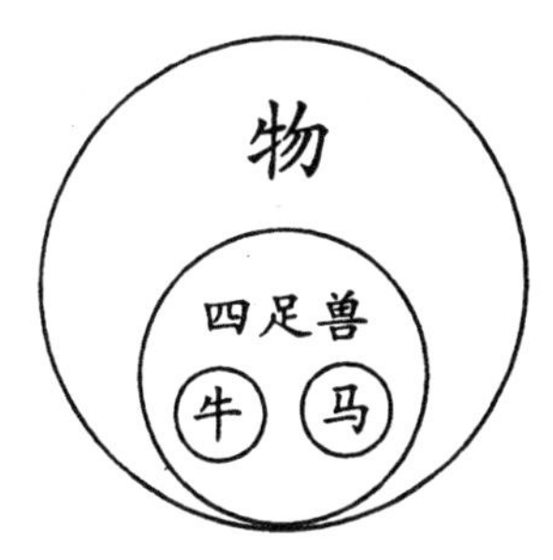

此盖言：凡白马，皆马也；所乘白马

也，故所乘马也。凡获，人也；所爱获也，故所爱人也。

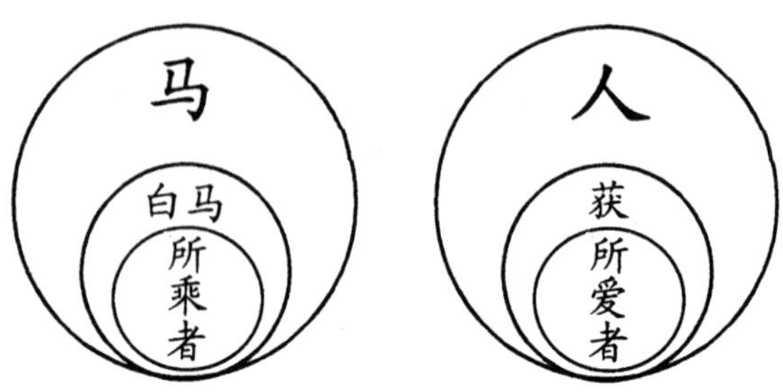

《小取》又云："获之亲，人也；获事其亲，非事人也。其弟，美人也；爱弟，非爱美人也。车，木也；乘车，非乘木也……"此盖言：凡获之亲，人（一人或数人）也；获所事，获之亲也；故获所事，非人（众人）也。弟，美人（美人中之一人）也；所爱，弟也，故所爱，非美人（全部美人）也。

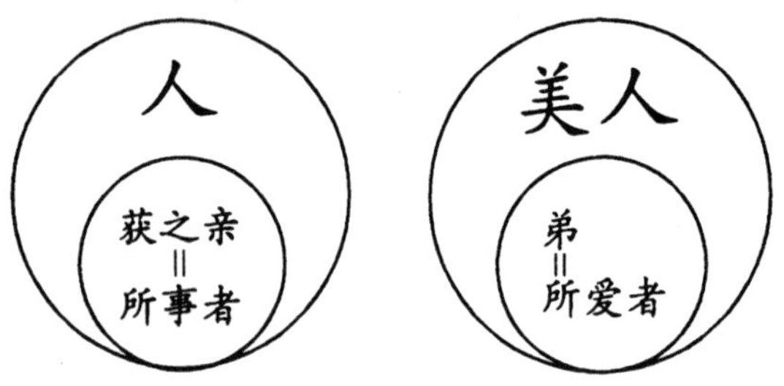

墨者与辩者（名家）不同

鲁胜《墨辩注序》称惠施、公孙龙祖述其学。孙诒让亦谓"其坚白异同之辩，则与《公孙龙》书及《庄子·天下篇》所述惠施之言相出入"，以证实鲁胜之说。胡适更进一步云："《庄子·天下篇》所举惠施和公孙龙等人的议论，几乎没有一条不在这六篇中讨论过的。又如

《公孙龙子》一书的《坚白》、《通变》、《名实》三篇，不但材料都在《经》上下、《经说》上下四篇之中，并且有许多字句文章都和这四篇相同。”胡适竟将墨者与辩者打成一片，将墨家与名家合为一家。章士钊作《名墨訾应》论及考，论证“惠施之学，不出于墨之道”，其以墨者与辩者不同，甚是。然其论证犹有未审也。

《经上》所言皆肯定允当，绝无坚白异同之辩，所谓“坚白不相外也”，仅用以释“盈”耳。以《经上》言论之精审，决非惠施、公孙龙辈所说之辩论。《经上》云：

［经］ 谓　命，举，加。

［经说］ 谓谓狗犬，命也。狗犬，举也。叱狗，加也。

如谓“喂，此物是狗”，“此物”举也。“是狗”命也，“喂”与本语意义所关，故云加也。其分析言语，且不让当今文法。“命”即谓语词（Predicate），“举”即句主词（Subject），“加”即惊叹词（Interjection）。即就此点，已可见《墨经》之精审矣。惠施之言不同，如云：“至大无外，谓之大一；至小无内，为之小一”；“无厚不可积也，至大千里”。《墨经》之言，全皆绝对，如云“宇，弥异所也”，“宇，家东西南北”，“厚，有所大也”。余且不论，姑将其要点坚白异同作一比较，墨者之辩坚白异同，始于“相谓别墨”时，见于《经下》、《小取》、《大取》。《公孙龙子》云：“无坚得白，其举也二；无白得坚，其举也二。”以为视石得白，不得坚，是举所见石与白二物；拊石得坚，不得白，是举所见石与白二物。又云：“视不得其所坚，而得其所白者，无坚也；拊不得其所白，而得其所坚，得其所坚，无白也。”以为视石得白不得坚，坚离白而别也；拊石得坚不得白，白离坚而别也。《经下》则不然。以为坚白无时间性，乃永久含于石也。决无俄而白离坚而别，俄而坚离白而别者也。《公孙龙子》云："得其白，得其坚，见与不见离。不见离一，一不相盈，故离。"以为视石，现白不现坚；拊石，现坚不现白，一现一藏，显然离也。《经下》则以为盈虽一现一藏，此仅现与不现离耳，石中坚白仍相盈而未有离也。

异同之辩，以"白马论"为要。《公孙龙子》以为"白马非马"，而墨者则以为"白马马也"（《小取》）。《公孙龙子》之意为："马者，所以命形也，白者，所以命色也。命色者，非命形也，故曰白马非马。"（白色＋马形≠马形）《小取》云："白马，马也，乘白马，乘马也；骊马，马也；乘骊马，乘马也。"（白马＋骊马＋……＋黄马＋黑马＋……＝马、白马＝马之一种）

墨者与辩者之不同，前已证之矣。梁启超云："施、龙辈确为'别墨'，其学说确从《墨经》衍出……。而其内容颇与经异。"梁氏以施、龙为"相谓别墨"之墨者，非是。以其学说从《墨经》衍出，亦非。施、龙为名家，盖所以责难墨者也。梁氏以其内容颇与经异，甚是。而钱穆则以为"惠施历物'日方中方睨，物方生方死'，'万物毕同毕异'，公孙龙'物莫非指而指非指'，不能说自为訾应。姑退一步，照'施、龙之说颇与经异'，则《庄子·天下篇》已明说一辈墨徒，亦有异同"。按"日方中方睨""物方生方死"等，此名家之说也。《经上》所论，全为定义断语。即《经下》虽有坚白异同之辩，然其言论亦与名家对立。盖《经下》依据全在《经上》也。《经上》云：

［经］　彼　不可两可也。（"彼"原误作"攸"，从《经说》改正。"两"下原有"不"字，依说意校删）。

［经说］　彼　凡牛枢非牛也，两也，无以非也。

此言天下有是非之真，决不可"是有不是，可有不可"也。牛之区别于非牛，盖两类也，此乃真理明甚，决不能非之者也。《经上》又云：

[经] 辩 争彼也，辩胜，当也。

[经说] 辩 或谓之牛，谓之非牛，是争彼也。是俱不当，俱不当，必或不当，不若当犬。

《墨经》称客观的是非之真为“彼”。辩也者，所以争是非之真也。譬若一物，或谓之牛，或谓之非牛，是争彼也。二者必不能俱当，必有一不当者在也。不若以狗当犬。《经说下》：“同，或谓之狗，或谓之犬也。异，则或谓之牛，或谓之马也。俱无胜，不辩也。辩也者，或谓之是，或谓之非，当也者胜也。”据此，足见墨家之根本观念全与名家异也。

名家对自然界之分析，含有辩证因素。惠施谓“至大无外谓之大一，至小无内谓之小一”，“小一”即不可再分割之物质粒子，“大一”即指广大无际之宇宙。惠施谓“日方中方睨，物方生方死”，把一切事物看作处于变动之中。惠施谓“我知天下之中央，燕之北、越之南是也”，盖宇宙无边际，到处可以说是中央。《墨子·经上》云：“止，以久也”，“必，不已也”，以为“停止”是指一个运动中停留了一些时刻，“不已”是说坚持不停。而名家云：“飞鸟之景(影)，未尝动也”，“镞矢之疾(快速)，有不行不止之时”，盖分割飞鸟之行动与箭之射程，可以成无数小点，若就小点来看，就有一刹那之停留。

(原载《学衡》第79号，1933年7月上海中华书局出版，今作修订)

墨学非本于印度辨

胡怀琛所撰《墨翟为印度人辨》一文，以墨翟为印度人，刊诸《东方杂志》第二十五卷第八号，论证皆未能使人折服，郑师许、吴进修两君，已详为辨证矣。今胡君复以《墨子学辨》一书刊行，非特认墨翟为印度人，复以墨学全出于印度，殊闻所未闻，不可不辨者也。

一　正"从哲学方面辨证"

（一）正"《墨经》出于《尼乾子经》"

［经］　知：闻、说、亲。

［经说］　知：传受之，闻也。方不障，说也。身观焉，亲也。

《百论疏》云："旧有《尼乾子经》，说有十六谛。量谛者有四种：一现知：如眼见色，耳闻声等；二比知：如见一分，即知余分，见烟知有火等；三不能知：信圣人语；四譬喻知：如见日去等……墨子分知识为三种，即并四量而为三也。亲知即现知，说知即比知，譬喻知并合为一，闻知即圣人语。"

墨子之“闻知”，言由传授而得知也。所闻者包含古人语及今人语，非仅“圣人语”而已，下条《墨经》，足以证之：

［经］ 闻：传、亲。

［经说］ 闻：或告之，传也；身观焉，亲也。

《墨经》分“闻”为“传闻”“亲闻”二种，《尼乾子经》所谓“圣人语”者，仅“传闻”中之一部耳。岂得谓与“闻知”相同？《墨经》所论在分析知识之来源，在研究如何而可得知识。量，审也。“量谛”者，言审察之法则也。佛经所论在审察如何之知识可信，故云：“不可知信圣人语。”即以胡君所举《中观论》之言：“信有四种：一，现事可信；二，名比可信，如见烟有火；三，名譬可信，如国无鍮石，鍮之以金；四，名贤圣所说，故可信；故说有地狱、有天、有郁单越，无见者信圣人语，故知。”足以佐证。是墨、佛根本讨论之问题已不同矣，胡君之附会可见。

且更观其《墨经》出于《尼乾子经》之理由，其一云：“此种精密之思想在中国古代决不能有，即在今日中国思想大多数犹笼统，在彼时能分析得如此清楚，似与事实不合。”“今日中国之思想大多数笼统”，此指普通一般人而言，“在彼时能分析如此清楚”，盖彼时之特殊人才也。先秦诸子思想，为今普通人所不能及者多矣，非仅《墨经》而已也。岂得谓皆“似与事实不合”？若必欲谓《墨经》之说出于印度，则今日印度思想大多数何如？吾恐今日非特中国即世界大多数“犹笼统”，不能“如此清楚”也。

其二曰：“《百论》诵《尼乾子经》者之苦行，有赴火投渊等行，又《百论疏》称《尼乾子经》有天文地理算数医方等。按墨家抱牺牲精神，虽蹈汤赴火，亦乐为之，《墨经》中亦有数学，是皆相合。”佛家与墨家之有牺牲精神，盖皆主力行，其道使然，非何者本于何者也。又《墨经》中绝无数学（今人将《墨经》宇宙论中之论宇一部误解成几何学等，见第2条）。即认《墨经》中确有数学如近人强解者，今《尼乾子经》不复可见，其所论数学，安能知其“皆相合”？又安知其数学与强解而成之数学，非绝然不同也。《尼乾子经》是否出于《墨经》之前，尚不可定，即能“皆相合”，安知非《尼乾子经》出于《墨经》也？

（二）正“《墨经》说睹与《百论》对照”

《百论》云：“若眼见相，如火热相，自热能令他热。如是眼若见相，应目见眼，然不见，是故眼非见相。……”

［经］ 火热说在睹（睹原作顿，孙《诂》谓当作睹）。

［经说］ 火谓火热也，非以火之热。我有，若视目（目旧作曰，今改为目）……

“我有”二字，是指火之自热，“视目”谓“自视其目”，意谓不能以火之自热比目之自视。盖火能令他热，亦能自热，而目能视地，而不能自视也。

胡君从孙校“顿”为“睹”，更自校“曰”为“目”，强《墨经》以就《百论》，窃以为不然。即所校为是，然所释终觉牵强，“我有”如何可“指火之自热”？“视目”如何可释“自视其目”？增字为解，窃所不敢。

［经］ 火：热说在顿。

［经说］ 火：谓火热也，非以火热我。有（同又）若视白（本曰）。

梁任公校“曰”为“白”较妥，盖“坚白”确为当时相互时常讨论者也。顿者，积也，火之热，由所积之经验而得知者也。见火而谓其热不必由火热我也，又如视白而知其坚，不必由石触我也。如是校释，似较胡君校释为通。

胡君又云:"'我有'既为专门名词,此等名词非中国所应有,亦非中国文法所能有,是《墨经》非出于印度而何?"胡君释"我有"为"指火之自热",自知不可通,乃命之以"专门名词",更据之以为"非中国所应有""非中国文法所能有",更因之断定"出于印度",非但谓此条出于印度,更且谓《墨经》出于印度,胡君之武断可见。

(三)评"近人多以佛墨互证"

墨学绝响已久,近人鲜有知音者,故研究时不得不借助于他学,岂独引证佛学而已。如将二学相较,其中或有相同者,或有相异者,决不能因有相同者,遂谓某学本于某学也。

二 正"从科学方面辨证"

近人之治《墨经》者,皆以为《墨经》中有科学,实皆附会误解所致,至谓墨书中有"几何学界说",牵强已极,若谓"出于印度",此牵强中之尤牵强者也。胡君所谓"点线面体比例方圆平直等界说",盖盲从梁任公之说;梁任公之所以有此说者,盖见《墨经》有"方""圆"诸章,遂疑为几何学,于是不察前后文义如何,断章取义,强之使然。今略证于后:

(一)"仳"非数学之比例,"端""尺""区穴"非几何学之点线面

[经] 有间:中也。[说](从略)

[经] 间:不及,旁也。

[说] 间:间谓夹者也。尺,前于区穴而后于端,不夹于端与区穴(穴本作内,形似而讹,据上而校)。及:及非齐之及也。

[经] 纑:间虚也。[说](从略)

［经］ 盈：莫不有也。［说］（从略）

［经］ 撄：相得也。［说］

［经］ 〔仳〕：有以相撄，有不相撄也（仳本作似，据《说》校）。［说］（从略）

［经］ 次：无间而不相撄也。［说］（从略）

以上《墨经》一节，由前后文义观之，是在论物之排列，今作图以明之：

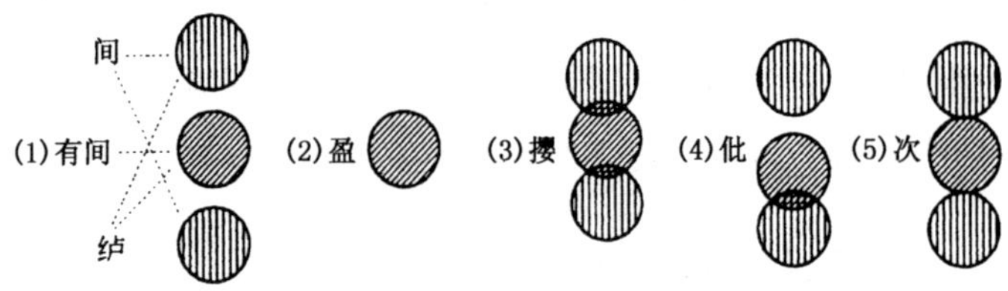

墨子以为天下一切物体之排列，不外以上五种。仳同比，并也。言物之排列，相撄者与不相撄者，并而有之。其与数学之“比例”，不知相去几千里也。胡君不察，竟亦盲从之。

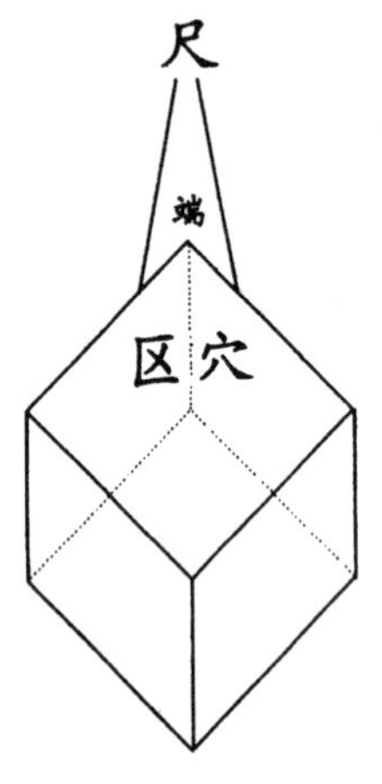

物之夹他物者谓之“间”，他物谓之“有间”，“间”与“有间”必须不相连及，譬若物形：端，起点也（端，始也）。尺，界线也（量物用尺，量必依界线而量，此名“尺”者，盖引申而得）。区穴者，区域内之面也。

尺之地位，前于区穴而后于端，然尺前连及端，后连及区穴，不能称夹，故云：“不夹于端与区穴。”称“间”须不及“有间”，称“有间”须不及“间”，如“尺”即不得称“有间”，“端”与“区穴”亦不得称“间”。明乎此，然后可见《墨经》所谓“端”“尺”“区穴”与几何学“点”“线”“面”不同。“端”之名称，仅限于物之最前之一点，故《墨经》又云：“端，体之无序而最前者也。”尺亦仅限于物之最前之一线。

除此以外，遍寻《墨经》，绝无有“点线面体”之界说，胡君之言，不知何指焉？

（二）方圆平直诸章非几何学界说

［经］　平：同高也。

［说］　〔平〕同者（本长，以意校）。以正相尽也（此条本经，盖今本《墨经》乃由经说合写本分出者，此条为分时所遗漏）。

［经］　中：同长也。［说］（从略）

［经］　〔直〕（本日，声近而讹）中正向（本南，形似而讹）也。

［说］　直：齐（本参，参古文厽，齐古文亝，形近而讹）也（本亦经，误同前）。

［经］　圜：一中同长也。［说］（从略）

［经］　方：柱隅四讙也。［说］（从略）

以上《墨经》一节，以前后文义观之，在论物之规律。《法仪篇》云：“百工为方以矩，为圆以规，直以绳，正以县，平以水，皆以此五者为法。”《墨经》所谓“平”“直”“圆”与《法仪》同，惟所谓“中”即《法仪》所谓“正”，墨家以为天下最有规律之物，不外以上五种。

以上二节《墨经》，一在论物之排列，一在论物之规律，为《墨经》宇宙论中论宇之一部，近人不察，强之以为几何学。

三　正“从文学方面辨证”

（一）评“《墨经》文字之可注意”

胡君云：“《墨经》文字甚为奇特，胡适之谓非春秋时所宜有，然余以为苟与印度无关，虽至战国，亦不宜有。”案《墨经》文字，并不奇特，惟思想精深，文字简约而已。盖取其易于记忆遵守耳（《墨经》为后世墨者俱诵，相里勤之弟子辈，皆据之以相辩者）。《墨经》之有标题，实别具一格，可谓空前绝后，若谓非中国所宜有，然则印度有此种格式乎？又如何必与印度有关，然后可创此种格式？此令人万思而莫释者也。

（二）评“长篇论说文之可注意”

胡君云：“此种论说文亦非春秋所宜有，与战国纵横家之论说又有不同。”案墨家以“自苦为极”，好乐恶苦，人之情也，当然不能得大众之欢迎，故不得不作长篇论说文，反复重述，盖当时环境使然，何“注意”之“可”？

（三）评“文句结构之可注意”

《尚贤上》云：“譬之富者，有高墙深宫，谨上为凿一门，有盗人入，阖其自入而求之，盗其无自出。”胡君云：“阖其自入四字，绝似佛经中语。”案“阖其自入”语，在中国文法中极普通，胡君之所疑者，殆在该文不称“门”而云“自入”乎？其实毫不足怪。《诗》云：“夙兴夜寐，无忝尔所生。”不称“父母”而云“所生”，又如晋武帝诏云：“何至一旦，便易此情于所天。”不称“父”而云“所天”，不直接写出，而略蓄意义，此中国文学中常见者也。况该文“自入”二字，可与下文“自出”呼应者乎？

（四）正“解释假托并发明公例”

胡君云：“且外国学说入中国必须经三个时期，殆已成公例，所谓三个时期者：一，假托；二，意译；二，直译。……佛书亦如是，今谓墨学来自印度，则《墨子》为假托也。四十二章经为意译也，……”胡君自以为"发明"之公例，究竟公否，姑置勿论，若《墨子》果为假托墨书而实为佛书，则所论当与佛书相同。墨家之主义，确有一公例焉，《节用中》云："凡天下群百工……使各从事其所能，曰：凡足以奉给民用则止，诸加费不加利于民者弗为。"墨家之主"尚贤"（尚同由尚贤引申而出），尚早婚，"使各从事其所能"也；其主"节用""节葬""节蓄私"，"凡足以奉给民用则止"也；其主"非攻""非乐""非久丧"，"诸加费不加利于民者弗为"也。盖墨家以为生产以养民为目的，而人民皆有保证生活之义务，故须"各从事其所能"，生产既在养民，故其生产为消费而生产，须"足以奉给民用则止"；若不加限止，生活必需品遂难免遇不足之现象。是墨学与今社会主义较近，与佛学则绝然不同。是否《墨子》为假托，不用深辨者也。

（五）正"中国寓言始于墨，《墨子》寓言出于印度"

胡君云："案《吕氏春秋》'堕剑'，《百喻经》作'失钉'，事虽不同而寓意则一。……《庄子》云：'井蛙不可以语海，夏虫不可以语冰'……'……'（郑振铎《印度寓言》二十二页）此即《庄子》……之言之所本矣。……统观上文各节，可见中国寓言与印度寓言关系如此之深，则墨子寓言虽未能指明某则出于印度某则，然则大抵谓其出于印度，终非过言也。"

夫两国之寓言多矣，其间难免有相似者，若因一二相似者，而谓其有密切关系，宁非武断？《吕氏春秋》、《庄子》之寓言与印度相似，若谓《吕氏春秋》、《庄子》寓言与印度寓言有关，尚犹可言，至谓《墨子》寓言大抵出于印度，终为过言也。《吕氏春秋》、《庄子》中一二则与印度相似，如何可推及全国寓言与印度关系密切？

四 正"从文字方面辨证"

后世佛书中有袭用墨书中者，只可证明后世译佛书者尝参考墨书，不能谓墨书本于佛书也。

五 正"从宗教方面辨证"

(一) 正"《天志》、《明鬼》有宗教家语"

墨子主张顺从天志，推行兼爱兼利，是借助传统的宗教思想，以期发展主义。《墨经》中绝无"尊天事鬼"之论，其明证也。其"天志"之根据云：

> 奚以知天兼而爱之兼而利之也，以其兼而有之兼而食之也。今天下无大小国，皆天之邑也；人无幼长贵贱，皆天之臣也；此以莫不刍牛羊，豢犬猪，洁为酒醴粢盛，以敬事天，此不为兼而有之兼而食之邪？

其"明鬼"之根据云：

> 若是何不尝入一乡一里而问之，自古以及今生民以来，亦有尝见鬼神之物闻鬼神之声，则鬼神何谓无乎？

其非墨家主义，其为借助于当时社会流行的宗教思想，于此可见。《尚贤中》云："其为政乎天下也，兼而爱之从而利之，……故天鬼赏之，以为天子"。"其为政乎天下也，兼而憎之从而贱之，……故天鬼罚之，使身死而为刑戮"。是则《天志》、《明鬼》是墨子借助于当时民间流行的宗教思想，利用之以谋发展其学说之迹，又可见矣。

(二) 正"墨翟弟子有宗教精神"

胡君云："《淮南子》云：'弟子服役者百八十人，可以使赴火蹈刃，死不旋踵。’……此种精神非宗教不能有。”案此精神，非宗教使然，乃力行主义使然。墨家以为正义而牺牲有代价，犹货物之出售而得代价，乃非常值得之事。《鲁问篇》云：“鲁人有因子墨子而学其子者，其子战而死，其父让子墨子，子墨子曰：子欲学子之子，今学成矣，战而死而子愠，犹欲粜之售则愠也，岂不费哉？”

（三）正“巨子制度为宗教制度”

《吕氏春秋·上德篇》云：“孟胜为墨者巨子，善荆之阳城君，阳城君令守于国，毁璜以为符，约曰符合听之。荆王薨，群臣攻吴起兵于丧所，阳城君与焉。荆罪之，阳城君走，荆收其国。孟胜曰：受人之国，与之有符，今不见符，而力不能禁，不能死，不可。其弟子徐弱谏孟胜曰：死而有益阳城君，死之可矣。无益也，而绝墨者于世，不可。孟胜曰：不然。……我将属巨子于宋之田襄子。田襄子贤者也，何患墨者之绝世也。……因使二人传巨子于田襄子。孟胜死，其弟子死之者八十三人。二人以致令田襄子，欲反死孟胜于荆，田襄子止之曰：孟胜已传巨子于我矣。不听，遂反死之。”

由此可见巨子制度：(1)巨子仅一人；(2)巨子必传于贤者；(3)巨子死，弟子必皆死之；(4)巨子死，必传巨子于可以不死之贤者；(5)贤者受巨子，墨者须皆听命之。此盖墨家政治主张——尚贤、尚同使然，宗教无涉焉。当时墨义不行于世，“求严师必不于墨者矣，求贤友必不于墨者矣，求良臣必不于墨者矣”(《吕氏春秋》孟胜语)，墨者乃以身作则，以合其“言行若合符节之言”，创巨子制度，以试验其理想之政治(墨家主实验)。“巨子必传于贤者”，盖尚贤主义使然；《尚贤上》云：“有能则举之，高予以爵，重予以禄，任之以事，断予以令。”墨者必听命一巨子，盖尚同主义使然；《尚同上》云：“上之所是，必皆是之，上之所非，必皆非之。”徐弱之谏孟胜，孟胜之荐田襄，盖《尚同上》所谓“上有过规谏之，下有善傍荐之”也。

最奇者，胡君之言曰：“吾试合此三说而观之，谓墨子为婆罗门教徒，理由颇充足！”使胡君三说，能言之成理，亦至多能证墨家有宗教色彩，若谓墨子为婆罗门教徒，则绝无理由，安得云“颇充足”？

六 正“从风俗方面辨证”

（一）正“墨子曾言讲经事”

《耕柱篇》云：“能谈辨者谈辨，能说书者说书，能从事者从事，然后义事成也。”胡君以为“墨子所言说书，即传教之徒之讲经也”。窃以为大谬不然。墨子以事之成，须分工合作，“使各从事其所能”，劳心者劳心，劳力者劳力，劳心者中又可分为二：一曰谈辨，一曰说书，谈辨即今所谓辩论也，其目的在驳去邪说异论，以免从事者为其所惑。说，口述也；书，笔述也，其目的在叙述一切计划理由，指示从事者之目标。胡君以书作名字，释“说书”为“讲经”，义不可通，若一切义事之成，须欲讲经，无奈滑稽乎？

（二）评“墨书中曾言火葬”，“今缅甸风俗”

墨徒奔走四方，其所见所闻当较广，其书中言及异国风俗，殊不足怪。胡君云：“《节葬下》云：秦之西有义渠之国者，其亲戚死，聚薪而焚之。……义渠戎国之地，即清甘肃庆阳府，若生于鲁而仕于宋，无得闻义渠风俗？”

墨子未尝仕宋，终年在外奔走，《贵义篇》云：“翟上无君上之事”，《吕氏春秋》云：“翟……比于宾萌，未敢求仕”，足以证之。若墨翟确为印度人，甘肃离印度较远，印度人知之，鲁人岂不能知之乎？此岂近情之论？

（三）正“墨子书中曾言早婚之俗”

《节用上》云：“昔者圣王为法曰：丈夫年二十，毋敢不处家，女子年十五，毋敢不事人，此圣王之法也。圣王既没，于民次也，……其欲晚处家者，有所四十处家。”胡君云：“案中国以前无婚制之规定，圣王为周制，则男子三十而娶，女子二十而嫁，……此早婚之俗与其谓中国俗，不如谓印度俗也。”胡君以“圣王之法”乃印度俗，然则后世印度有四十处家者乎？言圣王之法者，不止此一。如云：“古者圣王为节用之法”，“古者制为衣服之法”，“古者圣王制为节葬之法”，……盖托古也(托古在当时极盛)。墨书中既云：“古者圣王制为节葬之法”，又云：“墨子制为节葬之法”，其托古之隙，显然可见。墨家主实用，男女既有生育之能，理当“各从事其所能”，增加人口，此墨子之所以尚早婚也。

七　正“从器物方面辨证”

《墨子·备城门》以下十篇，朱希祖以为汉人伪作(见《清华周刊》三十卷第九期)，其证有四：(1)多汉代官名——城门司马，城门侯，都司空，执盾，中涓，曹，关内侯，五大夫，公乘，二百石之吏，三百石之吏，……(2)有汉代刑法制度——城旦蔺石，……(3)多袭战国末及秦汉诸子——如《备城门》袭《管子·九变》，……(4)多言铁器与时代不符，《号令》、《杂守》诸篇，皆言边县，系汉代燕赵诸侯王备边塞时所作，而托诸墨子。胡君以此十篇为证，殆未深考耳。若此十篇果墨子所作，亦不足以证墨子为印度人。此诸篇所言器物，北至匈奴，南至云南。云南之器物，印度人能知之较中原人为清楚，事理尚可通，匈奴之器物，如何中原人不能知之，而距离较远之印度人反能知之，此又岂近情之论?

八 正“从姓名肤色方面辨证”

(一) 正“因外国人而称翟”

胡君因翟通狄，而疑翟为外国人，殊属非是。狄乃轻视异族之词，讥异族为贱兽，墨子屡自称翟(《鲁问》)，若翟果非名而为蛮狄之狄，墨子岂愿自称?

(二) 正“因面色衣黑而称墨”

胡君此论，盖据江瑔之说，若谓彼以其面黑衣黑而称墨，则墨而讥人之词，犹今人诬称印度人为黑炭，而主“尚同”之墨子弟子犹堂堂称其师为子墨子，岂其然乎? 先秦各家莫不以学术宗旨名其家，如儒，道，阴阳，名，……等。则墨家之“墨”岂得例外? 江君云:“其学适合墨字之义，故以墨名。”其论甚审。《荀子・礼乐》云:“刻死而附生，谓之‘墨’;刻生而附死，谓之‘惑’;杀生而送死，谓之‘贼’。”墨家之刻死附生，盖主“尚用不文”实利主义使然。尚用不文是“墨”之要义。顾实云:“古者漆车无文曰墨车，可证墨以不文得名”，此证甚当。墨，黑也(《广雅》)。黑，盖质实刻苦之象征。

墨家尚用不文，墨子无字号，仅仅以“翟”为名，时人称之“墨翟”，盖或单呼“翟”短促不顺，翟为墨家领袖，遂冠之以“墨”。

九 正“从墨子弟子方面辨证”

(一) 正“随巢子、胡非子等皆不似中国姓名”

古代之姓名不能与今日之姓名相较，若一与今日姓名相较，则不似姓名者甚多;即孔门弟子中如漆雕、子有、原藉皆甚不似,非仅墨子弟子也。况胡非子姓胡名非明甚。若必谓不似中国姓名,则韩非子亦甚不似矣!(江瑔云:"胡非子疑亦非姓",亦非)

(二) 正"禽滑釐疑为匈奴人"

考"滑釐"乃古代习用之语词,其证有二:"滑釐"之写法不一。《吕氏春秋·当染》作"禽滑黂",《尊师篇》作"禽滑黎",《列子·杨朱》作"禽骨釐",殷敬顺《释文》作"禽屈釐",音"骨狸",此皆音近而字异,其必为语词,故无一定写法。除墨书中有禽滑釐、骆滑釐外,《孟子·告子》更有慎滑釐,足证"滑釐"二字是语词而有意义。

禽滑釐为墨子信徒,骆滑釐为墨子弟子(墨子以禽兽之名为名),"禽""骆"是其姓。胡君据之以疑为外国人名,殆未深考耳。胡君又云:"《史记》及《汉书》均言谷蠡王,谷蠡王当时匈奴官制……然则'滑釐''谷蠡'相同,'谷蠡'既为匈奴语,'滑釐亦为匈奴语,滑釐即匈奴人'。"滑釐与谷蠡但音近而已,"谷蠡"既为匈奴语,如何可证明"滑釐"亦匈奴语。

(三) 正"索卢参疑为月氏人"

胡君疑索卢参为月氏人,其证有三:其一,索卢参三字连续,绝不似中国音。其二,后秦有索虑曜,见《晋书》、《姚苌载记》称为敦煌索卢曜,按敦煌在嘉峪关外,汉为月氏地。其三汉有索虑放,见《后汉书》。……"观其行事舍身救人,尤为宗教之风,……然则索虑放其亦婆罗门教徒,或佛教徒欤? 其为索卢参之后裔欤?"古代之姓名,有不似今日姓名者甚多,前已言之矣。"索卢"与"索虑"不同,即同,亦不过巧合而已。

胡君之疑禽滑釐为匈奴人,索虑参为月氏人,理由殊不充分,即使二人确为外国人而当时留学于中国者，则亦不能作为墨子为外国人之佐证。

十　正“从孟子拒墨方面辨证”

《孟子》曰：“墨子兼爱，摩顶放踵，利天下而为之。”摩顶放踵，形容其自苦力行之精神，胡君以“摩顶即秃头”“放踵即赤足”，义尚可通，然秃顶赤足，亦不一定为僧人。《孟子》又云：“墨子兼爱，无父也。”此盖讥墨子不明亲疏之别，兼而爱之，是视父若无也。胡君不察，以为“无父”即宗教无家庭观念，附会极矣。

（原载《大陆》杂志第一卷第六期，1932年12月上海南京书店出版）

先秦的论战

——中国学术史上有价值的一页

一

大约公元前二、三世纪的当儿，素来讨论“治国平天下”的中国学术界，忽兴起一场辩论宇宙真理的大论战，就是所谓“坚白异同之辩”。这在专门讨论人生和政治的中国学术史中，是很难得的一页！

鲁胜《墨辩注叙》说：“名必有形，察形莫如别色，故有‘坚白’之辩”（引见《晋书·隐逸传》）。鲁胜这个对于这论战的起源的推测，是完全错误的。“坚白之辩”是讨论石中白色和硬度的物质是不是混合的问题，和名学有什么相关呢？是完全风马牛不相及的。如果说：“察形莫如别色，故有‘黑白’之辩”，那就言之成理了。

这场论战中最负盛名的，当推公孙龙了。在《史记》中也能找到：“公孙龙善为‘坚白’之辩”（《史记·平原君列传》）。“而赵亦有公孙龙为‘坚白同异’之辩”（《史记·孟子荀卿列传》）。这场大论战当然是公孙龙辈所推出来的。《庄子·天地》说:“夫子问于老聃曰:‘有人治道若相放,可不可,然不然,辩者有言曰:离坚白,若县寓。’”栾调甫先生因此就说这大论战,在老子时已发生,那太武断了。《庄子》这书,所有的史迹,完全是虚构的寓言,这夫子的话,当然也不是真的;不过可见当庄子那时,辩者的“离坚白”,已是无人不知、无人不晓的了。

公孙龙的主张,我们在《公孙龙子》中可见到。其他谈到这问题的有《墨子》的《经上》和《经下》。这《经上》和《经下》二篇的著作时期,当今论者,纷纷不一。胡适之《中国哲学史大纲》说:是后世“相谓别墨”时代的墨者所为。梁任公《读墨经余记》说:是墨子自著,就是《庄子》所谓《墨经》。现在且把它约略地考订一下。

《庄子·天下篇》说:“相里勤之弟子,五侯之徒,南方之墨者——苦获、已齿、邓陵子之属俱诵《墨经》,而倍谲不同,相谓‘别墨’,以‘坚白’‘同异’之辩相訾,以觭偶不仵之辞相应。”《墨经》这书,为墨者所“俱诵”,那必是墨家中最精要的书籍了。今本《墨子·经上》的文例,可分二类:

(一) 定义式

(1) 从名辞内涵方面:如:“知,材也”;“虑,求也”;“知,接也”;“恕,明也”。

(2) 从名辞外延方面:如:“知:闻,说,亲”。“闻:传,亲”。

(二) 决断式:如:“必欲正权利!且恶正权害!”“诺不一利用!”它的内容,包罗很广:

(1) 论认识:如:“知,材也”。“虑,求也”。“知,接也”。“恕,明也”。

(2) 论行为:如:“仁,爱也”。“义,利也”。“礼,敬也”。“行,为也”。……

(3) 论人生:如:“力,刑之所奋也”。“生,刑与知处也”。……

(4) 论情欲:如:“平,知无欲恶也”。“利,所得而喜也”。……

(5) 论语言:如:“誉,明美也”。“讲,明恶也”。“举,拟实也”。……

(6) 论政治:如:“君,臣萌通约也”。“功,利民也”。……

(7) 论宇宙:如:“久,弥异时也”。“宇,弥异所也”。……

(8) 论说辩:如:“说,所以明也”。“辩,争彼也”。……

(9) 论做事:如:“为,穷知而縣于欲也”。“已,成亡”。“使,谓故”。……

(10) 论名实:如:“名:达类私”。“谓:命举加”。……

(11) 论同异:如“同重体合类”,“异,二不体不合不类”。

就上看来,《经上》这篇,是多么的精博呵!是一个墨学大纲,无疑的是《庄子》所谓“《墨经》”。《经下》这篇,完全是辩论的话,杂乱无系统,所论都是“坚白异同之辩”,且是根据《经上》,这定是《天下篇》所谓“俱诵《墨经》而倍谲不同”的后世墨者所为的了。当时墨家分派辩论,这《经下》当是其中某派领袖所为,某派的墨者,依此为辩论根据的,所以也尊它做经。为别于原有的《墨经》起见,于是把它分做《经上》、《经下》。这个推测,大概不错吧?

“坚白”问题,最先见于《墨经》。《经上》:

(1) 有间,中也。间不及,旁也。纑,间虚也。

(2) 盈,莫不有也。坚白不相外也。

(3) 撄,相得也。

(4) 仳,有以相撄,有不相撄也。

(5) 次,无间而不相撄也。

这是墨家宇宙论的论宇一部中最精要之处，它以为天下万物，都由各种物质不同的排列而成。排列的方式共有这五类：

(1) 有空隙的排列：各物质排列的中间都有空隙的。墨家把这空隙叫做“纑”，居中间的物质叫做“有间”，居旁的物质，叫做“间”。

(2) 相混合的排列：几种物质相混，无论哪一点，都包含这几种的物质的。像石，就是白色和硬度的物质混合排列而成的。那石中无论哪一点，白色和硬度都是混合的。

(3) 相接叠的排列：数种物质排列得相互接叠的。

(4) 无规律的排列：排列中相接叠的，不相接叠的，都有的。

(5) 有秩序的排列：排列得井然有序，既没有空隙，也不接叠的。

这五种排列中，当推“相混合的排列”最重要。《经说》：“盈：无盈，无厚。盈，无所往而不得。”假使物质排列得不混合，各各分离，那就不能堆积起来，仅仅一个平面，就没有体积了。物体的组成，最重要的是混合排列，所以它于这条特举一例，说：“坚白不相外也。”就是说石头是由坚和白的物质相盈而组成，没有彼此相互排斥的。

名家“离坚白”的驳议，大概是这样发生的。以为视石只能见白，而不能知坚；拊石又只能知坚，而不能见白；足见坚白是不混合的。墨家闻了这个驳议，好比吃了惊天动地的霹雳，那还了得！《墨经》是墨家最精要的书，是墨者所“俱诵”的，竟有辩者触犯，于是素以“言多而不辩”见称的墨家，那时也不得不起来辩护了。这场论战，大概就是因此开始的。

这场论战，两方的主将，一方大概是辩者公孙龙辈，主张坚白分离的，一方大概是墨者苦获、已齿、邓陵子辈，主张坚白混合的。当时墨家有个巨子制度，《吕氏春秋·上德篇》说：“墨者巨子孟胜，……弟子徐弱谏曰:‘死无益也,绝墨者于世,不可。’孟胜曰:‘……我将属巨子于田襄子,田襄子贤者也……’……因使二子传巨子于田襄子。孟胜死,弟子死者八十三人,二人以致令于田襄子,欲反死孟胜于荆,田襄子止之曰:‘孟子已传巨子于我矣!’不听。”可见巨子是墨家的领袖,无论哪一墨者都要听他指挥,这是墨家的“尚同”主义使然。巨子是由最贤者做的,这是墨家的“尚贤”主义使然。当时墨家既受了这打击,如果哪一个墨者,能想法打破这难关而辩胜辩者,自然会受多数墨者的拥护,拥护他做巨子,所以当时墨家中的佼佼者,大家集中这问题讨论,各想各的辩法,各有各的主张,于是一家里,又相互辩论起来了。所以《庄子·天下》说:“苦获、已齿、邓陵子之属,俱诵《墨经》而倍谲不同,相谓‘别墨’,以坚白同异之辩相訾,以觭偶不仵之辞相应,以巨子为圣人,皆愿为之尸,冀得为其后世,至今不决。”

当时辩论坚白离盈的,除了辩者墨者外,还有杨朱之流,也卷入这旋涡。《庄子·骈拇篇》说:“骈于辩者,累瓦结绳,窜句游心于‘坚白’‘异同’之间。而敝跬誉无用之言,非乎?杨墨是矣。”杨朱之流的书籍,现在没有,他们的“坚白论”究竟怎样,我们不能知道。

二

这场论战,一方是墨者,在《墨子》的《经下》、《大取》、《小取》三篇中,可以见到;一方是辩者,在《公孙龙子》的《坚白论》中,可以见到。辩者驳难的理由是这样:“视不得其所坚,而得其所白者,无坚也;拊不得所白,而得其所坚,得其所坚,无白也。”辩者以为视石时,只见白就断定这时的石中是没有坚的,以为拊石时,只知坚,就断定这时石中是没有白的。因为辩者的认识论是直觉论(或称直观说),以为知识不必由推理和经验;器官直接感到的,就是绝对的知识。《庄子·秋水篇》说:“庄子与惠子游于濠梁之上,庄子曰:‘儵鱼出游从容,是鱼之乐也。’惠子曰:‘子非鱼,安知鱼之乐?’庄子曰:‘子非我,安知我之不知鱼之乐?’惠子曰:‘我非子,固不知子矣;子固非鱼矣,子不知鱼之乐全矣。’”惠施也是辩者,惠施以为见“鱼出游”,只是“鱼出游”罢了,不能推理到“鱼之乐”;他的不能推理到“鱼之乐”的理由,是因我们“非鱼”;这就是辩者的直觉论。我们非石,当我们视石时,只见白,只是白罢了,怎能知道坚也混在那里呢?我们非石,当我们拊石时,只知坚,只是坚罢了,怎能知道白也混在那里呢?《墨经》的以为坚白相混,因为它的认识论是经验论,以为真正的知识,须由经验而得。《墨经》说:

［经］ 知,材也。

［说］ 知材:知也者,所以知也! 而不必知。若视(本作明,涉下而讹)。

［经］ 虑,求也。

［说］ 虑:虑也者,以其知有求也;而不必得之。若睨。

［经］ 知,接也。

［说］ 知:知也者,以其知过物而能貌之。若见。

［经］ 恕;明也。

［说］ 恕:恕也者,以其知论物而知之也著,若明。

墨家以为认识共有这四个步骤:(1)求知的工具——认识的出发点;(2)求知的过程——有认识的欲望;(3)得知的过程——由器官的感受;(4)真知的得到——拿以前的经验,结合感到的印象研究。墨家以为真正的知识,必须经这四步骤,须把现在感到的印象,和以前的经验，结合起来分析研究一下，才可以说是真正的知识。当我们看见石的“白”的印象时，须和以前所感到的“坚”的印象，结合起来，才是个真正的“石”的概念。所以它认为坚白是混合的。

墨家对于坚白的混合，曾提出一个强有力的证据。《经下》说：“一偏弃之，谓而固是也。说在因（因同盈，《经下》盈皆作因）。一：一与一亡，不与一在，偏去。”当我们把石打碎的时候，一部分的石，虽是分离而去，但物质仍是不变的，依然含有坚白二质，无论打得如何粉碎，坚白二质终是包含的，这就是因为坚白二质相盈的缘故。墨者的坚白论，是拿“石”做主的（物观）；辩者的坚白论，是拿“人”做主的（主观）。墨家在古代是较有科学思想的一家，所以所论比较客观；辩者所论是全为主观的。《坚白论》说：“得其白，得其坚，见与不见离，〔见〕不见离一；一不相盈，故离。——离也者，藏也。”“见”同“现”，与下“藏”对应。以为视石时，石现白不现坚；拊石时，石现坚不现白；一现一不现，那显然是分离了。墨家以为不然。《经下》说：“不可偏去而二，说在坚白。不：见不见离，一二相盈，广修坚白（标题“不”本在“相”前，盖错入下文者）。”

墨者以为坚白是决不可哪一质离去而分为二的，虽视石只得白，拊石只得坚，这不过是现和不现的分离，我们感到的印象分离罢了。总之，石和坚是相盈的，石和白也是相盈的，那么一石和二质（白和坚）都是相盈的，和广修的石一样。辩者却以为坚白和石无关。《坚白论》说：“物白焉，不定其所白；物坚焉，不定其所坚；不定者兼，恶乎其石也。”这是说称“白”“坚”，要未定其所白所坚的东西；必须忘了所白所坚的东西，然后可称“白”“坚”。《白马论》说：“白者，不定所白，忘之而可也。白马者，言白定所白，定所白，非白也”，和这意思同。

辩者以为称“白石”“坚石”，就无所谓“白”“坚”，既然称“白”“坚”，当然白是白，坚是坚，与石绝不相关的。而墨者以为白坚不能独立，《小取篇》说：“名不必实，苟是石也，白取是石也，尽与白同。是石也唯大，不与大同。”

墨家以为坚白与石是相关的。白和坚是不能独立的，必须有了石，才可显出。有一个名不必一定有个实的，“白”“坚”不必一定有这样东西的。“定所白”的“白”，终是“白”；白石的白和白马的白、白雪的白，都同的，不比体积那样的有出入。《经下篇》说：“无久与宇，坚白说在因。无：坚得白，必相盈也。”

这是说坚白无时间性和空间性，是完全相盈于石中而不能独立的。在石中无论哪一点都是坚白相混的。世界上决无单纯的“白”和“坚”的存在，在空间中绝无地位。坚白既是相盈，决不能一会儿白离坚而别，或坚离白而别，是全无时间性的。《坚白论》说：“于石一也，坚白二也。而在于石，故有知焉，有不知焉，有见焉，有不见焉，故知与不知相与离，见与不见相与藏。——藏故，孰谓之不离?”他说石是一物，坚白是二物，当视石时，见白而不见坚；当拊石时，知坚而不知白，所以可说相离相藏的。墨者进行驳议。《经下》篇说：“于一，有知焉，有不知焉，说在存。于：石一也，坚白二也，而在石。故有知焉，有不知焉，可。”以为“坚”“白”二质同在一石，人的感觉在同一空间同一时间中，只能得到一种印象，我们之于石，有知焉，有不知焉，这真是因为同一时间同一空间，坚白二质混合地存在于石的缘故，并不是实际上石中的坚白有分离的现象。辩者的辩护(《坚白论》)：“坚未与石为坚，而物兼。未与物为坚，坚必坚，其不坚石物而坚，天下未有若坚，而坚藏。”“白固不能自白，恶能白石物乎？若白者必白，则不白物而白焉，黄黑与之。然石其无有，恶取坚白石乎？故离也。”

辩者以为“坚”“白”自有坚白的物质，不必与石有关而藏于石。天下坚的东西真多，不必一定在石的，可见天下自有这样坚的物质，但是我们从没有看到过“坚”，这就是因为“藏”的缘故。总之，辩者以为天下万物，都有这“坚”的物质隐藏在里面，不然怎样会“坚”呢？“白”也这样，假使天下没有这“白”的物质存在，天下的物怎样会有“白”的呢？“白不能自白”，怎能“白石物”？白能自白，然后能白“不白物”，但是我们从没有拿到过“白”，这是“离”的缘故。这“白”的分子，是游离在空间的，所以视时可见，拊时不可知。白游离在空间，不必我们接触到物而能见到，这是因为有“神”的缘故。《坚白论》说：“且犹白以目以火见，而火不见，则火与目不见，而神见，神不见，而见离。”以为白的能感觉，因为眼和光。但是眼的本身和光的本身，不能见的；它所以能见，是因“神”的缘故。假使“神”不要见，那就不见了。无论哪一种感觉动作，都必须要“神”的。《庄子·天下篇》公孙龙的“鸡三足”，《吕氏春秋·淫辞篇》公孙龙的“臧三耳”（耳本作牙，形似而讹，据《孔丛子》校），都根据这点，所以司马彪说，鸡的两足，还须“神”才可动，故云“三足”。墨家的驳议是这样：“知而不以五路，说在久。知：知以目见，而目以火见，而火不见，惟以五路知久。不当‘以目见’，若‘以火见’”（《经下》）。

《墨经》说：“久，弥异时也。”久就是时间。真知的得到，全靠时间的关系。见果然靠目，目又靠光，但是光本身是不见的，知的所以能知，全靠五官以前的经验。我们看见白而认识是白，在前一定有过这白的印象。见的能见，全靠过去的经验，完全与神无关的。辩者以为知识的得到和感受，完全是“神”的关系。假使没有了神，那么目就不能见，火也不觉热了。所以《天下篇》公孙龙说："目不见"。"火不热"。墨者的驳议是："火热说在顿。火：谓火热也，非以火热我；有(同又)若视白"(《经下》)。如说火热，不必因火热我，我才说的；又如见白就知其坚，也不必由石触我的；这就因为以前有经验的缘故，与"神"绝无关系的。

这样可见墨者和辩者的论战，是由论"坚白混合不混合"的问题，而辩到"鸡三足还是二足""臧三耳还是二耳"的问题，及"目见不见""火热不热"的问题。

三

我们对于这"坚白"论战的线索，从以上二节已可以看得清清楚楚了。辩论的起源，是由于辩者非难《墨经》的宇宙论，而结果辩得愈辩愈远，辩到了"鸡三足""臧三耳""目不见""火不热"上去，于是轰动一时，传为奇谈。所以《庄子·天下篇》只记上了这四条，反对讨论根本的宇宙论——"坚白"问题——不提只字。后世的一般读者，也因此说它是诡辩，说它无学理，把它一笔抹煞，其实它们讨论的真是宇宙论，而确有认识论的根据，真是学术史精彩的一页！

"坚白"论战的发生，是由于辩者的非难《墨经》宇宙论中论宇(本体论)的一部。至于《墨经》论宙的一部，辩者也曾提出强有力的驳议的。《墨经》说："始，当时也。化，征易也。损，偏去也。益，大也。库，易也。动，或徙也。止，以久也。"这是墨家宇宙论论宙一部中最精要之处，它以为时间是由动作组成的，假使一切动作都停止，那就无时间性可言了。墨家把动作分析成以下的各种区别：开始——"始"条。历程——(1)变化——"化"条；(2)损去——"损"条；(3)增益——“益”条；(4)换易——“库”条；(5)徙动——“动”条。(6)停止——“止”条。墨家把动作这样分析，可说再精细也没有了。它论停止：“止，以久也。止：无久之不止，当牛非马；若矢过楹。有久之不止，当马非马；若人过梁。”以为止和不止，须视曾否留滞时间而定。若和他物没有接触过多少时间，像矢过楹的那样，是真正的不止，和说“牛非马”相当，那是当然的。若和他物曾接触多少时间，像人过桥的那样，一步一步都接触过桥，这就“止”了，一步一步都曾停过多少时间的。这样的已有多少时间留滞，若也说它“不止”，那和说“马非马”相当，是不可通的。辩者的驳议很多，像“轮不蹍地”(《庄子·天下篇》)。《墨经》把“矢过楹”作一个动作看，进一步也作一个动作看，把“人过梁”看作是由许多动作(步)连续而成。每步接触至梁，必须留滞多少时间，各动作间，都有多少时间的停止。车轮的在地上滚，若由墨者观之，必归在“人过梁”的一类，一点一点地前进，点点都着地，都经过一刹那的停留。辩者的对于轮的滚动，完全视作一个动作，从这里滚到那里，完全没有间断而停止的，既没有停止，那就未曾和他物接触，故说：“轮不蹍地。”假使接触过他物，至少要经过一刹那的停留。又像“镞矢之疾，有不行不止之时”(《天下篇》)。墨家把放箭视作一个动作，中间绝无间断而停止；辩者以为也可以从它横过空间的一点一点上看，我们若从这无可再分的一点上看，那末这箭在这点上，至少有一刹那的停留。所以可说：“镞矢之疾，有不行不止之时。”又像“飞鸟之影，未尝动也”(《天下篇》)。辩者的主飞鸟之影不动，大概是由镞矢之疾不行引申而出。若从“飞鸟之影”的徙动的历程中的一点上看，那末这影在这点上，至少有一刹那的停留。墨者的辩护是：“景不徙说在改为。景：光至，景亡。若在，尽古息”(《经下》)。当影向前动时,那光是在后紧追着的。当光到的时候,影已亡失了。若影不动而存在,那光也就不动。影动而向前,后影就没有,后影的地位已被光所占据了。这还不是动么?若要说影不动的话,必须前影不是经过改造的,故说:“景不徙说在改为。”因为《墨经》对于“动”的解释是:“动,或徙也。动:偏祭徙。若户枢免徙。”以为物的全部空间迁徙,和未迁前的形状一样,才可称“动”。若前影和后影的形状不同,已经改造,前影已非后影,绝然二物,那就不是动。

四

这次大论战,先秦书籍最简称做“坚白之辩”大都称做“坚白同异之辩”。可见同异之辩,在当时占次要的地位的。同异之辩是辩的什么呢?这必定是动听一时的“白马非马”问题了。“白马非马”的辩论怎样提出的,现在不甚可考,或就是驳难《墨经》“止”条的。《墨经·经说》说:“有久之不止,当马非马;若人过梁。”以为已有许多时间的留滞,而说“不止”,这和说“马非马”相当,这是不可通之论。辩难墨者的辩者,或就因此创“白马非马”之说,以为“白马非马”是可通的。《白马论》说:“马者,所以命形也;白者,所以命色也;命色者非命形也。故曰‘白马非马’。”这也是因为辩者的认识论是直觉论。以为有一个名,必有一个实的。白马是二种物质组成,白是白色,马是马形,它的“白马非马”的理由是:

马=马形,白=白色,白马=白色+马形

∵白色+马形≠马形

∴白马≠马。

辩者的主张:“黄马,骊,牛,三”(《天下篇》),和“白马非马”同样的论理。黄马和牛果然不同，但黄马和骊也是同样的不同（骊是纯黑的马）。它的理由是：

黄马＝黄色＋马形，骊＝黑色＋马形

∵黄色＋马形≠黑色＋马形

∴黄马≠骊

而墨者的对于白马、骊马，都认为马中的一类，白色、黑色和马形的排列，是不混合的，不过是附在马上的物质罢了。所以《小取》篇说："白马，马也；乘白马，乘马也。骊马，马也；乘骊马，乘马也。"辩者的主张：白马＝白色＋马形，因为它以为白和马是相并的二种"名"，以为白是确有这东西，而游离在空间的。

墨者对于"牛""马"的见解是："推类之难，说在名之大小。推：四足兽与牛马与物尽异，大小也"（《经下》）。墨者以为"马"和"牛"同属"四足兽"，四足兽和其他又同属"物"；"四足兽"和"牛""马"和"物"的不同，是名的大小的不同。辩者的"黄马、骊、牛，三"，就因不知名的大小的谬误，黄马和骊是同属马类的，牛的"名"和马的"名"相当，黄马和骊的"名"比牛的名小，怎样可和牛的名相并呢？

辩者的"狗非犬"（《天下篇》），大概就从这"白马非马"上引申出来的。《尔雅》说："犬未成豪曰狗。"狗是犬的一种。墨者对于"狗""犬"的见解是："知狗而自谓不知犬，过也。说在重（此重恐涉下而讹，窃以为当作同）。狗，犬也。杀狗非杀犬也可。说在重"（《经下》）。以为狗是犬的一种，不能说不是犬，所以若已知狗而还说不知犬，是不可通的。但若在"重"条件之下，那就可通了。杀狗可说不杀犬。因为墨者所俱诵的《墨经》上曾说过："同：重，体，合，类。同：二名一实，重同也。不外于兼，体同也。俱处于室，合同也。有以同，类同也。”狗既是犬的一种，当然不是“二名一实”，既不是“二名一实”，那就不可说“重同”。狗和犬，在“重”的条件下，是不同的。这场论战，是由于辩者的破坏《墨经》和墨者的为《墨经》辩护，所以当墨者辩论时，总时时根据它们俱诵的《墨经》的。墨者的以为“杀狗非杀犬也可”，是特殊条件下的，在普通的理论上，终是“狗，犬也”，而反对“狗非犬”。《经上》说：“谓辩无胜，必不当。说在辩。谓：所谓，非同也，则异也。同，则或谓之狗，其或谓之犬也。异，则或谓之牛，其或谓之马也。……”

五

《荀子·修身篇》说：“夫‘坚白’‘同异’‘有厚’‘无厚’之察，非不察也，而君子不辩，止之也。”《韩非子·问辨篇》也说：“‘坚白’‘无厚’之辞章，而宪令之法息。”可见除了“坚白”“同异”之外，“有厚”“无厚”在当时辩得也很激烈的。“无厚”“有厚”之辩，推测起来也是宇宙论中论宇的问题。《墨经》说：“盈，莫不有也。盈：无盈，无厚。盈，无所往而不得。”前已说过，《墨经》以为万物都由各种物质不同的排列而成。最重要的排列方式，就是这“盈”——混合的排列。各种物质相叠而混合，就会积厚；若在同一平面上，绝不相混，那就不能堆积起来而成厚。所以说：“无盈，无厚。”《墨经》说：“厚，有所大也。”以为既堆积而成厚，那就有体积，而“有所大”了。辩者以为无厚虽不能有体积，但那物质像“白”等完全游离在空间，所占的面积是很大的。

（原载《大陆》杂志第一卷第八期，1933年2月上海南京书店出版）

墨家的世界观及其与名家的争论

墨家在重视生产技术和自然科学的基础上，对自然界的客观规律作了新的探索，提出了一种朴素的唯物的世界观，在我国古代哲学史上写下了很光辉的篇章。

战国时代农业和手工业生产都有很大的发展。有些学者曾对手工业生产经验加以总结，例如《考工记》就记录了当时各种手工艺的操作经验和各种重要器物的制作规范。这时新的器械正不断在创造，利用杠杆、滑车、轮轴的简单器械已开始应用。公输般（即鲁班）就是春秋、战国间著名的新器械的制造家，墨子也同样是个出色的新器械的制造家。据说公输般曾削竹木制成能飞的鹊，墨子认为不如工匠制造车辖有利于人民（《墨子·鲁问》）。又据说墨子也曾制作木鸢，三年而成，飞一日而败，惠施曾说："墨子大巧，巧为輗，拙于鸢。"（《韩非子·外储说左下》）又据说墨子止楚攻宋，公输般九次设置攻城的机变，墨子九拒之，公输般进攻的器械已用尽，而墨子守御的本领还有余（《墨子·公输》）。后来墨家继承着这个传统，很重视新器械和守城器械的制造，以及守城方法的探讨，《墨子》的《备城门》以下二十篇，完全论述守城的方法和防御的器械，就是后期墨家的著作。

墨家凭其手工业制造的经验和讲究自然科学的基础，提出了一种朴素的唯物的世界观，见于他们所著的《墨子》的《经上》和《经说上》。

墨家对时间、空间的理解

《墨子》的《经上》、《经下》和《经说上》、《经说下》，语句比较简要，又因长期没人整理，错脱的字较多，是《墨子》中比较难读的。近几十年来有很多学者作了校释，使我们研究起来得到很大的便利，但是各家的校释出入很大，解说还多分歧。我们认为，这些篇都是有组织有系统的文章，要分辨各家校释是否确当，主要应看这种校释是否能分段把上下文连贯起来讲通，是否符合于当时思想界应有的发展水平。从整篇《经上》和《经说上》看来，从“久，弥异时也”起，到“次，无间而不相撄也”，这一大段就是说明他们的世界观的。现在我们分节解释如下：

首先，他们对时间和空间作了解说：

> 久，弥异时也；宇，弥异所也。（《经上》）
>
> 久：合古今旦莫（读作“暮”）；宇：东西家南北。（《经说上》）

他们把时间称为“久”，认为“久”是不同的时间的总称，包括古今旦暮等不同时间，所以说：“久，弥异时也”。“久：合古今旦暮”。又把空间称为“宇”，认为“宇”是不同的空间的总称，包括东西南北等不同空间，所以说：“宇，弥异所也”。“宇，东西家南北。”既然“久”和“宇”是时间、空间的总称，范围很长很广，那么，有没有终极呢？他们认为都可以有终极的，接着说：

> 穷，或（读作“域”）有（读作“囿”）前不容尺也。（《经上》）
>
> 穷：或不容尺，不穷；莫不容尺，无穷也。（《经说上》）
>
> 尽，莫不然也。（《经上》）
>
> 尽：俱（旧误作“但”，从孙诒让校正）止动。（《经说上》）

“穷”句是承上“宇”句而言的，论“宇”的终极。他们认为：如果在“宇”的区域之前不容一“尺”（线）之物，就是空间的穷尽处。所以说：“穷，域囿前不容尺也。”《经说》为了进一步说明“穷”的涵义，把“有穷”、“无穷”作了对比的解说。“尽”句是承上“久”句而言的，论“久”的终极。他们认为：如果万物都停止了运动，没有一件东西有什么变动，莫不皆然，就是时间的穷尽，所以说，“尽，莫不然也”，“尽，俱止动”。这里肯定了时空的客观存在，认为空间是个具体有区域的东西，而且从物体的运动来说明时间的性质，这是一种对时空的朴素的唯物主义的理解。

墨家对物体运动的分析

他们怎么会对时空得到这样朴素的唯物的理解呢？这是由于他们经常从事器械的制造，从这些简单的机械运动中，意识到了物体运动和时间的密切关系。为此，他们接着对这种机械运动的过程加以分析，对各种运动方式进行分类：

《经上》：“始，当时也。”《经说上》：“始，时或有久，或无久，始当无久。”

《经上》：“化，征易也。”《经说上》：“化：若蛙为鹑。”

《经上》：“损，偏去也。”《经说上》：“损：偏也者，兼之体也。其体或去或存，谓其存者损。”

《经上》：“益，大也。”（原作“益大”，从伍非百校正）

《经上》：“儇（读作“环”），俱（旧误作“秵”，从孙诒让校正）秖（读作“柢”）。”《经说上》：“儇：昫民也。”（“昫民”二字有误，孙诒让也校正为“俱氐”）

《经上》：“库，易也。”《经说下》：“库：区穴若斯貌常。”

《经上》：“动，或（读作“域”）徙（旧误作“従”，从孙诒让校正）也。”《经说上》：“动：徧（旧误作“偏”，从孙诒让校正）祭（读作“际”）徙。者户枢免瑟（此句有错字）。”

《经上》：“止，以（读作“已”）久也。”《经说上》：“止：无久之不止，当牛非马，若矢（旧误作“夫”，从王引之校正）过楹。有久之不止，当马非马，若人过梁。”

《经上》：“必，不已也。”《经说上》：“必：谓台执者也。”

在这节中，开首的“始”是论运动的开始，末尾的“止”是论运动的停止，“必”是论运动的不停止。中间的“化”“损”“益”“儇”“库”“动”，是把运动分为六种不同方式。

他们依据简单的机械运动，分析了运动的开始、停止和不停止。当运动刚开始，还没有经过运动，也就是未经历时间，就时间来说，正当要开始经历时间，所以说：“始，当时也。”《经说》进一步加以分析，认为凡是经历若干时间的叫“有久”，未经历若干时间的叫“无久”。“始”是未经历若干时间，所以说：“始当无久。”至于运动的停止，与运动的开始不同，必须要在一点上停留若干时间，才能算停止，所以说：“止，以（已）久也。”《经说》进一步加以解释，认为停止必须“有久”，“有久”才能算“止”，“无久”只能算“不止”。如果说“无久之不止”，那是对的，如同说“牛非马”一样的正确，例如用箭射过楹（廷柱），箭没有在楹上停留若干时间，就是“无久之不止”。如果说“有久之不止”，那就错了，如同说“马非马”一样的错误，例如人走过梁（桥），每步都曾在桥上停留过一些时间，既然“有久”就不能算“不止”。他们是根据机械运动的过程，对每一个动作来进行分析的。如果一个动作长久坚持下去，才能称为“不止”，他们把这种长久不停止的动作，特称为“必”，所以说：“必，不已也”，又说：“必：谓台执也。”“台执”就是坚持不断的意思。

他们把日常所接触到运动分为六类：

（一）外表的象征变易的，叫“化”。他们说：“化，征易也。”“征”是指外表的象征，“征易”是说外表象征的变易。《荀子·正名》说：“状变而实无别，而为异者谓之化。”与此相同。因为当时缺乏生物学的知识，有一种错误的认识，认为鹑是由蛙变化而成，所以《经说》就以“蛙为鹑”作为“化”的具体例子。《淮南子·齐俗训》也曾说：“夫虾蟆、鹑，生非其类，惟圣人知其化。”《论衡·无形》也说：“岁月推移，气变物类，虾蟆为鹑，雀为蜃蛤。”这都足以说明“蛙为鹑”是古代一个很普遍的错误认识，因此墨家把它作为“化”的例子举出来。

（二）一部分物质从整体分离出去，叫“损”。他们下定义说：“损，偏去也。”《经说》又进一步阐释，把整体叫做“兼”，部分叫做“体”，所谓“偏”，就是整体中的一部分；在一个整体中，有部分离去，有部分存在，就其存在部分来说就是“损”。

（三）另外有物质附加到原来的物体上，使物体得到增大的，叫“益”。他们下定义说：“益，大也。”

（四）物体循环旋转，全部空间未动而各端所处的空间转递的，叫“环”。“环”字在古代本有循环旋转的意思。孙诒让《墨子间诂》说:“凡物有端则有本,环之为物,旋转无端,若互相为本,故曰俱柢。”

（五）在一个固定空间中物体的调换,叫“库”。他们下定义说:“库,易也。”在这种情况下,空间还是如此,外貌还是如常,而其间所藏的物品已经换易,所以《经说》解释说:“区穴若斯,貌常。”“区穴”就是指固定的空间。因为这种运动的情况如同仓库一样,便定名为“库”。

（六）一件物体所处的空间徙动,叫“动”。他们说:“动,域徙也。”“域”即指所处空间,“域徙”就是说所处的空间徙动。《经说》解释为“偏(遍)际徙”,“遍际”也指所处的整个空间。

墨家这样把物体的运动归纳为上述六种方式,企图从各种复杂的物体运动中找出统一的规律性,是对运动的一种唯物的理解。因为限于当时的科学水平,他们又根据手工业制造经验,从直接观察简单的机械运动出发,只注意到了物体外表形态的变化、数量上的增减,以及物体运动和空间的关系,忽略了物体性质在运动中的变化,就使得对客观事物变化的理解成为机械的。但是他们已能够看到物体运动和时空的密切关系,又试图对物体运动进行具体的分类和分析,不能不认为这是我国古代哲学史上的创举。

墨家对物体的测算方法的分析

《墨子》的《经上》和《经说上》,根据其手工业制造的经验,对物体运动作了分类和分析之后,紧接着,对有关空间和物体的测算方法作了分析:

《经上》:“平,同高也。”

《经上》:“同长,以正相尽也。”《经说上》:“同,捷与狂之同长也。”(“捷”、“狂”两字有误)

《经上》:“中,同长也。”《经说上》:“心中,自是往,相若也。”

《经上》:“厚,有所大也。”《经说上》:“厚:惟无所大。”

《经上》:“直(旧误作“日”,从伍非百校正),中正向(旧误作“南”,今校正)也。”

《经上》:“直,参也。”

《经上》:“圜,一中同长也。”《经说上》:“圜,规写交(旧误作“支”,从孙诒让校正)也。”

《经上》:“方,柱隅四讙也。”《经说上》:“方,矩见交(旧亦误作“支”,亦校正)也。”

《经上》:“倍,为二也。”《经说上》:“倍:二尺与尺,但去一。”

《经上》:“端,体之无厚(旧误作“序”,从王引之校正)而最前者也。”《经说上》:“端,是无同也(有错字,存疑)。”

这里,他们对空间和物体的测算方法分为九点来分析:

(一)凡是同样高度的,叫“平”。他们说:“平,同高也。”

(二)凡是同样长度的,叫“同长”。“同长”必须是二者的长度完全等同,丝毫不差的,他们说:“同长,以正相尽也。”

(三)凡是在一条直线上,从中心一点到两端终点同样长度的,叫“中”。所以说:“中,同长也。”《经说》为了清楚起见,又用“心中”解释《经》的“中”,用“自是往,相若也”来解释“同长”。

(四)凡是有大的体积的,叫“厚”。如果只有长广而没有厚度,只能构成面积,必须积厚起来,才能有大的体积,所以说:“厚,有所大也。”《经说》中“惟无”的“无”是语助词,《墨子》中常把“惟毋”或“惟无”当作“惟”用。《经说》说“厚,惟无所大”,是进一步加以申说,认为惟有“厚”才能使体积“有所大”。

(五)凡是中正方向的线,叫“直”。他们说:“直,中正向也。”这个“直”是指一般的直线。他们又说:“直,参也。”“参”是中正直立的意思(详王引之《经义述闻》卷三一),这个“直”是指垂直线。

(六)凡是从中心一点到周围的线,同长的,叫“圜”。“圜”就是“圆”。他们说:“圜,一中同长也。”“一中”是指中心一点,“同长”是指从中心一点到周围的线“同长”。《经说》说:“圜:规写交也。”是说用圆规画圆,必须旋转一周,使起终两点交合。

(七)凡是用直线、直角四面交合组成的,叫“方”。他们说:“方,柱隅四讙也。”“柱”是指直线,“隅”是指直角,“讙”是说交合,“柱隅四讙”就是说用直线、直角四面交合组成。《经说》说:“方,矩见交也。”是说“方”是用“矩”互相交合画成的。

(八)凡是一件物体与另一件物体的大小比例,成为二比一的,叫“倍”。他们下定义说:“倍,为二也。”《经说》举例加以说明,例如二尺与一尺,其间相去一尺,就是“倍”。

(九)凡是物体边线最前端的点,叫“端”。就这一点来看,无体积可言,所以说:“端,体之无厚而最前者也。”

如上所述,后期墨家对空间和物体的测算上常用到的名辞,下了定义,作了解说。“平”是指水平线,“同长”是指同样长度,“中”是指中心点,“厚”是指体积的厚度,“直”是指直线和垂直线,“圜”是指圆形,“方”是指方形,“倍”是指比例,“端”是指物体边线上最前端的点。《墨子·法仪篇》说:“百工为方以矩,为圆以规,直以绳,正以县(悬),平以水,无巧工不巧工,皆以此五者为法。”墨家就是根据当时手工业工人对空间和物体的测算方法，作了具体的分析，成为我国古代几何学的萌芽。

墨家对物体构成的分析

《墨子》的《经上》和《经说上》，在对物体的测算方法作了分析之后，紧接着，就讨论到物体的如何构成了。对物体的测算，只是测算其面积和体积；对物体构成的探讨，就要分析到物体内部的组织构成。他们根据手工业制造的经验，以及对各种物体的直接观察，认为各种物体是由具有各种不同属性的物质，经过不同的组织结合方式而构成的。

《经上》："有间，中也。"《经说上》："有间（旧误作"闻"，从毕沅校正），谓夹之者也。"

《经上》："间，不及，旁也。"《经说上》："间（旧误作"闻"，从毕沅校正），谓夹者也。尺，前于区穴而后于端，不夹于端与区穴（旧误作"内"，从毕沅校正）。及，及非齐及之齐也。"

《经上》："纑，间虚也。"《经说上》："纑，虚也者，两木之间，谓其无木（两"木"字旧误作"木"，从章太炎校正）者也。"

《经上》："盈，莫不有也。"《经说上》："盈，无盈，无厚；盈（旧脱，今校增），于尺无所往而不得。"

《经上》："坚白，不相外也。"《经说上》："坚白（"坚"旧错在"二"字下，"白"字旧脱，今从孙诒让增补并移上）：得二异处，不相盈，相非，是相外也。"

《经上》："撄，相得也。"《经说上》："撄，尺与尺俱，不尽；端与端俱（"与"旧误作"无"，"俱"旧误作"但"，从张惠言校正），尽；尺与端俱

(“端”字旧脱至句末，从孙诒让移上)，或尽或不尽；坚白之撄，相尽；体撄，不相尽。”

《经上》：“仳(旧误作“似”，从孙诒让校正)，有以相撄，有不相撄也。”《经说上》：“仳，两有端而后可。”

《经上》：“次，无间而不相(旧误作‘撄’，从孙诒让校正)撄也。”《经说上》：“次，无厚而后可。”

从这节文句的结构及其相互关系来看，“有间”、“间”、“纑”三句该是一组，“有间，中也”和“间，不及，旁也”是有关的，“纑，间虚也”又和“有间”、“间”两句相关，这三句是论物质有空隙的组织构成方式；“盈”和“坚白”两句又该是一组，“坚白，不相外也”是用来具体说明“盈”的，《经说》把“相外”解释为“不相盈”，可以证明，这两句是论物质相混合的组织构成方式；“撄”句是论物质相连结的组织构成方式，《经说》曾把“撄”分为“相尽”和“不相尽”二种，“相尽”的一种和“盈”相同，曾谈到“坚白之撄，相尽”，与上“盈”句有联系；“仳”句是论物质不规则的组织构成方式，主要表现在“有以相撄”和“有不相撄”，与上“撄”句有联系；“次”句是论物质有序列的组织构成方式，特点是“无间而不相撄”，与上“有间”等句和“撄”句有联系。这一段文字虽然很简要，但是结构很严密，我们只要很细致地比较分析，就不难看出他们的原来意思。现在分别解释如下：

(一) 物质有空隙的组织构成方式：他们认为这种组织方式，至少有三部分：居中的部分叫“有间”，所谓“有间，中也”；它是被两旁的部分夹在中间的，所以《经说》又说：“有间，谓夹之者也。”居于两旁的部分叫“间”，它不与居中的部分(即“有间”)相连及，其间是有空隙的，他们说：“间，不及，旁也。”它是夹着居中部分的，所以《经说》说：

“间，谓夹者也。”《经说》为了进一步说明，举了个例子。例如“尺”（物体的边线）是在“区穴”（物体的面积）之前，又在“端”（物体边线前端的点）之后的，这就不能称为“夹”，不能说“尺”是夹在“端”和“区穴”之间，因为“端”既和“尺”连及在一起，“尺”又和“区穴”连及在一起，其间没有空隙。《经》文“不及”的“及”，是指连及的意思，不是“齐及”的意思，因此《经说》为了防止误解起见，又注释说：“及，及非齐及之及也。”至于“有间”和“间”之间的空隙部分，他们定名为“纑”，所以说：“纑，间虚也。”《经说》为使人了解起见，以麻布为例：在麻布的组织结构中，“朩”（麻线）与“朩”之间有“无朩”的空隙部分，这种空隙就是“虚”。总之，他们认为有一种物体的组织结构是有空隙的，至少有三个部分组织而成，居中的部分叫“有间”，居两旁的部分叫“间”，“有间”和“间”之间的空隙叫“纑”。

（二）物质相混合的组织构成方式：这种方式他们称为“盈”。“盈”是说在一件物体之内各种不同物质相互混合的，也就是说在一件物体内各种物质到处都存在的，所以他们说：“盈，莫不有也。”他们认为这种组织方式，是使物体积厚的基本方式之一，所以《经说》说：“无盈，无厚。”“盈”这种组织方式，使得各种物质在物体的边线以内到处充满，到处都能找到，所以《经说》又说：“盈，于尺无所往而不得。”“于尺”是指物体边线以内。他们为了进一步说明起见，举出“石”为例。例如“石”这种物体，就是由有“坚”的属性的物质元素和有“白”的属性的物质元素，经过“盈”的组织方式结构而成。在“石”的内部，“坚”中包含着“白”，“白”中又包含着“坚”，互相充盈，不相排斥，就构成了“石”这种物体，所以他们说：“坚白，不相外也。”《经说》又从反面加以解释说：如果“坚”“白”二者分离而异处，彼此不“相盈”，而互相排斥，这就是“相外”了。

（三）物质相连结的组织构成方式：这种方式他们称为“撄”，他们说：“撄，相得也。”“相得”就是相互连结的意思。这种组织方式有“相尽”和“不相尽”两种，“相尽”是说完全互相连结在一起的，这就和“盈”的组织方式相同，例如“石”中“坚”和“白”的相“撄”，就是属于“相尽”的一种；“不相尽”是说不完全互相连结在一起的，也就是只有部分连结在一起，所以《经说》说：“坚白之撄，相尽；体撄，不相尽。”“体”在《经上》是部分的意思，“体撄”是说部分的连结，部分连结是属于“不相尽”的一种。《经说》又以“尺”（线）和“端”（点）的相“撄”来加以说明，认为线与线相连结，是“不相尽”的；只有点和点连结，才能“相尽”；若是线和点连结，就有些“相尽”，有些“不相尽”。所以说：“尺与尺俱，不尽；端与端俱，尽；尺与端俱，或尽或不尽。”总之，他们认为在一个物体中，各种物质采用“撄”的组织方式，如果是点点都相连结的，就属于“相尽”的一种，就和“盈”的方式相同，例如“石”中的“坚”、“白”就是如此。如果是点和线交叉地连结的，就属于“不相尽”的一种。

（四）物质不规则的组织构成方式：他们把这种方式称为“仳离”的“仳”。其组织的不规则，主要表现在一个物体中，各种物质之间，既有彼此互相连结的部分，也有不相连结的部分，所以说：“仳，有以相撄，有不相撄也。”在这样不规则的组织结构中，必须有彼此连结的一端，也有彼此不相连结的一端，所以《经说》说：“仳，两有端而后可。”

（五）物质有序列的组织构成方式：这种组织方式是在一个平面上，各种物质很有秩序地排列着，其间既没有空隙，也不相连结，他们说:“次,无间而不相撄也。”这样的组织方式必须使各种物质平行地排列,不连结积厚起来,所以又说:“次,无厚而后可。”

从《经上》和《经说上》这节文句的相互关系来看,我们认为应作如上的解释。否则,其中谈到“坚白不相外也”、坚白的“相盈”、“坚白之撄”等,都无法得到合理的解说。这是他们根据手工业制造的经验,直接观察各种物体的组织,企图找出各种物体内物质元素构成的各种组织方式,来说明万物构成的原理的,就这样创造了一种万物构成的学说,这是我国古代除了五行学说以外另一种朴素的唯物世界观。

墨家与名家的争论

上述墨家的朴素的唯物世界观,在当时学术界是一种创见,曾引起名家如惠施、公孙龙等的争辩。其中争辩最激烈的,是“坚白”在“石”中是相“盈”的还是相“离”的问题。

墨家在他们万物构成的学说中,认为“盈”的方式是万物构成的基本方式之一,并且举出“坚”“白”在“石”中相“盈”的实例来加以说明,认为“石”是由有“坚”的属性的物质元素和有“白”的属性的物质元素互相混合而构成的。名家就针对这个实例来加以辩难,他们认为眼只能看到“白”而不能看到“坚”,手只能摸到“坚”而不能摸到“白”,表明“坚”“白”是彼此分离的。这个辩论大概在惠施时已经开始,《庄子》就曾说惠施“以坚白鸣”(《德充符》),“以坚白之昧终”(《齐物论》)。到后来,公孙龙就著有《坚白论》,专门和墨家争辩。《坚白论》中设有主客对辩,其中所设的主张“盈坚白”的“客”,实际上就是指后期墨家,其引用的“客”的话,就见于《墨子》的《经上》和《经下》。

目前一般的看法，认为“坚白”问题的争论，首先是由于名家提出了“离坚白”的见解，割裂了人的认识作用的统一性，分裂了物体属性和物体本身的联系，把“坚”“白”说成脱离“石”而独立存在的，提出了“离坚白”的诡辩的论题，因而引起墨家的反驳。墨家坚持物体属性和物体本身的内在联系，提出了“盈坚白”的学说。根据我们上面对墨家的世界观的分析，可知墨家把“盈坚白”作为他们物体构成的学说中一个具体实例提出来，是他们物体构成学说中一个重要组成部分，决不是为了专门反驳名家“离坚白”之说而提出来的。从名家、墨家争辩的过程来看，这个论题应该首先由墨家提出的，引起了名家的反驳和互相争辩，公孙龙的《坚白论》也正针对墨家的论点，加以反驳，并申说其“离坚白”的学说的。

墨家曾对时间、空间加以解说，对空间和物体的测算方法加以阐释，对物体的运动和组织构成加以分析；与墨家争辩的惠施，也同样是善于对万物解说的。《庄子·天下篇》曾说“黄缭问天地所以不坠不陷、风雨雷霆之故，惠施不辞而应，不虑而对，遍为万物说”；而且把惠施的整个学说称为“历物之意”，“历”就是“分别历说”（《经典释文》）的意思，也就是“遍为万物说”。可见惠施和墨家争论的，正是对宇宙万物的看法。《庄子·天下篇》引惠施“历物之意”说：

> 至大无外，谓之大一；至小无内，谓之小一，无厚不可积也，其大千里。天与地卑，山与泽平。日方中方睨，物方生方死。大同而与小同异，此之谓小同异；万物毕同毕异，此之谓大同异。南方无穷而有穷。今日适越而昔来。连环可解也。我知天下之中央，燕之北、越之南是也。

这里谈的正全是对宇宙万物的看法。惠施否定墨家对宇宙万物所作的具体分析，提出了许多相对的概念。其“大一”“小一”之说，认为空间大小是相对的，用来反对墨家有关空间的解说；其“南方无穷而有穷”之说，认为空间的“无穷”和“有穷”是相对的，用来反对墨家有关空间“有穷”、“无穷”的解说；其“天与地卑，山与泽平”之说，认为“平”和不“平”是相对的，用来反对墨家“平，同高也”之说；其“天下之中央，燕之北、越之南”之说，认为“中”或不“中”是相对的，用来反对墨家“中，同长也”之说；其“无厚不可积也，其大千里”之说，认为“厚”和“大”的关系是相对的，用来反对墨家“厚，有所大也”之说；其“日方中方睨，物方生方死”，“今日适越而昔来”之说，认为时间的长短和顺序都是相对的，用来反对墨家对时间的明确的解释；其“连环可解也”之说，认为连环的旋转是不连续而可分解的，用来反对墨家“环，俱柢”之说；其“小同异”、“大同异”之说，认为同异是相对的，用来反对墨家对同异的分辨。

前面谈过，墨家认为：如果说“牛非马”是当然对的，如果说“马非马”是当然错的，而公孙龙提出了“白马非马”之说；墨家有“盈坚白”的物体构成学说，而公孙龙竭力反驳，坚持“离坚白”之说；墨家认为“若矢过楹”是“无久之不止”，而名家却说：“镞矢之疾，有不行不止之时”（见《庄子·天下篇》）；墨家认为“圜，规写交也”，“方，矩见交也”，而名家却说：“规不可以为圆”，“矩不方”（见《庄子·天下篇》）。

总之，名家与墨家之间争论的，主要应该是对宇宙万物的看法。首先由于墨家提出了一种朴素的唯物的世界观，并对时空和物体的各方面进行具体分析，建成了自己学说的体系；而名家采用主观的观点，提出种种相对的看法，用来反对墨家的唯物学说。无疑的，这是战国时代学术界一场关于世界观的思想斗争。在这场争辩中，墨家发展了他们的唯物的认识论，又发展了逻辑学，使我国古代逻辑学发展到了高度的水平，对我国古代学术的发展作出了重大贡献。

（原载《文史》第一辑，1962 年出版）

名家考原

冯友兰著《原名法阴阳道德》，刊《清华学报》十一卷二期，以为名家之学，出于讼师，其说似矣，然犹未审也。名家者流，盖出于法律家乎？

《吕览·离谓篇》曰："郑国多相县以书者，子产令无县书，邓析致之；子产令无致书，邓析倚之；令无穷，则邓析应之，亦无穷矣。是可不可无辨也。"又曰："子产治郑，邓析务难之，与民之有狱者约，大狱一衣，小狱襦裤，民之献衣襦裤而学讼者不可胜数。以非为是，以是为非，是非无度，而可与不可日变，所欲胜因胜，所欲罪因罪，郑国大乱，民口讙哗，子产患之，于是杀邓析而戮之，民心乃服，是非乃定，法律乃行。"《荀子·宥坐篇》亦云："子产诛邓析、史付。"是邓析固为一讼师，以变乱法律而为子产所诛也。然据《左传》，昭公二十年子产卒，定公九年"驷歂杀邓析而用其竹刑，君子谓：子然于是不忠。苟有可以加于国家者，弃其邪可也。《静女》之三章，取彤管焉。《竿旄》何以告之，取其忠也。故用其道，不弃其人。"是邓析非子产所杀，且为制作刑法之人，而非变乱法律者也。《左传》昭公六年郑人铸刑书，叔向诒子产书曰："民知有辟，则不忌于上，并有争心，以争于书，而侥幸以成之，弗可为矣。"昭公二十九年，晋人铸刑鼎，仲尼曰："民在鼎矣，何以尊贵?"盖春秋战国之间，列国已多进用士民，抑制贵族，法律既公布于民人，民人生杀之权，遂不得由贵族之喜怒而定，民人亦得据法律以争之，贵族之尊严权势乃为之大损，故叔向、孔子以为弗可也。邓析之竹刑，殆较子产之刑书与晋之刑鼎为详备，已非鼎之所能铭，于是不得不著之于竹简。法律愈详备，贵族之权势愈减削，故邓析制作竹刑，终不免为贵族所忌害，亦犹吴起、商鞅之变法而终不得其死。此等变法人物，虽获咎于贵族而不得其死，然大势所趋，主政者犹不得不取其法而用之，此所以驷歂杀邓析而用其竹刑欤? 名家之魁首，除邓析外，尚有惠施。惠施位至相国，当更非讼师之流亚也。《吕览·淫辞篇》曰："惠子为魏惠王为法。为法已成，以示诸民人，民人皆善之。"是惠施亦一法律家也。法律之公布，减削贵族之权势，甚有利于民人，故民人皆善之。《爱类篇》又云："匡章谓惠子曰：公之学去尊，今又王齐王，何其到也?"惠子曰："大者可以王，其次可以霸也，今可以王齐王而寿黔首之命，免民之死，是以石代爱子头也，何为不为?"盖惠施所习，为法律之学，法律本所以去尊者，故仲尼曰：民在鼎矣，何以尊贵?

邓析、惠施本为法律家而世谓之辩者或名家者，何也? 盖法律所以明是非，审治乱。欲明是非，欲审治乱，必待明辨而后可。《墨子·小取篇》曰："夫辩者，将以明是非之分，审治乱之纪，明同异之处，察名实之理，处利害，决嫌疑。"《荀子·正名篇》亦曰："辨说也者，心之象道也。心也者，道之工宰也。道也者，治之经理也。心合于道，说合于心，辞合于说，正名而期，质请而喻，辨异而不过，推类而不悖，听则合文，辨则尽故。”又曰：“辨说也者，不异名实以喻动静之道也。”是法律之订定，贵乎能明辨，而明辨是非异同，又贵乎正名实。法律家之所以名为“名家”者，职此故欤？《战国策·赵策》：“客有难者，今臣有患世夫刑名之家，皆曰白马非马也已。”白马非马本名家言，而又名之为刑名家者，盖刑名即形名。《韩非子·主道篇》曰：“道者，万物之始，是非之纪也。是以明君守始以知万物之源，治纪以知善败之端；故虚静以待令，令名自命也，令事自定也，虚则知实之情，静则知动者正。有言者自为名，有事者自为形，形名参同，君乃无事焉。”是韩非亦以正名为政治之工具，名为实宾，实为名主，名初由形而生，既生则又与形为二，按形固可求名，循名亦可责实。《扬权篇》又曰：“君操其名，臣效其形。盖君既操其名而责之，臣必效其形以合之。形名参同，事乃可治。”是参同形名，固战国政治家、法律家所主之说也。

名家初以定法律而审名实，其末流遂为讼师而乱名实，乃至专决于名而失人情，专以反人为实而欲以胜人为名，故《韩非子·问辩篇》云：“坚白无厚之词章，而宪令之法息。”“坚白无厚”本名家之词，《韩非》谓名家之词彰而宪令之法息者，必名家末流尝有为讼师如《吕览》所述邓析然者。邓析初不必为讼师，《吕览》云然者，殆《吕览》作者以名家末流之行为附会之耳。

名家所定之法律及讼词，今多不传于世。诸子书所称引者，无非坚白异同有厚无厚之辨，其说多与《墨经》相背驰。《墨经》曰：“宇，弥异所也。”而惠施曰：“至大无外，谓之大一；至小无内，谓之小一。”《墨经》曰：“穷或有（域囿）前不容尺也。”而惠施曰：“南方无穷而有穷。”

《墨经》曰："平，同高也。"而惠施曰："天与地卑，山与泽平。"《墨经》曰："中，同长也。"而惠施曰："我知天下之中央，燕之北、越之南是也。"《墨经》曰："圜，一中同长也。"而惠施曰："规不可以为圆。"《墨经》曰："方，柱隅四讙也。"而惠施曰："矩不方。"《墨经》于同异，界说甚明。而惠施曰："大同而与小同异，此之谓小同异；万物毕同毕异，此之谓大同异。"《墨经》曰："始；当时也。止，以已久也。"而惠施曰："日方中方睨，物方生方死。今日适越而昔来。秦齐袭。"《墨经》曰："坚白不相外也。"而《公孙龙》有"离坚白"之辩。《墨经》曰："厚有所大也。"而惠施曰："无厚不可积也，其大千里。"盖以《墨经》之文，界说严明，有类法律条文，名家乃以其辩难法律之方术施之于《墨经》，以相攻击耳。名家之辩辞，颇似希腊诡辩家之诡辩。诡辩家周游各地，崇尚口辩，所以攻击当时之探讨宇宙论者。而名家亦然。亦所以辩难当时论及宇宙之墨家。章行严作《名墨訾应考》，以为此墨家驳难名家，实宾主颠倒也。冯友兰谓坚白无厚之辩，乃法律条文咬文嚼字之解释，说亦未是。坚白无厚之辩，与法律条文何涉？

《汉书・艺文志》谓名家者流，出于礼官。其说虽不尽然，实亦有至理。吕师诚之云：盖礼主差别，差别必论其由，深求差别之由，是为名家之学。督责之术，必求名实之相符，故名法二家，关系殊密也（见《先秦史》）。案法家实即政治家，名家本为法律家，关系固至密切，古者礼不下庶人，刑不上大夫，礼仪本大夫所行之法则，而刑法乃为管理庶人之法则。法则之规定，必待明辨，故孔子曰："名不正则言不顺，言不顺则事不成，事不成则礼乐不兴，礼乐不兴则刑罚不中。"《荀子・正名篇》亦云："后王之成名，刑名从商，爵名从周，文名从礼。"礼仪既为贵族本身事，故本有较明确之规定，而于管理庶人之刑法，原多随贵族之喜怒而定，初甚疏略，及乎春秋战国之世，贵族解体，士民勃兴，列国之治法大变，刑法乃亦相率制作而公布，于是政治家、法律家乃应运而起。法家、名家之学，盖皆有其时代之背景也。

（原载《群雅》第二集第二卷，1941 年 4 月出版）

名家言释义

名家者流，司马迁《史记》置为六家之一，班固《汉书》置为九流之一，盖自有其一贯之学术思想，卓然成一家之言者也。名家之言，今所存者惟《公孙龙子》六篇及散引于《庄子》、《荀子》。《公孙龙子》六篇，其首篇《迹府》，为后人所增益，其论"白马""指物""通变""坚白""名实"五篇，亦不足以尽名家之学；而《庄子》、《荀子》所散引者，又多负伦反类，虚诞不可解。前人解之，多以意说；近人信名家祖述《墨经》之说，释之者，又往往以《墨经》相比附。于是其义益歧。

以名家惠施、公孙龙辈为祖述《墨经》者，盖自晋鲁胜始。鲁胜《墨辩注叙》曰："墨子著书，作辩经以立名。惠施、公孙龙祖述其学，以正刑名显于世(刑本作别，依孙校)。"张惠言解《墨子·经说》，亦从此说。其《墨子经说解后》云："今观《墨子》之书，《经说》，大、小《取》，尽坚白异同之术；盖纵横名法家惠施、公孙龙，申、韩之属皆出焉。"而孙诒让《墨子间诂》则云："以下四篇(《经》上、下，《经说》上、下)，皆名家言。……其坚白同异之辨，则与《公孙龙》书及《庄子·天下篇》所述惠施之言相出入。……据庄子所言，则似战国时墨家别传之学，不尽墨子之本旨。”孙氏盖已略知名墨之不同，但以坚信惠施、公孙龙祖述《墨经》之说，故强以《墨经》为墨家别传之学，而谓非墨子自著；孙氏亦略知《墨经》与施、龙之不同，故虽以为名家言，而又以为与施、龙之言相出入也。而胡适不察，于其《中国哲学史大纲》，竟另立“别墨”一章，混同名墨两家。以《庄子・天下篇》所称：后世墨者，“倍谲不同，相谓别墨”之“别墨”为新墨，为治《墨辩》之别一派科学墨家，与旧派之宗教墨家倍谲不同。至梁启超则亦确认施、龙辈为别墨，谓其学说从《墨经》衍出；而又从孙氏之说，以为其内容颇与《经》异（见《读墨经余记》）。及章行严乃先后为《墨学谈》及《名墨訾应考》诸篇，辨明名墨之分野，而力辟胡氏混同之非。以九流名墨并称，施、龙之名隶名而不隶墨。《荀子・解蔽篇》云：“墨子蔽于用而不知文；惠子蔽于辞而不实。”亦以墨子与惠子分论，而各有所蔽也。章氏所条考，虽多未允，而此论固当而不可易也。案“别墨”者，错误之墨也！犹今言错误之字为别字。后世墨者倍谲不同，取舍相反，故自谓真墨（《韩非子・显学篇》），而谓人别墨（《庄子・天下》）。“别墨”乃任一派挖苦他家之辞，非某派之专名也。近唐钺《先秦无所谓别墨》一文（见《现代评论》第二卷第三十二期）已尝论之。如钟钟山《名家不出于墨说》（《国学丛刊》第三卷第十期）云：“《墨经》言：‘厚有所大也’，而施则言：‘无厚’；《墨经》言：‘日中正南也’，而施则言：‘日方中方睨’；《墨经》言：‘坚白不相外’，而龙言：‘坚白离’；《墨经》言：‘火热’，而龙言：‘火不热’；《墨经》言：‘狗，犬也’，而龙言：‘狗非犬’；盖《墨经》多在差异上立论，而施、龙则在无差异上立论。”此论除论“日”一事，不相应外，余亦确当。贺昌群《上古哲学史上的名家》与《所谓墨别墨》一文

(《东方杂志》第二十四卷第二十一号),亦以《墨子·大取篇》之“非曰马焉,置驹马说之;舞说非也”;《小取》篇之“白马,马也”为驳公孙龙之“白马非马”说,亦允审。

至谭戒甫《论晚周形名家》亦认《墨经》之言“心意”“目见”“矩方”“火热”,与公孙龙辈之“意不心”“目不见”“矩不方”“火不热”之说相訾;惟仍以名墨为一派而另立公孙龙辈为形名家(见《文哲季刊》第一卷第一号)。《战国策·赵策》云:“今(秦)当非齐宣王之余也;精兵非有富韩劲魏之库,而将有田单司马之虑也;收破齐罢楚弊韩与不可知之赵,欲以穷秦折韩,臣以为至误。臣以从一不可也。客有难者:今臣有患于世夫刑名之家,皆曰:‘白马非马’也已,如白马实马,乃使有白马之为也;此臣之所患也。”“白马非马”之论,固出自公孙龙辈,则公孙龙辈固形名之家也。然不知名家即形名家之简称耳(见伍非百《整理名家言序》)。

如右论列,则近人于名墨之异,皆能辨之矣;惟钱穆《百科小丛书·墨子》,犹为胡适辩护。其言曰:“惠施《历物》:‘日方中方睨,物方生方死,万物毕同毕异’,公孙龙:‘物莫非指,而指非指’,不能说自为訾应。姑退一步照梁氏‘施、龙之说颇与经异’,则《庄子·天下篇》已说明一辈亦自有异同,‘相谓别墨’。”钱氏所引施、龙之说,固非自为訾应,盖两可之说也。夫《墨子》经上、经下两篇,旨趣不同,辞亦迥异,《经上》举名拟实,文皆界说,非“相谓别墨”之辩辞,更绝无两可之说,其于宇宙人生以及名实之理,无不作系统之叙述,盖墨学纲要之所在,其旨非仅同《荀子》之《正名》而已,固后世墨者所俱诵者也;《经下》虽皆辩说,然其旨全在维护《经上》之说,亦未见有两可之辞也。《经上》一篇,为墨学纲要之所在,故为辩者所驳难;《墨经》既为辩者所难，故不得不出而辩护矣。《经下》之辞，当为辩护时某派领袖之所为，而其徒以之为辩护之根据者；故亦尊之为经。为别于俱诵之《墨经》，乃以俱诵之《墨经》为《经上》，而以此为《经下》。《墨经》辞约旨博，故后人多难索解，此亦后世墨者自互倍谲不同之主因，《韩非子》所谓“书约而弟子辩”也。名墨之相訾，当以名家（辩者）为主动，名家辩难墨家，而墨家更辩护之也。胡适、钱穆混同名墨两家，其说固非；章行严以墨家驳难名家，亦宾主颠倒，未明相辩之迹象也。《墨经》云：

彼，不可两可也。（《经》）

彼：凡牛枢非牛，两也。无以非也。（《经说》）

辩，争彼也。（《经》）

辩：或谓之牛，或谓之非牛，是争彼也。是不俱当。不俱当，必或不当。不若当犬。（《经说》）

“彼”句本作：“攸不可两不可也”。“攸”依《说》校“彼”，固不待言；孙诒让以“彼不可”为读，释云：“言既有彼之不可，即有此之不可，是彼此两不可也。”其释与经说不合。梁启超校删“不可”两字，而作：“不可两也”。以为研究之对象两歧，无以为辩论之地。然则下句云：“辩，争彼也。”如梁说，则辩在争研究对象之不可两歧，义有未当。鲁胜《墨辩注叙》云：“名必有分，察形莫如别色，故有‘坚白’之辩；名必有分，明分莫如有无，故有‘无序’之辩；是有不是，可有不可，故有‘两可’之辩；同而有异，异而有同，是之谓‘辩异同’；至同无不同，至异无不异，是之谓‘辩同’‘辩异’。”此所谓“坚白”，即指“坚白不相外也”句；此所谓“无序”，即指“端，体之无序而最前者也”句；此所谓辩同异，《墨经》亦皆有专论。惟“两可之辩”，今本《墨经》无之；窃意此句当校删一“不”字，而作“彼，不可两可也”。彼者，道也；客观的真理之意。言天下有是非之真，可者是之，不可者非之，不可两可也。墨家尚实，严是非之辩，故以辩之功用，所以争客观之真理。《非命上》云：“辩论必立仪，言而有仪，……是非利害之辩，可得而知也。”足以证之。譬若一物，或谓之牛，或谓之非牛，二者必不能两可而俱当，其中必有不当者在也；不若以狗当犬，则俱可当也。《经说下》云：“同，或谓之狗，或谓之犬也。异则或谓之牛，或谓之马也。俱无胜，不辩也。辩也者，或谓之是，或谓之非。当也者，胜也。”足以证之。明乎此，亦可知名墨于辩之根本观念，绝然不同名家。不察名之大小，操两可之说，专以巧譬为辩。后世墨者，虽各有异，然亦未尝操两可之说。钱氏所举施、龙两可之说，与名墨之相訾不同，不容并为一谈也。

墨家尚实尚同，以为天下宜有惟一之公理，不可“人是其义而非人之义”（《尚同中》）。故必有俱诵之《墨经》，以统一其思想；必有听命之巨子，以统一其行为。名家则不然，以为天下非有公是也，而天下皆尧也可（见《庄子·徐无鬼》惠施说）。故在在操两可之说，而与人辩难。墨家之认识，可名为经验论，其论知之第四步云：

> 恕，明也。（《经》）
>
> 恕：恕也者，以其知论物而知之也著。若明。（《经说》）

以为将接得之印象，加以综合分析之研究，然后能显著明了。若见物而不仅知其一端，且能明察其具体。若见石而得白之印象，须与拊石而所得坚之印象综合，然后成石之概念也。名家之认识，可名为直觉论。《庄子·秋水篇》云：“庄子与惠子游于濠梁上，庄子曰：‘鯈鱼出游从容，是鱼之乐也。’惠子曰：‘子非鱼，安知鱼之乐也。’”惠施以为鱼之出游，知鱼出游而已，吾人非鱼，安知鱼乐也。此二者根本之认识论，已相反若是，宜其有激烈之辩论也。《庄子·德充符》云："惠子谓庄子曰：'人故无情乎？'庄子曰：'然。'惠子曰：'人而无情，何以谓之人？'庄子曰：'道与之貌，天与之形，恶得不谓之人？'惠子曰：'既谓之人，恶得无情？'庄子曰：'是非吾所谓情也。吾所谓无情者，言人之不以好恶，内伤其身，常因自然，而不益生也。'惠子曰：'不益生，何以有其身？'庄子曰：'道与之貌，天与之形，无以好恶，内伤其身，今子外乎子之神，劳乎子之精，倚树而吟，据高梧而瞑，天选子之形，子以'坚白'鸣。"庄子道自然，故主无情；惠子论直觉，故力主有情也。

《墨经》所论，近人多以科学附会之，既不合进化之历程，又不能通贯本书之思想，窃尝力斥其谬。古代希腊，初亦未有科学，而附于哲学中；《墨经》之时，其科学当亦未离哲学而独立成科；诸家所附会科学者，实即宇宙论也(见拙作《墨经宇宙论考释》)。名家之琦辞，亦颇似希腊诡辩家之诡辩。诡辩家起于公元前四世纪，周游各地，崇尚口辩；先秦名家起于公元前三世纪，亦周游各地，好治怪说，《荀子·儒效篇》所谓"率其群徒，辩其谈说，老身长子，不知恶也"。希腊之诡辩家，所以攻击当时探讨宇宙论者；先秦之辩者亦然，亦所以攻击论及宇宙之墨家。其两可之说，欲以饰人之心，胜人之口也。《庄子·齐物论》云："昭文之鼓琴也，师旷之枝策也，惠子之据梧也，三子之知几乎！皆其盛者也。故载之末年。唯其好之也，以异于彼；其好之也，欲以明之；彼非所明而明之，故以'坚白'之终。"惠施好治怪说，玩琦辞，故必欲异于墨家及众人，然终不为墨家及众人所明，不能服人之心也。墨家尚实最力，而名家则以两可之说攻之，故《荀子》称其"蔽于辞而不知实"；司马谈称其"专决于名而失人情"；《庄子》亦称其"以反人为实，而欲以胜人为名"。名家之辩，既在驳墨家宇宙论；宇宙论所论，即在时间之历程与静物之组合，故《庄子·天下》总其所辩之十事曰："历物之意"。"历"指"宙"而言，"物"指"宇"而言。名家之学，既欲求胜于人，故其言不能不立异；其认识论既基于主观性，故其说不能无放。胡适、郭沫若等强以科学附会之，以为合乎科学之理，盖未明名家之哲学思想也（分别见于胡适《中国哲学史大纲》和郭沫若《文艺论集》）。

虽然，人类之处境各殊，以各殊之处境，以各殊之时间，以识事物之特殊相，决不能绝对的或普遍的。限于个人或时间或处境之认识，无论如何综合，决不能使之普遍或绝对。但直觉之认识论，终无法尽去其经验上成立之种种认识，故不从经验成立认识，则直觉亦将失其所据也。名墨两家之学，苟衡之以近世哲学思想，自以墨家为当；然名家之言，亦不失为一道也。

古籍载名家之言者，以《庄子·天下篇》较详。《天下篇》云："惠施多方，其书五车，其道舛驳，其言也不中。"历物之意如下：(1)至大无外，谓之大一；至小无内，谓之小一。(2)无厚不可积也，其大千里。(3)天与地卑，山与泽平。(4)日方中方睨，物方生方死。(5)大同而与小同异，此之谓小同异；万物毕同毕异，此之谓大同异。(6)南方无穷而有穷。(7)今日适越而昔来。(8)连环可解也。(9)我知天下之中央，燕之北、越之南是也。(10)泛爱万物，天地一体也。

《天下篇》还指出："惠施以此为大观于天下而晓辩者。天下之辩者相与乐之。"其意还有：(11)卵有毛。(12)鸡三足。(13)郢有天下。(14)犬可以为羊。(15)马有卵。(16)丁子有尾。(17)火不热。(18)山出口。(19)轮不蹍地。(20)目不见。(21)指不至，至不绝。(22)龟长于蛇。(23)矩不方，规不可以为圆。(24)凿不围枘。

(25)飞鸟之影,未尝动也。(26)镞矢之疾,而有不行不止之时。(27)狗非犬。(28)黄马,骊,牛:三。(29)白狗黑。(30)孤驹未尝有母。(31)一尺之棰,日取其半,万世不竭。最后结语为辩者以此与惠施相应,终身无穷。

近人释此,颇不允当。前司马彪释"龟长于蛇"云:"蛇形虽长,而命不久;龟形虽短,而命甚长。"而俞樾驳之曰:"蛇形虽长,而命不久;龟形虽短,而命甚长;则不以形而以寿言,真为龟长蛇短矣。殊非其旨。"胡适于"龟长于蛇""丁子有尾""马有卵",释以生物进化之论;则亦真为"龟长于蛇""丁子有尾""马有卵"矣。岂其旨哉?至如章炳麟云:"大未有不可庼,小未有不可分,虽无利器致之,校以算术可知也。诸在形者,至小为点,……引点以为线,……此线以为面,絫面以为体,……点者非自然生,犹面之积已;故因而小之点复为体,谓之小一可也。点复可折絫下而点无尽,以为无内非也;因而巨之体复为点,谓之大一可也。"(《国故论衡·明见》)则亦真为数学之理,非"蔽于辞"而"决于名"者矣,亦非其旨。形名家之所以为形名之家者,盖以其专决于形名而失乎实也。至钱穆之说(见《苏中校刊》第四十三、四十四期),章行严之以墨辩名,皆未合学术情势也。爰依学术情势,释之如下。海内不乏治斯学者,幸为比观而裁定之。

(一) 辩大小一体 (1)(13)

《墨经》论宇宙之涵义云:

久,弥异时也。(《经》)

〔久〕:合古今旦莫。(《经说》)

〔宇〕,弥异所也。(《经》)

〔宇〕:东西家南北。(《经说》)

此实普遍之说，《淮南子·齐俗训》亦云："四方上下谓之宇"，"古今往来谓之宙"。《墨经》论宇但云四方而不言上下者，或《墨经》之所谓宇，指地面言；非今日科学上之所谓"空间"也。《墨经》以"宇"乃全部地面之总称，合东西南北四方。而惠施乃操此两可之说辩之曰："至大无外，谓之大一；至小无内，谓之小一。"以为至大无外，包含东西南北四方，固可称宇；但如《庄子·则阳篇》云：

> 戴晋人曰："有所谓蜗者，君知之乎？"曰："然"。"有国于蜗之左角曰触氏，有国于蜗之右角曰蛮氏，时相与争地而战，伏尸数万，逐北旬有五日而后反。"君曰："噫！其虚言欤？"曰："臣请为君实之，君以意者四方上下有穷乎？"君曰："无穷"。曰："知游心于无穷，而反在通达之国，若存若亡乎？"君曰："然"。曰："通达之中有魏，魏之中有梁，梁之中有王，王与蛮氏有辨乎？"曰："无辨"。客出，惠子见君曰："客，大人也；圣人不足当之。"

蛮氏之国，处于蜗角，已小矣；蛮氏国中之王，则小至不可计矣，以梁王较之，相差至巨，然与四方上下相比，则亦无辨也。蛮氏与梁王无辨，则梁与天下亦无辨；梁可以谓之宇，小如蜗角，亦可谓之宇。蜗角可谓之宇，至小无内，亦可谓之宇也。惠施既创大小一体之说，于是辩者相应之曰："郢有天下。"以郢虽小国，亦可以谓为宇，亦可谓为有天下也。

（二）辩有无一体　（2）（11）（15）（16）（18）（31）

《墨经》论宇宙之终极曰：

> 穷，或有前不容尺也。（《经》）
>
> 穷：或不容尺，有穷；莫不容尺，无穷也。（《经说》）
>
> 尽，莫不然也。（《经》）

尽:〔俱〕止动。(《经说》)

“或”同“域”,“有”同“囿”,“或有”者,宇之边际也。宇之边际前,更不容一尺,斯则为宇之终极也。动作俱止,天下之物莫不皆然,斯则无时间性可言,“久”之终极也。在近世科学上之所谓空间时间,纯为抽象的,其结构至大而无极。而《墨经》则谓“宇”“久”乃实际的,“宇”“久”乃藏事物之“所”,物既有域囿,事亦有完毕,则“宇”“久”亦自有其终极;如古希腊之论宇宙然。古希腊之论空间,则上下四方有垠,其论时间,则古今往来有尽。盖古人尚未有若何抽象之思想,仅显示其感觉经验之境相而已。而惠施仍操两可之说辩之曰:“南方无穷而有穷。”惠施于大小,既合为体;其于有无亦然。至远之物,非吾人所能见;远处较小之物,又往往非吾人所能见,而以为无有。在近处,又安知其不然?有者既可谓之无,则无者亦可谓之有。故四方有穷可,谓四方无穷亦可。独言南方者,盖吾人之认识,不能一时兼四方也。惠施既创有无一体之说,于是辩之者相应而辩之曰:“卵有毛。马有卵。丁子有尾。山出口。钩有须。”(《庄子·天下篇》以“卵有毛”“马有卵”“丁子有尾”“山出口”四事属辩者公孙龙辈。而《荀子·不苟篇》以“卵有毛”“钩有须”二事属惠施、邓析,恐误。或荀子以此二事为名家言,但未知何人所发,遂以其著者惠施领之也)卵本无毛,马本无卵,丁子本无尾,山本无口,钩本无须,而辩者皆以有。盖相应惠施有无一体之说,以无为有也。卵固光滑,马固不生卵,丁子固无尾,山固不出口,钩固无须,然吾人非卵马等,又安知其必然?卵可生鸡,鸡有毛,卵将来可生毛,安知今日之必无毛?“丁子”者,蛙也(成玄英谓:“楚人呼虾蟆为丁子”)。在昔为幼虫时,固尝有尾,安知今日之必无尾也?卵无毛,马无卵,丁子无尾,山无口,钩无须,此特吾人所见为然，自他物观之，岂必然也？辩者既辩无为有，乃又辩有为无，其言曰："孤驹未尝有母。"既云孤驹，则今必无母，今既无母，在昔亦未必有母也。辩者更因以无为有之说辩曰："一尺之棰，日取其半，万世不竭。"盖以为一尺之棰，今日取其半，明日更取其半中之半，苟日日而取之，历万世而不竭也。历万世虽不竭，然至此决非吾人所能见，而必以为无有。此亦以无者可以为有也。

（三）辩同异一体　(3)(9)(23)(5)(27)(14)(24)(22)(29)(28)(21)

《墨经》论物之规律曰：

平，同高也。(《经》)

〔平〕：同〔者〕，以正相尽也。(《经说》)

中，同长也。(《经》)

〔中〕：楗与柱之同长也。心中，自是往相若也。(《经说》)

〔直〕，中正〔向〕也。(《经》)

直：〔齐〕也。(《经说》)

圜，一中同长也。(《经》)

圜：规写〔交〕也。(《经说》)

方，柱隅四讙也。(《经》)

方：矩见〔交〕也。(《经说》)

(此章非特有讹误，且有错简，详见拙著《墨经宇宙论考释》及《墨经写式变迁考》)。

案《墨子·法仪篇》云："一百工为方以矩，为圆以规，直以绳，正以县，〔平以水〕……皆以此五者为法。"《孟子·离娄上》云："继之以规矩准绳，以为方员平直。"《荀子·礼论篇》云："绳者，直之至；衡者，平之至;规矩者,方圆之至。"《考工记》云:"圜者中规,方者中矩,立者中县,衡者中水。"盖古者百工,皆以规矩准绳,使之方圆平直中;古百工为器物之方法只此,而古人于物之规律的概念亦只此。《墨经》之所论,盖就百工所用之法,而为之界说也。《墨经》论"平"曰:平,同高也。盖以为两物同高者谓之平;此颇实当。而惠施辩之曰:"天与地卑,山与泽平"(《庄子·天下篇》)。"山渊平,天地比"(《荀子·不苟篇》及《正名篇》)。《墨经》论"中"曰:"中,同长也"(《经》)。"中:楗与柱之同长也。心中,自是往相若也"(《经说》)。盖以为某点至两端同长者,谓之"中"。而惠施辩之曰:"我知天下之中央,燕之北、越之南是也。"《墨经》论"圜"曰:"圜,一中同长也"(《经》)。"圜:规写交也"(《经说》)。盖以为从一中点而至四周同长者,谓之圜。圜者,由规所为者也。而惠施辩之曰:"规不可以为圆。"《墨经》论"方"曰:"方,柱隅四讙也"(《经》)。"方:矩见交也"(《经说》)。盖以为柱隅四出而相杂者,谓之方。方者,以矩交成者也。而辩者辩之曰:"矩不方。"

盖辩者既以天下无公是,而仅有主观,则万物之规律,亦必无绝对之标准。天下决无绝对之"同高""同长"者,虽云"平""中",然仅相对的而已,实皆不平不中也。不平不中者,可谓之"平""中";则天与地虽远,亦可谓之比卑;山与泽虽高下,亦可谓之齐平;燕之北虽极北,越之南虽极南,亦可谓天下之中央也。非特天下无同高同长者,天下亦决无绝对的正圆正方者,圆方虽由规矩所成,然亦相对的而已,实皆非圆非方也。规所成者既不圆,则规不可以为圆矣;矩见交者既不方,矩亦不方矣。

《墨经》论此物之规律,论"平"则曰"同高",论"中"则曰"同长",论"圜"则曰"一中同长",皆基于同之绝对性。而辩者则据其主观之认识论，而力非同异之绝对性，以为是相对的。由异者而观之，则既为二物，必有异处；若由同者而观之，则同为天下之物，必有同处。故云："大同而与小同异，此之谓小同异；万物毕同毕异，此之谓大同异。"此亦名家著名之一事，所谓"合同异"（《庄子·秋水》）也。

虽然《墨经》亦并不绝对否认"万物毕同毕异"之说，但有严格之区别，不笼统言之也。《墨经》云：

同：重，体，合，类。（《经》）

同：二名一实，重同也；不外于兼，体同也；俱处于室，合同也；有以同，类同也。（《经说》）

异：二，不体，不合，不类。（《经》）

异：二必异，二也；不连属，不体也；不同所，不合也；不有同，不类也。（《经说》）

其区"同"之别为四：曰重同，曰体同，曰合同，曰类同。其区"异"之别为四：曰二而异，曰不体而异，曰不合而异，曰不类而异。类同者，以有相类之处而谓之同也；二而异者，以为既为二物，则必有不类之处也。此与"万物毕同毕异"之说相同；惟《墨经》能区而为四，不相混同，此则过于名家远矣。惠施既"合同异"，而辩者相应之曰："狗非犬。白马非马。犬可以为羊。凿不围枘。龟长于蛇。白狗黑。黄马，骊，牛：三。"《尔雅》云："犬未成豪曰狗。"狗乃未成豪之犬，犬之一种也。故狗与犬，若由异者而观之，亦相异也。白马与马亦然。《公孙龙子·白马论》云："马者，所以命形也；白者，所以命色也；命色者，非命形也。……故曰：'白马非马。'"公孙龙之说，盖以"白""马"为二名，以"形名离"也。辩者既以"白""马"为二名，则"马"为一名；二非一，则白马非马矣。白马既不同乎马，则黄马亦不同乎骊，马与牛不同,黄马与骊又不同,则黄马、骊、牛为三类矣。《墨经·经说》云:"止:无久之不止,当牛非马;若〔矢〕过楹。有久之不止,当马非马;若人过梁。"盖谓若矢之过楹,过程中绝未与他物接触,毫无时间之留滞,是为无久。既无久,当然不止。言无久之不止,与言"牛非马"相当,此乃当然之事。若人过梁,步步自为一动,每步皆触至梁,至梁必有时间之留滞,是为有久。有久当然有止。若谓有久之不止,与言马非马相当,此乃不然之事。《墨经》以"马非马"为不然,而辩者乃以为当然,故有白马非马之说也。

狗本犬,白马本马,而辩者以为狗非犬,白马非马。同者既可谓之异,则异者亦可谓之同也。犬无角,羊有角,犬与羊虽异,然犬与羊同为四足兽也。若由同者而观之,则犬亦羊也。白狗黑狗虽色有异,然而同为狗也;若由同者而观之,则白狗亦黑狗也。故《公孙龙子·通变论》云:"羊与牛虽异,羊有齿,牛无齿,而牛之非羊也,羊之非牛也,未可;是不俱有,而或类焉。羊有角,牛有角,牛之而羊也,羊之而牛也,未可;是俱有,而类之不同也。"盖羊虽有角,牛虽亦有角,然自其异者而观之,则类不同;不可谓羊即牛,牛即羊也。羊虽有齿,牛虽无齿,然自其同者而观之,则牛亦羊也,羊亦牛也。

犬可以为羊,白狗可谓之黑,则物之名词,不足表物矣。故云:"指不至,指不绝。"(《庄子·天下篇》)指者,物本无是名,指而名之也。指为犬羊者,人为之名耳;吾安知犬之非羊而羊之非犬欤(指不至)?然天下无指,物无可名,见羊指而名之羊,见犬指而名之犬,然后天下之物可得而言(指不绝)。故《公孙龙子·指物论》亦云:"物莫非指,而指非指。"

《墨经》既称圆方为规矩所为,而辩者以为矩不方,规不可以为圆。规既不可以为圆,以规所成之凿与枘,亦必不圆也。凿与枘不圆,而皆成不规则之曲线形,则凿与枘,不相围矣。

《墨经》释“中”则曰:“同长”;释“圆”则曰:“一中同长”;而辩者以为不然。天下本无绝对之同;所谓同长,亦仅相对的,非绝对之同长也。同长无绝对,则长短亦无绝对之标准矣。故辩者又曰:“龟长于蛇。”(《庄子·天下》)长短既无绝对之标准,则虽云“龟长于蛇”,亦乌乎不可?

(四) 辩古今一体　(4)(7)(25)(26)(8)

《墨经》分动作为三部:“一为开始,二为历程,三为停止。”具体如下:

1. 论开始　始,当时也。(《经》)始:时或有久,或无久。始,当无久也。(《经说》)

2. 论历程　(1)论变化　化,征易也。(《经》)化:若鼃为鹑。(《经说》)(2)论损失　损,偏去也。(《经》)损:偏也者,兼之体也。其体或去〔或〕存;谓其存者,损。(《经说》)(3)论增益　〔益,大也〕(《经》)(4)论旋转　〔环,俱柢〕(《经》)〔环:俱柢也〕(《经说》)(5)论换易　〔库,易也〕(《经》)〔库:区穴若斯貌常〕(《经说》)(6)论徙动　动,或〔徙〕也。(《经》)动:〔遍〕祭〔徙〕,〔若〕户枢免〔徙〕。(《经说》)

3. 论止与不止　(1)论止　止,以久也。(《经》)止:无久之不止,当牛非马;若〔矢〕过楹。有久之不止,当马非马;若人过梁。(《经说》)(2)论不止　必,不已也。(《经》)〔必〕:必谓台执也。若弟兄一然者一不然者,必不必也,是非必也。

《墨经》以为动作之开始,不须时间;历程与停止,皆须经历若干时间;一切区别颇严。而惠施辩之曰:“日方中方睨,物方生方死。今日适越而昔来”(以上见《庄子·天下篇》)。“秦齐袭”(《荀子·不苟篇》)。以为今觉其变,而其变已古,是古今无常,时间无准也。时间既无准,则“中”“睨”“生”“死”虽异,亦可谓之同时也。“中”“睨”“生”“死”,可谓之同时;则谓,今日适越而昔来,亦乌乎不可?虽动作前后,而可谓之同时,则秦齐虽同时,亦可谓之相袭矣。惠施既辩古今往来为一体,而辩者更相应而辩动作停止为一体。其言曰:“飞鸟之影,未尝动也。镞矢之疾,而有不行不止之时。”《墨经》以为止者,乃谓此物于他物接触若干时也。而辩者以为止与不止,亦无绝然之界。吾人于动作历程中,仅就其至微不可分之点观察,则虽飞鸟镞矢,亦必尝止也。辩者既反《墨经》之说,而更就《墨经》之说而辩之曰:“轮不蹍地。”以为轮之动作,始终旋转而前进,未见有刹那之止,既未止,必未尝接触于地也。

《墨经》论整个动作历程之单位:曰化,曰损,曰益,曰环,曰库,曰动。而惠施辩之曰:“连环可解也。”《墨经》之所谓“环”,即旋转而循环不已也(《周礼·春官·乐师》注:“环犹旋也”)。故惠施亦称之为“连环”。惠施以为“环”之动作,不可为整个动作而命为单位。如从旋转之历程中,就其至微不可分之点观之,实亦停止;故“连环”实不连而可解也。

(五) 辩离坚白　(2)(12)(17)(20)

《墨经》以为万物之不同,由各种物德不同之组合。其论组合之方式有五:

(一) 有空隙之组合

有间,中也。(《经》)

〔有〕,有间谓夹之也。(《经说》)

间，不及。旁也。（《经》）

〔间〕，间谓夹者也。尺，前于区穴而后于端，不夹于端与区〔穴〕。及：及非齐及之及也。（《经说》）

纑，间虚也。（《经》）

纑：虚也的，两木之间，谓其无木者也。（《经说》）

（二）相混合之组合

盈，莫不有也。（《经》）

盈：无盈，无厚；〔盈〕，于尺无所往而不得。（《经说》）

坚白不相外也。（《经》）

坚：〔得二〕异处，不相盈相非，是相外也。（《经说》）

（三）相接叠之组合

撄，相得也。（《经》）

撄：尺与尺俱，不尽；端〔与〕端｛俱｝，尽；尺与端俱，或尽或不尽。坚白之撄相尽；体撄不相尽。（《经说》）

（四）不规律之组合

〔仳〕，有以相撄有不相撄也。（《经》）

仳：两有端而后可。（《经说》）

（五）有规律之组合

次，无间而不〔相〕撄也。（《经》）

次：无厚而后可。（《经说》）

此组合之五式中，尤以“盈”“撄”二式为最要。物德相盈相撄，然后可积而厚，若不相盈，即不能有厚；有厚然后有体积而成物。故《墨经》云：“厚，有所大也。”而惠施辩之曰：“无厚不可积也，其大千里。”以为无厚虽不可积，然物德之相次相间，其面积何啻千里也。

《墨经》既重相盈之组合，故特举一例曰："坚白不相外也。"以为如石之组合，乃坚白之相盈而成。而辩者乃为离坚白之说破之。《公孙龙子·坚白论》云："视不得其所坚而得其所白者，无坚也。拊不得其所白而得其所坚，得其坚也，无白也。"盖谓视石时得白不得坚，吾人非石，安知白之必与坚相盈？拊石得坚而不得白，吾人非石，又安知坚之必与白相盈？辩者离坚白之说，实亦据其认识之主观性。既据主观性，故主"以神见"而力非以火以目见。《坚白论》云："且犹白以目以火见，而火不见；则火与目不见，而神见；神不见，而见离。"以为有火无目，固不能见；然有目无神，亦不能见；足证见与不见，全系于神。见为动作，见既系于神，则其他一切动作，亦无不系于神。故辩者更因而辩之曰："鸡三足。目不见。火不热。"盖以为"行由足动，动由神御，今鸡两足，须神而行，故曰三足也"（司马彪说）。《公孙龙子·通变论》曰："谓鸡足一，数足二，二而一故三。""足一"者，神足也；"数足二"者，形足也。鸡足三者，盖包"神"而言，若无神，则目不能见，火亦不能热也。

惠施之说，合大小有无同异古今；故其结论曰："泛爱万物，天地一体也。"惠施据其直觉之认识论，而创其万物一体之宇宙论；更据其万物一体之宇宙论，而创其泛爱万物之人生论。《吕氏春秋·爱类篇》云："匡章谓惠子曰：公之学去尊，今又王齐王，何其到也?"惠施之人生论既在泛爱，故其论政治，必去尊也。

辩者之说，既欲以"惑人之心，屈人之口"（《列子·仲尼篇》），故不惜"饰辞以相悖，巧譬以相移"（《公孙龙子·赵序》引邹衍语）。此在先秦为创举，故人皆称其"不法先王，不是礼义"（《荀子·非十二子》），"行无师，学无友"（《列子·仲尼篇》乐正子舆语）。然其自称则曰:“先王之道,明仁义之行”(《庄子·秋水》),且自比“白马非马”于孔子之“异楚人于所谓人”(《公孙龙子·迹府》);盖昔之学者尊古贱今,欲坚人之信,必托先王而后人说也。

此外《孔丛子·公孙龙篇》载有“臧三耳”一事,近人多以“鸡三足”之例释之。甚是。《孔丛子》书伪,此事盖据《吕氏春秋·淫辞篇》。《淫辞篇》云:

> 孔穿、公孙龙相与论于平原君所,深而辩,至于“臧三牙”。公孙龙言臧之三牙甚辩;孔穿不应,少选,辞而出。明日孔穿朝,平原君谓孔穿曰:“昔者,公孙龙之言甚辩。”孔穿曰:“然几能臧三牙;虽然难,愿得有问于君——谓臧三牙甚难,而实非也;谓臧两牙甚易,而实是也。不知君将从易而实是者乎?将从难而实非者乎?

《吕氏春秋》作“臧三牙”而《孔丛子》作“臧三耳”者,心史《臧三耳辨》(《东方》第二十三卷第十七号及《古史辨》第四册)以为是伪撰《孔丛子》者所遽改,而非今本《吕氏春秋》之讹误。其言曰:“辑《孔丛》书既采及《公孙龙子》,又见《公孙龙子》有鸡三足牛羊五足等文,然与孔子高无涉;其有涉者乃《吕览》中之藏三牙说,便用鸡三足例改为臧三耳以就之。作伪之迹显然。吕书之作藏三牙,有高诱注可证。”未为当也。《孔丛》伪书,出于汉后,非高诱所及见也。高诱不察其讹,强为释义,不足以证《吕览》之不误。《孔丛》书虽伪,其校“牙”为“耳”,颇有特识;不可因其书伪而一概抹杀也。心史又解“臧三牙”曰:

> 其言藏三,则又明见于《公孙龙子》中。《坚白论篇》云:“坚白石不相分,藏三可乎?”谓石之含有坚与白,人知坚白两者,藏于石中。公孙氏《坚白论》则谓石亦藏于坚与白之中。目石不见

坚，则坚藏矣。手知石不知白，则白藏矣。然当目见白时，辨其为白，则无石之念存。手知坚时，识其为坚，亦无石之念存。石与坚白，未尝不互相藏也。互字古作𠄠，与牙字，末一笔仅有向左向右之分耳。藏三牙盖本为藏三𠄠之误。

此更无当。《公孙龙子·坚白论》，全为盈离两宗之辩论。此所引“坚白石不相外，藏三可乎”，盖盈宗论难之语。公孙龙主离宗，与其相针对。公孙龙既谓：“视不得其所坚，而得其所白者，无坚也。拊不得其所白，而得其所坚，得其坚也，无白也。”而盈宗质之曰：“天下无白，不可以视石；天下无坚，不可以谓石；坚白石不相外，藏三可乎？”盖谓白坚二德，相盈而不相外，视石拊石所不可缺；二中缺一，不能成石；故一无则三者皆无，一藏则三者皆藏。三者皆藏，则视亦不可见，拊亦不得坚矣。“藏三可乎”，言不可也；所以反质公孙龙也。而公孙龙答曰：“有自藏也。非藏而藏也。”盖谓坚白之藏，非有人藏而藏也；乃自藏也。若有人而藏之，则固藏三而不可藏一也；但自藏则不然。公孙龙虽主坚白之“相与离”“相与藏”，但未尝主坚白三者之相离相藏也。《坚白论》云：“坚白石三可乎？”曰：“不可”。“二可乎？”曰：“可”。曰：“何哉？”曰：“无坚得白，其举也二；无白得坚，其举也二。”视石，但见石之白，是所见石与白二物，故云：“其举也二。”拊石，但知石之坚，是所知石与坚二物，故亦云：“其举也二。”盖不主坚白与石之相离相藏也。心史以“藏三互”校之，非也。《淫辞篇》云：“公孙龙言臧之三牙甚辨”；若国本为“藏三互”，则不能称为“藏之三互”；“臧”可连以“之”，其为名词显然。“臧”者，或为臧获之臧，至谓：“臧获皆人类之”，何以独拈一臧？亦不然。如惠施谓“南方无穷而有穷”，则南仅四方之一，何以独举一方？如又谓“今日适越而昔来”，越亦仅天下之一处，何以触举一处？盖辩者顺便举之也。《淫辞篇》又云："谓臧两牙甚易，而实是也。"若牙本为互，而作："藏两互"，则不甚易而实不是也。若谓："臧两耳"，则近之矣。

（原载《光华大学半月刊》第二卷第八、九期，1934年6月）

诸子正名论

逻辑者，学术之工具，学术稍进，即有逻辑之产生，惟古代国际间影响绝少，学术多由自创，故其逻辑，亦各自有其特质，不可强同也。印度之因明，既殊于西洋之逻辑，我国诸子之正名，亦不与因明、逻辑同。近之学者，每喜以逻辑释正名，所得固不少，其附会亦多矣！今题曰“诸子正名论”，以示不敢强同云尔！

学术以时代而演进，虽相反之二派，终必互受其影响，相因相革，学术乃能进步。正名之论，发自孔子，而发挥光大者，实为墨子、荀子。墨子、荀子，家派虽殊，而荀子之思想，多所受墨子之影响，其性恶非命之说，本于墨子；其知识论亦多据墨子；其礼治之说，则排击《墨经》。《墨经》云：“平，知无欲恶也”，《说》云：“平，惔然”。盖谓必心平知足，于欲恶皆须处之淡然也。心于欲恶，既处之淡然，则心无欲恶之妄情，行为乃得实而治，故欲治其行为，必先去其欲恶也。《墨经》又云：“为，穷知而縣于欲也。”盖亦谓行为当穷极其知而悬绝其欲也。《墨子·贵义篇》云：“必去喜去怒去乐去悲去恶而用仁义。”盖墨子以人生而有欲恶，有欲恶乃生自利，故必欲去之；其论兼爱，亦欲“爱人若爱其身”。荀子之性恶论，亦全同墨子，《正名篇》云：“情者，性之质也，欲者情之应也。”又曰：“性之好恶喜怒哀乐谓之情。”《性恶篇》云：“今人之性，生而好利焉”，《礼论篇》云：“人生而有欲，欲而不得，则不能无求。”是其所谓性恶者，亦以人生而有欲恶而已。惟其礼治之说，则以为欲既人生而有，非可强去，必制礼义而导之，此则排击《墨经》矣。《正名篇》云：“凡语治而待去欲者，无以道欲而困于有欲也；凡语治而待寡欲者，无以节欲而困于欲者也。”此即针对墨子、宋牼之说，杨倞注云：“能知此者，则宋墨之家自珍贵其说，愿人之去欲寡欲者皆哀矣。”其说良得。荀子虽斥墨子为“小家珍说”，实多受墨子之影响也。荀子之正名论，虽以当时“奇辞起，名实乱”，亦一本于《墨经》之说。墨子、荀子而后，论正名者，有《韩非子》、《吕氏春秋》，惜皆袭取，而阐发鲜矣。及汉后，遂至中绝，惜哉！

一　论辩说

诸子之论正名，盖欲以为政治之工具，非纯为学术也。《论语·子路篇》云：“名不正，则言不顺，言不顺则事不成，事不成则礼乐不兴，礼乐不兴，则刑罚不中，刑罚不中，则民无所措手足，故君子名之可言也，言之必可行也。君子于其言，无所苟而已。”是孔子以治国必先正名，盖以言为成事之工具，言则由名以组成也。若名实不合，则言必舛误，言既舛误，则事必谬乱，故必欲正之。

及乎墨子，其论言之作用尤详，《墨经》曰：

> 故，所得而后成也。（《经》）（此句本错上为首句，说已见《写式变迁考》）

小故，有之不必然，无之必不然；体也。若有端。大故，有之必〔然〕（从孙校增），无〔之，必不〕（从孙校增）然，若见之成见也。（《经说》）

法，所若而然也。（《经》）

意、规、员，三也（通者）俱，可以为法。（《经说》）

佴（通尔），所然也。（《经》）

“然”也者，〔氏〕（本作“民”，误通“是”）若法也。（《经说》）

说，所以明也。（《经》）

“故”句谓：故也者，凡事得此而后成也，即论事物之所以然。事之所待说者，斯为最要。《小取篇》云：“以说出故”，《大取篇》称辞以故生，皆此意也。《说》别故为二，总合之故，谓之大故；小分之故，谓之小故。小故影响于事物之“然”较小，故有之亦不必然，但无之则必不然，盖小故者，大故之一体也。大故者，事物然否之所系，有之必然，无之必不然。

“法”句谓：“法”也者，凡事若此轨范而为，必皆同然也。即论事物之如何而然。《法仪篇》云：“子墨子曰：‘天下从事者，不可以无法仪；无法仪，而其事能成者，无有也。’”不知所以然之故，固不能成事，既明其故，未知所以为之法，则事犹若未成。法既明，仿依以从事，则事必然，此“法”之所以必待“说”。

“佴”句论事物之所然，事物之最浅显者。

“说”句总上三句。故者，所以然；法者，所若而然；佴者，所然；此三者明，则天下之事理尽矣；事理既明，事乃得成。说者所以明乎“故”“法”“佴”三者也，故言与事之关系至切。此墨子之论，视孔子为加详焉。

孔子言名之必正，而未有确切之界说也。《墨经》有“辩”之界说曰：

> 彼（本作“攸”，从张据说改），不可两（不）（据鲁胜《墨辩注叙》删）可也。（《经》）
>
> 凡牛枢（通区）非牛，“两”也。无以非也。（《经说》）
>
> 辩，争彼也；辩胜，当也。（《经》）
>
> 或谓之牛，〔或〕（从孙校增）谓之非牛，是“争彼”也；是不俱当。不俱当，（不）（从孙据道藏本删）必或不当。不若当犬。（《经说》）

“彼”句为下句“彼”字立界说。彼也者，客观之真理也，天下是非之真也。天下既有是非之真，则可者是之，不可者当非之，故《经》云：“彼，不可两可也。”既为真理，自不可妄加非难，故《说》云：“无以非也。”

“辩”句谓，辩也者，所以争是非之真也。《小取篇》云：“夫辩者，将以明是非之分，审治乱之纪，明同异之处，察名实之理，处利害，决嫌疑？”《修身篇》亦云：“辨是非不察者，不足与游。”《非命上篇》亦云：“辩论必立仪，言而无仪，……是非利害之辩，不可得而明知也。”皆其义。辩既在争是非之真，若辩而胜，则其理真矣。故云：“辩胜，当也。”譬若一物，或谓之牛，或谓之非牛，是争是非之真也。其中二者，必不能俱当，必有不当者也，不若以狗当犬。则俱可当也。《经说下》云：“同，或谓之狗，或谓之犬也；异则或谓之牛，或谓之马也。俱无胜，不辩也。辩也者，或谓之是，或谓之非；当也者，胜也。”亦其义。

墨子论言之功用，不仅在乎说真辨妄，尚以众人之诽誉，足以校人之行为也。《墨经》云：

誉，明美也。（《经》）

誉之，必其行也。其言之忻，使人督（通笃）。（《经说》）

诽，明恶也。（《经》）

〔诽之〕（旧误倒，今乙正）〔不〕（旧涉上误“必”，“不”即“否”）其行也。其言之……。（《经说》）

墨子尚实，故亦尚诽誉，《耕柱篇》云：“可誉而不誉，非仁也。”《尚同下》云：“若见爱利天下以告者，亦爱利天下者也；上得则赏之，众闻则誉之。若见恶贼天下不以告者，亦犹恶贼天下者也；上得则罚之，众闻则非（同诽）之。”盖长上之赏罚，固平治天下国家之大法，而群众之诽誉，尤足劝善沮恶。墨子欲明人之美恶，孔子则称善讳恶，如《论语·卫灵公》云：“躬自厚而薄责人，则远怨矣。”惟荀子则亦云：“君子崇人之德，扬人之美，非谄谀也，正义直指，举人之过，非毁疵也。”当亦受墨子之影响。

荀子之正名论，本于墨子而别有阐发。其论正名之义曰：“上以明贵贱，下以辨同异，贵贱明，同异别，如是则老无不喻之患，事无困废之祸。”是亦以言之用，在乎达志明事也。“明贵贱”，礼也；亦孔子“名不正”而至于“礼乐不兴”之意。其论辩说曰：“辩说也者，不异名实以喻动静之道也。”杨注云：“动静，是非也。”是荀子以辩说亦在明是非之真。荀子又曰：“辩说也者，心之象道也；心也者，道之工宰也；道也者，治之经理也，心合于道，说合于心，辞合于说，正名而期，质请（通情）而喻，辩异而不过，推类而不悖，听则合文，辩则尽故，……是圣人之辩说也。”（《正名篇》）盖荀子以辩说之用，在于明是非，是非之真，则在于道，而道之工宰乃心也。《解蔽篇》曰：“治之要在于知道，人何以知道？曰心。心何以知？曰虚壹而静。”盖荀子以心为知道之主，当其“虚壹而静”，乃能合于道而辨是非也。《非相篇》云：“不先虑，不早谋，发之而当，成文而类，居错迁徙，应变不穷，是圣人之辩者也，先虑之，早谋之，须之言斯而足听，文而致实，博而党正，是士君子之辩者也。”荀子既主虚静，故辩不尚谋虑，既谋虑，难免有强辩饰非也。苟不加谋虑而发，乃能“说合于心”。《正名篇》又曰：“以仁心说，以学心听，以公心辩，不动乎众人之非誉，不治观者之耳目，不赂贵者之权势，不利传群者之辞，故能处道而不贰，〔咄〕(旧作吐，从俞校)利而不流，贵公正而贱鄙争，是士君子之辩说也。”荀子虽以诽誉能明人之善恶，但以群众之诽誉，或不足准。辩则必以公心，不可为诽誉权势所动也。

其后论正名，有《韩非子》、《吕氏春秋》。《韩非子·扬权篇》云：“用一之道，以名为首，名正物定，名倚物徙，故圣人执一以静，〔令〕(本作使，从王改)名自命，令事自定。”《主道篇》又云：“道者，万物之始，是非之纪也，是以明君守始，以知万物之源，治纪以知善败之端，故虚静以待令，令名自命也，令事自定也，虚则知实之情，静则知动者正，有言者自为名，有事者自为形，形名参同，君乃无事焉。”是韩非承荀子之说，亦以心之虚静，能辨是非而参同名实也。其亦以正名为政治之工具。名为实宾，实为名主，名初由形而生，既生则又与形为二，按形固可求名，循名亦可责实。《扬权篇》云：“君操其名，臣效其形。”盖君既操其名而责之，臣必效其形以合之也。形名参同，则事可治，故曰：“形名参同，君乃无事焉。”(《主道篇》)又曰：“形名参同，上下和调。”(扬权篇)

《吕氏春秋》之正名论，见《正名篇》。其文云：“名正则治，名丧则乱，……故君子之说也，足以言贤者之实，不肖者之充而已矣；足以喻治之所悖，乱之所由起而已矣；足以知物之情，人之所获以生而已矣。凡乱者，刑名不当也。”其所谓“实”“充”“情”，即墨子之“佴”；其所谓“所由起”，即墨子之“故”；其所谓“所获以生”，即墨子之“法”也。

他如《管子·枢言篇》云：“有名则治，无名则乱，治者以其名。”无甚精义，此不具论。

二 论名

1. 论名之缘起

万物初本无名，所以有名者，便指示耳。名之起，荀子以为由于天官感觉之异同。《正名篇》云：“凡同类同情者，其天官之意物也同，故比方之，疑似而通，是所以共其约名以相期也。”天官即五官，比方疑似则属心知，“疑”通“拟”，《墨经》云：“举，拟实也。”盖名由人定，本无固实，人既以五官判其同异，更以心知比方之而拟成概念，遂约之以命实也。《正名篇》又云：“征知，则缘耳而知声可也，缘目而知形可也，然而征知必将待天官之当簿其类，然后可也。”其说实一本于《墨经》之知识论。缘耳目而知声形，仅得形声之貌似，此同《墨经》：“知，接也”。“必待天官当簿其类”，盖谓必待天官所著之经验，始可比类通之，此同《墨经》：“恕，明也”。

心既征知而得其概念，然后得随物而命名，同物则同名，异物则异名，故《正名篇》曰：“然后随物而命之，同则同之，异则异之。”又曰：“名无固宜，约之以命，约定俗成谓之宜。”

2. 论名之作用

《墨经》曰：

举，拟实也。(《经》)

告以文名，举彼实也。言，出“举”也。言也者，诸口能之。出民(通名)者(通著)也；民(通名)若画俿也。言也，谓。言，犹(通由)〔名〕(本作“石”，从孙校)致也。(《经说》)

“举”通“与”，与，党与也，有“合”义。《荀子·正名篇》云：“名者，所以期累实也。”期，会也，亦“合”义。故《墨子》之“举”，《荀子》谓之“期”。《墨子·小取篇》亦云：“名以举实。”“举实”犹“期累(结也)实也”。夫言者，出举也，举者，拟实也，出者，名著也，名者，若画虎也。盖言者著“文名”以拟似其“彼实”也。名之于实，仅得其似，非即实也，是犹所画之虎，亦得虎之似，非即虎也。欲明实，必以言；欲言，不得不假“文名”，必见羊而名之羊，见犬而名之犬，然后天下之实可得言。故云：“言由名致也。”《正名篇》云：“期命也者，辩说之用也”，亦以“言由名致”故也。《正名篇》云：“名闻而实喻，名之用也；累而成文，名之丽也。”义同。

3. 论名之类别

(1) 体别

《墨经》云：

名：达类，私。(《经》)

物，达也；有实必待文〔名〕(本作“多”，从孙校)也命之。马，类也；若实也者，必以是名也命之。臧，私也；是名也，止于是实也。声出口，俱有名。若姓〔字〕(本作“宇”，从毕校)。(《经说》)

是墨子以名之体别，凡三：(一)达名。达名，通名也；物者万物之通名也，宇之有实者，必待此文饰之名以命之。(二)类名。马者，物之一类，类名也，凡与此实相若者，必皆以此名命之。(三)私名。臧，《方言》谓:“骂奴曰臧,凡民男而婿婢,名之臧,亡奴谓之臧。”然疑初本贱者之名(《淮南注》称著御者,鲁人也),后人借以骂奴婢,故《墨经》以“臧”为私名。私名者,仅限于此实,他物不得以命之也。《荀子·正名篇》云:“万物虽众,有时而欲编举之,则谓之物。”物也者,大共名也;推而共之,共则有共,至于无共然后止。有时而欲〔偏〕(本作“徧”,“徧”“偏”本可通,然此从俞校)举之,故谓之鸟兽。鸟兽也者,大别名也;推而别之,别则有别,至于无别然后止。其所谓“大共名”,即墨非之“达名”,“大别名”即墨子之“类名”。至谓“至于无别然后至”,此则“私名”矣。“达名”“类名”,逻辑皆谓之共名;“私名”逻辑谓之“专名”。

(2) 用别

《正名篇》曰:“后王之成名,刑名从商,爵名从周,文名从礼,散名之加于万物者,……散名之在人者,……”是荀子以名之用别,凡四:(一)刑名。用于名刑者。(二)爵名。用于命爵者。(三)文名。用以名典章者。(四)散名。散名,杂名也(《说文》“散,杂肉也”),用以名万物者。

(3) 词别

《正名篇》曰:“单足以喻则单,单不足以喻则兼,单与兼无所相避则共,虽共不为害矣。”

荀子以词之单复,别为单名、兼名。杨注云:“单物之单名也,兼复名也。谓若止喻其物则谓之马,喻其毛色则谓之白马、黄马之比也。”马者命形也,白、黄,命色也,色本附于形,本为一物,“无所相避”,故虽共而不为害也。

三 论辞

1. 论辞之作用

辞者，所以达意也；《墨子·小取篇》云："以辞抒意"，《荀子·正名篇》云："辞也者，兼异实之名以论一意也。"然名正辞当，然后意乃可达。《正名篇》又云："彼正其名，当其辞，以务白其志义也。彼名辞也者，志义之使也。"《墨经》亦云：

> 名实合，为。（《经》）
>
> 所以谓，"名"也；所谓，"实"也；名实耦，"合"也；志行，"为"也。（《经说》）

盖名实相耦合，则名正辞当，志气以达，使命得成也。

2. 论辞之分析

《墨经》云：

> 谓：〔命〕（本作"移"，从梁据说校），举加。（《经》）
>
> 谓狗犬，命也；狗犬，举也；叱狗，加也。（《经说》）

辞，墨子谓之"谓"（《荀子·解蔽篇》云："由辞谓之，道尽论矣"）。墨子析辞为三体：(1)命辞。命者，命名以喻实也，如谓狗犬之名是。今谓之"谓辞"（Predicate）。(2)举辞。举者，举实以约名也，如举狗犬之实是。今谓之"主辞"（Subject）。(3)加辞。加者无关本义而附加者也。如叱狗之声是。今谓之"惊叹辞"（Interjection）。如谓："恶！此，狗也。""此"，举狗之实，"举"也；"狗也"，命狗之名，"命"也；恶，叱狗之声，不关本义，"加"也。

3. 论辞之类别

《墨子·小取》云："或也者，不尽也。假者，今不然也。'效'也者，为之法也；所效者，所以为之法也，故中效，则是也，不中效，则非也，此'效'也。辟也者，举也(同他)物而以明之事。援也者，曰：'子然，我奚独不可以然也。'推也者，以其所不取之，同于其所取者，予之也。是犹谓'也者同也'，吾岂谓'也者异也'。"是《小取》别辞为六类：(1)或辞。或者，疑之，不尽然也。如：或谓之牛，或谓之非牛，或有不当，亦或有当。今谓之"选言命题"。(2)假辞。假者假设，今不然也。《经说下》云："假，必非也而后假。"今谓之"假言命题"，或辞假辞，皆未定之辞，故必审慎验其"故"。验而合，则是也，验而不合，则非也。(3)譬辞。譬者，譬喻，举他物以明此物也。(4)侔辞。侔者，齐等，举他辞以比此辞也。(5)援辞。援者类推，举他事以例此事也。今谓之"直接推理"。(6)推辞。推者推求，以所取者推求所不取也。今谓之"间接推理"。

4. 论诺辞之类别

《墨经》云：

> 诺不一利用。(《经》)
>
> ……相从，相去，〔无〕(本作"先"，从胡、伍校)，知，是，可，五色：(通式)……用五诺，若自然矣。(《经说》)

诺，应之辞也。诺之方式不一，其利用亦不一。其方式凡五：(1)相从。其言之意，我与之从同，如应之曰："然"，是赞成其言也。此以主观。(2)相去。其言之意，我与之相违，如应之曰："否"，是非难其言也。此亦主观。(3)无知。于其意不知其然也，如应之曰："不知。"(4)是。以其言之理为是也。此以客观。(5)可。以其言之理尚可而未尽然也。此亦客观。运用此五式，皆常出之自然，不能有所作伪也。

四 论正名之法

正名之法，《墨经》尝云：

> 〔正〕（本作“止”，从梁、伍校）因以别道。（《经》）
>
> 以人之有黑（通墨）者，有不墨者也，〔正〕（本作“止”）墨人。与以有爱于人，有不爱，〔正〕（本作“心”，从张校），爱人。是孰宜〔正〕（本作“心”）？彼举然者，以为此其然也，则举不然者而问之。（《经说》）

是墨子以正名之法，在乎是非之反覆相明。欲知其孰宜为正，其必“求其故”。如彼举其然者，以为此其然也，则我举其不然者而问之，察得其宜者而正之。《经说下》亦云：“彼以此其然也，说是其然也，我以此其不然也，疑是其然也。”

荀子论正名之法，较为具体。《正名篇》云：“见侮不辱，圣人不爱已，杀盗非杀人也，此惑于用名以乱名者也，验之所以为有名，而观其孰行，则能禁之矣。山渊平，情欲寡，刍豢不加甘，大钟不加乐，此惑于用实以乱名者也，验其所缘，〔而〕（本作“无”，王删之，疑非例，以上文当作“而”）以同异，而观其孰调，则能禁之矣。非而谒楹，有牛马非马也，此惑于用名以乱实者也，验之名约，以其所受，悖其所辞，则能禁之矣。”此荀子据其论名缘起之理，以为正名之法。其法凡三：(1)验之所以为有名。如宋钘“见侮不辱”之说（“圣人不爱人”，杨注“未闻其说似庄子之意”，谭氏戒甫讲记疑本作“至仁不爱己”，即《天运》篇“至仁无亲”意，疑非。刘念亲《诂释》疑当时诡辩者流，因世俗恒言圣人爱人，遂执人己，立别以稽非难，故墨、荀俱辩之或是也），墨者“杀盗非杀人”之说，殊不知“侮”即“辱”，“盗”亦“人”，此皆惑于用名乱名，苟验以“所为有名”之理，循名责实，观其如何得行，则能正之矣。(2)验其所缘而以同异。如惠施“山与泽平”之说，宋钘“情欲寡”之说，墨子“刍豢不加甘，大钟不加乐”之说，此皆惑于用实乱名，苟验以“所缘而以同异”，意之以天官，观其如何得调，则能正之矣。(3)验之名约。如“牛马非马”等说，此皆惑于用名乱实，苟验以“名约”之理，以其所受之实，反其所辞之名，则能正之矣。

其后，亦稍有论正名之法者。《韩非·扬权篇》云：“不知其名，复修其形”，《淮南子·主术训》云：“循名责实”，《管子·九守篇》云：“循名而督实，案实而定名”，皆即荀子“验之所以为有名”也。

（原载《学术世界》第一卷第五期，
1935 年 10 月上海世界书局出版）

《老子》讲究斗争策略的哲理

近人对《老子》的看法很分歧。有人认为《老子》是一部兵书，显然是不恰当的。因为它既不像《孙子兵法》和《孙膑兵法》那样阐明战略战术，也没有像《尉缭子》那样谈论用兵的政策法令。但无可否认，《老子》又确实十分讲究斗争的策略和手段，而且成为一种哲理，对后世有着深远的影响。我们认为，必须把它放到特定的历史发展过程中去考察，才能作出正确的分析。

《老子》斗争哲理的产生

从春秋战国之际历史发展过程来看，《老子》讲究斗争策略的哲理，是春秋后期旧贵族中有识之士不断总结他们在斗争中失败教训的产物。

春秋时代，正是贵族统治逐步瓦解的时期。贵族的各级政权正在一层一层地倒塌，越是高级的政权越是先倒塌。天子的威权先丧失，接着诸侯的政权也瓦解，后来许多富强的卿大夫又陆续失败。当时政治斗争总的发展趋势是，新兴势力逐渐战胜贵族的旧势力而取得政权。到春秋末年，社会的变革越来越显著，也越来越快。当时有识之士已清楚地察觉到“人”的地位的迅速变化。据说晋国的执政赵简子（即赵鞅）相信当时流行的“生物突变说”，认为各种生物“莫不能化，唯人不能”。大夫窦犨不同意这种观点，他说：像范氏、中行氏那样由于“不恤庶艰，欲擅晋国”，在斗争中失败出奔，他们的子孙“将耕于齐”，“人之化也，何日之有”（《国语·晋语九》）。当鲁昭公被季孙氏驱逐而死在外边的时候，赵简子为此请教史墨，史墨在对答中，说是“鲁君世从其失，季氏世修其勤”的结果，而且认为这个变化符合于事物变化的规律。他说：“社稷无常奉，君臣无常位，自古已然。故《诗》曰：高岸为谷，深谷为陵。”（《左传》昭公三十二年）这样把政权转移、君臣易位看作合乎规律的变化，正是当时社会历史发生剧烈变化的反映。

在社会大变革的过程中，不论新旧两派势力，为了争取胜利和防止失败，都要讲究斗争的策略和手段。新兴势力往往着重于总结斗争中胜利的经验，讲究争取进一步胜利的策略和手段；而守旧势力常常注意于总结斗争中失败的教训，讲究防止失败的策略和手段。旧贵族中一些有识之士，通过总结过去某些旧贵族失败的教训，作出当时某些贵族将要失败的预言。春秋史料如《左传》、《国语》等书，常常称赞他们，记录其猜中的预言。一些有识之士把他们总结出来的教训和所作预言，加以理论化，就逐渐成为一种讲究斗争策略和手段的哲学思想。这就是《老子》讲究斗争的哲理的渊源。

春秋后期有识之士已经指出，贵族在斗争中越是高位的越是容易很快倒塌。公元前574年（鲁成公十七年）柯陵之会，周的单襄公看到晋国君臣态度傲慢，就对鲁成公说："晋将有乱，其君与三郤当之乎！"理由是："高位实疾颠，厚味实腊毒。"（《国语·周语下》）就是说，像晋厉公和三郤（郤锜、郤犨、郤至）那样傲慢，越是居于高位，越是会很快跌倒，犹如越是厚味越是会有剧毒一样。

他们又指出，贵族中功勋越多，服者越众，如果"无德"，越是"伐智而多力"（自夸智力和功力），越会加速伤亡。公元前575年（鲁成公十六年）鄢陵之战，晋国上军之将栾武子要出战，而下军之将范文子出来反对，认为"无德而服者众，必自伤也"；如果晋国战胜楚郑两国，晋厉公"将伐智而多力"，将要加重赋敛，夺取诸大夫的田邑用来赏给宠幸的妇人，"其产害将大"。栾武子不听，出战大胜。后来晋厉公果然这样做，结果晋厉公被杀死。《国语·晋语六》对这事作出总结说："厉公之所以死者，唯无德而功烈多、服者众也。"

他们还指出，贵族中越是强的越是会加速灭亡。公元前541年楚国令尹（最高官职）公子围宴请晋卿赵武，令尹在宴会上"赋《大明》之首章"，《大明》是《诗经》中《大雅》之一篇，首章是歌颂周文王的。赵武根据这点，回来对叔向说："今令尹自以为王矣。"叔向答道："王弱，令尹强，其可哉？虽可，不终。"赵武问："何故？"叔向答道："强以克弱而安之，强，不义也；不义而强，其毙必速。"（《左传》昭公元年）这是说，强以克弱，如果不义，必然会走向它的反面，加速灭亡。

他们更指出，贵族越是积聚财富多的越是会很快灭亡。例如楚国令尹子文不愿多积财富，他说："民多旷（空虚）者，而我取富焉，是勤（劳）民以自封（厚）也，死无日矣。我逃死，非逃富也。"他之所以把"逃富"看作"逃死"，因为搜刮财富，"勤民以自封"，会导致很快死亡。后来令尹子常讲究"蓄货聚马"，大夫鬥且就把他与令尹子文作对比，指出:“蓄聚不厌,其速怨于民多矣;积货滋多,蓄怨滋厚,不亡何待。”(《国语·楚语下》)又如晋国韩宣子“忧贫”,叔向却向他祝贺,认为贫“可以免于难”,富就“宜及于难”;并且举出过去栾氏、郤氏由于“骄泰奢侈”、“恃其富宠”而灭亡,作为例证(《国语·晋语八》)。又如卫国史鳝(即史鱼)见到卫灵公“贪”而公叔文子“富”,就说公叔文子“必祸”;后来又说公叔文子能执臣礼,还可“免于难”,“戌(公孙戌,公叔文子之子)也骄,其亡乎! 富而不骄者鲜,……骄而不亡者未之有也”。等到公叔文子去世,公孙戌继承,卫灵公果然“以其富也”,把他驱逐(《左传》定公十三年)。从上述三个例子可以看到,当时贵族之所以会因积聚财富而加速灭亡,或则由于加重剥削,激起人民的反抗;或则由于掠夺别人,加深贵族之间的冲突;或则由于财富太多,引起贪婪贵族的侵吞。

当时有识之士从一连串贵族失败的过程中,已经认识到“盛极必衰”是事物变化的必然规律。当吴王夫差不顾越国是“心腹之疾”而北上伐齐的时候,伍子胥就出来劝谏。吴王不但不听劝谏,反而赐剑给伍子胥,命他自杀。伍子胥将死时说:“吴其亡乎! 三年,其始弱矣。盈必毁,天之道也。”(《左传》哀公十一年)这样把“盈必毁”看作“天之道”,就是把“盛极必衰”看作自然变化规律。这种看法是与《老子》一致的。

既然盛极必衰是自然变化规律,那么,怎样才能使自己立于不败之地呢? 在他们看来,富要招致灭亡,只有贫才“可以免于难”;地位高上会很快跌倒,只有地位卑下才能保持不倒;功多要招致伤亡,只有功成身退才能保全不败;强盛要转向衰败,只有柔弱才能保持不亡。春秋后期甚至已有人提出委曲求全的斗争策略。公元前595年楚围宋，次年宋向晋告急，晋景公要出兵救宋，大夫伯宗劝谏说："天方授楚，未可与争，虽晋之强，能违天乎？谚曰：'高下在心，川泽纳汙，山薮藏疾，瑾瑜匿瑕。'国君含垢，天之道也。"（《左传》宣公十五年）这里认为当敌人强大的时候，国君需要采用暂时"含垢"（忍辱）的办法来应付，符合于自然变化规律。这种看法后来就为《老子》所继承而加以发挥。《老子》说："是以圣人云：受国之垢，是谓社稷主。"（七十八章）既然称为"圣人云"，分明这种见解是继承前人的。《老子》又说："古之所谓曲则全者，岂虚言哉。"（二十二章）既然称为"古之所谓"，当然是继承古人的。

既然盛极必衰是自然变化规律，既然越是富强的越是会加速灭亡，那么，如何运用这一规律，创造加速敌人灭亡的条件，就成为取胜敌人的一种重要策略了。当春秋战国之际，晋国知伯向魏桓子强索土地的时候，魏桓子不肯给，而任章劝他给，理由是："君予之地，知伯必骄，骄而轻敌，邻国必惧而相亲，以相亲之兵待轻敌之国，知氏之命不长矣。《周书》曰：欲将败之，必姑辅之；欲将取之，必姑与之。"魏桓子按此行事，后来知伯又向赵氏强索土地，向赵进攻，结果知伯被赵、魏、韩三家所灭亡（《战国策·魏策一》、《韩非子·说林上》）。这种欲败先辅、欲取先与的斗争策略，就是为了加速敌人的灭亡。既然说这种策略出于《周书》，该在知伯被灭亡以前，早就有人提出了。还值得注意的是，《吕氏春秋·行论篇》引《诗》说："必欲毁之，必重累之；必欲踣之，必高举之。"所引这些诗句，和《战国策》、《韩非子》所引《周书》的意思是差不多的。这种看法，后来又为《老子》所继承而加以发挥。例如《老子》说："将欲弱之，必固（姑）强之；将欲废之，必固兴之；将欲取之，必固与之。"（三十六章）不但和前面引用的《周书》和《诗》，思想内容相同，甚至文体句法也一致。说明《老子》一书采用韵文来阐明这种讲究斗争的哲理，也是有所继承的。

《老子》斗争哲理的特点

《老子》的斗争哲理，是在春秋后期有识之士总结贵族失败教训的基础上发展起来的，因而有着一系列保守的特点。

《老子》如同春秋后期一些有识之士一样，把世界上事物的普遍变化规律称为“天之道”或“道”。它对世界上事物之间普遍存在对立的矛盾，认识得比较广泛，比较深刻。在五千言中，到处可以看到它列举的各式各样的矛盾的对立面。同时它又认识到，各种事物在矛盾中经常向它的反面运动转化，是自然变化的必然规律。所以它说：“反者道之动”（四十章）。这种认识具有朴素的辩证法思想。正因为事物经常向它的反面转化，高上的可以变为卑下的，卑下的也可以变为高上的；刚强的可以变为柔弱的，柔弱的也可以变为刚强的，掌握和运用这个规律就可制定防止失败、争取胜利的斗争策略。

然而无可否认，《老子》的辩证法思想存在严重缺陷。它把事物的运动变化看作不是上升前进的，而是循环反复的过程，因而它制定的斗争策略，把柔弱的、卑下的一面看作根本的一面，认为只有站在这根本的一面才能保证立于不败之地。因为原来刚强的到了饱和点就会转向衰弱，归于失败；而原来柔弱的可以坚持斗争，逐渐增强，反而能够取得胜利。《老子》说：“见小曰明，守柔曰强。”（五十二章）能观察细微的就是“明”，能坚守柔弱的就是“强”。它认为，坚守柔弱就是运用自然变化规律来取得胜利的方法，因此说：“弱者，道之用。”（四十章）它又在两处说到：“物壮则老，是谓不道，不道早已。”（三十章、五十五章)事物壮大会走向衰老,如果不懂这点,就是违反自然变化规律,即所谓“不道”,“不道”就要加速它的灭亡。

《老子》十分突出“柔弱胜刚强”的观点。它用事物的变化加以论证,例如说:“草木之生也柔脆,其死也枯槁。”又如说:“兵强则不胜,木强则兢。”(七十六章)再如说:“天下莫柔弱于水,而攻坚强者莫之先。”(七十八章)它得出结论说:“天下之至柔,驰骋乎天下之至坚。”(四十三章)就是说,天下最柔弱的东西,能够战胜和控制天下最坚强的东西。它主张在斗争中经常保持柔弱的地位,如果自恃刚强,太露锋芒,就不免要失败。它说:“揣而锐之,不能常保。”(九章)它还教诫自己不要逞强,曾说:“强梁者不得其死,吾将以为教父。”(四十二章)

《老子》在斗争中还主张采用退守、委曲的策略,认为这样做符合“柔弱胜刚强”的原则。它说:“古之所谓曲则全者,岂虚言哉?诚全而归之。”(二十二章)又说:“弱之胜强,柔之胜刚,天下莫不知,莫能行。是以圣人云:受国之垢,是谓社稷主;受国不祥,是谓天下王。”(七十八章)为什么暂受委曲不但可以做“社稷主”,还可以成为“天下王”呢?它说:“知其雄,守其雌,为天下谿”;“知其荣,守其辱,为天下谷”(二十八章)。居于卑下的屈辱的地位,反而可以像谿谷那样成为天下归向的处所。《老子》还认为暂时把自己放在卑下的屈辱的地位,把敌人放在高上的荣显的地位,有利于加速敌人的灭亡。因为这样可以助长敌人的骄气,容易加速敌人由盛而衰的转化,从而加速敌人的灭亡。它说:“将欲歙之,必固(姑)张之;将欲弱之,必固强之;将欲废之,必固兴之;将欲取之,必固与之;是谓微明。”(三十六章)这样把欲收姑放、欲弱姑强、欲废姑兴、欲取姑与的策略,称为“微明”(微妙而明智),足见它十分推崇这种策略可以取胜的作用。

许多人认为《老子》辩证法思想的主要缺点，在于把对立面的转化看作无条件的，人们的主观努力不起什么作用。我们认为，这一看法是不正确的。上面我们已经谈到，春秋后期有识之士已经看到骄傲、不义、蓄聚不厌等等是转向失败和伤亡的条件，《老子》特别强调这点，认为主观努力应该放在防止产生失败和伤亡的条件方面。它说："金玉满堂，莫之能守；富贵而骄，自遗其咎"（九章）；"罪莫大于可欲，祸莫大于不知足，咎莫大于欲得"（四十六章）。正因为这样，《老子》把防止产生转向失败和伤亡的条件，作为主要的斗争策略。它说："善者果而已，不敢以取强。果而勿矜，果而勿伐（夸功），果而勿骄，果而不得已。"（三十章）它又说："不自伐故有功，不自矜故长"（二十二章）；"胜人者有力，自胜者强，知足者富"（三十三章）；"功成而不居，夫唯不居，是以不去"（二章）。所以必须这样做，都是为了防止产生由胜转败的条件。《老子》还认为"功遂（成）身退，天之道也"（九章）。因为居功将要失败，所以功成身退是合于"天之道"的，此乃自然变化规律。

正由于《老子》把盛极必衰看作自然变化的必然规律，因而十分注意防止产生由盛而衰的转化条件。它说："得此道者，不欲盈。"（十五章）因为求得充盈满足，将要招致失败。它又说："是以圣人去甚、去泰、去奢"（三十九章），因为"甚"、"泰"、"奢"是由盛转衰的条件，必须一律除去。它认为，只是消极地讲究"去甚、去泰、去奢"还不够，还要积极地把"慈"、"俭"、"不敢为天下先"作为三件法宝。它说："慈，故能勇；俭，故能广；不敢为天下先，故能成器长。"做到"慈"才能保持勇敢，做到"俭"，才能保持宽裕，做到"不敢为天下先"，才能成为天下"神器"之长。所谓"慈"，是指作战中爱惜人力物力的美德，只有爱惜

人力物力，才能保持勇敢的战斗力。所以它又说："夫慈，以战则胜，以守则固。"（六十七章）

《老子》虽然不是一部兵书，但也选用兵家之言来阐明它的斗争哲学。例如说："用兵有言：吾不敢为主而为客，不敢进寸而退尺。……祸莫大于轻敌，轻敌几丧吾宝。故抗兵相若，哀者胜矣。"（六十九章）这是主张在战争中不采取攻势而采取守势，不贸然前进一寸而宁可后退一尺。因为轻敌要造成大祸，会使我丧失一切；兵力相当的两军对阵，受委屈而充满悲愤的一方必然取得胜利，这就是所谓"哀兵必胜"。它还说："善为士者不武，善战者不怒，善胜敌者不与，善用人者为之下，是谓不争之德，是谓用人之力。"（六十八章）这里把"不武"（不耀武扬威）、"不怒"（不轻举妄动）、"不与"（不对阵硬拼）和甘居人下，看作将帅必须具备的"不争之德"，只有这样，才能防止产生失败的条件。

有人看到《老子》多次称赞"不争"的好处，认为它着重讲对立面的转化，不着重讲对立面的斗争，忽视了斗争在对立面转化中的作用。我们认为，这一看法也是不正确的。《老子》称赞的"不争"，并不是放弃斗争和逃避斗争，而是要在斗争中讲究"不争之德"。它教人们向水的"不争之德"学习，说："上善若水，水善利万物而不争，……夫唯不争，故无尤。"（八章）水善于辅助万物的生长而有"不争之德"，但是水是无坚不破的。有了"不争之德"，就可以防止产生失败的条件，立于不败之地，从而稳得胜利。所以它说："天之道，不争而善胜。"（七十三章）具有"不争之德"，就可以达到善于取胜的效果，这是自然变化的规律。《老子》强调"不争"，正是为了使得任何人不能与他相争。所以它又说："夫唯不争，故天下莫能与之争。"（二十二章）

关于大国与小国之间的关系，《老子》反对当时大国吞并和征服小国的行动，而主张“大者宜为下”。它常常以江海作为比喻来加以说明。例如说：“江海所以为百谷王，以其善下之，故能为百谷王。”（六十六章）它主张“大国者下流”，以江河的下流自居，成为小国归向的目标。大国自居于小国之下，就可争取小国的归向；小国自居于大国之下，就可以归向大国，这样“两者各得其欲，大者宜为下”（六十一章）。

《老子》反对大国通过兼并战争而“得天下”。它说，“兵者不祥之器”，“夫乐杀人者，则不可以得志于天下”（三十一章）。它主张以“无事”的办法来“取天下”。它说：“取天下常以无事，及其有事，不足以取天下。”（四十八章）所谓“无事”，也就是“无为”。它认为用“无为”的办法才能争取天下的归向，用“为之”、“执之”的办法是得不到天下的。它说：“将欲取天下而为之，吾见其不得已。天下，神器，不可为也；为者败之，执者失之。”（二十九章）它把“天下”看作“神器”，是不可以用“有为”的办法来争取的，也是不可以用“执之”的办法来掌握的；用“有为”的办法去争取将要失败，用“执之”的办法去掌握将要丢失。

总的说来，《老子》的斗争哲学虽然有它的时代和阶级的局限性，具有保守的特点，与当时历史发展的趋势是背道而驰的；但又包含有丰富的辩证法思想。从当时思想发展过程来看，它是我国思想史上第一部系统讲究斗争策略的理论著作，它提出的盛极必衰的规律，哀兵必胜的原则，它的以柔克刚、以弱胜强、以退为进的斗争策略，它的欲收姑放、欲废姑兴、欲取姑与的斗争手段，对此后的政治斗争和哲学思想的发展，都有深远的影响。

黄老学派发展了《老子》的斗争哲理

战国时代各个学派中，受《老子》思想影响最大的，除了道家以外，要数黄老学派。黄老学派产生于战国中期，假托黄帝为他们的始祖，并利用《老子》作为他们的理论依据。他们的著作久已失传，长期不明真相。长沙马王堆汉墓出土两种帛书《老子》，写在《老子》帛书乙本卷首有《经法》、《十大经》等四种黄老著作，提供了我们研究黄老学派的重要资料。

黄老学派和《老子》不同，他们是新兴的一个学派，因而他们的政治主张根本不同于《老子》。他们的政治目标，在于防止国家的“危”、“削”、“破”、“亡”，而达到国家的“安”、“强”、“霸”、“王”。“王”是他们的最高政治目标，就是要建成统一的王朝。他们主张用“德”（赏赐）来奖励人民，争取“尽民之力”；同时要求“节民力以使”，“节赋敛，毋夺民时”（《经法·君正》），反对农忙季节征发徭役，认为“夏起大土功”就是“绝理”，“天诛必至”（《经法·亡论》）。他们还主张选练军队，争取“胜强敌”而完成统一；同时要求注意到战争的正义与否，重视对待敌国人民的政策，讨伐对象必须“当罪当亡”，反对灭亡人家的国家，“利其资财，妻其子女”（《经法·国次》）；更反对“大杀服民，僇（戮）降人”，认为如果这样做，“祸皆反自及也”（《经法·亡论》）。他们也强调法治，主张“精公无私而赏罚信”，“罪杀不赦”（《经法·君正》）；同时又要求赏罚得当，反对“妄杀杀贤”，“杀无罪”（《经法·亡论》）。

黄老学派所以在完成统一过程中主张采用这些节约民力、限止过分伤害人民的政策，不是偶然的，而是总结战国中期若干政权在合纵、连横战争中失败教训的产物。当战国前中期，魏、齐、楚等国之所以逐渐由盛转衰，逐步在战争中失败，原因不外乎过分奴役人民，过分加重剥削，过分损耗人力和物力，过分滥用刑罚伤害本国人民；同时在战争中又过分掠夺和伤害邻国人民，甚至大量杀害俘虏。因此这些政权，既遭到本国人民的反抗（如庄蹻起义），又遇到敌国人民的对抗（如齐宣王攻破燕国之后，“燕人畔”）。黄老学派总结了这些政权失败的教训，主张推行上述缓和阶级矛盾的政策，目的在于使得自己立于不败之地，以便发展经济，富国强兵，从而达到战胜强敌和完成统一的目的。后来西汉初期所推行的黄老学派“与民休息”的政策，就是战国时代黄老学派这种缓和阶级矛盾政策的进一步发展。

黄老学派既然所处的时代不同，所总结政治斗争的经验教训不同，提出了与《老子》根本不同的政治主张，也制定了和《老子》根本不同的政策和斗争策略，因而对于《老子》原来阐释它的政策和策略的哲学理论，也就不能不有所改造和发展。

黄老学派和《老子》一样，认为盛极必衰是自然变化的规律，事物发展到极端就要走向它的反面。他们说：“极而反，盛而衰，天地之道也，人之李（理）也。”（《经法·四度》）他们也和《老子》一样，认为事物向它的反面转化是有一定的条件的，但是他们所提出转化条件和《老子》不同。《老子》所讲转向失败和灭亡的条件，着重于人的主观欲望方面，如“骄”、“不知足”、“欲得”、逞强、夸功、奢侈等等；而黄老学派所讲转向失败和灭亡的条件，则着重于行动的客观效果方面，认为事物向它的反面转化，是由于行动的“过极失当”。他们认为事物的发展变化，客观上有个自然的“度”，人们的行动符合于“度”，就是符合于“天道”，这就叫做“天当”。他们还认为每种事物的功能作用，客观上有个自然的极限，这叫做“天极”。因此“圣人”的行动，必须“能尽天极，能用天当”，就是必须按照客观规律办事，不能超越客观规律。如果不按客观规律办事，超过“天极”和“天当”，就是“过极失当”。“过极失当，天将降殃”，就是说，将要受到违反客观规律的惩罚。他们把过度使用民力，作为“五逆”之一，认为这会迫使人民“流之四方”，造成国家危亡（《经法·国次》）。他们还说：“使民毋人埶，举事毋阳察（蔡），力地毋阴敝。阴敝者土芒（荒），阳察者夺光，人埶者摐（纵）兵。”（《十大经·观》）就是说，役使民众不要太疲劳，举办大事不要使得天的“阳”有所损伤，尽力于土地不要使地的“阴”有所破坏；地的“阴”破坏就会使土地荒芜，天的“阳”损伤就会夺去阳光，民众太疲劳，遇到战争就会丢掉武器不干。总之，超过客观规律所可能达到的限度行事，就会受到客观规律的惩罚，走向它的反面。

黄老学派十分重视客观的自然规律。他们说：“人强胜天，慎辟（避）勿当；天反胜人，因与俱行。”（《经法·国次》）当人的能力强大到能够克服某方面自然界困难的时候，人们往往会过分冒进，要谨慎地防止违反客观规律行事；当自然界力量在某方面反而胜过人的时候，人们往往会退缩不前，必须按照客观规律努力行进。他们还说：“不循天常，不节民力，周迁而无功。”（《经法·论约》）所谓“天常”，就是《荀子·天论篇》所说的“天行有常”。这是说，“不节民力”的行动，违反客观规律，不可能得到成功。

黄老学派所讲的斗争哲理显然比《老子》进步。《老子》讲究保守，主张在防止失败的基础上争取胜利；而黄老学派则重视进取，主张在争取胜利的同时要防止失败。黄老学派所讲的客观规律也显然比《老子》进步。《老子》论证它所提出的规律，只是用水、江海、草木等等东西来比附；黄老学派论证他们所提出的规律，是有一定的科学根据的，这是当时科学技术进步发展的反映。例如，他们说在农业生产中过分使用土地的肥力来增加产量，就会使土地的肥力衰败，即所谓“阴敝”①，“阴敝”将要造成减产，使土地荒芜。这是从农业生产实践中得到的经验教训，具有一定的科学性。

（原载《复旦学报》1980 年第 4 期）

① 战国时代用阴阳学说解释农业生产，例如《吕氏春秋·辩土》说：“下得阴，上得阳，然后咸生。”“阴”是指农作物从地下吸取水分和肥分，“阳”是指农作物从天上吸取阳光。《吕氏春秋·任地》说：“其深殖之度，阴土必得。”所说“阴土”，是指地下有水分和肥分的下层。

吕不韦和《吕氏春秋》新评

吕不韦是战国末年秦国的丞相，在秦完成统一事业的过程中起过一定的作用；他主编的《吕氏春秋》一书，是准备用作创建大一统的封建王朝的指导思想的。人们对吕不韦和《吕氏春秋》从来有着各种不同的评价。因此，对吕不韦和《吕氏春秋》进行实事求是的分析，是十分必要的。

吕不韦在秦完成统一过程中的作用

吕不韦，卫国国都濮阳（今河南濮阳西南）人，到韩国经商，成为阳翟（今河南禹县）“家累千金”的“大贾”。后来替留在赵国作为“质子”的秦公子异人奔走请托，使得他被立为秦太子安国君（名柱）的嫡嗣。等到安国君继承王位，即孝文王，异人就被改名子楚，立为太子。孝文王在位一年去世，子楚继承王位，即庄襄王。庄襄王为了酬谢吕不韦拥立之功，便用吕不韦为相邦（即丞相），并封为文信侯。庄襄王在位三年去世，由其子赵政即位，即嬴政。当时秦王政才十三岁，大权由他的母亲(太后)和吕不韦掌握。吕不韦不但继续担任相邦的要职,还取得了“仲父”的尊号。

吕不韦这样从一个富商大贾通过投机一跃而为政治上显赫一时的人物,是古代历史上从来不曾有过的。过去人们对吕不韦的评价,往往着重讨论他投机成功的故事传说,或者着重评论他所主编的《吕氏春秋》。我们认为,要对吕不韦作出正确评价,首先应该看他执政时所作所为在历史上起什么作用;要评论《吕氏春秋》的思想内容,也必须与他的实际行动结合起来考察,否则是不可能得出正确结论的。

当吕不韦开始在秦国执政的时候,秦已是七雄中最强的国家,在兼并战争中不断取得胜利,由秦来完成统一已是大势所趋。秦昭王时,秦国在统一战争中不但占得大块土地,还大大杀伤了三晋和楚的兵力,为此后秦国取得统一战争胜利创造了十分有利的条件。秦昭王末年,还进攻西周(战国时周天子分封的封国),迫使周赧王献出城邑,周赧王也就去世。从此,秦国进行统一战争就名正言顺了。

吕不韦正是在秦国取得统一战争胜利声中出任相邦,担负执政重任的。他由于大势所趋,准备完成统一的大业。从他用“仲父”作为尊号来看,政治上是有很大抱负的。春秋初期,齐桓公重用管仲作辅佐,进行改革,建立霸业,成为五霸的开创者,齐桓公给管仲以“仲父”的尊号。这时吕不韦自称“仲父”,在《吕氏春秋》中又有多处称赞齐桓公推崇管仲,并尊称管仲为“仲父”,显然是要秦王政像齐桓公尊重管仲那样对待他,而他也要像管仲辅佐齐桓公那样帮助秦王政完成“圣贤”的大业。

这时各国执政者养士之风十分盛行,吕不韦当然不甘落后,招徕了三晋和秦的宾客三千人,帮助他在政治上和军事上计谋策划,以便完成统一大业。《史记・秦始皇本纪》说:“吕不韦为相,……招致宾客游士,欲以并天下。”这是符合历史实际的。

吕不韦在执政期间,为了完成统一,先后三次发动对三晋大规模的进攻:

第一次在庄襄王元年(前 249 年),由他亲自出马,攻灭了东周(战国时周天子所属的另一个封国),并派兵伐韩,迫使韩献出战略要地成皋(今河南荥阳西北)等城,就在黄河、洛水、伊水之间建立了三川郡(在今河南西部)。从此秦就占有黄河中游的中原心脏地区,秦的边界直逼魏的国都大梁(今河南开封)。

第二次在庄襄王二年和三年,秦完全占有了韩、魏的上党郡(在今山西东南部),并北向进攻赵国,取得三十七城,建立太原郡(在今山西中部)。从此秦完全占有太行山以西地区,并控制了进出太行山的要道。

第三次发动于秦王政三年(前 244 年),这年蒙骜伐韩取得十二城。次年又伐魏取得二城。再次年又分兵三路向魏进攻:北路在黄河以北,攻取山阳(今河南焦作东南)等城;中路在黄河以南,从成皋向东,攻取酸枣(今河南延津西南)、燕(今延津东北)、虚(今延津东)、桃人(今河南长垣西北)等城;南路进攻魏的南部,攻取雍丘(今河南杞县)、长平(今河南西华东北)等城。三路一共攻取二十多城,使魏都大梁处于秦的三面包围之中。秦就在这时建立了东郡。下一年(秦王政六年),秦又伐魏取得朝歌(今河南淇县)和卫的濮阳,把卫君角迁到野王(今河南沁阳)作为秦的附庸。秦王政九年(前 238 年),秦又攻取魏的首垣(今河南长垣东北)、蒲(今长垣)、衍人(今河南郑州北),扩大了东郡。东郡从三川郡以东,沿黄河南岸向东伸展,横插在赵、魏、齐三国之间。从此秦的领土就和齐接界，切断了赵和魏、韩两国之间联系，东郡就好像一个铁拳伸进了东方各国之间，造成了秦包围三晋、可以个别击破的有利形势。

与此同时，秦在吕不韦主持下，还妥善应付和击退了战国时代东方五国最后两次合纵攻秦：庄襄王三年，正当秦建立三川郡和太原郡之后，魏因为感到严重威胁，由信陵君利用过去“窃符救赵”取得胜利的威望，发动组织魏、赵、韩、燕、楚五国联合向秦反击，虽然一度把秦将蒙骜击退，但实际上没有损伤秦的实力。后来秦派人离间信陵君和魏王的关系，魏王“使人代信陵君将兵”，信陵君从此谢病不朝，四年后去世。秦王政六年(前241年)，在秦建立东郡之后，赵因为感到严重威胁，由赵将庞煖再次组织五国联军抗秦，也没有得到什么结果，等到秦出兵反击，五国就纷纷退兵了。而楚国为了避开秦进攻的锋芒，把国都由陈(今河南淮阳)迁到寿春(今安徽寿县)。从此，东方各国就再也联合不起来，这样就给后来秦王政造成了对东方各国个别击破的有利形势。

吕不韦还利用东方各国之间的矛盾，在连横方面取得了很大进展。自从长平之战赵国大败之后，燕就乘机派大军攻赵，反被赵大败。赵长驱追击，一直攻到燕的国都。两国战争连续有三年之久。秦就利用燕赵之间的矛盾开展连横工作。先与赵连横取得成功，秦派将军井忌驻在赵国，助赵攻燕，攻取得燕的二城；燕国为了拉拢秦国，离间秦赵之间关系，就派使者蔡鸟偷越赵国，来到秦国，求见吕不韦，把河间(今河北献县东南)十城献给秦国，作为吕不韦的封邑。吕不韦经秦庄襄王的同意，接受河间十城作为封邑。秦因此与燕连横，转而大举攻赵，并要求赵停止攻燕。赵国不听，继续攻燕，并把秦将井忌逐回秦国，秦就把井忌杀死了（《战国纵横家书》二五《李园谓辛梧章》）。接着，吕不韦就想和燕联合伐赵，“以广河间之地”。吕不韦派刚成君蔡泽出使燕国，迫使燕派太子丹作为“质子”送到秦国。吕不韦又派张唐前往燕国担任相国，加强秦燕之间合作，并控制燕国。后来由于甘罗向赵悼襄王的游说，迫使赵割让五个城给秦国，“以广河间”（《战国策·秦策五》）。这件事大概发生在秦庄襄王二年秦派蒙骜伐赵取得太原以前。秦这样由近交远攻转变为远交近攻，对于秦此后对赵战争取得重大胜利是有帮助的。从此秦在东方燕、赵、齐三国之间占有大块土地，既便于控制东方各国之间的局势，又有利于此后秦的完成统一。

这时秦对待与它连横的国家的控制显然加强了。凡是与它连横的国家，秦就派将军前往驻守，或者派大臣前去担任相国加强合作和控制。后来到秦王政七年（前240年）或稍前，秦又因与韩国连横成功，派王弟长安君盛桥（一作成蟜）“守事于韩”，迫使韩献出百里之地给秦①。这时秦国在发动军事攻势的同时，又发动外交攻势，一方面通过连横的策略，取得了一些国家献纳和割让的土地；另一方面在连横策略的配合下，发动对三晋的大规模进攻，先后取得了大块领土，建立了三川、太原、东郡，造成了包围三晋，切断各大国之间联系，便于个别击破的有利形势。正如当时人所说的，这时秦的威势，“注齐、秦之要（腰），绝楚、魏之脊，天下五合、六聚不敢救也”（《战国策·秦

① 这事见于《战国策·秦策四》有人游说秦王的话中。从游说辞的全部内容来看，当是秦王政九年或稍后有人游说秦王政的话，游说者姓名已失传。《史记·春申君列传》误作楚顷襄王时黄歇上书说秦昭王。姚本《战国策》根据《史记》，在首段加上“顷襄王二十年黄歇说秦昭王”等语，是错误的。

策四》)。

商鞅变法以后,一直按斩首数目奖励军功,因而每次大战胜利常有斩首多少的记录。值得注意的是,在吕不韦主持的对三晋的战争中,只有秦王政元年(前 246 年)蒙骜攻克魏的卷(今河南原阳西)的战役有斩首三万的记录,三次进攻取得大块领土的战役都没有斩首的记录,这和秦昭王时几次大战显然不同。为什么呢?看来由于下列两个原因:一是当时秦国乘三晋实力新近大量被杀伤的时机,发动大规模的进攻,三晋没有进行激烈的抵抗就丢失了大块领土;二是吕不韦没有直接向三晋的国都进攻,没有进行攻坚的战斗,采取了包围三晋国都、乘虚深入的战略,而且在一定程度上放弃了秦国“以斩首为勇”的传统原则,因而轻易地取得了重大胜利。

在《吕氏春秋》中,用相当多的篇幅鼓吹使用“义兵”。什么叫“义兵”?就是要“诛暴君而振苦民”,因此要在战争中讲究对待敌国军队和人民的政策。他反对在战争中杀伤无罪的人民,更反对杀死战俘,认为“杀无罪之民”,就是“兴无道与无义”,如果这样做,“虽欲幸而胜,祸且始长”(《禁塞》)。这和黄老学派代表作《经法》认为“大杀服民,僇(戮)降人,祸皆反自及也”,见解是相同的。看来他们已经认识到像长平之战那样杀降会造成“祸皆反自及也”的后果。《吕氏春秋》不但反对杀死战俘,更主张对归向的敌国官吏和贤士,按照他们归向时所作贡献分别用爵禄来赏赐。至于对敌作战,《吕氏春秋》主张用威势来制服,最好做到不交战而“威已谕矣,敌已服矣”(《论威》)。如果交战的话,他又主张采用“急疾捷先”的机动战略,要“知时化”,“知虚实、盛衰之变”,“知先后、远近、纵舍之数”,必须随着敌情的变化制定相应的战略,这样就可得到无穷的胜利(《决胜》)。看来吕不韦的三千宾客中有不少兵家在内，吕不韦在对外战争中能够轻快地取得许多重大胜利，在一定程度上就是采用了他们所主张的“义兵”的政策和战略。

吕不韦所主持的统一战争取得了重大胜利，造成了切断东方各国之间联系、包围三晋、便于各个击破的有利形势，这在秦完成统一的过程中是起了一定的作用的。

《吕氏春秋》在创建封建大一统理论过程中的贡献

吕不韦在秦执政期间，不但学习信陵君、春申君的养士的风气，还学习信陵君使用宾客著书立说的办法，命令宾客“人人著所闻”，编成《吕氏春秋》一书。《汉书·艺文志》把《吕氏春秋》列入“杂家”，解释说：“杂家者流，盖出于议官，兼儒、墨，合名、法，知国体之有此，知王治之无不贯，此其所长也。”“杂家”所以要选取各派学说，加以综合贯串，总的政治目标就是为了达到“王治”。

从战国中期的“百家争鸣”，到战国末年的百家交融，是当时思想界发展的一个总趋势。例如儒家中的荀子、法家中的韩非以及黄老学派，都以一家为主，吸收融合他家之长。《吕氏春秋·不二篇》指出，老聃、孔子、墨翟、关尹、列子、陈骈（即田骈）、阳生（即杨朱）、孙膑、王廖、儿（倪）良等十人各有不同的主张，认为“听群众人议以治国，国危无日矣”，必须加以统一，因为“一则治，异则乱”。《吕氏春秋》之所以被称为“杂家”，就是不以一家为主，要兼采各派之长而加以融合贯串，从而消除百家之间纷争，建成一套统一的理论，以适应即将出现的封建大一统政治局面的需要。对此，《吕氏春秋·用众》作了具体说明：天下没有“粹白之狐”，却有“粹白之裘”，是由于“取之众白”；三皇五帝之所以“大立功名”，也是由于“取之众”。因此“善学者假人之长，以补其短，故假人者遂有天下”。这部《吕氏春秋》的编辑方针，就是兼采各派学说，“假人之长，以补其短”，从而达到“遂有天下”的政治目的。

《吕氏春秋》认为，这时周天子已绝，正需要新的天子出来建立新王朝，以结束大乱的局面：“今周室既灭而天子已绝，乱莫大于无天子”（《谨听》，《观世》大体相同）；还认为，天下人民越是穷苦，越是“王者”救民、创建新王朝的绝好机会：“天下之民穷矣苦矣，民之穷苦弥甚，王者之弥易。凡王也者，穷苦之救也”（《慎势》）；又认为，当时人民痛苦到了无处可诉的地步，正是“贤主”发动“义兵”来完成统一的时机：“当今之世浊甚矣，黔首之苦不可以加矣，天子既绝，贤者废伏，世主恣行，与民相离，黔首无所告愬，世有贤主秀士宜察此论也，则其兵为义矣”（《振乱》）；更认为，要完成统一而创立新王朝，必须了解人民处于水深火热的痛苦，理解人民的意愿，用实际行动来争取人民归向：“欲为天子，民之所走不可不察。今之世至寒矣，至热矣，而民无走者，取则行钧也。欲为天子，所以示民不可不异也”（《功名》）。《吕氏春秋》所以要兼采各派之长，构成一套与各派不同的政治主张，正是为了“示民不可不异”，以便“欲为天子”者采用的。这个“欲为天子”者是谁呢？明人不必细说，不就是秦始皇吗？

《吕氏春秋》不但主张建立统一的封建王朝，而且主张确立中央集权的封建政治体制。关于这方面，吕不韦采取了法家的学说。他说：“王者执一而为万物正。”又说：“天下必有天子，所以一之也。天子必执一，所以抟（专）之也。一则治，两则乱。”（《执一》）他还认为，“必同法令，所以一心也”（《不二》）。

《吕氏春秋》在政治上还主张随着时代的需要变法，认为“因时变法者”是“贤主”，不能变法的犹如“刻舟求剑”那样愚拙，而且批评“荆国（楚国）之为政有似于此”（《察今》）。这是采用了商鞅一派法家重视变法的主张。又主张树立“王者”的威势，认为“王也者势也”，“王者”必须做到“势无敌也”，依靠“势”才能使臣下听从，依靠“位尊”才能使人接受教导，依靠“威立”才能制止奸邪。他不反对分封制，而主张采用多分封小诸侯的办法来削弱诸侯力量，以便“王者”可以“便势全威”（《慎势》）。这和汉代初年贾谊“众建诸侯而少其力”的主张一致。这是采用了慎到一派法家重“势”的学说。

与此同时，《吕氏春秋》还讲究“君术”，称赞“有术之主”。认为国君首先要“无识”，其次要“无事”（《君守》）。“无识”并不是要国君真的无知无识，而是要做到“去想去意，虚静以待”（《知度》）的功夫，不暴露个人的意图、见解和欲望，防止臣下讨好和钻空子，以便深入了解臣下的真实情况，准确辨别臣下的忠奸，从而加强中央集权的统治。“无事”也并不是要国君真的无所作为，而是要国君不钻到事务堆中去，以便清醒地“知百官之要”（《知度》），监督臣下按照“分职”努力完成任务，认为这样就可以“大圣无事而千官尽能”（《君守》），做到“事省而国治”，“权专而奸止”（《知度》）。这是采用了申不害一派法家和黄老学派重“术”的学说。

《吕氏春秋》的《审分览》八篇，虽兼收并蓄了法家“法”、“术”、“势”三派学说，但并非全盘接受，而是有所选择的。慎到一派法家主张一切依“法”办理，官吏各尽其职，反对讲究对国君个人尽“忠”，反对在“法”以外再讲究“贤”。《吕氏春秋》则很讲究对君上尽“忠”，要君上察贤和求贤，著有《至忠》、《忠廉》、《下贤》、《察贤》、《期贤》等篇。

这又是在君臣关系和选拔人才方面，采用了儒家学说。商鞅一派法家主张按照法律进行赏罚，通过“严罚厚赏”来争取臣下为国效力，加强集权统治。但是《吕氏春秋》主张用“德义”来教导，反对法家的“严罚厚赏”，认为“善教者不以赏罚而教成”（《义赏》），“严罚厚赏，此衰世之政也”。他重视“德义”的教导作用，认为“以德”“行义”，可以做到“不赏而民劝，不罚而邪止”（《上德》）。他把赏罚的作用看作次要的，他说：“凡用民，太上以义，其次以赏罚。”（《用民》）所有这些主张，都是采用了儒家学说，反对法家学说的。

值得注意的是，在《吕氏春秋》一百六十篇中，没有一篇专讲刑罚的，只有《义赏》和《当赏》两篇是专讲赏的。而他所讲的赏，不是以“法”为准则，而是以“义”为标准的。《义赏》一篇列举了晋文公赏雍季和赵襄子赏高赫的故事，都是因“义”而得赏，并引孔子的话作为结论。说明这种政治主张，确是采自儒家学说。

当时法家讲究“法治”，主张按照法律实行“严罚厚赏”，迫使人民努力耕战，使得国家富强，从而完成统一大业。商鞅、韩非等法家都强调使用“法治”的职能。而儒家则讲究“德治”和“仁政”，重视“仁义”的教导，主张爱利人民，取民有度，适当减轻赋役负担，减少刑罚，争取人民归向，从而完成统一大业。孟子、荀子等儒家都有这样主张，强调的是使用政权的职能。《吕氏春秋》在统治人民方面，基本上采用了儒家学说，反对法家主张，十分主张爱利人民。例如说：“古之君民者，仁义以治之，爱利以安之，忠信以导之，务除其灾，思致其福。”（《适威》）又如说：“圣人南面而立，以爱利民为心”（《精通》）；“其当世之急，忧民之利，除民之害”（《爱类》）。

为什么这时有些思想家强调使用职能，主张爱利人民呢？该是总结了前阶段统治的经验教训的结果。从春秋末年以来，有不少国家由于残酷剥削压迫人民而招致失败和灭亡。《吕氏春秋·先识览》就曾指出：晋、中山、齐等国由于“乱人”执政，奢侈腐败，多行不义，暴虐百姓，弄得民穷财尽，以致亡国或破国。吕不韦提倡先见之明，称赞有些“先识”之士能够从上述情况中预见到这些国家将要破亡。他所提倡的“先识”，实际上就是总结前阶段某些国家所以危亡的历史教训的结果。

《吕氏春秋》是一部“杂家”著作，但不是杂凑而成、杂乱无章的，而是按照预定的编辑计划编成的。既有一定的政治主张，如我们前面所谈的；又有一定的学术见解，也有一定的组织体系。虽然有些篇章，命题和内容有些重复，但是整个组织形式比较整齐，在多数卷帙中各篇之间存在着一定的联系。全书分《八览》、《六论》、《十二纪》三部分，其中以《十二纪》较有完整的体系，其编著体例采用了儒家“经”、“传”合编的办法。《十二纪》每纪首篇采用了阴阳五行家著作的《月令》，好比“经”；而每纪首篇之后，所附论文四篇，是对《月令》作重点的理论阐释的，好比“传”。

《月令》是战国后期阴阳五行家为即将出现的封建王朝制定的行政月历。《月令》中的统治者，就是一个理想中即将出现的中央集权的封建王朝，最高为天子，其下有三公九卿、诸侯、大夫。三公中有相和太尉，武官有将帅，地方行政机构有四监大夫和百县。同时《月令》中规定的行政设施，基本上和法家主张一致，采用了符合统治阶级利益的政策、方针。《月令》根据每个月气候变化和生物、农作物的生长结果的情况，相应地制定了保护、管理农业、手工业、林业、渔猎业等生产的政策和措施。这是依据长期的生产经验而制定的，具有一定的科学性。与此同时，按照“天人相应”的说法，规定统治者必须在人事上(包括政治、军事、宗教等方面)采取相应的行动和措施。他们认为春季木德，是万物开始生长季节，统治者要保护人民生长，多用赏赐，少用刑罚，救济贫穷，优待贤士，要求做到“行庆施惠”，“无有不当”。夏季火德，是万物繁荣季节，统治者要帮助人们成长，讲究礼乐，选拔人才，要求做到“行爵出禄，必当其位”。秋季金德，有肃杀之气，是万物开始凋零季节，统治者要选练军队，征讨不义；修订法制，决狱平正，严断刑罚，要求做到“斩杀必当，无或枉挠”。冬季水德，是万物储蓄保藏季节，统治者要罢免“官之无事者”，除去“器之无用者”，统计“卿大夫至于庶民土田之数”，并注意丧葬，以迎接春季到来。

《吕氏春秋》的《序意》，是一篇总序，其中说到：“凡十二纪者，所以纪治乱存亡也，所以知寿夭吉凶也，上揆之天，下验之地，中审之人，若此则是非、可不可，无所遁矣。”吕不韦把《十二纪》看作“治乱存亡”的关键所在，就是要求“欲为天子”者按照这个月历行事的。他为了加强统治者对这个行政月历的理解，还选取各派学说中有关部分，对每月的重点政治设施作出理论阐释。他认为，春季是万物开始生长季节，应该重视个人的养生和养性，春季三纪所有各篇论文如《本生》、《重生》、《贵生》等等，无非讲的养生和养性的道理，采用了杨朱、子华子一派道家学说。《吕氏春秋》中有五处引用子华子的话。夏季是万物繁荣季节，应该培养人们的成长，重视教学和音乐。《孟夏纪》的《劝学》等四篇都是讲教学的理论，《仲夏纪》的《大乐》等四篇都是讲音乐的理论，这和儒家《礼记》中《学记》、《乐记》等篇有相通之处，同时《劝学》引有曾参的话，《尊师》引有孔子的话。《劝学》所说“不知理义生于不学”,“圣人生于疾学”,是和荀子的学说一致的。这部分明显是采用了儒家学说。秋季有肃杀之气,适宜讲究用兵。《孟秋纪》的《荡兵》等四篇就是鼓吹“义兵”的作用及其政策的,《仲秋纪》的《论威》等四篇就是讲究选练军队和取胜的决定因素的。这部分该是采用了兵家学说。冬季是万物储蓄保藏季节,必须经得起严冬的考验,应该着重讲究忠信、廉洁和气节,并注意丧葬。《仲冬纪》的《至忠》、《忠廉》和《季冬纪》的《士节》、《介立》等篇,谈的是忠信廉节的道理,采用了儒家学说。《孟冬纪》的《节丧》、《安死》等篇谈的是节丧节葬,又采用了墨家学说。

《吕氏春秋》这样采取道家、儒家、兵家、墨家学说,对阴阳五行家的《月令》作重点的理论阐释,是根据作者的政治标准有所取舍的。原来《月令》秋季规定统治者要“兵”“刑”并重的,不但要“专任有功,以征不义”,更要“修法制”,“决狱讼”,“戮有罪,严断刑”。但是《吕氏春秋》所作的重点阐释,只重“兵”而不谈“刑”,这和《吕氏春秋》整部书的政治主张是一致的。前面我们已经谈到,《吕氏春秋》反对法家“严罚厚赏”的主张,采用了儒家的“德治”、“仁政”学说。

不能否认,《吕氏春秋》确实选择采用了当时各派学说之长,综合贯串成一套封建统治理论,是符合当时历史发展的趋势的。吕不韦为了长期巩固封建统治,在统治人民方面,反对法家的“严刑峻法”,采用了儒家的“仁政”学说;他为了加强对生产的管理和推行符合统治阶级利益的政策,采用了阴阳五行家制定的行政月历《月令》;他在《士容论》中选取的《上农》等四篇农家学说,更是从当时农业生产经验中总结出来的先进技术,近年来农业史的研究者已对此作了注释和分析,并高度加以评价;他选取的杨朱、子华子一派道家的养生之道，是医疗卫生方面实践的结果，近年来医学史的研究者曾对此作过注释和分析，并作出高度评价；他选取兵家的“义兵”和选练军队的理论以及“急疾捷先”的战略，也是当时军事家的精义所在；他选取儒家关于教学和音乐方面的理论，是儒家从教学工作和音乐工作的实践中得来，确是儒家之长，今天我们对儒家学说的评论还是在一定程度上肯定他们在这方面的成就。这位“杂家”突出各家之长，在当时思想界起着取长补短、相互促进的作用，不能低估他在思想史上的贡献。直到今天，我们研究战国时代各派学说的长处，有不少部分还是依靠他所选取的思想资料。

吕不韦与秦始皇之间矛盾的分析

吕不韦所以会和秦始皇发生尖锐的矛盾，主要是政治权力上的冲突，同时又是思想理论上的分歧。

秦王政即位时，“王年少”，“委国事大臣”（《史记·秦始皇本纪》），秦国的军政大权就为吕不韦所掌握。随着秦国进行统一战争的不断胜利，吕不韦的权势就越来越大，超过了过去秦国所有的丞相。吕不韦家臣甘罗问张唐说：“应侯（范雎）之用秦也，孰与文信侯专？”张唐对答说：“应侯不如文信侯专。”（《战国策·秦策五》）随着秦开拓的领土扩大，他所取得的食邑也越来越多。他最初“食蓝田（今陕西蓝田西南）十二县”，等到攻灭东周和建立三川郡，又得到“食河南（今河南洛阳）、洛阳（今洛阳东）十万户”。接着又由于燕、赵之间冲突，燕为了拉拢秦国，送给他河间（今河北献县东南）十城作为封邑（《战国纵横家书》二五《李园谓辛梧章》）。像吕不韦这样拥有三大块食邑，并拥有“家僮万人”，这在战国时代各国丞相中都是少有的。

吕不韦作为外来的客卿，在秦国所有食邑如此之大，拥有财富如此之多，掌握权力如此之专，怎么能不和王室发生冲突呢！在吕不韦执政期间，秦的对外战争大都是胜利的，只有一次对赵战争，由于王室大臣的叛变而失败。秦王政八年（前239年）派王弟长安君盛桥，率军攻赵，盛桥在屯留（今山西屯留南）突然叛变，向赵投降，赵接受投降，把饶（今河北饶阳东北）作为他的封地。秦为此杀了许多军吏，还把与叛变有关的屯留居民迁到临洮（今甘肃岷县）①。这时秦王政年二十一岁，盛桥至多二十岁，但已被封为长安君，成为王室的重要人物。盛桥曾得到秦王政重用，被派往韩国，“守事于韩”，迫使韩献出百里之地给秦。人们因此称赞秦王政“可谓能矣”（《战国策·秦策四》）。盛桥既是秦王政的弟弟，又得到秦王政的重用，并立有功勋，为什么这时突然叛变而投降赵国呢？此中内幕，由于史料缺乏，无从知道，必然与当权的吕不韦发生冲突有关，可能和吕不韦在这年把他的政治理论著作《吕氏春秋》显赫地公布出来有关。

这时秦国宗室大臣和客卿之间确实存在矛盾和斗争。这场斗争一直延续到秦王政除去吕不韦、亲理政务之后。当韩派遣水工郑国入秦帮助治水、阴谋延缓秦统一战争的事件暴露以后，宗室贵族就乘机建议驱逐一切客卿，秦王政因此下逐客令，后来由于李斯劝谏才取消。但是我们必须指出，秦王政与吕不韦发生冲突，宗室贵族和客卿之间的斗争只是个次要因素，宗室贵族只是在这场冲突中起了推波

---

① 《史记·秦始皇本纪》载秦王政八年“王弟长安君成蟜将军击赵，反屯留，军吏皆斩死，迁其民于临洮”。“反”字下原有“死”字，当为衍文。《史记·赵世家》载赵悼襄王六年“封长安君以饶”。赵悼襄王六年正当秦王政八年。可知秦的长安君攻赵时确实叛变，投降赵国，并接受了赵的封地。如同秦昭王时邯郸之役，秦将郑安平降赵而接受赵的封地一样。

助澜的作用。当时秦王政并不是站在宗室贵族的立场上，把吕不韦作为客卿的代表而开展斗争的。秦王政从来信奉的是法家的政治主张，推行的是法家抑制宗室贵族势力的政策。主要引起秦王政与吕不韦冲突的，还是由于两人之间发生了争夺政治权威和理论权威的斗争。

按照秦的礼制，国君到二十二岁举行“冠礼”（成年的加冠典礼）后，才能亲理国家大事，即所谓“冠而听治”①。秦王政八年，秦王政年已二十一岁，明年就要“冠而听治”了。吕不韦就在这年把《吕氏春秋》公布咸阳市门，悬赏说：“能增损一字者予千金。”结果谁也不敢改动一字。吕不韦这样做的目的，就是要在成为政治权威的同时，成为理论权威，以便“欲为天子”的秦王政在“冠而听治”之后，能够按照他所制定的施政方案行事，成为《吕氏春秋》所制定的政治理论的实践者。

吕不韦在《吕氏春秋》中，主张国君“处虚”，“无智，无能，无为”（《分职》），“执其要”（《审应》），监督臣下按分职尽力而为，国君不必过问具体的政务，只须用力选拔人才和考察人才。他说，“贤主劳于求人，而佚于治事”（《士节》），“劳于论人，而佚于官事”（《当染》）。而秦王政的政治见解正好与此相反。秦王政主张集中大权于国君一身，所有国家大事，包括一切刑事案件，都由国君专断决定。后来秦王政除去吕不韦、亲理政务之后，正是努力这样干的。侯生、卢生就

① 《荀子·大略篇》说：“古者天子诸侯十九而冠，冠而听治，其教至也。”根据《史记·秦始皇本纪》末段，秦惠王、秦昭王都是年十九岁立的，而《史记·秦本纪》又说秦惠王、秦昭王都是“三年冠”的。可知当时秦的礼制要二十二岁行“冠礼”。秦王政初立时年十三岁，到九年四月己酉“王冠带剑”，也正好二十二岁。

曾指责他:"天下之事,无大小皆决于上";"丞相诸大臣皆受成事,倚办于上"(《史记·秦始皇本纪》)。

秦王政十分信仰法家韩非的政治学说。韩非的政治学说正好和吕不韦针锋相对。《孤愤》讲"智术能法之士"和"贵重之臣"之间"不可两存"的斗争,全文反对"大臣专权",认为"大臣执柄独断",会弄得"国地削而私家富","主失势而臣得国"。而吕不韦正是个"执柄独断"、"专权"的"贵重之臣"。《五蠹》极力反对儒家讲究"仁义",主张"以法为教","以吏为师","以斩首为勇",从而建成"超五帝、侔三王"的统一大业。而《吕氏春秋》正是讲究"仁义",反对"严刑峻法",主张以德义为教,以贤者为师,讲究"义兵"而反对"杀无罪之民"。这样,吕不韦与秦王政之间,无可避免地要发生权力上和思想上的冲突。

韩非曾着重指出:秦国强盛几十年而不能建成帝业,是由于没有"术"除去专权的大臣,以致"战胜而大臣尊,益地而私封立",像秦昭王时的穰侯魏冉、应侯范雎,都是这样的大臣,而且说:"自是以来,诸用秦者皆应、穰之类也。"(《韩非子·定法》)这当然包括当时吕不韦在内。吕不韦正是由于不断"战胜"而越来越"尊",由于"益地"而"私封"越来越多。秦王政既然信从韩非学说,当然要采取措施来除去吕不韦之类"贵重之臣"了。

吕不韦在秦王政八年公布《吕氏春秋》,准备实施①。到下一年,秦王政举行"冠礼",就爆发嫪毐的叛乱。秦王政在平定嫪毐叛乱之后,就把吕不韦免职,并驱逐到食邑河南去。吕不韦住在河南一年

---

① 《吕氏春秋·序意》其开头说:"维秦八年,岁在涒滩。"可知这书公布在秦王政八年,即公元前239年。太岁在涒滩是申年,而《史记·六国年表》集解引徐广所标干支,秦王政六年是庚申,八年是壬戌,当是推算的错误。

多，因诸侯宾客和使者同他来往，秦王政又要把他流放到蜀地去，就畏罪自杀了。很可惜，这部兼采各家之长的《吕氏春秋》的理论，没有机会得到实施。

秦王政除去吕不韦，亲自掌权以后，虽然也曾采用阴阳五行家的五德终始说和儒家的封禅学说，只是为了神化皇权；他用来统一天下、治理国家的思想武器，主要是《韩非子》。韩非的法家思想，帮助秦王政加速了统一的进程，同时也激化了阶级矛盾。秦始皇过度使用民力，过度强征赋役，实行"严刑峻法"，杀害众多的人民，造成了"海内愁怨"、"群盗并起"的局面，以致秦始皇死后不久秦就灭亡。如果采用《吕氏春秋》作为施政方案的话，秦王朝断然不至于这样短促灭亡。

西汉初年鉴于秦朝短促灭亡的教训，不得不采用"清净无为，与民休息"的黄老之学。到汉武帝时，终于由董仲舒以儒家学说为主，吸收融合阴阳五行家思想，构成新的儒家理论，作为巩固封建大一统的官方哲学。在封建大一统局面出现前后，统治阶级为了找寻巩固封建大一统的思想武器，有过一个探索前进的曲折过程。在这个过程中，吕不韦一马当先，不以一家为主，兼采各派之长，主编出了一部《吕氏春秋》，是有其一定的贡献的。我们认为，不能抹杀"杂家"在历史上的作用，必须在思想史上给这第一名"杂家"以应有的地位。

（原载《复旦学报》1979 年第 5 期）

图书在版编目(CIP)数据

古史探微/杨宽著. —上海:上海人民出版社,
2016
(杨宽著作集)
ISBN 978-7-208-13759-2

Ⅰ. ①古… Ⅱ. ①杨… Ⅲ. ①中国历史-古代史-研
究 Ⅳ. ①K220.7

中国版本图书馆 CIP 数据核字(2016)第 087471 号

责任编辑 高笑红
封面设计 夏 芳

古史探微

杨 宽 著

出 版 上海人民出版社
(200001 上海福建中路 193 号)
发 行 上海人民出版社发行中心
印 刷 常熟市新骅印刷有限公司
开 本 625×880 1/16
印 张 54
插 页 5
字 数 596,000
版 次 2016 年 7 月第 1 版
印 次 2018 年 10 月第 3 次印刷
ISBN 978-7-208-13759-2/K·2505
定 价 98.00 元